Forster/Ropohl · Rechtsmedizin

5. Auflage

ENKE REIHE ZUR AO[Ä]

RECHTSMEDIZIN

Von Balduin Forster
und Dirk Ropohl

5., durchgesehene Auflage

100 Abbildungen

Ferdinand Enke Verlag Stuttgart 1989

Prof. em. Dr. med. Balduin Forster
Institut für
Rechtsmedizin, Freiburg i. Br.

Dr. med. Dirk Ropohl
Oberarzt am Institut für
Rechtsmedizin, Freiburg i. Br.

CIP-Titelaufnahme der Deutschen Bibliothek

Forster, Balduin:
Rechtsmedizin / von Balduin Forster u. Dirk Ropohl. – 5. Aufl.
– Stuttgart – Enke, 1989
(Enke-Reihe zur AO [Ä])
ISBN 3-432-88635-7
NE: Ropohl, Dirk:

Wichtiger Hinweis
Medizin als Wissenschaft ist ständig im Fluß. Forschung und klinische Erfahrung erweitern unsere Kenntnisse, insbesondere was Behandlung und medikamentöse Therapie anbelangt. Soweit in diesem Werk eine Dosierung oder eine Applikation erwähnt wird, darf der Leser zwar darauf vertrauen, daß Autoren, Herausgeber und Verlag größte Mühe darauf verwandt haben, daß diese Angabe genau dem ***Wissensstand bei Fertigstellung des Werkes*** *entspricht.* ***Dennoch ist jeder Benutzer*** *aufgefordert, die Beipackzettel der verwendeten Präparate zu prüfen, um in eigener Verantwortung festzustellen, ob die dort gegebene Empfehlung für Dosierungen oder die Beachtung von Kontraindikationen gegenüber der Angabe in diesem Buch abweicht. Das gilt besonders bei selten verwendeten oder neu auf den Markt gebrachten Präparaten und bei denjenigen, die vom Bundesgesundheitsamt (BGA) in ihrer Anwendbarkeit eingeschränkt worden sind.*

Geschützte Warennamen (Warenzeichen®) werden *nicht immer* besonders kenntlich gemacht. Aus dem Fehlen eines solchen Hinweises kann also nicht geschlossen werden, daß es sich um einen freien Warennamen handelt.

1. Auflage 1976
2. Auflage 1979
3. Auflage 1982
4. Auflage 1986

Satz und Druck: C. Maurer Druck, D-7340 Geislingen/Steige
Filmsatz 9/10 Times (Linotype System 4 [202])

5 4 3 2 1

Vorwort zur fünften Auflage

Die von uns im Vorwort zur ersten Auflage ausgesprochene Hoffnung, daß dieses Lehrbuch auch für den Juristen und Kriminalisten von Nutzen sein möge, hat sich inzwischen erfüllt, wenn auch das Buch in erster Linie zur Vorbereitung auf das medizinische Staatsexamen geschrieben wurde. Es sollte auch für den praktisch tätigen Arzt als Nachschlagewerk zur schnellen Orientierung hilfreich sein.

Wir haben uns bemüht, den Inhalt auf den neusten Stand zu bringen, wobei insbesondere auf Fragen der Zwangsernährung und der juristischen Problematik der AIDS-Erkrankung hingewiesen sei.

Das Buch erscheint diesmal zweispaltig, wobei Gesetzestexte grau und Merksätze rot unterlegt sind. Wichtige Begriffe, Aufzählungen und Zeichnungsdetails wurden hervorgehoben. Für diese die Übersicht und das Lernen verbessernde Ausstattung sei dem Verlag unser Dank ausgesprochen.

Für weitere kritische Hinweise und Anregungen sind wir jederzeit dankbar.

Freiburg, im Herbst 1989

Balduin Forster
Dirk Ropohl

Vorwort zur ersten Auflage

Dieses Lehrbuch ist ausschließlich für Medizinstudenten geschrieben, die sich auf den Oekologischen Kurs, Teil Rechtsmedizin, sowie das Staatsexamen vorbereiten wollen. (Wenn es darüber hinaus auch für den Juristen und Kriminalisten von Nutzen sein sollte, würden wir das begrüßen.)

Wegen zahlreicher Unzulänglichkeiten in der Aufgliederung des Gegenstandskataloges mußte die Einteilung in einigen Punkten von ihm abweichen. (Dennoch haben wir z. B. die Notzucht, obwohl sie eigentlich zu den Sexualdelikten gehört, dem GK entsprechend als eigenes Kapitel behandelt.)

Die Ziffern des Gegenstandskataloges sind bei den jeweiligen Abschnitten vollständig in Klammern angegeben. Darüber hinaus wurden in eigener Liste dem Verzeichnis des GK die einzelnen Kapitel des Buches zugeordnet.

Es mag auffallen, daß einige Abschnitte im Vergleich zu anderen verhältnismäßig lang sind. Dies hat folgende Gründe:

1. Ausführlicher behandelt wurde insbesondere der Stoff, den jeder Arzt, gleich welcher Fachrichtung, auch späterhin stets benötigt (Leichenschau, Todeszeitbestimmung, Blutalkoholfragen, ärztliche Rechts- und Berufskunde).
2. Einen etwas größeren Raum nehmen ferner Gebiete ein, die ohne eingehendere Darstellung erfahrungsgemäß nicht richtig verstanden werden. Eine korrekte Beantwortung der Prüfungsfragen bei Kurzdarstellung solcher Gebiete wäre daher nicht gewährleistet (z. B. Serologie).

Im übrigen haben wir uns streng am Gegenstandskatalog orientiert.

Im Literaturverzeichnis sind weiterführende Lehrbücher und Monographien angegeben. Zitierte Einzelarbeiten mußten zusätzlich aufgenommen werden. Der Student findet in den großen Lehrbüchern eine hervorragende Literaturübersicht.

Dem Wunsche der meisten Studenten entsprechend wurden als Anhang Prüfungsaufgaben aller Typen (mit Ausnahme Typ E = Bildmaterial) zusammengestellt.

Wer das Buch eingehend durchgearbeitet hat, sollte ohne weiteres in der Lage sein, sämtliche Prüfungsfragen aus dem Fach Rechtsmedizin richtig zu beantworten.

Freiburg, im Frühjahr 1976 Die Verfasser

Inhalt

Gegenstandskatalog-Übersicht

1 Thanatologie

1.1 Todesdefinitionen und Todeszeichen

1.1.1 Die Kriterien des „Klinischen Todes“

Der **„klinische Tod“** ist ein **Zustandsbild, welches klinisch den äußeren Anschein des Todes bietet.** Im allgemeinen galt früher der Individualtod als eingetreten, wenn es zu einem irreversiblen Sistieren des Kreislaufes gekommen war, oder, etwas umfassender formuliert, **wenn die irreversible Einstellung der für die individuelle Existenz notwendigen Funktionen erfolgt war.**

Man findet bei **klinischem Tod:**

- Pulslosigkeit
- tiefes Koma ohne Reaktion
- Fehlen zentraler Reflexe
- Muskelerschlaffung
- totale Apnoe
- Pupillenerweiterung.

Tatsächlich ist aber die Grenze zwischen Leben und Tod oft nur schwer exakt zu bestimmen. Zeigen sich bei einem Kranken sichere Anzeichen eines baldigen Todes („Sterben“), so spricht man von **Agonie** (Griechisch „Kampf“, Todeskampf). Man unterscheidet kurze und lange Agonieformen. In Fällen plötzlichen, schlagartigen Todes fehlt allerdings eine Agonie völlig. Die forensische Bedeutung der Agonie liegt in der Ansammlung von Stoffwechselprodukten, die in bestimmten Fällen Rückschlüsse auf die Art des Todes zulassen. Erst die gesetzmäßig im toten Organismus sich ausbildenden Leichenerscheinungen „erweisen gewissermaßen nachträglich den eingetretenen Individualtod, denn das Leben hat tatsächlich schon vorher unmerklich und zeitlich nicht exakt registrierbar aufgehört“, wie *Masshoff* es einmal ausgedrückt hat.

Sistieren Herz- und Atmungstätigkeit endgültig, folgt die irreversible Schädigung des Zentralnervensystems unweigerlich nach. Daher hatte auch *Pribilla* 1968 den (klinischen) Tod definiert als „das irreversible Sistieren von Kreislauf und Atmung, gefolgt vom endgültigen Funktionsverlust des ZNS“. Diese Definition sollte darlegen, wie eng Herztod und Hirntod miteinander verbunden sind.

Die großen Fortschritte auf dem Gebiet der Reanimation haben nun Situationen herbeigeführt, in denen der Partialtod des Herzens bzw. des Gehirns „dissoziiert“ in Erscheinung treten kann.

Die Funktion des Herzens ist z. B. noch aufrecht zu erhalten, wenn der Hirntod bereits vor einiger Zeit erfolgt war. Es kann aber auch die Funktion des Gehirns intakt bleiben, wenn das Herz längst irreversibel geschädigt ist, nämlich dann, wenn die Kreislauffunktionen künstlich erhalten werden.

Neben der Todesfeststellung „draußen“, d. h. am „Tatort“ oder „Auffindungsort“, für die die Kriterien klar und eindeutig sind (siehe unten) und neben den in den Krankenhäusern zunächst zu treffenden Feststellungen des klinischen Todes mußten daher nunmehr für die Reanimationszentren gültige Maßstäbe, die eine neue Todesdefinition erforderten, geschaffen werden.

Grundsätzlich sind heute zwei Arten der Todesfeststellung zu unterscheiden:

1. Die Todesfeststellung im Rahmen der Leichenschau und
2. Die Todesfeststellung auf der Intensivstation (Folge: Abstellen der Kreislauf und Atmung künstlich in Gang haltenden Geräte sowie etwaige Organentnahme für Transplantationszwecke [vergl. 1.5]).

1.1.2 Die Todesfeststellung im Rahmen der Leichenschau. Sichere und unsichere Todeszeichen

Wenden wir uns zunächst der Todesfeststellung außerhalb der Intensivstation zu. (Einzelheiten über die Leichenschau siehe 1.5.) Hier muß der Arzt die unsicheren von den sicheren Todeszeichen streng zu unterscheiden wissen. Nur die sicheren Todeszeichen berechtigten zur Bescheinigung des Todes.

Als **unsichere Todeszeichen** gelten:

- Abkühlung
- Areflexie, Muskelatonie
- Pulslosigkeit
- (scheinbarer) Atemstillstand
- Leichenblässe
- Vertrocknung (an Schleimhäuten, Wunden, zarten Hautstellen).

Hierbei können teilweise sogar die sogenannten „Lebensproben" versagen (siehe unter Scheintod 1.1), da es sich beim Auftreten der aufgezählten Erscheinungen um eine sogenannte vita minima bzw. vita reducta handelt, bei der die Lebensfunktionen schwer gestört sind.

Bahrmann und Mitarb. gaben diesen Zuständen die Symbole **A, E, I, O, U** und meinen damit

A = Anämie, Anoxämie, Alkohol
E = Epilepsie, Elektrizität, auch Blitzschlag
I = Injury (Schädeltrauma)
O = Opium, Betäubungsmittel, Barbituratvergiftung
U = Urämie.

Solche Erkrankungen, Vergiftungen oder Unfälle haben selbst in neuester Zeit Ärzte verführt, Todesbescheinigungen auszustellen. In manchen Fällen folgten dann noch tagelange Überlebenszeiten; im Falle einer schweren Barbituratvergiftung trat sogar völlige Wiederherstellung ein.

Es kann daher nicht nachdrücklich genug darauf hingewiesen werden, daß nur die sicheren Todeszeichen den Arzt veranlassen dürfen, den Totenschein auszustellen (vgl. auch unter 1.5 „Leichenschau").

Sichere Zeichen des Todes sind nur:

- Totenflecken
- Totenstarre und
- Fäulnis (bzw. späte Leichenerscheinungen).

Sie werden im Kapitel „Leichenerscheinungen und Todeszeitbestimmung" näher abgehandelt werden (1.4).

Es sei jedoch schon jetzt darauf hingewiesen, daß Leichenflecken auch bereits in der Agonie bzw. bei einer Minimalzirkulation vorgetäuscht werden können. Dies gilt besonders für den Endotoxinschock beim Waterhouse-Friederichsen-Syndrom. *Künzer* und Mitarb. sprechen geradezu (paradoxerweise) von „intravitalen Totenflecken". Man muß allerdings anmerken, daß derartige „Totenflecken" bei dem gleichzeitig bestehenden schweren Krankheitsbild mit typischer Symptomatik kaum dazu Anlaß geben werden, den eingetretenen Tod in Erwägung zu ziehen.

Jedoch sollte man fordern, daß zumindest **eines** der drei **sicheren** Todeszeichen **deutlich** ausgeprägt sein und sich auch meist in Verbindung mit Abkühlung zeigen sollte.

Hält man sich streng an diese Regel, entgeht man der schrecklichen Situation, einem Lebenden den Tod bescheinigt zu haben.

1.1.3 Todesfeststellung im Reanimationszentrum. Gehirntod

Ganz andere Kriterien gelten bei der Todesfeststellung im Reanimationszentrum. Hier handelt es sich um die Frage, wann eine Reanimation abgebrochen werden darf (bzw. ob man eine von dritter Seite eingeleitete Reanimation übernehmen und fortführen muß). Diese Frage beantwortete *Wiemers* und Mitarb. mit folgender Formulierung: „Solange nur noch ein Funken Leben festzustellen ist, muß die Reanimation selbstverständlich fortgesetzt werden". Man muß also Methoden entwickeln, die anzeigen, wann dieser „Funken Leben" noch vorhanden ist. *Wiemers* schränkt allerdings insofern ein, als er darauf hinweist, daß der Arzt nur dann zur Verlängerung des Lebens verpflichtet sei, wenn dem Patienten damit geholfen werde. Es sei nicht Aufgabe des Arztes, das Sterben zu verlängern (vgl. hierzu auch unter Leichenschau und Organtransplantation, 1.5).

Von eminenter Bedeutung ist es also, eine klare Definition des Todes zu haben und Methoden zu entwickeln, die es gestatten, diesen Tod zu erkennen.

Wie man weiß, gibt es Kinder, die ohne Großhirn geboren werden, die man jedoch künstlich am Leben erhalten kann. *Brahmann* zitierte in diesem Zusammenhang *Björck:*

„Wenn die Vorstellung vom Leben beinhaltet, daß es auch für das Individuum eine Bedeutung haben muß, dann muß die Vorstellung vom Tod untrennbar mit der Funktion des Gehirnes verbunden sein. Wenn aber die Vorstellung vom Leben sich auf das bloße Existieren beschränkt, dann muß diese Vorstellung, wie auch die vom Tod, mit der Funktion des Kreislaufes, d. h. des Herzens, verknüpft werden."

Es wird nunmehr klar, **daß die Frage des Hirntodes entscheidend für die Frage der Toterklärungen im Reanimationszentrum sein muß.**

Der Tod ist somit gleichzusetzen mit Gehirntod.

Das Gehirn bestimmt überwiegend infolge seiner Vulnerabilität die Prognose, z. B. auch nach einer erfolgreich behobenen akzidentellen Kreislaufunterbrechung.

Der Gehirntod ist eingetreten, wenn die Funktion des Gesamthirnes aufgrund einer irreversiblen Zellschädigung erloschen ist.

Die wichtigsten Symptome des zerebralen Funktionsausfalles sind:

1. Tiefes Koma ohne Reaktion auf (Schmerz)-Reize
2. Atonie der Muskulatur
3. Fehlen zentraler Reflexe
4. Mydriasis (submaximal bis maximal)
5. totale Apnoe.

Abgesehen von diesen klinischen Zeichen sind zur Todesfeststellung natürlich weitere Befunde zu erheben (Gefahr des „Scheintodes", siehe unter 1.2).

Hier ist zunächst in erster Linie das Elektroenzephalogramm (EEG) heranzuziehen. Bekanntlich fordert man das Vorliegen eines sogenannten 0-Linien-EEGs. Die Ableitung eines isoelektrischen EEGs muß mit wenigstens doppelter Verstärkung geschrieben werden. Der Elektrodenwiderstand soll nicht über 20 kOhm liegen. Der entscheidende Wert eines derartigen isoelektrischen EEGs liegt darin, daß ohne ein solches kein Hirntod eingetreten sein kann. Man muß aber wissen, daß andererseits einem 0-Linien-EEG fünf, z. T. völlig verschiedene pathophysiologische Zustände zugrunde liegen können (wir folgen hier *Kubicke* und *Schoppenhorst*):

1. Die etwa 8 Minuten dauernde Überlebenszeit der Ganglienzellen während einer Anoxie
2. Die Phase der Erholungslatenz nach Aufhebung der Anoxie
3. Der Hirntod
4. Der isolierte kortikale Tod. d. h. das wirkliche apallische Syndrom
5. Die ausschließliche Einstellung der zerebralen Funktion, z. B. bei Hypothermie oder schweren Schlafmittelvergiftungen.

Wie insbesondere Punkt 5 obiger Zusammenstellung zeigt, muß die **Diagnose** bekannt sein, wenn man ein 0-Linien-EEG als Todeszeichen werten will. Besonders wichtig ist der Ausschluß einer Barbiturat-Vergiftung. Die für ein isoelektrisches EEG zu fordernde Zeit hängt von der **Ätiologie** des Ausfalles der Hirnfunktion ab. Besondere Kriterien gelten darüber hinaus für Kinder.

Man verläßt sich heute jedoch nicht mehr allein auf das EEG. Es muß in Zusammenhang mit den klinischen Daten, gegebenenfalls mit weiteren Methoden der Diagnostik, z. B. doppelseitiger Angiographie, Blutgasanalysen u. a. verwertet werden.

Die Karotisangiographie nimmt eine wichtige Stellung ein. Als Reihenfolge der Untersuchungen wird gefordert: Klinisches Bild – EEG – Angiographie.

In diesem Zusammenhang sei nochmals nachdrücklich darauf hingewiesen, daß ein isoelektrisches EEG nicht unbedingt identisch mit einer vollständigen Zirkulationsunterbrechung des Zerebrums sein muß (z. B. bei der Barbituratvergiftung!). Hier sind Wiederholungsuntersuchungen erforderlich. Stets sollte eine **beiderseitige Angiographie der Arteria carotis communis** vorgenommen werden. Der Hirntod ist – bei Einhaltung obiger Reihenfolge mit den entsprechenden Befunden – als eingetreten anzusehen, wenn sich eine fehlende Darstellung des zerebralen Gefäßbezirkes auf sämtlichen Bildern ergibt und der Kontrastmittelstopp in typischer Höhe erfolgt, d. h. Kontrastmittel ins Externagebiet geht („vorauseilende" kontrastreiche Füllung der Arteria carotis externa).

Die Angiographie empfiehlt sich in jedem Falle auch dann, wenn bei einem isoelektrischen EEG Blutdruck und Körpertemperatur absinken und die anfangs erniedrigte hirnarteriovenöse Sauerstoffdifferenz ($AVD\text{-}O_2$) wieder etwas ansteigt.

Zeichen des klinischen Todes, 0-Linien-EEG, erniedrigte $AVD\text{-}O_2$ sowie nachweisbare Zirkulationsunterbrechungen im Karotis- (und evtl. Vertebralis-)kreislauf gestatten heute mit der erforderlichen Sicherheit die Diagnose des Hirntodes als eines irreversiblen Funktionsverlustes des Gesamthirnes.

1.1.4 Die vollständige Muskelerschlaffung nach Eintritt des klinischen Todes

Die klinischen Zeichen des Todes sind weiter oben bereits erörtert worden. Zu ihnen zählt man auch die Muskelatonie. Diese Muskelerschlaffung ist unmittelbar mit dem Eintritt des klinischen Todes verbunden. Trotz irreversiblem Ausfall der Hirnfunktion konnten allerdings von *Gerstenbrand* noch in 60% aller Fälle spinale Reflexe, die als „spinale motorische Schablonen“ bezeichnet werden, beobachtet werden. Auch treten noch Eigenreflexe in Form von Sehnenreflexen auf. Es ist allerdings heute noch schwierig, alle beim Menschen möglichen spinalen motorischen Mechanismen zu erfassen.

Der schlaffe Muskeltonus ist als Ausfall der zerebralen Motorik (sowie im weiteren Verlauf als Ausfall eines gesteuerten Muskelstoffwechsels) zu werten. Er hat – in Verbindung mit dem Reflexverhalten eine dreifache Bedeutung:

1. als Kriterium des Todes
2. für die forensische Differentialdiagnose Mord oder Selbstmord
3. als Rückschluß aus dem Gesichtsausdruck.

1.1.4.1 Als Kriterium des Todes

Beim irreversiblen Ausfall der Hirnfunktionen findet sich neben dem Fehlen jeder spontanen Motorik ein **schlaffer Muskeltonus** kombiniert mit dem Fehlen zerebraler Reflexe (Pupillen- und Kornealreflex, okulo-zephaler- und vestibulo-okulärer Reflex, Masseter-, Würge-, Schluck-, Husten- und Trachealreflex).

Spinale Reflexe können, wie gesagt, noch erhalten sein (z. B. Greifreflexe der Zehen, Beugereflexe der Beine und Arme, Priapismus). Auch Eigenreflexe wie Patellarsehnenreflex, Achillessehnenreflex werden in Einzelfällen noch angetroffen.

Man hat sich bemüht, mit der Elektromyographie (EMG) auch klinisch nicht faßbare reflektorische Muskelkontraktionen zu erfassen. Das EMG bietet mit der Registrierung evtl. muskulärer Aktivitäten nach Eintritt des Tonusverlustes der Muskulatur die Möglichkeit zur Dokumentation, die nach *Lücking* und *Struppler* auch im Hinblick auf forensische Aspekte (vgl. Kapitel Organtransplantation 1.5) wichtig sein kann.

1.1.4.2 Differentialdiagnose Mord oder Selbstmord

In der **rechtsmedizinischen Praxis** spielt die mit Eintritt des Todes erfolgende Muskelerschlaffung in erster Linie eine Rolle bei der Rekonstruktion von Tatvorgängen insbesondere zur Differentialdiagnose Mord oder Selbstmord.

a) Lage der Waffe

Das klassische Beispiel ist die vom Mörder dem Toten zur Vortäuschung eines Selbstmordes in die Hand gelegte Schußwaffe. Findet man eine derartige Tatsituation, so spricht sie eher für Mord als für Selbstmord (vgl. hierzu 5. Kapitel, Schußverletzungen).

Infolge der **vollständigen Muskelerschlaffung nach Eintritt des Todes** fällt dem Selbstmörder die Waffe aus der Hand. Nur in extremen Sonderfällen kann sie einmal in der Hand verbleiben (vgl. Kapitel 5).

Die gleichen Überlegungen gelten natürlich auch für Selbstmorde mit anderen Waffen oder Gegenständen, z. B. Suizide durch Stich oder Schnitt mit Messern usw.

b) Lage der Leiche

Man wird ferner bei der Tatortbesichtigung der Lage der Leiche sein besonderes Augenmerk gerade im Hinblick auf die Muskelatonie schenken müssen. Liegen Verletzungen vor, die sofort tödlich waren, ist je nach Stellung und Haltung des Sterbenden mit einem Hinstürzen, Herabgleiten vom Stuhl usw. zu rechnen (manchmal noch aufgrund von Blutabrinnspuren zu rekonstruieren).

Bei Rückschlüssen aus der **Lage der Waffe** und der **Lage der Leiche** muß daher die Tatsache der mit Eintritt des klinischen Todes verbundenen vollständigen Muskelerschlaffung berücksichtigt werden.

1.1.4.3 Rückschluß aus dem Gesichtsausdruck

Im Gegensatz zur Laienmeinung läßt sich aus dem Gesichtsausdruck des Toten kein Rückschluß auf Vorgänge beim Sterben ziehen. Angst, Entsetzen, Wut, Erstaunen usw. sind post mortem infolge der Muskelatonie nicht mehr ablesbar.

1.1.4.4 Ausbleiben der Muskelatonie

Zum Abschluß sei bemerkt, daß zumindest theoretisch **nicht in allen Fällen** mit Eintritt des klinischen Todes **eine vollständige Muskelerschlaffung erfolgen muß.** Hier ist in erster Linie zu denken an die sogenannte kataleptische Totenstarre (vgl. 1.4), die in der Literatur zwar umstritten, die als chemische kataleptische Totenstarre jedoch tierexperimentell nachgewiesen ist. Derartige Fälle sind sicher extrem selten. Allerdings findet man unter Umständen auch bei E 605-Vergiftung post mortem einen erhöhten Muskeltonus, der vorzeitig in die Totenstarre „übernommen“ wird.

1.2 Scheintod

1.2.1 Allgemeines

Im Zustand einer sogenannten „vita reducta“ *(v. Kress),* unter der man einen akuten Krisenzustand versteht, welcher keine **spontane** Erholung mehr gestattet, können die Zeichen des klinischen Todes so deutlich in Erscheinung treten, daß der oberflächliche Untersucher den Tod bereits für eingetreten hält. Man spricht von „Scheintod“. Die Differenzierung zwischen vita reducta und vita minima (bei letzterer soll der Herzstillstand bereits eingetreten sein) ist u. E. nicht immer exakt durchführbar. Jedenfalls wäre der Begriff „Scheintod“ zu eng gefaßt, wollte man ihn nur für das Stadium zwischen Herzstillstand und Gehirntod anwenden. Die meisten Autoren sind sich deshalb auch darüber einig, daß der Scheintod über eine recht lange Zeitspanne anhalten kann – je nach der Ursache des Zustandes der vita reducta. So definieren denn auch *Gütgemann* und *Käufer* (1970) den Scheintod als den „Zustand eines Menschen, der nach allen äußeren und äußerlich faßbaren Anzeichen einem eben Verstorbenen ähnelt“. Sie sprechen von einer „vita minima“, wobei die „Lebensvorgänge insgesamt aber auf einer verminderten Stufe noch unbemerkt weiter bestehen“.

1.2.2 Symptomatik

Der **Scheintod** bietet im wesentlichen die Zeichen des klinischen Todes, also:

- Abkühlung
- Areflexie
- Pulslosigkeit
- (scheinbarer) Atemstillstand
- Leichenblässe.

Dennoch ist aber unter den Bedingungen der Hypothermie ein Erhaltungsstoffwechsel bei einer minimalen Zirkulation gewährleistet. In erster Linie werden derartige Zustände angetroffen bei:

- Schlafmittelvergiftungen (CO-Vergiftung)
- Unterkühlung
- Einwirkung von Elektrizität (auch Blitzschlag).

1.2.3 Lebensproben

Man hat früher die verschiedensten sogenannten „Lebensproben“ beschrieben, die eine Verwechslung zwischen Tod und Scheintod vermeiden sollten.

Hier seien lediglich genannt:

Siegellackprobe: Auftropfen von heißem Siegellack auf die Haut. Beobachten von

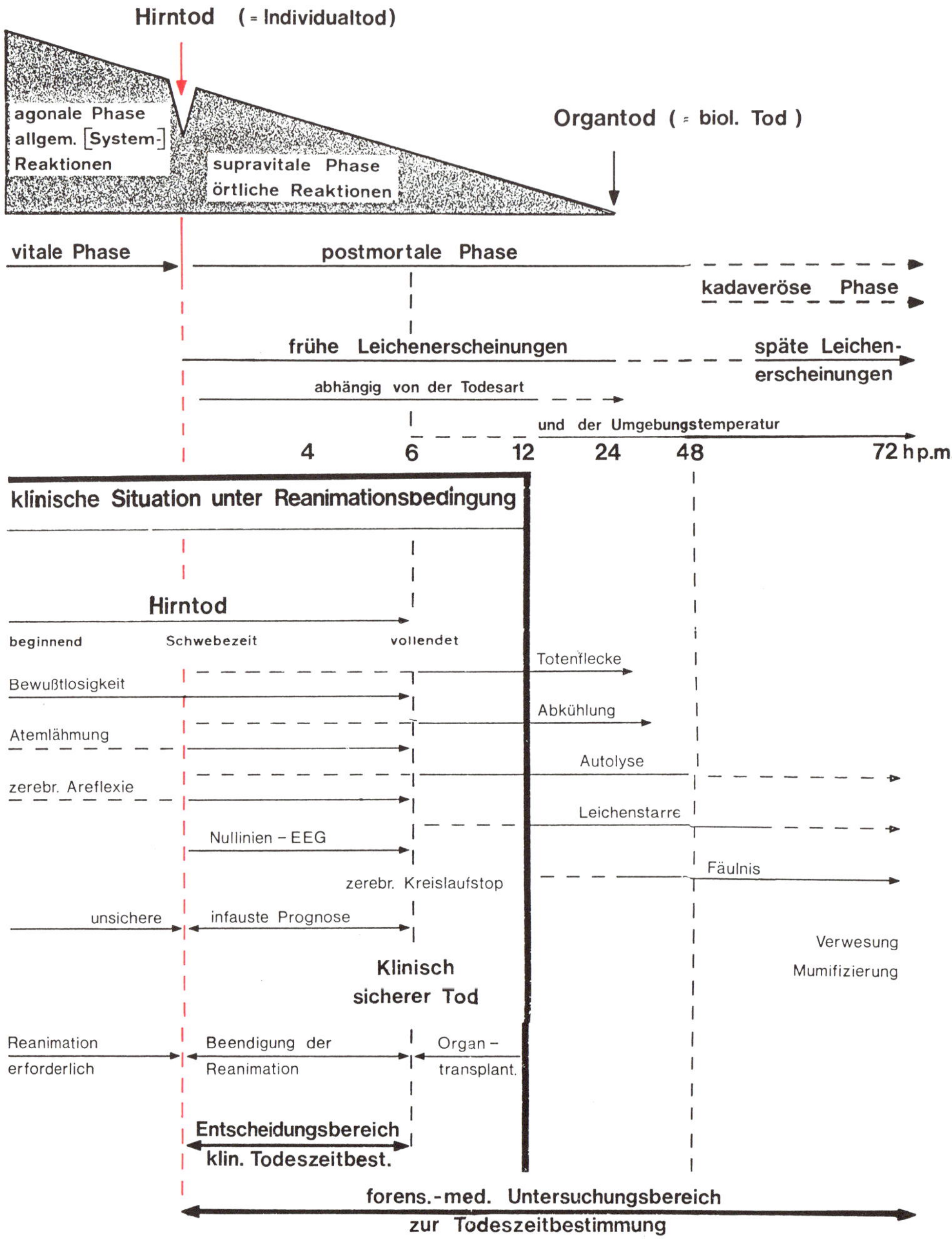

Abb. 1 (Nach *Joachim*)

Abwehrbewegungen, Blasenbildungen, Hautrötungen.

Spiegelprobe: Vorhalten eines Spiegels vor Mund oder Nase. Beobachtung, ob der Spiegel beschlägt.

Fluoreszeinprobe: Einträufeln von 1%igem Fluoreszein in den Bindehautsack. Beim Lebenden erfolgt Resorption nach einigen Minuten. Sonst bleibt eine Gelbfärbung bestehen.

Diese und zahlreiche andere „Lebensproben“ versagen häufig beim Scheintod und dürfen daher keinesfalls, worauf schon hingewiesen wurde, bei negativem Ausfall als Zeichen dafür gewertet werden, daß der Tod bereits eingetreten ist.

Die **Bedeutung des Scheintodes** bzw. scheintodähnlicher Zustände liegt darin, daß hierbei noch Wiederbelebungsmaßnahmen erfolgversprechend sein können. Trifft der Arzt derartige Zustandsbilder an, so sind umgehend Reanimationsmaßnahmen vorzunehmen, bzw. die Betreffenden schnellstens in moderne Intensivstationen einzuweisen (Abb. 1).

1.3 Intermediäres Leben (supravitale Erscheinungen)

1.3.1 Absterbevorgänge und Überlebenszeiten von Organen und Zellen

Nach dem Eintritt des Todes (Gehirntod, Individualtod) folgt das Stadium des sogenannten „intermediären Lebens“, das durch ein allmähliches Absterben zunächst noch überlebender Organe und Zellen gekennzeichnet ist.

Es ist lange bekannt, daß nicht alle Gewebe und Zellen gleichzeitig zugrunde gehen. Da der Organ- und Gewebstod Folge des auftretenden Sauerstoffmangels ist, werden diejenigen Gewebe am ehesten zugrunde gehen, die gegen Sauerstoffmangel besonders empfindlich sind. Hierzu gehören in erster Linie Nerven-, Leber-, Nieren- und Herzgewebe.

Experimentelle Ergebnisse bezüglich der **Wiederbelebungszeit** der einzelnen lebenswichtigen Organe haben folgende Zeiten ergeben:

Gehirn:	8–10 Minuten
Herz:	15 Minuten
	... („praktische“ Grenze)
	30 Minuten
	... („theoretische Grenze der Wiederbelebbarkeit“)
Leber:	30–35 Minuten
Lunge:	60 Minuten
Niere:	90–120 Minuten
Muskulatur:	2–8 Stunden

Hierzu ist allerdings zu bemerken, daß die **Überlebenszeit** der Organe mit der Möglichkeit der **Wiederbelebbarkeit,** insbesondere auch forensisch gesehen, keineswegs immer gleichzusetzen ist. Die Überlebenszeiten sind zudem weitgehend abhängig von der herrschenden Temperatur sowie von der angewandten Methode.

So ließ sich z. B. zeigen, daß bei elektrischer Reizung des Herzens noch nach viel längerer Zeit muskuläre Antworten erhalten werden können (siehe unten) als eine Wiederbelebungsmöglichkeit besteht.

Von besonderer forensischer Bedeutung ist das **Überleben von Spermien** (vgl. auch Todeszeitbestimmung, 1.4).

Bei männlichen Leichen wurden noch viele Stunden nach dem Tode lebende Spermien gefunden. Auch hier spielt natürlich – neben anderen Faktoren – die Temperatur eine wesentliche Rolle.

Die Zeiten, die von zahlreichen Autoren ermittelt wurden, schwanken denn auch zwischen 10 und 83 Stunden.

Reaktionen überlebender Gewebe auf gesetzte Reize spielen in der rechtsmedizinischen Praxis eine bedeutsame Rolle.

1.3.2 Supravitale Reaktionen

1.3.2.1 Muskelreaktionen

Zur frühen Todeszeitbestimmung (vergl. 1.4) macht man sich das Überleben einzelner Organe und Zellen zunutze. Man spricht von „supravitalen Reaktionen“. Hier nehmen die Muskelreaktionen eine besondere Stellung ein. Man unterscheidet die mechanische und die elektrische Erregbarkeit.

Mechanisch läßt sich der sogenannte „idiomuskuläre Wulst" bis zu etwa 2 bis maximal 6 Stunden nach dem Tode auslösen. Es soll sich um eine sarkoplasmatogene Muskelkontraktion handeln. Man beklopft am besten die Oberschenkelmuskulatur 4–5 Finger breit oberhalb der Kniescheibe mit einem Messerrücken. Bei positiver Reaktion tritt der auch in der Klinik (z. B. bei Kachexie, Ruhr, Kochsalzverlust) bekannte Muskelwulst unverzüglich in Erscheinung.

Die **elektrische Erregbarkeit** ist noch längere Zeit nach dem Tode erhalten. *Prokop* verwendete ein Gerät, das durch einen *Wagner*schen Hammer zerhackten Gleichstrom liefert. *Radam* (siehe bei *Prokop*) hat ein elektronisches Reizgerät beschrieben, das niederfrequente Impulse erzeugt, die in einem Transformator auf 450 Volt gebracht werden.

Die elektrische Muskelerregbarkeit schwankt zwischen 1 und 8 Stunden, je nach Muskelgruppe, Bedingungen (Temperatur, ATP-Gehalt) und Stromstärke.

Neuerdings sind Untersuchungsergebnisse vorgelegt worden, die zeigen, daß die Aufnahme von i/t-Kurven (Reizzeit – Reizspannungs-Kurven), wie sie auch klinisch gewonnen werden, besonders bei Reizung mit Dreiecks- und Rechtecksimpulsen wertvolle weitere Aufschlüsse bringen können (z. B. Auftreten sogenannter „Bruchzacken" wie bei Muskeldegeneration schon sehr bald nach dem Tode).

1.3.2.2 Pupillenreaktionen und andere Supravital-Zeichen

Das Einträufeln von pupillenerweiternden oder verengernden Mitteln vermag auch einige Zeit nach dem Tode noch Reaktionen auszulösen. Verwendet man z. B. Atropin- oder Eserinlösungen, so kann man bis zu 4 Stunden post mortem noch Erweiterungen bzw. Verengerungen beobachten.

Wesentlich längere Zeiten lassen sich erzielen, wenn man die Mittel in die vordere Augenkammer einspritzt. Hier sind Zeiten bis zu etwa 20 Stunden für positive Reaktionen angegeben worden (Temperaturabhängigkeit!). Wird zunächst ein Sympathikomimetikum, danach aber ein verengendes Mittel eingespritzt, so reagieren die Pupillen oft noch auf beide Medikamente („Doppelreaktion", angeblich bis zu 11 Stunden nach dem Tode noch auslösbar).

In der Praxis empfiehlt es sich, in ein Auge das Medikament in den Konjunktivalsack einzuträufeln, in das andere in die Vorderkammer zu injizieren.

Die **Schweißdrüsen** sollen noch bis zu 30 Stunden post mortem auf Adrenalininjektionen reagieren.

Histaminchlorid kann die **Arrectores pilorum** zur Kontraktion bringen. **Flimmerepithelzellen** der Trachea sind noch nach 36–48 Stunden erregbar.

Interessant ist das **Verhalten des Herzens.** Neueste tierexperimentelle Untersuchungen von *Raule* und Mitarb. zeigten, daß zwischen elektrischer Überlebenszeit des Herzmuskels und der RS-Amplitude im EKG sowie zwischen Überlebenszeit und elektrischer Reizbarkeit eine Korrelation festgestellt werden konnte. Die Zeitdauer, bis zu welcher Spontanpotentiale im EKG auftreten bzw. noch Reaktionen auf elektrische Reizung erfolgen, ist unter anderem abhängig von der Todesart. Antworten auf elektrische Reize lassen sich im EKG (beim Kaninchen) noch nach über einer Stunde, teilweise bis zu 2 Stunden nach eingetretenem Gehirntod, erhalten.

Die wichtigsten, diagnostisch verwertbaren supravitalen Reaktionen sind:

- idiomuskulärer Wulst
- elektrische Erregbarkeit der Muskulatur
- Pupillenreaktion
- Totenstarre der Muskulatur (im Eintrittsstadium).

1.4 Leichenerscheinungen und Todeszeitbestimmung

1.4.1 Abkühlung

1.4.1.1 Allgemeine Vorbemerkungen

Wie wir bereits dargelegt haben, gehört die Abkühlung, jedenfalls soweit sie sich in gewissen Grenzen hält, nicht zu den sicheren

Zeichen des Todes. Andererseits sind natürlich extreme Abkühlungen mit dem Leben nicht mehr vereinbar (vgl. Kap. 6).

Ist der Tod sicher festgestellt, so kann die postmortal sich vollziehende Abkühlung zur **Todeszeitbestimmung** herangezogen werden. Man muß hierbei allerdings wissen, daß der Wärmeverlust von zahlreichen Faktoren abhängig ist. Zunächst sollte man sich über die **Ausbreitung der Wärme** im klaren sein.

Zwischen zwei verschieden temperierten Raumpunkten besteht das Bestreben eines Wärmeausgleichs. Diese Nivellierung kann erreicht werden durch: Leitung, Konvektion, Strahlung und schließlich auch Verdunstung. Diese physikalischen Gegebenheiten seien kurz erläutert:

Leitung: Bei der Leitung geben die Moleküle des wärmeren Gebietes ihre größere Bewegungsenergie durch Stoß an die benachbarten Moleküle der kälteren Zone ab, bis eine annähernd gleichmäßige Verteilung erreicht ist (Wärmeausgleich).

Konvektion: Hierbei handelt es sich um eine Übertragung der Wärme dadurch, daß größere zusammenhängende Teile der fraglichen Substanz ihren ursprünglichen Ort verlassen und so die in ihnen enthaltene Wärme ihrer nunmehrigen Umgebung mitteilen. Konvektion gibt es nur bei flüssigen und luftförmigen Körpern.

Strahlung: Ein Körper kann seine Temperatur dadurch vermindern, daß er, ohne das Zwischenmedium zu erwärmen, dem kälteren Medium kalorische Energie zustrahlt. Die ausgestrahlte Energie des wärmeren Körpers ist größer, als die von dem kälteren ihm zugestrahlte.

Verdunstung: Durch molekulare Bewegung kann ein an der Oberfläche befindliches Flüssigkeitsmolekül durch Stöße seiner Nachbarmoleküle aus der Flüssigkeitsoberfläche herausgeschleudert werden. Damit wird ein Teil der Bewegungsenergie der Flüssigkeit fortgenommen, so daß die Flüssigkeit selbst einen geringeren Wärmeinhalt besitzt („Verdunstungskälte").

Je nachdem, welche Art der Wärmeabgabe den überwiegenden Anteil hat, wird ein menschlicher Körper schneller oder langsamer nach dem Tode erkalten. Bei Strahlung erfolgt die Wärmeabgabe z. B. langsamer (Beispiel: frei hängende Leiche) als bei Leitung (vergrabene Leichen, Wasserleichen, bedeckte Leichen). Beim Menschen erfolgt ca. 40% des postmortalen Wärmeausgleichs durch Strahlung und ca. 60% durch Konvektion.

Von Bedeutung ist bei diesen Vorgängen die **Bekleidung,** die sonstige **Bedeckung** sowie die **Stärke des Unterhautfettgewebes.** Eine gewisse Rolle spielt auch die **Körperoberfläche.** So kühlen Leichen kleinerer Kinder bei sonst gleichartigen Bedingungen schneller ab als die Erwachsener.

Einen ganz wesentlichen Faktor stellt natürlich die **Außentemperatur** dar, wobei auch die **Wetterverhältnisse** (Luftfeuchtigkeit, Verdunstungsmöglichkeit) eine Rolle spielen.

Daß die **Lagerung** der Leiche wichtig sein kann, klang schon an. Schließlich könnte auch die Art der Keimbesiedlung bedeutsam werden: Es kann hierdurch postmortale Temperatursteigerungen geben. Diese kommen zustande durch Infektionskrankheiten (hier oft schon prämortal) sowie durch Fäulniskeime. Die Fäulnis ist dann allerdings bereits deutlich erkennbar.

Fassen wir noch einmal die wesentlichsten äußeren Faktoren zusammen, die bei der Abkühlung eine Rolle spielen, so sind dies:

- Umgebungstemperatur
- Wetterlage (Klima)
- Bedeckung (Bekleidung, Einfluß verhältnismäßig gering)
- Unterhautfettgewebe
- Körperoberfläche (Kind – Erwachsener)
- Keimbesiedlung (postmortale Temperaturerhöhung, z. B. bei Infektionskrankheiten oder Fäulnis).

Die Wärmeabgabe erfolgt durch:

- Leitung
- Konvektion
- Strahlung
- Verdunstung (Leiche kann kälter sein als die Umgebung. In der Kälte, z. B. Kühlboxen, geringere Verdunstung).

1.4.1.2 Todeszeitbestimmung aufgrund der Abkühlung

Versucht man, die **Temperatur** einer Leiche lediglich **durch Anfassen** festzustellen, so hat man in den ersten Stunden nach dem Tode noch das Gefühl, der Körper sei „warm". An unbedeckten Körperstellen geht dieses Empfinden nach etwa 3–6 Stunden (manchmal auch schneller) verloren, an bedeckten bleibt es länger erhalten. Achselhöhlen und Oberschenkelspalte speichern die Wärme meist am längsten. Aus den obigen Ausführungen wird jedoch klar, daß die Angabe exakter Zeiten praktisch unmöglich ist.

Man hat sich deshalb bemüht, entsprechende **Messungen mit Thermometern** vorzunehmen. Hierbei werden in erster Linie die Rektaltemperaturen und die Lebertemperaturen herangezogen. Die Lebertemperatur liegt anfangs meist etwas höher als die Mastdarmtemperatur (postmortaler Glykogenabbau?).

Bezüglich des **Temperaturabfalls** im Rektum gilt als **Faustregel 1° C pro Stunde.** Doch kommen Schwankungen von mindesten 0,5–1,5° C pro Stunde vor.

Die Temperatur sinkt anfangs schneller, später langsamer. Es handelt sich daher um „gemäßigt exponentielle Kurven" *(Mueller)*. *Henßge* und Mitarbeiter empfehlen die Anwendung individualisierter Mittelwert-Norm-Ergebnisse in Form eines Nomogramms (siehe Nomogramm-Schema).

Die Benutzungsanleitung für die Nomogramme wird folgendermaßen angegeben:

1. Verbinden Sie die Skalenpunkte der Temperaturen von Umgebung und Rektum durch eine Gerade. Sie schneidet die Diagonale des Nomogramms in einem bestimmten Punkt.
2. Zeichnen Sie eine zweite Gerade ein, die durch den Mittelpunkt des Fadenkreuzes im Zentrum des Kreises links und den Schnittpunkt der zuerst eingezeichneten Geraden mit der Diagonalen verläuft. Am Schnittpunkt der zweiten Geraden mit dem Kreisbogen des zutreffenden Körpergewichtes ist die Todeszeit in Stunden abzulesen.

Die zweite Gerade trifft außen auf ein Segment mit Angabe des jeweils zutreffenden 95%-Toleranzbereichs. Abgelesene Zeit ± 95%-Toleranzgrenzen grenzen den Zeitraum ein, innerhalb dessen der Tod wahrscheinlich eingetreten ist.

Beispiel: gemessene Rektaltemperatur 28° C; Umgebungstemperatur 20° C; Körpergewicht 90 kg.

Ablesungen: Todeszeit 19,6 h (interpoliert); 95%-Toleranzbereich ± 3,2 h.

Aussage: wahrscheinlicher Zeitraum des Todeseintritts zwischen 16,4 und 22,8 h vor Meßdatum.

Für die wesentlichen sogenannten „Nicht-Standard-Bedingungen" werden die folgenden Korrekturfaktoren des Körpergewichtes angegeben:

– unbekleidet – permanent bewegte Luft	0,75
– bekleidet – ruhende Luft	1,0–1,8
– bedeckt (unbekleidet/teilbekleidet) – ruhende Luft	1,0–2,4
– bekleidet – permanent bewegte Luft	1,4–1,7
– feuchte Bekleidung – permanent bewegte Luft	0,7–0,9

Das Material, das den *Henßge*schen Nomogrammen zugrunde liegt, muß und wird in Zukunft natürlich noch erweitert werden.

Ein besonderes Problem stellt die Abkühlung von Wasserleichen dar (vgl. auch 4.5.4.3). Auch hier liegen neuerdings Versuche von *Henßge* vor, die besagen, daß unbekleidete Leichen in fast ruhendem Wasser doppelt so schnell auskühlen wie in ruhender Luft gleicher Temperatur.

Trotz aller Fortschritte muß auch heute noch der Rückschluß auf die Todeszeit aufgrund einer Rektaltemperaturmessung mit großer Vorsicht und äußerster Kritik angewendet werden. Derartige Ruckschlusse sollten nie isoliert, sondern stets in Zusammenhang mit weiteren Methoden der Todeszeitbestimmung gezogen werden.

1.4.2 Totenflecken (Livores)

1.4.2.1 Allgemeine Vorbemerkungen (Ursache der Totenflecken)

Unter Totenflecken (Livores) versteht man die nach dem Tode an den abhängigen Partien der Leiche auftretende – meist rötlich – blau-violette – Hautverfärbung.

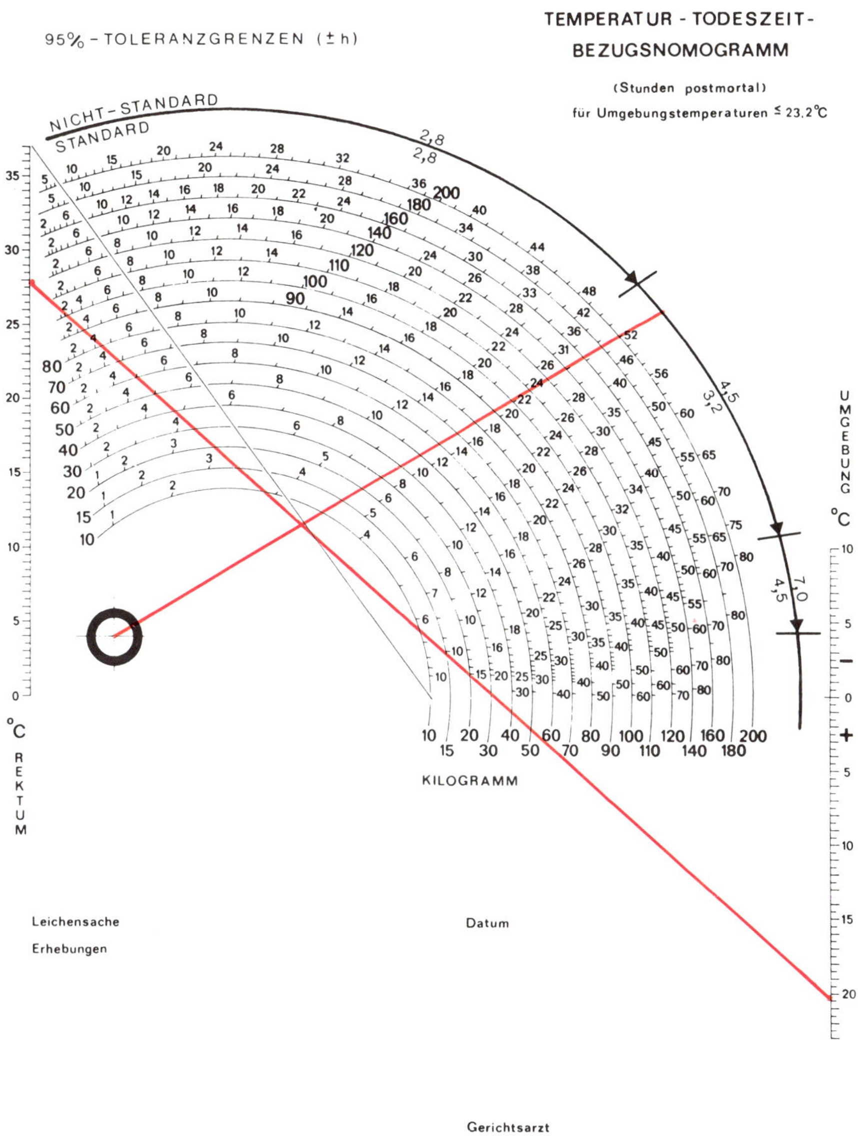

Nomogramm nach *Henßge*

Die grobsichtig erkennbaren Totenflecken werden in erster Linie durch den postmortalen prallen Füllungszustand der Hautgefäße geprägt. Das Blut aus den Hautkapillaren wird in hintereinandergeschalteten Venennetzen gesammelt. Die Venen des Kapillarkörpers münden in das subkapilläre Venennetz. Dies enthält die größte Blutmenge der Haut und wird von *Petersen* als „venöses Hauptnetz" bezeichnet. Das Blut fließt schließlich über größer kalibrige Venen ins kutane Venennetz, wo die Venen schon ab und zu Klappen enthalten.

Alle diese Gefäße, besonders natürlich die Kapillaren, sind am Zustandekommen der Totenflecken beteiligt, jedoch nicht mehr die subkutanen Venen.

Die pralle Gefäßfüllung ist eine Folge des Sistierens der Herztätigkeit. Das Blut folgt nunmehr den physikalischen Gesetzen der Schwere und senkt sich in die abhängigen Körperpartien (hypostatische Totenflekken). Dieser Vorgang kann teilweise schon in der Agonie beginnen. In den unteren Wangenpartien beobachtet man dann manchmal die sogenannten „Kirchhofrosen".

Nach einiger Zeit beginnen die Erythrozytenmembranen infolge Autolyse und Fäulnis durchlässig zu werden, der rote Blutfarbstoff tritt aus, das Serum wird hämolytisch. Die Gefäßwände werden bald permeabel, so daß hämolytisches Plasma die Wandungen durchdringt und das umgebende Gewebe durchtränkt (Imbibititions- oder Diffusions-Totenflecken).

Während die Totenflecken im Stadium der Hypostase bei Umlagerung der Leiche wiederum nach einiger Zeit an den abhängigen Partien erscheinen (Wandern der Totenflekken) und auf Fingerdruck auch noch wegdrückbar sind (Abblassen vor der drückenden Fingerkuppe), wandern die Diffusionstotenflecken nicht mehr und lassen sich auf leichten Fingerdruck auch nicht mehr zum Abblassen bringen. (Bei starkem Druck mit harten Gegenständen sind sie allerdings noch längere Zeit wegdrückbar.)

Hilgermann hat neuerdings diese bisher gültigen Theorien aufgrund histochemischer Untersuchungen angezweifelt. Nach ihm sind die Übergänge von den hypostatischen zu den sogenannten Diffusions-Leichenflekken fließend. Eine ausgedehnte Hämolyse tritt erst sehr spät auf. Sie ist im übrigen wegen der mangelnden Farbintensität eine „optisch belanglose Angelegenheit".

Die Fixation der Hypostasen resultiert vielmehr aus einer postmortalen Hämokonzentration durch einen transvasalen Plasmaverlust des Leichenblutes. Der Wasserverlust des Blutes tritt nämlich im Regelfall schneller ein als die Hämolyse. Die Hämolyse hat tatsächlich nur eine geringe Beziehung zum Totenfleck. Hilgermann schlägt daher vor, nur noch von „verschieblichen" und „fixierten" Totenflecken zu sprechen, nicht mehr dagegen von „hypostatischen" und „Diffusions"-Flecken.

Für die Praxis ändert sich hierdurch allerdings nichts, gleichgültig, ob das Stadium der Nichtwegdrückbarkeit durch Hämokonzentration in den Gefäßen oder durch Imbibition des umgebenden Gewebes zustande kommt.

Aufgrund der dargelegten Gegebenheiten wird es verständlich, daß sich die Totenflekken zunächst gering (meist am Hals zuerst sichtbar) und mit zunehmender Gefäßfüllung stärker und flächenhaft ausbreiten.

Der Druck in den Kapillaren kann so groß werden, daß diese rupturieren und es zu postmortalen Blutungen kommt (vielleicht spielen auch Diapedeseblutungen eine Rolle). Diese sich als dunkelrote, meist rundliche, punktförmige bis linsengroße Flecken darstellende Blutungen werden auch Vibices genannt. Sie dürfen nicht mit vitalen Vorgängen verwechselt werden.

Selbstverständlich sammelt sich das Blut auch an den abhängigen Partien der inneren Organe. Hier ist besonders auf die Lungen zu achten, in denen auch postmortal noch ein Ödem entstehen kann (*Holmstedt* bei *Prokop*). Ferner müssen die hypostatischen Vorgänge in den Nieren, den Darmschlingen, der Leber und dem Gehirn richtig eingeordnet werden. Besonders dürfen hypostatische Blutungen in der Kopfschwarte nicht mit vitalen Vorgängen verwechselt werden (*Mueller*).

An den Aufliegestellen der Leiche und Körperstellen, an denen das Gewebe durch Kleidungsstücke oder Hautfalten (durch die Lage fixiert) zusammengepreßt wird, bilden sich die Totenflecken infolge Gefäßkompression nur wenig oder überhaupt nicht aus (Abb. 2). Diese Stellen sind dann ausgepart und geben manchmal verschiedene Muster wieder, z. B. die Abdrücke von Gräsern einer Wiese, von Steinen eines Kiesweges u. a. mehr.

Besondere Bedeutung hat eine Aussparung am Halse, die durch zu enge Kleidung entsteht und sich ringförmig und hell gegen die blaurötliche Verfärbung der Totenflecken abhebt. Sie darf keinesfalls mit einer Strangulationsmarke in Beziehung gebracht werden (vgl. hierzu auch Kapitel 4).

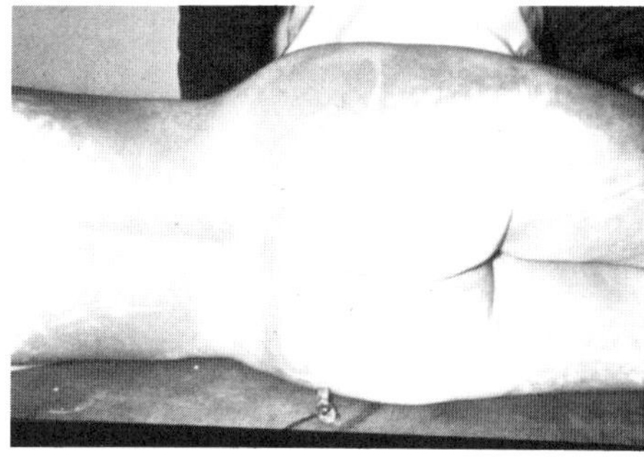

Abb. 2 Totenflecken und ihre Aussparung an den Auflagestellen

1.4.2.2 Die Farbe der Totenflecken

Üblicherweise stellen sich die Totenflecken zunächst als fleckförmige, dann zusammenfließende, flächenhafte **grauviolette** bis **blauviolette,** livide Verfärbungen dar, die die schon beschriebenen Aussparungen aufweisen. Die Farbe erklärt sich dadurch, daß die Gewebe auch noch nach dem Tode (= Hirntod) Sauerstoff verbrauchen. Die postmortale Säuerung soll die Sauerstoffabgabe aus dem Blut noch begünstigen. Das **Blut** in den Totenflecken ist somit normalerweise sauerstoffarm und daher **dunkelrot.**

Von dieser „Normalfarbe" der Totenflecken gibt es häufig Abweichungen. Insbesondere findet man des öfteren **hellrote** Totenflecken. Dies ist in erster Linie in der **Kälte** der Fall. Legt man Leichen mit „normalgefärbten" Totenflecken bei +4° C in die Kühlboxen, so färben sich die Totenflecken allmählich hellrot. Sogar beim Auflegen auf einen sehr kalten Sektionstisch kann man nach einiger Zeit einen hellroten Rand um die sonst blauvioletten Livores feststellen. Bei kalten Leichen und weniger kaltem Tisch tritt das umgekehrte Phänomen auf, wie überhaupt die Kältetotenflecken selten ganz gleichmäßig hellrot sind („zonierte" Livores, d. h. zonenartig verfärbte).

Die Hauptursache dieses Phänomens ist ein in der Kälte herabgesetzter Sauerstoffverbrauch der Gewebe. Feuchtigkeit (geringere Verdunstung in der Kälte!) begünstigt den Sauerstoffzutritt. Hinzu kommt, daß die Affinität des Sauerstoffs zum Hb in der Kälte größer ist, das Blut ist daher nicht mehr in der Lage, entsprechend Sauerstoff abzugeben (vgl. auch im Kap. 6 „Unterkühlung").

Eine weitere Ursache für eine hellrote Färbung der Totenflecken stellt die **CO-Vergiftung** dar. Da bekanntlich die Affinität des Kohlenmonoxids zum Hb etwa 220mal größer ist als die des Sauerstoffs, tritt bei Vergiftungen die typische kirschrote Farbe des CO-Hämoglobins in Erscheinung, die wegen der festen Bindung auch postmortal erhalten bleibt.

Hellrotes Blut und damit hellrote Totenflecken finden sich auch bei der **HCN-Vergiftung.** Wegen der hohen Affinität des CN-Ions zum Atmungsferment (Zyanidfermentkomplex) geht die Fähigkeit der Sauerstoffübertragung verloren. Das Blut kann keinen Sauerstoff mehr abgeben, es wird hyperoxaemisch und hellrot. Diese Farbe kann sogar das Venenblut annehmen.

Blaßrose Totenflecken findet man bei **größeren Blutverlusten.** Die im Körper verbliebene Blutmenge reicht nicht aus, die entsprechenden abhängig gelegenen Gefäße genügend zu füllen. Die Totenflecken sind daher auch nur spärlich ausgeprägt.

Bei Verlust **sehr großer Blutmengen** gibt es manchmal so gut wie **keine** Totenflecken.

Bei **geringen Blutmengen** kann es **länger als gewöhnlich** dauern, bis sich die Gefäße so weit gefüllt haben, daß die Livores sichtbar in Erscheinung treten. Dagegen kommt es bei flüssigem Leichenblut ohne Blutverlust zu verhältnismäßig schneller Hypostase.

Liegen Vergiftungszustände vor, die zu **Methämoglobinbildung** geführt haben, so nehmen die Totenflecken oft eine braunrote (bis schokoladenbraune) Farbe an.

Tabelle 1 Farbe der Totenflecken und diagnostische Rückschlüsse

livide	hellrot	blaßrosa	braunrot	violettrot	grünbraun
kein Rückschluß möglich	Kälte, CO, HCN	innere/ äußere Blutverluste	Met-Hb	Wärme, Stauung vor dem Herzen	Fäulnis, Sulf-Hb

1.4.2.3 Das zeitliche Auftreten der Totenflecken: Todeszeitbestimmung

Die Livores können, wie bereits erwähnt, in schwacher Form, meist zuerst am Halse sichtbar, schon in der Agonie auftreten. Im übrigen schwanken die Zeitangaben in der Literatur verhältnismäßig stark. Exakte Untersuchungen unter Beachtung von Temperatur, Todesursache und Farbintensität wären wünschenswert. Läßt man die Angaben aus dem 19. Jahrhundert außer acht, so liegen die Zeitspannen etwa folgendermaßen:

Tabelle 2 Zeitliches Auftreten des Totenflecken (nach Literaturangaben von *Hilgermann)*

deutliches Auftreten	20–60 Minuten
Konfluktation	2–6 (bis 10) Stunden
Umlagerbarkeit (vollständig)	2–4–6 Stunden
Umlagerbarkeit (unvollständig)	3–12–24 Stunden
Wegdrückbarkeit (vollständig)	6–8–12 Stunden
Wegdrückbarkeit (unvollständig)	8–14–20 Stunden (teilweise bis zu 36 Stunden)

Prokop gibt aufgrund eigener Erfahrung folgende Zeiten an:

Tabelle 3 Zeitliches Auftreten der Todesflecken nach *Prokop*

deutliches Auftreten	30 Minuten
Beginn des Konfluierens	120 Minuten
Wegdrückbarkeit	bis maximal 20 Stunden
Wegdrückbarkeit mit harten Gegenständen	bis zu 36 Stunden

Dies sind Werte, die mit den obigen Durchschnittszeiten der Literatur gut übereinstimmen.

Da alle postmortal ablaufenden Vorgänge weitgehend temperaturabhängig sind (lange Zeitspannen in der Kälte, kurze in der Wärme), so ist es nicht verwunderlich, daß die Wegdrückbarkeit in der Kälte länger erhalten bleibt.

1.4.3 Die Totenstarre (Rigor mortis)

1.4.3.1 Allgemeine Vorbemerkungen

Unter Totenstarre, auch Rigor mortis genannt, versteht man die eigentümliche Erstarrung der Muskulatur nach dem Tode, deren Ursachen bis in die neueste Zeit hinein nicht vollständig aufgeklärt wurden. Aufgrund von Arbeiten der letzten Jahrzehnte weiß man jedoch, daß der Erscheinung komplizierte, biochemische Vorgänge zugrunde liegen und daß die Hauptursache im Absinken des ATP (= Adenosintriphosphat)-Spiegels post mortem besteht.

Der Rigor mortis hat von jeher das Interesse, insbesondere des forensischen Mediziners, erregt und man hat sich bemüht, zeitliche Gesetzmäßigkeiten aufzufinden, die es ermöglichen sollten, den jeweiligen Ausbildungsgrad der Starre zur Todeszeitbestimmung heranzuziehen. Dabei war besonders die Tatsache von Bedeutung, daß die Leichenstarre nicht die ganze Muskulatur auf einmal befällt. Die Literatur hat sich bisher überwiegend mit dem Eintritt der Starre, jedoch kaum mit der für die Todeszeitbestimmung besonders wichtigen Lösungszeit beschäftigt. Hier ist es erst in den letzten Jahren gelungen, wesentliche neue Erkenntnisse zu gewinnen *(Forster, Ropohl, Raule)*.

1.4.3.2 Das physikalische Verhalten des totenstarren Muskels

Bekanntlich ist der Muskel ein elastischer (anisotroper) Körper. Dehnt man den Muskel über ein gewisses Maß hinaus, so bleibt ein irreversibler (plastischer) Dehnungsrückstand. Der Muskel ist also sowohl elastisch als auch plastisch verformbar.

In der Totenstarre verliert der Muskel weitgehend seine Elastizität. Aber auch die plastische Verformbarkeit nimmt ab. Beginnt sich der Rigor mortis zu lösen, so kommt es zunächst zu einer Zunahme der plastischen Verformbarkeit, erst später (nicht immer zu beobachten) auch zu einer solchen der elastischen Dehnung (Abb. 3).

Man kann also folgenden Satz aufstellen: **Die Totenstarre beginnt mit der Verringerung der Elastizität, sie löst sich mit der Vergrößerung der plastischen Verformbarkeit.**

Die sich ändernden Eigenschaften des totenstarr werdenden und sich lösenden Muskels können mit verschiedenen Meßmethoden im Dauerversuch dargestellt werden (z. B. Physioskop mit automatischer Kamera).

Lange Zeit hat man sich mit der Frage beschäftigt, ob sich der totenstarr werdende Muskel verkürzt, ob es also die sogenannten „Sommerschen Leichenbewegungen" gibt.

Eingehende Versuche von *Forster* in den 60er Jahren haben zu der Feststellung geführt, daß eine Muskelverkürzung im Rigor mortis nur dann auftritt, wenn sich der Muskel in gedehntem oder angespanntem Zustand befindet. Dies kann sich bei entsprechender Lagerung mit Nichteinhaltung der Mittelstellung von Gelenken ergeben, aber auch bei Tonuserhöhungen durch Gifte (z. B. E 605).

Lageveränderungen der Gliedmaßen einer Leiche werden allerdings nur insoweit eine Rolle spielen, als nur Extremhaltungen zu Spannungszuständen führen, die Verkürzung hervorrufen. Die Arbeit, die der Muskel durch seine Verkürzung in der Starre leistet, ist von der Temperatur und der Belastung (Vordehnung) abhängig. Sie ist im Vergleich zum lebenden Muskel außerordentlich gering. Mit **sonderlichen Veränderungen der Haltungen nach Todeseintritt ist also kaum zu rechnen.**

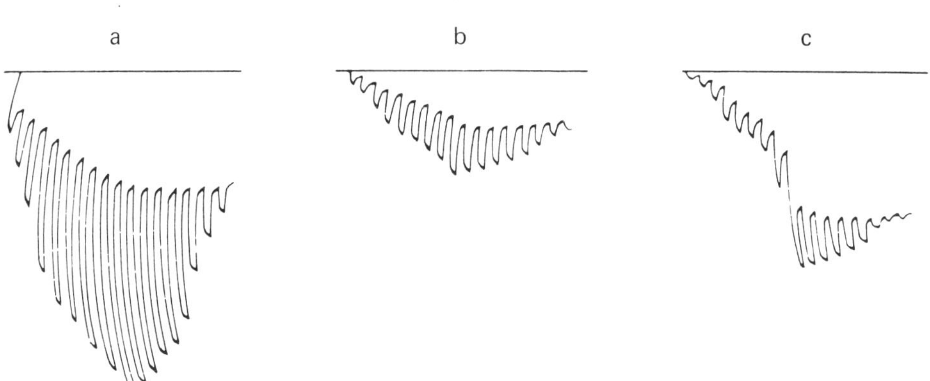

a) Frischmuskel b) Höhepunkt der Starre c) Beginnende Lösung

Abb. 3 Originalkurve einer Muskelmessung mit zu- und abnehmenden Gewichten. Vergleich einer Messung im Frischzustand mit einer solchen im Zustand der Totenstarre und bei beginnender Lösung der Starre

Auch Herzmuskel und glatte Muskeln werden totenstarr. Während der Herzmuskel ähnlichen Gesetzmäßigkeiten folgt, wie der Skelettmuskel, zeigt die glatte Muskulatur teilweise ein abweichendes Verhalten (z. B. noch lange ablaufende postmortale Peristaltik).

1.4.3.3 Die chemischen Vorgänge bei Ablauf der Totenstarre

Auf die teilweise sehr komplizierten Vorgänge braucht hier nur kurz eingegangen zu werden.

Die Ursache des Starrwerdens der Muskulatur liegt in einer Vernetzung der Actin- und Myosinfilamente des Muskels, die wiederum auf den Verlust des „Weichmachers" ATP zurückzuführen ist (Adenosintriphosphat).

Interessanterweise nimmt jedoch unmittelbar nach dem Tode der ATP-Gehalt zunächst zu, so daß erst eine Erweichung des Muskels in Erscheinung tritt, die als solche schon lange bekannt war und als „primäre Dilatation" bezeichnet wird.

Die ATP liefernden Substanzen werden jedoch postmortal abgebaut. Es sinkt also auch der ATP-Spiegel mit der Zeit ab. Sowohl die anaeroben Quellen (Kreatinphosphat, Glykogenolyse) als auch der aerobe Abbau (Glykolyse) versiegen. Ferner spielt die ATPase-Aktivität als ATP spaltendes Ferment eine Rolle.

Über die Biochemie der Starrelösung weiß man noch fast nichts. Sicher sind Fäulnis und Autolyse nicht die **alleinigen** Ursachen für eine Rigorlösung.

Geschwindigkeit und Art der postmortalen Abläufe sind weitgehend temperaturabhängig. Ferner spielt die Todesart eine wesentliche Rolle, z. B. bei Eingriff in den ATP-Stoffwechsel durch Gifte oder Beanspruchung der Muskulatur vor dem Tode. Bei bestimmten Giften (Pentachlorphenol, Dinitrophenol) kann im Tierversuch eine geradezu kataleptische Totenstarre erzielt werden: Wenige Sekunden (!) nach dem letzten Atemzug sind die Tiere vollständig starr. Das Stadium der „primären Dilatation" tritt nicht in Erscheinung.

1.4.3.4 Der Einfluß der Temperatur und Todesart auf den zeitlichen Ablauf der Totenstarre

Durch die Entwicklung neuer Methoden zur exakten Registrierung der Stadien der Totenstarre, insbesondere auch der beginnenden Lösung, konnte der Einfluß der Temperatur und der Todesart auf den zeitlichen Ablauf näher geklärt werden. Es zeigte sich, daß die Temperatur eine noch weit größere Rolle spielt, als früher angenommen worden war. Dies gilt besonders für die Zeit bis zum Lösungsbeginn, während sich Temperaturunterschiede beim Eintritt der Starre (Ausgangswert 37° C Temperatur, vollständige

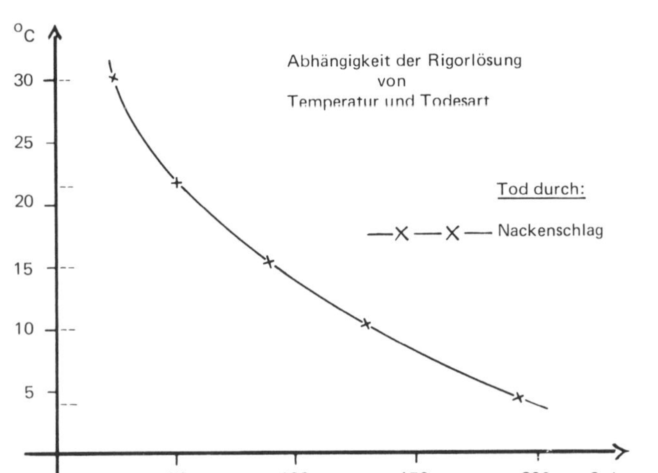

Abb. 4 Abhängigkeit der Rigor-Lösung von der Temperatur bei Tod durch Nackenschlag, jeder Meßpunkt stellt den Mittelwert von 15 Tieren dar

Ausbildung meist schon nach wenigen Stunden) nicht so sehr bemerkbar machen.

Eine typische, am Warmblütermuskel gewonnene Temperaturkurve zeigt die Abbildung 4. Aus dieser Kurve läßt sich zweierlei entnehmen:

1. Je kühler die Temperatur, desto länger hält die Starre an
2. Der Einfluß von Temperaturänderungen um wenige Grade ist um so größer, je tiefer die Temperatur ist.

Am Beispiel des schon erwähnten Todes durch Pentachlorphenol läßt sich zeigen, daß durch Gifte nicht nur der Eintritt der Starre, sondern auch die Lösung – wobei die Temperaturabhängigkeit erhalten bleibt – erheblich schneller erfolgen **kann** (Abb. 5).

Wir fassen zusammen: Die zwei wesentlichsten Faktoren, die die **Dauer des Rigor** beeinflussen, sind **Temperatur** und **Todesart.**

Bei hoher Temperatur hält die Starre kürzer an, bei tiefer länger. Alle Todesarten, die den ATP-Stoffwechsel beeinflussen (auch prämortale physiologische Vorgänge, z. B. Beanspruchung der Muskulatur), wirken sich auch auf die Rigordauer aus.

1.4.3.5 Der zeitliche Ablauf der Totenstarre. Nystensche Regel

Nach Literaturangaben soll die Totenstarre im Kiefergelenk in der Zeit von **30 Minuten bis 2–4 Stunden** post mortem nachweisbar sein.

Die vollständige Ausbildung des Rigor der Skelettmuskulatur ist nach **6–9 Stunden** erfolgt. Zeiträume von 3–4 Stunden kommen jedoch vor.

In seltenen Fällen kann die Totenstarre allerdings unmittelbar nach dem Tode in Erscheinung treten. Man spricht von **„Kataleptischer" Totenstarre.** Derartige Fälle sind früher im Zusammenhang mit Kriegserlebnissen berichtet worden, wo Soldaten nach Kopfschüssen (Enthirnungsstarre) sofort in den Rigor mortis verfallen sein sollen. Einen wissenschaftlichen Beweis derartiger Vorkommnisse ist man bisher allerdings schuldig geblieben. Dagegen gibt es im Tierversuch – worauf schon eingegangen wurde – eine kataleptische Totenstarre nach bestimmten Giften. Die Reihenfolge, in der die Starre die Muskeln des Körpers befällt, wurde früher als „absteigende Reihe" angenommen, d. h. Beginn am Kiefergelenk, zuletzt Starrwerden der Beine.

Dieser Ablauf wird auch als **Nystensche Regel** bezeichnet. Von dieser Regel gibt es jedoch zahlreiche Ausnahmen, was nicht verwundert, wenn man sich die ATP-Theorie ins Gedächtnis zurückruft. Werden z. B. die Beinmuskeln vor dem Tode besonders stark beansprucht, kann hier der Rigor eher eintreten als an den Armen (sogenannte „Läuferstarre"). Es fehlen allerdings hierzu

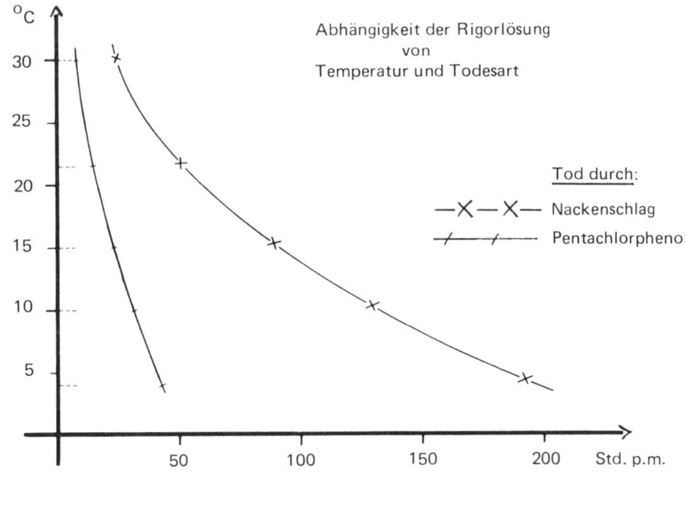

Abb. 5 Vergleich der Rigor-Lösungskurven nach Tod durch Nackenschlag (rechte Kurve) und Pentachlorphenol (linke Kurve)

noch eingehende experimentelle Untersuchungen.

Von Bedeutung ist, daß sich der **Rigor,** wird er in den ersten Stunden **gewaltsam gebrochen, erneut wieder ausbildet.** Als Grenze eines solchen Wiedereintretens wird die **7. bis 8. Stunde** genannt.

Nach der bisherigen Lehrmeinung hielt die Totenstarre nach voller Ausbildung 24–48 Stunden an, bei größerer Kälte auch länger, und begann sich dann wieder zu lösen.

Wir haben schon gezeigt, daß die Temperaturabhängigkeit viel größer ist, als angenommen. Auch die Ansicht, daß sich die Starre erst nach Tagen zu lösen beginnt, muß korrigiert werden: Der echte Lösungsbeginn kann nur mit exakten Meßmethoden ermittelt werden.

1.4.3.6 Die Messung der Totenstarre. Tatsächlicher Ablauf

Üblicherweise wird die Totenstarre an den Beinen so gemessen, daß man mit der einen Hand den Oberschenkel unterstützt, mit der anderen den Fuß an den Knöcheln ergreift und nun versucht, das Bein im Kniegelenk zu beugen. Die Einschätzung des Starregrades erfolgt subjektiv, je kräftiger der Untersucher, desto eher wird er die Totenstarre brechen können. Dies gelingt allerdings nicht, wenn die Starre ihren Höhepunkt erreicht hat. Bei einer derartigen Meßmethode wird nicht berücksichtigt: Die Stärke der Oberschenkelmuskulatur, der lange Hebelarm (Unterschenkel), der kurze Hebelarm (Drehpunkt im Kniegelenk) sowie die genaue Kraft, die benötigt wird, um die Starre eben zu brechen.

Unter Berücksichtigung aller dieser Faktoren wurde im Freiburger Institut für Rechtsmedizin eine Formel entwickelt (FRR-Formel = Freiburger Rigorformel), die es ermöglicht, exakte Starrewerte zu erhalten. Da der Querschnitt der Oberschenkelmuskulatur nicht direkt meßbar ist, wurde als Vergleichswert der Oberschenkelumfang quadriert (Abb. 6).

$$\mathrm{FRR} = \frac{p \cdot l_1}{U^2 \cdot l_2} \cdot 100$$

p = Zugkraft (kp)
l_1 = Unterschenkellänge (cm)
l_2 = kleiner Hebelarm (cm)
U = Oberschenkelumfang (cm)

FRR	Starregrade	Starrebefund
≥ 5,5	1	volle Starre
< 5,5–4,0	2	sehr schwer lösbar
< 4,0–2,5	3	schon gut lösbar
< 2,5–1,3	4	teigig – weich
< 1,3–0,2	5	geringe Reststarre
< 0,2	6	volle Lösung

Abb. 6 Messung des Rigor mortis

Die Messung selbst erfolgt mit einer Federwaage mit Maximum-Anzeige. Bei Einsetzen der erhaltenen Meßwerte in die Formel ist man unabhängig vom subjektiven Eindruck und vor allem auch von der Dicke der Muskulatur (erwachsener muskulöser Mann – Kleinkind).

Mit Hilfe derartiger Messungen konnte nachgewiesen werden, daß der Eindruck „volle Starre" FRR-Werten von 5,5 bis 30 zuzuordnen ist, daß die **Starre** jedoch keineswegs gleichsam plateauförmig bis zur beginnenden Lösung in ein und derselben Stärke anhält, sondern sich **unmittelbar nach Erreichen des Höhepunktes** (= stärkster Starregrad) **zu lösen beginnt.**

Somit ist man jetzt in der Lage, aus den FRR-Werten auch für die Zeit der angeblich „voll ausgebildeten" Totenstarre Rückschlüsse auf die Todeszeit zu ziehen (vgl hierzu die Abb. 7). Verläuft doch die Kurve in dieser Zeitspanne keineswegs als Gerade!

1.4.3.7 Totenstarre und Todeszeitbestimmung

Zweifellos ist die Totenstarre hervorragend geeignet, den Todeszeitpunkt für die sogenannte „mittlere Periode", d. h. für die 6. bis 300. Stunde (je nach Temperatur) post mor-

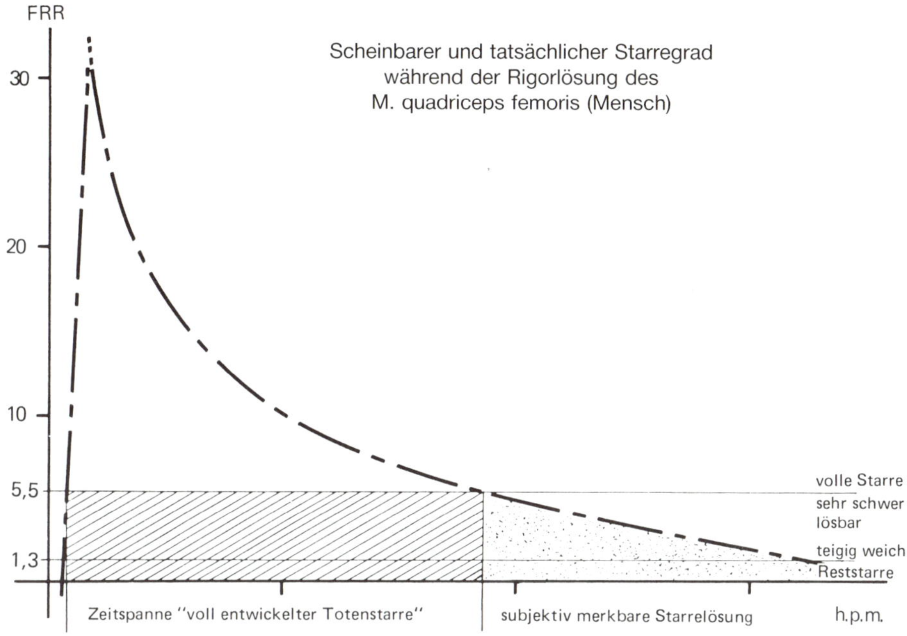

Abb. 7 Schema des Starreverlaufes

tem zu ermitteln. Auch für die frühe Todeszeitbestimmung kann die sich ausbildende Starre mitherangezogen werden. Wenn erst genügend Werte mit der FRR-Formel gesammelt sind, wird man für die einzelnen Temperaturbereiche entsprechende Zeitkurven aufstellen können. Vorerst wird man sich noch mit groben Schätzungen begnügen müssen (abgesehen von den Zeitpunkten der weitgehenden Lösung), wie sie oben dargelegt wurden:

- Beginn der Starre (Kiefergelenk): 30 Minuten bis 2–4 Stunden
- vollständige Ausbildung: (4) bis 6–9 Stunden
- Beginn der Lösung (Definition im alten Sinne): 50–300 Stunden

Für den Zeitpunkt „Starre weitgehend gelöst" kann man jetzt bereits exaktere Zeiten angeben, die aus der Temperaturkurve der Abb. 4 entnommen werden können. Auch diese Zeiten streuen zwar, geben aber recht gute Anhaltspunkte und lassen gute Todeszeitschätzungen zu.

1.4.4 Das Verhalten der Pupillen nach dem Tode

In der Literatur finden sich über das Verhalten der Pupillen nach dem Tode recht unterschiedliche, z. T. sogar widersprüchliche Meinungen.

Neueste Untersuchungen an Kaninchen ergaben trotz verschiedener Todesarten und prämortaler Applizierung von pupillenerweiternden und -verengernden Mitteln ein gleichartiges postmortales Verhalten.

Es gibt also eine **Eigengesetzmäßigkeit des postmortalen Pupillenverhaltens.**

Der Augendruck spielt beim Pupillenspiel nach dem Tode keine entscheidende Rolle. Er ist nach 22–24 Stunden auf 0 abgesunken.

Die Ursache der postmortalen Pupillenänderungen ist in der Totenstarre zu sehen. Eine **Erweiterung** scheint in zeitlichem Zusammenhang mit dem **Eintritt** der Starre, eine **Verengung** mit der **Lösung** des Rigor aufzutreten.

Die Bedeutung dieser Ergebnisse liegt darin, daß eine alleinige Bewertung der Pupillenweite post mortem keinen Rückschluß auf die Todesart und intravitale Vorgänge zuläßt. Der jeweilige Pupillenzustand ist vielmehr im Zusammenhang mit der Todeszeit zu sehen.

1.4.5 Das Verhalten des Blutes post mortem

Die Gerinnungsvorgänge des Leichenblutes (bzw. die Ursachen des Ausbleibens der Gerinnung) sind außerordentlich kompliziert und noch keineswegs bis ins letzte aufgeklärt. Sie sind für den Studenten in ihren Einzelheiten von untergeordneter Bedeutung. Es sei deshalb hier nur eine kurze Darstellung gegeben.

Mit dem Sistieren des Blutkreislaufes infolge des Herzstillstandes kommt es zunächst zu einer intravasalen Blutgerinnung. Während des Lebens besteht bekanntlich ein Gleichgewicht zwischen Fibringerinnung und Fibrinolyse: es gerinnt ständig Fibrin und wird wieder gelöst. Postmortal ist die Fibrinolyse zunächst vermindert. (Ähnlich wie bei der Stase, bei der Thrombokinase aus zerfallenden Thrombozyten und Endothelzellen freigesetzt wird). Das geronnene Blut zeigt sich in roten Cruor – oder weißlichen Speckhautgerinnseln.

Die Speckhautgerinnsel finden sich vor allem dann, wenn vor dem Tode die Blutsenkung erhöht war oder wenn die postmortalen Gerinnungsvorgänge verzögert ablaufen (z. B. bei langer Agonie).

Unabhängig von diesen Vorgängen kann man in **vitro** feststellen, daß frisch entnommenes Blut soeben Verstorbener auch dann gerinnt, wenn es in der Leiche (noch) flüssig bleibt. Diese Gerinnungsfähigkeit hält bis zu etwa 3 Stunden post mortem an (später nicht mehr, da das Fibrinogen schwindet).

In der **Leiche** gerinnt das Blut **nicht,** wenn es sich um **plötzliche Todesfälle,** um gewisse **Vergiftungen** (z. B. Kohlenmonoxid, Blausäure) sowie vor allem um einen Tod durch äußere oder innere **Erstickung** handelt.

Die Annahme, daß das Blut zuerst auch in diesen Fällen gerinne, sich dann aber wieder verflüssigt, ist wahrscheinlich unrichtig. Nach *Berg* ist vielmehr anzunehmen, daß die „fibrinolytische Kraft" erhöht ist und es noch während des Gerinnungsvorganges zu einer Fibrinolyse im Profibrin-Stadium kommt, d. h. also, vor der Gelbildung.

1.4.6 Die postmortalen Veränderungen an Haut und Schleimhäuten

1.4.6.1 Fäulnis / Verwesung

Nach dem Tode wird die Haut, wie auch andere Gewebe, optisch dichter und mechanisch fester.

Als erstes grobsichtig deutlich erkennbares Zeichen der Fäulnis an der Haut findet sich im Bereich des Unterbauches (meist rechts zuerst) eine **Grünverfärbung** (graugrünlich). Es handelt sich hierbei offenbar um die Bildung von Sulfhämoglobin.

Das aus den Gefäßen austretende Hämoglobin wandelt sich etwas später ebenfalls in Sulfhämoglobin um (Sauerstoff-Diffusion erforderlich). Dadurch zeichnet sich der Verlauf der Venennetze mehr oder weniger scharf und deutlich ab. Man spricht vom sogenannten **„Durchschlagen" der Venennetze** (Abb. 8).

In späteren Stadien tritt durch den Gasdruck Gewebswasser und Fäulnisflüssigkeit bis unter die Oberhaut und hebt sie ab. Es entstehen **Fäulnisblasen,** deren Inhalt mit der Zeit dunkelviolett wird. Die Fäulnisblasen dürfen nicht mit **Brandblasen** (vitale Reaktion!) oder mit den **Blasen der Barbituratvergiftung** (vgl. Kap. 14) verwechselt werden.

Schließlich öffnen sich die Blasen und die Haut läßt sich in Fetzen abziehen.

Bei der Verwesung wird die Haut braun und lederartig (vgl. 1.4.7.1).

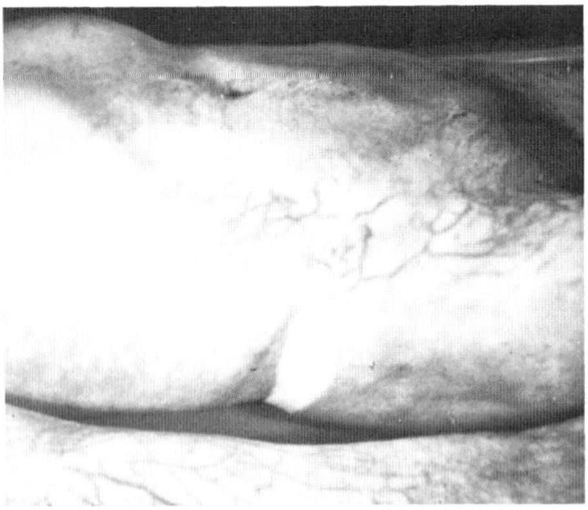

Abb. 8 Durchschlagen der Venennetze an Arm und Rumpf

1.4.6.2 Vertrocknung

Hautvertrocknungen an einzelnen Stellen können schon sehr bald nach dem Tode auftreten. Man unterscheidet zweckmäßigerweise Vertrocknungen unverletzter Hautpartien und solche nach (traumatischer) Abschürfung sowie Tierfraß. Die Ursache der Vertrocknung ist die Wasserabgabe des Gewebes.

a) Vertrocknungen unverletzter Hautpartien
Die Haut ist im großen und ganzen zu dick, als daß überall entsprechende Wasserabgabe zu Vertrocknungen führen könnte. Dagegen findet man an bestimmten Stellen, insbesondere bei Kleinkindern, recht typische postmortale Hautvertrocknungen.

Zunächst sei die **Cornea** erwähnt, an der man bei offenen Augen schon nach einer Stunde eine Trübung feststellen kann. (Bei hoher Luftfeuchtigkeit braucht dies allerdings auch nach mehreren Stunden noch nicht der Fall zu sein.) Geschlossene Augen zeigen durchschnittlich nach 24 Stunden eine Trübung (Temperaturabhängigkeit!).

Die **Konjunktiven** trocknen mit der Zeit graubräunlich ein.

Weitere Prädilektionsstellen postmortaler Hautvertrocknungen sind die **Schleimhäute,** hier besonders in die Augen fallend das Lippenrot, vorwiegend bei Kindern. Leichter als anderswo kommt es auch zu Vertrocknungen am Scrotum, an der Vorhaut, an den Labien.

Die Hautvertrocknungen sind von braunroter Farbe und fester (teils lederartiger) Konsistenz.

Erwähnt sei, daß das postmortale Hervortreten der Barthaare nicht etwa auf einem Wachstum derselben, sondern auf Nachlassen des Hautturgors (auch infolge von Eintrocknung) beruht.

Wichtig ist ferner, daß nasse Körperpartien nach Verdunsten der Flüssigkeit an den entsprechenden Stellen (auch an dickeren Hautpartien) leicht vertrocknen.

b) Vertrocknungen nach traumatischer Hautabschürfung
Intravital (aber auch postmortal!) entstandene Abschürfungen der Oberhaut führen an der Leiche zu braunroten, teils helleren, teils dunklen, lederartig festen Vertrocknungen. Diese Tatsache ist von außerordentlicher Bedeutung, da die genannten Erscheinungen wichtige diagnostische Rückschlüsse zulassen.

Bei Verkehrsunfällen können die Leichen geradezu das Profil der Reifen als Vertrocknungsspuren zeigen, Anstoßstellen lassen sich u. a. hierdurch erkennen. Würgegriffe, Strangulationsfurchen, Einschußverletzungen usw. zeichnen sich oft eindeutig ab. (Einzelheiten sind den entsprechenden Kapiteln zu entnehmen.)

Man behalte schon jetzt im Gedächtnis, **daß überall da, wo Haut abgeschürft** (oft auch nur gedehnt) **wurde, postmortale Eintrocknungen die Folge sind.**

Bei **postmortal** entstandenen Hautabschürfungen, die sich oft gleichzeitig präsentieren, denke man auch an Bergungs- und Transportverletzungen.

c) Hautvertrocknungen durch Tierfraß
Hierzu siehe den folgenden Abschnitt 1.4.6.3.

1.4.6.3 Tierfraß

Länger im Freien liegende Leichen können von zahlreichen Tieren angefressen werden. Es ist von Bedeutung, derartige Spuren zu erkennen, um sie nicht mit vitalen Vorgängen zu verwechseln.

Allgemein bekannt ist der **Madenfraß.** Die Fliegen legen ihre Eier in der Leiche oft gleich nach dem Tode ab. Je nach Fliegenart und Witterung schlüpfen die Maden mehr oder weniger schnell und wachsen, sich von der Leiche nährend, heran. Aus der Länge der Maden können vorsichtige Rückschlüsse auf ihr Alter gezogen werden **(Faustregel: 1 mm = 1 Tag).** Natürlich finden sich häufig Maden unterschiedlicher Größe, da die Fliegen ständig wieder neue Eier ablegen. Je nach Bedingungen (Witterung) kann eine Leiche in 10 (sehr selten) bis 40 (oder mehr) Tagen skelettiert sein. Fliegenlarven sollen durch ihre Stoffwechselprodukte eine graubraune Hauptverfärbung verursachen können.

Von den Insekten seien noch die **Ameisen** genannt. Sie rufen oft landkartenähnliche Hautvertrocknungsspuren hervor. Ihre Sekrete können schwärzliche Verfärbungen

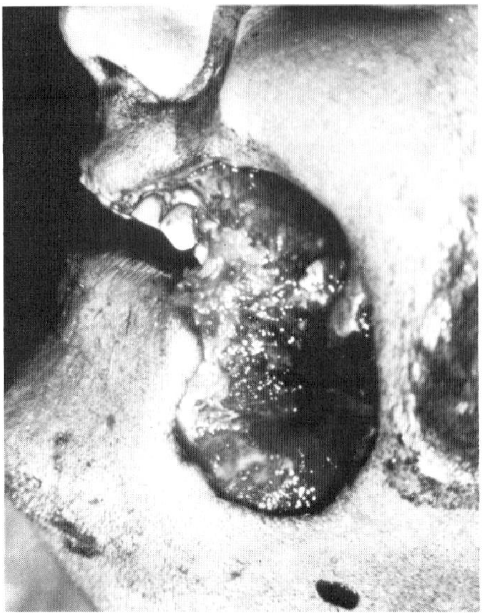

Abb. 9 Tierfraß, Weichteildefekt durch Nager

hinterlassen. Man muß sich hüten, wenn die Spuren an entsprechender Stelle sitzen, diese mit Verätzungen oder gar Würgespuren zu verwechseln. Ähnliches gilt auch für die Spuren der **Ohrwürmer.**

Bei den Säugetieren spielen besonders **Ratten** und **Mäuse** eine Rolle. Sie hinterlassen unregelmäßige, manchmal stichähnliche, von den Nagezähnen herrührende Wunden. Teilweise können die Verletzungen auch ziemlich glattrandig sein (Abb. 9).
Füchse können Leichenteile verschleppen.
Vögel lassen häufig stichähnliche Hautwunden zurück.
Bei **Hunden** gibt es bogenförmige Abschürfungen. Oft sind die Zahnabdrücke erkennbar.

Bei allen derartigen Verletzungen wird man nach **vitalen Reaktionen** fahnden müssen (vgl. Kap. 3), um Tierfraß sicher von Gewalteinwirkungen während des Lebens unterscheiden zu können.

1.4.7 Die späteren Leichenveränderungen

1.4.7.1 Autolyse und Fäulnis

Unter **Autolyse** versteht man den durch die nach dem Tod freiwerdenden Zellenzyme bewirkten Abbau organischer Substanz ohne Hilfe von Bakterien. Bei der Obduktion fällt in dieser Hinsicht häufig das „autolytisch erweichte" **Nebennierenmark** auf.

In der **Magenschleimhaut** sieht man eine Andauung mit einer Art „Durchschlagen" der Gefäßnetze (Bildung von saurem Hämatin durch die Magensalzsäure). Fast stets kommt es übrigens durch Gefäßarrosionen auch zu mehr oder weniger großen Blutaustritten. Derartige Schleimhautblutungen im Magen sind sehr häufig als postmortale (oder auch agonale) Ereignisse zu finden. Neben der Autolyse treten schon sehr bald **Fäulniserscheinungen** auf. (Absolut sicheres Todeszeichen!) Die Ursache sind **Bakterien,** die teils aus dem Darm aus-, teils durch Mund- und Nasenhöhle einwandern. Von Bedeutung ist, daß sich Fäulnisprozesse durch massive Antibiotikagaben vor dem Tode um Wochen zu verzögern vermögen *(Wagner).*

Bakterien können schon während des Lebens im Blute sein (Erkrankungen, Bakteriämien) oder aber agonal sowie postmortal übertreten. Man findet Staphylokokken, Coli, Pneumokokken, *Proteus, Bacillus mesentericus, Bacillus subtilis* und andere. Von Anaerobiern seien genannt: *Bacillus putrificus tenuis* und *Amylobacter.*

Äußerlich sichtbar treten zunächst die an der Haut beschriebenen Erscheinungen auf wie **Grünfärbung des Unterbauches, Durchschlagen der Venennetze, Fäulnisblasen, Ablösung der Oberhaut.** Die Farbe wechselt von anfangs grünlich über schmutzig rötlich, bräunlich bis tief grünschwarz. Hinzu kommt eine durch Gase bedingte Auftreibung der Körperhöhlen, aber auch des Unterhautgewebes, das dann beim Einschneiden knistert. Bei Schwangeren kann es durch Gasdruck zur sogenannten „Sarggeburt" kommen, d. h. zur postmortalen Frucht-Austreibung. Die Augenlider wirken ödematös, wie angeschwollen, die Lippen sind wulstig, Fäulnisflüssigkeit fließt aus den geplatzten Blasen, aber auch aus Mund und Nase ab. Diese hat oft eine dunkelrötliche Farbe und wird vom Unkundigen manchmal mit reinem Blut nach Verletzungen verwechselt. Auch die **inneren Organe** fallen der Fäulnis anheim. In den Körperhöhlen finden sich Fäulnistranssudate.

Die **Leber** wird weich, teigig, zeigt Gasbildung und bietet schließlich das Bild der sogenannten „Schaumleber" mit gasbedingten Hohlraumbildungen. Die Farbe ist dann dunkelgrün-mißfarben bis schwärzlich. Auch die **Milz** weist in späteren Stadien diesen grauschwarzen Farbton auf.

Das **Gehirn** wird pastenartig, grünlich-rötlich, mit der Zeit verflüssigt. Die **Gefäße** zeigen eine rote Imbibition der Innenhaut.

Nicht immer läuft die Fäulnis in klassischer Weise ab. Vielmehr kombiniert sie sich häufig mit Vertrocknungen, Verwesung, Fettwachsbildung oder Tierfraß.

Chemie der Fäulnis

Die Fäulnis ist ein im feuchten Milieu unter Bakterieneinwirkung zustande kommender teils reduktiver, teils oxidativer Prozeß. Bei ubiquitärer Keimbesiedelung bei Anwesenheit von Sauerstoff folgt zunächst eine Eiweißspaltung, bei der Peptide und Aminosäuren auftreten. Es finden sich ferner freie Amine und Carboxylgruppen. Hierbei kommt es zur Ammoniakbildung sowie zur Bildung großer Mengen von Kohlendioxid.

Der Abbau erfolgt also ähnlich wie im Vitalen. Abweichend hiervon ist die reichliche Ammoniakbildung (Stickstoff wird vital als Harnstoff ausgeschieden!). Als Produkte der Proteolyse finden sich vielfach sogenannte biogene Amine und nicht näher definierte „Leichengifte" (Ptomaine), deren alleinige Berührung natürlich ungefährlich ist.

Im Inneren der Leiche überwiegt meist die anaerobe Fäulnis. Es entfällt die decarboxylierende Verbrennung der Kohlenhydrate und Fette. CO_2 entsteht nur aus den ersten Zerfallsgliedern des Aminosäurezyklus. Der Anteil der Eigenfermente endet übrigens mit der Spaltung der Peptidketten.

An **Gasen** entstehen bei der Fäulnis in erster Linie: NH_3, CO_2, H_2S und N_2.

Verwesungsprozesse treten häufig auf, wenn die Flüssigkeiten abgesintert sind. Es handelt sich um mehr trockene, oxidative Prozesse, die zu zundrigem Zerfall der Organe führen. Die Haut schrumpft, Hautdefekte können entstehen. Häufig siedeln sich die verschiedenartigsten Schimmelpilze an.

Fäulnis und Verwesungsvorgänge führen mit der Zeit zu einer völligen **Skelettierung** der Leiche. Tier- und Madenfraß können hierbei zusätzlich eine Rolle spielen. Im Erdgrab ist mit dem **Verschwinden der Weichteile** nach etwa **3–4 Jahren** zu rechnen. Eine **Knochenentfettung** und Austrocknung erfolgt erst **nach über 10 Jahren.**

Ist der Knochen leicht und brüchig, wird man mit 300 und mehr Jahren Liegezeit zu rechnen haben. Auffallend leichte und sehr brüchige Knochen können sogar mehr als 1000 Jahre gelegen haben.

Im Freien gehen die Prozesse erheblich schneller vor sich als im Erdgrab, ferner schwanken die Zeiten je nach Temperatur, Lagerungsart (Bodenbeschaffenheit) und Tiefe der Vergrabung.

Die sogenannte **Caspersche Regel,** nach der sich ein Fäulniszustand beim Liegen an der Luft in einer Woche, im Wasser in zwei Wochen und in der Erde in 8 Wochen entwickelt, kann nur als ganz grobe Orientierung gelten. Dies mag schon die Tatsache zeigen, daß Fäulnis bei hohen Temperaturen, etwa im heißen Sommer, bereits nach Stunden deutlich erkennbar sein kann.

1.4.7.2 Mumifizierung

Die Mumifikation ist die am längsten bekannte natürliche Konservierung menschlicher Leichen. Der Vorgang der Mumifizierung besteht in nichts anderem als im Sistieren der an Wasser gebundenen chemischen Umsetzungen, die sonst zu Fäulnis führen. In einem trockenen, luftigen Milieu kann es ohne Fäulnisvorgänge zur Austrocknung kommen. Die Weichteile schrumpfen, die Haut wird fest, lederartig, braun. Mumifizierungsvorgänge können auch im Anschluß an zunächst beginnende Fäulnis auftreten (Abb. 10).

Man findet Mumien in Gewölben, auf Dachböden, in Grüften, wo manchmal auch wasserentziehende Substanzen, z. B. Salpeter, eine Rolle spielen.

Gar nicht selten sind **Teilmumifizierungen,** wobei z. B. die der Luft ausgesetzten Extremitäten und das Gesicht eingetrocknet, der übrige Körper aber weitgehend skelettiert oder noch in Fäulnis begriffen oder sogar in Fettwachs übergegangen sein kann.

Zeitdauer der Mumifikation: Als kürzester Zeitraum sind 17 Tage (heiße, trockene

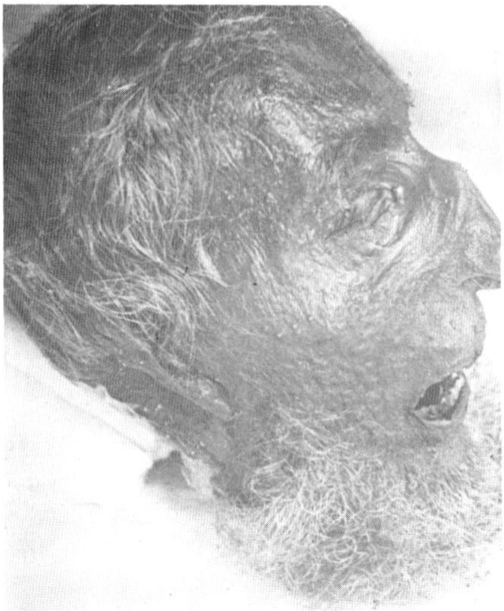

Abb. 10 Mumifizierung

Luft in Italien) angegeben worden. In anderen Fällen können jedoch, bis eine Mumifizierung eingetreten ist, Jahre vergehen.

Die **forensische Bedeutung** der Mumifizierung liegt im **Erhaltenbleiben** äußerer Konturen. **Verletzungen** können mitunter noch festgestellt werden, oft gelingt eine **Identifizierung.** Der meist lange zeitliche Ablauf läßt vorsichtige Rückschlüsse auf entsprechende Liegezeiten zu.

1.4.7.3 Fettwachsbildung (Adipocire, Leichenlipid)

Bei abnorm feuchter Lagerung können ebenfalls Leichenkonservierungen eintreten. Wir sprechen von **Fettwachs.**

Man versteht darunter eine eigenartige Umwandlung überwiegend der Weichteile einer Leiche in eine grauweiße, weiche, zuerst pastenartige Substanz, die bei entsprechenden Bedingungen sich später zu einem harten Panzer ausbilden kann.

Das Fettwachs wurde erst im Jahre 1789 anläßlich von Ausgrabungen von 15–30 Jahre inhumierten Leichen aus Massengräbern des Pariser Friedhofes des Innocents entdeckt, wenn man von zwei kürzeren Beschreibungen einige Jahrzehnte früher absehen will.

Der Name „Fettwachs" entspricht allerdings keineswegs den chemischen Gegebenheiten. Auch die ursprünglich in erster Linie diskutierte **Verseifung** (mit Kalzium und Magnesium) der in Glycerin und Fettsäuren gespaltenen Neutralfette, spielt nur eine untergeordnete Rolle.

Schon 1855 waren die wesentlichen Befunde erhoben worden: Hauptbestandteil: Palmitin- und Stearinsäure, wenig Ölsäure, praktisch kein Glyzerin, nur geringer Gehalt an anorganischen Stoffen (Kalzium). Dennoch ist bis heute die Theorie der Seifenbildung erhalten geblieben. Aufgrund neuester Untersuchungen *(Döring)* weiß man, daß sich die wesentlichen **Veränderungen bei der Fettwachsbildung** ausschließlich innerhalb der in der Leiche vorhandenen **Lipidvorräte** abspielen. Es kommt zunächst zur Hydrolyse und Verflüssigung der Fette. Hierbei folgt eine Durchtränkung des faulenden Muskelgewebes. Hydrierung und Hydroxylierung (Bakterien) führen zum Verschwinden der Ölsäure und zu einer Fetthärtung.

Fettwanderung, Volumenzunahme und Verschiebung an Stellen der gefaulten Muskulatur wandeln schließlich den Körper in

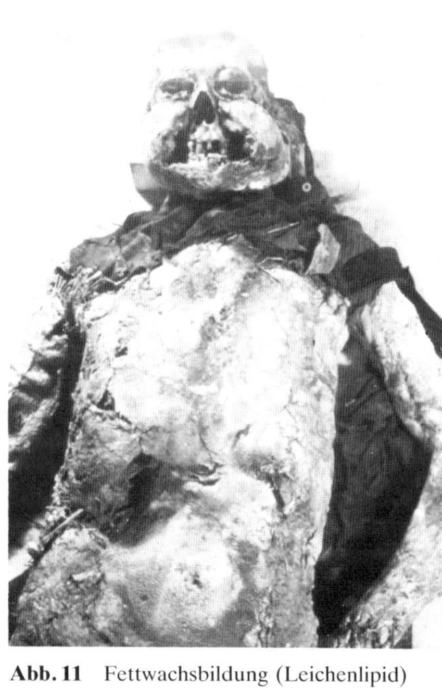

Abb. 11 Fettwachsbildung (Leichenlipid)

Fettwachs um. Kalzium und Magnesium **können** im Laufe der Zeit Seifen bilden, dies ist aber keineswegs immer der Fall.

Da Fettwachs weder aus Wachs noch aus Fett im engeren Sinne (Neutralfett) besteht, schlägt *Döring* die Bezeichnung **„Leichenlipid"** vor.

Die Fettwachsbildung braucht bis zu ihrer ersten Erkennbarkeit etwa 3–6 Monate (beobachtete Mindestzeit 6 Wochen). In ausgedehnterer Form wird man Fettwachs erst nach einem Jahr oder längerer Zeit erwarten können. Der Beginn der Umwandlung erfolgt zunächst im Unterhautfettgewebe. Dieses erhält eine grauweiße, schmierige, pastenartige Beschaffenheit und läßt zunächst noch die Lappung des Gewebes erkennen. Die Bildung schreitet dann in die Tiefe fort, bis schließlich die gesamte Muskulatur ersetzt ist. Auch das Knochenmark kann in Fettwachs übergehen (Abb. 11).

Die **Lagerungsbedingungen** für die Entstehung von Fettwachs sind, wie gesagt, ein feuchtes Milieu. Es handelt sich also um Wasserleichen, um Leichen in Gräbern mit hohem Feuchtigkeitsgehalt der Erde (Grundwasser) u. a. mehr. Auch pH-Unterschiede sollen eine Rolle spielen. So findet man angeblich in der Donau (pH um 9), deren Wasser zudem viel Kalzium enthält, mehr Fettwachsleichen als im Rhein (leicht saure Wasserreaktion).

Die **Bedeutung** der Fettwachsbildung liegt, wie bei der Mumifizierung, im möglichen **Erhaltenbleiben** von **Verletzungsspuren,** in Rückschlüssen auf die **Lagerungszeit** sowie in der **Identifizierung.**

1.4.7.4 Moorleichen

Die Konservierung von Leichen durch Moore beruht auf einem Fixationsvorgang.

Die Fixierung geschieht durch die Huminsäure, die sich besonders in Mooren bildet und den Boden sauer macht. Es handelt sich um Oxycarbonsäuren, die aus Pflanzenresten entstehen, jegliche bakterielle Zersetzung unterbinden und mit anderen organischen Säuren (z. B. Tannin) die Eigenschaft haben, zu gerben. Gegerbt wird, wie bei der Ledergewinnung, besonders das elastische Bindegewebe. Die Hautbestandteile bleiben daher gut erhalten. Muskulatur und innere Organe fallen dagegen der Verwesung anheim. Die Knochen werden entkalkt. Sie erscheinen schwarz und biegsam und erinnern an Hartgummi.

Moorleichen bestehen somit vorzüglich aus **„Haut und Knochen".** Die Haut ist dabei meist dunkelbraun. Die Kleidung der Moorleichen wird zerstört, soweit sie aus pflanzlichem Material hergestellt ist, Wolle bleibt dagegen erhalten.

Die Haare zeigen eine blonde bis rote Farbe (dunkle Haare behalten vermutlich ihre Eigenfarbe).

Das **Alter** der Moorleichen kann nur durch moorgeologische Untersuchungen bzw. durch die Pollenanalyse bestimmt werden (Hinzuziehung von Geologen und Botanikern). Der älteste Leichenfund ist 8000 Jahre alt und stammt aus einem Sumpfgebiet in Florida.

1.4.8 Übersicht über die wichtigsten Daten zur Todeszeitbestimmung

Unter Todeszeit versteht man üblicherweise die Zeit vom Eintritt des Todes bis zur Auffindung der Leiche. Faßt man den Begriff umfassender, so fällt hierunter auch die Zeit, die von einem zeitlich bekannten Ereignis bis zum Eintritt des Todes vergangen ist („Todeseintritt").

Todeseintrittszeit (Überlebenszeit)

Zur Bestimmung dieser Zeit wird oft der **Mageninhalt** herangezogen. Man kommt hier meist weniger weiter, wenn man den Verdauungsgrad untersucht (starke Schwankungen der Verdauungszeiten durch psychische Einflüsse, Traumen, Erkrankungen, post-mortale Peristaltik) als wenn bestimmte Speisen gefunden und ausgemacht werden können und die Ermittlungen dann ergeben, wo und wann diese aufgenommen wurden.

Der Füllungszustand der **Harnblase** kann nur mit allergrößter Vorsicht verwertet werden (postmortaler oder agonaler Harnabgang).

Eigentliche Todeszeitbestimmung

a) Frühe und mittlere Todeszeitbestimmung

Auslösung des idiomuskulären Wulstes:	Bis zu 2–6 Std. p. m.
Elektrische Muskelerregbarkeit:	1–8 Std. p. m. (je nach Muskel und Bedingungen)
Elektrische Herzerregbarkeit:	1–2 Std.
Pupillenreaktion (auf erweiternde oder verengernde Mittel in den Konjunktiven):	bis zu 4 Std.
Bei Injektion in die Vorderkammer:	bis 20 Std.
„Doppelreaktion“:	bis 11 Std.
Schweißdrüsenerregbarkeit (Adrenalininjektion):	bis 30 Std.
Arrectores pilorum (Histaminchlorid):	unsicher. Bis über 2 Std.
Flimmerepithel der Trachea:	36–48 Std.
Nachweis lebender Spermien:	10–83 Std.
Temperaturmessung (Rectum):	Abfall 1° C pro Std. (0,5–1,5° C)
Totenflecken. Deutliches Auftreten:	30 Minuten
Beginn des Konfluierens:	120 Minuten
Wegdrückbarkeit:	bis 20 Std. (max.)
Wegdrückbarkeit mit harten Gegenständen:	bis 36 Std.
Totenstarre. Beginn im Kiefergelenk:	30 Min. bis 2–4 Std.
Vollständige Ausbildung:	6–9 Std. (selten 4 Std.)
Weitgehende Lösung:	etwa 50–ca. 300 Std. je nach Temperatur
Wiedereintritt nach Brechung:	bis 7.–8. Std. p. m. (evtl. auch länger)

Sämtliche angegebene Zeiten haben größere Streubreiten und beziehen sich meist nur auf **mittlere Temperaturen.** Auch ist die **Todesart** zu beachten. **Je mehr Parameter herangezogen werden, desto sicherer ist die Todeszeitbestimmung!**

b) Sehr späte Todeszeitbestimmung

Fäulnis:	Wegen der enormen Temperaturabhängigkeit sowie der unterschiedlichen Keimbesiedlung keine sicheren Aussagen möglich. Faustregel: Luft: 1 Woche, Wasser: 2 Wochen, Erdgrab: 8 Wochen (Caspersche Regel).
Tierfraß:	Vorsichtiger Rückschluß aus den Fliegenmaden. Faustregel: Pro Tag etwa 1 mm Wachstum (0,5–2 mm). Puppen: Etwa 8. bis 12. Tag (Temperatur und Fliegenart).
Mumifikation:	17 Tage bis Jahre! Teilmumifizierungen! (Temperaturabhängigkeit.)
Fettwachs:	6 Wochen bis Jahre (je nach Fortschritt der Ausbildung und Lagerung).
Skelettierung:	Im Erdgrab 3–4 Jahre. Bei Tierfraß (Maden) 14 – etwa 40 Tage oder länger.

Auf biochemische Bestimmungsmethoden zur Todeszeitbestimmung wird, dem Zwecke dieses Lehrbuches entsprechend, nicht näher eingegangen.

1.4.9 Exhumierung

1.4.9.1 Rechtsvorschriften

Nicht gar so selten treten Zweifel an der Todesursache erst nach der Beerdigung einer Leiche auf. In entsprechenden Fällen ist dann die Exhumierung zulässig. Sie ist geregelt im § 87 Abs. 3 und 4 der Strafprozeßordnung (StPO):

Abs. 3: Zur Besichtigung oder Öffnung einer schon beerdigten Leiche ist ihre Ausgrabung statthaft.

Abs. 4: Die Leichenöffnung und die Ausgrabung einer beerdigten Leiche werden vom Richter angeordnet. Die Staatsanwaltschaft ist zu dieser Anordnung befugt, wenn der Untersuchungserfolg durch Verzögerung gefährdet würde. Wird die Ausgrabung angeordnet, so ist zugleich die Benachrichtigung eines Angehörigen des Toten anzuordnen, wenn der Angehörige ohne besondere Schwierigkeiten ermittelt werden kann und der Untersuchungszweck durch die Benachrichtigung nicht gefährdet wird.

1.4.9.2 Medizinische Aspekte

Bei schon länger beerdigten Leichen wird meist vor der Exhumierung ein Arzt als Sachverständiger zu der Frage gehört werden, inwieweit eine Ausgrabung zur Todesursachenermittlung noch sinnvoll erscheint. Hierzu ist zu sagen, daß in den meisten Fällen die Exhumierung noch zu einem guten Ergebnis führt. Für den Erhaltungszustand der Leiche spielen die Temperaturen, die Bodenbeschaffenheit, die Art des Sarges sowie die Keimbesiedlung (Antibiotika!) eine wichtige Rolle. Genaue Vorhersagen über den Grad der Leichenzersetzung sind daher nicht möglich.

Von *Mueller* werden im wesentlichen folgende Zeiten zitiert:

Knochen: Es können praktisch unbegrenzt lange Verletzungen und Brüche an Knochen vorgefunden werden.

Gehirn: Apoplexie ist noch nach über drei Monaten festgestellt worden. Auch epi- und subdurale Blutungen können noch im gleichen Zeitraum diagnostiziert werden.

Kehlkopfskelett: Verletzungen wurden noch nach einem Jahr gefunden.

Herzschwielen: Sie können noch 1–2 Jahre mikroskopisch nachweisbar sein.

Lungenentzündung: Sie kann noch 1–2 Monate nachweisbar sein.

Lungentuberkulose: Nachweisbarkeit mehrere Monate.

Fettembolien: In der Lunge kann Fett noch nach 1–2 (evtl. mehreren Wochen) nachgewiesen werden.

Nierenveränderungen: Sie können bis zu 4 Monaten nachgewiesen werden.

Leberveränderungen: Die Nachweisbarkeit soll 10–12 Monate betragen.

Strangulationsfurchen: Sie sind noch nach 1–3 Monaten zu erkennen.

Vergiftungen:
Metallgifte: Fast unbegrenzt nachweisbar.

Organische Gifte: Die Nachweisbarkeit ist weitgehend abhängig von der Zeitdauer der Giftaufnahme, dem Zersetzungszustand der Leiche sowie der Giftart. Mit einem bis mehreren Monaten ist zu rechnen. Es wurden gefunden: E 605 und Morphin noch nach fast einem Jahr, Strychnin bis zu 6 Jahren.

Es ist wichtig, daß die Obduzenten möglichst bei der Exhumierung, insbesondere auch bei der Bergung des Sarges, anwesend sind. Natürlich müssen in derartigen Dingen erfahrene Sachverständige zugezogen werden.

1.5 Die Leichenschau (GK 1.1.5)

1.5.1 Die gesetzlichen Bestimmungen

Vor Beerdigung einer Leiche muß stets eine **Leichenschau** vorgenommen werden. Sie ist erforderlich sowohl zur sicheren Todesfeststellung (Scheintod!) als auch zur Klärung der Todesursache (nicht natürlicher Tod!). Die Gesetze hierüber weichen in den einzelnen Bundesländern etwas voneinander ab, enthalten jedoch im wesentlichen die gleichen Bestimmungen. Als Beispiel seien die §§ 20–24 des Gesetzes über das Friedhofs- und Leichenwesen (Bestattungsgesetz) des

Landes Baden-Württemberg wiedergegeben, das am 1. Januar 1971 in Kraft getreten ist.

Leichenschau:

§ 20 Leichenschaupflicht

1. Menschliche Leichen und Totgeburten (Leichen) sind zur **Feststellung des Todes, des Todeszeitpunktes, der Todesart** und der **Todesursache** von einem Arzt zu untersuchen (Leichenschau).
2. Jeder niedergelassene Arzt ist verpflichtet, die Leichenschau auf Verlangen vorzunehmen. Gleiches gilt für Ärzte von Krankenhäusern und sonstigen Anstalten für Sterbefälle in der Anstalt.

§ 21 Veranlassung der Leichenschau

1. Bei einem Sterbefall sind verpflichtet, die Leichenschau unverzüglich zu veranlassen
   1. der Ehegatte, die volljährigen Kinder, die Eltern, die Großeltern, die volljährigen Geschwister und Enkelkinder des Verstorbenen (Angehörige),
   2. derjenige, in dessen Wohnung, Einrichtung oder auf dessen Grundstück der Sterbefall sich ereignet hat,
   3. jede Person, die bei dem Tode zugegen war oder von dem Sterbefall aus eigenem Wissen unterrichtet ist.
2. Bei einer Totgeburt sind verpflichtet, die Leichenschau unverzüglich zu veranlassen
   1. der eheliche Vater,
   2. die Hebamme, die bei der Geburt zugegen war,
   3. der Arzt, der dabei zugegen war,
   4. jede andere Person, die dabei zugegen war oder von der Totgeburt aus eigenem Wissen unterrichtet ist.
3. Eine Verpflichtung, die Leichenschau zu veranlassen, besteht nur, wenn eine in der Reihenfolge zuvor genannte Person nicht vorhanden oder verhindert ist.
4. Bei Sterbefällen und Totgeburten sind vor den in den Absätzen 1 und 2 genannten Personen verpflichtet
   1. in Krankenhäusern und Entbindungsheimen der leitende Arzt, bei mehreren selbständigen Abteilungen der leitende Abteilungsarzt,
   2. auf Beförderungsmitteln deren Führer,
   3. in Pflege- und Altersheimen, Erziehungs- und Gefangenenanstalten und ähnlichen Einrichtungen der Leiter.

§ 22 Vornahme der Leichenschau

1. Der Arzt hat die Leichenschau unverzüglich vorzunehmen. Er ist berechtigt, zu diesem Zweck jederzeit den Ort zu betreten, an dem die Leiche sich befindet, und dort die Leichenschau vorzunehmen. Das Grundrecht der Unverletzlichkeit der Wohnung (Artikel 13 Abs. 1 des Grundgesetzes) wird insoweit eingeschränkt.
2. Der Arzt hat unverzüglich eine **Todesbescheinigung** und für die Todesursachenstatistik einen **Leichenschauschein** auszustellen, wenn er sichere Zeichen des Todes festgestellt hat.
3. Ergeben sich Anhaltspunkte für einen nicht natürlichen Tod oder handelt es sich um die Leiche eines Unbekannten, so hat der Arzt sofort eine Polizeidienststelle zu verständigen. Er hat, soweit ihm das möglich ist, dafür zu sorgen, daß an der Leiche und deren Umgebung bis zum Eintreffen der Polizei keine Veränderungen vorgenommen werden. Die Todesbescheinigung darf erst ausgehändigt werden, wenn die Staatsanwaltschaft oder der Amtsrichter die Bestattung schriftlich genehmigt hat.

§ 23 Auskunftspflicht

Ärzte und Heilpraktiker, die den Verstorbenen wegen einer dem Tode vorausgegangenen Erkrankung behandelt haben, und die Angehörigen des Verstorbenen sind verpflichtet, dem Arzt, der die Leichenschau vornimmt, über diese Erkrankung und die Todesumstände Auskunft zu geben.

§ 24 Kosten der Leichenschau

Die Kosten der Leichenschau fallen demjenigen zur Last, der die Bestattungskosten zu tragen hat, soweit nicht andere hierzu verpflichtet sind. Zu diesen Kosten gehört auch das Entgelt, das einem nach § 23 Auskunftspflichtigen für die Auskunft zusteht.

Die für den Arzt wesentlichen Bestimmungen über Ordnungswidrigkeiten finden sich in § 49 Abs. 1 des Gesetzes; sie lauten:

Ordnungswidrig handelt, wer vorsätzlich oder fahrlässig ...

4. als Arzt die Leichenschau entgegen § 20 Abs. 2 nicht oder nicht unverzüglich vornimmt (§ 22 Abs. 1), ...
7. als Arzt die Todesbescheinigung oder den Leichenschauschein nicht oder nicht unverzüglich ausstellt (§ 22 Abs. 2),

8. als Arzt entgegen § 22 Abs. 3 eine Polizeidienststelle nicht oder nicht sofort verständigt,
9. als Arzt, Heilpraktiker oder als Angehöriger des Verstorbenen entgegen § 23 dem Arzt, der die Leichenschau vornimmt, die Auskunft verweigert oder unrichtig erteilt, ...

Nach Abs. 3 aaO. handelt ferner ordnungswidrig, wer als Arzt in der Todesbescheinigung oder in dem Leichenschauschein unrichtige Angaben macht.

Nach § 53 des Gesetzes wird die Leichenschau nach Inkrafttreten dieses Gesetzes nicht mehr von amtlich bestellten Leichenschauern wahrgenommen.

Für die standesamtliche Beurkundung eines Sterbefalles ist die Vorlage eines Leichenschauscheines Voraussetzung.

Der Erläuterung bedarf noch der Begriff „unnatürlicher“ bzw. „nicht natürlicher“ Tod. Hierunter sind nicht nur alle gewaltsamen Todesfälle durch Fremdverschulden, sondern auch alle Suizide zu verstehen. Auch mittelbare Todesursachen nach äußerer Gewalteinwirkung (z. B. hypostatische Pneumonie nach längerem Krankenlager infolge Verkehrsunfalles bei älteren Menschen) gehören hierher. Selbstverständlich fallen auch Vergiftungen unter die Rubrik. In diesem Zusammenhang sei der § 159 StPO zitiert:

„I. Sind Anhaltspunkte dafür vorhanden, daß jemand eines nicht natürlichen Todes gestorben ist, oder wird der Leichnam eines Unbekannten gefunden, so sind die Polizei- und Gemeindebehörden zur sofortigen Anzeige an die Staatsanwaltschaft oder das Amtsgericht verpflichtet.
II. Zur Bestattung ist die schriftliche Genehmigung der Staatsanwaltschaft erforderlich.“

Aus dem Leichenschaugesetz ergeben sich bestimmte Verpflichtungen für den die Leichenschau durchführenden Arzt.
Es sind dies (vgl. § 20 des zitierten Leichenschaugesetzes):

- Die Feststellung des Todes
- Die Feststellung des Todeszeitpunktes
- Die Feststellung der Todesart
- Die Feststellung der Todesursache
- Bei bekannten Leichen sind auch die Personalien festzuhalten.

1.5.2 Die Durchführung der Leichenschau. Allgemeines

Die wichtigste Grundregel für die Durchführung einer Leichenschau ist das **vollständige Entkleiden** der Leiche (auch Kinnbinden entfernen!) und die Augenscheineinnahme der Leiche von **allen Seiten,** also auch vom Rücken. Dabei ist nicht nur auf die sicheren Zeichen des Todes, sondern auch auf Verletzungs- und Vertrocknungsspuren, Hämatome, Hautfarbe (Ikterus), Konjunktiven (Blutungen), Intaktheit des knöchernen Schädeldaches, gegebenenfalls auch auf Spuren an den Händen (Abwehrverletzungen), Spuren unter den Fingernägeln, Verletzungen am Genitale usw. zu achten, um nur einige wichtige Punkte herauszugreifen. Bei Verdacht auf Alkoholbeeinflussung sowie bei blutenden Verletzungen (Gewalteinwirkung) sollen möglichst Blutproben zur Alkoholbestimmung und zur Blutgruppenbestimmung entnommen werden (spätere Auffindung eines Tatwerkzeuges mit Blutspuren! Vergleichsuntersuchung!).

Das Blut soll aus der Oberschenkelvene gewonnen werden (Technik siehe Kap. 16).

Bei Verdacht auf unnatürliche Todesfälle empfiehlt es sich, alle Besonderheiten – unabhängig vom Leichenschauschein – schriftlich festzuhalten.

Der Leichenschauschein wird in diesen Fällen zweckmäßigerweise erst nach Freigabe der Leiche durch die Staatsanwaltschaft bzw. nach der gerichtlichen Obduktion ausgefüllt.

1.5.3 Die Feststellung des Todes und des Todeszeitpunktes

Hier gelten die Gesichtspunkte, die bereits eingehend unter 1.1.2 und 1.4.8 dargelegt worden sind. Nur bei deutlicher Ausprägung wenigstens eines der sicheren Todeszeichen darf der eingetretene Tod bescheinigt werden. Für die Todeszeitbestimmung sollen möglichst viele Parameter herangezogen werden (vgl. Abb. 1).

1.5.4 Die Feststellung der Todesart (natürlicher oder unnatürlicher Tod)

Leider wird hier in der Praxis häufig viel zu oberflächlich vorgegangen. Ein natürlicher Tod kann **allein** durch die Leichenschau praktisch nie diagnostiziert werden. Er kann nur dann bescheinigt werden, wenn eindeutige und verwertbare Angaben des behandelnden Arztes vorliegen. Angaben von Angehörigen sind mit äußerster Zurückhaltung zu behandeln. Man merke sich: Auch ein alter herzkranker Mann kann von seinen Angehörigen vergiftet worden sein (Beispiel aus der forensischen Praxis).

Beim natürlichen Tod kann im übrigen ebenfalls eine zusätzliche Meldepflicht bestehen, nämlich dann, wenn eine ansteckende Krankheit vorliegt (§§ 4 und 5 des Bundesseuchengesetzes; vgl. Kap. 19).

Kann man einen natürlichen Tod nicht bescheinigen, finden sich aber andererseits keine Anhaltspunkte für einen unnatürlichen Todesfall, so muß man den Mut haben, „Todesart unklar“ oder „nicht aufgeklärt“ einzutragen. Keinesfalls geht es an, einfach einen Herztod („Herzschlag“) zu bescheinigen, wie dies leider sehr häufig geschieht.

Ergeben sich Anhaltspunkte für einen nichtnatürlichen Tod (Wunden, Hautabschürfungen, verdächtige Hautvertrocknungen, Strangulationszeichen, Stauungserscheinungen, Strommarken, Hinweise auf Vergiftungen u. a. mehr), so ist der Arzt verpflichtet, die Polizei oder Staatsanwaltschaft zu benachrichtigen. Er muß ferner dafür Sorge tragen, daß bis zum Eintreffen der Beamten am „Tatort“ keinerlei Veränderungen vorgenommen werden. Die Todesbescheinigung darf erst ausgehändigt werden, wenn die Staatsanwaltschaft oder der Amtsrichter die Bestattung schriftlich genehmigt haben. Manchmal wird gemäß § 87 Abs. 1 StPO eine richterliche Leichenschau angeordnet.

§ 87 Abs. 1 StPO lautet:

„Die Leichenschau wird von der Staatsanwaltschaft, auf Antrag der Staatsanwaltschaft auch vom Richter, unter Zuziehung eines Arztes vorgenommen. Ein Arzt wird nicht zugezogen, wenn dies zur Aufklärung des Sachverhaltes offensichtlich entbehrlich ist.“

1.5.5 Die Feststellung der Todesursache

Wegen der in den meisten Formularen vom medizinischen Standpunkt aus recht ungeschickt formulierten Rubrikenüberschriften fühlen sich viele Ärzte dazu verführt, eine „Diagnose“ in den Leichenschauschein zu schreiben, die im Grunde genommen gar nicht gestellt werden konnte. Vor einem solchen Vorgehen darf hier noch einmal eindringlich gewarnt werden. Man rufe sich stets ins Gedächtnis zurück, daß pathologisch-anatomische Diagnosen nicht durch eine Leichenbesichtigung gestellt werden können. Sind nicht eindeutige schwere Verletzungen oder sonstige Spuren äußerer Einwirkungen vorhanden, die zweifelsfrei die Todesursache ergeben, muß eben „Todesursache ungeklärt“ vermerkt werden.

Bei gewaltsamen Todesfällen ist enge Zusammenarbeit mit den Ermittlungsbehörden erforderlich. Der Arzt kann und soll die Tatortsituation und die Gesamtumstände des Falles mit berücksichtigen. Er darf daraus jedoch keine medizinische Diagnose zusammenbasteln.

Der als Leichenschauer zugezogene Arzt trägt eine große Verantwortung. Nach Statistiken sterben etwa 20% aller Menschen unter Umständen, die zumindest eine behördliche Untersuchung erforderlich machen würden. Dies geschieht leider aber nur in einem Bruchteil derartiger Fälle.

Der Arzt als Leichenschauer sollte daher unbedingt auf alle wesentlichen straf- und zivilrechtlichen Tatumstände achten. Man sei sich auch bewußt, daß die Behörden später häufig den erhobenen Befunden eine Beweiskraft und Bedeutung zumessen, die sie in vielen Fällen gar nicht haben können. Also lieber vorsichtige Formulierungen wählen! Keine nicht vorhandene Sicherheit vortäuschen, nur um eine Diagnose zu haben.

Es ist der Arzt, der häufig bereits bei der Leichenschau entscheidet, ob ein Todesfall behördlich untersucht werden wird oder nicht.

1.5.6 Die Zulässigkeit von Obduktionen

1.5.6.1 Die klinische Sektion

Obwohl klinische Sektionen die weitaus häufigsten sind, sind hierbei die juristischen Probleme die schwierigsten. Man unterscheidet zweckmäßigerweise die straf- und zivilrechtlichen Aspekte.

a) Strafrecht
In Betracht kämen in erster Linie die folgenden Paragraphen des Strafgesetzbuches (StGB). Sie brauchen nicht im einzelnen zitiert zu werden. Im wesentlichen ist dazu folgendes zu bemerken:

§ 168: Der Obduzent entfernt die Leiche **nicht** aus dem Gewahrsam des dazu Berechtigten. Die Sektionssäle der Kliniken und Krankenhäuser sind praktisch auch Leichenhallen.
§ 133: Die Anwendung scheitert schon deshalb, weil die Leiche kein „Gegenstand" im Rechtssinne ist.
§ 185: Beleidigung. Schutzobjekt ist die „Ehre". Die Obduktion ist keine Herabwürdigung.
§ 223: Körperverletzung kann nur am Lebenden begangen werden. Es ist kein körperliches Wohlbefinden gestört.
§ 303: Die Leiche ist keine Sache (vgl. 1.6).
§ 360: Abs. 1, Ziffer 11: Die Sektion ist kein „grober Unfug".

Die klinische Sektion erfüllt sonach **keinen** Strafttatbestand.

b) Zivilrecht
Zivilrechtliche Haftungsmöglichkeiten sind nicht ausgeschlossen. Sie wären z. B. dann gegeben, wenn jemand von den Angehörigen durch den Anblick des sezierten Leichnams oder durch die Nachricht über eine Sektion einen Schaden erleiden würde (§ 823 Abs. 1 BGB).

Hier ist allerdings meistens der Nachweis des Kausalzusammenhanges nicht zu erbringen. Teilweise wird auch die Auffassung vertreten, daß deshalb keine zivilrechtlichen Haftungsmöglichkeiten bestünden, weil es um „höherwertige Interessen" ginge. Es ist jedoch Vorsicht am Platze, weil auch an arbeitsrechtliche und berufsrechtliche Folgen zu denken ist *(Schulz)*. Im klinischen Betrieb sind daher im Vertrag mit den Patienten sogenannte „Sektionsklauseln" enthalten. Wenn diese zu sehr verkappt sind, könnte allerdings die Frage einer „Überlistung" erörtert werden.

Man wird also die Einwilligung der Angehörigen einholen. Hat der Verstorbene schon zu Lebzeiten eingewilligt, ist diese Einwilligung in jedem Falle gültig.

1.5.6.2 Die Sektion in Versicherungsfällen

Sozialversicherung: Auch hier kann die Sektion nur mit Einwilligung der Angehörigen vorgenommen werden. Verweigern diese die Leichenöffnung, so haben sie allerdings keinen Anspruch auf die entsprechende Versicherungssumme.
Privatversicherung: Hier gelten die gleichen Überlegungen. Meistens findet sich schon eine Sektionsklausel im Vertrag.

1.5.6.3 Sektionen bei Seuchenverdacht

Hier kann die Sektion polizeilich – meist nach einem Gutachten des Gesundheitsamtes über die Erforderlichkeit – angeordnet werden (Bundesseuchengesetz, Feuerbestattungsgesetz).

1.5.6.4 Die „Feuerbestattungssektion"

Es gilt in diesen Fällen der § 3 (Abs. 2, Nr. 2) des Gesetzes über die Feuerbestattung. Danach muß obduziert werden, wenn der Amtsarzt die Ursache des Todes weder durch die Leichenschau noch durch Zuziehung des behandelnden Arztes feststellen kann.

1.5.6.5 Die gerichtliche Obduktion

Die gerichtliche Obduktion ist geregelt in den §§ 87–91 sowie (indirekt) im § 159 der Strafprozeßordnung.

§ 87, Abs. 2 StPO
„Die Leichenöffnung findet im Beisein der Staatsanwaltschaft, auf deren Antrag im Beisein auch des Richters statt. Sie wird von zwei Ärzten vorgenommen. Einer der Ärzte muß Gerichtsarzt oder Leiter eines öffentlichen gerichtsmedizinischen oder pathologischen Institutes oder ein von diesen beauftragter Arzt des

Instituts mit gerichtsmedizinischen Fachkenntnissen sein. Dem Arzt, welcher den Verstorbenen in der dem Tode unmittelbar vorausgegangenen Krankheit behandelt hat, ist die Leichenöffnung nicht zu übertragen. Er kann jedoch aufgefordert werden, der Leichenöffnung beizuwohnen, um aus der Krankengeschichte Aufschlüsse zu geben.

Abs. 4 (Satz 1)
Die Leichenöffnung und die Ausgrabung einer beerdigten Leiche werden vom Richter angeordnet. Die Staatsanwaltschaft ist zu der Anordnung befugt, wenn der Untersuchungserfolg durch Verzögerung gefährdet würde."

Der § 88 bezieht sich auf die Identifizierung.
Der § 89 schreibt vor, daß sich die Leichenöffnung, soweit der Zustand der Leiche dies gestattet, stets auf die Öffnung der Kopf-, Brust- und Bauchhöhle erstrecken muß.
§ 90 hat die Sektion Neugeborener zum Inhalt. Er wird im Rahmen des Kapitels 9 „Kindestötung" behandelt werden.
§ 91 bezieht sich auf den Vergiftungsverdacht. In diesen Fällen muß ein Chemiker, evtl. unter Leitung eines Arztes, Zusatzuntersuchungen vornehmen.
§ 159 schreibt die Anzeigepflicht der Polizei bei nichtnatürlichem Tod bzw. bei unbekannten Leichen vor.

Schon während einer gerichtlichen Obduktion sollen die Befunde diktiert werden, und zwar in Form eines sogenannten Sektionsprotokolles.

Das Obduktionsprotokoll gliedert sich folgendermaßen:

A. Äußere Besichtigung
B. Innere Besichtigung
  I. Kopfhöhle
  II. Brust- und Bauchhöhle
C. Vorläufiges Gutachten
  I. Vorgeschichte
  II. Obduktionsbefunde
  III. Todesursache
  IV. Rückschlüsse auf den jeweiligen Tathergang
  V. Asservate und Hinweis auf Zusatzuntersuchungen.

Damit ist auch schon die Aufgabenstellung der gerichtlichen Obduktion im wesentlichen festgelegt:

1. Bei unbekannten Leichen Identifizierung
2. Bei der äußeren Besichtigung: Todeszeitbestimmung
3. Todesursachenklärung
4. Rückschlüsse auf das Tatgeschehen
5. Sicherung und Untersuchung von Spuren und Organmaterial.

Weitere Fragestellungen ergeben sich aus den jeweiligen Fällen, z. B. bei Verkehrsunfällen, Kindestötung (§ 217) usw. Sie sind bei den entsprechenden Kapiteln nachzulesen.

1.5.7 Die Erzwingbarkeit von Obduktionen

Aus dem bisher Gesagten ergibt sich zwanglos, daß folgende Obduktionen erzwungen werden können:

a) Die gerichtliche Leichenöffnung.
b) Die „Feuerbestattungssektion" bei entsprechender Voraussetzung.
c) Sektionen bei Seuchenverdacht.

Nicht erzwungen werden können die klinische und die Versicherungsobduktion.

1.6 Die Rechtsnatur der Leiche und die rechtliche Problematik von Organentnahmen

1.6.1 Die Rechtsnatur der Leiche

Es ist zumindest äußerst fraglich, ob eine Leiche im Rechtssinne überhaupt eine Sache ist. In jedem Falle aber ist sie nach allgemeiner Auffassung **keine** „verkehrsfähige" Sache. Sie kann daher nicht Gegenstand eines Eigentumsrechtes sein. Sie ist auch keine „fremde" Sache im Sinne des § 303 StGB (Sachbeschädigung).

Zivilrechtlich ist die Rechtslage der Leiche trotz allem sehr strittig. Sie wird teilweise als „Rest der Persönlichkeit" aufgefaßt, was aber keine Klärung bringt.

Ein Eigentum an der Leiche, die auch als „herrenlose Sache" gilt, kann nicht begründet werden. Allerdings können die Hinterbliebenen Einwirkungen Dritter verbieten und gewisse tatsächliche Verfügungen treffen (z. B. Art und Ort der Bestattung).

Präparierte Skelette und Leichen aus alter Zeit (Mumien) können Gegenstand von Rechten aller Art sein.

Die Persönlichkeit des Menschen endet rechtlich mit dem Tode, das Persönlichkeitsrecht wirkt, wenn auch in eingeschränkter Weise, nach dem Tode fort.

1.6.2 Rechtliche Problematik der Organtransplantation

Man muß die strafrechtlichen Aspekte von den zivilrechtlichen trennen. Ferner ist von Bedeutung, ob die Organe von einem Toten oder einem Lebenden entnommen werden.

1.6.2.1 Strafrechtliche Gesichtspunkte

a) Organentnahme am Lebenden
Will man Organe von einem Lebenden entnehmen, tritt sowohl für den **Empfänger** als auch für den **Spender** die Frage der **Einwilligung** in den Vordergrund.

Der **Empfänger** muß selbst einwilligen. Nur wenn er dazu aus Krankheitsgründen nicht in der Lage ist, kann dies der gesetzliche Vertreter oder der Inhaber des Personensorgerechts für ihn tun. Bei Bewußtlosigkeit oder sonstiger starker Beeinträchtigung käme auch „Geschäftsführung ohne Auftrag" in Betracht (vgl. 19.9).

Eine Aufklärung des Empfängers über die Größe des Opfers, das ihm der **Spender** bringt, ist nicht erforderlich. Sonst gilt die Aufklärung und die Durchführung (lege artis) sowie die Indikation wie bei jedem ärztlichen Eingriff (19.8).

Der **Spender** muß im Gegensatz zum Empfänger **immer selbst** die Einwilligung geben. Eine Einwilligung in die Entnahme paariger Organe ist nicht möglich. Tötung wäre rechtswidrig. Eine Mutter könnte sich in dieser Hinsicht daher auch nicht für ihr Kind opfern. Ebenso gibt es hier keinen „übergesetzlichen Notstand" („höheres Rechtsgut"), auch nicht als Lebensrettung für den Empfänger. Nach *Bockelmann* würde hierdurch das Freiheitsprinzip preisgegeben, welches Grundvoraussetzung der Rechtsordnung ist. Bezüglich der **Aufklärung** ist zu sagen, daß hierzu auch gehört, wie groß die Aussichten für den **Empfänger** sind. Abschließend sei bemerkt, daß selbstverständlich die Eltern **nicht** die Organentnahme bei ihren Kindern bewilligen können. Die Befugnis, Opfer aufzuerlegen, ist nicht Inhalt des Personensorgerechtes *(Bockelmann).*

b) Organentnahme beim Toten
Selbstverständlich ist, daß vor einer Organentnahme eine sichere Todesfeststellung getroffen werden muß (vgl. 1.1.3). Da die Leiche, wie bereits ausgeführt, eine res extra commercium ist (nicht geschäftsfähige bzw. nicht verkehrsfähige Sache) und daher auch keine „fremde" Sache im Sinne des § 303 StGB (Sachbeschädigung) sein kann, käme als Verbotsnorm nur der § 168 in Betracht. Danach wird bestraft, wer unbefugt Leichenteile aus dem **„Gewahrsam des Berechtigten"** entfernt. Daß Organe Leichenteile sind, ist unstrittig. Nicht ganz klar scheint dagegen der Begriff „Gewahrsam" zu sein. Allgemein ist hiermit die **tatsächliche** Herrschaft über eine Sache gemeint. Unter dem **„Berechtigten"** wurde derjenige verstanden, der „obhutsberechtigt" ist. Üblicherweise ist das die Klinik in der der Leichnam sich befindet. Eine Organentnahme in der Klinik würde dann nicht den Tatbestand des § 168 StGB erfüllen. Allerdings wird neuerdings auch ein (zumindest ideelles) Obhutsrecht der Angehörigen angenommen. In jedem Fall können die Angehörigen die Herausgabe der Leiche verlangen. Die Einwilligung des Verstorbenen schon zu Lebzeiten oder diejenige der Angehörigen beseitigt in jedem Fall die (umstrittene) Rechtswidrigkeit.

Im übrigen wird in vielen Fällen – im Gegensatz zur Organentnahme beim Lebenden – ein „übergesetzlicher Notstand" angenommen werden können. Hierbei muß allerdings eine sofortige Maßnahme erforderlich sein.

1.6.2.2 Zivilrechtliche Gesichtspunkte

Zivilrechtlich ergeben sich bei der Organentnahme vom Lebenden bei richtigem Vorgehen (Einwilligung, Aufklärung, Indikation, Durchführung lege artis) keine weiteren Gesichtspunkte wie beim ärztlichen Eingriff überhaupt.

Bei der Organentnahme aus der Leiche liegt die Problematik etwas komplizierter. Die Auffassung, die Leiche bilde einen Bestandteil des Vermögens des Verstorbenen und gehe deshalb nach § 1922 BGB in das Eigentum der Erben über, wurde zwar zurückgewiesen. Handelt es sich jedoch nur um Organe, könnten Zweifel aufkommen. So wie das Blut in der Blutbank als Wirtschaftsgut angesehen wird, könnte dies auch bei z. B. Nieren der Fall sein.

Strittig ist, ob die Organe in das Eigentum des Erbberechtigten übergehen oder ob diese nur ein Aneignungsrecht erhalten. In jedem Fall könnte ein deliktischer Anspruch aus § 823 GBG gegeben sein (fahrlässige Körperverletzung), falls der Kausalzusammenhang nachzuweisen wäre (vgl. Kap. 19.9).

Das Aneignungsrecht wäre als „sonstiges absolutes Recht" im Sinne des § 823 zu betrachten.

Schadenersatzansprüche sind also denkbar. Gegebenenfalls auch dann, wenn ein anderer Anwärter auf das Transplantat mehr (oder überhaupt erst) zahlen würde. Vorherige Einwilligung des Verstorbenen schließt natürlich auch hier jeden Anspruch aus.

Im übrigen ist seit Frühjahr 1974 beim Bundesminister der Justiz eine Kommission von Juristen und Medizinern tätig, um eine neue gesetzliche Lösung (vor allem auch in Bezug auf das strafrechtliche Problem) zu finden. Dies ist bis heute jedoch noch nicht gelungen.

1.7 Identifizierung

Ziel einer Identifizierung ist die möglichst genaue (rekonstruktive) Persönlichkeitsfeststellung aus Einzelmerkmalen. Analog zur Todesfeststellung können sichere (Papillarlinienrelief, u. U. Zahnstatus) und unsichere Identitätsmerkmale (Alter, Geschlecht, Größe) unterschieden werden. Die Personenerkennung Lebender ist Aufgabe der Polizei, welche dabei auf bereits gesammeltes Vergleichsmaterial (Daktyloskopie) zurückgreifen muß und auf Zeugen angewiesen ist. Versagen polizeiliche Möglichkeiten bei Toten, wird der Arzt (Leichenschauer) herangezogen. Dies geschieht sowohl beim Auffinden von Leichen als auch von Leichenteilen.

1.7.1 Frische Leichen

Hier sollen zusätzliche Feststellungen aus dem Obduktionsbefund die Vermutung der Ermittlungsbehörde untermauern. Die äußere Besichtigung soll Merkmale festhalten wie: Größe, Gewicht, Geschlecht, Alter, Allgemein- und Ernährungszustand, Haar- und Augenfarbe, Narben, Tätowierungen und Mißbildungen.

In den Bereich ärztlicher Befunderhebung an den inneren Organen fallen als weitere Hinweiszeichen: Organanomalien und -erkrankungen (Herzfehler, Tbc, Tumor, Zirrhose), Knochenbrüche und Gelenkversteifungen (frühere Unfälle), Residuen aus Operationen und Kriegsverletzungen (Resektion von Schilddrüse, Appendix, Gallenblase, Magen) sowie Gravidität und Virginität. Schließlich Bestimmung der Blut- und Serumgruppen.

1.7.2 Fortgeschrittene Leichenerscheinung

Wenn Fäulnis, Verwesung, Mumifikation, Fettwachs- und Waschhautbildung zu verunstaltender Weichteilveränderung oder völligem Weichteilschwund geführt haben, müssen möglichst zahlreiche biologisch-medizinische Fakten zur Rekonstruktion der Persönlichkeit gesammelt werden.

Bei vollständigem Skelettfund sind die Streckung der Wirbelsäule und der Knorpelverlust bei der Größenbestimmung gegeneinander abzuwägen. Die Schätzung des Gewichts am Fundort (Gasblähung, Wasserverlust oder Wasseraufnahme bei Wasserleichen), die Diagnose des Geschlechts, der Augenfarbe (Änderung im Bereich der Totenflecke, Bräunung bei Wasserleichen), der Haarfarbe (Rötung bei Moorleichen durch Huminsäure) bereitet mehr Schwierigkeiten. Eine gründliche Leichentoilette hilft – nach der Sektion ist der Zustand bei Fäulnis bedeutend besser –, Fingerbeeren müssen zur Daktyloskopie mit H_2O unterspritzt und bei Mumifikation mit Natriumsulfat aufgeweicht werden und eine Röntgenaufnahme des Schädels unter üblicher klinischer Technik (Abstand, offener Mund) empfiehlt sich. Durch Superposition ist eine Gebißidentität oft sicher nachzuweisen. Unerläßlich ist die Erhebung des Zahnstatus mit Zahn- und Füllungsschema (ausgefallene Zähne von der Fundstelle sammeln!). Da in Europa schon an jungen Menschen Zahnbehandlungen vorgenommen werden, ist die Gebißidentifizierung anhand von Zahnarztunterlagen oft problemlos möglich.

1.7.3 Fund von Leichenteilen

Dies verlangt dem Arzt die umfangreichste Rekonstruktionsarbeit ab. Es ist zu klären, unter welchen Umständen die Leichenzerstückelung zustande gekommen ist (Werkzeugspuren am Knochen!).

Während bei frischen Leichen oder teilverwesten Leichen oft schon wenige Merkmale eine eindeutige Identifizierung ermöglichen, kann beim Fund von Leichenteilen auf die Erhebung aller deutbarer Merkmale und Anwendung auch aufwendiger Methoden nicht verzichtet werden (z. B. Kernspintomographie zum Nachweis der Metallisation nach früherer, röntgenologisch nicht mehr nachweisbarer Plattenosteosynthese).

1.7.4 Methoden und Merkmale zur Identifizierung

1.7.4.1 Artbestimmung

Fallen Mensch und Tier gemeinsam einer Katastrophe zum Opfer (Bauernhofbrand), so wird an Leichenteilen und Knochen mit Ausnahme des charakteristischen Schädels zunächst die Diagnose der Art zu stellen sein:

a) **serologisch** ist die Untersuchung mit der Uhlenhutschen Präzipitinreaktion oder dem Agar-Diffusionstest nach *Ouchterlony* möglich (gelang an Weichteilen im Erdgrab *Berg* noch nach 40 Jahren; vgl. Kap. 13);
b) **histologisch** imponieren an Querschliffen des Knochens unterschiedliche Weiten der Haversschen Kanälchen (Mensch 80 µm, Hausschwein 40 µm).

1.7.4.2 Rassenbestimmung

Sie ist z. B. bei Flugzeugabstürzen mit „multivariaten Diskriminanzanalysen" möglich. (Statistisches Trennverfahren, das erlaubt, zwei oder mehr Gruppen von statistischen Daten mit meheren Merkmalen dann auseinander zu halten, wenn die Trennung aufgrund einzelner Merkmale nicht möglich ist).

Auch röntgenologische Methoden können angewendet werden.

1.7.4.3 Geschlechtsbestimmung

Auch bei fortgeschrittener Fäulnis überrascht oft der Sektionsbefund resistenter Teile der Geschlechtsorgane wie Schwellkörper und Uterus, was die Geschlechtsdiagnose ohne weiteren Aufwand ermöglicht. Sonst sprechen

a) als **allgemeine Hinweiszeichen** der Fund von charakteristischen Kleidungsstücken und deren Überbleibsel wie Schnallen vom BH und Strumpfhalter, Haarklammern, Handtaschenutensilien und Skelett eines Embryo für das Geschlecht des Fundes;
b) an **konstitutionellen Merkmalen** für männlich (m) gegenüber weiblich (w): der kräftigere Knochenbau mit schwererem Knochen- und Aschegewicht (Oberarmknochen m/w frisch 275/205 g, mazeriert 135/85 g, verascht 69/56 g), deutlichere Tuberositäten, flachere Stirn, kleinerer Angulus subpubicus (m ca. 60°, w ca. 74°), längsovaler Beckeneingang (w = rund bis queroval), kräftigere Orbitalwülste, größerer Humerus-Kopfdurchmesser und kräftigere Eckzahnentwicklung. Für fast jeden Knochen einschließlich Schädel und Becken stehen tabellarisch zusammengefaßte geschlechtsunterschiedliche Merkmale zur Verfügung;
c) an **chromosomalen und zytologischen Merkmalen** haben sich die Kerngeschlechtsbestimmung an Interphasenkernen (X- und Y-Chromosom) und die Auszählung des „Sexchromatins" (Geschlechtschromatin, nach seinem Entdecker auch „Barr-Körperchen") bewährt. Es ist eine zirka 1,6 µm große, basophile Chromatinverdichtung an der Innenseite der weiblichen Zellkernmembran. Eine Geschlechtsdiagnostik an Hirn, Nebennierenrinde, Mund- und Genitalepithel, Zellen der äußeren Haarwurzelscheide und polymorphkernigen Granulozyten (Feulgen-positive „drum-

sticks") ist möglich. Sie gelang an Zigarettenmundstücken, Briefklebestellen und Hautspuren unter Nägeln noch nach Jahren. (Bei Frauen findet man an der Mundschleimhaut 8–61% Barr-Körperchen. Bei Männern 0–1%. Beim Haarwurzeltest 70–80% bei Frauen, beim männlichen Geschlecht fehlen sie.)

1.7.4.4 Altersschätzung

Hiermit ist das kalendarische bzw. numerische Alter der Leiche/Leichenteile gemeint und nicht die an anderer Stelle besprochene Liegezeit, obwohl deren Schätzung naturgemäß weiteren Anhalt für die Identifizierung zu bekannter Zeit vermißter Personen bietet. Zu berücksichtigen ist, daß nur das physiologische, d. h. biologische Alter bestimmt werden kann und dieses nur zu 50–60% mit dem chronologischen Alter übereinstimmt.

Das Fetalalter errechnet sich aus dem Gewicht und aus der Scheitel-Fersenlänge mit Hilfe der Haaseschen Formel (in den ersten 5 Monaten = Quadratzahl der zurückgelegten Monate, in den letzten 5 Monaten = Produkt aus zurückgelegten Monaten × 5).

Das Knochenalter von Feten und Kindern bis zur Pubertät wird anhand von Atlanten über das Auftreten von Knochenkernen und deren röntgenologische Größe bestimmt, wobei Handwurzelknochenkerne besonders geeignet sind.

Hinweischarakter haben:

- Turgor und Fettunterpolsterung der Haut
- Krähenfüße an den Augen
- Faltenbildung vor dem Ohrtragus („Vorohreckenrunzligkeit" in der Zona praetragica nach *Reiss* zur Altersschätzung besonders geeignet!)
- Intimaveränderungen an den Arterien
- Pigmentablagerung an Zellkernen (Herzmuskel)
- Behaarungsmuster (an Tragus, Ohrmuschel, Nasenspitze, Naseneingang, Augenbrauen)
- Altersatrophie der inneren Organe (senile Drusen)
- anthrakotisches Lungenpigment
- Gebißentwicklung (Weisheitszähne)
- Ossifikationszustand des Skeletts (kein Geschlechtsunterschied): Verknöcherung der Epiphysenfuge 16–20 J., der Rippenknorpel ab 25 J., des Zungenbeins 20–29 J., der Schädelnähte zunächst an der Tabula interna, dann außen beginnend mit 20–30 J., endend mit 40–60 J.

Mit zunehmendem Alter rückt die Markhöhlenkuppe der großen Röhrenknochen an die verknöcherte Epiphysenleiste heran, die beim Humerus jenseits des 60. J. erreicht wird.

Weitere Hinweise bietet der Abnutzungszustand des Gebisses (Schmelzabkauung bis 30 J., Dentinabkauung bis 40 J., Abkauung der Pulpa bis 70 J.) sowie der Grad der Parodontose und Resorption an der Wurzel der vorderen Zähne. Eine besonders genaue Altersschätzung läßt das Bild der Symphysenfläche nach *Todd* zu.

1.7.4.5 Bestimmung der Körpergröße

Die Berechnung erfolgt aus den Maßen des Kopfes, der Röhrenknochen, der Fuß- und Schuhgröße und – wesentlich genauer – aus der Kombination der Maße von zwei Röhrenknochen. Weder die Einbeziehung eines dritten Knochens noch das Kombinationsverfahren aus mehreren verschiedenen Knochen beim Vorliegen des vollständigen Skeletts, bieten wesentliche zusätzliche Genauigkeit. Zur Schätzung der Körperlänge (KL) aus Einzelknochen gelten folgende Multiplikatoren (Mann): Femur × 3,84; Tibia × 4,65; Humerus × 5,06; Radius × 7,06; Schädelhöhe × 7,9.

Genauer sind die Schätzformeln nach *Lorke* und Mitarb. für Männer, aus denen sich noch der mittlere Restfehler und die Toleranzgrenzen angeben lassen. Am genauesten ist die Berechnung aus der Femurlänge und – bei Knochenpaaren – aus der Femur- und Fibulalänge: KL aus Femur = 61,34 + 2,358 × Femurlänge; KL aus Femur und Fibula = 57,08 + 1,595 × Femurlänge + 1,064 × Fibulalänge. Bei einer Toleranzgrenze von 95% ist die Variationsbreite immerhin noch ± 8,4 bzw. ± 8,0 cm.

Für Jugendliche, Kinder, Frauen und Männer gelten unterschiedliche Koeffizienten; es muß daher wegen der Proportionsunterschiede sowohl die Altersbestimmung als auch die Geschlechtsbestimmung erfolgt sein! Im übrigen sind Leichen länger (besonders beim hängenden Säugling), und es bestehen auch beim Lebenden Morgen- und Abendschwankungen sowie Unterschiede zwischen Ausweis- und Lebendgröße (cave auch Akzeleration).

1.7.4.6 Individualmerkmale

Sie sind größtenteils unter 1.7.1 besprochen. Neben der sicheren Erkennung allein aus dem Papillarlinienmuster oder dem Zahnstatus ist eine Diagnose auch aus den Individualmerkmalen von Röntgenbildern möglich, wenn Vergleichsmaterial aus Kliniken zu beschaffen ist (Türkensattel, Nebenhöhlen, Prozessus mastoideus). Die Superposition von Skelettbild und photographischer Aufnahme sowie Schädel-, Gesichts-, Weichteil-Rekonstruktion sind schließlich Spezialverfahren, mit denen auch lebensechte Fahndungsbilder aus Skelettfunden hergestellt werden können. Charakteristische Berufsmerkmale (z. B. Trichterbrust des Schusters, Schwielen des Cello- und Guitarren-Spielers sowie Estrichlegers, das Geigenspielerhals-Syndrom) können wie auch Tätowierungen wichtige Hinweise liefern (Seeleute, Häftlinge, Drogensüchtige). Angehörige der Drogenszene verraten sich durch venöse Einstiche an den Unterarmen als „Fixer" und durch Nasenseptumgeschwüre als „Kokser" (Kokainisten).

Bei wassergelagerten, mumifizierten oder fäulnisveränderten Leichen werden zur Daktyloskopie die Fingerbeeren durch Bad in Kalium-Hydroxid oder 3%igem Natrium-Sulfid zur Aufquellung vorbehandelt.

2 Der plötzliche Tod aus natürlicher Ursache

2.1 Begriffsbestimmung und forensische Bedeutung

In bewußter Abgrenzung zum „unnatürlichen" oder „nichtnatürlichen" Tod werden unter dem Begriff des „plötzlichen Todes aus natürlicher Ursache" jene Vorfälle zusammengefaßt, bei denen der Tod

- **plötzlich** aus scheinbar voller Gesundheit heraus und oft mitten bei der Arbeit am Arbeitsplatz (Herzinfarkt)
- oder zumindest **unerwartet** nach kurzen, banalen Krankheitserscheinungen (Schnupfen), die üblicherweise einen Tod in dem betreffenden Alter nicht erwarten lassen (akute Exazerbation)
- oder **nach rapider Verschlechterung** bei einer für unbedeutend gehaltenen Störung des Allgemeinbefindens (Atemnot, Brustschmerzen)

an **innerer Ursache** eintritt, ohne daß ein äußeres Ereignis auslösenden oder beschleunigenden Einfluß genommen hat.

Doch weder aus der Plötzlichkeit noch aus der Unerwartetheit eines Todeseintritts ist ein diagnostischer Rückschluß möglich, da wie der natürliche auch der unnatürliche Tod sowohl langsam und qualvoll als auch schnell und für die Umgebung „unerwartet" eintreten kann (traumatische Blutung, Vergiftung). Daher ist ohne Kenntnis der genauen Vorgeschichte und ohne Obduktion bei plötzlichem Tod nicht klärbar, ob dieser durch eine nicht erkannte innere Erkrankung oder auf Grund äußerer Einflüsse eingetreten ist (Unfall, gewerbliche, suizidale Vergiftung). Ohne klare Abgrenzung zum natürlichen Tod durch ein Obduktionsergebnis können weder unerkannte Unfallquellen aufgedeckt (CO-Vergiftung) noch versicherungs-, zivil- und strafrechtliche Zusammenhangsfragen beantwortet (Unfallrente, Schadenersatz) sowie Nachreden und Gerüchten begegnet werden (Kunstfehler, heimliche Tötung). Besonders bei vorangegangenen Bagatellunfällen, „Betriebsunfällen" oder unbedeutenden Körperverletzungen nach einem vorangegangenen Streit ist ein folgender plötzlicher Tod immer auch aus natürlicher innerer Ursache möglich und die Bedeutung, die einem Streß oder einer Aufregung am Todesgeschehen zukommt, nur nach Kenntnis der meist krankhaft veränderten Organbefunde abzuschätzen.

Bei der Leichenschau anläßlich eines plötzlichen Todes, der sich zumeist außerhalb der Klinik und ärztlicher Beobachtung ereignet, und bei nicht zweifelsfrei geklärter Vorgeschichte sollte der Arzt sich darauf beschränken, lediglich den eingetretenen Tod festzustellen, die Ursache als ungeklärt offen zu lassen, die Kriminalpolizei zu verständigen und eine gerichtliche Leichenöffnung anzuregen.

Die Symptomatik und Befunde des plötzlichen natürlichen Todes werden im Fachgebiet der Pathologie vermittelt; an dieser Stelle sollen diejenigen häufigen Ursachen aufgezählt werden, die für die **Differentialdiagnose** forensischer Todesursachen zahlenmäßig von Bedeutung sind.

2.2 Einteilung

Mit den Lebensaltern variiert sowohl die Häufigkeit des plötzlichen Todes als auch dessen Verdächtigkeit auf Fremdverschulden und dessen Ursache: Bei gleichen Begleitumständen erweckt der plötzliche Tod eines 83jährigen Menschen zunächst weit weniger Verdacht auf unnatürlichen Eintritt, als der eines 13jährigen Kindes, und der Tod eines 45jährigen Hypertonikers erregt andere Vorstellungen, als der eines 3 Monate alten Säuglings. Da plötzliche Todesfälle im Alter von 2–20 Jahren relativ selten beobachtet werden, ist die Zweiteilung in eine Gruppe von Todesursachen im Säuglings- und Kleinkindalter und eine Gruppe von Todesursachen, die im Erwachsenenalter beobachtet werden, allgemein gebräuchlich.

2.3 Der plötzliche Tod im Säuglings- und Kleinkindalter (Synonyma: Der plötzliche Kindestod oder Sudden Infant Death Syndrome, SIDS)

Ausgeklammert werden hier Todesfälle in der Perinatalphase. Die Vorgeschichte ist typisch: Die Kinder werden tot im Bettchen oder Kinderwagen gefunden. Sie waren bei der letzten Fütterung meist noch völlig unauffällig oder boten der aufmerksamen Mutter banale Symptome eines Unwohlseins mit Unruhe, nörgeligem weinerlichen Verhalten, u. U. einen Schnupfen und geringeren Appetit als sonst. Manchmal werden sie gerade deswegen mit in das wärmende elterliche Bett genommen. Typisch ist der Fund in sogenannter „Erstickungslage" entweder mit dem Kopf unter der Bettdecke oder – bei Bauchlage – mit dem Gesicht auf dem Kissen, das manchmal Erbrochenes aufweist. Ein Beobachter des Sterbevorgangs fehlt, und eine Klärung, die einen Schuldvorwurf gegenüber der Mutter oder dem Pflegepersonal abwenden kann, ist ausschließlich durch eine Obduktion (nicht Leichenschau!) möglich; sonst bleibt der Verdacht von Unachtsamkeit, Pflegefehlern und mangelhafter Aufsicht mit der Folge des Vorwurfs der fahrlässigen oder sogar vorsätzlichen Tötung bestehen.

Das Alter der Kinder liegt selten über einem Jahr, meist sind sie 2 bis höchstens 6 Monate alt und weisen einen Immunglobulin-Tiefstand auf. Männliche Kinder sind häufiger betroffen als weibliche, ein Herbst- und Wintergipfel sowie eine Häufung am Wochenende werden beobachtet. Oft liegt der Tod zwischen der letzten Flasche in der Nacht und dem morgendlichen Nachschauen. Der Einfluß des sozialen Milieus ist umstritten, Vernachlässigung und Pflegeschäden müssen keineswegs vorhanden sein, aber Säuglinge besonders junger Mütter und vor allem nicht gestillte, künstlich ernährte Kinder sind besonders gefährdet. Relativ häufig findet man bei der Sektion gut genährte Kinder mit einem pastösen Habitus (Plus-Dystrophie), einem Rosenkranz und Wolkenschädel als Rachitiszeichen und einem großen Thymus als dispositionelle Faktoren.

Die Häufigkeit des SIDS wird mit 10 bis 30 auf 10000 Lebendgeborene angegeben. Die Schätzung einer Berliner Arbeitsgruppe geht von 3000 Todesfällen pro Jahr in der BRD aus.

2.3.1 Todesursachen, Befund und forensische Differentialdiagnose

Unbestritten ist die Bedeutung der Erkrankungen des Respirationstraktes als häufigste Todesursache (38–94%!). Es folgen tödliche Erkrankungen des Verdauungstraktes, Otitis media (oft Nebenbefund!) und Mastoiditis, Enzephalitis und Meningitis (Komplikation einer Schutzimpfung!) sowie andere, seltenere Erkrankungen. Als typische Todesmechanismen werden diskutiert: eine Elektrolytverschiebung im Herzen zugunsten von Kalium, eine Überempfindlichkeitsreaktion auf Kuhmilcheiweiß nach Mikroaspiration und Sensibilisierung, ein synkopales Aussetzen der Atmung aus noch unbekannter Ursache sowie von amerikanischer Seite netzartige fibrinöse Degenerationsvorgänge des Herzmuskels im Bereich des *His*schen Bündels und – bei Fund unter der Bettdecke – eine Hyperthermie. Neuere Arbeitshypothesen deuten die Befunde des „globalen Schocks" als Zeichen eines Defekts in der Immunsteuerung. Auch eine Fettsäurestoffwechselstörung wird diskutiert.

2.3.1.1 Erkrankungen des Respirationstraktes und der Lunge

Häufigster Befund ist die „primitive frühkindliche Pneumonie" in Form der Bronchopneumonie in multizentrischer lobulärer Ausbreitung oder eine Bronchiolitis (= Kapillarbronchitis) mit Epitheldesquamation, Schleimobturation und mononukleärer Endobronchiolitis, Bronchiolitis intramuralis und Peribronchiolitis. Umstritten ist, ob die meist gleichzeitig beobachtete „Alveolarzelldesquamation", Desquamativpneumonie, „Alveolarzellpneumonie" – auch als „Alveolarzellkatarrh" bezeichnet – nicht möglicherweise eine finale und nicht entzündliche Begleiterscheinung ist.

Als charakteristischer Obduktionsbefund imponiert eine fleischig-feste Lunge mit scheckiger Oberfläche durch einen Wechsel von herdförmiger Atelektase und Emphysem sowie eine Fülle dichtstehender, stecknadelkopfgroßer petechialer Blutaustritte unter der Thymuskapsel und dem Epikard. Die für eine „äußere Erstickung" so typischen Befunde einer Lungenblähung mit *Tardieu*schen Ekchymosen, petechialer Bindehautblutungen oder gar punktförmiger Lidhaut-, Stirnhaut- und Hinterohrhaut-Blutungen fehlen. Allerdings gibt es manchmal Ekchymosen unter dem Lungenfell. Der klinisch bekannte Wandel der Pneumonieform vom Säuglings- zum Kleinkindalter spiegelt sich auch im patho-histologischen Befund wider, so daß alle Bilder zwischen rein interstitieller und rein alveolärer Beteiligung beobachtet werden. Von Bedeutung ist bei jungen Säuglingen noch die plasmazelluläre, interstitielle Pneumonie (Erreger: *Pneumocystis carinii),* die restlichen Pneumonieformen sind selten.

Differentialdiagnose: Erstickung im Brechakt mit Aspiration in die peripheren Atemwege und die Lunge **(cave:** finale Speisebreiaspiration!); gewaltsame Erstickung (auch durch Anatmen feuchtigkeitsgetränkter Bettwäsche – sowohl aus dieser Lage als auch aus der Lage unter der Bettdecke kann sich der gesunde Säugling befreien –); Lungenbefund bei zerebralen Affektionen und Traumen **(cave:** Sturz von der Wickelkommode), Vergiftung und Unterkühlung.

2.3.1.2 Erkrankungen des Verdauungstraktes

Die Häufigkeit wird mit ca. 6% (2–26%) angegeben. Entzündliche und infektiöse Erkrankungen sind wegen der rasch einsetzenden postmortalen Fäulnis im Magen-Darm-Trakt von den nicht entzündlichen schwer zu trennen. Für die Diagnose ist der in diesem Alter hinsichtlich Farbe und Beschaffenheit charakteristische Inhalt des Darmes (Fäulnis- und Gärungsdyspepsie) bei frühzeitiger Sektion diagnostisch aussagekräftiger als ein dezenter Organbefund. Auch eine gleichzeitig bestehende (Sommer-) Enteritis im Umfeld des Kindes (Anamnese!) sind diagnostische Hinweise, da oft aus dem histologischen, makroskopischen und bakteriologischen Befund die Diagnose einer Enteropathie nicht gestellt werden kann. Man vergegenwärtige sich die klinische Erfahrung, daß bei Enteritiden durch Exsikkose und Elektrolytverschiebung innerhalb von Stunden Verfall und Tod eintreten können.

Differentialdiagnose: Vergiftung und alimentäre Intoxikation **(cave:** Begleitbefund bei anderen Infektionskrankheiten).

2.3.1.3 Erkrankung der übrigen Organe (5%)

Hier sind Affektionen des ZNS mit Meningitis und Enzephalitis zu nennen, teils nach Impfung, Masern oder Keuchhusten, teils otogen fortgeleitet, teils als Begleitung einer infektiösen Erkrankung anderer Organe (Waterhouse-Friederichsen-Syndrom). Hirnödem und Hirnschwellung führen wegen der geringen Differenz zwischen Schädel- und Hirnvolumen auch bei noch offenen Fontanellen rasch im Circulus vitiosus mit einer pulmonalen Insuffizienz zur tödlichen Drucklähmung. Otitis und Mastoiditis als nachgewiesene Ursachen des plötzlichen Todes werden in der Literatur mit 4–16% genannt (oft Begleitbefund), und seltener findet sich eine akute interstitielle Myokarditis oder eine Myokarditis bei Viruserkrankungen. Eine Rachitis, ein großer Thymus („Thymustod") oder ein Status „thymicolymphaticus" scheiden als alleinige Todesursachen aus, können aber als zusätzliche Befunde beim SIDS häufig beobachtet werden.

2.4 Der plötzliche Tod aus natürlicher Ursache im Erwachsenenalter

Wegen des Verdachts auf ein unnatürliches Geschehen ist der plötzliche Tod in den Statistiken Rechtsmedizinischer Sektionen zahlenmäßig mit 15–25–55(!)% wesentlich höher vertreten, als in der Statistik pathologischer Institute oder in der Statistik der Gesamtsterblichkeit (2–5%). Das männliche Geschlecht überwiegt insgesamt mit über 70% bei noch gleicher Häufigkeit in der Altersgruppe 21–30 Jahre. Trotz histologischer und toxikologischer Zusatzuntersuchung bleiben 1–3% aller Sektionen unaufgeklärt, wobei im Einzelfall die Aufklärungsrate mit zunehmendem Leichenalter sinkt. Wie beim plötzlichen Kindstod sollen auch hier die Todesursachen entsprechend der Häufigkeit ihrer Beobachtung genannt und hinsichtlich der seltenen auf die Darstellungen in der Pathologie verwiesen werden.

2.4.1 Todesursachen, Befund und forensische Differentialdiagnose

2.4.1.1 Erkrankungen des Herzens und der Gefäße

Unbestritten steht diese Gruppe beim plötzlichen Tod Erwachsener mit über 50% an erster Stelle. Davon stellen Männer nicht nur mit ca. 75% den größten Anteil, sondern es findet sich auch eine Antecedenz von ca. 10 Jahren gegenüber Frauen. Als zahlenmäßig häufigste Todesursache sieht man eine Coronarinsuffizienz durch Coronarsklerose mit – oder ohne Coronarthrombose und mit – oder ohne – Infarktbildung. Nur in 66% der Infarkttodesfälle werden obturierende Coronararterienthrombosen gefunden, und in vielen Fällen ist nicht sicher, ob die Coronarthrombose den Myokardinfarkt eingeleitet hat oder Folge der Infarktbildung ist; sie wird jedenfalls mit zunehmendem zeitlichen Abstand zum Infarktgeschehen prozentual häufiger gesehen.

Es können eine banale seneszente Sklerose mit mehr longitudinaler Akzentuierung und mehr dilatativer Wandstarre von einer juvenilen Sklerose mit diskontinuierlichen stenosierenden Polstern an Prädilektionsstellen unterschieden werden. Bevorzugte Lokalisation ist der erste Abschnitt des Ramus descendens der linken Coronararterie, der Hauptstamm der Arteria coronaria dextra und – weniger oft – der Ramus circumflexus der linken Kranzader. Neben den bekannten Risikofaktoren: Rauchen (Nikotinfärbung der Finger der Leiche), Übergewicht, Streß, Hypertonie und Stoffwechselstörungen wird ein Häufigkeitsgipfel im Winter und am Montag beobachtet. Fehlt – so bei der akuten Coronarinsuffizienz – eine Thrombose, ist nach Lipomatosis cordis dextra, Überschreiten des kritischen Herzgewichtes von 500 g und mikroskopisch nach disseminierten Fasernekrosen, Myokarditis oder Myokardose (alkoholische!) zu suchen. Schon bei der Sektion fallen oft die allgemeinen Zeichen einer Einflußstauung auf. Hinweise sind die Stauung mit tiefer Zyanose des Gesichts, Hals und oberen Thorax, mit zahlreichen Totenfleckenblutungen in Form von Vibices, trophische Störungen an den unteren Extremitäten und die passive Hyperämie der inneren Organe. Seltene Befunde sind eine Herzruptur im Infarktgebiet oder die Ruptur eines Aortenaneurysma mit Herzbeuteltamponade, Endokarditis, Lungenembolie, Coronarembolie oder ein Wandaneurysma mit Thrombus sowie Aorten- und Klappenstenosen.

Differentialdiagnostisch ist besonders bei Abstürzen von der Arbeitsstelle (Bau) oder sogenannten „Arbeitsunfällen" mit äußeren Verletzungen (oft nur einfache Sturzverletzungen) auch bei jungen bislang beschwerdelosen Menschen nicht nur nach einer Alkoholisierung, sondern einem akuten Herztod zu fahnden, wobei dann selbst die schwereren Verletzungen die Folge dieses Ereignisses wären.

2.4.1.2 Erkrankungen der Atmungsorgane

Ihr Anteil beträgt ca. 20% bei den plötzlichen Todesfällen. Im Gegensatz zum Obduktionsgut des Pathologen findet sich im rechtsmedizinischen Untersuchungsgut bei jungen Menschen häufig eine hämorrhagische Pneumonie mit hämorrhagisch-nekrotisierender Tracheobronchitis. Die petechialen Schleimhautblutungen liegen nicht nur wie die asphyktischen Blutungen bei der äußeren Erstickung im Kehlkopfbereich, sondern vornehmlich auch im Bereich der Bifurkation der Trachea und in den Stammbronchien. Makroskopisch ist die düsterrote Felderung von der Lungenoberfläche und die flammendrote Schnittfläche mit Betonung der Mittelgeschosse auffällig. Der Befund ist in manchen Fällen jedoch von einem hämorrhagischen Lungenödem aus anderer Genese nicht zu unterscheiden. Mikroskopisch imponiert eine nur dezente Rundzellinfiltration in Bronchien und Alveolen und eine hämorrhagische Nekrotisierung der Epithelauskleidung wie bei der echten Grippepneumonie, und makroskopisch zeigt sich im Gegensatz zu bakteriellen Erkrankungen eine feste Milzschwellung. Ursache ist u. E. ein Virus-Infekt.

Bei heruntergekommenen Individuen und Alkoholikern findet sich auch heute noch eine Bronchopneumonie und auch Lobärpneumonie als Ursache des plötzlichen Todes. Auf allergischer Basis kann ein akutes Larynx-Ödem zum Tode führen; der echte Croup, Tbc, Tumor und Ösophagusvarizen mit tödlicher Aspiration, wie auch ein spastisches Glottisödem bei Tetanie, sind seltene Ursachen eines plötzlichen Todes.

Differentialdiagnose: Bolustod, suizidale oder gewerbliche Einatmung von Nitrosegasen, Diaethyl und Chlor; Luftembolie bei Abtreibung, Lungenembolie und Fettembolie der Lunge (wenn ein Unfall als auslösende Ursache in Frage kommt). Bei im Wasser umgekommenen Menschen wird auch der „kalte Wassertropfen im Kehlkopf" als Ursache eines Stimmritzenkrampfes mit anschließender Erstickung als Todesursache in Anspruch genommen (vgl. hierzu 4.5).

2.4.1.3 Erkrankungen des Gehirns und seiner Häute

Die Häufigkeit beträgt ca. 15%. Ursachen sind Blutungen aus Aneurysmen der basalen Hirnarterien, Pachymeningosis haemorrhagica interna (besonders bei chronischen Alkoholikern!), Hirnarterienthrombosen (bei Herzklappenentzündungen), Sonnenstich mit Meningitis und Enzephalitis, Meningitis und Enzephalitis bei Infektionserkrankungen und seltener: Epilepsie, Hirntumor und Massenblutung. Eine tödliche Hirnschwellung und ein tödliches Hirnödem ist oft die Komplikation bei Sepsis oder Affektionen des Herzens und der Nieren. Bei „fortgeleiteten" Meningitiden und Hirnabszessen sollte an eine otogene Komplikation gedacht werden (Mastoiditis!).

Differentialdiagnose: Schädel-Hirntraumen, die keineswegs immer mit äußerlich erkennbaren Verletzungen einhergehen müssen, z. B. bei Translations- und Rotationsbeschleunigungen von Verkehrsunfällen mit freiem Intervall, wenn Rückhaltesysteme benutzt worden waren. Eine Hirnschwellung und Hirnödem wird auch bei der Verblutung und Schlafmittelintoxikation beobachtet.

2.4.1.4 Erkrankungen der Bauchhöhle und seiner Organe

Die Häufigkeit beträgt ca. 10%. Ursachen sind die akute Pankreasnekrose, Hepatitis, Ulkus- und Varizenblutungen, Ileus (cave postmortale Darmeinstülpung), Darmbrand, Glomerulonephritis, Tumorblutung und auch eine Extrauteringravidität mit tödlicher Bauchblutung, eine Urämie, eine Nebennierenblutung wie auch eine tödliche Harnblasenblutung bei Tumor.

Differentialdiagnostisch ist an einen rasch eintretenden, unerwarteten Tod nach oft nicht erkannten stumpfen Bauchtraumen (Fußtritt) zu denken mit traumatischer Leber-, Milzruptur und Darmperforation, an einen Tod im Schock oder nach innerer Vergiftung, an eine Vergiftung oder Abtreibung mit Luftembolie, Seifenintoxikation oder Sepsis.

2.4.1.5 Sonstige Erkrankungen

Die Häufigkeit dieser Gruppe wird mit ca. 5% angegeben. Fast alle Erkrankungen können auch zum plötzlichen, unerwarteten Tod führen (siehe Lehrbücher der Pathologie).

Differentialdiagnostisch müssen auch eine allergisch-hyperergische Reaktion, Insektenstich, Endotoxin-Schock (Sanarelli-Shwartzman-Phänomen) und ein Reflextod (z. B. beim ersten Zugriff an den Hals) in Erwägung gezogen werden.

2.5 Forensische Begutachtung

Steht am Anfang der den plötzlichen Tod auslösenden **Kausalkette** als **Ursache** ein von außen kommendes, nicht natürliches Ereignis (Trauma, Splitterverletzung bei Tetanus), so handelt es sich auch dann oft um einen **nicht-natürlichen** Tod, wenn das letztlich zum Tode führende Geschehen ein natürliches ist („Lungenentzündung"). Zur

Tabelle 4 Plötzlicher Tod aus natürlicher Ursache

Kinder		Erwachsene	
Respirationstrakt (Infekt)	40–90%	Koronare Herzerkrankung	> 50%
Verdauungstrakt	2–25%	Respirationstrakt	20%
übrige Organe	5%	ZNS und Hirnhäute	15%
Rachitis und Thymusalteration		Bauchhöhle	10%
nie alleinige Todesursache		Sonstiges	5%

klärenden Abwägung besonders beim Tod unter den Händen des Arztes, ist die Obduktion unerläßlich. Auch ein psychisches Trauma kann (bei Herzvorschaden) u. U. als wesentlich auslösende Ursache eines plötzlichen Todes gelten, wie auch eine außergewöhnliche, das übliche berufliche Maß überschreitende Belastung. Strafrechtlich stellen Bagatelltraumen manchmal die auslösende Ursache des Todes dar. In diesen Fällen sind jedoch stets das subjektive Schuldelement und die Vorhersehbarkeit zu prüfen (vgl. Kap. 19).

3 Stumpfe und scharfe Gewalt

3.1 Die rechtlichen Grundlagen

3.1.1 Die Rechtsvorschriften der Tötungsdelikte (Strafgesetzbuch – StGB)

§ 211 StGB: Mord

1. Der Mörder wird mit lebenslanger Freiheitsstrafe bestraft.
2. Mörder ist, wer aus Mordlust, zur Befriedigung des Geschlechtstriebs, aus Habgier oder sonst aus niedrigen Beweggründen heimtückisch oder grausam oder mit gemeingefährlichen Mitteln oder um eine andere Straftat zu ermöglichen oder zu verdecken einen Menschen tötet.

§ 212 StGB: Totschlag

1. Wer einen Menschen tötet, ohne Mörder zu sein, wird als Totschläger mit Freiheitsstrafe nicht unter 5 Jahren bestraft.
2. In besonders schweren Fällen ist auf lebenslange Freiheitsstrafe zu erkennen.

§ 213 StGB: Minderschwerer Fall des Totschlags

War der Totschläger ohne eigene Schuld durch eine ihm oder einem Angehörigen zugefügte Mißhandlung oder schwere Beleidigung von dem Getöteten zum Zorne gereizt und hierdurch auf der Stelle zur Tat hingerissen worden oder liegt sonst ein minderschwerer Fall vor, so ist die Strafe Freiheitsstrafe von 6 Monaten bis zu 5 Jahren.

§ 216 StGB: Tötung auf Verlangen

1. Ist jemand durch das ausdrückliche und ernstliche Verlangen des Getöteten zur Tötung bestimmt worden, so ist auf Freiheitsstrafe von 6 Monaten bis zu 5 Jahren zu erkennen.
2. Der Versuch ist strafbar.

§ 217 StGB (Kindestötung):

wird in Kapitel 9 behandelt.

§ 222 StGB: Fahrlässige Tötung

Wer durch Fahrlässigkeit den Tod eines Menschen verursacht, wird mit Freiheitsstrafe bis zu 5 Jahren oder mit Geldstrafe bestraft.

§ 226 StGB: Körperverletzung mit Todesfolge

1. Ist durch die Körperverletzung der Tod des Verletzten verursacht worden, so ist auf Freiheitsstrafe nicht unter 3 Jahren zu erkennen.
2. In minderschweren Fällen ist die Strafe Freiheitsstrafe von 3 Monaten bis zu 5 Jahren.

Von Wichtigkeit ist, daß die Körperverletzung zwar Vorsatz, die Folge des Todes jedoch nur Fahrlässigkeit erfordert.

§ 227 StGB: Beteiligung an einer Schlägerei

Der wesentliche Inhalt dieses § ist, daß von mehreren Personen, die an einer Schlägerei oder einem Angriff mit der Folge des Todes oder schwerer Körperverletzung beteiligt waren, jeder einzelne schon wegen der Beteiligung bestraft werden kann.

§ 229 StGB: Vergiftung

Wird im Kapitel 13 referiert werden.

3.1.2 Die Zuordnung gewaltsamer Todesursachen zu Straftatbeständen

3.1.2.1 Allgemeine Vorbemerkungen

Es fällt dem Allgemein-Mediziner erfahrungsgemäß nicht leicht, beim Vorliegen eines gewaltsamen Todes an die Möglichkeiten verschiedener rechtlicher Zuordnung zu denken. Dies kann aber natürlich gerade bei der Verbrechensaufklärung von erheblicher Bedeutung sein. Wegen der Fülle der Möglichkeiten, die weitgehend vom Einzelfall abhängen, können hier nur einige Gesichtspunkte herausgegriffen und aufgezeigt werden. Einzelheiten differentialdiagnostischer Art sind den jeweiligen Kapiteln zu entnehmen.

Liegt beim gewaltsamen Tod ein Verdacht auf die Tatbestände der §§ 211–213, also Mord oder Totschlag vor, so wird man bei entsprechenden Befunden nicht nur an **Fremdverschulden,** sondern natürlich auch an **Unglücksfälle** oder **Selbstmord** zu denken haben. In der Bundesrepublik Deutschland werden jährlich ca. 170 000 Gewalttaten registriert; davon 1000 Morde, 1500 andere vorsätzliche Tötungen, 6500 Vergewaltigungen, 21 000 Raubdelikte und 52 000 schwere und/oder gefährliche Körperverletzungen (davon 170 mit tödlichem Ausgang). 50% der Tötungsdelikte werden zwischen 20 und 4 Uhr nachts verübt; Tatort ist in 50% die Wohnung und 25% die Straße. Todesart ist in 50% Erstechen, 20% Erschießen, 15% Drosseln/Würgen und in 13% Erschlagen. Zwei von drei Opfern sind männlich, die Hälfte der Täter vorbestraft und 2/3 stehen bei der Tat unter Alkohol.

3.1.2.2 Fremdverschulden

Aus der Art der Einwirkung von Gewalt kann man oft auf die Täter-Opfer-Beziehung Rückschlüsse ziehen, so z. B. beim Vorliegen von **Abwehrverletzungen** an den Händen. Die Art und Schwere der Verletzung kann Aufschlüsse über die **Überlebenszeit,** aber auch die **Handlungsfähigkeit** geben. Schließlich können oft Rückschlüsse auf die Stärke der beim Täter vorhandenen **Affekte** gezogen werden (z. B. zahlreiche wahllos verstreut liegende Stichverletzungen, deren Heftigkeit sich besonders bei Knochenverletzungen ablesen läßt).

Aus der Art der Verletzung kann man auch Hinweise auf das **Tatwerkzeug** gewinnen.

Betrachtet man die Tatbestandsmerkmale des § 211 (Mord), so spielt die Frage nach der Grausamkeit, der Heimtücke sowie nach der Befriedigung des Geschlechtstriebes forensisch eine besondere Rolle.

Grausam tötet, wer dem Opfer besondere Schmerzen oder Qualen zufügt (BGHSt 3, 180, 264). Dies ist forensisch-medizinisch oft den Befunden zu entnehmen.

Heimtücke ist gegeben, wenn die Arg- und Wehrlosigkeit des Opfers zur Tat ausgenützt wird (BGHSt 2, 251; 3, 183; 18, 37 u. a. Entscheidungen).

Auch auf ein derartiges Täterverhalten lassen manchmal (mehr oder weniger exakt) die Befunde schließen (z. B. Verletzungen lediglich im Rücken).

Schließlich deuten auch gewisse Spuren (Spermanachweis) sowie Verletzungsarten (Genitale) auf eine **Tötung zur Befriedigung des Geschlechtstriebes** hin.

Die Zuordnung zum Tatbestand der **fahrlässigen Tötung** (§ 222) ist in der überwiegenden Zahl der Fälle nicht schwierig, da es sich meist um **Verkehrsunfälle** handelt.

In Betracht zu ziehen sind weiterhin leichtfertiger Umgang mit Schußwaffen, auch bei Jugendlichen (Luftgewehre) sowie sogenannte ärztliche Kunstfehler (vergleiche auch Kapitel 19).

3.1.2.3 Selbstmord, Zweikampf, Unglücksfälle

Häufig decouvriert sich der Selbstmord durch die Tatsituation (Tatwaffe, leere Medikamentenschachteln, laufender Automotor in der Garage, Abschiedsbriefe usw.). Man sollte jedoch nie zu vorschnelle Diagnosen stellen. Ein Suizid kann vorgetäuscht werden, um einen Mord zu verdecken (nachträgliches Aufhängen). Abschiedsbriefe könnten gefälscht sein. Andererseits können Angehörige den Selbstmord zu vertuschen suchen (religiöse Gründe, Versicherungsprämien!) und Unglücksfälle vortäuschen. Auch Kinder begehen Selbstmord. Auf 100 000 Kinder zwischen 5 und 12 Jahren kommt fast 1 Selbstmord, bei Jugendlichen zwischen 15 und 25 Jahren sind es 14! Insgesamt entfallen auf 100 000 etwa 18 Selbstmörder. Das Gros weist ein Alter zwischen 44 und 64 Jahren auf. Die höheren Altersgruppen finden sich überwiegend bei verheirateten Männern.

Die Methodik des Selbstmordes liegt vor allem in der Einnahme von Giften (Tabletten, Kochgas, Autoabgase), es folgen Erhängen, Ertrinken, Erschießen (Einzelheiten bei den jeweiligen gewaltsamen Todesarten).

Rechtlich gesehen ist der Suizid straflos, da ein Tötungsdelikt sich gegen einen anderen richten muß. Demnach wäre an sich auch die Beihilfe zum Selbstmord straflos. Diese kann aber unter bestimmten Voraussetzungen Tötungsdelikt werden. Dies ist z. B. dann der Fall, wenn der Bestimmende durch Überredung des anderen diesen töten, wo er ihn also als Werkzeug zur Tötung für sich mißbrauchen will *(Dreher)*. Es kann aber auch dann ein Tötungsdelikt vorliegen, wenn der Ehegatte seinen am Strick hängenden Partner nicht abschneidet. Scheidet ein Tötungsdelikt aus, so könnte der Tatbestand der unterlassenen Hilfeleistung (§ 323c) in Betracht kommen. Auch kann in bestimmten Fällen Tötung auf Verlangen (§ 216) diskutiert werden.

Der **Zweikampf (Duell)** ist kein eigener Tatbestand. Es kommt je nach Absicht ein Tötungsdelikt oder eine Körperverletzung in Betracht.

Unglücksfall: Auch Unglücksfälle können häufiger als man annimmt nicht nur dem Ungeübten diagnostische Schwierigkeiten bereiten. Hier ist z. B. zu denken an Todesfälle bei bestimmten Arten autoerotischer Betätigung, beim Herabstürzen von Gerüsten (Alkohol!), Betriebsunfälle (Differentialdiagnose: plötzlicher Tod aus natürlicher Ursache) u. a. mehr.

Einzelheiten über Differentialdiagnosen Mord – Selbstmord – Unglücksfall werden bei den jeweiligen gewaltsamen Todesarten besprochen.

3.1.3 Die Rechtsvorschriften der Körperverletzungstatbestände

§ 223 StGB: Körperverletzung

1. Wer einen anderen körperlich mißhandelt oder an der Gesundheit beschädigt, wird mit Freiheitsstrafe bis zu 3 Jahren oder mit Geldstrafe bestraft.
2. Ist die Handlung gegen Verwandte aufsteigender Linie begangen, so ist auf Freiheitsstrafe bis zu 5 Jahren oder auf Geldstrafe zu erkennen.

§ 223a StGB: Gefährliche Körperverletzung

1. Ist die Körperverletzung mittels einer Waffe, insbesondere eines Messers oder eines anderen gefährlichen Werkzeugs oder mittels eines hinterlistigen Überfalles oder von mehreren gemeinschaftlich oder mittels einer das Leben gefährdenden Behandlung begangen, so ist die Strafe Freiheitsstrafe bis zu 5 Jahren oder Geldstrafe.
2. Der Versuch ist strafbar.

Der § 223b StGB beschäftigt sich mit der Mißhandlung von Schutzbefohlenen (vergleiche Kapitel 9).

§ 224 StGB: Schwere Körperverletzung

1. Hat die Körperverletzung zur Folge, daß der Verletzte ein wichtiges Glied des Körpers, das Sehvermögen auf einem oder beiden Augen, das Gehör, die Sprache oder die Zeugungsfähigkeit verliert oder in erheblicher Weise dauernd entstellt wird oder in Siechtum, Lähmung oder Geisteskrankheit verfällt, so ist auf Freiheitsstrafe von einem Jahr bis zu fünf Jahren zu erkennen.
2. In minderschweren Fällen ist die Strafe Freiheitsstrafe bis zu fünf Jahren oder Geldstrafe.

§ 225 StGB: Beabsichtigte schwere Körperverletzung

1. War eine der vorgezeichneten Folgen beabsichtigt und eingetreten, so ist auf Freiheitsstrafe von 2 bis zu 10 Jahren zu erkennen.
2. In minderschweren Fällen ist die Strafe Freiheitsstrafe von 6 Monaten bis zu 5 Jahren.

§ 226a StGB: Dieser Paragraph wird im Rahmen des ärztlichen Eingriffs behandelt.

§ 230 StGB: Fahrlässige Körperverletzung

Wer durch Fahrlässigkeit die Körperverletzung eines anderen verursacht, wird mit Freiheitsstrafe bis zu drei Jahren oder mit Geldstrafe bestraft.

§ 232 StGB: Strafantrag

1. Die vorsätzliche Körperverletzung nach § 223 und die fahrlässige Körperverletzung nach § 230 werden nur auf Antrag verfolgt, es sei denn, daß die Strafverfolgungsbehörde wegen des besonderen öffentlichen Interesses an der Strafverfolgung ein Einschreiten von Amts wegen für geboten hält. Stirbt der Verletzte, so geht bei vorsätzlicher Körperverletzung das Antragsrecht nach § 77 Abs. 2 auf die Angehörigen über.
2. Ist die Tat gegen einen Amtsträger, einen für den öffentlichen Dienst besonders Verpflichteten oder einen Soldaten der Bundeswehr während der Ausübung seines Dienstes oder in Beziehung auf seinen Dienst begangen, so wird sie auch auf Antrag des Dienstvorgesetzten verfolgt. Dasselbe gilt für Träger von Ämtern der Kirchen und anderen Religionsgesellschaften des öffentlichen Rechts.

3.1.4 Die Zuordnung von Körperverletzungen zu den entsprechenden Tatbeständen

Erfahrungsgemäß werden beim Vorliegen von Körperverletzungen häufig die juristischen Begriffe „gefährlich" und „schwer" mit medizinischen Diagnosen verwechselt. Es ist wichtig, sich immer wieder klar zu machen, daß im Sinne des § 223a eine Körperverletzung stets dann eine gefährliche ist, wenn sie mittels eines **„gefährlichen Werkzeuges"** begangen wurde. Unerheblich für den Tatbestand des § 223a ist dagegen, ob die entstandene Verletzung auch im medizinischen Sinne als gefährlich angesehen werden muß oder nicht. Man wird also forensisch-medizinisch Rückschlüsse auf das ausführende Tatwerkzeug ziehen müssen (handelte es sich z. B. um ein gefährliches Werkzeug, d. h. um ein solches, das nach seiner Beschaffenheit und Benutzungsart **geeignet** war, eine erhebliche Körperverletzung hervorzurufen).

Der Tatbestand ist auch gegeben, wenn die Verletzung mittels eines hinterlistigen (Verdeckung der wahren Absicht) Überfalles, von mehreren gemeinschaftlich oder mittels einer das Leben gefährdenden Behandlung erfolgt. Hierzu wird der Arzt in besonders gelagerten Fällen Ausführungen machen können. Es kann auch hier darauf ankommen, Rückschlüsse auf das Tatwerkzeug zu ziehen, insbesondere auch im Hinblick, ob die Verletzungen von einem oder von mehreren Tätern begangen wurden, ob sie gleichzeitig entstanden sind u. a. mehr.

Schwer ist eine Körperverletzung (§ 224), wenn der Verletzte tatsächlich **schweren Körperschaden** erlitten hatte. (Sehvermögen, Gehör, Sprache, Zeugungsfähigkeitsverlust, Siechtum, Lähmung, Geisteskrankheit als Folge). Hier ist das medizinische Gutachten oft von entscheidender und ausschlaggebender Bedeutung.

Glied ist in der Rechtsprechung jeder in sich abgeschlossene Körperteil mit Eigenaufgaben im Gesamtorganismus (BGH). Teilweise wurden auch Nieren (NJW 61, 2076) und Ohrmuscheln anerkannt.

Die **Wichtigkeit** bestimmt sich nach seiner allgemeinen Bedeutung für den Gesamtorganismus. Sondereigenschaften des Verletzten, besonders auch sein Beruf, fallen nicht ins Gewicht *(Dreher)*.

Verlust des Sehvermögens: Herabsetzung desselben auf 1/50 steht dem Verlust gleich.

Gehör ist die Fähigkeit, artikulierte Laute zu verstehen.

Verlust der Sprache: Unter Sprache wird die Fähigkeit zum artikulierten Reden verstanden.

Zeugungsfähigkeit kann erloschen sein, auch wenn die Potentia coeundi erhalten ist (vgl. Kap. 12).

Dauernde Entstellung in erheblicher Weise: Sie besteht in einer Verunstaltung der Gesamterscheinung, aber auch bei Beeinträchtigung bloßer Körperteile (z. B. Gesicht). Die Entstellung braucht nicht stets sichtbar zu sein. Es genügt, wenn sie im sozialen Leben in Erscheinung tritt, wenn auch z. B. nur beim Baden. Dauernd ist die Entstellung, wenn sich ihr Ende im voraus nicht bestimmen läßt.

Verfallen in Siechtum, Lähmung oder Geisteskrankheit bedeutet einen lang andauernden (chronischen) Krankheitszustand.

Siechtum ist ein chronischer Krankheitszustand von nicht absehbarer Dauer.

Lähmung ist eine erhebliche Beeinträchtigung der Bewegungsfähigkeit eines Körperteils, die den ganzen Körper in Mitleidenschaft zieht.

Geisteskrankheit kann auch die mittelbare Folge der Verletzung sein.

Schließlich sollte man sich vor Augen führen, daß eine Körperverletzung im Sinne des § 223 bereits dann als gegeben angesehen wird, wenn das **„körperliche Wohlbefinden"** durch „nicht ganz unerhebliche" Einwirkung beeinträchtigt wurde. Desgleichen, wenn eine körperliche Mißhandlung (also „übles, unangemessenes Behandeln") erfolgte.

Diese Tatbestände sind natürlich ein weites Feld medizinischer Begutachtung, auf die hier im einzelnen nicht näher eingegangen werden kann.

Zum Abschluß sei auf die fahrlässige Körperverletzung hingewiesen (§ 230), die ähnlich, wie bei der fahrlässigen Tötung, häufig durch Verkehrsunfälle zustande kommt. Auch hier ist aber ebenfalls an andere Fahrlässigkeitshandlungen zu denken, z. B. auch an leichtfertigen Umgang mit Schußwaffen,

Feuerwerkskörpern und natürlich auch an den sogenannten „ärztlichen Kunstfehler".

Besonderes öffentliches Interesse wird im allgemeinen dann angenommen, wenn der Täter zu der Aufmerksamkeit, die er außer acht ließ, vor allem in Anbetracht seines Amtes oder Berufes besonders verpflichtet gewesen wäre (ärztlicher „Kunstfehler"!).

Bezüglich der zivilrechtlichen Fragen siehe unter „Haftpflicht des Arztes" (Kap. 19).

Die verschiedenen Kausal-Lehren in Straf-, Zivil- und sozialem Unfall-Versicherungs-Recht werden in den Kapiteln 19 und 20 abgehandelt.

3.2 Schnitt-, Stich- und Hiebverletzungen (-wunden)

3.2.1 Allgemeine Vorbemerkungen

Schnitt- und Stichverletzungen zeigen sowohl bezüglich ihres Entstehungsmechanismus, ihrer Verletzungsfolgen als auch hinsichtlich ihrer kriminalistischen Bedeutung viele Gemeinsamkeiten. Sie werden in manchen Lehrbüchern daher auch zusammen behandelt.

Bei Verletzungen durch scharfe Gewalt kommen die verschiedensten „Werkzeuge" in Betracht: Scheren, Dolche, Messer, Feilen, Meißel, Schraubenzieher, Nägel, Nadeln, aber auch Blechstücke, Glasscherben u. a. mehr.

Je schärfer die jeweiligen Schneidränder, desto glattrandigere Wundränder und desto gleichmäßigere Gewebsdurchtrennungen wird man zu erwarten haben.

Schnitt-, Stich- und Hiebverletzungen sind öfters miteinander kombiniert.

3.2.1.1 Gefahren und Todesursachen

Die **Gefahren** und **Todesursachen** sind sehr mannigfaltig.

In erster Linie ist natürlich an die **Verblutung** zu denken. Diese ist sowohl auf die Verletzung von größeren Arterien als auch von Venen zurückzuführen. Die verlorene Blutmenge, die zum Tode führt, kann von recht unterschiedlicher Größenordnung sein. Dies hängt in erster Linie von der **Schnelligkeit** des Blutverlustes, aber auch vom Allgemeinzustand (Krankheit, Alter) ab.

Bei langsamer innerer Verblutung findet man bei der Obduktion in den Körperhöhlen (Brusthöhlen, Bauchraum) öfter bis zu 2–3 Liter Blut.

Die **Diagnose „Verblutungstod"** ist meist nicht allzu schwierig. Die Art der Verletzung (Gefäße), die Menge des vorgefundenen Blutes (Körperhöhlen), die sogenannte Organeigenfarbe (besonders Leber, aber auch Lunge) weisen den richtigen Weg. Recht typisch (wenn auch nicht spezifisch) sind die „Verblutungsblutungen", Ekchymosen unter dem Endokard. Auf die auffällig blassen und spärlichen Totenflecken wurde schon hingewiesen. Bei kleinen oder venösen Verletzungen können bis über 1000 ml Blut den Herzbeutel füllen.

Infolge Eröffnung herznaher Venen (z. B. im Halsbereich) besteht die Gefahr einer **Luftembolie.** Auch hier kann die Menge, die zum Tode führt, recht unterschiedlich sein. Im allgemeinen wird man mit etwa 50–120 ml Luft zu rechnen haben. Die Geschwindigkeit, mit der die Luft ins Herz gelangt, spielt eine wesentliche Rolle. (Weitere Einzelheiten sowie Sektionstechnik vergleiche im Kapitel 8.)

Auch **Aspiration** (Blut, Erbrechen) spielt als Todesursache eine Rolle.

Eine wichtige Stellung nimmt die **Fettembolie** ein. Sie kann eng mit sogenannten Schocksymptomen verknüpft sein. Nicht nur nach Knochenbrüchen, sondern auch nach Schlag, Sturz, Erschütterungen kann Fett aus dem Körpergewebe mobilisiert und in größeren Tropfen in die Blutbahn eingeschwemmt werden. Hierfür sind oft nur Sekunden erforderlich, wenn auch der Tod meist erst am (2.–)4.–6. Tag eintritt. Klinisch finden sich Atemnot, Zyanose, Pulsbeschleunigung, Blutdruckabfall, bei der zerebralen Fettembolie auch Bewußtseinsstörungen, Krämpfe usw. Der Zusammenhang der pulmonalen Symptomatik mit dem Schocksyndrom ist noch nicht restlos geklärt.

Zu Fettembolien kann es auch bei **chronischen Alkoholikern, Vergiftungen** (Entmischung, z. B. bei Äthervergiftung) sowie bei Krankheiten mit erhöhtem Eiweißzerfall (Tumoren) kommen. Es gibt auch eine **postmortale Fettembolie** in der Lunge (Fäulnisgasdruck). Die Einschwemmungen sind hier allerdings gering und meist „fein verstäubt".

Beim **Schocksyndrom** kommt es – über verschiedene Stufen und Mechanismen – zunächst zur einfachen Zusammenballung von Blutplättchen. Es werden eine Reihe von Stoffen freigesetzt (Katecholamine), die u. a. eine erhöhte Gefäßpermeabilität hervorrufen. Die gerinnungsaktiven Substanzen lösen die Mikrothrombose aus. Es herrschen jetzt fibrinhaltige Mikrothromben vor. Neben der Schocklunge spielt vor allem die Schockniere eine wichtige Rolle. (Bei Zermalmung von Muskulatur kann es auch zur sogenannten Crush-Niere – Myoglobinzylinder – kommen.)

Wichtigste Ursache der Lungenveränderungen ist der Sauerstoffmangel. Das histologische Bild der Lunge zeigt eine kongestive Atelektase, Sludge-Phänomen, Hyperämie, alveoläres Ödem, selten hyaline Membranen, alveoläre Blutungen, gehäuftes Vorkommen von Megakaryozytenkernen in den Kapillaren der Alveolen.

Zusammenhänge zwischen Schock- und Fettembolie sind heute unstreitig. Die Lunge fängt das Fett wie ein Filter auf. Der limitierende Faktor ist die Kompensationsfähigkeit der terminalen Strombahn. Durch die Gerinnungsvorgänge im Schock wird die Blutviskosität erhöht. Hierdurch wird das Hängenbleiben der Fetttropfen begünstigt. Wahrscheinlich spielt auch noch eine kompensatorische Gefäßverengung im präkapillaren Bereich eine Rolle.

Spätfolgen der Verletzungen können **Entzündungen** und **Infektionen** sein (z. B. Peritonitis bei Bauchstichen).

3.2.1.2 Handlungsfähigkeit

Bekanntermaßen wird der Begriff der Handlungsfähigkeit häufig vom Studenten mit der Überlebensfähigkeit verwechselt.

Unter **Handlungsfähigkeit** versteht man jedoch lediglich die Tatsache, daß der Verletzte noch **nach Erhalt der Verletzung** in der Lage ist zu handeln (z. B. sich zu wehren, wegzulaufen usw.). Es ist hierbei gleichgültig, ob er die Verletzung späterhin überlebt oder ihr erliegt. Auch der, der gerettet wird, kann manchmal sofort handlungsunfähig sein, wie andererseits der bald nach Erhalt der Wunde Sterbende noch für kurze Zeit handlungsfähig sein konnte.

Kriminalistisch kann die Frage nach der Handlungsfähigkeit sehr bedeutsam werden, z. B., wenn erörtert werden muß, ob jemand sich noch selbständig vom Tatort entfernt hat oder ob die Leiche verschleppt wurde u. a. mehr.

Von *Mueller* sind einige Verletzungen zusammengestellt worden, aus denen der Obduzent gegebenenfalls auf Handlungsfähigkeit oder -unfähigkeit schließen kann. Es seien hier genannt:

Hirn: Stichverletzungen bedingen meist keine Handlungsunfähigkeit.

Halsschnitt(-stich)verletzungen: Handlungsunfähigkeiten bei Durchtrennung **beider** Karotiden innerhalb von 5 bis 10 Sekunden.

Aorta- und Arteria-pulmonalis-Eröffnung: Meist **keine** Handlungsfähigkeit.

Lungen: Meist längere Handlungsfähigkeit. Allerdings **nicht** bei doppelseitigem Pneumothorax.

Herz: Hier ist die Frage besonders bedeutsam, da Stichverletzungen des Herzens verhältnismäßig oft vorkommen. Im allgemeinen tritt bei **Ventrikelverletzungen** Handlungsunfähigkeit erst ein, wenn die Wunden länger als 2–3,5 cm sind. Bei Vorhofsverletzungen ist die Handlungsfähigkeit etwas länger erhalten.

3.2.2 Schnittverletzungen

Die Schnittverletzung kennzeichnet sich in typischer Weise dadurch, daß sie **länger als tief** ist, ihre Wundränder meist **glattrandig** sind (bei schartigen Werkzeugen auch gelappt) und die **Wundwinkel überwiegend spitz zulaufen. Gewebsbrücken** finden sich hier **nicht** (vergleiche auch stumpfe Gewalt).

Wird sehr schräg geschnitten, kann der eine Wundrand, und zwar der in Schnittrichtung liegende, den anderen überlappen. Wird mehrfach zugeschnitten, finden sich, falls nur eine Wunde vorliegt, in den Wundwinkeln oft einzelne Zipfel oder mehrfache, teils nur oberflächliche Hautvertrocknungen.

Schnittwunden können klaffen. Wird auch Muskulatur durchschnitten, tritt dies oft besonders deutlich zutage. (An der Haut je nach Lage des elastischen Fasernetzes). Bei faltenreicher Haut kann – wie bei der Kleidung! – durch einen Schnitt eine mehrfache Schnittführung vorgetäuscht werden.

Durch unregelmäßiges kulissenartiges Zurückziehen der Muskulatur oder durch Kontraktion derselben kann eine sogenannte „Treppenform" des Schnittes entstehen. Bedeutsam sind Schnittverletzungen am Hals, weil hier die Frage Mord oder Selbstmord besonders häufig aufgeworfen werden muß.

3.2.3 Hiebverletzungen

Unter Hiebverletzungen werden hier nur diejenigen verstanden, die von schneidenden Werkzeugen (scharfe Gewalt) verursacht wurden (im übrigen siehe unter „stumpfer Gewalt"). Schnitt- und Hiebverletzungen zeigen morphologisch keine prinzipiellen Unterschiede. Am häufigsten begegnet man solchen Hiebverletzungen, die mit der scharfen Seite eines Beiles gesetzt worden sind. Man findet dann manchmal Hautvertrocknungen an den Wundrändern, die auf Abschürfungen zurückzuführen sind.

Hiebwunden können sowohl durch fremde Hand als auch in suizidaler Absicht entstanden sein. Am häufigsten sind (allerdings meist nicht tödliche) Unfälle. Hierbei ist auch an Selbstbeschädigung zu denken (Begutachtung des Überlebenden sowie des amputierten Gliedes!).

Hiebverletzungen findet man auch als Abwehrverletzungen, z. B. an den Unterarmen.

3.2.4 Stichverletzungen

Bei Stichverletzungen unterscheidet man die Einstichöffnung (äußere Wunde), den Stichkanal und – gegebenenfalls – die Ausstichöffnung.

Die äußere Wunde der Stichverletzung (Einstich) ist tiefer als breit bzw. lang, sie hat glatte Wundränder und spitz zulaufende Wundwinkel ohne Gewebsbrücken (nur bei sehr breiten Messerrücken ist der eine Wundwinkel stumpf). Meist klafft sie leicht (Abb. 12).

Von dieser oft schon durch die Besichtigung zu erkennenden „Grundform" gibt es zahlreiche Abweichungen, die teils durch Bewegungen des Opfers, Drehbewegungen des Stichwerkzeuges oder durch die Form des Tatwerkzeuges an sich hervorgerufen werden.

Zum Stechen werden ähnliche Werkzeuge benutzt wie zum Schneiden, also z. B. Scheren, Messer, Dolche, Nadeln, Scherben, Bleche u. a. mehr.

Bei Messerstichen tritt häufig die „klassische Grundform" auf, die durch Drehung des Messers zur „Schwalbenschwanzform" werden kann. Auf diese Weise bilden sich Zacken, die bei erheblicher Drehung flügel- bzw. schwalbenschwanzähnlich aussehen können (Abb. 13 u. Abb. 14).

Ist das verletzende Instrument mehrkantig, wird man häufig auch mehrstrahlige Wunden vorfinden. Bei runden Werkzeugen ist die Verletzung infolge des elastischen Fasernetzes der Haut („Spaltbarkeitsrichtung") schlitzförmig.

Neben der äußeren Wunde ist dem **Stichkanal** besondere Aufmerksamkeit zu schenken. Er ist genau zu beschreiben sowie seine Länge exakt zu messen. Oft wird erst in der Tiefe das Gefäß gefunden, aus dem die innere Verblutung erfolgte oder die Herzverlet-

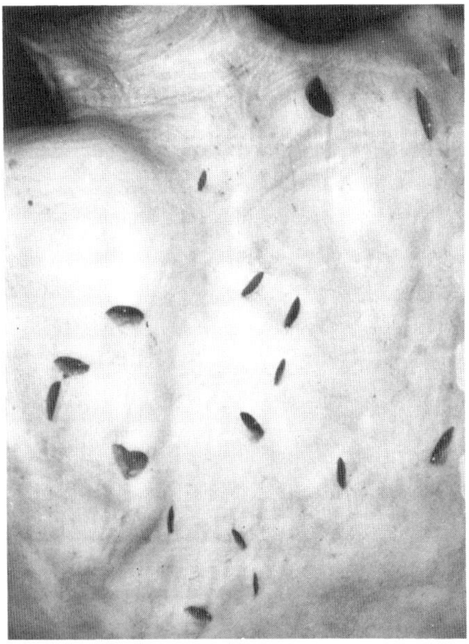

Abb. 12 Typische Stichverletzungen

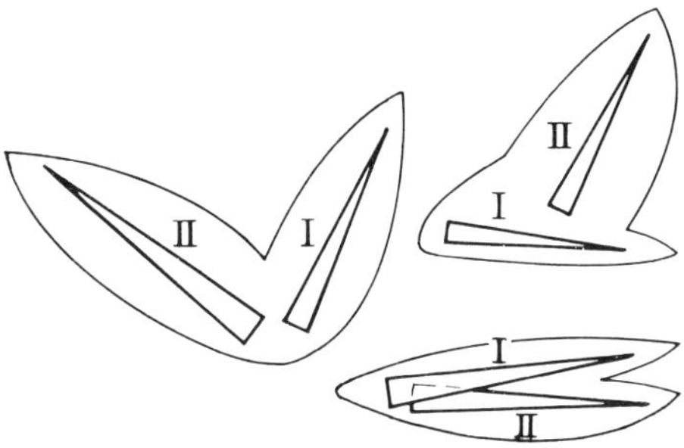

Abb. 13 „Schwalbenschwanzform" bei Stichverletzungen

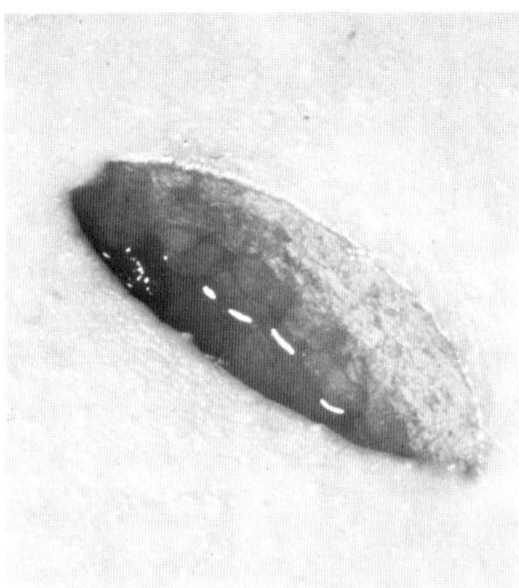

Abb. 14 Stichverletzung: Angedeutete Schwalbenschwanzform

zung entdeckt. Festere Organe geben manchmal ganz gut die Form des Stichwerkzeuges (Messers) wieder.

Es empfiehlt sich, wie bei den Schußverletzungen, auch die Lage der Stichwunde von der Fußsohle aus zu messen (Höhe über der Fußsohle in cm). Hieraus können später evtl. (falls die Haltung des Opfers bekannt ist) kriminalistisch wichtige Rückschlüsse gezogen werden.

3.2.5 Pathomechanik

3.2.5.1 Rückschlüsse auf das Tatwerkzeug bei scharfer Gewalt

Häufig fehlt das Tatwerkzeug oder wird nicht gleich gefunden. Daß ein „falsches" Instrument am Tatort zurückgelassen wird, dürfte selten sein. Der Obduzent wird in vielen Fällen gefragt, ob aus den vorgefundenen Wunden Rückschlüsse auf Art und Größe des verletzenden Werkzeuges gezogen werden können.

In neuerer Zeit hat man zeigen können, daß man am Knochen Sägespuren aufgrund von individuellen Besonderheiten der jeweiligen Säge gut identifizieren und somit auf das Tatwerkzeug schließen kann. Neben derartigen Spezialfällen wird jedoch – abgesehen von der Mehrstrahligkeit der Wunden bei kantigen Instrumenten – in der weitaus überwiegenden Zahl der Fälle die Frage nach der Breite und Länge der Klinge eines Messers gestellt. Wegen der großen praktischen Bedeutung sei auf dieses Problem etwas näher eingegangen.

Mißt man eine Stichwunde von Wundwinkel zu Wundwinkel, so hat man hiermit noch keineswegs etwa die Klingenbreite ermittelt. Dreierlei ist zu beachten:

a) Die Haut kann sich retrahiert haben. Die Verletzung kann daher kürzer sein als die Klinge breit ist.
b) Beim Herausziehen des Messers kann die Wunde durch Schnitt verlängert worden sein (dies kann auch schon beim Einstechen geschehen!). Die Verletzung kann also breiter sein als die Klinge.
c) Da man weder die Form der Klinge kennt noch weiß, wie tief sie eingestochen wurde, ist z. B. bei Klingen, die sich allmählich bis zum Schaft verbreitern, schon deshalb kein sicherer Rückschluß auf die Klingenbreite möglich.

Ebenso unsicher sind die Rückschlüsse, die man von der Länge des Stichkanals auf die Länge der Klinge zu ziehen versucht.

a) Der Stichkanal kann kürzer sein als die Klinge lang ist: Das Messer braucht nicht ganz eingestochen worden zu sein.
b) Der Stichkanal kann dadurch verlängert werden, daß das Gewebe durch die Wucht des Stiches zusammengedrückt wird (z. B. bei Bauchstichen), so daß die spätere Messung an der Leiche eine Stichkanallänge ergibt, die größer ist als die Klingenlänge. Bei derartigen Stichen

sieht man manchmal sich das Heft des Messers auf der Oberfläche als Hautvertrocknung abzeichnen.

Nach dem eben Gesagten wird klar, daß nur **erhebliche** Mißverhältnisse zwischen Klingenlänge (oder Breite) und Stichkanal (und Wunde) zum Ausschluß eines als Tatwaffe verdächtigen Instrumentes führen können.

Im übrigen kann in solchen Fällen die Spurenuntersuchung weiterhelfen.

Perforierende Knochenverletzungen eignen sich noch am besten zur Feststellung einer Klingenbreite: Ausgüsse von Stichkanälen festerer Organe (z. B. Leber, Nieren) geben manchmal gut die Klingenform wieder.

3.2.5.2 Rückschlüsse auf den Tathergang

a) Frage der Stichrichtung

Stellt man sich die Frage nach der Stichrichtung, so muß man sich bei Verwendung der bei der Obduktion gewonnenen Maße (Höhe über der Fußsohle, Verlauf des Stichkanals, evtl. Ausstichhöhe) darüber im klaren sein, daß Rückschlüsse nur dann einigermaßen sicher sein können, wenn die **Haltung des Opfers,** als es den Stich empfing, bekannt war. Bei Nichtbeachtung dieser Tatsache kommen die abenteuerlichsten Fehlbegutachtungen zustande.

b) Die Wucht des Stiches

Aus der Wucht des Stiches können oft wichtige Rückschlüsse gezogen werden. Diese Frage wird daher (vom Juristen) auch häufiger gestellt.

Man führe sich vor Augen, daß Durchstechen von Knochen (Schädeldach, Brustbein, Rippen) stets eine nicht unerhebliche Wucht voraussetzt. Dagegen dringt ein Messer sonst verhältnismäßig leicht in den Körper ein, wobei nach herrschender Meinung nur die Haut und die Kleidung einen etwas größeren Widerstand bieten.

Moderne Untersuchungen über die Stichdynamik im menschlichen Körpergewebe (genormte Pendel – Stichversuche mit Aufnahme von Widerstand – Zeit-Kurven) lassen allerdings den Schluß zu, daß die Muskulatur, wenn das Messer mehrere Zentimeter eingedrungen ist, doch mehr Widerstand bietet, als bisher angenommen wurde. Genormte Stichversuche sind auch an menschlichen Schädeln vorgenommen worden. Es ergaben sich in jedem Fall (teilweise abhängig von Alter und Dicke des Schädelknochens) sehr große Stichimpulse.

Eigene Versuche mit Schraubenziehern zeigten, daß sehr große Kräfte erforderlich sind, um mit derartigen Instrumenten die Haut durchstechen zu können. Gleiches gilt für Messer mit stumpfer Spitze.

Manchmal wird vom Täter behauptet, das Opfer sei ihm ins Messer hineingelaufen. Er habe das Messer nur drohend hingehalten, aber niemanden wirklich verletzten wollen. Eine solche Einrede ist nur glaubhaft, wenn das Messer irgendwie fixiert war, z. B. der Täter an eine Wand gelehnt stand und nicht ausweichen konnte *(Mueller)*. Will man niemanden verletzen, zieht man sonst die Hand gleichsam reflektorisch zurück. Durchstoßener Knochen setzt eine so große Wucht voraus, daß ein Hineinlaufen abzulehnen ist.

In einzelnen Fällen kann man aus der **großen Anzahl** wahllos gesetzter Stiche auf einen erheblichen **affektiven Erregungszustand** des Täters und damit auch auf **große Wucht** der Stiche schließen.

c) Differentialdiagnose: Selbstmord oder Tötung durch fremde Hand

Charakteristisch für den **Selbstmörder** sind die sogenannten **„Probierschnitte“**

(Abb. 15). Es werden zunächst vorsichtig mehr oder weniger lange und tiefe Schnitte gesetzt, bevor schließlich das Gefäß eröffnet wird, aus dem die tödliche Blutung erfolgt. Klafft die Wunde sehr stark, so sind häufig die ersten zaghaften Probierschnitte als braunrote Hautvertrocknungen an den Wundwinkeln zu erkennen. Am häufigsten wird quer an der Beugeseite ins Handgelenk geschnitten, in Unkenntnis des Verlaufes der Arteria radialis.

Nicht selten sind auch **Halsschnitte**. Sie zeichnen sich durch eine **Schrägstellung** der Schnittrichtung aus (beim Rechtshänder von links oben nach rechts unten, beim Linkshänder von rechts oben nach links unten). Da die Wunden am Hals besonders stark zu klaffen pflegen, sieht man hier oft nur in den Wundwinkeln die typischen braunrot vertrockneten flachen Probierschnitt-Ansätze (Abb. 16).

Häufiger kommt es zu Blutabrinn-Straßen, die unterschiedlich verlaufen und sich kreuzen können (Schnitt im Sitzen oder Stehen, dann Umfallen, gegebenenfalls im Liegen noch Bewegungen).

Meistens wird man die Tatwaffe in mehr oder weniger großer Entfernung vom Toten finden. Man muß allerdings auch daran denken, daß der Selbstmörder die Waffe nach Beibringung der tödlichen Verletzung noch wegwerfen kann (Vortäuschung eines Mordes aus religiösen oder versicherungsrechtlichen Gründen). Besonders beim Halsschnitt des Selbstmörders findet man jedoch praktisch stets eine Blutbeschmierung der schneidenden Hand.

Sehr typisch für den Selbstmörder ist ferner, daß er die Kleidung an der Stelle, in die er schneiden oder stechen will, entfernt. Dies trifft vor allem für Suizide durch Herzstiche zu. Man sieht dann mehrere kleine, teils sehr flache, teils tiefer gehende Stiche, gleichmäßig um die Herzgegend verteilt, die sich als „Probierstiche" kennzeichnen. **Ein** Stich hat dann schließlich das Herz erreicht und den Tod herbeigeführt.

Tötung durch fremde Hand infolge von Schnittverletzungen erfolgt meist am vorher bewußtlos gemachten oder schlafenden Opfer. Halsschnitte werden bevorzugt. Sie kennzeichnen sich durch das Fehlen von Probierschnitten sowie durch die Tiefe des Schnittes, der bis auf die Wirbelsäule reichen kann. Dies kommt bei Selbstmord kaum vor, doch spricht **ein** Schnitt in die Wirbelsäule nicht unbedingt gegen Selbstmord. (Bei mehreren ist Mord dagegen als sicher anzusehen. In derartigen Fällen kann auch eine Exhumierung noch Klarheit bringen.) Die Schnittrichtung liegt hier meist von rechts oben nach links unten (Abb. 17). Häufig schneidet der Täter mehrfach zu. Die Schnitte liegen dann unregelmäßig und nicht parallel.

Kleidung wird durchschnitten oder durchstochen. Beim Halsschnitt wird das Opfer meist im Liegen getötet, daher Blutabrinn-

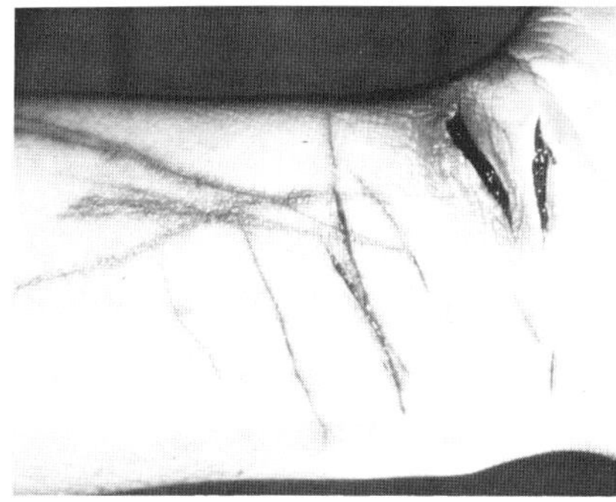

Abb. 15 Pulsaderschnitte

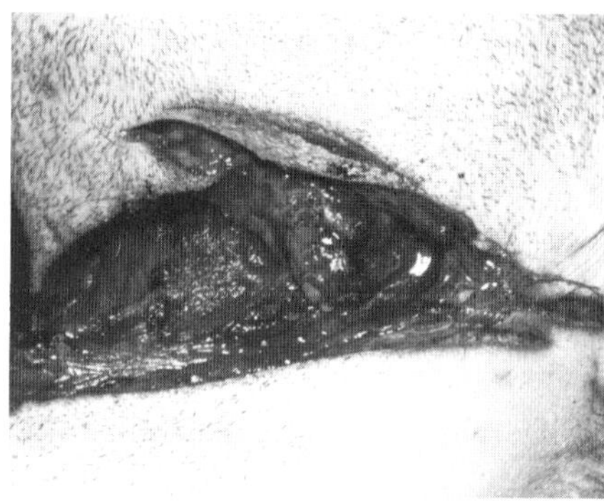

Abb. 16 Suizidale Halsschnitte. Man beachte die Probierschnitte

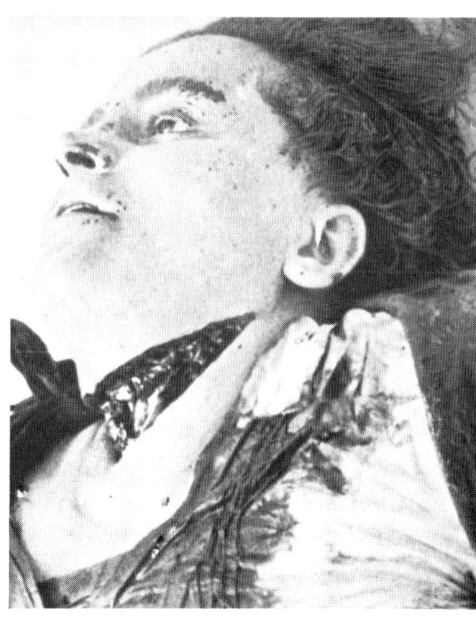

Abb. 17 Halsschnitt (Mord)

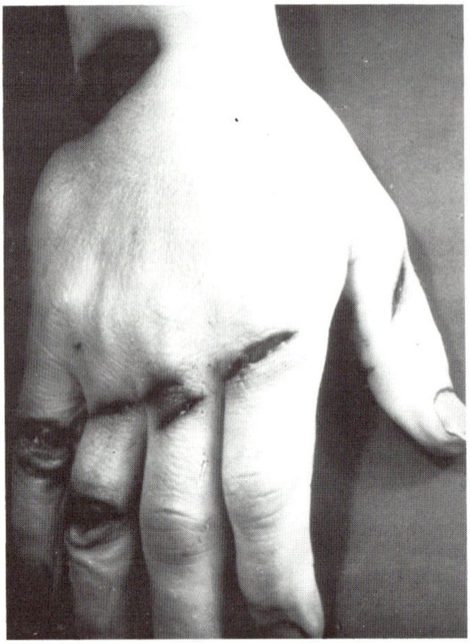

Abb. 18 Passive Abwehrverletzung

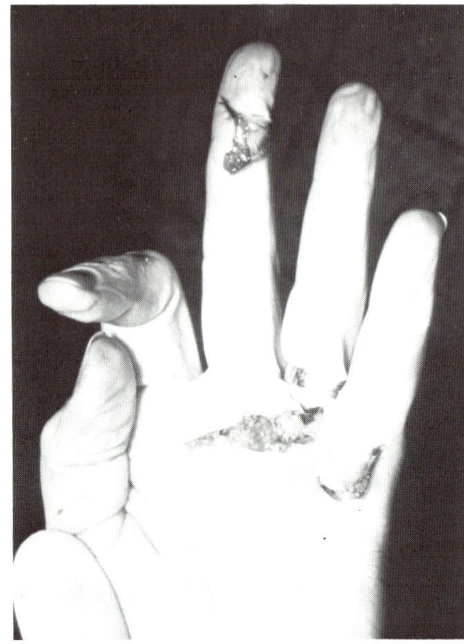

Abb. 19 Aktive Abwehrverletzung

spuren nach hinten. Die Tatwaffe fehlt üblicherweise. Sie kann aber auch zur Vortäuschung eines Selbstmordes dem Toten in die Hand gelegt worden sein.

Bei Tötungen nicht bewußtloser Opfer, wie z. B. bei Messerstechereien, sieht man manchmal **Abwehrverletzungen,** teils an den Handrücken (schützendes Vorhalten der Hände, passive Abwehrverletzung) oder an den Handflächen (Hineingreifen ins Messer, aktive Abwehrverletzungen) (Abb. 18 u. Abb. 19).

Die Lage der Stichverletzungen ist oft wahllos, kreuz und quer, schließlich auch am Rücken. Schnitt- und Stichverletzungen, besonders in der Genitalgegend, können Hinweise auf Sexualverbrechen sein. Dies ist auch bei der Spurensicherung zu beachten (Sperma, Scheidenabstriche!).

Bei **Hiebverletzungen** handelt es sich meist um Einwirkung durch fremde Hand, doch kommt in seltenen Fällen auch Suizid vor. Hier weist die Vielzahl paralleler sowohl seichter wie auch tiefer Wunden den Weg zur richtigen Diagnose.

Fassen wir noch einmal die wichtigsten Unterscheidungsmerkmale zwischen Selbstmord und Mord zusammen:

Tabelle 5 Unterscheidungsmerkmale zwischen Mord und Selbstmord

Selbstmord	Mord
keine Kleidung beschädigt	Kleidung durchstochen
Tatwaffe vorhanden	Tatwaffe fehlt meistens
Blutbeschmierung der Tathand	oft Abwehrverletzungen
parallele Probierschnitte bzw. Stiche	unregelmäßige Schnitt- und Stichverteilung
bei Halsschnitten typische Schrägrichtung	bei Halsschnitten oft bis auf die Wirbelsäule geschnitten
Blutabrinnspuren bei Schnitt meist nach unten und hinten	Verletzungen auch am Rücken. Blutabrinnspuren bei Schnitt öfter nur nach hinten
geordnete Umgebung, Abschiedsbrief	ungeordnete Umgebung, oft Kampfspuren

d) Unglücksfälle
Tödliche Unglücksfälle durch scharfe Gewalt sind nicht häufig. Sie können vorkommen beim Hinstürzen, wenn ein offenes Messer in der Tasche getragen wird, beim Arbeiten mit Äxten oder anderen scharfen Werkzeugen, z. B. Motorsägen. Meist erfolgt rechtzeitige Behandlung, gegebenenfalls Operation, so daß man es forensisch unter Umständen mit Spättodesfällen zu tun hat (mittelbare Unfallfolge).

e) Selbstbeschädigungen
Selbstbeschädigungen und **rituelle Amputationen** sind selten (Versicherungsbetrug). Glassplitterverletzungen an Gesicht und Händen haben seit der Einführung der Gurtpflicht zumindest im Kopfbereich deutlich abgenommen, werden aber bei Raufereien und Stößen mit abgeschlagenen Flaschen und Trinkgläsern im Gesichts- und Halsbereich beobachtet.

3.3 Verletzungen durch stumpfe Gewalt

3.3.1 Allgemeine Vorbemerkungen

Unter stumpfer Gewalt versteht man die Einwirkung von
a) breitflächigen Gegenständen oder von
b) stumpfkantigen Instrumenten

Die Arten der durch stumpfe Gewalt entstehenden Wunden sind so mannigfaltig, daß sie von oberflächlichen Hautabschürfungen bis zu schwersten Verletzungen, Zertrümmerungen und Knochenbrüchen reichen.

Die Gegenstände, die die Gewalteinwirkung hervorrufen, sind zahlreich. Eisenbahn und Kraftfahrzeuge können ebenso verantwortlich sein wie Äxte, Knüppel, Zaunlatten oder die bloße Faust. Es hat sich daher eingebürgert, die Einwirkungsfolgen an den verschiedenen Organen zu besprechen.

3.3.2 Hautverletzungen

Die Einwirkung stumpfer Gewalt auf den Körper ist in manchen Fällen allein an der Haut abzulesen. Wir unterscheiden:

- Exkoriationen (Abschürfungen)
- Suffusionen (Blutunterlaufungen)
- Ablederungen
- Platzwunden
- Rißwunden
- Quetschwunden
- Bißverletzungen.

3.3.2.1 Exkoriationen

Durch Einwirkung der Gewalt wird das Stratum corneum verletzt und abgerissen. Man erkennt es häufig am Rande der Verletzungsstelle wie „zusammengeknittertes Seidenpapier" *(Mueller)*. Dies ist forensisch von großer Wichtigkeit: Es läßt sich nämlich häufig genau ablesen, von welcher Richtung die Gewalteinwirkung erfolgte. Die Oberhäutchen werden in die Richtung, in die die Gewalt wirkt, abgeschoben (wie Bugwellen beim Schiff mit Seitenwellen) *(Mueller)*. Werden Kapillaren verletzt, treten Blutpunkte auf. Sie können konfluieren und zu einem Schorf eintrocknen. Der Schorf bleibt etwa 7–10 Tage erhalten.

Hautabschürfungen vertrocknen postmortal (auch erst postmortal entstandene!) in typischer Weise braunrot und lederartig fest. Spätestens jetzt kann man häufig die Form des verursachenden Gegenstandes bzw. Teile desselben erkennen. Auch lassen sich Schleifspuren (oft paralleler Verlauf!) ausmachen. Auch bei Dehnung können braune Hautveränderungen entstehen („Dehnungsstreifen").

3.3.2.2 Suffusionen (Blutunterlaufungen)

Bei stärkerer Gewalteinwirkung kommt es infolge von subkutanen Gefäßzerreißungen zu Blutunterlaufungen (Suffusionen). Es ist nicht stets damit zu rechnen, daß hierbei auch die Oberhaut verletzt ist. Sie kann vielmehr auch unverletzt bleiben.

Die Größe eines Blutergusses hängt von verschiedenen Faktoren ab: Stärke der Gewalteinwirkung, Gefäßreichtum an der betreffenden Stelle sowie Gewebsbeschaffenheit (fest oder locker). Manchmal sind Suffusionen von außen überhaupt nicht erkennbar. Man muß sie dann aufgrund anderer Hinweise (Hautvertrocknungen, Exkoriationen) oder auf Verdacht hin bei entsprechenden Fällen (z. B. Verkehrsunfällen) durch Einschneiden ins Gewebe nachzuweisen oder auszuschließen suchen.

Von Bedeutung sind
a) die Altersbestimmung,
b) die Frage vitaler oder postmortaler Entstehung sowie
c) der Rückschluß auf das verursachende Instrument.

Alle diese Fragen sind manchmal nur schwer sicher zu entscheiden.

a) Zeitliche Verhältnisse

Der zunächst dunkel-blauviolett sich abzeichnende Bluterguß geht nach etwa 6–8 Tagen durch Abbau des Blutfarbstoffes ins Grünliche, nach mehr als 8 Tagen ins Gelbliche über. Die vollständige Resorption dauert meist 2–3 Wochen. Diese Zeiträume schwanken allerdings so stark, daß genaue Eingrenzungen nicht möglich sind. Schneidet man Hämatome ein, so sind sie zunächst fast schwarz, später wird die Farbe mehr bräunlich. Mikroskopisch findet man in den ersten Stunden eine Leukozytenemigration und ein Ödem. Nach etwa 24 Stunden erfolgt Phagozytose. Hämosiderinbildung findet sich vom 3. bis 4. Tag an, meist erst am 6. bis 9. Tage. Hämatoidin nach dem 11. Tag.

b) Vital – postmortal?

An sich ist ein im Gewebe liegender Bluterguß von geronnenem Blut in den meisten Fällen ein vitales Zeichen. Doch kann auch noch nach dem Tode an abhängigen Stellen eine Blutung erfolgen. Auch viele Stunden nach dem Tode erzeugte Verletzungen **können** noch von Suffusionen gefolgt sein. Am ehesten wird man derartige postmortale Blutungen im lockeren Zellgewebe finden, am seltensten im festen Muskelgewebe. Eine ausgedehnte Durchsetzung eines Muskels mit Blut entsteht postmortal praktisch niemals.

Falls man die Vitalität einer Verletzung nicht sicher nachweisen kann, so darf man natürlich deshalb **nicht** folgern, daß sie nach dem Tode entstanden sein **müsse.**

Farbänderungen von Hämatomen wie sie oben beschrieben wurden, sind als vitale Reaktionen aufzufassen (vgl. auch 3.9.2 u. 3.10).

c) Rückschluß auf das verursachende Werkzeug

Bei den Suffusionen kommt es manchmal zu Blutverschiebungen. So findet man z. B. bei Stockschlägen meist **zwei** parallele Streifen durch Verschiebungen von Blut- und Gewebsflüssigkeit nach den Seiten. Das gleiche kann auch bei Autoreifen-Spuren oder bei Abdrücken vom Kühlergrill eines Wagens der Fall sein. Hier ragen dann gerade die **nicht erhabenen** Teile vor, in denen öfter streifige Blutungen bestehen bleiben.

3.3.2.3 Platzwunden

Beim Auftreffen stumpfer Gewalt auf die Haut an Stellen, unter denen ohne wesentliches Fettpolster Knochen liegen, platzt die Haut auf. Wir sprechen von **Platzwunden**

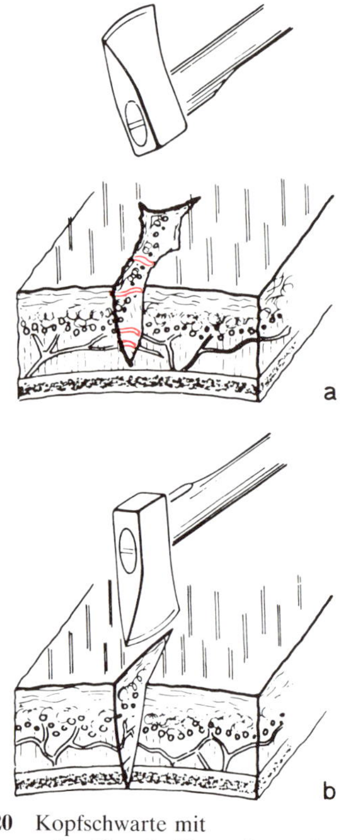

Abb. 20 Kopfschwarte mit
a) = stumpfer Gewalt (Quetschung der Wundränder, Gewebsbrücken)
b) = scharfer Gewalt (glatte Wundränder, Werkzeugspur im Knochen)

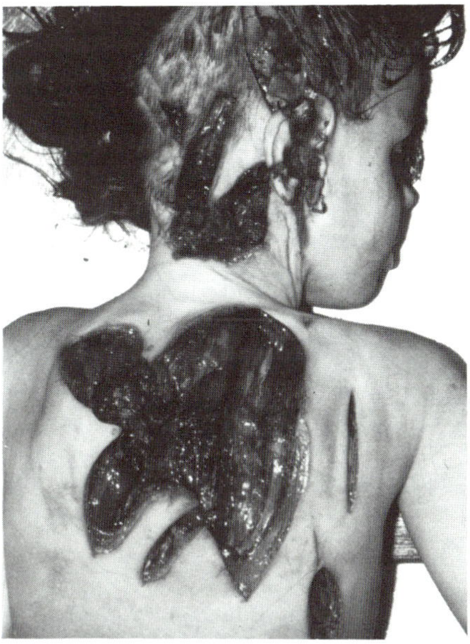

Abb. 21 Beilhiebverletzung

(am häufigsten im Bereiche des Kopfes zu finden) (Abb. 20 u. 21).

Der Rand der Platzwunden ist meist gezackt oder gelappt, kann aber auch, je nach verursachendem Gegenstand, ziemlich glattrandig sein. Die Unterscheidung von Schnittwunden wird in solchen Fällen zunächst schwierig. Man findet die richtige Diagnose jedoch, wenn man die **Wundwinkel** betrachtet (evtl. mit der Pinzette spreizen). Hier lassen sich bei Platzwunden sogenannte „Gewebsbrücken“ erkennen.

Ihre Ursache ist die Festigkeit und Widerstandsfähigkeit von Sehnen, Nerven und Gefäßen, die trotz Einwirkung von stumpfer Gewalt in der Tiefe der Wunde stehen bleiben. Sehr häufig sieht man an den Wundrändern Blutunterlaufungen und Exkoriationen.

Kriminalistisch wichtig ist es, bei Platzwunden stets nach Fremdkörpern zu fahnden (Sand, Schmutz, Öl, Lacksplitter).

3.3.2.4 Riß- und Quetschwunden

Rißwunden entstehen durch Überdehnung und Zug. Man findet sie öfter bei Verkehrsunfällen, auch beim Überrollen durch schwere Fahrzeuge.

Quetschwunden sind häufig mit ihnen kombiniert. Sie entstehen durch Druck auf umschriebenen Raum und führen zu Unterblutungen und postmortalen Hautvertrocknungen. Bei breitflächiger stumpfer Gewalt auf die bekleidete Haut zeichnet sich das Textilfasermuster oft in Form von hellroten, intrakutanen Punktblutungen ab.

Auch bei Riß-Quetschwunden wird man unregelmäßige Wundränder und Gewebsbrücken vorfinden.

3.3.2.5 Bißverletzungen

Tierbisse verursachen meist Rißquetschwunden, wobei häufig die Reißzähne schlitzförmige Hautdurchspießungen erzeugen. Aus der Art der Verletzungen kann manchmal auf die Gebißform geschlossen werden (Abb. 22).

Gefahren: Verblutungen (Halsbisse, Zerfleischungen), Infektion.

Menschenbisse zeigen Hautvertrocknungen (Teilabdruck des Gebisses, meist Schneide- und Eckzähne) und bogig konturierte, zentral abgeblaßte Hämatome (Bißringe, Abb. 23).

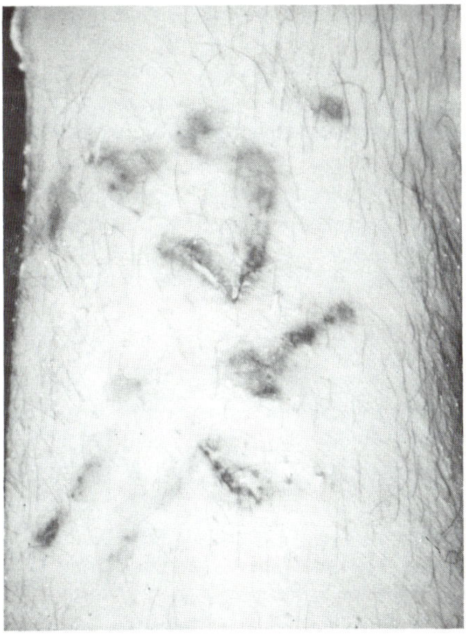

Abb. 22 Hundebißverletzung

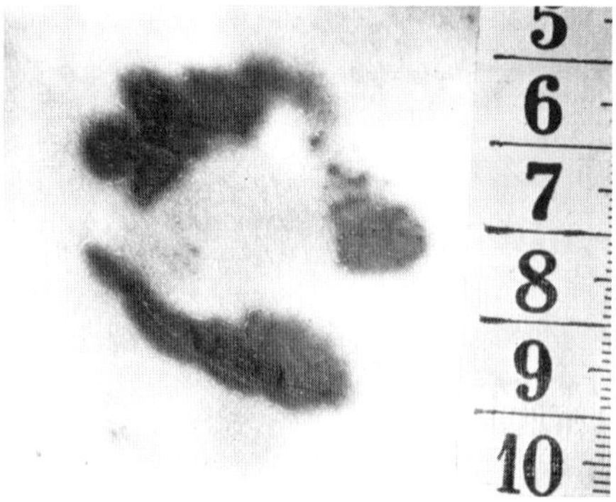

Abb. 23 Postmortal eingetrockneter Bißring

Sie werden beobachtet bei:
- Sexualverbrechen (Brüste)
- Kindesmißhandlung
- Rauferei.

3.3.3 Verletzungen von Muskeln, Knochen und inneren Organen

3.3.3.1 Muskulatur

Umschriebene stumpfe Gewalt führt meist nicht zu Muskelzerreißungen. Bei Auto-, Eisenbahn- oder Flugzeugunfällen finden wir dagegen oft erhebliche Zerreißungen oder Zerquetschungen von Muskelgewebe. Es ist dazu nicht erforderlich, daß eine wesentliche Blutung entsteht (wenn, dann liegt sie meist an den Ansatzstellen).

Eine schwerwiegende Folge größerer Muskelzerreißungen sind Intoxikationen durch nekrotisches Gewebe sowie Nierenschäden durch Myoglobinausscheidung (Crush-Niere).

3.3.3.2 Knochen

Daß Einwirkung stumpfer Gewalt zu Knochenbrüchen führen kann, bedarf kaum der Erwähnung. In bestimmten Fällen treten recht typische Bruchformen in Erscheinung (z. B. Messerer-Brüche), die teilweise im Abschnitt „Rekonstruktion von Verkehrsunfällen“ besprochen werden sollen.

Schwerwiegende **Folge** sowohl von Knochenbrüchen als auch größerer Gewebszertrümmerungen ist neben der Infektion die **Fettembolie.** Kommt es hierdurch zum Tode, so erfolgt dieser meistens am 4. bis 6. Tag nach dem Trauma. Fettembolien können jedoch schon Sekunden nach Erhalt der Verletzung nachweisbar sein (im übrigen vergleiche 3.2.1.1).

3.3.3.3 Gefäße

Neben der Blutung kann stumpfe Gewalt zu Aneurysmen und Thrombose (selten) führen.

Aneurysmen sollen besonders dort entstehen, wo Gefäße auf den Knochen aufgepreßt werden. Zum Nachweis eines Kausalzusammenhanges mit dem Trauma müssen örtlicher und zeitlicher Zusammenhang gegeben sein (Brückensymptome).

3.3.3.4 Organe der Bauchhöhle

Von den Organen der Bauchhöhle rupturieren Milz und Leber verhältnismäßig häufig. Seltener wird das Duodenum oder der übrige Dünndarm betroffen, sehr selten der Magen oder die Bauchspeicheldrüse. Der Dickdarm ist widerstandsfähiger als der Dünndarm.

Dehnungsrisse der Aorta kommen vor. Die Nieren liegen verhältnismäßig geschützt. Blasenrupturen findet man bei Einwirkung direkter Gewalt. Im einzelnen seien folgende Befunde kurz besprochen:

Milz: Meist liegen einer Milzruptur recht erhebliche Gewalteinwirkungen auf den Bauch, aber auch auf den Thorax zugrunde. Bei umschriebener Gewalt kann die Kraft bedeutend geringer sein. An der Milzoberfläche erkennt man meist gezackte Kapselrisse mit geronnenem Blut, doch kommen auch zentrale Zerreißungen vor. Es blutet je nach Verletzungsgröße mehr oder weniger stark in die Bauchhöhle. Kommt es nach Tagen oder sogar Wochen bei geringfügigem Anlaß zu erneuter Ruptur (Widerstandsschwäche z. B. durch Nekrose), so spricht man von **zweizeitiger Milzruptur.**

Ist die Milz vor Erhalt des Traumas bereits erkrankt, genügt oft nur eine geringe Gewalteinwirkung zur Ruptur (Infektionskrankheiten, Leukämie, Malaria u. a. mehr).

Leber: Kapselrisse der Leber sowie des darunterliegenden Lebergewebes sind bei

stumpfer Gewalteinwirkung auf den Bauchraum sehr häufig. Auch hier gibt es zentrale Rupturen. Man findet Leberzerreißungen auch als Folge von Schleudertrauma nach Verkehrsunfällen. Als Spätfolgen sind Pfortaderthrombosen beschrieben worden.
Nieren: Bei stumpfer Gewalt findet man Kapselverletzungen, Einrisse ins Nierengewebe, Verletzungen der Hilusgefäße. Auch Uretereinrisse kommen vor. Oft ist das ganze Nierenlager blutig durchtränkt. Verblutung erfolgt besonders bei Verletzungen der Hilusgefäße.
Magen und Darm: Magenrupturen sind sehr selten. Sie sind – besonders bei starker Magenfüllung – Folge von Fußtritten, Boxhieben, Stößen (cave: Postmortale Magenandauung). Duodenalverletzungen finden sich schon häufiger einmal, zumal das Duodenum fixiert ist. Die Perforation liegt oft retroperitoneal. Rupturen des übrigen Dünndarmes entstehen meistens nach Verkehrsunfällen, aber auch bei Fall und Zubodenschleudern.
Geschlechtsorgane: Am weiblichen Genitale sind die meisten Verletzungen durch stumpfe Gewalt Koitusfolgen (Notzucht!) Es kann Gefahr der Verblutung bestehen. Beim Mann sind in erster Linie Hodenverletzungen zu erwarten. Hodenkontusionen können einen sofortigen Kollaps auslösen.

3.3.3.5 Organe der Brusthöhle

Längere Kompression des Thorax (Verschüttung und ähnliches) führt zu Blutstauung und Asphyxie. Man findet dann Petechien in der Haut des Brustkorbes, des Halses, evtl. auch des Gesichtes sowie in den Augenbindehäuten („Ekchymotische Maske"; vgl. auch Kapitel Erstickung).

Bei elastischem jugendlichen Thorax kann es bei Gewalteinwirkung zu Zerreißungen der Brustorgane kommen, **ohne** daß die Rippen oder das Brustbein frakturiert wurden.
Herz: Herzrupturen kommen an den verschiedensten Stellen vor. Nach Literaturangaben soll der linke Ventrikel häufiger einreißen als der rechte. Mit derartigen Verletzungen ist zu rechnen bei Verkehrsunfällen oder bei Sturz aus größerer Höhe, aber auch bei direkter umschriebener Gewalteinwirkung. Wichtig ist die Abgrenzung von Spontanrupturen (Folge eines Herzinfarktes), die auch histologisch durchzuführen ist. Manchmal kann schon eine sogenannte „Commotio cordis" zum Tode führen (Schlag oder Stoß in die Herzgegend) mit keinem oder nur einem geringen morphologischen Befund. Man sieht manchmal kleinere Blutungen subendocardial oder in der Muskulatur.
Aorta: Die traumatische Aortenruptur ist überwiegend die Folge von Schleuderwirkungen. Natürlich kommen aber auch Einrisse (Quetschungen) bei sehr starker umschriebener Gewalteinwirkung vor. Abgrenzung gegen Spontanrupturen (Aortenaneurysma verschiedener Genese. Es gibt auch traumatische Aneurysmen).
Lunge: Quetschungen und Rupturen finden sich am häufigsten bei Verkehrsunfällen. Hier ist die Verletzung die Folge der Thoraxkompression sowie der Anspießung durch frakturierte Rippen.

Durch die Kompression kommt es zu Einrissen, die auch zentral liegen können, gegebenenfalls mit Verletzungen von Bronchien. Folge der Verletzungen sind Blutungen, zum Teil in die Bronchialäste mit Aspiration in die Alveolen. Häufig finden sich landkartenartig begrenzte Blutaspirationsherde unter dem Lungenfell. Blutungsherde liegen gegebenenfalls (Art der Verletzung!) auch zentral im Gewebe.

Durch die Anspießung frakturierter Rippen kann auch ein Pneumothorax entstehen. Andererseits kann es zu traumatischem Emphysem kommen. Es ist erforderlich, Rippenserienfrakturen durch Verkehrsunfälle u. a. von solchen durch Wiederbelebungsmaßnahmen abzugrenzen (Vorgeschichte, vitale Reaktion!).

3.3.4 Kopf

3.3.4.1 Kopfschwarte

Blutungen unter die Kopfschwarte müssen sehr genau analysiert werden, damit man nicht falsche Rückschlüsse zieht. Zunächst ist an postmortale Blutungen zu denken. Für solche sprechen Blutaustritte, die nicht sofort nach Abzug der Kopfschwarte vorhanden sind, ferner solche, die sich sehr leicht

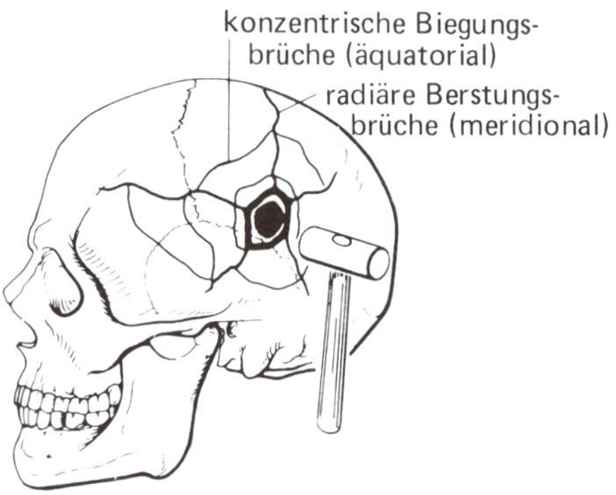

Abb. 24 Biegungsbruch (Globusbruch)

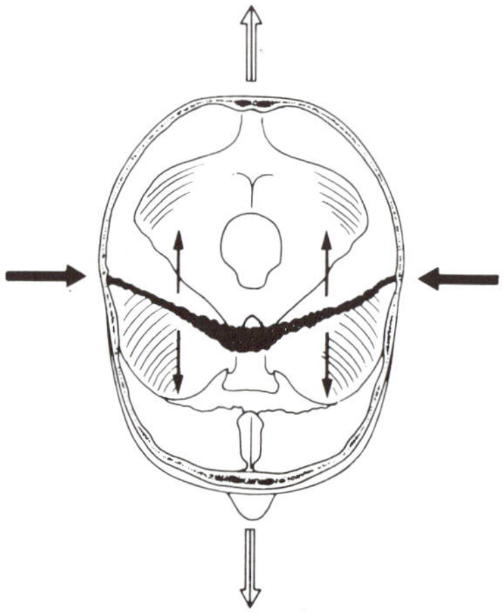

Abb. 25 Berstungsbruch der Schädelbasis durch Querdruck

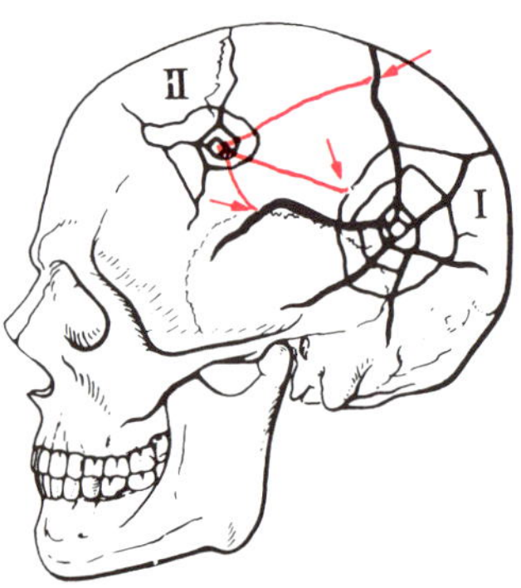

Abb. 26 Puppesche Regel: Das System von Biegungs- und Berstungsbrüchen der Gewalt II endet an den Folgen der Gewalteinwirkung I

auswischen lassen. Vitale Blutungen können innerhalb der Kopfschwarte liegen und alle Schichten bis zur Galea durchsetzen. Derartige Blutungen lassen ebenso wie Blutansammlungen zwischen Aponeurose und subcutanem Gewebe Rückschlüsse auf lokale Gewalteinwirkung von außen zu. Finden sich dagegen Brüche des Schädeldaches (oft auch nur Fissuren), so kann sich von hier aus Blut zwischen Periost und Galea ansammeln. Sieht man sogenannte Monokel- oder Brillenhämatome, so können diese während des Lebens (entsprechende Verletzungen), aber auch postmortal (abgesacktes Blut von der Kopfschwarte her) entstanden sein.

3.3.4.2 Kopfskelett

Von erheblicher Bedeutung sind die Brüche des Schädeldaches. Man unterscheidet grundsätzlich **direkte** und **indirekte** Schädelbrüche.

a) Direkte oder Biegungsbrüche
Führt die den Schädel treffende Gewalt direkt an der Auftreffstelle zum Knochenbruch, so entsteht ein Biegungsbruch, dessen Bruchlinien **äquatorial** verlaufen (Abb. 24).

Bricht das Schädeldach ein, spricht man von einer **Impressionsfraktur.** Meist splittert dann die Tabula interna stärker. Bricht ein Knochenstück völlig heraus, ist ein **Lochbruch** entstanden. Manchmal zeigen sich mehrere konzentrische äquatoriale Bruchlinien. Bei schräg auftreffender Gewalt entstehen sogenannte **„Terrassenbrüche“** (Terrasse auf der Seite der Schlagrichtung). Biegungsbrüche können sich mit Berstungsbrüchen kombinieren.

b) Indirekte oder Berstungsbrüche
Berstungsbrüche entstehen nur selten an der Stelle der Gewalteinwirkung. Der Verlauf der Bruchlinien (Fissuren) ist meridional. Es gilt die Regel, daß Querdruck auch einen querliegenden Bruch, Längsdruck dagegen einen Längsbruch erzeugt (Abb. 25).

Da die **Schädelbasis** weniger widerstandsfähig ist als das Schädeldach, findet man Berstungsbrüche überwiegend an der Basis. Querverlaufende, klaffende Brüche, die meist durch die Gegend der Sella turcica verlaufen, nennt man **Scharnierbrüche.** Fissuren können dabei bis zum Schädeldach ziehen. Beim Aufschlagen mit dem Hinterkopf kann auch eine den ganzen Schädel gleichsam umkreisende Fissurlinie hervorgerufen werden. Fällt man aus dem Stand auf eine harte Unterlage, so ist gerade die Bruchgrenze erreicht, d. h. einige Schädel brechen, andere noch nicht.

Bei mehrfacher Gewalt läßt sich manchmal die zeitliche Reihenfolge der Einwirkungen ermitteln. Es gilt hier die sogenannte

Puppesche Regel. Darunter versteht man die Tatsache, daß neu entstehende Sprünge dort enden, wo bereits eine vorher aufgetretene Fissurlinie vorhanden ist (Abb. 26).

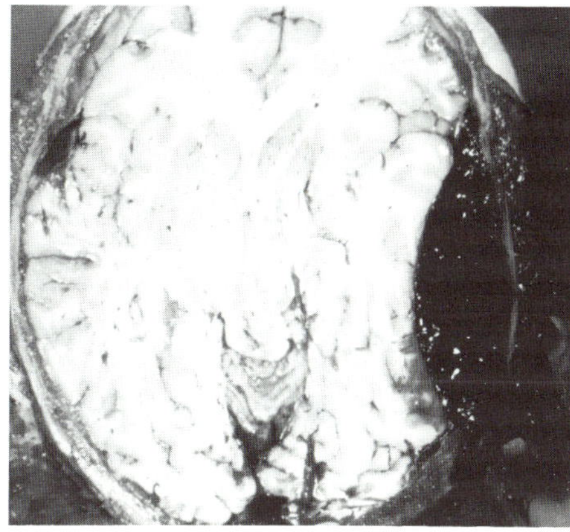

Abb. 27 Blutung zwischen Knochen und harter Hirnhaut (epidurales Hämatom)

3.3.4.3 Verletzungen des Schädelinhaltes

Gewalteinwirkungen auf den Kopf können auch ohne das Vorliegen von Schädelbrüchen mit inneren Verletzungen einhergehen.

a) Hirnhäute
Hier unterscheiden wir die extradurale, die subdurale und die subarachnoidale Blutung.

Das extradurale (epidurale) Hämatom: Entstehungsursache für epidurale Hämatome ist meist eine Verletzung von Meningealarterien. Diese verlaufen auf der Dura, so daß sich Blut zwischen Dura und knöchernem Schädel ansammelt. Das Hämatom findet sich meist auf der Seite der Gewalteinwirkung. Bei elastischen Schädeln von Kindern oder Jugendlichen liegt es gelegentlich auch auf der entgegengesetzten Seite. Eine Fraktur ist hier nicht Voraussetzung der Blutung (Dehnungseinrisse von Gefäßen). Da die Dura im Jugendalter sowie im hohen Lebensalter fest am Knochen haftet, im mittleren Erwachsenenalter aber leichter lösbar ist, finden sich bei diesen Altersgruppen die größten Epiduralhämatome. Schon gewöhnliche Stürze, natürlich auch Schläge auf den Kopf und schwere Verletzungen können zu entsprechenden Gefäßrupturen führen (Abb. 27).

Klinisch zeigt sich meist im Beginn eine Bewußtlosigkeit infolge einer Commotio. Es folgt dann ein „freies Intervall", das drei Stunden bis mehrere Tage (oder sogar Wochen) dauern kann. Lange Intervallzeiten werden auf allmähliche Gefäßschädigung, z. B. durch Nekrosen, Thrombenbildungen usw. mit kleinen Sickerblutungen zurückgeführt.

Die erneute Bewußtlosigkeit nach der Commotio ist auf Hirndrucksymptome infolge der Blutung zurückzuführen. Sie tritt allmählich meist nach Kopfschmerz, Erbrechen und Bradykardie ein.

Bei der Obduktion erkennt man eine mehr oder weniger ausgeprägte epidurale Blutung (deren Schichtdicke gemessen werden sollte) mit Eindellung des Gehirnes, Verdrängung sowie oft allgemeinem Hirnödem.

Das subdurale Hämatom: Blutungen unter die harte Hirnhaut können sowohl aus rupturierten Gefäßen der Hirnoberfläche (Arterien oder Brückenvenen) als auch der Hirnbasis stammen. Die Gefäße können direkt durch Knochensplitter verletzt werden, aber auch lediglich durch Zerrungen rupturieren bzw. abreißen (Brückenstrecken an der Schädelbasis). Bei vorgeschädigten Gefäßen (Arteriosklerose, Aneurysma) genügt oft ein nur geringes Trauma. Es kommt dann – auch spontan – zur starken und meist tödlichen Basisblutung. Bei elastischen Schädeln reißen öfter die sogenannten „Brückenvenen" (von der Pia zur Dura ziehend) ein.

Das freie Intervall beim subduralen Hämatom dauert, falls dies zum Tod führt, meist nicht länger als 1–3 Tage.

Bei der **Obduktion** sieht man Blut an der Schädelbasis oder über der Konvexität (einseitig oder doppelseitig).

Link teilt in drei Stadien ein:

1. Stadium: Das Blut gerinnt und wird nekrotisch. Es ist noch von der Dura abwischbar. Dauer: Einige Tage.

2. Stadium: Das Blut wird resorbiert und organisiert. Hämosiderinbildung.

3. Stadium: Sichtbare Pigmentierung: Nicht abwischbare Sprenkelung an der Dura. Neomembranbildung (ab 2. Woche). Schließlich erfolgt Schwartenbildung und bräunliche Verdickung der Dura.

Von Bedeutung ist die Differentialdiagnose zur **Pachymeningosis hämorrhagica interna.** Diese zeigt ebenfalls Blutungen an der Durainnenseite mit Pigmentierung und z. T. mehreren Schichten. Sie pflegt **doppelseitig** aufzutreten. Meist bei Kleinkindern oder nach dem 50. Lebensjahr. Überwiegend sind Männer betroffen. Es handelt sich um ein Syndrom, bei dem verschiedene Erkrankungen als Ursache in Betracht kommen.

Für ein Trauma spricht die Vorgeschichte, eine nur einseitige Ausbildung und eine Lokalisation nicht nur über der Konvexität.

Die Differentialdiagnose kann jedoch sehr schwierig, teilweise sogar unmöglich sein. Auch ein Trauma kann eine Pachymeningosis-Blutung auslösen. Nach *Krauland* ist trotz abgekapselter Blutung stets in erster Linie an ein Trauma zu denken.

Die subarachnoidale Blutung: Sie liegt überwiegend an der Konvexität, ist sehr dünn, „filmartig", nicht selten als Coup und Contrecoup zusammen mit Rindenprellungsherden anzutreffen. In 34% bleibt die SAB klinisch unerkannt.

b) Folgen von stumpfer Gewalt am Gehirn

Die Folge einer **Commotio** ist pathologisch-anatomisch nicht nachzuweisen. Gewisse Rückschlüsse auf Bewußtlosigkeit lassen Blutaspirationen (bei Schädelbasisbrüchen, aber auch bei einfachem Nasenbluten) zu.

Contusio cerebri: Am häufigsten finden sich Rindenkontusionsherde (Rindenprellungsherde), die sowohl an der Stelle der Gewalteinwirkung (Coup) als auch an der gegenüberliegenden Seite (Contrecoup) in Erscheinung treten.

Die das Hirn treffenden Stoßwellen können auch innerhalb des Gewebes abgelenkt werden und verschiedene Regionen treffen.

Die Folgen derartiger Gewalteinwirkungen sind größere oder kleinere, teils nur sehr kleine, punktförmige Blutungen (auch radiärstrahlig). Sie sind meist in der Hirnrinde, hier wieder häufig an den Polen, also Stirn-, Schläfen- und Scheitel- sowie Hinterhauptpolen zu erkennen. Gegenstoßherde findet man häufiger, wenn die Gewalteinwirkung das Hinterhaupt trifft, als wenn sie im Stirnbereich angreift. Subarachnoidale Blutungen sind dann stets anzutreffen. Epidurale Hämatome sollen häufiger an der Stoßstelle, subdurale dagegen öfter an der Gegenstoßstelle entstehen. Sie sind in diesem Zusammenhang jedoch selten. Bei direkt angreifender kleinflächiger Gewalt mit Frakturen finden sich manchmal größere Hirnbezirke, Rinde und Mark, gequetscht, mit multiplen Blutungsherden unterschiedlicher Größe, die bis über Erbsgröße erreichen und teilweise konfluieren können. Es kann auch zu ischämischen Bezirken kommen. Der Kontusionsherd hinterläßt narbige Einziehungen, Pigmentablagerungen („Plaques jaunes"), manchmal auch Zysten.

Traumatische Blutungen kommen in zentralen Hirngebieten ebenfalls vor. Sie können auch am Boden des 4. Ventrikels oder in den Stammganglien angetroffen werden.

Differentialdiagnostisch ist an die Apoplexie zu denken. Diese ist aber (meistens) größer, einseitig und einzeln, während die traumatischen Blutungen häufiger symmetrisch und doppelseitig liegen, der einzelne Herd nicht so groß ist und sich zahlreiche weitere kleine Blutungen (z. B. als Coup und Contrecoup in der Rinde) erkennen lassen.

Kleinere Ekchymosen überwiegend im Mark, gleichmäßig verteilt, müssen im übrigen auch an Luft- und Fettemboliefolgen denken lassen (ringförmige Diapedeseblutungen).

Todesursachen nach Contusionen sind u. a. Meningealblutungen mit Hirndruck, Hirnödem, Blutungen in der Gegend der Medulla oblongata. Ob es tatsächlich eine sogenannte Spätapoplexie nach Hirnverletzungen gibt, ist äußerst fraglich.

Sekundärfolgen sind das gefürchtete Hirnödem, Schäden durch lokalen Sauerstoffmangel (Erweichungsherde), Narbenzug mit Ventrikelerweiterung. Seltener zeigen sich einmal kleine Zysten.

Im Rindengebiet sieht man die schon erwähnten Plaques jaunes sowie narbige Einziehungen.

c) Klinische Differentialdiagnose: **Traumatische Bewußtseinsstörung oder Alkoholintoxikation**

Die Bewußtseinsstörung ist ein unspezifisches Symptom einer Störung der Hirnfunktion. Auch der Alkoholrausch ist nur das unspezifische Symptom einer Intoxikation des Gehirnes. Die Rauschsymptomatik ist weder Alkohol- noch dosisspezifisch *(Mayer)*. Das sogenannte Commotions-Syndrom, das man auch bei der Contusio findet, ist nach *Mayer* gekennzeichnet durch eine unmittelbar mit dem Trauma einsetzende mehr oder minder lange tiefe Bewußtseinsstörung. Diesem schließt sich ein sogenanntes Durchgangssyndrom an, welches in verschieden lang anhaltenden und ausgeprägten Störungen psychophysischer und vegetativ vasomotorischer Art besteht bis schließlich (jedenfalls bei der einfachen Commotio) eine vollständige Rückbildung erfolgt. Bewußtseinsstörungen mit nachfolgenden psychischen und vegetativen Dysregulationen finden sich nun aber auch bei der akuten Alkoholintoxikation. Die hieraus resultierenden Verhaltensweisen können bei der Commotio und bei der Alkoholintoxikation so ähnlich sein, daß sie oft nicht abgegrenzt werden können.

Tabelle 6 Einteilung der Schädel-Hirn-Traumen (modifiziert nach *Delank*)

Klassische Einteilung	Funktionelle Einteilung		Morphologische Einteilung nach Ort und Art der Befunde
	nach *Tönnis* und *Loew*	nach *Frowein*	
Commotio cerebri	Grad I Bewußtlosigkeit < 1 Std. flüchtige Symptome < 4 Tage keine Residualbeschwerden	Grad A Bewußtlosigkeit < 2 Std.	Verletzungen der Kopfschwarte Frakturen des Hirnschädels a) gedeckte b) offene
Contusio cerebri	Grad II Bewußtlosigkeit < 24 Std. zerebrale Symptome < 3 Wochen meist keine Restbeschwerden	Grad B Bewußtlosigkeit und/oder neurologische Ausfälle 2–24 Std.	Hirntraumafolgen (Hirnödem, entzündliche Komplikationen) Hirngefäßverletzungen posttraumatische Epilepsie
Compressio cerebri	Grad III Bewußtlosigkeit < 1 Woche zerebrale Symptome > 3 Wochen meist Defektsyndrome	Grad C Bewußtlosigkeit > 24 Std.	neurologische und psychische Defektsyndrome
	Grad IV Bewußtlosigkeit > 1 Woche stets schwere Defektsyndrome	Grad D Tod am Unfalltag oder Koma IV	

Die Bewußtseinsstörung als solche gibt zwar Auskunft über das Ausmaß der Hirnfunktionsstörung, nicht aber über die ihr zugrundeliegende Schädigung. Diagnostische Hinweise müssen daher aus der Verlaufsbeobachtung sowie aus den bei der Erstuntersuchung nachweisbaren Frühsymptomen entnommen werden.

Die wichtige Folgerung für den Arzt ist die, daß jeder Patient, der mit Bewußtlosigkeit eingeliefert wird, auch wenn ein starker Atemalkoholgeruch vorliegt, einer genauesten Untersuchung unterzogen werden muß. Nach *Mayer* ist daher auch die grundsätzliche Forderung, bei jedem alkoholisierten Unfallverletzten eine sorgfältige Erstuntersuchung und bei Vorliegen einer Bewußtseinsstörung eine klinische Beobachtung zumindest so lange vorzunehmen, bis auf Grund des Verlaufes und wiederholter Kontrolluntersuchungen eine schwerere Hirnschädigung oder mögliche Komplikationen einer solchen ausgeschlossen werden können. Bei differentialdiagnostischen Schwierigkeiten muß rechtzeitig ein Neurologe oder ein Neurochirurg hinzugezogen werden. Hält man diese Bedingungen strikt ein, können die Verkennung lebensbedrohlicher Zustände weitgehend verhindert und tragische, auf oberflächlicher oder sogar unterlassener Untersuchung beruhende Todesfälle weitgehend vermieden werden.

d) Forensische Bedeutung
Die forensische Bedeutung von Schädel-Hirn-Traumen ist außerordentlich mannigfach. Insbesondere spielt die Commotio eine Rolle, die, wie auch andere Hirnverletzungen, zu tiefgreifenden Bewußtseinsstörungen (juristisch: krankhafte seelische Störungen, vergl. 243) führen kann. Häufig werden Amnesien als Folge postcommotioneller Dämmerzustände angegeben. Die nachträgliche Objektivierung dieser Angaben ist außerordentlich schwierig. Es muß jedoch festgehalten werden, daß sich die Schwere einer Commotio lediglich aus dem postcommotionellen Verlauf ablesen läßt (vegetative Labilität, Kopfschmerzen, Alkoholüberempfindlichkeit, Dauer des Krankenhausaufenthaltes u. a. m.). Es muß auch bei einem leichteren Schlag gegen den Kopf mit tödlichem Ausgang gerechnet werden.

3.3.5 Allgemeine Todesursachen bei stumpfer Gewalt

Neben den bei den einzelnen Organen beschriebenen Verletzungsfolgen kommen bei stumpfer Gewalt als Allgemeinfolgen in erster Linie die **Fettembolie** und damit sich manchmal verquickend, das Schocksyndrom in Betracht. Beides ist bereits abgehandelt worden.

Abschließend sei darauf hingewiesen, daß natürlich ebenfalls (wie auch bei scharfer Gewalt) an Verblutungstod, Infektionen, Blutaspirationen (häufigste Todesursache unbehandelter Schädelbasisbrüche) sowie Luftembolie bei offenen Basisbrüchen zu denken ist.

3.4 Die Pathomechanik (Ausnahme Verkehrsunfälle)

3.4.1 Allgemeine Vorbemerkungen

Bei den einzelnen Organen, insbesondere auch bei Beschreibung der Hautverletzungen, ist schon auf die Differentialdiagnose zwischen scharfer und stumpfer Gewalt eingegangen worden. Behandelt wurden auch die Todesursachen. Ebenso wie bei scharfer Gewalt müssen aber natürlich auch Rückschlüsse auf das Tatgeschehen sowie das verursachende Werkzeug gezogen werden.

3.4.2 Rückschluß auf den Tathergang

Bei stumpfer Gewalt tritt häufig die Frage auf, ob es sich bei den vorgefundenen Verletzungen um Sturz oder Schläge handelt. Im Kopfbereich gilt hier die sogenannte **„Hutkrempen-Regel“**. Sturzverletzungen liegen unterhalb, Hieb- und Schlagverletzungen oberhalb der gedachten Hutkrempenlinie. Für Schläge sprechen insbesondere mehrfache, oberhalb der Hutkrempenlinie gelegene Verletzungen. Ferner finden sich in derartigen Fällen häufiger geformte Brüche (Impressionsfrakturen). Man muß aber daran

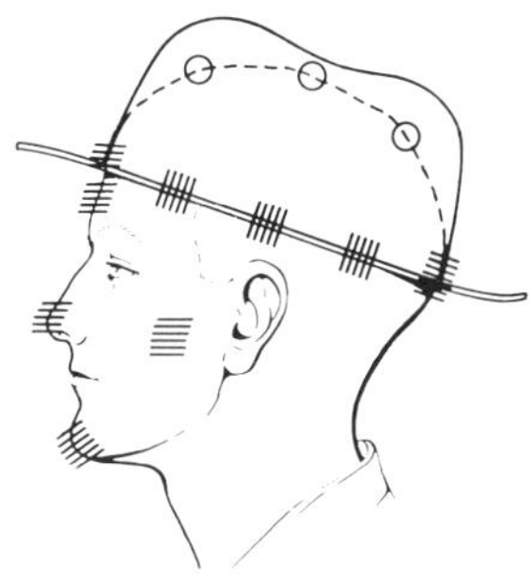

Abb. 28 Hutkrempen-Regel:
schraffierter Bereich = Sturzverletzungen
○○○ = Lokalisation von Schlag- und Hiebverletzungen

denken, daß auch bei Stürzen ein Anschlagen an Stellen oberhalb der Hutkrempe erfolgen kann, z. B. bei Treppenstürzen (insbesondere, wenn keine Abwehrbewegungen möglich sind, wie z. B. bei Bewußtlosigkeit oder schwerer Intoxikation, etwa Alkohol) oder beim Wegschleudern im Rahmen von Verkehrsunfällen (Abb. 28). Äußere Verletzungen können auch bei schweren inneren Verletzungen fehlen. Dies kommt auch bei Stürzen aus größeren Höhen vor.

Von großer Wichtigkeit ist, worauf schon bei den Hämatomen hingewiesen wurde, daran zu denken, daß es auch postmortale Blutungen gibt. Neuerdings (*Naeve* und *Bause*) konnte gezeigt werden, daß sogar Kontusionsblutungen im Hirn postmortal erzeugt werden können, ebenso wie auch Meningealblutungen. Sie sind makroskopisch nicht immer von intravital entstandenen zu unterscheiden.

3.4.3 Rückschluß auf das Tatwerkzeug (Ausnahme Verkehrsunfall)

Wie erörtert, hinterläßt Gewalteinwirkung mit stumpfen oder halbstumpfen Werkzeugen häufig Platzwunden (Gewebsbrücken!). Am Kopf können derartige Wunden manchmal die Form der zum Schlag benutzten Fläche (Hammer) besser wiedergeben als die evtl. resultierenden Schädelbrüche. Manchmal entstehen allerdings auch geformte Brüche, die Rückschlüsse auf das Werkzeug zulassen. Längliche, gestreckte Platzwunden und Impressionen stammen meist von Stangen, Stuhlbeinen, Knüppeln usw. Sind mehrere Bruchlinien vorhanden, kann gegebenenfalls die Puppesche Regel Auskunft über die zeitliche Reihenfolge geben. Stockschläge auf den Körper hinterlassen oft zwei Striemen (vergleiche Kapitel Kindesmißhandlung). Von Bedeutung können Hautvertrocknungen sein, die manchmal genauere Rückschlüsse auf ein Tatwerkzeug zulassen (z. B. Schuhsohlen bei Fußtritten, Autoreifen, Ofenroste, Kühlergrill usw.).

3.4.4 Differentialdiagnose Tötung durch fremde Hand, Selbstmord, Unglücksfall, Selbstbeschädigung

Selbstmorde mit stumpfen Werkzeugen kommen kaum vor. Dagegen ist mit Fensterstürzen als Suizid zu rechnen. Beim Selbstmord liegen die Betreffenden meist weiter vom Haus entfernt als bei einem Unglücksfall oder Mord (Bestreben, sich im letzten Augenblick festzuhalten). Besonders liegen die Verhältnisse beim Absturz im Gebirge.
Unglücksfälle können, abgesehen von Verkehrsunfällen (Auto, Bahn, Flugzeug) als Sportverletzungen angetroffen werden. Hier ist an Reitunfälle sowie an Boxsport zu denken. Auch beim Skifahren gibt es bekanntlich erhebliche Verletzungen. Ebenso können Haustiere (Hufschlagverletzungen durch Pferde, Kuhhornstöße usw.) recht schwerwiegende Verletzungen hervorrufen.

Lokalisation, Art der Verletzung und Vorgeschichte müssen bei der Rekonstruktion streng beachtet werden.
Tötung durch fremde Hand: Hier ist in erster Linie bei Kopfverletzungen die Hutkrempenregel heranzuziehen. Ferner wird Lage und Art der Verletzungen sowie der Rückschluß auf das Tatwerkzeug im Zusammenhang mit der Auffindungssituation (Tatortbesichtigung!) und der Vorgeschichte den richtigen Weg weisen.
Selbstbeschädigung: Vorsätzliche Selbstverletzungen kommen bei Geisteskranken, Hysterikern, Psychopathen sowie aus Gründen unfallversicherungsrechtlicher Gesichtspunkte vor. Man findet sie auch bei Häftlin-

gen (z. B. Verschlucken von Gegenständen), zum „Nachweis“ einer vorgetäuschten Notzucht und bei der Simulation von Überfällen.

Zur Beurteilung ist im Einzelfall große forensische Erfahrung erforderlich, insbesondere, wenn es z. B. um Amputationen von Fingern oder gar einer ganzen Hand geht.

3.5 Rekonstruktion von Straßen-Verkehrsunfällen

3.5.1 Ursachen

Die Ursachen der Verkehrsunfälle sind mannigfach. In erster Linie seien genannt:
a) Mangelnde (charakterliche) Eignung
b) Alter und Krankheiten
c) Ermüdung
d) Alkoholgenuß
e) Einwirkung von Medikamenten
f) Witterung und technische Fehler

3.5.2 Die forensisch-medizinische Beurteilung des tödlichen Verkehrsunfalles

3.5.2.1 Allgemeine Vorbemerkungen

In der Bundesrepublik Deutschland starben 1988 8213 Menschen bei ca. 3 Mio. mit den Haftpflichtversicherern regulierten und 2 Mio. polizeilich gemeldeten Unfällen im Straßenverkehr; 448 000 Verkehrsteilnehmer wurden verletzt, davon 110 000 schwer.

Neben einer eingehenden Besichtigung des Unfallortes und der Unfallfahrzeuge sowie aller am Unfall beteiligten Personen ist wichtigster Bestandteil der gerichtsärztlichen Sachverständigentätigkeit die Leichenschau und die Leichenöffnung (*Dürwald*). Die wichtigsten Fragestellungen, die an den Leichenschauer bzw. Obduzenten immer wieder gestellt werden, sind:

a) Die Feststellung der Todesursache (auch Spättodesfälle).
b) Die Entstehung und Beurteilung von Verletzungen, wobei insbesondere zu unterscheiden ist zwischen:
Fußgängern (Wundtasche und Knochenbruch am Unterschenkel, Kopfverletzungen)
Rad- und Kraftradfahrern (Sattelverletzungen an Oberschenkelinnenseite)
Beifahrern (Schultergurt von rechts oben nach links unten)
Fahrern von Pkws oder Lkws (Schultergurtverlauf, Mittelhand-/Lenkrad- und Fuß-/Pedalverletzungen).

Darüber hinaus ist aber auch für den forensischen Mediziner von Wichtigkeit die

c) Besichtigung von Unfallort und Fahrzeugen sowie
d) die Spurensicherung.

3.5.2.2 Die Untersuchung der Leiche

Wie bei allen anderen Todesfällen auch, ist zunächst der Tod, die Todesursache und die Todeszeit festzustellen.

Bei der **Todesursachenermittlung** wird man an alle, speziell im Abschnitt „Stumpfe Gewalt“ ausgeführten Möglichkeiten denken müssen. Insbesondere darf nicht übersehen werden, daß ohne Anzeichen äußerer Gewalteinwirkung tödliche innere Verletzungen entstehen können.

An erster Stelle sind Schädel-Hirnverletzungen für den Tod nach Verkehrsunfall verantwortlich, in zweiter Linie rangieren Verletzungen des Brust- und Bauchraumes. Bauchquetschungen und Thoraxkompressionen sind häufig. Auf das Kapitel „Stumpfe Gewalt“ wird verwiesen.

Extremitätenverletzungen sind meist Begleitverletzungen, doch ist hier besonders an die Folge der Fettembolie zu denken. Auch Schocktodesfälle oder eine sogenannte Commotio cordis, bei der man morphologisch oft kaum Befunde erheben kann, kommen in Betracht.

Natürlich darf man nicht vergessen, daß ein plötzlicher Tod aus natürlicher Ursache, wenn er den Lenker eines Kraftfahrzeuges trifft, zur Unfallursache werden kann. Da auch beim „plötzlichen“ Tod eine mehr oder weniger lange Agonie vorkommt, ist die Frage weniger aufgrund der Feststellung vitaler oder postmortaler Verletzungen zu klären als vielmehr durch die Auffindung der

Todesursache (z. B. Herzinfarkt, Ruptur eines Aneurysmas u. a. m.) zu beantworten.

Von Bedeutung kann auch die Problematik von Spättodesfällen werden (z. B. hypostatische Pneumonie nach längerem Krankenlager, Embolie usw.), da hier der Kausalzusammenhang (strafrechtlich, zivilrechtlich, versicherungsrechtlich) von großer Wichtigkeit ist.

3.5.2.3 Entstehung und Beurteilung von Verletzungen (Fußgänger, Fahrer, Beifahrer)

Fußgänger: Bei Beteiligung von Fußgängern ist es wichtig festzustellen, von welcher Seite und mit welchem Fahrzeugteil sie erfaßt wurden. Verletzungen durch den unmittelbaren Anprall müssen von solchen, die durch Hinschleudern auf die Straße, gegen Baumstämme usw. verursacht wurden, unterschieden werden.

Beim frontalen Anprall an das Fahrzeug erfolgt meist der erste Anstoß an den Stoßstangen. Dieser wird sich vorzüglich an den Unterschenkeln bemerkbar machen. Wir finden dann Hautabschürfungen (bzw. Hautvertrocknungen) sowie Unterblutungen mit oft überraschend starken, mit Blut durchtränkten Wundtaschen (Abb. 29, 32).

In vielen Fällen liegen Knochenbrüche vor. Diagnostisch besonders wertvoll sind die sogenannten *Messerer-Brüche* (Abb. 30).

Diese zeigen Dreieckformen. Die Gewalt wirkte in der Richtung der Dreiecksspitze. Nur sehr selten ergibt sich einmal ein umgekehrtes Verhalten, nämlich dann, wenn Gegenkräfte auftreten, das Bein also gegen einen Gegenstand gedrückt wird. Sind Tibia und Fibula gleichzeitig gebrochen, ist anzunehmen, daß es sich um das „Standbein" gehandelt hat. Das Spielbein zeigt mehr Wundtaschenbildungen, das Standbein mehr Knochenbrüche. Von ebenfalls großer diagnostischer Bedeutung sind die Hautvertrocknungen, da sie in vielen Fällen Teile des Fahrzeuges wiedergeben, z. B. Kühlergrill, Reifenmuster usw. Abdruckspuren von Reifen entstehen durch die Laufflächen, bei Eindrücken dagegen kommen evtl. auch die Vertiefungen zur Darstellung. An der Haut handelt es sich meist um Eindruckspuren.

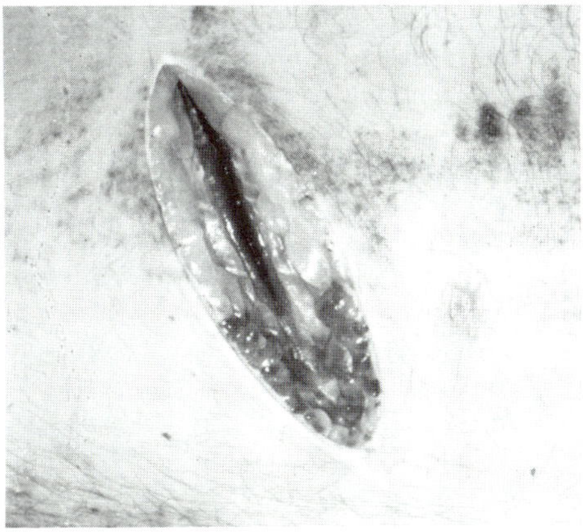

Abb. 29 Stumpfe Prellung nach Einschnitt. Oberer Bildteil: Hautblutung ohne Beteiligung des Fettgewebes, unterer Bildteil: Unversehrte Oberhaut mit Fettgewebsblutung

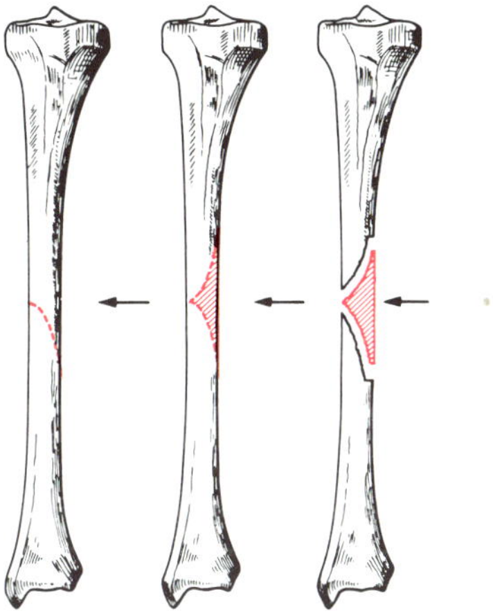

Abb. 30 Linke Tibia mit Messererbruch; typische Stoßstangenverletzung; (Varianten des Bruchlinienverlaufs)

Beim Anfahren von hinten entstehen oft Beckenfrakturen oder Nierenverletzungen. Beim Anfahren von der Seite (auch von vorn) können Leber- und Milzrupturen vorgefunden werden. Natürlich finden sich häufig auch zusätzliche Haut- und Muskelwundtaschen an entsprechenden Stellen.

Brustkorbverletzungen können zu Rippenserienfrakturen führen.

Nach dem Anprall wird der Fußgänger meist auf den Wagen gehoben, schlägt gegen die Windschutzscheibe oder den oberen

Holm und wird dann abgeschleudert. Die Wurfweite ist am größten, wenn der Wurfwinkel 45° beträgt. Der Wurfwinkel ist um so steiler, je tiefer unter dem Schwerpunkt die primäre Anstoßstelle liegt und je stärker die frontalen Fahrzeugteile abgeschrägt sind. Fußgänger können daher manchmal fast senkrecht in die Höhe geschleudert werden. Die Endlage der Fußgänger vom Anstoßpunkt ist um so weiter entfernt, je höher die Geschwindigkeit war. Bei 20 m Wurfweite ergeben sich Geschwindigkeiten von ca. 40–70 km/h (mit Streuung nach oben und nach unten; Abb. 31 u. 32).

Es kann nun noch ein Überrollen oder aber Mitschleifen erfolgen. In der Haut kann es neben gerichteten Schleifspuren dann zu Dehnungsrissen (Überrollen) kommen, die postmortal in typischer Weise eintrocknen (Abb. 33). Beim Überrollen von Extremitäten (seltener am Rumpf) entstehen häufig großflächige Ablederungen der Haut (Décollement) (Abb. 33).

Bei der **Befunderhebung** muß eine genaue Lokalisation der äußeren Verletzungsspuren vorgenommen werden. Größe, Lage und Entfernung von der Fußsohle sind festzuhalten. Lage und Anordnung der Verletzungen, besonders an den unteren Gliedmaßen, lassen bei der Rekonstruktion Rückschlüsse zu, ob der Aufprall von vorne, von hinten oder von der Seite (rechts oder links) erfolgte. Hierzu ist allerdings große Erfahrung erforderlich. Dies gilt um so mehr, wenn noch die Haltung des Fußgängers (stehend, gebückt, liegend) im Augenblick des Unfalls ermittelt werden muß (Abb. 34a u. b, 35).

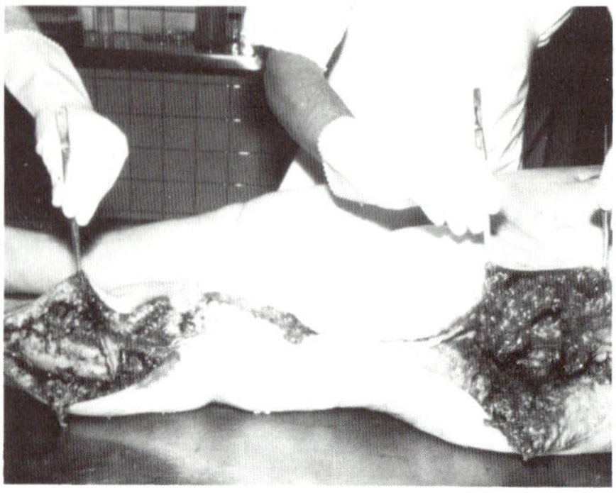

Abb. 32 Pkw-Anstoß, Fußgänger

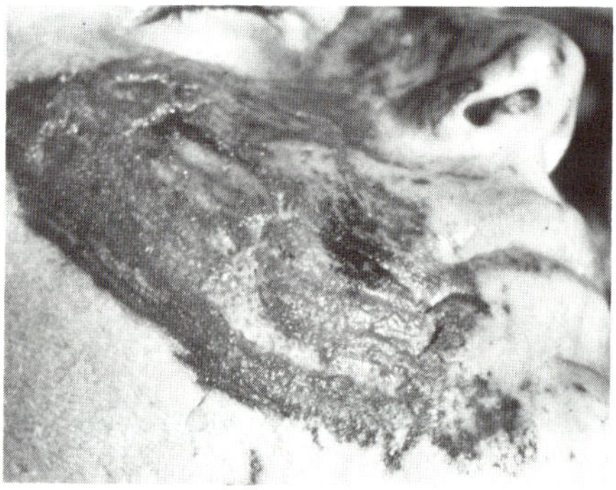

Abb. 33 Gesichtsschürfung nach Rutschphase

Zweiradfahrer: Nach *Dettling* finden sich bei derartigen Unfällen die Spuren der ersten Berührung am Zweirad selbst. Es kommt zur Übertragung der Geschwindigkeit und zum Sturz. An erster Stelle stehen auch hier wieder die Schädel-Hirn-Verletzungen. Findet ein direktes Anfahren des Fahrers statt (z. B. Kreuzungsverkehr), so finden sich vor allem

Abb. 31 Fußgängerunfall.

a) Anprallphase mit Stoßstangenverletzung des Unterschenkels, Hüftprellung durch Motorhaubenkante
b) Auflade-Phase mit Kopfanprall an die Scheibe oder Dachholme
c) Abwurfphase mit Sturzverletzungen (Schädel!) und Schürfung

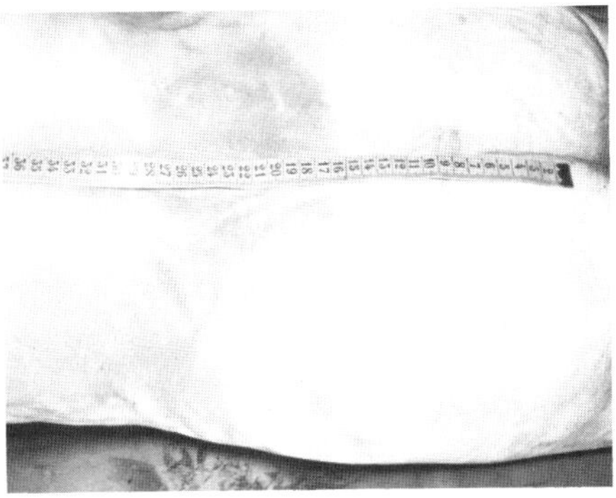

Abb. 34a Scheinwerferanstoß mit ringförmiger, schwach erkennbarer Hautunterblutung

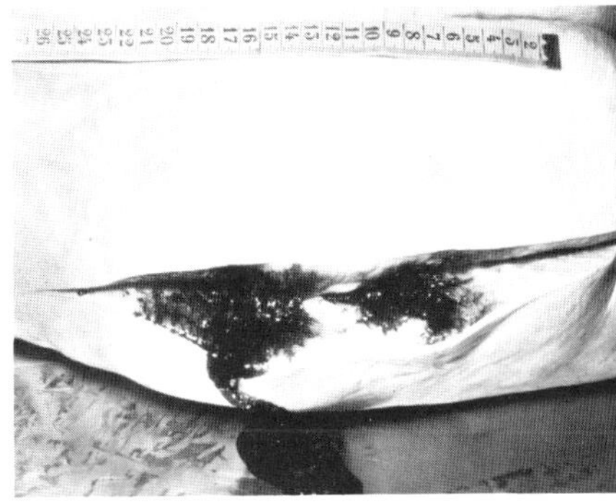

Abb. 34b Wie 34a nach Einschnitt

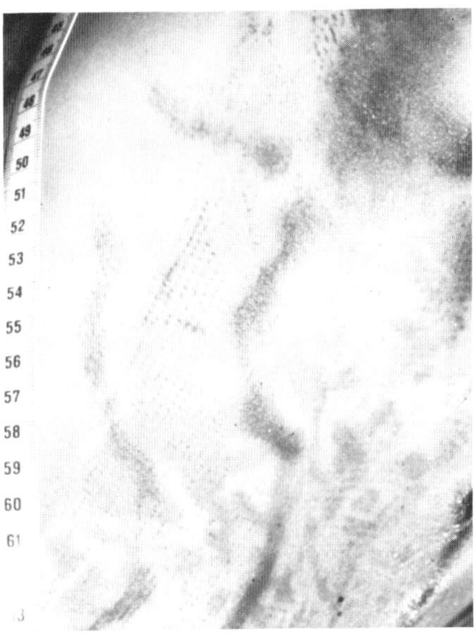

Abb. 35 Textilmusterabdruck (in Reifenspur)

Hautabschürfungen, Unterblutungen sowie Ober- und Unterschenkelbrüche. Auch Rippen- und Beckenbrüche werden gefunden sowie öfter sogenannte Sattelverletzungen an der Innenseite der Oberschenkel.

Fahrer und Beifahrer: Im Pkw (Lkw) erleidet meist der vorne sitzende Beifahrer die schwersten Verletzungen („Todessitz"). Allgemein treten immer wieder Anprallverletzungen im Bereiche des Kopfes, des Thorax und der unteren Extremitäten auf (Abb. 36a). Durch das plötzliche Abbremsen des Fahrzeugs wird der Körper zunächst nach vorne geschleudert. Hierdurch gerät er meist gegen die Windschutzscheibe und das Armaturenbrett. Häufig wirkt allerdings noch eine seitliche Kraftrichtung ein (schleuderndes Fahrzeug).

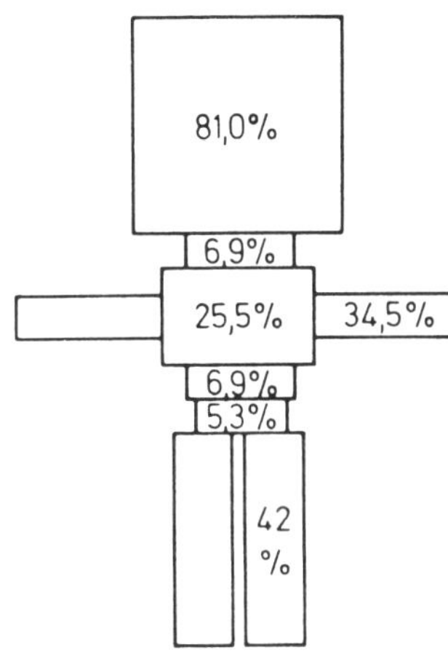

Abb. 36a Verletzungsschema von Pkw-Insassen

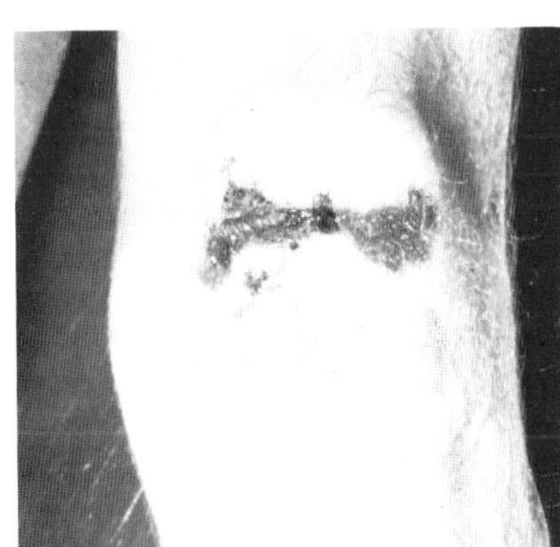

Abb. 36b Knieanprall

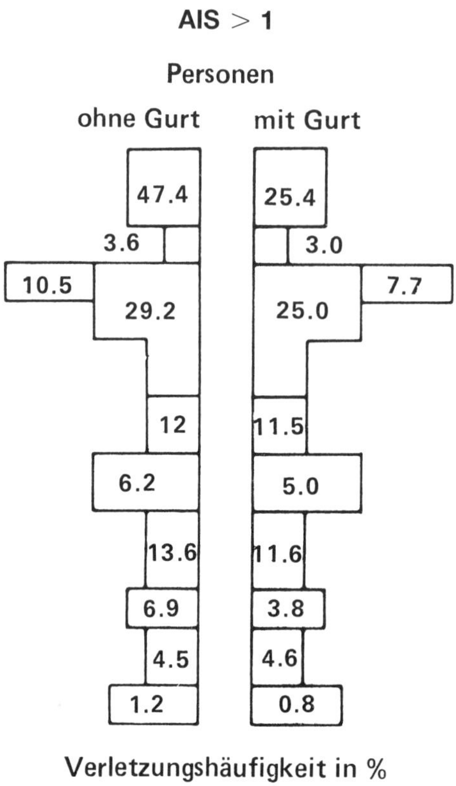

Abb. 36c Zeigt den Verletzungsschutz eines Dreipunkt-Gurtes für schwerere als nur leichte Verletzungen

Die Anprallverletzung bildet den ersten Verletzungsvorgang. Gleich darauf kommt es zu einem Zurückschleudern des Körpers, besonders von Hals und Kopf. Hierdurch werden Schleuderverletzungen besonders der Hals- (C6 und 7) und seltener auch der Lendenwirbelsäule (L4 bis 5) hervorgerufen. Ferner können direkte Anprallverletzungen vorgefunden werden (Abb. 36b u. c).

Entsprechend der Sitzposition entstehen beim **Fahrer** Verletzungen am **Knie** (mit evtl. Rückwirkung auf das Becken), am **Brustkorb** (durch das Steuerrad) sowie am **Kopf** (Abb. 39). Im Bereich des Brustkorbes lassen sich öfter einmal Hautvertrocknungen nachweisen. Es kann auch zu Brüchen des Sternums sowie zu Rippenfrakturen kommen. Auch die Brustorgane können schwer verletzt werden (Aorten-ein- oder -abriß). In etwa 7% kommen Fußknöchelverletzungen durch Stauchungskräfte zum Tragen. Schwere Verletzungen des Brustkorbes (Abb. 39) sowie auch des Bauchraumes kommen in erster Linie durch das Lenkrad zustande und sprechen daher für den **Fahrer.** Auch sollen Verletzungen der Fußknöchel häufiger beim Fahrer als beim Beifahrer auftreten (fester Druck auf das Bremspedal; Abb. 38).

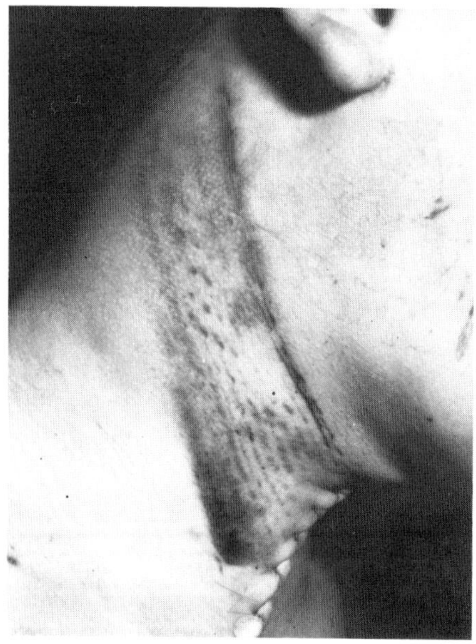

Abb. 37 Gurtmarke, Beifahrerin

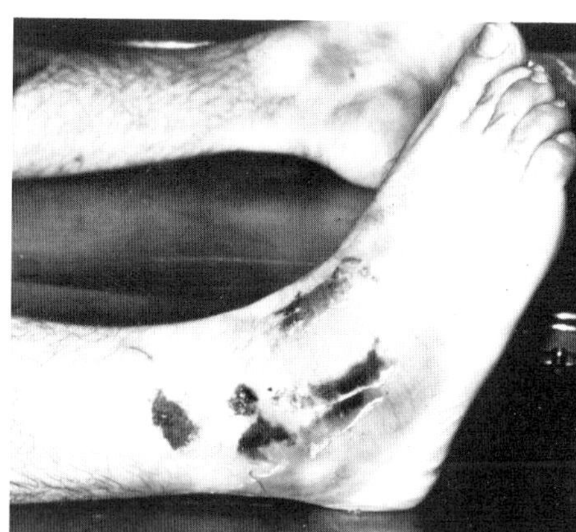

Abb. 38 Verletzungen durch Pedalgruppe, Fahrer

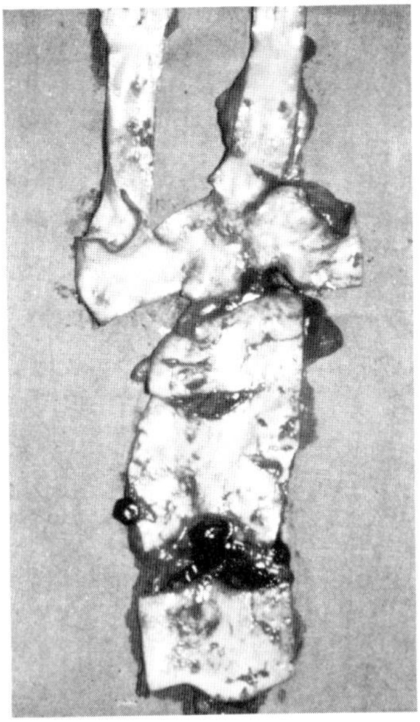

Abb. 39 Pkw-Fahrer; mehrstöckige Aortenruptur

Selbstverständlich können zu der Frage: Fahrer oder Beifahrer nicht nur die Verletzungsfeststellungen, sondern auch die Untersuchung von biologischen oder kriminalistischen Spuren beitragen (Kleider asservieren, nach Blutspuren im Fahrzeug fahnden und asservieren, vergleiche unter Spurenkunde).

Die wichtigsten Fragen zur Rekonstruktion eines Unfalles sind:

Fußgänger:
- Wurde er von vorne, hinten oder seitlich angefahren (rechts oder links)?
- Wurde er aufrecht, gebückt oder liegend verletzt?
- Durch welche Fahrzeugteile erfolgte der Anstoß?
- Wo prallte der Körper auf?
- Sind Schleifspuren, Dehnungsrisse, Anzeichen für Überrollen vorhanden?

Pkw-Insassen:
- Bei mehreren Toten: Wer war der Fahrer, wer war der Beifahrer?
- Wer saß hinten im Fahrzeug?
- Erfolgte der Anprall von vorne oder seitlich?
- Handelte es sich um sehr hohe Geschwindigkeiten?
- War der Gurt angelegt?

Zweirad-Fahrzeuge:
- Erfolgte der Anstoß zuerst ans Fahrzeug oder zuerst an den Fahrer (Sozius)?
- Welche Fahrzeugteile haben den Anstoß verursacht?
- Welches war die Anstoßrichtung?
- Liegen primäre Anstoß- oder sekundäre Sturzverletzungen vor?

Bei allen Unfallopfern ist die Frage nach dem kausalen Zusammenhang zwischen Verletzung und Tod zu beantworten und die ärztliche Beherrschbarkeit zu überprüfen.

3.6 Verletzungen durch Eisenbahnen (Tod auf dem Bahnkörper)

3.6.1 Allgemeines

Findet mant – meist weitgehend zerstückelte – Leichen am oder auf dem Bahnkörper, so tritt stets die differentialdiagnostische Frage auf: Mord, Selbstmord oder Unfall.

Wird ein soeben Getöteter auf die Schienen gelegt, kann die Diagnose außerordentlich schwierig werden, zumal auch stets mit sehr starken Zerstörungen zu rechnen ist.

3.6.2 Unfall

Beim **Unfall,** dem meist Bahnarbeiter (Gleisarbeiter) zum Opfer fallen, kommen in erster Linie Pufferverletzungen vor (Brust, Bauch, Becken). Häufig finden sich dann Stauungsblutungen (Thoraxkompressionen). Schwere Verletzungen kommen beim Fallen (oder Gestoßenwerden) von Personen aus dem fahrenden Zug zustande.

3.6.3 Selbstmord

Selbstmord durch Überfahrenlassen ist verhältnismäßig häufig. Meist legen sich die Selbstmörder unter Schonung der Arme so auf das Gleis, daß nur der Kopf abgefahren wird. Manchmal werden allerdings die Hände unter den Hals gelegt. Die Oberarme können verletzt werden. Ist nur der Kopf abgefahren, spricht dieses sehr für einen Suizid.

Für lebendiges Überfahren sprechen auch vitale Reaktionen, z. B. Blutaspiration (angebliches Wirksamwerden subsidiärer Atemzentren). Manchmal werden auch die Beine abgefahren, wenn der Körper nämlich quer über beiden Schienen liegt.

3.6.4 Tötung durch fremde Hand

Beim nachträglichen Überfahrenlassen fehlen vitale Reaktionen, oft finden sich Schleifspuren, häufig sind die Arme und Hände mit verletzt oder sogar abgefahren. Die Retraktion der Muskulatur an der Verletzungsstelle als vitales Zeichen ist mit äußerster Vorsicht zu bewerten. Manchmal gelingt es, die eigentliche Todesursache noch nachzuweisen (Gift).

3.7 Flugzeugunfälle

Zwar gilt das Flugzeug als eines der sichersten Verkehrsmittel, dennoch aber steigen die Flugunfälle schon allein wegen der starken Zunahme des Luftverkehrs. Hauptursache von Flugunfällen ist menschliches Versagen. Nach *Krefft* führt jeder 4. Flugzeugunfall zur Tötung der Insassen. Bei Untersuchungen von Flugzeugunfällen soll der forensische Mediziner (oder der Flugpathologe) zunächst möglichst eine Sicherung medizinischer Spuren am Unfallort vornehmen. Die Lage der Leichen und der Wrackteile sind festzuhalten (Photographien, Skizze).

Die Leichenschau muß zunächst die Frage der **Identifizierung** lösen. Dies ist oft wegen der schweren Entstellung der Leichen schwierig. In jedem Fall müssen die Leichen des **fliegenden Personals obduziert** werden (Erkrankungen, Stoffwechselstörungen, Intoxikation, Alkohol, Medikamente). Es ist ferner zu achten auf hypoxämische (oder Dekompressions-)Zustände, z. B. bei Ausfall von Sauerstoffgeräten.

3.8 Sicherung und Untersuchungsmöglichkeiten von Spuren bei Unfällen

3.8.1 Biologische Spuren

Hier ist in erster Linie nach Blutspuren zu fahnden (vergleiche Kapitel 13). Sie können wichtige Hinweise geben, wer Fahrer oder Beifahrer war, ob am Fahrzeug menschliches oder tierisches Blut haftet, gegebenenfalls auch, wo die Auftreffstellen liegen.

Bei **Gewebsspuren** ist zu klären, ob es sich um menschliches oder tierisches Gewebe handelt *(Uhlenhuth, Ouchterlony)*.

Auch **Haare** sind daraufhin zu untersuchen, ob es tierische oder menschliche Haare sind. Gegebenenfalls sind Identitätsvergleiche durchzuführen.

Biologische Spuren müssen sorgfältig gesichert und asserviert werden. Bei Blutspuren empfiehlt sich einfaches Abkratzen, sofern sie sich auf nicht saugfähiger Unterlage befinden. Blutflecken am Stoff, Leder usw. werden am besten in toto (Herausschneiden) asserviert.

Haare können je nach Menge und Länge direkt oder mit der Klebestreifenmethode der Untersuchung zugeführt werden.

3.8.2 Andere (kriminalistische) Spuren

Hier seien Antrag- und Abformspuren erwähnt. So kann z. B. ein Staubabdruck vom Bremspedal auf der Schuhsohle entstehen (Fahrer!), Reifenabdrücke oder Ölschmutz auf der Kleidung sich abzeichnen, aber auch Wischspuren am Fahrzeug können wichtige Hinweise liefern (Anstoßstelle).

Fahrzeugteile (Reifen, Kühlergrill usw.) sind mit etwaig vorgefundenen Hautvertrocknungen oder Wunden in Beziehung zu setzen bzw. zu vergleichen. Schließlich ist an die Untersuchung von Glas- und Lacksplittern (Fahrzeugvergleich) zu denken.

3.9 Die vitale Reaktion

Der Nachweis von vitalen Reaktionen kann in vielen Fällen von ausschlaggebender Bedeutung sein. Er spielt eine besonders große Rolle bei Verkehrsunfällen (z. B. bei der Frage, lebend oder tot überfahren) sowie bei stumpfer und scharfer Gewalt. Selbstverständlich aber können derartige Fragestellungen auch im Zusammenhang mit anderen gewaltsamen Todesarten auftreten.

3.9.1 Allgemeine vitale Reaktionen

Als allgemeine vitale Reaktionen können angesehen werden:

Ausblutung: Die Organe sind dann anämisch und haben teilweise „Eigenfarbe" (vergleiche 3.2).

Blutaspiration: Die Aspiration von Blut (Verletzungen der Schädelbasis, von Mund und Nase, von Rachenraum oder tieferen Luftwegen) kann nur bei noch vorhandener Atmung erfolgen. Man findet dann in der Lunge mehr oder weniger stark ausgeprägt, oberflächlich oder tief (auf dem Schnitt sichtbar) liegende, landkartenartig begrenzte dunkelrote Herde und in den Atemwegen schaumiges Blut.

Blutverschlucken: Dieses stellt natürlich ebenfalls einen vitalen Vorgang dar. Im Magen bildet sich salzsaures Hämatin. Seltener kommt es zum Verschlucken von Gewebe oder Fremdkörpern.

Embolien: Hierher gehören die

- Fettembolie (vergleiche 3.2)
- Luftembolie (vergleiche 3.2)
- Gewebsembolie und die
- Embolie durch losgerissene Thromben.

Fett- und Luftembolie sind bereits eingehend abgehandelt worden. Vorsicht ist geboten bei geringer Lungenfettembolie, sofern Fäulnis vorliegt (postmortale Fettembolie!), ebenfalls bei Luftembolie, wenn nicht sicher **Luft** nachgewiesen und die Leiche faul ist. Gewebsembolien sind nicht allzu häufig anzutreffen. Man findet dabei einzelne Gewebsteilchen in der Lunge. Über die „übliche" Embolie durch losgerissene Thromben vergleiche die Lehrbücher der Pathologie.

Zeichen des Schockes an den inneren Organen (Lunge, Leber, Niere; vergleiche unter 3.2.1.1).

3.9.2 Lokale vitale Reaktionen

Unter der lokalen vitalen Reaktion versteht man die „Zeichen der Gegenwirkung des lebenden Gewebes" *(Prokop)*.

Das wichtigste Phänomen ist die **Blutung bzw. Blutunterlaufung.** Wir haben allerdings bereits eindeutig darauf hingewiesen, daß es auch postmortale Blutungen im Gewebe geben kann. Man wird daher mit dem Rückschluß auf eine vitale Reaktion sehr vorsichtig sein müssen, insbesondere, wenn Blutungen im Bereich der Hypostase liegen.

Blutresorption in die Lymphbahnen bei Blutungen in der Bauchhöhle sind als vitale Reaktion zu werten. Das gleiche gilt von **Gewebsreaktionen,** wie z. B. Entzündung, Leukozytenreaktion, Hämosiderin oder Hämatoidinbildung usw. (vergleiche auch unter „Wundaltersbestimmung").

Als lokale vitale Reaktionen gelten:

- Schwellung (Tumor, Ödem)
- Entzündung (Reparation, humorale und zellige Reaktion)
- Hämatom (Rubor, intracutane/subcutane Suffusion)
  nicht: Vertrocknung, Eintrocknung.

3.10 Wundaltersbestimmung

Die Einteilung der Wundaltersbestimmungen nimmt man am besten – unabhängig von der Untersuchungsmethodik – nach **zeitlichen Gesichtspunkten** vor.

Sofort:	Blutung. Histamin-Serotonin-Vermehrung.
1. Stunde:	Evtl. bereits beginnende Leukozytenreaktion. Histochemisch nachweisbare ATPase und Esterase.
2. Stunde:	Histochemisch: Aminopeptidase.
3. Stunde:	Antransport diastaseresistenter Polysaccharide.
4.–6. Stunde:	Hyperämie der Wundumgebung. Beginn der Zellreaktionen. Leukozytose. Histochemisch: Saure Phosphatase.

6.–8. Stunde: Tryptophan-Vermehrung im Unterhautgewebe. Histochemisch: Alkalische Phosphatase. Reichlich polymorphkernige Zellen.

8.–16. Stunde: Phagozytosebeginn. Mononukleäre Zellen in reichlichem Maße.

16.–48. Stunde: Zellproliferation. Mitosen.

48.–72. Stunde: Neubildung von Bindegewebe und Epithelisierung.

3.–4. Tag: Bildung von Bindegewebsfasern. Hämosiderin.

5.–10. Tag: Kollagenfaser-Reifung. Höhepunkt der Granulationsbildung.

11. Tag: Hämatoidin (eisenfrei).

2.–3. Woche: Narbenbildung.

4 Erstickung

4.1 Pathophysiologie

4.1.1 Allgemeine Grundlagen

Man spricht ganz allgemein von **Erstickung**, wenn das Gewebe aus irgendwelchen Gründen nicht mehr (genügend) mit Sauerstoff versorgt werden kann. Bei einer solchen Definition wäre allerdings jeder Tod ein Erstickungstod. Man wird daher den Begriff einengen müssen und nur **den** Tod als Erstikkungstod bezeichnen, bei dem die Sauerstoffzufuhr (oder Aufnahme) zum Gewebe durch **besondere Umstände** gestört oder aufgehoben ist. Hierzu gehört auch, daß bei der jeweiligen Schädigung die Herzfunktion zunächst noch erhalten bleibt (Abgrenzung gegen Herz-Kreislauf-Todesfälle).

Man unterscheidet die **äußere** und **innere** Erstickung, ferner die **asphyktische** und die **hypoxische** Erstickungsform.

Die **äußere Erstickung** ist gekennzeichnet durch die Unmöglichkeit, mit der Atemluft genügend Sauerstoff in die Lungenalveolen aufzunehmen. Dies kann daran liegen, daß sich zu wenig Sauerstoff in der Atemluft befindet (z. B. Höhenluft), daß die Atembewegungen behindert sind (Verschüttung) oder daß die Atemwege verlegt sind (obere oder untere Atemwege).

Unter **innerer Erstickung** versteht man die Tatsache, daß entweder vom Blut kein Sauerstoff mehr übertragen oder Sauerstoff vom Gewebe nicht mehr aufgenommen wird (Blut- und Atemgifte).

Fast jede **äußere** Erstickung ist **asphyktisch,** d. h., sie geht mit einer Anhäufung von CO_2 einher (mangelnde CO_2-Abatmungsmöglichkeit). Dies führt bekanntlich zur Reizung des Atemzentrums sowie zur Atemnot und Erstickungsangst. Lediglich der Sauerstoffmangel allein (Höhenkrankheit) ruft keine Asphyxie (Abatmung von CO_2) hervor. Hier finden sich Euphorie, Antriebsmangel, mehr oder weniger plötzlich schwindendes Bewußtsein. Die Kreislaufreaktionen sind meist schwächer, die typischen Erstickungszeichen an der Leiche nur schwach oder gar nicht eindeutig vorhanden.

4.1.2 Der Ablauf des Erstickungsvorganges

Die Dauer des Erstickungsvorganges ist abhängig von der Größe und der Geschwindigkeit des Sauerstoffmangels. Man unterscheidet im allgemeinen vier Phasen:

1. Vermehrte und vertiefte Atemzüge. Inspiratorische, später auch exspiratorische Dyspnoe. Zyanose. Tachykardie.
   Dauer: 60–90 Sekunden (überwiegend CO_2-Wirkung).
2. Bewußtlosigkeit. Tonisch-klonische Krämpfe, Bradykardie. Kot- und Urinabgang, evtl. Erektion mit Ejakulation.
   Dauer: 90–120 Sekunden (überwiegend O_2-Mangelwirkung).
3. Apnoe. Wieder steigende Pulsfrequenz (Vagusähmung).
   Dauer: 60–120 Sekunden.
4. Terminale Atembewegungen (Schnappatmung). Die Herztätigkeit kann noch etwa 10–20 (bis 30) Minuten überdauern. Beim Kaninchen (eigene Versuche) bis 120 Minuten noch elektr. Impulse ableitbar.
   Dauer: 60–240 Sekunden.

Insgesamt wird man mit einer Dauer des Erstickungsvorganges von 4–10 Minuten zu rechnen haben, wobei diese Zeiten bei unvollständigem Sauerstoffentzug allerdings sich über Stunden verlängern können.

4.1.3 Wiederbelebungszeiten

Unter Wiederbelebungszeit ist hier die Zeit zu verstehen, die gerade noch ohne Todesfolge ertragen wird.

Diese Zeit ist abhängig vom Sauerstoffvorrat und vom Sauerstoffbedarf. Natürlich auch davon, ob noch während des Erstikkungsvorganges die Möglichkeit zu erneuter Sauerstoffaufnahme besteht, wie z. B. beim Ertrinken. Wir haben im Kapitel 1.3 bereits dargelegt, daß die Wiederbelebungszeit des Gehirnes nur 8–10 Minuten beträgt, wobei allerdings schon vorher irreversible Schäden eintreten. Bei sogenannter „Untertemperatur" können die Wiederbelebungszeiten sich jedoch deutlich verlängern. Beim Ertrunkenen sollen noch nach einem Wasseraufenthalt von 10 bis sogar 20 Minuten Rettungsmaßnahmen erfolgreich gewesen sein.

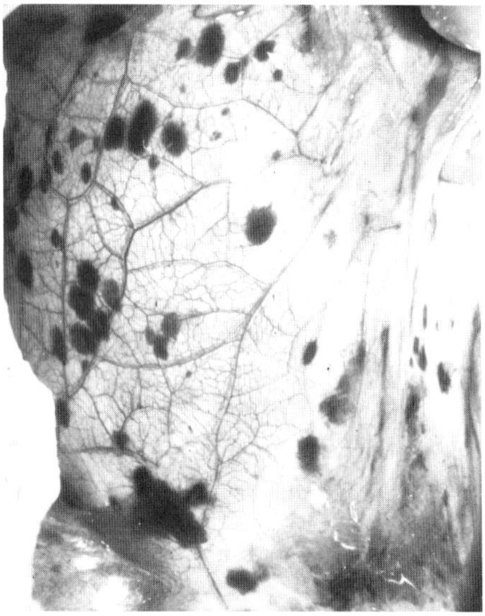

Abb. 40 Erstickungsblutungen unter dem Lungenfell

4.2 Pathologisch-anatomische Befunde

4.2.1 Äußere Besichtigung

Bei der äußeren Besichtigung Erstickter fällt oft eine **bläuliche Verfärbung des Gesichtes** auf. Diese ist um so ausgeprägter, desto stärker Stauungserscheinungen vorhanden waren. Sie findet sich überhaupt nicht bei typischem Erhängen (s. d.) und meist auch nicht bei Ertrunkenen.

Oft können **Bindehautblutungen** beobachtet werden (nicht beim typischen Erhängen, selten beim Ertrinken, besonders stark beim Erdrosseln und Erwürgen).

Auch in der **Gesichtshaut** kann es zu Punktblutungen kommen (besonders beim Erdrosseln sowie bei Thoraxkompressionen). Ebenfalls auch in der Mund- und Rachenschleimhaut können Punktblutungen angetroffen werden. Pseudoekchymosen und Pseudohämatome können auch bei Kopftieflagerung entstehen, Blutunterlaufungen auch nach postmortaler Traumatisierung.

Sperma kann auch an der Kleidung oder zwischen den Oberschenkeln gefunden werden.

Auf Abwehrverletzungen, Spuren usw. ist wie bei allen unnatürlichen Todesfällen zu achten.

4.2.2 Innere Besichtigung

Bei der Obduktion von Leichen Erstickter zeigt sich das **Blut** in Herz und Gefäßen meist **flüssig.**

Blutungen finden sich öfter in der Schläfenmuskulatur, vor allem aber unter den serösen Häuten der Brustorgane. Hier sind bevorzugt die Lungen (subpleural), das Herz (subepikardial, häufig nur an der Hinterwand) und – vor allem beim Kleinkind – in dem Thymus (subkapsulär, aber auch im Gewebe; Abb. 40).

Die **Blutpunkte** sind meist klein (etwa stecknadelkopfgroß), scharf begrenzt und von ziemlich heller Farbe. Sie werden als Tardieusche Flecken bezeichnet.

Ihre Ursache ist in der Blutdrucksteigerung (2. Stadium, Reizung des Vasomotorenzentrums), in der Sogwirkung auf die Kapillaren bei forcierter Atmung sowie in einer Gefäßschädigung durch Sauerstoffmangel zu sehen.

Die Lungen sind häufig **gebläht** (nicht beim typischen Erhängen), sie sind ebenso wie **Leber** und **Nieren** meist **hyperämisch,** während die **Milz** in typischen Fällen kontrahiert und **blutarm** erscheint.

4.2.3 Histologie und Biochemie

Histologisch finden sich oft kernnahe Vakuolen in der Leber (besonders bei protrahierten Erstickungsformen). Ähnliche Befunde können manchmal am Herzmuskel beobachtet werden.

Biochemisch spielt (neben dem Histamin-Nachweis in der Strangmarke Erhängter) das Verhältnis von Adrenalin zu Noradrenalin eine Rolle. Während nach *Berg* der Noradrenalin-Spiegel bei plötzlichen Todesfällen stets höher als der Adrenalin-Spiegel liegt, findet man bei Erstickung einen höheren Adrenalin-Spiegel (Verhältnis Adrenalin:Noradrenalin = 8:5). Adrenalin und Noradrenalin sind also beide erheblich erhöht. Es kommt ferner zu Hyperglykämie, Fibrinolysesteigerung und zum Anstieg des Phospholipidspiegels. Dies ist zwar nicht erstickungsspezifisch, gibt aber gute Hinweise. Insbesondere unterschiedliche Phosphatidspiegel oberhalb und unterhalb der Strangmarke beim Erhängen sind diagnostisch verwertbar.

4.3 Ersticken infolge von Strangulation

Erfolgt eine Strangulation dadurch, daß sich jemand eine Schlinge um den Hals legt und sich diese durch das eigene Körpergewicht zuzieht, so spricht man von **Erhängen.** Wird ein Strangwerkzeug um den Hals gelegt und (meist von fremder Hand) zugezogen, so liegt ein **Erdrosseln** vor. Wird der Hals durch die Hand komprimiert, handelt es sich um **Erwürgen.**

4.3.1 Der Tod durch Erhängen

4.3.1.1 Vorbemerkungen

Beim Erhängen wird ein Strangwerkzeug (meist Strick) mit einer sogenannten „laufenden Schlinge" (mit oder ohne Knoten) um den Hals gelegt, das Strangwerkzeug an einem Aufhängepunkt angeknotet und dann die Schlinge durch das eigene Körpergewicht zugezogen.

Durch diesen Vorgang rutscht das Strangwerkzeug meist bis in die Gegend des Zungenbeins, dieses wird nach hinten geschoben und der Zungengrund legt sich gegen die hintere Rachenwand. Hierdurch kann die Luftzufuhr unterbunden werden.

Als entscheidend für den Eintritt des Todes ist jedoch die Unterbindung der Karotiden durch das Strangwerkzeug anzusehen. Nicht selten werden auch die Aa. vertebrales abgeklemmt. Die Folge einer solchen Drosselung der Blutzufuhr zum Gehirn ist eine praktisch sofortige Bewußtlosigkeit.

4.3.1.2 Arten des Erhängens

Man unterscheidet das sogenannte „typische" von dem „atypischen" Erhängen.

Typisches Erhängen ist gegeben, wenn sich der **Aufhängepunkt hinten in der Mitte des Nackens** befindet und der **Körper frei schwebend hängt.**

Von **atypischem** Erhängen spricht man, wenn der Aufknüpfungspunkt, also der **Knoten** bzw. die Schlinge **vorne oder seitlich** liegt und (oder) der Körper **nicht frei hängt,** sondern den Boden berührt, sich also in knieender, hockender, sitzender oder gar liegender Stellung befindet

Die Unterscheidung zwischen atypischem und typischem Erhängen hält *Prokop* eher für schädlich als nützlich, weil es sich in den meisten Fällen gerade um sogenanntes atypisches Erhängen handelt.

4.3.1.3 Todesursachen

Ablauf des Erhängungsvorganges. Spätschäden

Letztlich entscheidend für den Tod durch Erhängen ist in weitaus der überwiegenden

Abb. 41 Erhängen
a) typisches E. (symmetrische Strangmarke, Knoten im Nacken, freihängend)
b) atypisches E. (asymmetrische Strangmarke, Knoten seitlich am Hals, halbsitzende Stellung)

Zahl der Fälle die Unterbindung der Blutzufuhr zum Gehirn. Doch kommen insgesamt drei verschiedene Mechanismen in Betracht.

a) **Verlegung der äußeren Luftwege.** Wir haben bereits darauf hingewiesen, daß sich beim typischen Erhängen der Zungengrund gegen die hintere Rachenwand legt. Hierdurch kann die Luftzufuhr völlig unterbunden werden.
b) Durch das **feste Zuziehen des Strangwerkzeuges** werden die Karotiden und beim typischen Erhängen auch die Aa. vertebrales unterbunden. Hierdurch kommt es in Sekundenschnelle zum Bewußtseinsverlust, so daß ein Selbstbefreien aus der Schlinge nicht mehr möglich ist. Um die Gefäße abzuklemmen, ist nur ein verhältnismäßig geringes Gewicht erforderlich. Man hat es für die Karotiden mit etwa 3,5 kg berechnet, für die Aa. vertebrales werden etwa 16,5 kg benötigt. Da beim Erhängen in knieender oder liegender Stellung Zugwerte von etwa 10–20 kg auftreten, wird deutlich, daß man auch in derartigen Stellungen Suizid durch Erhängen begehen kann.
c) Der Tod kann auch durch **Reizung des Glomus caroticum** (Karotis-Sinusreflex) als plötzlicher Herztod eintreten (selten).

Aus dem Gesagten ergibt sich, daß sich ein Tracheotomierter in gleicher Weise erhängen kann wie ein Gesunder. Auch bei ihm ist eine Selbstbefreiung praktisch nicht mehr möglich.

Der Ablauf des Erhängungstodes entspricht dem des allgemeinen Erstickungstodes, allerdings mit der Besonderheit der sofortigen Bewußtlosigkeit. Das Krampfstadium ist meist nicht mehr ausgeprägt, doch muß man beim Vorfinden von leichten Verletzungen, Hautvertrocknungen usw. an ein Anschlagen mit Armen oder Beinen infolge von Krämpfen denken. Die Wiederbelebungszeiten entsprechen den beim allgemeinen Erstickungstod angegebenen. Auch beim Erhängen kann das Herz noch längere Zeit nach Eintritt des Hirntodes weiterschlagen.

Wird jemand nach kurzer Zeit aus der Schlinge befreit, so ist bereits nach wenigen Minuten der Strangulation mit **Spätschäden** zu rechnen. Klinisch stellt man Amnesien sowie den Korsakoffschen Symptomenkomplex fest (Verlust von Altgedächtnis und Merkfähigkeit, Verminderung von Spontaneität und Initiative, Konfabulation, Konzentrations- und Orientierungsstörung, Ängstlichkeit, Produktion von Wahnbildern).

Pathologisch-anatomisch zeigen sich manchmal symmetrische Erweichungsherde im Corpus striatum.

Der Tod tritt selbst bei sehr schneller Rettung (1–2 Minuten) oft noch nach Stunden oder Tagen ein.

4.3.1.4 Pathologisch-anatomische Befunde an der Leiche. Biochemie

Äußere Besichtigung

Beim typischen Erhängen sind die Befunde äußerst spärlich. Man vermißt (sofortige Abklemmung von Arterien und Venen!) Stauungserscheinungen im Gesicht, Zyanose, konjunktivale Blutungen. Die Zunge liegt häufig, aber nicht immer zwischen den Zahnreihen. Die Totenflecken bilden sich stets an den abhängigen Partien aus, beim typischen Erhängen also vorwiegend an den Beinen und Unterarmen. Wichtig ist der lokale Befund am Hals. Hier zeigt sich die charakteristische **Strangmarke.** Je nach der vergangenen Zeit ist sie zunächst ziemlich hell, trocknet schließlich infolge der stets erfolgenden Hautabschürfung hellbraun und dann dunkelbraun ein, wobei die Konsistenz lederartig fest wird. Die Vertrocknungsvorgänge laufen bei postmortal gesetzten Strangulationsfurchen übrigens in gleicher Weise ab! (Abb. 42).

Die Strangmarke ist gegenüber dem Aufknüpfungspunkt am tiefsten eingeschnitten, beim typischen Erhängen also vorn. Sie steigt nach beiden Seiten zu an. Im Bereiche des Nackens weist sie eine Aussparung auf. Sie verläuft also symmetrisch, d. h. auf beiden Seiten des Körpers in gleicher Weise (das könnte auch bei atypischem Erhängen der Fall sein, wenn der Knoten z. B. vorne in der Mitte liegt). Eine **asymmetrische** Strangmarke ist gegeben, wenn der Knoten seitlich gelegen ist.

Vitale Reaktionen fehlen auch hier, es sei denn, es handelt sich um doppel- oder mehrläufige Umschlingung. Auf den zwischen den Schnüren liegenden Hautfalten sieht man dann häufig punktförmige Ekchymosen, die als sogenannte **„Kammblutungen"** bezeichnet werden. Sie gelten als vitale Reaktion (Abb. 43).

Beim **atypischen** Erhängen, insbesondere aber, wenn das Strangwerkzeug sich nur allmählich zugezogen hat (protrahiertes Erhängen), nicht fest genug anliegt oder vorzeitig gerissen ist, können, da dann die Karotiden bei Abklemmung der Venen noch mehr oder weniger lange Zeit wenigstens teilweise durchgängig bleiben, deutliche vitale Reaktionen gesehen werden. Diese reichen von kleinen lokalen Blutungen im Bereich der Strangmarke bis zu Stauungserscheinungen im Gesicht mit Konjunktival- und Hautblutungen.

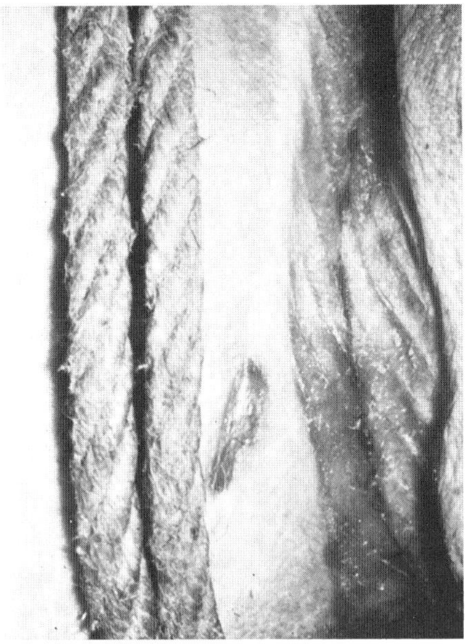

Abb. 42 Strangmarke mit Abdruck der Kardeelen einer doppeltourig geführten Schlinge eines Kälberstricks

Innere Besichtigung (Obduktion)

Beim typischen Erhängen sind auch hier die Befunde spärlich und wenig befriedigend. Wie beim Erstickungstod überhaupt, findet man das Blut der Leiche flüssig. Die Präparation der Halsorgane sollte in **„Walcherscher Hängelage"** vorgenommen werden. Man erreicht hierbei durch vorherige Herausnahme des Gehirns und der Brustorgane ein Abfließen des Blutes nach beiden Richtungen und kann, ohne sich Befunde zu verwischen, in Blutleere präparieren.

Brüche des Schildknorpels mit Unterblutungen, Intimarisse der Karotiden oder gar Frakturen von Wirbelkörpern sind sehr selten. Letztere sind nur zu erwarten bei alten Menschen und auch nur dann, wenn geradezu in die Schlinge hinein gesprungen wird. Auch Blutungen in den Halsweichteilen finden sich beim typischen Erhängen kaum.

Dagegen kann man sie bei atypischem Erhängen oder bei langsamem oder unvollständigem Zuziehen der Schlinge ebenso erkennen wie Stauungszeichen im Bereiche des Kopfes.

Biochemisch ist eine Erhöhung des Phosphatidspiegels wie auch bei anderen Erstikkungsarten festzustellen, jedoch nicht im Kopfbereich (Abklemmung der Gefäße).

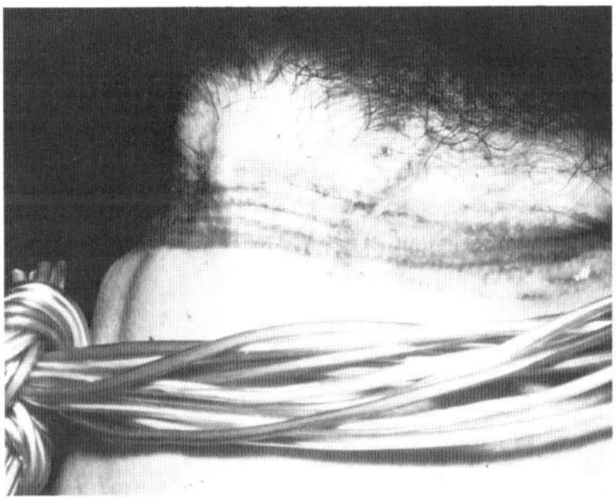

Abb. 43 Strangmarke mit Kammblutungen

Derartige Befunde sind differentialdiagnostisch daher sehr wertvoll. Bei atypischen Erhängungsvorgängen können sich diese Befunde allerdings manchmal mehr oder weniger verwischen.

Neuerdings hat man den Histamingehalt der Strangmarke näher untersucht. Es zeigte sich, daß beim Erhängungsvorgang der freie Histaminspiegel im Bereich der Strangfurche gegenüber unverletzter Vergleichshaut deutlich erhöht ist.

Blutungen in die Bandscheiben können zu einer violett-roten, queren Bänderung vornehmlich der Lendenwirbelsäule führen (*Simon*sche Blutungen). Seltener als allgemein angenommen sind Bänder- und Kapselrisse sowie Frakturen im Bereich der Halswirbelsäule und der atlauto-occipitalen Gelenke. Bei Bissen auf die Kante der zwischen die Zahnreihen vorgetriebenen Zunge zeigt der Einschnitt vitale Blutungen.

4.3.1.5 Differentialdiagnose: Tötung durch fremde Hand (tot in die Schlinge gelangt) oder Selbstmord

Obwohl der Tod durch Erhängen in der weitaus überwiegenden Zahl der Fälle **Selbstmord** ist, muß auch die Frage des **Fremdverschuldens** eingehend geprüft werden. Sehr selten ist Mord durch Aufhängen. Dagegen kann ein Toter zur Vortäuschung eines Selbstmordes in die Schlinge gehängt werden. Aber auch das umgekehrte Vorgehen ist denkbar: Der Selbstmörder wird vom Strangwerkzeug abgeschnitten, um den Suizid aus religiösen oder versicherungsrechtlichen Gründen zu vertuschen.

Abb. 44 Tödliche Halseinklemmung beim Spielen mit Teewagen

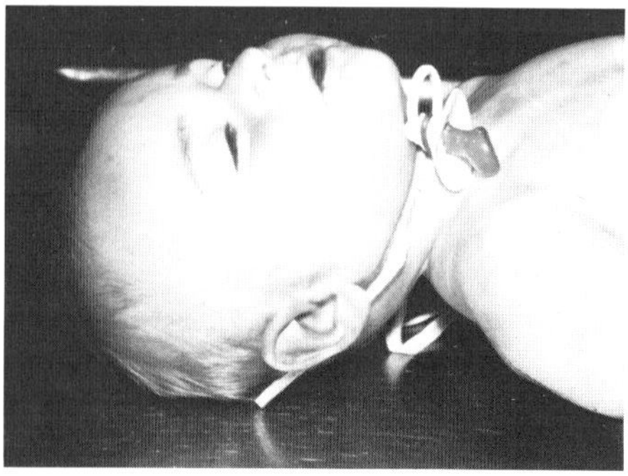

Abb. 45 Selbststrangulation mit Schnullergurt

Unglücksfälle finden sich bei spielenden Knaben (Abb. 44). Sie sind auch bei Kleinstkindern beschrieben, die sich im eigenen Haltegurt durch Herausbeugen aus dem Kinderwagen erhängt haben (Abb. 45). Häufiger aber sind Unglücksfälle bei Erwachsenen oder Jugendlichen infolge autoerotischer Betätigung. Die differentialdiagnostische Abklärung hat grundsätzlich zwei Gesichtspunkte zu berücksichtigen:

a) Den pathologisch-anatomischen Befund (Obduktionsbefund),
b) die Tatortsituation.

Obduktionsbefunde: Hierüber wurde schon eingehend referiert. Liegen, wie beim Erhängen selten, eindeutige vitale Reaktionen vor, ist die Diagnose „lebend oder tot in die Schlinge gelangt?" meist nicht sehr schwierig. In der Vielzahl der Fälle wird man jedoch Zusatzuntersuchungen durchführen müssen (Phosphatidspiegel, Histamingehalt in der Strangfurche).

Tatortsituationen: Bei der Begutachtung der Tatortsituation ist das Augenmerk zunächst natürlich auf die Frage zu lenken, ob der Tod bereits eingetreten ist. Ist eine sichere Todesfeststellung erfolgt, so darf dennoch nicht sofort die Schlinge abgeschnitten werden. Es ist vielmehr zu prüfen, ob der Tote überhaupt allein in die betreffende Lage kommen konnte (Stuhl, Bank usw. in der Nähe?). Ferner muß der **Aufhängepunkt** eingehend untersucht werden (beim Hochziehen einer Leiche entstehen oft Schleifspuren!).

Schließlich ist die Schlinge selbst näher in Augenschein zu nehmen. Handelt es sich um

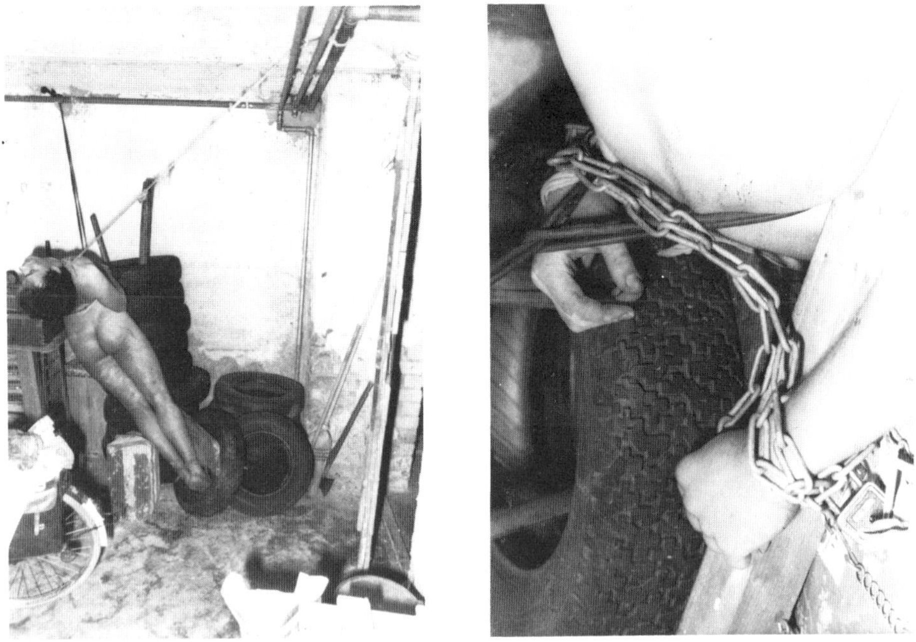

Abb. 46a, b Autoerotischer Unfall (Tod durch Erhängen)

eine laufende Schlinge? Läßt sie sich überhaupt über den Kopf zurückstreifen? Die Frage nach Art des Knotens (Seemannsknoten usw.) spielt in der Praxis nur extrem selten eine Rolle, doch ist in jedem Fall der Knoten beim Abschneiden des Strangwerkzeuges zu schonen. Bevor die Leiche abgenommen wird, soll man möglichst schon die Lage der Totenflecken feststellen. Es darf nicht vergessen werden, die Leiche auf Mikrospuren (Fasern vom Strick an den Händen) zu untersuchen.

Auf autoerotische Unglücksfälle weist meist schon die Gesamtsituation hin (Aufstellen von Spiegeln, mehrfache Fesselung, Stehen auf einem Schemel, Entblößung der Genitalien, entsprechende Literatur in der Umgebung usw.). Die Selbst-Strangulation wird vorgenommen, um durch Sauerstoffmangel einen erhöhten sexuellen Reiz zu erhalten (Abb. 46a u. b).

Für Tötung durch fremde Hand spricht manchmal die Art der Schlinge, der Aufknüpfungspunkt (hochgelegen ohne Aufstiegsmöglichkeit) und schließlich Anzeichen einer anderen Todesursache sowie bei entsprechenden Zeiten die Lage der Totenflecken. In sehr seltenen Fällen kann auch ein lebend-in-die-Schlinge-Gelangen auf Mord beruhen (Überraschungsmoment, vorherige Vergiftung).

4.3.2 Der Tod durch Erdrosseln

4.3.2.1 Vorbemerkungen

Beim Erdrosseln wird das Strangwerkzeug nicht durch das Eigengewicht des Körpers, sondern durch die Hand zugezogen. Selbstmord durch Erdrosseln ist nicht sehr häufig, kommt aber durchaus vor (Abb. 47).

4.3.2.2 Ablauf des Erdrosselungsvorganges. Todesursachen. Befunde

Die zum Tode führenden Vorgänge beim Erdrosseln entsprechen im Grunde denen, die wir beim Erhängen bereits dargelegt haben. Hauptursache ist auch hier die Abklemmung der Karotiden, daneben spielt das Zurückdrücken des Zungengrundes sowie (sehr selten) auch einmal der Karotis-Sinus-Reflex eine Rolle. Die Abklemmung der Karotiden erfolgt fast stets später als die der Jugularvenen (Wehren des Opfers, daher mehrfaches Zuziehen des Strangwerkzeuges). Aus diesem Grunde kommt es zur Ausbildung sehr deutlicher Stauungszeichen. Zyanose des Gesichtes, oft sehr starke Konjunktivalblutungen, Schleimhautblutungen im Rachen, punktförmige Hautblutungen bevorzugt im Bereiche der Stirn, der Oberlider, in der Gegend der Jochbeine werden vorgefunden. Differentialdiagnostisch kommt es auch bei der Gonokokkensepsis, dem Moschcowitz-Syndrom, Sanarelli-Shwartzman-Phänomen, dem Evans-Syndrom und dem Schoenlein-Henoch-Syndrom zu intrakutanen Punktblutungen, allerdings in einem anderen Verteilungsmuster.

Die Drosselmarke verläuft annähernd horizontal, sie zeigt – im Gegensatz zum Erhängten – weder an charakteristischen Stellen tiefere Eindrücke noch Aussparungen. Die Lage am Hals ist meist tiefer, d. h. unterhalb der üblichen Erhängungsfurchen. Es können sowohl innerhalb als auch in der Umgebung der Strangulationsmarke Punktblutungen gefunden werden. Die spätere Vertrocknung gibt manchmal das Muster des Strangwerkzeuges wieder. Bei Anwendung breiter, weicher Seidenschals ist oft nur eine sehr gering (oder sogar gar keine) ausgeprägte Strangulationsmarke zu erkennen. Bei der **Obduktion** finden sich häufiger Blutungen in der Halsmuskulatur sowie auch Brüche des Kehlkopfskeletts, insbesondere am Zungenbein, an den Fortsätzen des Schild- und Ringknorpels. An den Bruchstellen pflegt man geronnenes Blut im Gewebe zu erkennen.

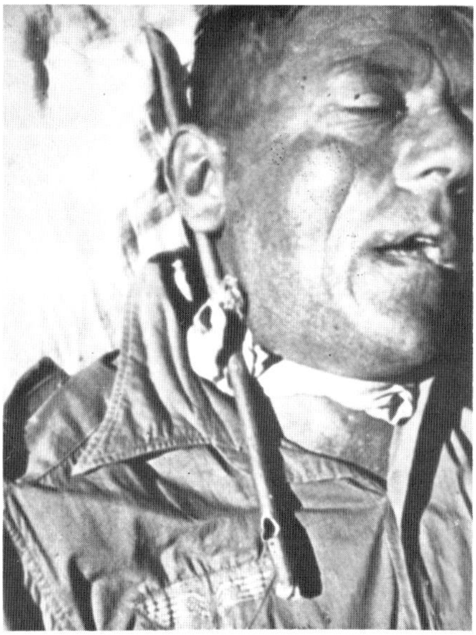

Abb. 47 Tod durch Selbsterdrosseln (Knebel!)

Es empfiehlt sich, ebenso wie beim Erhängen, die Präparation der Halsorgane in sogenannter Walcherscher Hängelage vorzunehmen.

4.3.2.3 Differentialdiagnose: Selbstmord oder Tötung durch fremde Hand

Beim Erdrosseln handelt es sich in der überwiegenden Zahl der Fälle um **Tötung durch fremde Hand** (Mord, Totschlag). Bei der **Tatortbesichtigung** ist darauf zu achten, daß – wie auch beim Erhängen – beim Abnehmen des Strangwerkzeuges der Knoten erhalten bleibt. Nach Kampfspuren und Abwehrverletzungen muß gefahndet werden (Blutantrocknungen unter den Fingernägeln weisen z. B. auf Kratzeffekte beim Täter hin. Asservieren!). Ist der Hals bekleidet und liegt das Strangwerkzeug über der Kleidung, gibt auch dies einen Hinweis auf Fremdverschulden.

Für **Selbstmord** spricht die Tatortsituation, die Anwendung eines Knebels zur Hinderung der Lösung des Strangwerkzeuges und Spuren weiterer Selbstmordversuche (Pulsaderschnitte! Kombinierter Selbstmord!). Manchmal verwendet der Selbstmörder auch elastisches Material (Hosenträger), das sogar bei einfacher Schlinge fest um den Hals liegen bleibt, ohne sich spontan zu lockern (mehrfache Knoten sprechen gegen Selbstmord).

4.3.3 Der Tod durch Erwürgen

4.3.3.1 Vorbemerkungen

Erwürgen erfolgt durch einen Griff in die Halsgegend mit der Hand. Ein Strangwerkzeug wird hierbei also nicht benutzt. Es kommt vor, daß der Würgende beide Hände zur Tatausführung verwendet, meist wird jedoch nur eine Hand gebraucht.

4.3.3.2 Ablauf des Erwürgungsvorganges. Todesursachen

Ein Tod durch Erwürgen kann auf verschiedene Weise zustande kommen. Durch Abklemmung der Karotiden kann die Blutzufuhr zum Gehirn soweit gedrosselt werden, daß schnelle Bewußtlosigkeit und schließlich der Tod eintreten. Ein solches Ereignis ist jedoch nicht allzu häufig. Noch seltener ist der ebenfalls mögliche Karotis-Sinus-Reflextod. Bringt der Täter vor, daß das Opfer bereits nach einem einzigen Zugriff tot zu Boden gesunken wäre, so wird man eine solche Darstellung nach *Mueller* jedoch kaum ablehnen können, insbesondere, wenn sich keine weiteren Obduktionsbefunde erheben lassen. Die Untersuchung des Noradrenalin/Adrenalinspiegels ist in solchen Fällen zu empfehlen (beim typischen Erwürgen erhöhte Werte!).

Die meisten Fälle von Erwürgungstod spielen sich so ab, daß die würgende Hand den Kehlkopf seitlich zusammenpreßt oder gegen die Wirbelsäule drückt. Hierdurch werden die Luftwege verengt oder sogar verschlossen. Gleichzeitig kommt es durch Gefäßkompressionen zu einer Drosselung der Blutzufuhr zum Gehirn. Da die Jugularvenen eher komprimiert werden als die Arterien, sind Stauungserscheinungen zu erwarten.

4.3.3.3 Obduktionsbefunde

Fast stets finden sich bereits bei der äußeren Besichtigung Stauungserscheinungen im Gesicht mit mehr oder weniger ausgeprägten Bindehautblutungen (Ekchymosen; Abb. 48 u. 49). An der Haut des Halses können bei ganz frischen Leichen manchmal zunächst alle lokalen Erscheinungen am Halse fehlen. Kommt man nach einigen Stunden oder gar erst am nächsten Tag, bietet sich dann fast stets das Bild einzelner, kleiner, strichförmiger, braunroter Hautvertrocknungen, meist zu beiden Seiten des Kehlkopfes (Würgemale). Natürlich können auch schon gleich Kratzer oder Blutunterlaufungen sichtbar sein. Je nachdem, ob der Täter mit beiden Händen oder nur mit einer Hand gewürgt hat, ob er Links- oder Rechtshänder war, wird die Lokalisation wechseln.

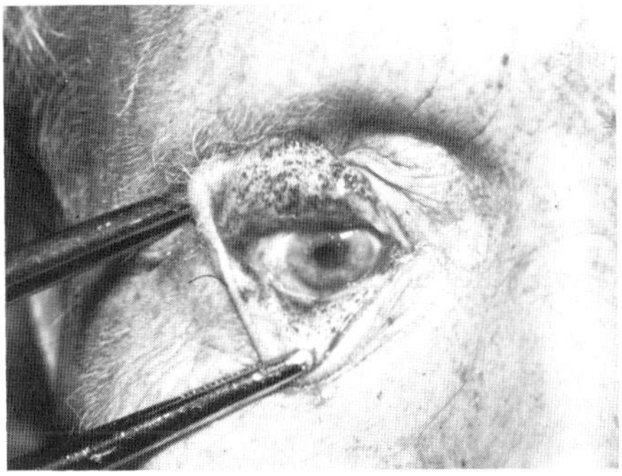

Abb. 48 Bindehautblutungen

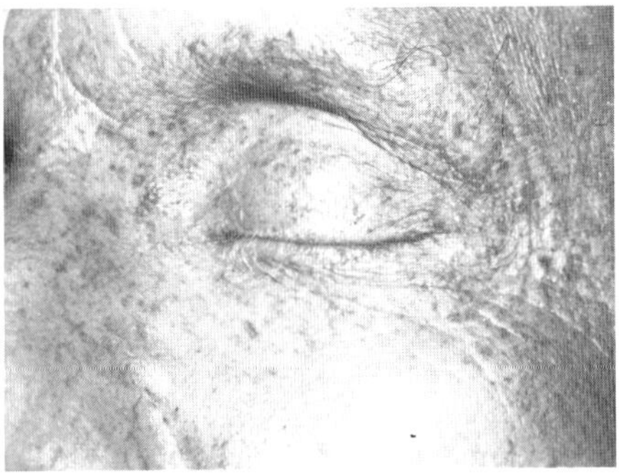

Abb. 49 Punktblutungen

Die Halsweichteile sollen, wie bei allen Gewalteinwirkungen in diesem Bereich, in sogenannter Walcherscher Hängelage präpariert werden. Man findet Blutungen unter der Schilddrüsenkapsel, in der Halsmuskulatur, meist asymmetrisch, sowie auch im Bereiche des Kehlkopfes (Zungenbeinhörner, Fortsätze des Schildknorpels). Kehlkopf- und Zungenbeinbrüche sind nicht selten anzutreffen. Recht typisch sind punktförmige bis fleckförmige, teils streifige Blutungen in der Kehlkopfschleimhaut und am Kehldeckel.

4.3.3.4 Differentialdiagnose: Selbstmord – Fremdverschulden

Beim Tod durch Erwürgen handelt es sich so gut wie immer um Fremdverschulden (Mord, Totschlag). Ein Selbstmord würde fast stets daran scheitern, daß bei Eintritt der Bewußtlosigkeit die würgende Hand erschlafft und damit der Griff gelöst wird. Allerdings wäre es theoretisch denkbar, daß der Tod durch Auslösung des Karotis-Sinus-Reflexes eintritt. Ein Fall einer Selbsttötung ist im vorigen Jahrhundert beschrieben worden (Benutzung beider Hände, Aufstützen der Ellenbogen).

Wird ein Drossel- oder Würgevorgang überlebt, hört man Klagen über Halsschmerzen und Schluckbeschwerden. Bindehaut- und Lidhautblutungen sowie Würgemale in der Halshaut lassen sich nach Tagen noch nachweisen.

4.4 Erstickung durch exogene und endogene Fremdkörper

4.4.1 Fremdkörper bei Kindern. Bolustod

Spielende Kinder aspirieren häufiger Fremdkörper. Meist kommt es sofort zu Husten und Atemnot. Der Fremdkörper kann die Luftröhre passieren und bis in den Bronchus gelangen. Röntgenologische Darstellung gelingt nicht immer. Bei der Obduktion zeigen sich, wenn es zum ventilähnlichen Teilverschluß gekommen war, Erstickungszeichen, vor allem auch ein mehr oder weniger hochgradiges (Teil-)Emphysem.

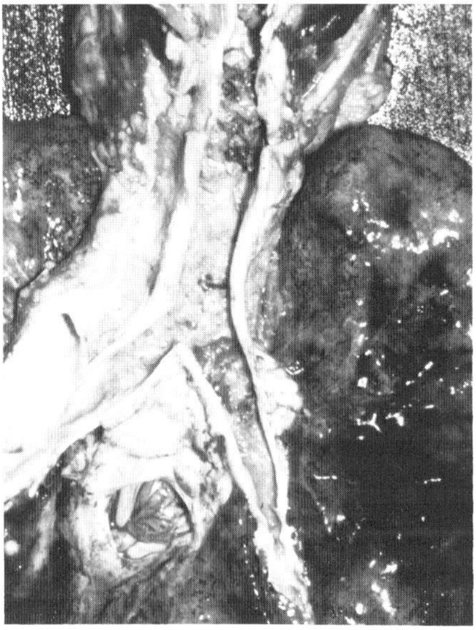

Abb. 50 Speisebreiaspiration

Bei plötzlichem Reflextod lassen die Sektionsbefunde allerdings im Stich.

Beim Erwachsenen spricht man bei Verlegung der Luftwege durch Fremdkörperaspiration von **Bolustod.** Meist erfolgt ein plötzliches Zusammenstürzen und ein sofortiger Todeseintritt durch Vagusreflex. Es kann jedoch auch zum Wiedererholen und anschließend zum Ersticken kommen. Beim Bolustod handelt es sich meist um ein gieriges Verschlucken mit gleichzeitiger Aspiration von großen Speisebrocken (Alkoholisierung, Geisteskranke). Auch Suizid ist beschrieben worden (extrem selten), dagegen finden sich in der Literatur mehrere Fälle von Tötungen durch gewaltsames Einschieben von Fremdkörpern.

4.4.2 Aspiration

Insbesondere bei Schädelbasisfrakturen kann es zu massiver Aspiration von Blut in die Luftwege oder gar bis in die Alveolen kommen (häufigste Todesursache unbehandelter Schädelbasisbrüche). Auch Nasenbluten u. a. kann bei Bewußtlosigkeit (Commotio) zu Blutaspiration führen. Bei der Obduktion findet sich die Lunge gebläht, die Schnittfläche ist trocken, die roten Blutaspirationsherde deutlich erkennbar. Manchmal können bei schweren Verletzungen auch Gehirnpartikelchen eingeatmet werden.

Bei Säuglingen finden sich häufiger Aspirationen von Speisebrei, der die Luftwege völlig verlegen kann (bei Erwachsenen insbesondere nach schwerer Alkoholisierung; Abb. 50). Meist handelt es sich um kranke Kinder, die nicht mehr entsprechend abhusten können. Manchmal findet man Aspirationen nach Unglücksfällen in Betrieben (z. B. Sand, Kohlestaub u. a. m.).

4.4.3 Verlegung von Mund und Nase

4.4.3.1 Weiche Bedeckung, Zuhalten

Einfaches Zuhalten von Mund und Nase oder Bedeckung der Atemwege durch Kissen usw. (sogenannte Erstickung durch weiche Bedeckung) kommt häufiger bei der Tötung Neugeborener vor. Man findet bei der Obduktion die allgemeinen Erstickungszeichen (Einzelheiten siehe Kapitel 10 „Kindestötung").

4.4.3.2 Verlegung der Luftwege durch Verschüttung

Durch Lawinen, in Getreidesilos, in Bergwerken usw. kann die Verschüttungsmasse in die Atemwege eindringen und gleichzeitig auch die äußeren Atemwege verlegen. Dabei kann es zur Behinderung der Atembewegungen kommen. Interessanterweise finden sich in den Lungen bei Verschüttungen manchmal Blasen, die in Reihen angeordnet erscheinen und auch postmortal (!) entstehen können.

4.4.4 Behinderungen der Atembewegungen (Thoraxkompression)

Thoraxkompressionen mit Behinderung der Atembewegungen finden sich bei Verschüttungen, bei Paniksituationen im Gedränge, bei Unglücksfällen in Betrieben (Begrabenwerden unter Säcken, Heuballen usw.) sowie bei Beknien (z. B. im Rahmen von Tötungen, bei Notzuchtsdelikten usw.).

Man sieht Hautvertrocknungen, Rippenfrakturen, öfter auch Rippenserienbrüche sowie Stauungsblutungen. Im übrigen lassen sich die allgemeinen Erstickungszeichen konstatieren.

4.4.5 Erstickung durch Sauerstoffmangel

Zu Sauerstoffmangel kommt es bei der sogenannten „Höhenkrankheit" der Flieger, wenn Sauerstoffgeräte ausfallen. Es finden sich dann die bekannte Euphorie, Kritiklosigkeit und Vergeßlichkeit. Dazu kommen Tachykardie, Krämpfe, motorische Störungen. Schließlich tritt der Tod ein (in 5000 m Höhe sind nur noch 80%, in 8000 m nur noch 60% der Sauerstoffsättigung des Blutes vorhanden).

Sauerstoffmangelzustände können auch entstehen, wenn in engen Räumen nicht mehr genügend frische Luft zugeführt wird (U-Boote, Verstecken von Kindern in Koffern usw.). Zu denken ist auch an CO_2-Ansammlung in Brunnen, Weinkellern, engen Schächten usw. (Lichtprobe, d. h. offenes Licht mitnehmen!).

Die Obduktion deckt die allgemeinen Erstickungsbefunde auf, häufig sind die Tardieuschen Flecken besonders stark ausgeprägt (petechiale Blutungen an den serösen Häuten, insbesondere des Brustraumes).

4.4.6 Taucher- und Caissonkrankheit

Zu unzureichender Atmung kann es bei Anwendung eines „Schnorchels" schon bei Tauchtiefen von 40 cm kommen, weil der „Totraum" im Gerät zu groß wird.

Ein dem Höhenrausch ähnlicher „Tiefenrausch" soll bei über 40 m Tauchtiefe durch Hyperventilation und CO_2-Entwicklung auftreten können. Wird der Taucher hochgezogen und findet sich Zyanose, so spricht man vom „Blaukommen" der Taucher. Ein bestimmter Mechanismus der Entstehung ist hiermit jedoch nicht gemeint.

Es kann auch zu einer Sauerstoff-Vergiftung kommen, wenn nämlich zu viel Sauerstoff zugeführt wird (Bewußtlosigkeit, Krämpfe).

Die Dekompressions- oder Caissonkrankheit finden wir, wenn ein bestehender Überdruck zu schnell abfällt. Es wird dann besonders gasförmiger Stickstoff frei und es kommt zur Gasembolie. Die Vorgänge beruhen auf der Tatsache, daß bei hohen Drukken mehr Gase gelöst werden, die dann plötzlich bei Druckabfall frei werden, weil sie nicht rechtzeitig abgeatmet werden können. Als Folge sollen auch Fettembolien vorkommen. Tierexperimentell wurden Mikrothromben festgestellt.

Wird man allmählich aus dem Überdruck ausgeschleust, können die Gase abgeatmet werden. Der Ausschleusevorgang muß um so langsamer sein, je länger man sich im Überdruck befunden hat.

Dekompressionskrankheiten sind in die Liste der Berufskrankheiten aufgenommen worden.

4.5 Der Tod durch Ertrinken

4.5.1 Allgemeines

Beim Ertrinkungstod handelt es sich um Erstickungsvorgänge, die durch den Abschluß der äußeren Luftwege durch das Wasser (oder andere Flüssigkeiten) zustande kommen. Ertrinken ist auch in sehr flachen Gewässern, Badewannen, selbst Pfützen möglich, wenn die Atemöffnungen bedeckt sind und eine Befreiung aus der betreffenden Lage nicht möglich ist (Alkoholintoxikation, Epilepsie, Commotio, Vergiftungen usw.). *Krauland* konnte belegen, daß eine höhere Alkoholisierung selbst gute Schwimmer dazu disponiert, in einfachen Badesituationen zu ertrinken, was auch durch die forensische Praxis belegt ist. Die Betroffenen gehen oft kampflos unter.

4.5.1.1 Der Ablauf des Ertrinkungsvorganges

Der Vorgang des Ertrinkungstodes ist eingehend tierexperimentell untersucht worden. Man pflegt ähnlich wie beim Erstickungstod, mehrere Stadien zu unterscheiden, wobei zusätzlich das reflektorische Atemanhalten abgegrenzt wird (Einteilung nach *Mueller*).

1. Tiefe Einatmung als Reaktion auf den Kältereiz.
2. Anhalten des Atems (30–60 Sekunden).
3. Zwangshaftes Atmen mit krampfartigen Exspirationen (60–150 Sek.), Dyspnoe.
4. Krampfstadium. Heftige Exspiration. Durch Vermischung von Wasser, Luft und eiweißhaltigem Bronchialsekret kommt es zu Schaumbildung in den Atemwegen.
5. Stadium der Apnoe.
6. Terminale Atembewegungen.

Der gesamte Ertrinkungsvorgang nimmt etwa eine Zeitspanne von 3–5 Minuten in Anspruch. Er kann **verlängert** werden, wenn beim zwischenzeitlichen Auftauchen Luft eingeatmet wird. Er kann **verkürzt** werden durch:
Reflextod
Kreislaufversagen
Aspiration von Erbrochenem (z. B. Reiz des Salzwassers).

Kommt es zum sofortigen Tod, so pflegt man von **Badetod** (s. d.) zu sprechen. Dieser ist vom reinen Ertrinkungstod abzugrenzen.

4.5.1.2 Obduktionsbefunde und Diagnose

Bei der äußeren Besichtigung fällt manchmal der sogenannte **„Schaumpilz"** auf, der, wie erwähnt, aus Wasser, Luft und Eiweiß bei Krampfatmung entsteht. Er wird vor Mund und Nase angetroffen. Er muß jedoch nicht vorhanden sein, kann auch durch Wind, Wellen, Bergung bereits zerstört sein. (Schaum vor dem Mund kommt auch bei Lungenödem vor, dann ist er jedoch meist rötlich gefärbt; Abb. 51).

Durch reflektorische Vorgänge kann der Ertrunkene mehr zyanotisch (blaue Asphyxie) oder bei längerem Ertrinkungsvorgang mehr blaß (blasse Asphyxie) aussehen. Alleinige Gesichtszyanose (Stauung durch Belastung des rechten Herzens) und Bindehautblutungen sind selten.

Bei der **Obduktion** fällt in erster Linie der Lungenbefund auf. Es handelt sich um eine enorm starke Blähung, die Lungenränder überlappen sich oft im Mittelfeld. Bei der Thoraxöffnung quellen die Lungen geradezu den Obduzenten entgegen. Rippeneindrükke sind häufig sichtbar. Die Schnittfläche ist verhältnismäßig trocken („trockenes Ödem"). Es kann aber selten auch einmal vermehrt schaumige Flüssigkeit abfließen (dann handelt es sich meist um Ertrinken im Salzwasser).

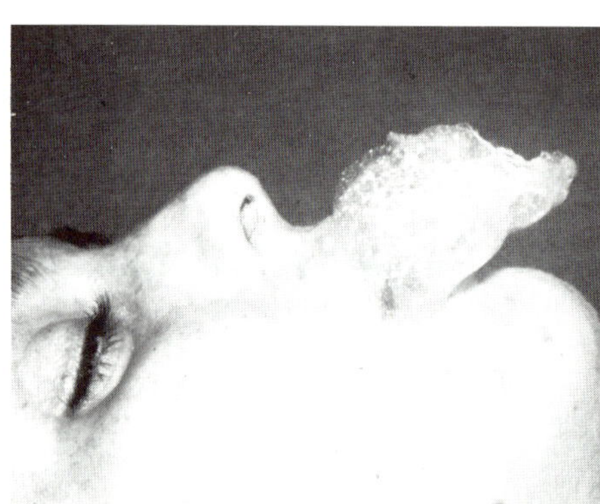

Abb. 51 Schaumpilz bei Ertrinken

Unter dem Lungenüberzug erkennt man verwaschene, bläulich-livide bis rötliche unscharf begrenzte Flecken, die man als **Paltaufsche Flecken** bezeichnet (durch das Wasser verwaschene Kapillarblutungen).

Die typische Ertrinkungslunge mit

- starker Blähung
- trockener Schnittfläche
- Paltaufschen Flecken

wird auch als **Ödema oder Emphysema aquosum** bezeichnet (Abb. 52). Möglicherweise spielt bei ihrem Zustandekommen eine Histaminausschüttung eine Rolle.

In der Luftröhre und den Bronchien läßt sich manchmal Schaum oder Sand nachweisen (auch postmortales Hineingelangen ist möglich), meist findet man Schaum.

Der Magen zeigt in manchen Fällen (meist bei Salzwasser) Schleimhauteinrisse und Dreischichtung seines Inhalts (Schaum, Wasser, Speisebrei). Meistens fehlt verschlucktes Wasser und selten findet sich Wasser im oberen Dünndarm. Die übrigen Befunde entsprechen denjenigen der allgemeinen Erstickung.

Bei Fäulniserscheinungen können die typischen Befunde an den Lungen weitgehend verschwinden. Das Emphysema aquosum kann im übrigen auch postmortal zustande kommen.

Es sind eingehende Versuche zur Klärung dieser Frage unternommen worden. Liegt eine Leiche tiefer als 5 m für längere Zeit (ca. 40 Stunden) unter Wasser, so können die Zeichen der Ertrinkungslunge auch postmortal entstehen (dagegen stören Wiederbelebungsversuche die Diagnostik praktisch nicht). Je größer die Wassertiefe, desto kürzer die Zeit bis zur Ausbildung der Symptome.

Man wird daher in vielen Fällen nicht ohne **Zusatzuntersuchungen** auskommen können. Diese beruhen in erster Linie auf der Tatsache, daß Wasser und in ihm enthaltene Bestandteile (Algen) aus der Lunge resorbiert werden und in das Blut, den großen Kreislauf und in die Organe gelangen.

a) Untersuchung der Blutverdünnung
Hier macht man sich insbesondere die Differenz der Blutverdünnung zwischen rechtem

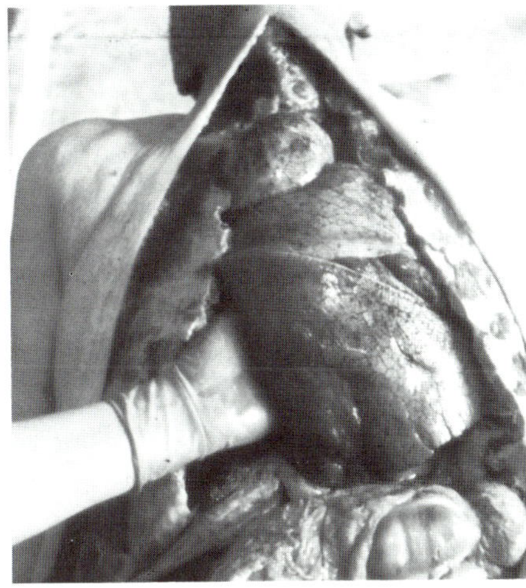

Abb. 52 Emphysema aquosum (beachte die Paltaufschen Flecken)

und linkem Herzen zunutze. Die Unterschiede sind allerdings nicht übermäßig groß, sind aber noch bis zu 1–2 Tagen nach dem Tod nachweisbar. Man untersucht zweckmäßigerweise die Gefrierpunktserniedrigung (bei Salzwasser Erniedrigung, sonst Erhöhung) und die elektrische Leitfähigkeit (bei Meerwasser bessere Leitfähigkeit). Unter Umständen gibt auch eine unterschiedliche Hämolyse Hinweise.

b) Nachweis von Kieselalgen (Diatomeen)
Es handelt sich um Einzeller mit Eigenbewegung, die im Wasser leben und von einem Kieselsäurepanzer umgeben sind. Sie gelangen mit dem Wasser in die Lungen und von dort über den großen Kreislauf in die Organe. Da ihr Panzer säurefest ist, sind sie durch Veraschung größerer Organteile (z. B. Leber, Niere, Gehirn) mit konzentrierten Säuren anzureichern und mikroskopisch nachzuweisen. Die verschiedenen Arten haben charakteristische Formen. Neuerdings weiß man, daß Diatomeen auch in größerer Menge eingeatmet werden können. Es wird daher davor gewarnt, den Diatomeennachweis als ausschlaggebend anzusehen. Nur ein massiver Befund in Zusammenhang mit anderen Hinweisen könnte gegebenenfalls die Diagnose unterstützen. Auch hierbei ist jedoch Vorsicht geboten. Manchmal lassen sich auch andere Algenarten, Schmutzpartikelchen usw. nachweisen.

c) Histologie
Zweckmäßigerweise wendet man die Technik der Versilberung der Gitterfasern an (Darstellung der Alveolarsepten). Spezifische Befunde sind allerdings nicht zu erwarten (Asthma, Emphysem), doch zeigt sich deutlich die Überdehnung der Alveolarwände.

4.5.2 Der sogenannte Badetod

Unter Badetod versteht man einen plötzlichen Tod im Wasser, dessen Ursache nicht in erster Linie ein Ertrinken ist. Man kann den Badetod im engeren Sinne vom Badetod im weiteren Sinne unterscheiden.

Der **Badetod im engeren Sinne** umfaßt plötzliche Todesfälle, die **durch das Wasser** ausgelöst werden. Hierher gehören:

1. Die anaphylaktische Kältereaktion
2. Der Ebbeckesche Reflex (Kältereflex, auch als „Eintauch-" oder „Wind- und Wetterreflex" bezeichnet, Atemsperre)
3. Vestibularisreiz (z. B. bei Trommelfellperforation)
4. Vasolabilität
5. Kollapszustände (Kältereiz des Wassers nach reichlicher Nahrungsaufnahme)
6. okulo-cardiale Vagusreizung, *Valsalva*scher Preßdruckreflex, *Goltz*scher Vagusreflex.

Im **weiteren Sinne** spricht man von Badetod, wenn **zufällig** gerade im Wasser ein **plötzlicher Tod** aus **natürlicher Ursache** (s. d.) eintritt.

Charakteristisch für den Badetod ist, daß die von ihm Betroffenen sozusagen „still untergehen", d. h. plötzlich mit den Schwimmbewegungen aufhören, nicht schreien, rufen, um sich schlagen, nicht mehrmals auftauchen. Insbesondere beim Badetod im weiteren Sinne sind jedoch alle Übergänge (auch pathologisch-anatomische) zum Ertrinkungstod möglich.

4.5.3 Weitere differentialdiagnostische Erwägungen zum Ertrinkungstod

4.5.3.1 Suizid

Der Ertrinkungstod kann durch Selbstmord herbeigeführt worden sein. Hinweise hierfür sind manchmal Beschwerungen durch Steine, Eisenketten usw. Man muß allerdings daran denken, daß dies auch bei Leichenbeseitigung vorkommt. Giftuntersuchungen sowie eine Analyse des Blutes auf Alkohol sind in solchen Fällen bedeutsam. Beim Tod in der Badewanne sind Suizidenten bekleidet. Anamnestisch sind Suizidversuche eruierbar und toxikologisch Medikamente und/oder Alkohol nachweisbar. In 3 von 13 Fällen fanden sich Abschiedsbriefe.

4.5.3.2 Leichenbeseitigung

Hierauf weisen das Einhüllen von Leichen in Säcke, Koffer usw. hin. Meist sind die Leichen zerstückelt und unvollständig. Nach vitalen Reaktionen ist zu fahnden.

4.5.3.3 Unfall

Unfälle durch Hineinfallen von Nichtschwimmern ins Wasser kommen immer wieder vor. Aber auch Schwimmer können durch plötzlichen Sturz einen Badetod erleiden, sich tödliche Sturzverletzungen zuziehen oder kollabieren (vorheriger Alkoholgenuß).

4.5.3.4 Tötung durch fremde Hand

Ertränken als Mord oder Totschlag ist mehrfach vorgekommen. Das Opfer wird plötzlich ins Wasser gestoßen (besonders bei Nicht-Schwimmern) oder das Ertränken erfolgt in der Badewanne. Hier genügt oft schon, wie auch Versuche erwiesen haben, das plötzliche Hochziehen der Beine, um das Opfer schnell genug wehrlos zu machen. In anderen Fällen wird das Opfer vorher bewußtlos gemacht (Schläge, Stiche, Vergiftungen usw.).

Da vitale Verletzungen gerade bei Wasserleichen oft schwer erkennbar sind (Auslaugen durch das Wasser), ferner Veränderungen durch lange Wasserzeiten (s. d.) alle Befunde verwischen können, ist bei der Begutachtung von Wasserleichen größte Vorsicht am Platze.

4.5.4 Postmortale Veränderungen an Wasserleichen

4.5.4.1 Allgemeine Vorbemerkungen

Üblicherweise sinkt der Körper nach dem Tode im Wasser unter. Nur in Ausnahmefällen (z. B. Luftblasen in der Kleidung, starke Luftfüllung der Lungen beim langsamen Ertrinken mit mehrmaligem Luftschnappen) kann eine Leiche auch einmal an der Wasseroberfläche treiben.

4.5.4.2 Postmortale Verletzungen

Postmortale Verletzungen kommen durch Treiben in seichten Gewässern vor. Es entstehen charakteristische Schleifspuren. Die Leichen pflegen meist in Bauchlage zu treiben, man findet daher Abschürfungen bzw. Hautvertrocknungen im Bereiche der Stirn, der Nase, der Handrücken sowie der Knie und Fußspitzen. Auch Knochenverletzungen (Stirnbein) kommen vor. Die Kleidung ist an den entsprechenden Stellen zerrissen, die Wunden enthalten Sand oder Schlamm. Teilweise kann die Kleidung völlig verloren gehen. Postmortale Verletzungen können auch durch Hängenbleiben an Wehren, Schleusen, durch Schiffsschrauben (scharfrandige oft parallele Wunden; Abb. 53) sowie durch Bergung entstehen. Bergungsverletzungen kommen auch am Hals vor. Differentialdiagnose: Erdrosseln oder Erwürgen! Auch postmortale Hämatome an den Armen sind durch Bergung denkbar. Auf vitale Reaktionen ist auf jeden Fall zu achten, doch sind diese nicht immer nachweisbar. Nicht zu vergessen ist auch das Anfressen durch Wassertiere. Blutegel machen z. B. rundliche Vertrocknungen.

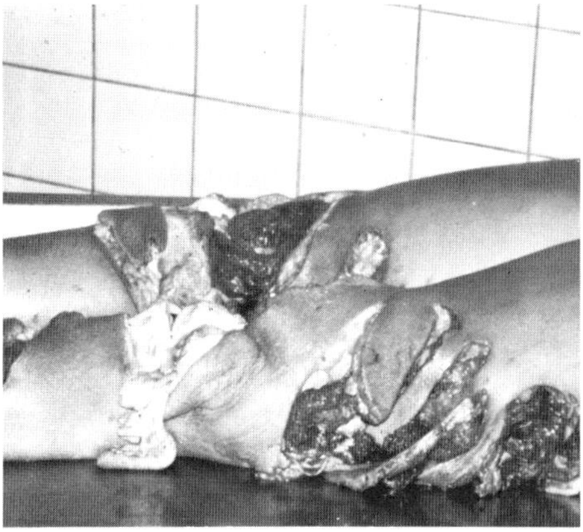

Abb. 53 Typische Schiffsschraubenverletzung

Krabben und Krebse, Seesterne, auch Seevögel, rufen mehr unregelmäßige, teilweise landkartenartig begrenzte Wunden bzw. Hautvertrocknungen hervor. Garneelen machen vornehmlich Verletzungen an den Schleimhäuten.

4.5.4.3 Die sogenannte Wasserzeit

Unter Wasserzeit versteht man die Zeit, die eine Leiche im Wasser gelagert hat. Sie läßt sich annähernd aus dem Auftreten typischer Veränderungen bei Berücksichtigung der Temperatur berechnen.

Tabelle 7 Wasserzeit

Abfall der Rektaltemperatur	3–6° C pro Stunde
Waschhautbildung	
Fingerkuppen	1–3 Stunden (20–30 Min. nach *Reh*)
Finger	1–2 Stunden (*Reh*)
Handteller	1–3 Tage
Fußsohle	2–4 Tage
Abstreifbarkeit der Oberhaut	5–7 Tage (je nach Wassertemperatur)
Algenrasen	4–14 Tage
Fäulnis	
Grünfärbung Sommer	3–4 Wochen
Grünfärbung Winter	2–3 Monate
Fettwachs	frühestens vom 3. Monat ab

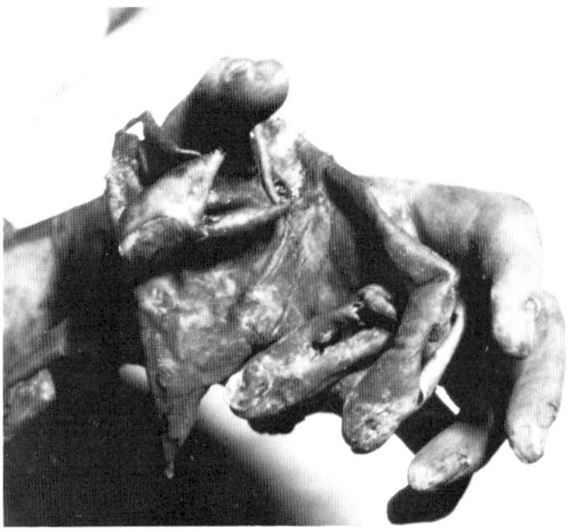

Abb. 54 Hautablösung nach längerer Wasserzeit

Zunächst kommt es zur sogenannten Waschhautbildung (Quellung und Runzelung; Abb. 54). An den Fingerkuppen tritt sie durchschnittlich schon nach einigen Stunden (evtl. schon nach einer Stunde) deutlich in Erscheinung. Am Handteller nach 1–3, am Handrücken nach 4–6 Tagen (Temperaturabhängigkeit). Mit der Zeit läßt sich die Haut von Händen und Füßen handschuhartig abstreifen, einschließlich der Fingernägel (Zeitdauer 2–4 Wochen). Algenrasen können sich bereits nach 1–4 Tagen ausbilden.

Fäulnisveränderungen (s. d.) treten mehr oder weniger frühzeitig durch Gasbildungen in Erscheinung. Man findet sie später als bei an der Luft gelagerten Leichen (Caspersche Regel s. d.). Die Leichen werden dadurch schwimmfähig und gelangen an die Wasseroberfläche. Bei tiefen kalten Gewässern können die Leichen allerdings jahrelang oder sogar für immer in der Tiefe verbleiben. Über die Ausbildung von Fettwachs wurde schon berichtet.

Gute Hinweise für die frühe Wasserzeit ergibt die Messung der Rektaltemperatur. Hierfür sind allerdings erst in neuester Zeit brauchbare Grundlagen ausgearbeitet worden (*Ropohl* und Mitarb.; Abb. 55).

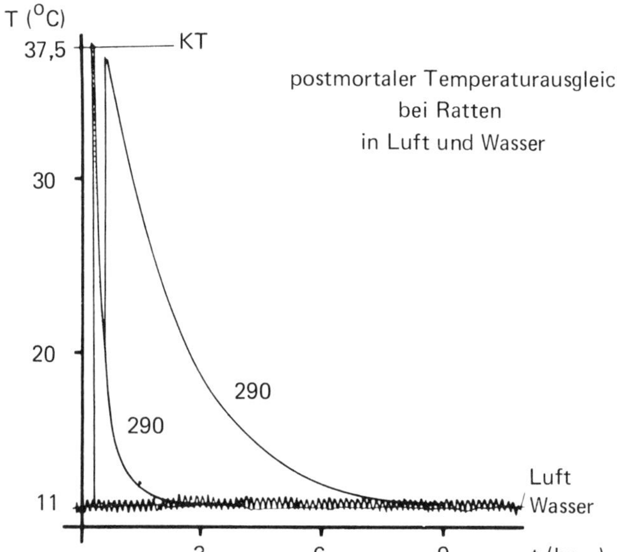

Abb. 55 Unterschiedlicher postmortaler Temperaturabfall in Luft und Wasser (Ratte, Tiergewichte in Gramm, nach *Ropohl*)

5 Schußverletzungen

5.1 Definition

Als Schußverletzungen werden solche (biologischen) Verletzungen angesprochen, die durch Schußwaffen entstanden sind: Schußwaffen im Sinne des § 1 Bundeswaffengesetz sind Geräte, „bei denen Geschosse durch den Lauf getrieben werden". Die Verletzungen werden in der Regel direkt oder indirekt durch das Geschoß selbst, u. U. auch durch die Treibladung erzeugt, wie z. B. die Schmauchhöhle und die mehrstrahlige Platzwunde bei aufgesetzter Waffe. Wegen der hohen Geschoß-Energien und -Impulse gehören die erzeugten Verletzungen in ein eigenes Kapitel der Wundballistik und nicht zur scharfen und stumpfen Gewalt, obwohl die Geschoßform an sich stumpf oder spitz zuläuft. Man unterscheidet Prell-, Steck-, Streif-, Geller- sowie Durchschüsse mit und ohne Geschoßablenkung.

5.2 Zuordnung zu Straftatbeständen. Gutachterliche Fragestellung

Folgen von Schußverletzungen können als Tatbestandsmerkmale sowohl unter § 211 (Mord), § 212 (Totschlag), § 223 a (gefährliche Körperverletzung), § 226 (Körperverletzung mit Todesfolge) als auch z. B. beim Unfall unter § 222 (fahrlässige Tötung) und § 230 StGB (fahrlässige Körperverletzung) Bewertung finden oder als Suizid straflos bleiben. Der Arzt soll am Tatort und bei der Sektion alle Befunde notieren, die für die differentialdiagnostische Abgrenzung zwischen Unfall, Suizid und Tötung von fremder Hand eine Bedeutung erlangen können. Bei der Obduktion müssen folgende Fragen beantwortet werden:

1. Anzahl der Schüsse? Welche Hinweise auf Munition und Waffe gibt es („Polizisten- oder Gangsterkugel")?
2. Nahschußzeichen? Beschmauchung der Hände?
3. Schußrichtung? Schußwinkel?
4. Todesursache?
5. Welcher Schuß war tödlich – Priorität der Schüsse?
6. Sonstige Verletzungen (Abwehrverletzungen)?
7. Vorhandensein von berauschenden oder betäubenden Mitteln?
8. Wie weit und wie lange war Handlungsfähigkeit erhalten?

5.3 Waffen, Munition und Ballistik

Zur rechtsmedizinischen Beurteilung von Schußverletzungen ist eine gewisse Kenntnis von Waffen, Munition und Ballistik erforderlich. Unterschieden werden:

1. Kurzläufige Waffen (gezogener Lauf) = Faustfeuerwaffen (einhändiges Schießen).
   a) Pistole (Repetier- oder Selbstladepistole, Patronen im Griff, Hülsenauswurf; verschossen werden Mantelgeschosse vom Kaliber 5,6 = Kleinkaliber; 6,35; 7,65 oder 9 mm bzw. .22; .25; .30; .38 Zoll).
   b) Revolver (Patronen in drehbarer Trommel, verschossen werden Bleigeschosse, z. B. Kaliber .38 spezial).
2. Langläufige Waffen für beidhändiges Schießen.
   a) Büchsen (gezogener Lauf, z. B. Jagdgewehre – zum Verschuß von Teilmantelgeschossen).
   b) Flinten (glatter Lauf mit Würgebohrung für Schrotschuß).
   c) Militärgewehre.
   d) Flobertgewehre.
   e) Luftgewehre, deren Geschosse mit Ausnahme bei Kindern nicht in das Körperinnere eindringen können (Hautwiderstand).
3. Bolzenschußapparate = Viehtötungsgeräte (typischer Schmauchhof, keine Waffe im Sinne des Bundeswaffengesetzes).
4. Bolzensetzapparate (im Baugewerbe für Nägel und Bolzen zum Einschuß in Beton).

5. Druckluftnagelgeräte (zum Einschuß von Nägeln und Klammern in Holz).
6. Gas- und Schreckschußpistolen.

Statt des früher üblichen, stark flammenden Schwarzpulvers wird heute als Treibladung rauch- und flammenarmes Nitropulver mit Sinoxid-Zündsatz (Blei-Trinitroresorcinat, Bariumnitrat, Bleidioxid, Antimonsulfid) verwendet, deren Verbrennungsrückstände sich beim Nahschuß auf das Ziel niederschlagen.

Im Gegensatz zu Vollmantelgeschossen deformieren sich Bleigeschosse im Körper und können sich ebenso zerlegen wie Teilmantelgeschosse, besonders wenn sie Knochen treffen; Pistolenschüsse führen je nach Munition und Organdichte im Schußkanal (Knochen, Muskeln, Haut) zu Steck- oder Durchschüssen, Gewehrgeschosse (falls die Entfernung nicht übermäßig groß ist) fast immer zu Durchschüssen und Kleinkaliber (KK)-Geschosse oft zu Steckschüssen. Die Haut bietet einen hohen Widerstand: unabhängig von der Geschoßenergie dringen Pistolengeschosse (kugeliger oder elliptischer Kopf) nur in sie ein, wenn die Geschwindigkeit von 50 m/sec (= „Schwellen-Geschwindigkeit") erreicht wird. Die Reichweite von Pistolengeschossen beträgt 1500–2000 m. Die tödliche Schußentfernung liegt bei Pistolen noch bei 600–800 m und bei KK-Geschossen noch bei ca. 300 m.

5.4 Biologische Geschoßwirkung

Die Art und Schwere einer Schußverletzung ist abhängig von der getroffenen Körperregion, von der Art des Geschosses (insofern, als Blei- und Teilmantelgeschosse sich zerlegen können und damit eine Dum-Dum-Wirkung entfalten) und von der Geschoßgeschwindigkeit. Geschosse mit hoher Rasanz (700–1000 m/sec) erzeugen durch enorme, zentrifugale Radialbeschleunigung des Gewebes auch in der Nachbarschaft vom Schußkanal Verletzungen (Commotio cordis, selbst Knochenbrüche!). Sie führen beim Durchschuß von Kopf, Herz und Blase zur sog. hydraulischen Sprengwirkung und beim Durchschuß des Körpers zur schlagartigen Nervenreizung mit sofortigem Schocktod. Die Sprengwirkung kann so groß sein, daß das in der Diastole getroffene Herz zerfetzt wird. Am Schädel finden sich nicht nur von der Schußlücke ausgehende Berstungsbrüche, sondern auch völlige Schädelsprengungen mit Verlust des Gehirns (*Krönlein*-Schuß). Ausbrüche der Orbitaldächer sind die Regel auch bei langsamen Geschossen. Wird Knochen getroffen, so entstehen „Schußbrüche" und durch die beschleunigten und mitgerissenen Splitter („Sekundärgeschosse") oft bis zu faustgroße Zerstörungen und Ausschüsse.

Aufnahmen mit Hochgeschwindigkeitskameras haben gezeigt, daß durch die Radial-

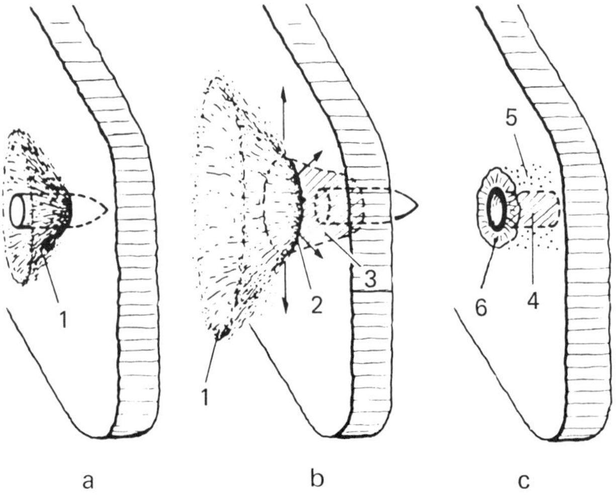

Abb. 56 Durchschuß von Haut
1 Konischer Ausspritzkegel (a, b)
2 Einschußöffnung weit über Geschoßkaliber erweitert durch Radialbeschleunigung (b)
3 „temporäre Wundhöhle", schraffiert (größer als Schußkanal) (b)
4 bleibende Wundhöhle = Schußkanal (c)
5 „Zone der Extravasation" (Blutungen um den Schußkanal, entsprechend der ehemaligen „temporären Wundhöhle") (c)
6 Schürfsaum

beschleunigung, die das am Schußkanal liegende Gewebe von diesem weg beschleunigt, zunächst innerhalb von Millisekunden die „temporäre Wundhöhle" entsteht, deren Durchmesser wesentlich größer ist, als der später bei der Sektion vorgefundene geometrische Schußkanal. Bei Büchsengeschossen werden Durchmesser bis zu 13 cm *(Sellier)* beobachtet. Durch die Gewebeelastizität fällt diese temporäre Wundhöhle unter Pulsieren zum bleibenden Schußkanal in sich zusammen und hinterläßt als morphologische Spuren eine „Zone der Extravasation" mit Blutungen aus zerrissenen und gedehnten Gefäßen (Folge: Spätblutungen, Nekrosen) und eine „bleibende Wundhöhle" = Schußkanal mit zerrissenem Gewebe und zerfetzten Wänden (Abb. 56). Durch die Elastizität von Haut und serösen Häuten ist das Schußloch kleiner als das Geschoßkaliber. In tafelförmigen Knochen entspricht der Einschuß annähernd dem Kaliber, meist ist er jedoch ebenfalls kleiner (ca. 0,5 mm nach *Berg*). Wird der Knochen durchsetzt, resultiert eine trichterförmige Erweiterung des Schußkanals in Schußrichtung, wodurch diese bestimmt werden kann (siehe auch Abb. 64). Erhebliche biologische Wirkung entfalten Querschläger und **Mantelreißer** (Aufreißen des Geschoßmantels, z. B. durch Knochen).

5.5 Handlungsfähigkeit

Die Schwere der Verletzungen muß nicht mit der Handlungsfähigkeit korrelieren. Es können bei lebensgefährlichen Verletzungen (z. B. durch Verbluten) noch relativ lange Gegenwehr geleistet, größere Wegstrecken zurückgelegt und beim Suizid noch die Waffe beseitigt werden. Andererseits können Geschosse mit großer Geschwindigkeit und Durchschlagskraft (Gewehr) sofortige Bewußtlosigkeit und sogar den Tod herbeiführen, auch wenn keine akut lebensbedrohende Verletzung gesetzt worden ist (z. B. bei Bauchdurchschuß und herznahem Lungendurchschuß durch Peritonealschock und Contusio cordis).

Handlungsunfähigkeit durch Bewußtlosigkeit, motorische Lähmung, Schock und Verbluten wird in der Regel beobachtet beim:

- Kopfdurchschuß mit rasantem Geschoß
- Herzdurchschuß mit rasantem Geschoß
- Bauchdurchschuß mit rasantem Geschoß
- Aorten- und Karotidendurchschuß und
- schnellem Blutverlust.

Die **Handlungsfähigkeit** kann erhalten sein bei:

- Herzeinschüssen in den Ventrikel (durch KK)
- Lungen- und Bauchschüssen
- Extremitätendurchschüssen
- Kopfdurchschüssen dann,
  wenn von Schläfe zu Schläfe geschossen und kleinkalibrige Pistolenmunition benutzt wird. Auch bei einem Bolzenschuß in die Stirn mit dem Tiertötungsapparat ist Handlungsfähigkeit erhalten geblieben, so daß sich der Betreffende einen zweiten Schuß von oben senkrecht nach unten in das Stammhirn beibringen konnte.

5.6 Morphologische Merkmale von Ein- und Ausschuß

5.6.1 Allgemeine Vorbemerkungen

Bei Steckschüssen bietet die Diagnose des Einschusses keine Schwierigkeit, wenn der Körper nur einmal getroffen worden ist. Bei mehreren Steckschüssen auf den Umsinkenden (damit sogar aus scheinbar – oder wirklich – unterschiedlichen Richtungen) können ohne Obduktionsbefund (mit dem Geschoß an der Spitze des Schußkanals) jeweils 2 Einschußöffnungen **einen** Durchschuß mit Ein- und Ausschuß vortäuschen oder umgekehrt ein Durchschuß **zwei** Steckschüsse. Bei einem eigenen Fall wurde ein Angreifer mit in der rechten Hand zum Schlag erhobener Eisenstange durch einen Schuß in den linken Brustkorb einschließlich Herz so getroffen, daß der Ausschuß am rechten Ellbogen zu liegen kam und bei normaler Körperhaltung mit anliegenden Armen zunächst zur Annahme eines zweiten Schusses geführt hatte.

Vor der Sektion darf die Bekleidung nicht entfernt worden sein, damit die durch sie abfiltrierten Nahschuß- oder Einschußzeichen diagnostiziert und Überlegungen zur Schußbilanz angestellt werden können. Schußlöcher in der Kleidung werden am besten mit denen des Körpers zur Deckung gebracht. Zu berücksichtigen ist, daß durchschossene Kleiderfalten **drei** Schußlöcher vortäuschen. Beim Ein- und Ausschuß sind die Kleiderfasern oft in Schußrichtung ausgefranst, wodurch ein in Schußrichtung sich verjüngernder Trichter entsteht (umgekehrt wie bei Knochendurchschuß!). Matte Geschosse liegen mit Vorliebe zwischen Haut und Kleidung, unter der Haut oder in unmittelbarer Nähe der Leiche.

5.6.2 Einschuß

Beim Fernschuß ist der Einschuß durch folgende Besonderheiten charakterisiert (siehe Abb. 57).

Er ist meist **kleiner** als der Ausschuß, hat einen zentralen Gewebsdefekt, der beim senkrechten Schuß **rund,** beim schrägen Schuß oval ausgezogen ist und **nicht adaptierbare Wundränder** aufweist. Der Einschußrand auf der Kleidung oder der unbedeckten Haut wird umsäumt von einem ca. 1 mm breiten, schwarzen **Abstreifring** (Schmutzring), der etwa dem Geschoßkaliber entspricht. Er wird hervorgerufen durch den mit Öl aus dem Lauf, Schmauch der Pulvergase und Elementen aus dem Zündsatz (Pb, Sb und Ba) beladenen Geschoßmantel, der diesen „Schmutz" abstreift (Abb. 58). Bei tangentialem Treffer sind der Abstreifring und der Schürfsaum – wie der Schmauchhof beim tangentialem Nahschuß – zum Schützen hin oval ausgezogen (Abb. 59). Nach außen schließt sich ein 2–4 mm breiter **„Schürfsaum"** an, der durch den radial feingezähnelten Verlust der Epidermis gekennzeichnet ist und daher innerhalb von spätestens 24 Stunden braun-lederartig vertrocknet (Synonym: Vertrocknungs-

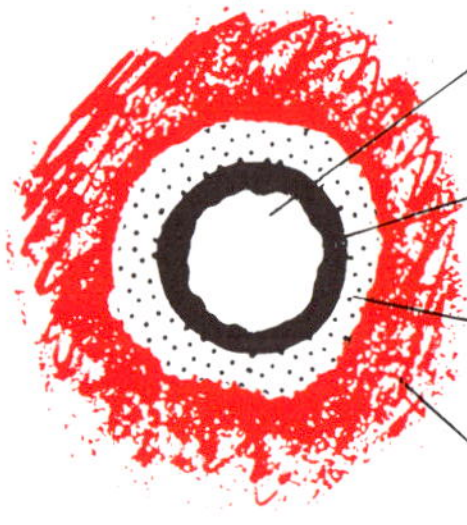

Abb. 57 Einschuß (Fernschuß)

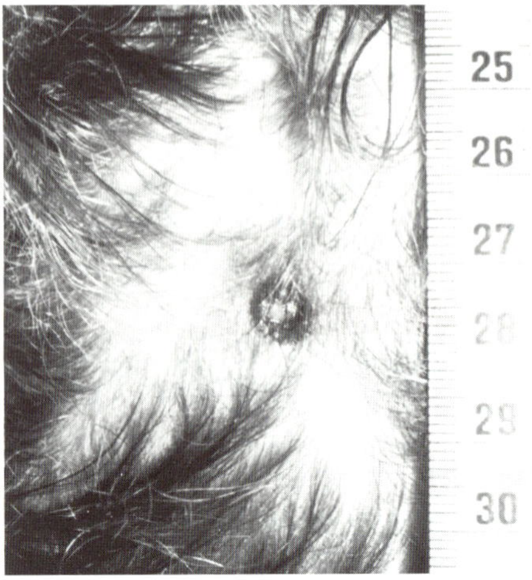

Abb. 58 Einschuß mit Abstreifring (9 mm Parabellum, 50 cm)

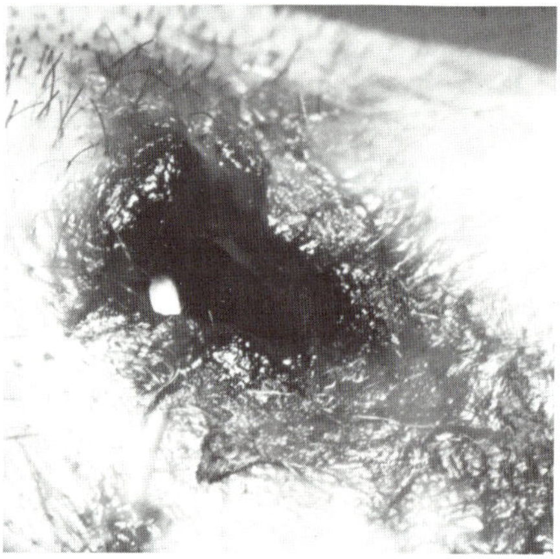

Abb. 59 Tangentialer Einschuß mit Schürfsaum (Ausziehung in Laufrichtung = nach rechts unten)

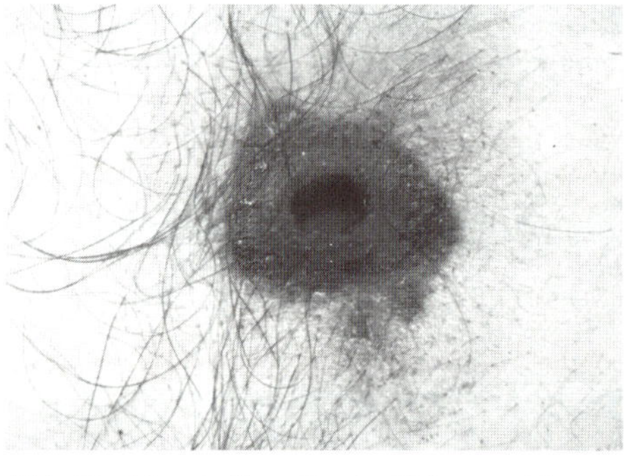

Abb. 60 Einschuß mit deutlich markiertem Schmauch- und blassem Kontusionshof

saum). Der Schürfsaum wird nicht – wie früher vermutet – durch Schürfung des Geschoßmantels beim Durchtritt durch die Haut erzeugt (Einstülpungstheorie, in diesem Augenblick ist durch Radialbeschleunigung die Schußöffnung bereits größer als das Geschoßkaliber), sondern durch den konischen Ausspritzkegel von Gewebeteilchen beim Eintauchen des Geschosses in die Haut (Abb. 56), die radiale Hautaufdehnung mit Abspritzen von spröden Hornhautschüppchen der Epidermis und die mechanische Kontusionswirkung des aufprallenden Geschoßkopfes.

Mit unscharfem Übergang in die normale Haut schließt sich ganz außen ein schwach rötlicher **„Kontusionshof"** (Kontusionsring, Dehnungsring) an (Abb. 60), der aus von innen nach außen abnehmenden Blutungen besteht und die „Projektion der Zone der Extravasation (= temporäre Wundhöhle) auf die Haut" darstellt *(Sellier)*. Wegen des charakteristischen Bildes der Punktblutungen auf dem Längsschnitt wird er auch „Hémorragie en T" genannt. Beim Schuß durch Kleidung oder Haare finden sich im Schußdefekt noch mitgerissene Textilfaser- oder Haar-Bruchstücke als Einschußzeichen vor. Als sichere Einschußzeichen gelten: Schmutzring, Textilfasern sowie alle Nahschußzeichen.

5.6.3 Ausschuß

Durch Geschoßstauchung oder mitgerissenes Gewebe (Knochen!) ist der Ausschuß an der Haut in der Regel größer als der Einschuß, besitzt fetzige unregelmäßige Ränder manchmal in Form einer **mehrstrahligen Platzwunde,** wobei die **Wundränder meist adaptierbar** sind (kein Gewebsverlust) (Abb. 61). Bei matten Geschossen (oft liegt das Geschoß dann sogar in einem Hämatom unter der Haut) hat der Ausschuß eine entsprechend der Spaltbarkeit der Haut ausgerichtete **schlitzförmige Gestalt** und ist leicht mit einer Stichverletzung zu verwechseln. Liegt der Ausschuß unter der Bekleidung, so kann er analog zum Einschuß einen **Schürfsaum** (Dehnungssaum) zeigen, der durch Andruck der sich vorstülpenden Haut auf die Bekleidung entsteht. Oft findet sich auch ein **Kontusionsring.**

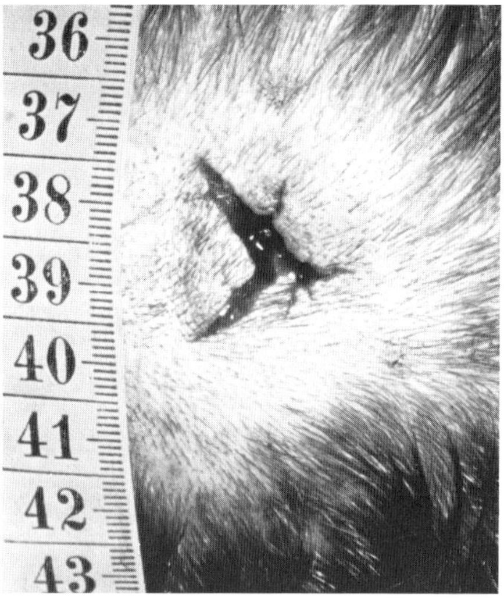

Abb. 61 Ausschuß als mehrstrahlige, adaptierbare Platzwunde, erhaltene Epidermis bis Wundrand

5.6.4 Nahschuß

Von einem Nahschuß spricht man dann, wenn Nahschußzeichen feststellbar sind. Je nach Untersuchungsmethode kann das bis zu 1–2 m (oder mehr) der Fall sein. Bei kurzläufigen Waffen ist Schmauch mit freiem Auge nur bis zu einer Entfernung sichtbar, die der zweifachen Lauflänge entspricht (Abb. 62). Sichere Nahschußzeichen sind der **Schmauchhof** (Ruß mit den feinstverteilten Schmauchelementen Pb, Sb, Ba aus dem Zündsatz und Cu, Zn, Ni und Fe als Abrieb des Geschoßmaterials aus dem Lauf (cave Abstreifring!) und **unverbrannte Pulver-**

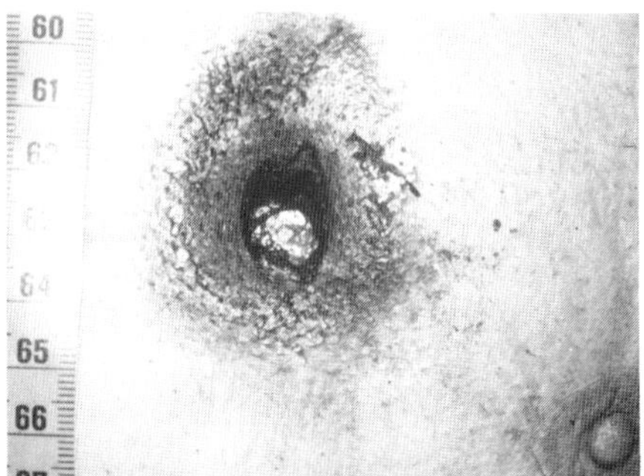

Abb. 62 Schmauchhof, rußig-schwarzgrau

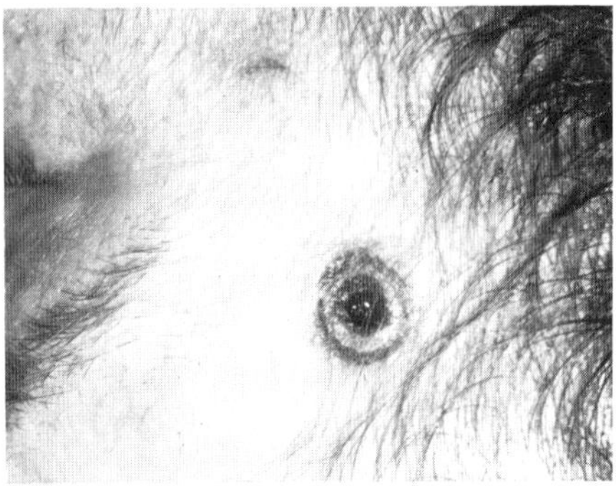

Abb. 63 Stanzmarke, braun

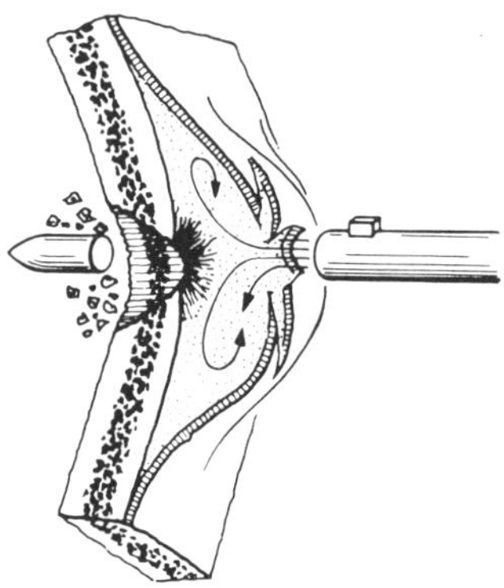

Abb. 64 Absoluter Nahschuß mit Schmauchhöhle, sternförmiger Hautaufplatzung, in Schußrichtung trichterförmig erweiterter Knochenaussprengung und Schmauchhof um den Knocheneinschuß

rückstände („Pulvereinsprengungen") auf dem Ziel sowie die **Stanzmarke** der Waffenmündung auf der Haut (Abb. 63). Durch den hohen Anteil der Pulvergase an CO entsteht im Einschuß aus nächster Entfernung nachweisbares **CO-Hb** (Abb. 64).
Drei Entfernungsbereiche können unterschieden werden:

a) Der **absolute Nahschuß** entsteht bei aufgesetzter Waffe und zeichnet sich insbesondere bei dicht unter der Haut liegendem Knochen durch eine **sternförmige Hautaufplatzung** (Einschuß dann größer als der Ausschuß) (Abb. 65) und eine Unterminierung der Haut durch aus dem Waffenlauf austretende Pulvergase evtl. mit **Schmauchhöhlenbildung** aus. Manchmal zeigt sich als **Stanzfigur** die Laufmündung auf der Haut. Der CO-Hb- oder CO-Myoglobin-Nachweis fällt positiv aus. Der Schmauchhof fehlt oft, weil die Pulvergase sich in der Tiefe des Schußkanals niedergeschlagen haben; eine Platzwunde kann fehlen bei langsamen Geschossen (KK, 6,35 oder Gewebe ohne Knochenunterlage).

b) Beim **näheren relativen Nahschuß** findet sich ein Schmauchhof und Pulvereinspren-

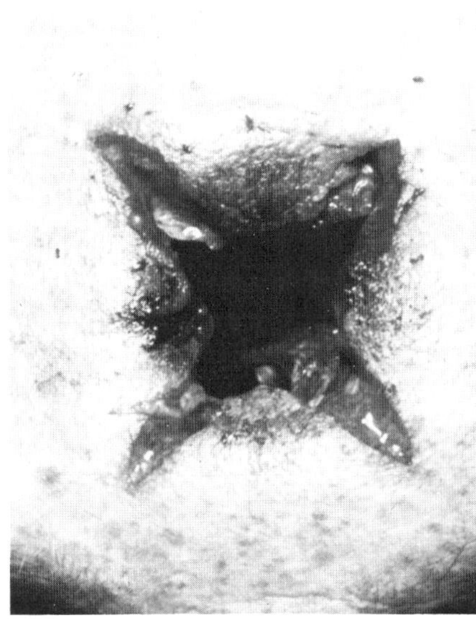

Abb. 65 Stirnschuß mit aufgesetzter Waffe, andreaskreuzförmige Hautaufplatzung

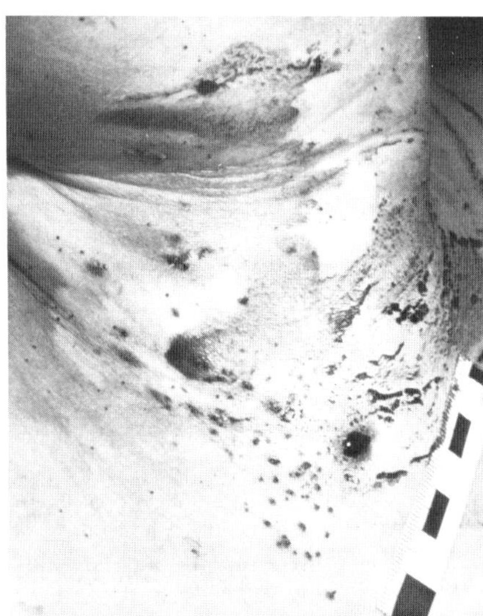

Abb. 66 Relativer Nahschuß mit Pulvereinsprengungen

gungen (Abb. 66) (Einschläge unverbrannter Pulverkörnchen oder -plättchen) und manchmal dezente Flammenwirkung an feinen Körperhärchen sowie eine radiäre Ausrichtung von oberflächlichen Textilfäserchen durch die Pulvergase. Auch der Schmauchring kann periphere radiäre Ausziehungen zeigen.

c) Beim **weiteren relativen Nahschuß** zeigen sich nur noch Pulvereinsprengungen, da verbrannte und unverbrannte Pulverteilchen eine größere Reichweite als der leichte Schmauch besitzen. Wird zur Verschleierung eines Verbrechens durch Tücher oder Brot geschossen, fehlen Nahschußzeichen, aber auch der Abstreifring!

Als unsichere Nahschußzeichen können auf die Waffe (in den Lauf!) zurückgespritzte Gewebeteilchen von Blut, Haut und Haaren gelten (man denke auch an zum Schlag benutzte Waffen).

5.7 Bestimmung der Schußentfernung

Die Beschmauchung eines Ziels gestattet eine Bestimmung der Schußenfernung (SE) bis zu 1–2 m (nach neueren Verfahren evtl. auch mehr), wobei die Befunde von Vergleichsschüssen aus verschiedenen Entfernungen auf das Ziel mit gleicher Waffe und Munition als Eichung dienen. Bei langläufigen Waffen treten die Pulvergase mehr gebündelt und kegelförmig, bei Pistolen und Revolvern jedoch mehr spindelförmig aus dem Lauf, was zu konzentrischen Schmauchwellen um das Ziel führt; diese Schmauchwellen weisen schon nach 2–10 cm überraschend große Durchmesser auf.

Bei dem morphologischen Verfahren werden Dichte und Verteilung von Schmauch und Pulvereinsprengungen optisch zum Vergleichsschuß ausgewertet (Infrarotphotographie). Schmauch ist jedoch maximal nur bis zu einer SE von 50 cm sichtbar. Mit der Spektrographie und Röntgenfluoreszenzanalyse kann die Dichte der einzelnen Schmauchelemente in konzentrischen Ringen und Sektoren oder genormten Flächen um das Schußloch noch bis zu einer Entfernung von über 2 m bestimmt werden. Ferner werden die Atom-Absorptions-Spektrometrie (AAS) und die Rasterelektronenmikroskopie eingesetzt.

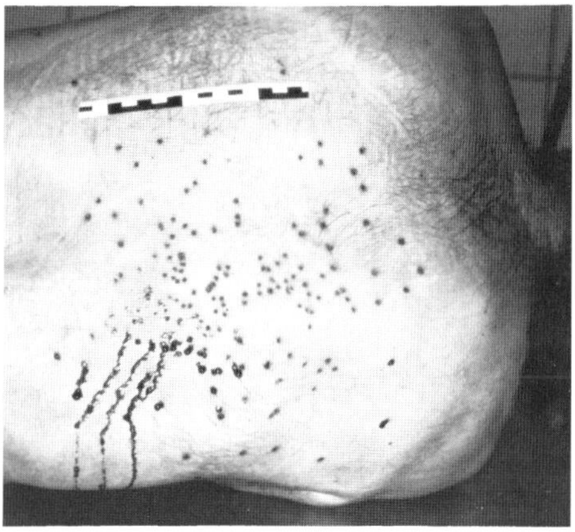

Abb. 67 Schrotschuß mit voller Deckung (3 mm Hasenkorn, 10 m). Jeder Korneinschlag weist als Einschußzeichen einen Schürfsaum auf; die Schrote durchschlagen den Körper in der Regel nicht

Da bei Faustfeuerwaffen Pulvergase aus dem Patronenschloß die Schußhand des Schützen beschmauchen, kann durch diese Untersuchungen auch ein Täter oder der Selbstmörder (indirekte SE-Bestimmung) identifiziert werden. Zum Asservieren der in der Regel nicht sichtbaren Schmauchspur werden Zeigefinger und Daumen beider Hände mit in aqua dest. oder 10%iger HCl, Weinsäure, Aceton oder Essigsäure getauchter Watte abgerieben, die Watte verascht und im Rückstand die Konzentration der Schmauchelemente bestimmt.

Bei **Schrotschüssen** gelingt eine Bestimmung der SE durch Auszählung der Schrotkorndichte noch bis in den Bereich von 10–30 m (Abb. 67).

5.8 Asservierung

Durchschossene Bekleidung muß so asserviert werden, daß Schmauch und Pulvereinsprengungen weder aus dem lockeren Gewebe abfallen, noch beim Zusammenlegen andere Kleiderflächen kontaminieren können. Wird beim Zusammenlegen Material aus dem Abstreifring in die Umgebung verschmiert, resultiert daraus eine scheinbare Konzentrationserhöhung der Schmauchelemente. Eine einfache Methode dies zu verhüten, ist das Besprühen des Schußgebietes (auch Haut!) mit handelsüblichem Haarspray. Man kann auch Folien auf das Schußgebiet legen. Das Schußloch auf der Haut soll mit angelegtem Maßstab photographiert und genügend weit ausgeschnitten und aufgespannt in der feuchten Kammer (nicht in Formalin) aufbewahrt werden. Auch durch die normale Retraktion unaufgespannter Haut ändert sich scheinbar die Dichte der Schmauchelemente, wenn genormte Flächen („Stichprobenverfahren") ausgestanzt zur Untersuchung gelangen. Der Schmauchhof kann wie von der Schußhand auch mit in 10%iger HCl getränkter Watte aufgenommen werden.

Jedes noch im Körper befindliche Geschoß muß bei der Sektion gefunden und für die kriminalistische Untersuchung auf makroskopische und mikroskopische Individualspuren der Waffe asserviert werden. Diese Spuren sind an den eingeprägten Schleifspuren der Lauffelder auf dem Geschoßmantel nachweisbar. Werden Geschosse in Gefäßen embolisch verschleppt, wird eine Röntgenuntersuchung des gesamten Körpers nötig; auch zerlegte (Blei-) Geschosse müssen zur Gewichtsbestimmung vollständig aus dem Körper gesammelt werden. Daß Patronenhülsen zum Nachweis des Waffentyps zur Untersuchung auf Lade-, Auszieher- und Auswerferspuren vom Tatort zu sammeln sind, dürfte selbstverständlich sein.

5.9 Rekonstruktion

An der Leiche sollen: Die **Anzahl** der Schüsse sowie deren **Schußrichtung** und **Schußwinkel** bestimmt werden. Dazu wird beim Durchschuß die **Höhe von Ein- und Ausschuß über der Fußsohle** bei gerader Körperhaltung gemessen und beim Steckschuß der Einschuß und die Endlage des Geschosses – sofern der Schußkanal nicht durch Geschoßablenkung eine Knickung erfahren hat. Man denke an verborgene Einschüsse etwa im Bereich des Mundes oder der inneren Augenwinkel. Der Schußwinkel zur Horizontalen (z. B. Thoraxdurchmesser) kann aus der Länge des Kanals und seiner Projektion auf die Horizontale und Senkrechte berechnet oder nach maßstabsgetreuer Aufzeichnung abgemessen werden (Abb. 68). Die Schußrichtung ergibt sich aus dem Ein- und Ausschuß, der trichterförmigen Knochenaussprengung, sowie der stets in Schußrichtung liegenden Knochensplitter. Bei der Rekonstruktion des Geschehens muß die Körperhaltung des Opfers bei Schußabgabe berücksichtigt werden, wenn man Schußrichtung und -winkel zwischen dem Schützen und seinem Opfer mit denen bei der Sektion miteinander in Beziehung setzt. Findet sich beim Steckschuß als Projektil ein Bleigeschoß, so stammt es bei entsprechendem Kaliber meist aus einem Revolver; ist es ein Mantelgeschoß, stammt es in der Regel aus einer Pistole.

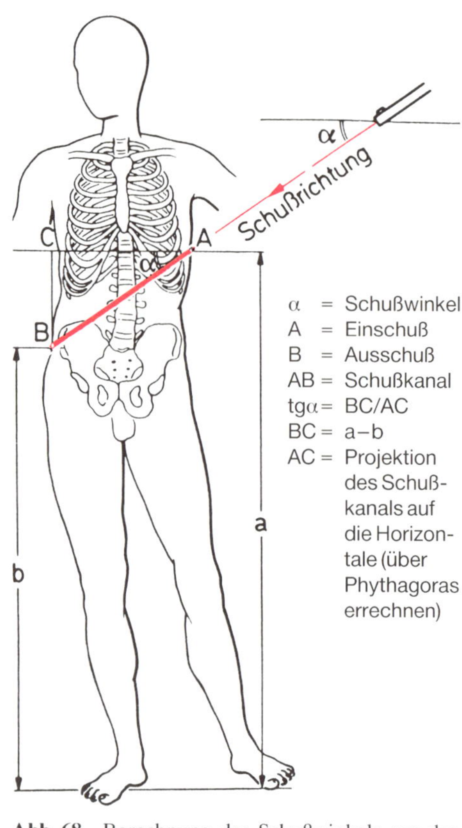

Abb. 68 Berechnung des Schußwinkels aus der Höhe von Ein- und Ausschuß über der Fußsohle und der Länge des Schußkanals

5.10 Differentialdiagnose: Suizid, Tötung durch fremde Hand und Unfall

Wie beim **Suizid** mit einem Stichwerkzeug entblößt der Selbstmörder auch die zum Einschuß ausgesuchte Körperstelle. Bevorzugt werden die Herzregion und beim Rechtshänder die rechte und beim Linkshänder die linke Schläfe gewählt. Schüsse in den Mund sind seltener. Die oft aufgesetzte Waffe hinterläßt eine Stanzmarke und in aller Regel deutliche Nahschußzeichen auf der Haut. Man beachte aber dissimulierte Suizide (Durchschuß von Brot oder Papier zum Abfiltrieren der Nahschußzeichen, Haltung beim Schuß so, daß Waffe in einen Fluß fällt u. a. m.). An der Schußhand ist Schmauch nachweisbar (Abb. 69) (dagegen meist nicht sichtbar) und manchmal angespritztes Gewebe. Läßt sich aus den Verletzungen sofortige Handlungsunfähigkeit ablesen, muß die Waffe im Bereich des Toten liegen, nicht aber in seiner Hand, aus der sie ihm nach Schußabgabe herausfällt (sofortige Muskelatonie nach dem Tode, vgl. Kap. 1). Manchmal werden ein Abschiedsbrief und die Waffe von den Angehörigen entfernt. Beim Suizid mit einem Gewehr muß die Situation nachgestellt und neben den Körper- und Waffenmaßen die Armlänge ausgemessen werden. Der Bolzenschußapparat wird häufig von Metzgern zum Suizid benutzt (Abb. 70). Manchmal finden sich bei repetierenden Waffen mehrere Schüsse, die dann aus der gleichen Schußrichtung kommen. Für eine **Tötung durch fremde** Hand sprechen wahllos verstreut liegende Einschüsse in verschiedenen für Suizid untypischen Körperregionen, sowie Fernschüsse (= Schüsse ohne Nahschußzeichen) und eine in der Hand liegende Waffe (Versuch, Selbstmord vorzutäuschen).

Die differentialdiagnostische Abgrenzung zwischen Suizid und Unfall wird sich auf die gesamten äußeren Umstände, die wirtschaftliche und psychologische Situation des Getöteten, seine Gepflogenheiten beim Umgang mit Waffen und seine Waffenkenntnis unter Berücksichtigung der Bautechnik der Waffe zu stützen haben. Der Tod Hemingways zeigt, daß eine befriedigende Klärung nicht immer gelingt.

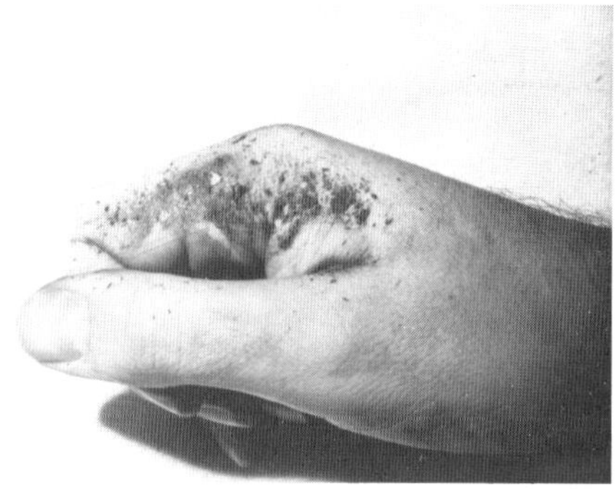

Abb. 69 Beschmauchung der Schußhand

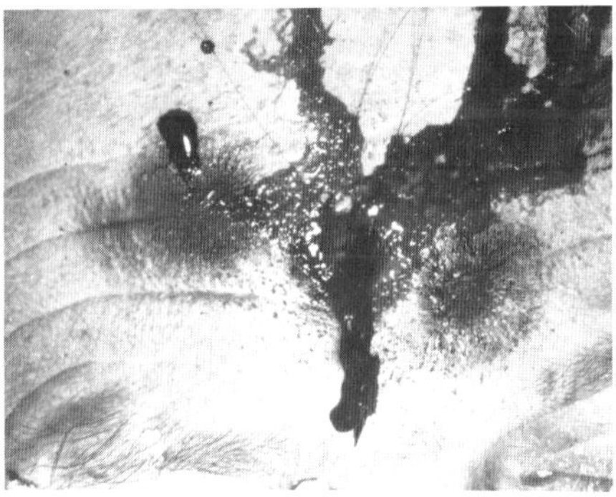

Abb. 70 Zentrale Bolzenausstanzung mit zwei seitlichen Schmauchscheiben (Viehtötungsapparat), kreisrundes Knochenimprimat im Gehirn

6 Hitze, Kälte, Strahlung, Auskühlung

6.1 Hitzschlag

Unter „Hitzschlag" versteht man eine Überwärmung (Hyperthermie) des Körpers. Sie kommt zustande durch hohe Außentemperaturen (Sonneneinstrahlung) in Verbindung mit hoher Luftfeuchtigkeit. Begünstigend wirken unzweckmäßige Kleidung und körperliche Anstrengung („Marsch-Ohnmacht" der Soldaten).

Bei hoher Umgebungstemperatur kann die Körpertemperatur nur durch Wasserverdunstung konstant gehalten werden. Versagt die Regulierung (vergleiche die genannten Faktoren), steigt zunächst die Hauttemperatur an. (Die Haut bildet gleichsam eine Pufferzone gegen innere Überwärmung.) Die kritische Grenze wird mit einer Rektaltemperatur von 40° C angegeben. Es besteht nunmehr die Gefahr eines „primären Hitzekollapses" *(Klein)*.

Entscheidend hierfür ist das Mißverständnis zwischen kreisender Blutmenge und dem Gefäßvolumen (geringe Wärmeabgabe bei hoher Hauttemperatur und weitgestellen Gefäßen). *Klein* spricht von **sekundärem** Hitzekollaps, wenn die zirkulierende Blutmenge infolge Wasserverlustes abnimmt. Dieser Zustand tritt allmählich ein (Reizbarkeit, Mattigkeit, Unruhe oder Schläfrigkeit). Schließlich erfolgt auch hier ein Ansteigen der Pulsfrequenz. Die kritische Grenze liegt bei einem Wasserverlust von etwa 12%.

Vom Hitzschlag im engeren Sinne spricht man, wenn infolge einer zu hohen Kerntemperatur die zentralen Regelfunktionen nicht mehr aufrecht erhalten werden. Bei exogener Überwärmung wird der letale Grenzwert mit 43° C angenommen. (Auch Spättodesfälle nach Abkühlung werden beschrieben.) Als Symptome finden sich Kopfschmerzen, Erbrechen, Verwirrtheit. Auch Krämpfe infolge des starken Kochsalzverlustes (Schwitzen) sind beobachtet worden. Tachykardie und Störungen der Erregungsleitung können weitere Folgen sein.

6.2 Sonnenstich

Von „Sonnenstich" spricht man, wenn die akute Hyperthermie durch Strahlungswärme zustande kommt. Im Prinzip liegen die gleichen Vorgänge zugrunde, wie beim Hitzschlag. Der Unterschied liegt also lediglich im exogenen Geschehen (Ursache ist nur die Strahlungswärme), pathophysiologisch können keine anderen Abläufe festgestellt werden.

6.3 Obduktionsbefunde bei Hyperthermie

Spezifische Befunde sind nicht zu erwarten. Man sieht die allgemeinen Zeichen des Kollapses: Blutfülle der Organe, gegebenenfalls kontrahierte Milz und Lungenödem. Hämorrhagische Enzephalitiden (mit Ringblutungen) sind bei Spätschäden beschrieben worden. Sonst finden sich Hirnödem und pralle Gefäßfüllung. Tubuläre Nekrosen mit akuter Niereninsuffizienz, Leber- und Herzmuskelnekrosen werden ebenfalls erst bei Spätschäden beobachtet.

6.4 Verbrennung/Verbrühung (GK 6.1.2/6.1.3)

6.4.1 Einteilung in Grade

Hautverbrennungen können bereits bei Temperatruen von 43–44° entstehen, wenn längere Einwirkung erfolgt. Die Schädigungsgrenze liegt bei kurzer Einwirkung zwischen 50–55°, je nach Empfindlichkeit der betroffenen Hautstelle.

Die Einteilung der Hautwunden in verschiedene Grade stammt schon aus dem 19. Jahrhundert:

1. Grad: Erythem
2. Grad: Seröse Blasenbildung
3. Grad: Hämorrhagische Blasenbildung
4. Grad: Zerstörung von Haut und subkutanem Gewebe

5. und 6. Grad: Schäden auch an Fettgewebe, Muskulatur, Knochen (Verkohlung).

4., 5. und 6. Grad werden oft zusammengefaßt und als „Verkohlung" bezeichnet.

Zur Schätzung der verbrannten Körperoberfläche pflegt man die sogenannte 9er-Regel heranzuziehen (= pro Körperabschnitt 9%).

Beim **Erwachsenen:**

Kopf	9%
Arm	9%
Rumpf vorne	18%
Rumpf hinten	18%
Bein	18%
Schamgegend	1%

Beim **Kind:**

Kopf	18%
untere Extremitäten	14%

sonst wie beim Erwachsenen.

Die Züricher Klinik legt folgendes Schema zugrunde:

Kopf und Arme	30%
Rumpf	30%
beide Beine	30%.

Die tödliche Grenze liegt durchschnittlich bei 60–70%. Als Orientierung gilt auch die Handfläche, die ca. 1% der Körperoberfläche mißt.

Verbrühungen zeichnen sich gegenüber Verbrennungen nur dadurch aus, daß keine Verkohlungen vorkommen und Haare und Wimpern nicht versengt werden. Differentialdiagnostisch ist das *Lyell*-Syndrom abzugrenzen.

6.4.2 Todesursachen

Als Todesursachen sind in erster Linie zu nennen:

a) Erstickung (Sauerstoffmangel, CO-Vergiftung).
b) Bei Tod im **Frühstadium:** Schockzustand: Wasserverlust durch Serumdurchtritt ins Gewebe (Hypovolämischer Schock).
c) **Spättodesfälle:** Schädigungen durch Abbau des Eiweißes (Abbauprodukte), insbesondere der Leber und Nieren (Urämie). Streßulcera (tödliche Blutung!), gegebenenfalls Sepsis (Infektabwehr ist gestört). Auch anaphylaktische Reaktionen gegen das abgebaute eigene Eiweiß werden diskutiert.

6.4.3 Obduktionsbefunde von Brandleichen

Bei längerer Hitzeeinwirkung finden sich die Leichen oft völlig verkohlt. Die Körperform kann stark verändert sein. Oft sind die Leichen deutlich geschrumpft („Schrumpfleichen"). Charakteristisch ist die sogenannte **„Fechterstellung"** (Abb. 71). Hierbei sind die Gliedmaßen, besonders die Arme, in halber Beugung fixiert (Schrumpfung der Muskulatur, Beuger überwiegen die Strekker). Einzelne Körperregionen können sehr unterschiedlich erhalten sein (verschieden starke Hitzeeinwirkung, Kleidungsreste). Nicht nur Brust und Bauch, sogar die Schädelkapsel kann durch entstehenden Dampfdruck gesprengt werden. Zwischen Schädelknochen und Dura findet man oft eine Schicht trockener Blutmassen von ziegelroter Farbe, die als sogenanntes **„Brandhämatom"** bezeichnet wird (aus den Gefäßen ausgetriebenes Blut. Postmortale Erscheinung!). Auf dem Blut des rechten Herzens schwimmt Fett. Die äußeren Befunde bei nicht vollständiger Verkohlung sind aus der

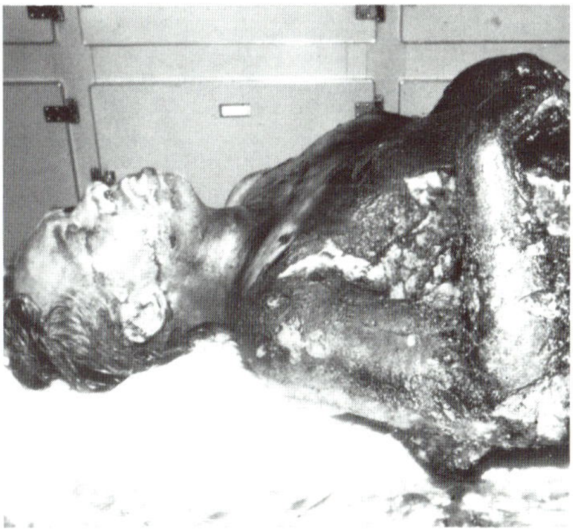

Abb. 71 Brandleiche in Fechterstellung der Arme

Einteilung unter 6.4.1 zu entnehmen. Eine Differentialdiagnose erscheint bei Brandblasen stets erforderlich. Hier kommen postmortal entstandene Fäulnisbildung oder aber auch (meist symmetrisch liegende) Blasenbildungen bei Barbituratvergiftungen in Betracht. Man wird nach vitalen Reaktionen fahnden, eine histologische Untersuchung vornehmen und den Blaseninhalt untersuchen.

6.4.4 Lebend oder tot verbrannt?

Diese forensisch außerordentlich wichtige Frage kann häufiger, als man zunächst glauben möchte, auch bei stark verbrannten (verkohlten) Leichen noch beantwortet werden. Als **vitale** Zeichen werden angesehen:

a) Rußeinatmung bis in die tiefen Luftwege.
b) Verschluckte Rußteilchen (Magen!).
c) Erythem am Rande von Brandblasen (Elektrophorese des Blaseninhaltes! Leukozyten!). Differentialdiagnose: Fäulnis oder Barbituratvergiftung (siehe oben).
d) CO-Hb-Nachweis. Dieser muß nicht immer positiv sein (primärer Hitzeschock!).
e) „Krähenfüße" neben den Augenwinkeln (unwillkürliches Zukneifen der Augen, die Falten bleiben bei Rußeinwirkung unberußt). Es kann auch des öfteren zur Versengung der äußeren Anteile der Wimpern kommen.

Charakteristische **postmortale** Zeichen sind:

a) die bereits beschriebene „Fechterstellung" (Schrumpfung der Muskulatur durch Hitze);
b) das sogenannte Brandhämatom;
c) Hautaufplatzungen, auch Knochenbrüche können postmortal entstehen (Hitzeeinwirkung).

6.4.5 Forensische Aspekte: Unglücksfall, Selbstmord, Tötung durch fremde Hand, Leichenbeseitigung

Die häufigste Ursache tödlicher Verbrennungen sind **Unglücksfälle.** Hier sind besonders oft Kleinkinder betroffen (Verbrühungen, Spielen mit Zündhölzern, usw.).

Selbstmord ist in letzter Zeit häufiger geworden (Übergießen mit Benzin oder Öl zu Demonstrationszwecken). Er ist – von derartigen Fällen abgesehen – sonst extrem selten.

Das gleiche gilt für **Mord** (Hineinstoßen ins Feuer, Verbrennung wehrloser Opfer).

Dagegen spielt die **Beseitigung von Leichen** durch Verbrennen eine größere Rolle. (Anzünden von Häusern, Autos, Scheunen, in denen die Leichen versteckt wurden. Versuch, Unglücksfälle vorzutäuschen.)

6.5 Unterkühlung, Erfrierung

Hämoglobin hat in der Kälte eine stärkere Affinität zum Sauerstoff, kann also nur erschwert an die Gewebe abgegeben werden (vergleiche hellrote Totenflecken in der Kälte!). Bei einer Abkühlung auf 30° Körpertemperatur pflegt Bewußtlosigkeit einzutreten, unter etwa 25° kann es zum Kreislaufversagen und Atemstillstand kommen. Ob tatsächlich hierbei eine geringere Abgabefähigkeit des Sauerstoffs an die Gewebe entscheidend ist, erscheint neuerdings fraglich (geringerer Sauerstoffbedarf der Gewebe in der Kälte). Ein Tod durch Herzkammerflimmern wird diskutiert.

Zur Unterkühlung kommt es, wenn ein erhöhter Wärmeentzug besteht. Dieser wird begünstigt durch nasse Kleidung, Bewegungsmangel und Alkoholkonsum (erweiterte Hautgefäße, Störungen der Temperaturregulierung). Besonders schnell erfolgt die Unterkühlung im Wasser (schnelle Wärmeableitung; Wasserleichen kühlen z. B. drei- bis sechsmal schneller aus als Leichen auf dem Land). Auch Wind mit 5 m/s (20 m/s) hat bei 0° C einen Auskühlungseffekt wie bei Windstille und Kälte von minus 8° C (minus 19° C).

Bei der **Obduktion** finden sich hellrote Totenflecken, Blutfülle der Organe, hämorrhagische Erosionen der Magenschleimhaut (relativ spezifisch, *Wischnewsky*-Flecken). Manchmal sieht man die Zeichen beginnender Pneumonie sowie hypoxische Leberverfettung, Nebennierenrindenentspeicherungen und Hautrötungen über den (Knie-)Gelenken.

Bei der **lokalen Erfrierung** pflegt man zu unterscheiden:

1. Grad: Erythem
2. Grad: Schwellung und Blasenbildung (sogenannte „Frostbeulen“)
3. Grad: Nekrotische Gewebsveränderungen.

Frostbeulen treten besonders an Händen und Füßen auf. Sie zeigen meist eine rötlich-bläuliche Farbe.

Forensisch sind Unterkühlungen meist **Unglücksfälle.** Sie kommen auch als **Tötung,** insbesondere bei Neugeborenen vor (vergleiche Kapitel Kindestötung).

6.6 Strahlenschäden

Unter Strahlung versteht man physikalisch den gerichteten Transport von Energie oder Materie.

Wir unterscheiden:

- Wellenstrahlen und
- Korpuskularstrahlung.

Bei der Wellenstrahlung erfolgt der Energietransport in elektromagnetischen Wellen unterschiedlicher Länge. (Z. B. 18 km lange Radiowellen und nur $0{,}4\text{–}10^{-4}$ nm lange Wellen bei der Gammastrahlung.)

Bei der Korpuskularstrahlung handelt es sich um eine sogenannte Teilchenstrahlung. Hierzu rechnen wir u. a. Elektronen, Neutronen und andere radioaktive und kosmische Höhenstrahlen.

Der Mensch ist ständig einem breiten Spektrum von Strahlungen unterschiedlicher Energie, Wellenlänge und Intensität ausgesetzt. Hiervon werden nur Licht (von 400–700millionstel Millimeter) und Wärmestrahlung (von einem tausendstel bis einem Millimeter) wahrgenommen.

Die biologische Wirkung der Strahlen ist abhängig von:

- Art
- Energie
- Dauer.

Ferner spielen die Absorption und die Reflexion im biologischen Gewebe eine wichtige Rolle.

Typische Strahlenschäden sind unter anderem:
Hautrötung, Schwellung, Blasenbildung, Strahlenkater.

Nach einer gewissen Zeit können u. a. auftreten:
Chromosomenanomalien sowie Knochenmarksversagen.

Für den Umgang mit strahlenden Quellen (im medizinischen Bereich zur Röntgendiagnostik und Strahlentherapie eingesetzt) gelten besondere Schutzvorschriften für Arbeitsbereiche, Kleidung, Kontrolle und Expositionsdauer (Strahlen-Schutz-VO des Bundesminister des Innern).

7 Einwirkung von elektrischem Strom

7.1 Physikalische Grundlagen

7.1.1 Allgemeine Vorbemerkungen

Elektrischer Strom ist unter bestimmten Voraussetzungen für den menschlichen Organismus gefährlich, ja tödlich. Wesentlich für elektrophysiologische Vorgänge sind:

- Spannung (Volt)
- Stromstärke (Ampere)
- Widerstand (Ohm)
- Frequenz (Stromart, Hz)
- Kontaktdauer (Berührungsdauer bzw. Stromdurchflußzeit)
- Stromweg im Körper
- Individuelle Faktoren (Krankheiten, Stromschlagerwartung).

Spannung (U), Stromstärke (I) und Widerstand (R) sind die drei Größen des Ohmschen Gesetzes:

$$I = \frac{U}{R}$$

7.1.2 Spannung

Die Spannung, gemessen in Volt, teilt man zweckmäßigerweise in sogenannte Spannungsbezirke ein. Man unterscheidet:

- Kleinspannung (bis 65 Volt) überwiegend ungefährlich
- Mittelspannung (bis 1000 Volt) (Herzkammerflimmern)
- Hochspannung (über 1000 V)
- Höchstspannung (über 100 000 V)

Bei Hoch- und Höchstspannungen kann es schon vor der Berührung zum Spannungsüberschlag kommen. Die Entfernung hierfür beträgt je nach Spannung 8–1 cm.

7.1.3 Widerstand

Der Widerstand des Leitungsnetzes ist gegenüber dem Körperwiderstand so klein, daß er unberücksichtigt bleiben kann. Der Widerstand im Körper ist der Widerstand zwischen den beiden Kontaktstellen. Die Ausdrücke „Stromeintrittsstelle" und „Austrittsstelle" sind, wie *Sellier* richtig bemerkt, bei Wechselstrom natürlich nicht korrekt.

Man unterscheidet:

- Hautwiderstand an der Kontaktstelle
- Innenwiderstand des Körpers an der Durchflußbahn
- Hautwiderstand an der zweiten Kontaktstelle (fälschlicherweise oft Stromaustrittsstelle genannt).

Der **Innenwiderstand** schwankt je nach Körperstelle. Er beträgt durchschnittlich etwa 100 Ohm.

Der **Hautwiderstand** ist dagegen außerordentlich unterschiedlich. Er hängt ab von:

- Hornhaut
- Feuchtigkeit (Widerstandsherabsetzung)
- Kontaktfläche (Widerstand umgekehrt proportional der Kontaktfläche)
- Spannung
- Kontaktzeit
- Anpreßdruck.

Die Hautwiderstände schwanken zwischen 40 000 und 100 000 Ohm. Bei höheren Spannungen (über 100 V) kommt es zur Herabsetzung des Hautwiderstandes. Kontaktdauer (τ) und Stromstärke (I) in Form ihres Produktes ($I \cdot \tau$), in Amperesekunden (= Coulomb) gemessen, sind ein Maß für die evtl. Schädigung *(Sellier)*.

7.1.4 Stromwirkung im Körper

Der Strom erzeugt im Körper drei Wirkungen:

1. Unspezifische (Wärme)
2. Spezifische (Nervenerregung)
3. Mechanische (nur bei sehr hohen Stromstärken, Blitz).

Die sogenannten „Strommarken" (s. u.) entstehen durch die Wärme. Bei der spezifischen Wirkung spielt die Frequenz eine wesentliche Rolle. 50 Hz, wie sie unser Wechselstrom aufweist, entfalten eine erhebliche Reizwirkung. Hohe Frequenzen sind reizunwirksam (unspezifische Wirkung = Wärme, Diathermie, Kurzwellen). Gleichstrom erregt meist nur beim Ein- und Ausschalten.

Wird der Hautwiderstand durchbrochen, so erfolgt der „Durchschlag“ erst nach einiger Zeit (es werden 0,3–0,7 Sekunden angegeben). Dadurch steigt der Stromfluß dann an. Elektriker entwickeln sehr schnelle Reaktionszeiten. Sie können sich manchmal vor dem Hautdurchschlag aus dem Stromkreis lösen. Die im Körper fließende Stromstärke ist dann noch niedrig **(„Stromerwartung“).**

Die **tödliche Stromstärke** liegt durchschnittich bei 100 mA. Entscheidend ist allerdings der Strom, der durch Herz oder Gehirn fließt, nicht die Gesamtstromstärke.

7.1.5 Stromstärkebereiche für Begutachtungszwecke

Koeppen hat für Begutachtungszwecke von Stromunfällen die Stromstärke in vier Bereiche eingeteilt, die für Wechselstrom üblicher Frequenz gelten. *Sellier* stimmte neuerdings dieser Einteilung zu.

- **Bereich I:** Stromstärke bis 25 mA. Spannung 110–380 V (Wechsel- und Gleichstrom).
  Symptome: Geringe Blutdrucksteigerung. Geringe Verkrampfung der Atmungsmuskulatur. Keine Schäden des Herzens. Unbegrenzte Einwirkungsdauer.
- **Bereich II:** Stromstärke: 25–80 mA. 110–380 V. Herzstillstand mit nachfolgender unregelmäßiger Herzschlagfolge. Blutdrucksteigerung. Atmungsverkrampfung.
  Bei Dauer von 25–30 Sek. geht der Herzstillstand in Herzkammerflimmern über.
- **Bereich III:** 80–100 mA und 5–8 A. 110–380 V.
  Irreversibles Herzkammerflimmern (Ausnahme: kurze Zeiten: 0,1–0,3 Sek., dann Verlauf wie im Bereich II).
- **Bereich IV:** 3–8 A und darüber. Spannung über 2000–3000 V. Kreislauf und Herzstillstand mit nachfolgender Arrhythmie. RR-Steigerung. Tod infolge schwerster Verbrennungen.

  Bei Gleichstrom liegen die angegebenen Werte etwas höher.

7.2 Einwirkung des Stromes auf verschiedene Organe

7.2.1 Haut

Das typische Zeichen an der Haut ist die **Strommarke.** Sie kommt durch die Wärmewirkung des Stromes zustande. Wichtig für die Entstehung ist die Größe der Kontaktfläche. Sehr große Kontaktflächen mit entsprechender Wärmeverteilung geben keine Strommarken. Von Bedeutung ist auch die Stromdurchflußzeit. Je nach den Verhältnissen können Strommarken beim Getöteten fehlen, beim Überlebenden dagegen durchaus gefunden werden *(Sellier).*

Die Strommarke ist meist rundlich, eingedellt, grauweiß bis schwärzlich, wenige Millimeter bis knapp 1 cm Durchmesser groß. Den Rand findet man manchmal wallartig aufgeworfen. Form und Größe werden von der Kontaktfläche beeinflußt (Abb. 72).

Histologisch findet man Abhebung oder Zerstörung, auch wabige Durchsetzung der Hornschicht. Die Basal- und Stachelzellschicht weisen eine „palisadenförmige“ Anordnung auf. Die Zellkerne erscheinen strichförmig. Manchmal sieht man perivaskuläre Blutaustritte. Oftmals sind die Wabenbildungen in der Hornschicht das einzige Merkmal. Die Histologie der Strommarken ist zwar typisch, aber nicht spezifisch. Sie kommt auch bei Hitzeeinwirkung vor. Allerdings zeigen sich topographisch andere Verhältnisse (z. B. Brotform der Strommarke oder zwei einzelne Schädigungsstellen an den Elektrodenkanten, Muldenform dagegen bei der thermischen Marke), die durch Färbemethoden darstellbar sind *(Sellier).*

Manche Autoren melden an dieser differentialdiagnostischen Möglichkeit jedoch Zweifel an. Bei thermischer Einwirkung sind die Temperatureffekte jedenfalls gleichmä-

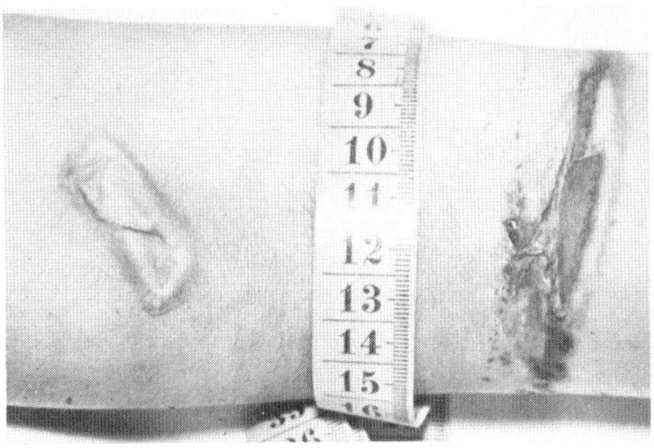

Abb. 72 Strommarken

ßiger verteilt als bei elektrischer. Zahlreiche fermentchemische Methoden werden beschrieben. In etlichen Fällen ist eine Unterscheidung jedoch noch immer nicht möglich. Manchmal können Metallbestandteile chemisch auf der Haut nachgewiesen werden.

7.2.2 Herz und Kreislauf

Wie bekannt, ist das Kammerflimmern lebensgefährlich. Es tritt durch fraktionierte Erregung der Muskelfasern durch den Strom in Erscheinung (insbesondere im Bereiche der Haushaltsspannung, die häufig zu einem Strom von 50–100 mA-Stärke führt). Bei geringeren Stromstärken erfolgt Herzstillstand, der in unregelmäßiges Schlagen oder bei längerer Dauer in Kammerflimmern übergeht. Stromstärken von mehr als 4 A führen nicht mehr zum Kammerflimmern. Nach kurzdauerndem Stillstand schlägt das Herz unregelmäßig weiter.

Vom Stromstärkebereich II nach *Koeppen* (s. o.) ab, kommt es zu erheblicher Blutdrucksteigerung mit petechialen Blutungen in die Konjunktiven und unter die serösen Häute.

7.2.3 Gehirn

In den meisten Fällen liegt das Gehirn außerhalb der Stromflußbahn. Kommt es zu unmittelbarer Reizung, tritt Bewußtlosigkeit auf. Es kann auch zu Krämpfen kommen (Elektroschock).

Bei Berührung des Kopfes mit Starkstromleitungen findet man häufig Verkochung des Gehirnes, teilweise sogar mit Sprengung der Schädelkapsel. Blutungen im Gehirn kommen durch die Blutdrucksteigerung zustande, teilweise jedoch auch sekundär. Hirnschwellung kommt vor.

7.2.4 Muskulatur

Muskelrisse und Blutungen sind in einzelnen Fällen beschrieben worden.

7.2.5 Knochen und Gelenke

Knochenbrüche oder Absplitterungen durch starke, durch den Stromfluß bedingte Muskelkontraktionen kommen vor (Schulterblatt, Wirbelsäule).

Es können auch „Knochenperlen" aus geschmolzenem Kalziumphosphat entstehen.

7.2.6 Augen

Bei direkter Einwirkung kann es zu Trübungen der Hornhaut und auch der Linse kommen (Cataracta electrica). Bis zum Auftreten können manchmal Monate, angeblich sogar Jahre vergehen.

7.3 Todesursachen

Bei Einwirkung von Haushaltsstrom wird entweder – dann praktisch ohne Folgen – überlebt oder aber es kommt zum Tod durch Kammerflimmern *(Sellier)*. Ein irreversibles Herzflimmern ist im Bereich III nach *Koeppen* zu erwarten. Hohe Spannungen können einen Sekundärtod durch Nierenversagen (Crush-Syndrom) infolge der erlittenen Verbrennungen hervorrufen. Wird das Gehirn vom Stromdurchfluß betroffen, so kann es zum zentralen Tod kommen.

7.4 Pathologisch-anatomische Befunde (vergl. auch 7.2)

In erster Linie geben die schon eingehend beschriebenen Strommarken (7.2.1) einen Hinweis auf einen Stromtod. Eine genaue äußere Besichtigung ist daher von besonderer Bedeutung. Verkohlungen oder Verbrennungen entstehen insbesondere bei Unfällen mit Starkstrom (Funkenüberschlag). Manchmal findet man hier auch verdampfte Metallteilchen.

Die Obduktionsbefunde sind meist uncharakteristisch: Flüssiges Blut, Hyperämie der Organe, Herzdilatation, manchmal petechiale Blutungen als Ausdruck von Blutdrucksteigerungen. Oft kann die Diagnose nur per exclusionem gestellt werden.

7.5 Differentialdiagnose: Unfall, Suizid, Tötung durch fremde Hand

7.5.1 Unfall

Häufig läßt sich aus den Befunden der Stromtod nicht sicher nachweisen. Ein Unfall kann daher oft nur in Zusammenarbeit mit einem technischen Sachverständigen und mit den Ermittlungsbehörden (Zeugenaussagen!) diagnostiziert werden. Beobachtungen, daß der Verstorbene geschrien hat, plötzlich zusammenbrach oder gar an einem Leiter „kleben" geblieben ist, geben gute Hinweise.

Manchmal ist die Situation eindeutig. So starben zwei Kinder in der Badewanne, die einen elektrischen Heizofen ins Wasser mitgenommen hatten. In solchen Fällen ist die Frage einer fahrlässigen Tötung durch die Aufsichtspersonen zu stellen. Oft ist allerdings die Zusammenarbeit mit dem elektrotechnischen Sachverständigen unerläßlich zur Aufklärung eines Elektrounfalles.

Autoerotische Unfälle erweisen sich als solche durch die Anlage der Elektroden, z. B. am Penis oder am After.

7.5.2 Suizid

Selbstmörder benutzen häufig den für besonders gefährlich gehaltenen Starkstrom. Sie werfen Drähte über die Oberleitung elektrischer Straßenbahnen oder auch der Eisenbahnen. Manchmal wird Haushaltsstrom in Badewannen geleitet oder komplizierte Anlagen werden gebaut. Die jeweilige Tatortsituation läßt meistens die Diagnose „Selbstmord" stellen. In Grenzfällen wird man jedoch äußerste Zurückhaltung üben müssen.

7.5.3 Tötung durch fremde Hand

In der Literatur sind eine ganze Reihe von Mordfällen durch elektrischen Strom beschrieben worden. Es wurden meiste Gegenstände, die das Opfer berühren mußte, unter entsprechende Spannung gesetzt. Aus eigenem Material ist ein Fall bekannt, bei dem ein Ehemann seine Frau dadurch tötete, daß er vorgab, Schwachstrom zu Massagezwekken anwenden zu wollen, ihr Elektroden anlegte und 220-V-Strom verwendete. Es ist stets daran zu denken, daß die Täter die technischen Vorrichtungen beiseite räumen und einen natürlichen Tod vortäuschen wollen. Oder aber die Situation wird so gewählt, daß ein Stromunfall angenommen werden kann.

7.6 Blitzwirkungen

Beim Blitzschlag liegen die Eintrittsstellen meist am Kopf oder an oberen Körperstellen (Schultern). Ist der Kopf betroffen, ist der Ausgang meist letal. Blitzschläge in die oberen Körperpartien können dagegen durchaus überlebt werden.

Todesursachen sind auch hier zentrale Lähmung oder Herzkammerflimmern. Beim Überleben tritt nach Bewußtlosigkeit meist mehr oder weniger rasche Erholung mit oft anfänglichen Gangunsicherheiten ein. Manchmal gibt es als Restzustände nervöse Störungen oder Katarakte.

Pathologisch-anatomisch sind die Befunde manchmal äußerst spärlich. In anderen Fällen sieht man Haarversengungen und (oder) sogenannte „Blitzfiguren" (Abb. 73), auch „Dendriten" genannt. Dies sind astartige Verzweigungen (stoßartige Entladung), die sich auf der Haut rötlich oder bräunlich abzeichnen. (Teilweise Gefäßparalyse.) Sie können auch postmortal abblassen und schnell verschwinden. Die Haut kann auch unter der Kleidung Verschmorungen aufweisen. Aber auch die Kleidung selbst kann zerfetzt sein.

Jährlich werden 70 Menschen vom Blitz getroffen und 20 erschlagen.

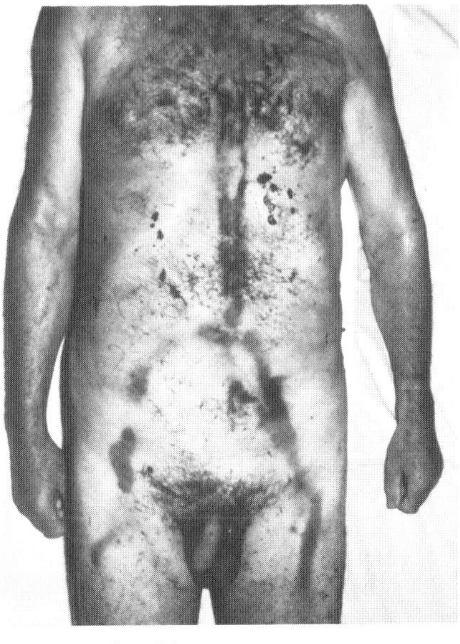

Abb. 73 Blitzschlag

8 Schwangerschaftsabbruch

8.1 Rechtliche Grundlagen

Es seien zunächst die wichtigsten Vorschriften aus dem Strafgesetzbuch zitiert.

Abbruch der Schwangerschaft

§ 218 StGB:

I. Wer eine Schwangerschaft abbricht, wird mit Freiheitsstrafe bis zu drei Jahren oder mit Geldstrafe bestraft.

II. In besonders schweren Fällen ist die Strafe Freiheitsstrafe von sechs Monaten bis zu fünf Jahren. Ein besonders schwerer Fall liegt in der Regel vor, wenn der Täter
1. gegen den Willen der Schwangeren handelt oder
2. leichtfertig die Gefahr des Todes oder einer schweren Gesundheitsschädigung der Schwangeren verursacht.

Das Gericht kann Führungsaufsicht anordnen (§ 68 Abs. 1 Nr. 2).

III. Begeht die Schwangere die Tat, so ist die Strafe Freiheitsstrafe bis zu einem Jahr oder Geldstrafe. Die Schwangere ist nicht nach Satz 1 strafbar, wenn der Schwangerschaftsabbruch nach Beratung (§ 218b Abs. 1 Nr. 1,2) von einem Arzt vorgenommen worden ist und seit der Empfängnis nicht mehr als zweiundzwanzig Wochen verstrichen sind. Das Gericht kann von einer Bestrafung der Schwangeren nach Satz 1 absehen, wenn sie sich zur Zeit des Eingriffs in besonderer Bedrängnis befunden hat.

IV. Der Versuch ist strafbar. Die Frau wird nicht wegen Versuchs bestraft.

Indikation zum Schwangerschaftsabbruch

§ 218a StGB:

I. Der Abbruch der Schwangerschaft durch einen Arzt ist nicht nach § 218 strafbar, wenn
1. die Schwangere einwilligt und
2. der Abbruch der Schwangerschaft unter Berücksichtigung der gegenwärtigen und zukünftigen Lebensverhältnisse der Schwangeren nach ärztlicher Erkenntnis angezeigt ist, um eine Gefahr für das Leben oder die Gefahr einer schwerwiegenden Beeinträchtigung des körperlichen oder seelischen Gesundheitszustandes der Schwangeren abzuwenden, und die Gefahr nicht auf eine andere für sie zumutbare Weise abgewendet werden kann.

II. Die Voraussetzungen des Absatzes 1 Nr. 2 gelten auch als erfüllt, wenn nach ärztlicher Erkenntnis
1. dringende Gründe für die Annahme sprechen, daß das Kind infolge einer Erbanlage oder schädlicher Einflüsse vor der Geburt an einer nicht behebbaren Schädigung seines Gesundheitszustandes leiden würde, die so schwer wiegt, daß von der Schwangeren die Fortsetzung der Schwangerschaft nicht verlangt werden kann,
2. an der Schwangeren eine rechtswidrige Tat nach den §§ 176 bis 179 begangen worden ist und dringende Gründe für die Annahme sprechen, daß die Schwangerschaft auf der Tat beruht, oder
3. der Abbruch der Schwangerschaft sonst angezeigt ist, um von der Schwangeren die Gefahr einer Notlage abzuwenden, die
   a) so schwer wiegt, daß von der Schwangeren die Fortsetzung der Schwangerschaft nicht verlangt werden kann und
   b) nicht auf eine andere für die Schwangere zumutbare Weise abgewendet werden kann.

III. In den Fällen des Absatzes 2 Nr. 1 dürfen seit der Empfängnis nicht mehr als zweiundzwanzig Wochen, in den Fällen des Absatzes 2 Nr. 2 und 3 nicht mehr als zwölf Wochen verstrichen sein.

Abbruch der Schwangerschaft ohne Beratung der Schwangeren

§ 218b StGB:

I. Wer eine Schwangerschaft abbricht, ohne daß die Schwangere
1. sich mindestens drei Tage vor dem Eingriff wegen der Frage des Abbruchs ihrer Schwangerschaft an einen Berater (Absatz 2) gewandt hat und dort über die zur Verfügung stehenden öffentlichen und privaten Hilfen für Schwangere, Mütter und Kinder beraten worden ist, insbesondere über solche Hilfen, die die Fortsetzung der Schwangerschaft und die Lage von Mutter und Kind erleichtern, und

2. von einem Arzt über die ärztlich bedeutsamen Gesichtspunkte beraten worden ist, wird mit Freiheitsstrafe bis zu einem Jahr oder mit Geldstrafe bestraft, wenn die Tat nicht in § 218 mit Strafe bedroht ist. Die Schwangere ist nicht nach Satz 1 strafbar.

II. Berater im Sinne des Absatzes 1 Nr. 1 ist
1. eine von einer Behörde oder Körperschaft, Anstalt oder Stiftung des öffentlichen Rechts anerkannte Beratungsstelle oder
2. ein Arzt, der nicht selbst den Schwangerschaftsabbruch vornimmt und
   a) als Mitglied einer anerkannten Beratungsstelle (Nummer 1) mit der Beratung im Sinne des Absatzes 1 Nr. 1 betraut ist,
   b) von einer Behörde oder Körperschaft, Anstalt oder Stiftung des öffentlichen Rechts als Berater anerkannt ist oder
   c) sich durch Beratung mit einem Mitglied einer anerkannten Beratungsstelle (Nummer 1), das mit der Beratung im Sinne des Absatzes 1 Nr. 1 betraut ist, oder mit einer Sozialbehörde oder auf andere geeignete Weise über die im Einzelfall zur Verfügung stehenden Hilfen unterrichtet hat.

III. Absatz 1 Nr. 1 ist nicht anzuwenden, wenn der Schwangerschaftsabbruch angezeigt ist, um von der Schwangeren eine durch körperliche Krankheit oder Körperschaden begründete Gefahr für ihr Leben oder ihre Gesundheit abzuwenden.

Abbruch der Schwangerschaft ohne ärztliche Feststellung

§ 219 StGB:

I. Wer eine Schwangerschaft abbricht, ohne daß ihm die schriftliche Feststellung eines Arztes, der nicht selbst den Schwangerschaftsabbruch vornimmt, darüber vorgelegen hat, ob die Voraussetzungen des § 218a Abs. 1 Nr. 2, Abs. 2, 3 gegeben sind, wird mit Freiheitsstrafe bis zu einem Jahr oder mit Geldstrafe bestraft, wenn die Tat nicht in § 218 mit Strafe bedroht ist. Die Schwangere ist nicht nach Satz 1 strafbar.

II. Ein Arzt darf Feststellungen nach Absatz 1 nicht treffen, wenn ihm die zuständige Stelle dies untersagt hat, weil er wegen einer rechtswidrigen Tat nach Absatz 1 oder den §§ 218, 218b, 219a, 219b oder 219c oder wegen einer anderen rechtswidrigen Tat, die er im Zusammenhang mit einem Schwangerschaftsabbruch begangen hat, rechtskräftig verurteilt worden ist. Die zuständige Stelle kann einem Arzt vorläufig untersagen, Feststellungen nach Absatz 1 zu treffen, wenn gegen ihn wegen des Verdachts einer der in Satz 1 bezeichneten rechtswidrigen Taten das Hauptverfahren eröffnet worden ist.

Unrichtige ärztliche Feststellung

§ 219a StGB:

I. Wer als Arzt wider besseres Wissen eine unrichtige Feststellung über die Voraussetzungen des § 218a Abs. 1 Nr. 2, Abs. 2,3 zur Vorlage nach § 219 Abs. 1 trifft, wird mit Freiheitsstrafe bis zu zwei Jahren oder mit Geldstrafe bestraft, wenn die Tat nicht in § 218 mit Strafe bedroht ist.

II. Die Schwangere ist nicht nach Absatz 1 strafbar.

Werbung für den Abbruch der Schwangerschaft

§ 219b StGB:

I. Wer öffentlich, in einer Versammlung oder durch Verbreiten von Schriften (§ 11 Abs. 3) seines Vermögensvorteils wegen oder in grob anstößiger Weise
1. eigene oder fremde Dienste zur Vornahme oder Förderung eines Schwangerschaftsabbruchs oder
2. Mittel, Gegenstände oder Verfahren, die zum Abbruch der Schwangerschaft geeignet sind, unter Hinweis auf diese Eignung anbietet, ankündigt, anpreist oder Erklärungen solchen Inhalts bekanntgibt, wird mit Freiheitsstrafe bis zu zwei Jahren oder mit Geldstrafe bestraft.

II. Absatz 1 Nr. 1 gilt nicht, wenn Ärzte oder anerkannte Beratungsstellen (§ 218b Abs. 2 Nr. 1) darüber unterrichtet werden, welche Ärzte, Krankenhäuser oder Einrichtungen bereit sind, einen Schwangerschaftsabbruch unter den Voraussetzungen des § 218a vorzunehmen.

III. Absatz 1 Nr. 2 gilt nicht, wenn die Tat gegenüber Ärzten oder Personen, die zum Handel mit den in Absatz 1 Nr. 2 erwähnten Mitteln oder Gegenständen befugt sind, oder durch eine Veröffentlichung in ärztlichen oder pharmazeutischen Fachblättern begangen wird.

Inverkehrbringen von Mitteln zum Abbruch der Schwangerschaft

§ 219c StGB:

I. Wer in der Absicht, rechtswidrige Taten nach § 218 zu fördern, Mitteln oder Gegenstände, die zum Schwangerschaftsabbruch geeignet sind, in den Verkehr bringt, wird mit Freiheitsstrafe bis zu zwei Jahren oder mit Geldstrafe bestraft.
II. Die Teilnahme der Frau, die den Abbruch ihrer Schwangerschaft vorbereitet, ist nicht nach Absatz 1 strafbar.
III. Mittel oder Gegenstände, auf die sich die Tat bezieht, können eingezogen werden.

Begriffsbestimmung

§ 219d StGB:

Handlungen, deren Wirkung vor Abschluß der Einnistung des befruchteten Eies in der Gebärmutter eintritt, gelten nicht als Schwangerschaftsabbruch im Sinne dieses Gesetzes.

Mit Schwangerschaft ist nach *Dreher-Tröndle* eine intakte Gravidität gemeint. Angriffsgegenstand der Tat ist eine lebende Frucht „im weiblichen Schoß" (z. B. nicht in einer Retorte). Auf die Art der Zeugung (künstliche Insemination) und auf die Entwicklungsstufe **nach** der Nidation kommt es nicht an. Eingriffe **vor** der Nidation gelten nicht als Schwangerschaftsabbruch (vergleiche § 219d StGB). Der Bereich des § 218 endet mit der strafrechtlichen „Menschwerdung". Diese beginnt mit den Eröffnungswehen (vergleiche BGH = Bundesgerichtshof, 10,5). (Vergleiche auch das Kapitel Kindestötung, § 217 StGB.)

8.2 Allgemeine medizinische Gesichtspunkte

Jährlich werden in der Bundesrepublik Deutschland 90 000 legale Schwangerschaftsabbrüche gemeldet – die doppelte Zahl allerdings mit den Krankenkassen abgerechnet – und mit steigender Tendenz 625 000 Geburten registriert (DDR 80 000 bis 90 000 Abbrüche und 230 000 Geburten). Es kann hier nicht der Ort sein, vom ärztlichen Standpunkt Argumente für oder gegen die neue Gesetzgebung darzulegen. Vielmehr sei nur auf folgende medizinische Definitionen und lege artis Maßnahmen hingewiesen.

8.2.1 Definition des Lebensbeginnes

Biologisch gesehen beginnt das **Leben** zweifelsfrei mit der Vereinigung von Eizelle und Samenzelle **(Konzeption).** Diese erfolgt meist innerhalb weniger Stunden nach der Deponierung des Samens in der Vagina. Die Schwangerschaft beginnt mit der **Nidation** ca. 14 Tage nach der Konzeption.

8.2.2 Definition von Abort und Abtreibung

Unter **Abort** (aboriri = abgehen) versteht man ganz allgemein eine Fehlgeburt, das heißt, den vorzeitigen Abschluß einer intrauterinen Schwangerschaft mit Ausstoßung des Eies innerhalb der ersten 28 Wochen (Frucht unter 35 cm, vergleiche auch Kapitel Kindestötung).

Als **Abtreibung** bezeichnet man einen **rechtswidrigen** Schwangerschaftsabbruch **(„krimineller Abort").**

Der lege artis durchgeführte ärztliche Schwangerschaftsabbruch bei entsprechender Indikation wird als **artefizieller Abort** deklariert.

8.3 Der artefizielle Abort

8.3.1 Rechtliche Grundlagen

Die Rechtsgrundlage ergibt sich aus dem bereits zitierten § 218a, wo von „ärztlicher Erkenntnis" die Rede ist und die Indikationen für einen ärztlichen Eingriff abgehandelt werden. Nur ein Arzt darf den Eingriff vornehmen. Subjektiv muß der Arzt, dem die schriftliche Feststellung eines anderen Arztes über das Gegebensein einer Indikation vorgelegen haben muß (vgl. § 219 StGB), der aber an diese Feststellung, gleichgültig wie sie ausfällt, nicht gebunden ist, gerade deshalb nach eigenem Urteil davon überzeugt sein, daß die Indikation nicht nur möglicherweise, sondern mit Sicherheit zu bejahen ist (*Dreher-Tröndle,* Kommentar zum Strafgesetzbuch).

Für den ärztlichen Eingriff sind bestimmte Fristen gesetzt, und zwar zum Ende der 22. Woche nach der Empfängnis bei erbgeschädigten Kindern, wobei ein Unsicherheitsfaktor von ± 2 bis 4 Wochen dabei nicht auszuschließen ist. Bei kriminologischer oder sozialer (Notlagen-)Indikation gilt als Grenze 12 Wochen nach der Empfängnis. Von dieser Frist kann abgesehen werden, wenn die kriminologische Indikation zugleich eine medizinische ist.

8.3.2 Ärztliche Maßnahmen

Bis etwa zur 12.–15. Woche erfolgt eine instrumentale Ausräumung. Eine neuere Methode ist die Saugkürettage. In späteren Schwangerschaftswochen pflegt man die als „sectio parva" bezeichnete vaginale Hysterotomie durchzuführen. In den letzten Monaten kann auf verschiedene Arten eine Wehenauslösung versucht werden, z. B. Einspritzung von Salzlösung in die Fruchtwasserhöhle. Auch Prostaglandine werden in zunehmendem Maße als wichtiges Mittel benutzt. Bei der Frühschwangerschaft erfolgt eine intravaginale, bei Spätschwangerschaften meist eine intrauterine Anwendung. Aber auch die intravenöse Injektion, obwohl teilweise mit Komplikationen behaftet, kann durchgeführt werden. (Vergleiche im übrigen hierzu die Lehrbücher der Frauenheilkunde und Geburtshilfe.)

8.4 Der Spontanabort

Bei kriminellem Abort wird häufig die Einrede des Spontanabortes gebraucht. Abgesehen von den bekannten Ursachen des Spontanabortes (vergleiche klinische Lehrbücher) muß auch daran gedacht werden, daß der Organismus an sich eine außerordentliche Widerstandsfähigkeit gegenüber vorzeitigem Fruchtabgang besitzt. Einreden, der Abort sei erfolgt wegen eines Sturzes, Sprunges, Erschütterungen (Motorradfahren) oder gar aus psychischen Gründen, sind daher mit äußerster Vorsicht zu bewerten.

8.5 Der kriminelle Abort

8.5.1 Vorbemerkung

Die Hauptmotive für die Abtreibung werden in wirtschaftlicher Belastung sowie in der Behinderung der persönlichen Freiheit gesehen (besonders bei Ledigen) *(Schwerd)*.

Über die Häufigkeit von Abtreibungen weiß man nichts wirklich Genaues, da die Dunkelziffer außerordentlich hoch ist. 1968 sollen es etwa 2,8 auf 100 000 Geburten gewesen sein. Seit 1953 ist ein ständiger Rückgang zu verzeichnen. Dieser „Rückgang" kann auf einer erhöhten Anzahl von fachlich besser ausgebildeten Abtreibern beruhen (Ärzte!), da die komplikationslosen Aborte krimineller Art kaum bekannt werden. Eine amerikanische Feldanalyse ergab jedenfalls, daß bei jeder fünften Frau mit einer Abtreibung zu rechnen sei.

Man unterscheidet im allgemeinen die Abtreibung mit tauglichen, bedingt tauglichen oder untauglichen Mitteln, ferner eine Abtreibung am tauglichen oder untauglichen Objekt.

Untaugliches Objekt wäre gegeben, wenn keine Schwangerschaft vorläge, eine Extrauteringravidität bestünde oder der Embryo (Fetus) bereits vorher abgestorben wäre. Gelingt die Abtreibung nicht, handelt es sich um einen Versuch (mit tauglichen oder untauglichen Mitteln), der ebenfalls strafbar ist.

Beim Tod der Mutter kommt Tateinheit mit fahrlässiger Tötung oder Körperverletzung mit Todesfolge in Betracht.

8.5.2 Methoden der Abtreibung

8.5.2.1 Medikamentöse Mittel

Man hat verschiedene Wirkungsgruppen von innerlich einzunehmenden Mitteln unterschieden:

a) **Allgemeingifte:** Es erfolgt eine Vergiftung des Gesamtkörpers, von der man hofft, daß keine Schäden zurückbleiben, aber die Frucht abstirbt.
b) **Ätherische Öle** sollen über die Reizung des Magen-Darm-Traktes Wehen auslösen.
c) Mehr oder minder **spezifische Uteruswirkung** durch Wehenanregung oder Wehenverstärkung.
d) **Hormone.**

Ob ein Mittel tauglich, bedingt tauglich oder untauglich ist, hängt nicht allein vom Mittel, sondern auch vom **Organismus der**

Frau ab (Neigung zu Spontanaborten, allgemeine Labilität). Selbstverständlich hat auch die **Dosierung** einen erheblichen Einfluß.

Es sei nun kurz auf einige Mittel, die in der Praxis eine gewisse Rolle spielen, eingegangen.

a) **Ätherische Öle:** Eine Wirkung ist nur zu erwarten, wenn die entsprechenden **frischen** Pflanzen verwendet werden (z. B. Josefskraut, Nieswurz, Pfefferminz, Salbei, Schafgarbe und viele andere). Abkochungen von Arnika, Eibe, Sadebaum, Safran und anderes gelten als bedingt tauglich.

b) **Medikamente:**
Drastika bzw. Laxantia, Krotonöl, Wurmmittel.
Dicumarol: In der Literatur wurden zwei Fälle von Abort mit tödlichem Ausgang beschrieben (Verblutungsgefahr).
Chinin: Es kann in toxischen Dosen einen Abort verursachen. Es vermag darüber hinaus bestehende Wehen zu verstärken. Es soll daher in Kombination mit Hypophysenhinterlappenextrakt besonders wirksam sein (bei Intoxikation: Hämolyse, Nebennierenblutung, Nephrose).
Apiol (Petersilienextrakt): Bei Überdosierung ist Apiol als taugliches Abtreibungsmittel anzusehen. Die Gefahr der tödlichen Vergiftung mit Blutungen, Niereninsuffizienz und Leberdegeneration ist gegeben.
Follikelhormone: Sie galten früher, insbesondere in Kombination mit Chinin, als Abtreibungsmittel. Sie werden jetzt in der üblichen Dosierung jedoch nicht mehr als tauglich angesehen.
Hypophysenhinterlappenpräparate: Sie sind gegen Ende der Schwangerschaft als Wehenmittel bekannt. Mit Chinin kombiniert ist die Wirkung auch zu Beginn der Schwangerschaft denkbar.
Östrogene: Diese haben meist Erfolg, wenn sie in den ersten 24 Stunden nach dem Koitus gegeben werden („die Pille danach"). Verhindert wird die Einnistung des befruchteten Eis in die Gebärmutter. Da eine Schwangerschaft noch nicht vorliegt, sind Oestrogene eigentlich keine Mittel zur Abtreibung (§ 219 d StGB).
Aminopterin: Es handelt sich um ein Zytostatikum. Es wird neuerdings für tauglich gehalten. Als Nebenwirkung können eine Entzündung des Nasen-Rachen-Raumes sowie Zystitis evtl. auch Haarausfall auftreten.
Ergotamin: Dieses bewirkt eine Dauerkontraktion der Gebärmutter. Es kann aber in hohen Dosen evtl. einmal zum Abtreibungserfolg führen.
Secale cornutum: Es wird als bedingt taugliches Abtreibungsmittel bezeichnet.
Prostaglandine: Es handelt sich um Fettsäureverbindungen, die in mehrere Gruppen eingeteilt werden. Sie wirken auf die glatte Muskulatur des Uterus. Aufgrund von Nebenwirkungen wurden sie bei legalem Schwangerschaftsabbruch bisher nicht intravenös, sondern nur intravaginal oder intrauterin angewendet. Neuerdings können sie jedoch auch intravenös gegeben werden (vergleiche die Lehrbücher der Geburtshilfe).

8.5.2.2 Äußere Einwirkungen

Obwohl die Frucht weitgehend gegen äußere Einwirkungen geschützt ist, können bei bestimmter Disposition der Frau durchaus einmal rein mechanische Maßnahmen zum Fruchtabgang führen. In diesem Zusammenhang werden Reiten, Motorradfahren, Vom-Tisch-Springen, erhebliche Anstrengung der Bauchpresse und anderes mehr genannt.

8.5.2.3 Maßnahmen in der Vagina

Sogenannte „Scheidenduschen" gelten als bedingt taugliche Abtreibungsmittel *(Mueller).* Man versteht darunter das Einspritzen heißer oder kalter Flüssigkeiten unmittelbar auf die Portio. Es können auch pharmakologische Mittel in die Vagina eingebracht werden. Kaliumpermanganat soll zum Beispiel mit Erfolg verwendet worden sein.

8.5.2.4 Maßnahmen an der Zervix („Direkte Maßnahmen")

Durch Reizung der Zervix kann ein Fruchtabgang ausgelöst werden. Es werden genannt:

- Austupfen mit Jodtinktur
- Anwendung von Harnröhrenstiften
- Laminariastifte
- Intrauterinpessare
- Katheter, Stricknadeln und anderes mehr.

Auch Einbohren des Fingers ist beschrieben worden.

8.5.2.5 Intrauterine Eingriffe

Nach *Hartmann* und *Mueller* unterscheidet man im Grunde nur zwei Arten derartiger Eingriffe, den Eihautstich und die intrauterine Injektion.

a) **Der Eihautstich:** Hierbei wird von der Portio her die Eihaut angestochen, so daß das Fruchtwasser abfließt. Der Abfluß des Fruchtwassers – verbunden mit einer mehr oder weniger starken Blutung – regt Wehen an. Die Ausstoßung der Frucht kann nach Minuten, Stunden oder erst nach Tagen beginnen. Nur selten muß der Eingriff wiederholt werden. Als Instrumente werden Stricknadeln, Drähte, Katheter und anderes verwendet. Selbst Makkaroni sind erwähnt worden. Auch Intrauterinpessare werden zur Abtreibung benutzt.

b) **Die intrauterine Injektion:** Diese wird als besonders verläßlich angesehen. Die Reizung des Uterus ist groß und die Wehen treten verhältnismäßig schnell ein. Es sind Gummiballons mit entsprechenden Ansätzen verwendet worden. Als Klysopomp-Apparate bezeichnete man Gummiballons, die noch zusätzlich ein Ventil zur „Vermeidung einer Luftembolie" aufwiesen. Auch Klistierspritzen wurden benutzt. Die Injektionsmittel reichen vom einfachen Wasser über mehr oder weniger konzentrierte Seifenlösungen bis zu Desinfektionsmitteln, Jodlösungen, Ammoniak, Kupfersulfat und andere Gifte. Bekannt geworden ist die – bei entleerter Blase – direkt in die Gebärmutter durch die Bauchdecken erfolgte Injektion von Formol, die gute Erfolge zeitigen soll und auch klinisch angewendet wurde.

8.6 Folgen der Abtreibung

Je nach den einzelnen Abtreibungsmethoden und nach den verwendeten Mitteln sind die Folgen außerordentlich unterschiedlich. Sie reichen von der folgenden Abtreibung bis zur schwersten tödlichen Komplikation.

8.6.1 Folgen für die Frucht

Ein sicherer Nachweis von Abtreibungsverletzungen an der Frucht ist selten. Entweder wird die Frucht gar nicht verletzt oder durch die spätere Ausräumung zerstückelt. Meist sind nur typische Stichverletzungen an Kopf oder Bauch beweiskräftig. Einzelheiten können nur durch gerichtliche Obduktion geklärt werden. Sie erfordert spezielle Erfahrung. Auf vitale Reaktionen ist immer zu achten.

8.6.2 Folgen bei der Frau

8.6.2.1 Blutungen

Treten nach Abtreibungen oder Abtreibungsversuchen stärkere Blutungen auf, so wird in den meisten Fällen ein Arzt (falls dieser nicht selbst „Abtreiber" gewesen ist) aufgesucht. Durch entsprechende (klinische) Behandlung gelingt es fast stets, die Blutungen zu stillen (Versorgung der Verletzungen, Behebung der Uterus-Atonie).

8.6.2.2 Luftembolie (einschließlich Sektionstechnik)

Die Gefahr der Luftembolie besteht bei den intrauterinen Injektionen. Die Luftmengen, die (im Herzen) zum Tode führen, werden mit etwa 70–100 ml angegeben. Je schneller und mit je größerem Druck Luftmengen hineingelangen (Klysopomp-Apparate, Scheidenduschen usw.), desto geringer sind die zum Tode erforderlichen Mengen. Der Tod kann sofort, noch während des Eingriffs, eintreten, er kann aber auch durch „verzögerte Luftembolie" später erfolgen. Die in den Beckenvenen angesammelte Luft erreicht dann das Herz erst allmählich. Die Luft gelangt durch das Instrument zunächst in die intervillösen Räume oder in die uterinen Venen.

Bei älteren Leichen (Fäulnisgasbildung) ist mit der Diagnose „Luftembolie" äußerste Vorsicht geboten (Probenentnahme z. B. mit dem **Aspirometer** nach *Mallach* aus dem rechten Herzen, daraus gaschromatographische Untersuchung auf Luft (78% N_2, 21% O_2) oder Fäulnisgase (CO_2, H_2, H_2S, Methan).

Nachweis der Luftembolie: (Sektionstechnik): Eröffnung des Thorax unter Schonung der Sternoclaviculargelenke. Füllung des Herzbeutels nach kleinem Einschnitt mit Wasser, Anstechen der Ventrikel unter Drehung des Skalpells. Es entleeren sich beim positiven Befund aus dem (meist rechten) Herzen Gasblasen. Ein echter Nachweis von **Luftembolie** gilt jedoch nur dann als erfolgt, wenn Gas entsprechend aufgefangen (s. o.) und analysiert wurde (Gaschromatograph), jedenfalls, sofern es sich um ältere Leichen handelt, wobei zu bemerken ist, daß im heißen Sommer schon nach Stunden Veränderungen (Fäulnisgase) auftreten können.

8.6.2.3 Sepsis, Infektionen

Als Infektionserreger kommen überwiegend Staphylokokken oder hämolytische Streptokokken in Betracht. Die Keime werden durch das Abtreibungsinstrument in die Gebärmutter, von hier aus in die Blutbahn gebracht. Es kann hierdurch zum Krankheitsbild der üblichen Sepsis oder der sogenannten Sepsis acutissima kommen, bei der der Tod sehr schnell eintritt. In solchen Fällen ist auch an das Bild des *Waterhouse-Friderichsen-Syndroms* zu denken (Blutungen in den Nebennieren). Auch **Peritonitiden** werden häufiger angetroffen und natürlich auch eine **Endometritis.**

Tetanus und **Gasbrand** sind selten. Letzterer soll beim Seifenabort öfter vorkommen.

8.6.2.4 Endotoxinschock

Es handelt sich hierbei um ein hoch fieberhaftes Krankheitsbild, bei dem es zu einer Störung der Gerinnungsfaktoren im Blut kommt. Folge sind Blutungen in den Nebennieren, in den serösen Häuten, in der Haut, aber auch im Interstitium der Herzmuskulatur. Hinzu kommen Nierenrinden-Nekrosen (bilateral) bei längerer Überlebenszeit. Histologisch sieht man in den Gefäßen intravasale Gerinnsel. Störungen der Mikrozirkulation mit Verbrauchskoagulopathie stehen im Vordergrund. Die Ursache des Krankheitsbildes wird in dem Freiwerden von Bakterientoxinen gesehen. Vorherige Antibiotika-Behandlung ist in der Anamnese häufig. Offenbar erfolgt vorher eine Sensibilisierung, z. B. durch vorangegangene Pyelitiden u. a. Das Krankheitsbild gleicht praktisch dem aus dem Tierexperiment bekannten Shwartzman-Sanarelli-Phänomen, das man durch zweimalige, in Abständen vorgenommene Injektion von Endotoxinen erzeugen kann (Antikörper-Antigen-Reaktion oder – wahrscheinlicher – direkte Umstimmung des Organismus).

8.6.2.5 Intoxikation (Seifenabort)

Die häufigste Intoxikation stellt die Seifenintoxikation dar. Dringt das zur Abtreibung verwendete Seifenwasser in den mütterlichen Blutkreislauf ein (direkt durch das verletzende Instrument oder – verzögert – bei Lösung der Plazenta), so kommt es zu einem schweren Krankheitsbild. Übergänge zum Endotoxinschock sind beschrieben. Die ins Blut gelangte Seifenlösung führt hier zur Hämolyse (Hämatin- und Methämoglobinbildung). Hämoglobinurie, schließlich Tubulusnekrose der Nieren, Anurie und Urämie sind die Folgen.

Das klinische Bild zeigt Erbrechen, Fieberkrämpfe, Unruhe, RR-Abfall, evtl. Ikterus. Die Schwere der Symptome sind abhängig von der Menge der Lösung und der Geschwindigkeit der Aufnahme ins Blut.

Der lokale Befund der Gebärmutter zeigt Entzündungen, Blutungen, thrombosierte Gefäße. Stellenweise kommt es auch zu Nekrosen.

Auffällig sind die Befunde an den Nieren (schlaff, fleckig) und der Leber (in einigen Fällen bis zum Bild der Leberdystrophie).

Allgemeine Vergiftungen finden sich je nach der Art der eingenommenen Medikamente und der Dosierung (vergleiche Kapitel Toxikologie).

8.7 Begutachtungsfragen bei Abtreibungsfällen

8.7.1 Allgemeines

Im allgemeinen werden folgende Fragen an den Gutachter gestellt:

a) Bestand eine Gravidität?
b) Wurde die Schwangerschaft unterbrochen (oder fand ein Versuch statt)?
c) Handelte es sich um einen kriminellen Abort (Kausalzusammenhang!)?
d) Todesursache der Frau (Kausalzusammenhang mit dem Eingriff)?

Im folgenden werden nur die gerichtsmedizinischen Aspekte behandelt, da klinische Untersuchungen lebender Frauen in diesem Zusammenhang überwiegend in den Bereich der Gynäkologie fallen.

8.7.2 Nachweis stattgehabter Geburt (vgl. auch 10.7)

Finden sich noch Spuren z. B. von blutigem Ausfluß, so können unter günstigen Umständen noch Chorionepithelien, Lanugohaare, Vernixzellen oder Mekoniumkörperchen nachgewiesen werden.

An der **Leiche** ist die Größe und Wanddicke des Uterus zu untersuchen. Auf die Portio ist ein besonderes Augenmerk zu richten (Querspaltung, Einrisse?). Auf ein Corpus luteum graviditatis sowie auf Kolostrum ist zu achten. Man fahnde auch nach Plazenta- und Eihautresten sowie nach Lochialsekret. Histologische Untersuchungen der Gebärmutterschleimhaut sollten stets durchgeführt werden.

8.7.3 Nachweis der Schwangerschaftsunterbrechung (artefiziell oder kriminell)

Bei der Obduktion sind die Geschlechtsorgane besonders auf Verletzungen (Abtreibungsinstrumente), Blutungsquellen, Entzündungen, Nekrosen usw. zu untersuchen. Eventuell noch aufgefundene Spülflüssigkeit sowie Organmaterial (besonders Gehirn, Nieren, Leber, Blut und Harn) sind für toxikologische Untersuchungszwecke zu asservieren.

Im übrigen wurden die **Befunde** bei den Methoden der Abtreibung beschrieben.

Selbstverständlich sind alle Organerkrankungen sorgfältig zu registrieren. (Ärztliche Indikation für eine Schwangerschaftsunterbrechung?)

8.7.4 Todesursachen bei Frau und Fetus

Die Todesursachen bei kriminellen Aborten wurden bereits abgehandelt. Von besonderer Bedeutung ist der Nachweis des Kausalzusammenhanges zwischen Abtreibungshandlung und Tod. Bezüglich der Folgen vergleiche 8.6.1 und 8.6.2, ferner auch 8.5.2.

9 Kindesmißhandlung

9.1 Rechtliche Grundlagen

Bekanntlich kommt ein Delikt nur dann zustande, wenn

- Tatbestandsmäßigkeit
- Rechtswidrigkeit und
- Schuld

gegeben sind.

Voraussetzung für die Strafbarkeit einer Körperverletzung (Mißhandlung) ist daher (neben Tatbestandsmäßigkeit und Schuld) auch die Rechtswidrigkeit. Eine leichte Körperverletzung wäre also straflos, wenn die Rechtswidrigkeit entfiele. Dies wäre der Fall, wenn ein Züchtigungsrecht bestünde (Rechtfertigungsgrund).

Ein solches Züchtigungsrecht haben nach Familienrecht (geregelt im BGB) Eltern und Vormund, Stiefeltern nur nach etwaiger Übertragung. Mit Einschränkungen besteht ein Züchtigungsrecht ferner gegenüber Fürsorgezöglingen (landesrechtlich unterschiedlich). Es steht (teilweise umstritten) „gewohnheitsrechtlich" auch dem Lehrer gegenüber jüngeren Schülern zu (nicht gesetzlich bestimmt).

Überschreiten des Züchtigungsrechtes ist je nach dem sogenannten „inneren Tatbestand" eine fahrlässige (selten) oder vorsätzliche Körperverletzung (§ 223 StGB).

Ein eigener Tatbestand ist die Mißhandlung von Schutzbefohlenen. Er ist im **§ 223b StGB** niedergelegt. Dieser lautet:

I. Wer Personen unter 18 Jahren oder wegen Gebrechlichkeit oder Krankheit Wehrlose, die seiner Fürsorge oder Obhut unterstehen oder seinem Hausstand angehören oder die von dem Fürsorgepflichtigen seiner Gewalt überlassen worden oder durch ein Dienst- oder Arbeitsverhältnis von ihm abhängig sind, quält oder roh mißhandelt oder wer durch böswillige Vernachlässigung seiner Pflicht, für sie zu sorgen, sie an der Gesundheit schädigt, wird mit Freiheitsstrafe von drei Monaten bis zu fünf Jahren bestraft.

II. In besonders schweren Fällen ist die Strafe Freiheitsstrafe von einem Jahr bis zu fünf Jahren, in minder schweren Fällen Freiheitsstrafe bis zu drei Jahren oder Geldstrafe.

Im Rahmen des § 223b genügt nicht nur ein Überschreiten des Züchtigungsrechtes. Es muß vielmehr ein **„Quälen"** oder **„Mißhandeln"** bzw. eine **„Vernachlässigung"** gegeben sein.

9.2 Allgemeine Bemerkungen zum Delikt der Kindesmißhandlung

Von mancher Seite wurde behauptet, daß das Delikt in neuerer Zeit deshalb seltener geworden sei, weil sich das Sozialgefüge verändert habe. Es gäbe nicht mehr so viele Kinderreiche und arme Familien. Außerdem sei die Autoritätsgläubigkeit abgebaut worden. Andererseits muß aber dem entgegengehalten werden, daß von den Mißhandlungen überwiegend die Kleinkinder betroffen werden und Unbeherrschtheit, Aggressionen und „Nervosität" infolge von „Streß" zugenommen haben.

Messerer hat die Kindesmißhandlung als „einen der übelsten Auswüchse menschlicher Verkommenheit" bezeichnet. Sie ist der Mißbrauch autoritärer Gewalt Erwachsener. Das Opfer befindet sich in einem Abhängigkeitsverhältnis. Nach einigen Untersuchungen gehören die Täter, bei denen im übrigen das männliche Geschlecht angeblich **nicht** überwiegt, in der Mehrzahl den sogenannten „unteren Schichten" an. Eine Berliner Statistik sagt, daß nur 20% eine abgeschlossene Lehre hatten. Arbeitsplatzwechsel war häufig zu finden. In vielen Fällen war Alkoholismus gegeben. Vorstrafen fanden sich bei etwa der Hälfte der Täter. Schwachsinn, Minderbegabung oder Psychopathien lagen häufiger als bei der Durchschnittsbevölkerung vor. Andere Untersucher *(Nau)* betonen mit Recht, daß über die Hälfte der Täter in auskömmlichen bis guten Verhältnissen lebt. Alkoholismus und Berufstätigkeit der Frau (Streß) spielen eine nicht unerhebliche Rolle. Häufig handelt es sich um Stiefkinder. Manchmal kommt es daher auch zur Tat als Ausdruck einer Primitivreaktion bei übermäßiger Belastung, so auch bei akutem Alkoholkonsum. Die Kindesmißhandlung ist ein Delikt der Schwachen. Man reagiert die eigene Unzulänglichkeit an den wehrlosen Kindern ab. Die Mißhandler sind oft selbst mißhandeltes Kind gewesen (Opfer-Täter-Abfolge in drei aufeinanderfolgenden Generationen). Kleinkinder und psychisch oder körperlich Zurückgebliebene sind bevorzugte Opfer. Man verlangt von den Kindern mehr, als sie zu leisten vermögen. Die Kinder reagieren mit Trotz. Anlaß zum Prügeln ist dann die Schwierigkeit der „Erziehung" (Sauberwerden).

Jährlich werden 1000–2000 Kindesmißhandlungen justizbekannt: 100–200 Kinder werden zu Tode gebracht. Von *Trube-Bekker,* der wohl besten Kennerin der Problematik, wird die wahre Häufigkeit jedoch auf 30 000–80 000 Fälle geschätzt. Für den Arzt ist wichtig zu wissen, daß die Kindesmißhandlung sich praktisch stets wiederholt, so daß das Nebeneinander frischer und alter Mißhandlungsfolgen wie auch unterschiedlicher Mißhandlungsarten das Bild charakterisiert. In der Regel ist nur ein Kind in der Familie betroffen (das „schwarze Schaf").

Werden die Kinder so schwer mißhandelt, daß der Tod eintritt, so kommen als Tatbestände:

- Körperverletzung mit Todesfolge
- Totschlag oder
- Mord

in Betracht.

9.3 Begutachtung der Kindesmißhandlung

Von den Tätern werden häufig Einreden vorgebracht: Das Kind sei gefallen, aus dem Bettchen gestürzt, gegen einen heißen Ofen gestolpert u. a. m.

Bei der Befunderhebung ist daher darauf zu achten, wo Hämatome, Abschürfungen usw. liegen. Beim einfachen Hinfallen findet man Verletzungen meist an den Knien, Handflächen, Ellenbogen und im Kopfbereich. Dann fast stets, insbesondere bei Kleinkindern oder älteren Kindern, unterhalb der sogenannten Hutkrempenlinie. Beim Fallen nach hinten können auch am Gesäß Verletzungen entstehen. Mißhandlungsverletzungen liegen im Gesicht, am Rücken, am Gesäß, an der Rückseite der Beine. Bei Stockschlägen können sich manchmal die typischen **Doppelstreifen** zeigen (die Druckwelle führt rechts und links der Einwirkungsstelle zu Gefäßzerreißungen. Hier blutet es, in der Mitte bleibt das Gewebe frei von Blutaustritten) (Abb. 74).

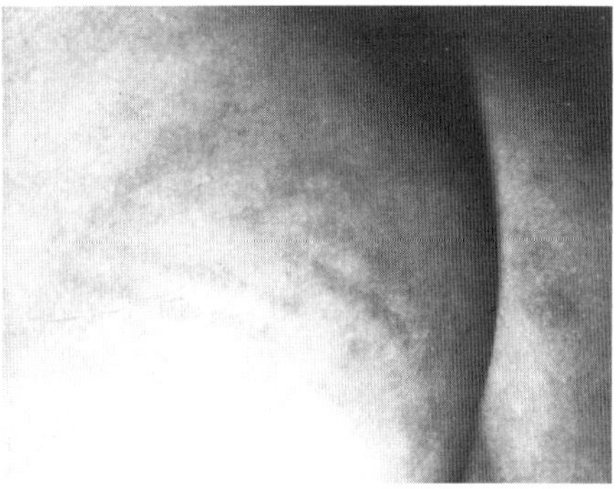

Abb. 74 Stockschläge mit Doppelstreifen

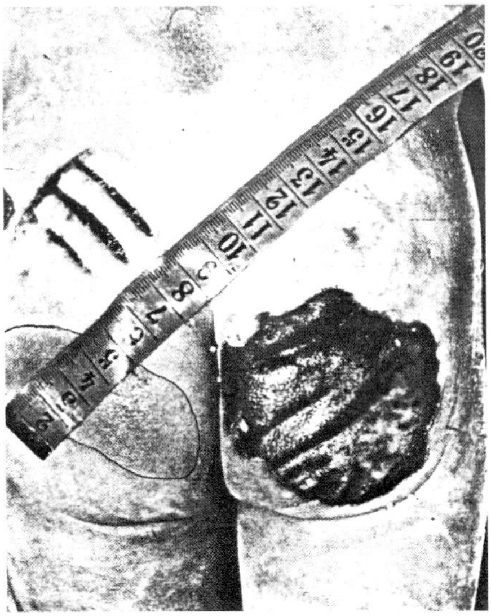

Abb. 75 Kindesmißhandlung: Verbrühung und geformte Hautverbrennung durch Heizlüfter

Nicht gar so selten werden **thermische Schäden** vorgefunden, z. B. durch Anpressen an elektrische Öfen, Herde usw. (Abb. 75). In kurzen Abständen nebeneinanderliegende Flecken, häufig an Oberarmen, aber auch an Oberschenkeln, lassen den Schluß auf grobes Zupacken zu. Anschlagen mit dem Kopf gegen die Wand oder Zuschlagen mit harten Gegenständen führen zu typischen Verletzungen (vgl. stumpfe Gewalt), die meist oberhalb der „Hutkrempe" liegen. Auch Lippen- und **Mundschleimhautverletzungen** sind häufig (Abb. 76).

Mißhandlungsfolgen am Skelett wurden von den Amerikanern als „Battered-Child-Syndrome" beschrieben. Durch die leichte Ablösbarkeit des Periosts bei Kindern (bis zu 2–3 Jahren) kommt es zu **subperiostalen Blutungen** mit späterer Verknöcherung. Auch Aussprengung kleiner Knochenfragmente oder **Epiphysenlösungen** kommen vor. Am häufigsten sind Veränderungen an den langen Röhrenknochen, Rippen, Schlüsselbeinen und Schädelknochen. Subdurale Hämatome finden sich auch ohne Schädelfrakturen. Der Kopf wird deshalb häufig getroffen, weil er beim Kleinkind besonders groß und schwer zu schützen ist *(Sauer)*.

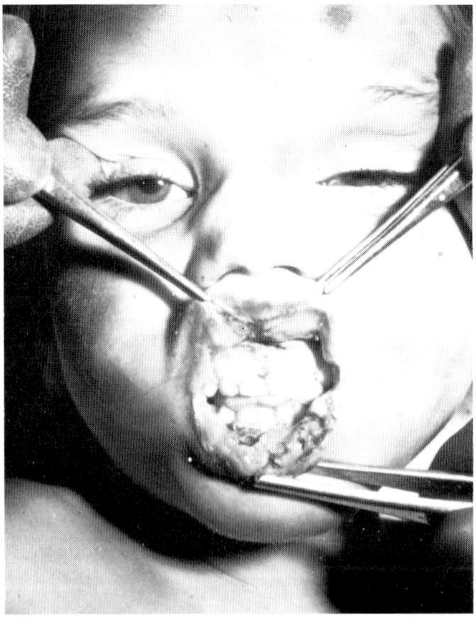

Abb. 76 Kindesmißhandlung: Innere Lippenschleimhautaufplatzungen (Schläge auf den Mund)

Nach inneren Verletzungen (Bauch, Thorax) ist zu fahnden!

Manchmal sieht man ungewöhnlich lokalisierte und (oder) geformte Verletzungen. So zeichnet sich z. B. ein heißer Grill des Elektroofens auf der Haut ab, durch Schleudern gegen geformte Möbelvorsprünge usw. entstehen eigenartige Hautverletzungen u. a. m.

Man muß in allen derartigen Fällen an eine Kindesmißhandlung denken. Mangelhafte Pflege, Unsauberkeit, Pyodermien usw. sollten beachtet werden (vgl. 9.5), aber auch psychische Auffälligkeiten: Die Kinder zeigen Totstellreflex, behalten wie **Gliederpuppen** bei der Untersuchung aufgezwungene Körperstellungen bei. Sie zeigen eine lauernde, beobachtende, wie eingefrorene Wachsamkeit und Passivität, die als das Phänomen der „frozen watchfullnes" beschrieben wird. Auch fehlt ihnen die gewohnte Schreckhaftigkeit bei der Körperberührung mit der kalten Hand oder dem kalten Stethoskop.

9.4 Dokumentation der Befunde

Gerade beim Delikt der Kindesmißhandlung ist eine genaue Dokumentation der erhobenen Befunde unerläßlich. Es ist hierzu erforderlich, eine sehr genaue **Beschreibung** der Befunde vorzunehmen und wirklich jede Einzelheit exakt festzuhalten. Selbstverständlich müssen die Kinder dazu auch sorgfältig und natürlich **vollständig entkleidet untersucht** werden. Darüber hinaus sollen möglichst alle auf Mißhandlung verdächtigen Stellen **photographiert (Farbbilder!)** werden, damit sie gegebenenfalls für weitere Ermittlungs- und Gerichtsverfahren zur Verfügung stehen.

9.5 Sonderformen der Kindesmißhandlung

Unter Sonderformen der Kindesmißhandlung versteht man Vernachlässigung der Kinder im allgemeinen mit entsprechenden Krankheits- und sogar Todesfolgen. Die Vernachlässigung kann bestehen in mangelndem Nahrungsangebot bis zum allmählichen Verhungern mit interkurrenten Krankheiten. Unzureichende Pflege und Hygiene führen insbesondere bei Kleinkindern ebenfalls öfter zu schweren Erkrankungen. Schließlich kommen bei Säuglingen und Kleinkindern Unterkühlungen vor.

9.6 Todesursachen

Als Folge einer Kindesmißhandlung kann der Tod eintreten. In erster Linie findet man die **Folgen von stumpfer Gewalt:**

- Schädelbrüche, Hirnblutung, Contusio
- Fettembolie
- Blutung in die Bauchhöhle
- Crush-Niere (Chromoprotein-Niere)
- Blutaspirationen.

Daneben zeigen sich die **Folgen der Vernachlässigung:**

- Unterernährung, Ernährungsstörungen
- Kachexie, Austrocknung
- Hauterkrankungen
- Erkrankungen des Respirationstraktes
- Pneumonien.

Der Kausalzusammenhang zwischen der Mißhandlung und dem Tod muß durch eine gerichtliche Leichenöffnung geklärt werden.

9.7 Verhalten des Arztes

In vielen Fällen von Kindesmißhandlung wird der Arzt vor die Frage gestellt, ob er Anzeige erstatten soll oder nicht. Ist es zum Tode gekommen, so ist selbstverständlich die Polizei oder Staatsanwaltschaft zu benachrichtigen, da ja zumindest Verdacht eines unnatürlichen Todes gegeben ist. Bei Untersuchung am Lebenden wird der Arzt zu entscheiden haben, ob ihm die Schweigepflicht höher steht oder aber ob er das Jugendamt bzw. die Kriminalpolizei oder Staatsanwaltschaft einschalten will (vgl. Schweigepflicht). Wegen des schrecklichen Loses der gequälten Kinder wird der Arzt bei dringendem Verdacht wohl stets den letzteren Weg wählen. Ist er als Sachverständiger zugezogen, ist die auftraggebende Behörde Geheimnisherr (vgl. 19).

10 Kindestötung

10.1 Rechtliche Grundlagen

Der rechtliche Tatbestand der Kindestötung ist geregelt im § 217 StGB, die Vorschriften über die Öffnung der Leiche eines Neugeborenen im § 90 StGB.

§ 217 StGB lautet:

1. Eine Mutter, welche ihr nichteheliches Kind in oder gleich nach der Geburt tötet, wird mit Freiheitsstrafe nicht unter 3 Jahren bestraft.
2. In minderschweren Fällen ist die Strafe Freiheitsstrafe von 6 Monaten bis zu 5 Jahren.

§ 90 StPO:

Bei der Öffnung der Leiche eines neugeborenen Kindes ist die Untersuchung insbesondere auch darauf zu richten, ob es nach oder während der Geburt gelebt hat und ob es reif oder wenigstens fähig gewesen ist, das Leben außerhalb des Mutterleibes fortzusetzen.

Der § 217 StGB ist ein **selbständiges** Delikt. Der Sache nach handelt es sich um einen Fall **verminderter Schuld.** Man billigt der Mutter (im Gegensatz zu früheren Jahrhunderten) deshalb eine mildere Strafe zu, weil sie sich sowohl physiologisch (Geburt ohne Hilfe, heimliches Gebären) als auch psychisch (häufig Verachtung durch die Gesellschaft, das Elternhaus usw.) in einer besonders schwierigen Situation befindet. Eine zusätzliche Milderung durch Anwendung der §§ 20 oder 21 StGB (vgl. S. 241) ist daher nur möglich, wenn noch weitere besondere Umstände oder Gegebenheiten vorliegen (z. B. Schwachsinn, Psychosen, akute Intoxikation usw.).

Rechtsgut (und Angriffsgegenstand) ist daher nur das **nicht eheliche** Kind. Eine eheliche Mutter würde wegen Todschlags (§ 212 StGB) oder Mordes (§ 211 StGB) bestraft werden.

Die **Handlung** besteht im **vorsätzlichen** Töten „in oder gleich nach der Geburt".

Strafrechtlich erlangt die Leibesfrucht die Qualität Mensch mit dem **Beginn der Eröffnungswehen.** Die Zeit **„gleich nach der Geburt"** ist nicht exakt definiert. Man richtet sich nach der jeweiligen Beeinträchtigung der Mutter (physisch und psychisch). Eine längere Zeitspanne als ein bis zwei Tage wird jedoch kaum jemals in Betracht kommen.

Bekanntlich kann ein Tötungsdelikt nur am **lebenden Menschen** erfolgen. Manipulationen **vor** Beginn der Eröffnungswehen würden daher bestenfalls unter den § 218 StGB (Abtreibung) fallen. Handelt es sich um eine Totgeburt, läge ein Versuch am untauglichen Objekt vor.

Hat das Kind gelebt, wäre aber auf die Dauer nicht lebensfähig gewesen (Mißbildungen, Unreife) kann dies beim Strafmaß mildernd berücksichtigt werden.

Täter sein kann nur die nichteheliche Mutter. Täter sein können nicht Helfer oder Helferinnen. Es handelt sich um ein **Vorsatzdelikt.** Ist der Vorsatz nicht nachweisbar, käme nur eine fahrlässige Tötung (§ 222 StGB) in Betracht. Ein Schuldnachweis scheitert in diesen Fällen häufig an der Schwierigkeit, den Kausalzusammenhang nachzuweisen. (Hätte das Kind sicher überlebt, wenn die Mutter nicht fahrlässig in dieser oder jener Hinsicht gehandelt hätte?)

Nach dem **Personenstandsgesetz** (§ 64 der ersten Durchführungsverordnung von 1938) gilt eine **Leibesfrucht** als **Kind,** wenn sie mindestens 35 cm lang ist. Das Kind gilt als **Totgeburt** oder in der Geburt verstorben, wenn es nicht geatmet hat, als **Fehlgeburt,** wenn es unter 35 cm lang ist. Lediglich Fehlgeburten werden nicht standesamtlich beurkundet. **Frühgeburten** sind lebende Neugeborene, die ein Geburtsgewicht von unter 2500 g oder eine Schwangerschaftsdauer von weniger als 37 Wochen aufweisen.

Lebendgeburten sind Neugeborene, bei denen die Atmung, der Herzschlag, deutlich erkennbare Bewegungen oder die Pulsation der Nabelschnur festgestellt worden sind. Diese Kriterien sind in Anlehnung an diejenigen der Weltgesundheitsorganisation (WHO) gegeben worden.

Aufgrund der forensischen Problematik müssen folgende Fragen gutachterlich geklärt werden:

1. War das Kind neugeboren? (Zeitliche Einengung des § 217.)
2. War das Kind reif? (Evtl. liegt ein Tatbestand des § 218 vor.)
3. War das Neugeborene lebensfähig? (Frage der Strafmilderung.)
4. Hat das Neugeborene gelebt? (Versuch am untauglichen Objekt.) Wie lange hat es gelebt? (Zeitliche Begrenzung des § 217.)
5. Welches war die Todesursache? (Natürlicher Tod? In diesem Falle würde der Tatbestand des § 217 entfallen.)

10.2 Obduktion von Neugeborenen

Von besonderer Bedeutung ist bereits die äußere Besichtigung. Hier ist zunächst die **Länge** zu messen, um zu klären, ob überhaupt der Tatbestand des § 217 StGB in Betracht kommt (s. o.). Ferner sollen Kopfumfang, Schulterbreite, Hüftbreite und Gewicht festgehalten werden. Auf die bekannten Zeichen der Reife ist zu achten. (Hierfür können auch noch der distale Kern der Femurepiphyse und der Knochenkern des Calcaneus herangezogen werden.) Die Lokalisation der Geburtsgeschwulst muß beschrieben werden (vgl. auch 10.3.4).

Die Kopfhöhle wird mit dem sogenannten **Korbhenkelschnitt** eröffnet. (Die Falx bleibt im Zusammenhang mit dem Tentorium. Tentoriumrisse sind zu beachten!) Der Rumpflängsschnitt wird bis zum Kinn unter Spaltung des Unterkiefers geführt. Von den lebenswichtigen Organen sollen Teile zur **histologischen** Untersuchung asserviert werden. Es ist ebenfalls unbedingt Blut für eine evtl. **Blutgruppenbestimmung** zurückzubehalten.

10.3 Gutachterliche Fragestellung bei Verdacht auf Kindestötung

10.3.1 Feststellung des Neugeborenenseins

Für Neugeborensein spricht:

a) Blutbeschmierungen am Körper des Kindes ohne Verletzung.
b) Vorhandensein von Vernix caseosa (hinter den Ohren, in den Gelenkbeugen).
c) Geburtsgeschwulst (eine solche muß bei kleinen Kindern und Kindern von Frauen mit weiten Becken nicht immer erkennbar sein).
d) Nabelschnur am Nabel, frische sulzige Beschaffenheit. Man denke jedoch daran, daß die Nabelschnur auch postmortal vertrocknet. Sie ist dann nur ein Anhaltspunkt für die Zeit zwischen Tod und Obduktion! Schon nach Stunden erfolgt ein „Welkwerden“. Ist die Nabelschnur noch mit der Plazenta in Verbindung, gilt dies als Beweis des Neugeborenenseins.

10.3.2 Feststellung der Reife

Als die wichtigsten Zeichen der Reife gelten folgende Maße und Gewichte:

- Länge 48–52 cm
- Gewicht etwa 3000 g
- Kopfumfang (fronto-okzipital) 34–35 cm
- Schulterbreite 12,5 cm
- Hüftbreite 9,5 cm
- Länge der Nabelschnur 50 cm
- Gewicht der Plazenta 500 g
- sagittaler Durchmesser des Kalkaneuskernes 9,5–13 mm.

Die Nägel überragen die Fingerkuppen, die Zehennägel erreichen die Zehenkuppen. Die Hoden sind deszendiert, die großen Labien bedecken die kleinen. Die Lanugobehaarung ist weitgehend geschwunden.

10.3.3 Nachweis der Lebensfähigkeit

Als lebensfähig gilt ein Kind mit einer Körperlänge von etwa 35 cm. Forensisch spielt im Rahmen des § 217 keine Rolle, ob kleinere Kinder klinisch mit modernsten Methoden am Leben erhalten werden können. Man sollte sich in der Praxis jedoch an einer Länge von etwa 32 cm orientieren, wie sie auch in den alten Hebammenlehrbüchern angegeben worden war (Meßungenauigkeit an der Leiche, Bändererschlaffungen usw.).

Eine **Lebensunfähigkeit** kann bedingt sein:

a) durch **Unreife.** Frühgeburten können, insbesondere, wenn ihnen keinerlei Hilfe zuteil wird, oft sehr schnell zugrunde gehen.
b) **Geburtsbedingte Faktoren.** Hier kommen in erster Linie intrazerebrale Blutungen in Betracht. Ferner ist an intrauterine Asphyxie zu denken, die zur Fruchtwasseraspiration führt (histologischer Nachweis von Fruchtwasserbestandteilen). Manchmal findet man auch Mekoniumentleerung vor. In einigen Fällen kann es zur Erdrosselung des Kindes durch Nabelschnurumschlingung kommen (feuchtes Milieu, daher oft keine Hautvertrocknungen erkennbar).
c) **Konnatale Erkrankungen** (z. B. Toxoplasmose, Erythroblastose, selten Pneumonia alba u. a. m.).
d) **Mißbildungen**. Diese können mannigfacher Art sein (vgl. die Lehrbücher der Pathologie).

10.3.4 Nachweis und Zeitdauer des Gelebthabens

10.3.4.1 Vorbemerkungen. Inspektion der Lungen

Die Methode der Wahl zum Nachweis vorangegangenen Lebens ist immer noch die Lungenschwimmprobe, obwohl man sich darüber im klaren sein muß, daß sie nur Auskunft darüber gibt, ob ein Kind **geatmet** hat. Da jedoch strafrechtlich das Leben mit Beginn der Eröffnungswehen beginnt, ist der Tatbestand des §217 StGB auch erfüllt, wenn das Neugeborene **vor** dem ersten Atemzug getötet wird.

Die Beatmung der Lungen kann häufig schon durch die Inspektion festgestellt werden. Die nicht entfaltete Lunge hat eine festere Konsistenz, eine verhältnismäßig glatte, blau-rote Oberfläche. Sie fühlt sich fleischig, „milzähnlich“ an und liegt zurückgesunken neben der Wirbelsäule. Sie läßt das Perikard frei. Die beatmete Lunge ist hellrosa, zeigt die feine Alveolarzeichnung, erscheint entfaltet und fühlt sich luftkissenartig an. Nicht völlig entfaltete Lungen zeigen einzelne, eingesunkene Bezirke (Atelektasen).

10.3.4.2 Die Lungenschwimmprobe

Die Lungenschwimmprobe wurde bereits im Jahre 1670 von dem Physikus *Rayger* in Preßburg vorgeschlagen, von *Schreyer* 1681 zum ersten Mal in einem praktischen Fall durchgeführt. 1684 stimmte die Universität zu Wittenberg in einem Gutachten zu.
Technik der Durchführung: Zweckmäßigerweise präpariert man zunächst die Halsorgane. Die Trachea wird unterbunden. Hals- und Brustorgane werden nunmehr im Zusammenhang herausgenommen, wobei der Ösophagus oberhalb des Zwerchfells ebenfalls unterbunden wird (dies wegen der später durchzuführenden Magen-Darm-Schwimmprobe). Hals- und Brustorgane werden nun vorsichtig auf (nicht fließendes) Wasser gelegt. Gut beatmete Lungen tragen ohne weiteres Hals- und Brustorgane.

Sinken die Organe unter, werden zuerst die Lungen abgetrennt und einzeln auf das Wasser gelegt. Schließlich werden kleinere Teile der Lungen herausgeschnitten und geprüft. Zum Nachweis vorangegangener Atmung genügt die Schwimmfähigkeit von kleinen Teilen der Lungen.

Bewertung der Lungenschwimmprobe:

Falsche positive Ergebnisse:

1. **Fäulnis:** Durch Bildung von Fäulnisgasen können auch nicht beatmete Lungen schwimmfähig werden. Häufig lassen sich Fäulnisblasen schon bei der makroskopischen Betrachtung unter dem Lungenfell erkennen.
2. **Künstliche Beatmung:** Ist das Kind noch künstlich beatmet worden, so kann hierdurch ebenfalls eine positive Lungenschwimmprobe vorgetäuscht werden.
3. Bei **gefrorenen Leichen** schwimmen die Lungen, sofern auch sie gefroren sind, immer. Nichtbeatmete Lungen gehen jedoch nach dem Auftauen unter.

Falsche negative Ergebnisse:

1. In seltenen Fällen kann bei geringer Luftfüllung die **Luft postmortal resorbiert** werden.

2. Das Kind kann mit dem ersten Atemzug **Flüssigkeit** statt Luft **aspirieren** (z.B. Hineingebären in Wasser, Jauche usw.). Die Lungen sind dann nicht schwimmfähig.
3. Das Neugeborene kann **vor dem ersten Atemzug getötet** worden sein.

Im vorläufigen Obduktionsgutachten wird man wegen der genannten Fehlerquellen recht vorsichtig formulieren müssen. In vielen Fällen wird man ohne histologische Zusatzuntersuchungen nicht auskommen. Die Lungenuntersuchung läßt meist Beatmung von Fäulnis gut unterscheiden. Fäulnisgasblasen zeigen sich unter anderem als Hohlräume, die nicht von elastischen Fasern umspannt sind. Vor einer Überbewertung des Verhaltens der elastischen Fasern wird neuerdings jedoch gewarnt *(Prokop)*.

10.3.4.3 Die Magen-Darm-Schwimmprobe

Neben der Lungenschwimmprobe wird für die Diagnose des Gelebthabens noch die Magen-Darm-Schwimmprobe angewendet (Abb. 77 u. 78).

Technik der Durchführung: Man unterbindet am Ösophagus oberhalb des Zwerchfells,

Abb. 77 Negative Magen-Darm-Schwimmprobe

Abb. 78 Positive Magen-Darm-Schwimmprobe: Überlebenszeit ca. 10–20 Minuten

ferner unterbindet man den Dünndarm in der Gegend vom Pylorus und der Bauhinschen Klappe. Schließlich wird das Rektum kurz vor dem After abgebunden. Das Magen-Darm-Paket wird herausgenommen und aufs Wasser gelegt. Man beobachtet, welche Teile schwimmfähig sind. In den meisten Fällen findet man nur den Magen und einen Teil des Dünndarms schwimmfähig.

Bewertung der Probe:

Falsche positive Ergebnisse:

1. Bei **Wiederbelebungsversuchen** kann Luft auch in den Magen eindringen, wenn auch **weniger als** in die **Lungen.** (Differentialdiagnostisches Merkmal für künstliche Beatmung. Vorsichtig bewerten.)
2. **Fäulnis:** Fäulnisgase im Darm schließen die Bewertung der Probe ebenso aus, wie diejenige der Lungenschwimmprobe.

Falsche negative Ergebnisse:

1. **Aspiration von Flüssigkeit** mit dem ersten Atemzug.
2. **Tötung** des Kindes **vor** dem ersten Atemzug.

Die Magen-Darm-Schwimmprobe eignet sich bei positivem Ausfall zur Schätzung der

Zeitdauer des Gelebthabens. Hierfür können in etwa folgende Zeiten zugrunde gelegt werden:

a) Luft nur im Magen und oberen Dünndarm. Wenige Minuten bis maximal 30 Minuten.
b) Luft im ganzen Dünndarm: 6 Stunden.
c) Luft im gesamten Dickdarm: 12 Stunden oder mehr.

Als weitere Kriterien gelten:

a) **Mekonium** im ganzen Dickdarm. Lebensdauer nicht länger als 2 Tage.
b) **Mekonium** nur noch in den Darmbuchten. Lebensdauer 2–3 (bis 5) Tage.
c) **Nabelschnurabfall.** Dieser erfolgt durchschnittlich am 4. bis 5. (3. bis 6.) Tag. Zwei bis drei Tage nach dem Abfall schließt sich die Wunde durch Epithelisierung.
d) **Nabelring.** Dieser wird sichtbar etwa 1 Stunde (selten schon nach 15–30 Minuten) bis zu 5–24 Stunden nach der Geburt. Der Nabelring entsteht durch negativen Druck in der Bauchhöhle (Sog! Weicheres Gewebe).
e) **Demarkationsring:** Histologischer Nachweis von Leukozyteneinwanderung frühestens nach 5–7 Stunden im Hautnabel.

10.3.4.4 Biologischer Nachweis

Neuerdings hat man durch Unterschiede in der Höhe des Lipidspiegels (freie Fettsäuren) und aus dem Verhältnis der freien Fettsäuren zu den Triglyceriden Rückschlüsse auf das Gelebthaben ziehen können (*Joachim* und *Berg*).

10.3.5 Todesursachen

10.3.5.1 Natürlicher Tod

Hat das Neugeborene gelebt, muß die Todesursache geklärt werden. Wir unterscheiden auch hier den natürlichen und den nichtnatürlichen Tod. Die natürlichen Todesursachen sind in erster Linie (vgl. 10.3.3):

- intrazerebrale Blutungen (Geburtstrauma)
- intrauterine Asphyxie, Frühgeburt
- Nabelschnurumschlingung
- konnatale Erkrankungen
- Mißbildungen
- Übertragung (Mazerationserscheinungen).

10.3.5.2 Gewaltsamer Tod

Zu den häufigsten Todesursachen im Rahmen der Kindestötung gehören die verschiedenen Formen der **Erstickung.** Hier wiederum ist besonders oft eine Erstickung durch weiche Bedeckung anzutreffen. Sie erfolgt mit Kissen, Decken usw. Auch feuchte Tücher oder Papier genügen, um den Erstickungstod herbeizuführen. Kinder können auch durch einfaches Liegenlassen zwischen den Beinen der Mutter zum Ersticken gebracht werden. Bei der Obduktion finden sich die typischen allgemeinen Erstickungsbefunde. Von Bedeutung ist, auf Kratzeffekte (Nagelspuren), Hautvertrocknungen, Blutunterlaufungen, insbesondere an Hals und Gesicht, sowie auf Ekchymosen in den Bindehäuten zu achten.

Charakteristische Befunde lassen sich bei **Erdrosseln** und **Erwürgen** erheben. Nicht selten ist auch **Knebeln** oder Einführen eines Fingers in den Rachen mit meist gut erkennbaren Verletzungen der Schleimhäute.

Tod durch **Ertrinken** kommt bei Hineingebären in Jauche, Wassereimer usw. vor, auch Ertränken im Waschbecken u. a. (meist negative Lungenschwimmprobe!). Manchmal werden die Kinder durch Begraben erstickt.

Seltener als oft angenommen wird, ist der Nadelstich in die Fontanelle **(„Fonanellenstich“).**

Dagegen kommt einfache **Unterkühlung** durch Liegenlassen öfter vor.

Stumpfe Gewalt ist eine häufigere Todesursache. Bei Schädeltraumen ist besonders auch auf Brüche zu achten. Mehrfache Bruchzentren oder Brüche des Schädeldaches **und** der Schädelbasis können nicht durch einfaches Fallenlassen des Kindes erklärt werden. Meist werden die Kinder gegen die Wand geschlagen oder mit Gegenständen geprügelt (Differentialdiagnose: Ossifikationsdefekte. Diese sind symmetrisch, das Periost läßt sich nicht ohne weiteres abziehen. Ferner Kephalhämatome).

10.4 Einreden der Kindesmutter

10.4.1 Ohnmacht

Die häufigste Einrede ist, die Geburt habe eine plötzliche Ohnmacht und damit Handlungsunfähigkeit bewirkt. Eine eingehende Untersuchung der Mutter (soweit frühzeitig genug möglich) erscheint hier wesentlich. An Eklampsie oder Epilepsie ist zu denken. Üblicherweise kommt es durch die Geburt nicht zu einer Ohnmacht, dagegen ist eine solche bei sehr starken Blutverlusten, Sturzgeburten, abnormen Stellungen usw. nicht auszuschließen. Auf die Lage der Geburtsgeschwulst ist zu achten! Bei der schon erwähnten Sturzgeburt kommt es durch die schnelle Entleerung des Uterus zu plötzlichen Blutverschiebungen, die eine Ischämie des Gehirns bedingen **können.** Hierbei spielt auch die Lage, die die Mutter beim Gebären einnimmt (stehende Geburt), eine Rolle.

10.4.2 Unwissenheit

Eine Unwissenheit über die wesentlichen Vorgänge der Geburt kommt heute praktisch nicht mehr vor. Nach *Mueller* wird man allerdings die Kenntnis der Bedeutung des Blasensprunges nicht ohne weiteres bei allen voraussetzen dürfen.

10.4.3 Verblutung aus der Nabelschnur

Eine Verblutung aus der Nabelschnur kommt normalerweise nicht vor. Sie könnte nur bei starker Asphyxie erörtert werden.

10.4.4 Nabelschnurumschlingung

Diese hat meist keine gravierende Bedeutung. Nur in seltenen Fällen, nämlich bei abnorm kurzer Nabelschnur, könnte es einmal zur Erdrosselung des Kindes kommen.

10.4.5 Selbsthilfe

Durch Selbsthilfe (z. B. Ziehen am Kopf) können Kratzeffekte, manchmal auch Zerreißungen des Mundes entstehen. Nur in Ausnahmefällen finden sich schwere Verletzungen.

10.4.6 Zu-Boden-Fallen des Kindes

Hierüber wurde schon kurz referiert. Ist das Kind tatsächlich durch Sturzgeburt oder dadurch, daß es der Mutter aus der Hand glitt, zu Boden gefallen, findet man allenfalls radiäre Sprünge im Bereich des Schädeldaches. Schädelbasisbrüche und mehrfache Bruchzentren sprechen für schwere Gewalteinwirkung unabhängig vom Fall.

10.4.7 Verkennung des Geburtsbeginnes

Es ist möglich, daß besonders sehr junge Mütter den Geburtsbeginn verkennen oder aber mit Stuhldrang oder Erbrechen (Reizung des Plexus solaris) verwechseln. Irgendwann aber wird die Geburt immer erkannt.

10.5 Abgrenzung zur fahrlässigen Tötung

Läßt die Mutter, ohne Tötungsvorsatz zu haben, dem Kind fahrlässigerweise nicht die nötige Hilfe angedeihen, so kommt der Tatbestand der fahrlässigen Tötung in Betracht (§ 222 StGB). Es wird zu prüfen sein, ob die Hilfe zumutbar gewesen wäre und inwieweit Hilfsmöglichkeiten bestanden haben. Die Verurteilung scheitert häufig daran, daß, worauf schon hingewiesen wurde, nicht nachzuweisen ist, daß das Kind bei entsprechender Hilfe überlebt hätte (Kausalzusammenhang).

10.6 Psychologie der Kindesmutter

Bei den Müttern, die das Delikt der Kindestötung begehen, handelt es sich in aller Regel um einfältige Naturen. Sie lassen die Dinge laufen, wie sie gerade kommen. Sie sind ohne Aktivität und Voraussicht. Sie erscheinen naiv in ihren Wünschen (das Kind möge nie lebend geboren werden), an die sie selbst glauben. Die Passivität ihres Wesens unterscheidet sie von den Abtreiberinnen. Der Sexualtrieb ist oft von der gleichen Passivität. Der Wunsch, ein echtes Liebesabenteuer zu erleben, fehlt meist. Der Geschlechtsverkehr trägt mitunter den Charakter des „Entgeltes für gewährte Freundlichkeit" *(O. Schmidt)*. Engere Bindungen sind selten. Für die Geburt werden keine Vorbereitungen getroffen.

Es handelt sich also nicht um so sensible, differenzierte Naturen, wie *Goethe* sie in Gretchen geschildert hat. Man muß sich aber auch hier vor Augen halten, daß die Ausnahme die Regel bestätigt.

10.7 Nachweis einer stattgehabten Geburt

10.7.1 Vorbemerkungen

Das Auffinden einer Kindesleiche, von der die Mutter noch unbekannt ist, erfordert natürlich eine eingehende Bestimmung möglichst vieler **Blutgruppen,** sofern dies (lange Lagerung, Fäulnis) noch möglich ist.

Von einem Kreis verdächtiger Frauen wird man diejenigen ausscheiden können, die zum aufgefundenen Neugeborenen entgegengesetzt reinerbig sind (vgl. Kapitel Blutgruppen).

Im übrigen muß nach einer stattgehabten Geburt gefahndet werden. (Gynäkologische Untersuchung. Uterus, Muttermund, Mammae, Striae, Lochien, Hormone.)

10.7.2 Spurenuntersuchung

Rechtsmedizinisch ist oft eine **Spurenuntersuchung** angezeigt. Diese bezieht sich in erster Linie auf vorgefundene blutige Wäschestücke. Gelingt es, **glykogenhaltige Epithelien** nachzuweisen (Braunfärbung mit Lugolscher Lösung), so kann davon ausgegangen werden, daß es sich um Blut aus dem weiblichen Genitale handelt.

Geburtsblutspuren zeigen zusätzlich oft Mekoniumkörperchen, Lanugohaare, Chorionepithelien und Vernixzellen. Nach *Berg* ist der Histaminasegehalt im Blut Nicht-Gravider niedriger als bei Schwangeren. Man kann weiterhin versuchen, im **Geburtsblutextrakt** positive Schwangerschaftsreaktionen zu erhalten (Gonadotropin-Nachweis bis zu 8–10 Tagen).

Neugeborenenblut kann am Hämoglobin erkannt werden. Es enthält nämlich ca. 60–80% HbF, während Erwachsenenblut, auch dasjenige älterer Kinder, HbA aufweist.

Fruchtwasserbestandteile sind durch Fetttröpfchen, Lanugohärchen und evtl. Hornschüppchen gekennzeichnet.

11 Notzucht (Vergewaltigung)

11.1 Rechtliche Grundlagen

Die sogenannte „Vergewaltigung" ist rechtlich im § 177 StGB als Tatbestand formuliert. Dieser lautet:

I. Wer eine Frau mit Gewalt oder durch Drohung mit gegenwärtiger Gefahr für Leib oder Leben zum außerehelichen Beischlaf mit ihm oder einem Dritten nötigt, wird mit Freiheitsstrafe nicht unter zwei Jahren bestraft.
II. In minder schweren Fällen ist die Strafe Freiheitsstrafe von 6 Monaten bis zu 5 Jahren.
III. Verursacht der Täter durch die Tat leichtfertig den Tod des Opfers, so ist die Strafe Freiheitsstrafe nicht unter 5 Jahren.

Während der § 178 StGB lediglich sexuelle Handlungen (siehe unten), die **nicht** Beischlaf sind, zum Gegenstand hat, gehört noch der § 179 hierher, insbesondere der zweite Absatz.

Der § **179 StGB** lautet:

I. Wer einen anderen, der
   1. wegen einer krankhaften seelischen Störung, wegen einer tiefgreifenden Bewußtseinsstörung oder wegen Schwachsinns oder einer schweren anderen seelischen Abartigkeit zum Widerstand unfähig ist oder
   2. körperlich widerstandsunfähig ist,

   dadurch mißbraucht, daß er unter Ausnutzung der Widerstandsunfähigkeit außereheliche sexuelle Handlungen an ihm vornimmt oder an sich von dem Opfer vornehmen läßt, wird mit Freiheitsstrafe bis zu 5 Jahren oder mit Geldstrafe bestraft.
II. Wird die Tat durch Mißbrauch einer Frau zum außerehelichen Beischlaf begangen, so ist die Strafe Freiheitsstrafe von 1 Jahr bis zu 10 Jahren, in minderschweren Fällen Freiheitsstrafe von 3 Monaten bis zu 5 Jahren.

Der juristische Tatbestand des „Beischlafs" ist erfüllt, wenn der Penis in den Scheidenvorhof eingedrungen ist (BGHSt 16, 175). Es ist **nicht** erforderlich, daß es zu einer Ejakulation gekommen ist.

Die Neuformulierung des Tatbestandes der Widerstandsunfähigkeit (früher „willenloser" oder „bewußtloser" Zustand) umfaßt **psychische** Störungen oder **körperliche** Widerstandsunfähigkeit.

Zu den **psychischen** Störungen werden unter anderem Narkose, Schlaf, völlige Erschöpfung, Alkoholeinwirkung, Schock und Hypnose gerechnet. In diesem Zusammenhang sei bemerkt, daß z. B. gynäkologische Untersuchungen in Narkose nie ohne Zeugen durchgeführt werden sollten (falsche Beschuldigungen gegen den Arzt aus den verschiedensten Motiven, auch wegen erotischer Narkoseträume). Hypnose ist nur in extrem seltenen Fällen anzuerkennen, da praktisch ein echter innerer Widerstand gegen sexuelle Handlungen durch Hypnose nicht durchbrochen wird.

Zu **körperlichen** Störungen, die Widerstandsunfähigkeit bedingen, gehören lediglich einfaches Festhalten oder reine körperliche Schäden, wie z. B. Lähmungen usw., da die anderen auch zum Teil körperlich bedingten Störungen bereits bei den psychischen Schäden miterfaßt sind.

11.2 Medizinische Begutachtung

11.2.1 Verletzungen des Opfers

Bei der ärztlichen Untersuchung des Opfers ist eine genaue Befundaufnahme von größter Bedeutung. Es sollen möglichst auch Fotografien angefertigt werden (Farbbilder). Man muß sich darüber im klaren sein, daß in 4 bis 6% falsche Beschuldigungen erhoben werden (z. B. aus Angst vor dem Elternhaus wird eine freiwillige Hingabe später als „Notzucht" deklariert usw.).

Für eine Notzucht sprechen echte Abwehrverletzungen des Opfers. Man findet Hämatome an den Oberarmen, an den Innenseiten der Oberschenkel, Kratzeffekte im Gesicht (Zuhalten von Mund und Nase), am Hals (Würgespuren), Abwehrverletzungen an den Händen, Verletzungen (auch

Bißverletzungen) an Brüsten und auch am Genitale, Kratzspuren auf der Bauchhaut (Abstreifen der Unterhose). Es sollte ferner auch auf die Oberbekleidung (Verschmutzungen, Zerreißungen) sowie auf die Unterwäsche geachtet werden (Spurenuntersuchung! Einnässen).

Nach konjunktivalen Blutungen ist zu suchen (Würgevorgänge, Drosselvorgänge). Sind derartige Blutungen festgestellt, sind sie unbedingt zu fotografieren. Die oft bis zu einem Jahr persistierenden psychischen Folgen beim Opfer sind zu beschreiben. Auch der Täter soll auf frische Verletzungen untersucht werden (Nagelspuren, Bißringe).

11.2.2 Feststellung der Defloration

Eine frische Defloration zeigt sich durch Einrisse am Hymen, die Blutunterlaufungen, Schwellungen und Rötungen aufweisen. Ein negativer Befund widerlegt allerdings noch nicht die Tatsache einer Immissio penis, da es sehr elastische Hymen gibt, die auch beim Geschlechtsverkehr nicht einzureißen brauchen. Auch kann bekanntlich der Tatbestand der Vergewaltigung bereits erfüllt sein, wenn der Penis lediglich in den Scheidenvorhof eingedrungen ist. Frische Deflorationsverletzungen sind extrem selten geworden, weil praktisch alle junge Frauen bis zum 17. Lebensjahr koitale Erfahrungen erwerben.

Im übrigen wird man in der weitaus überwiegenden Zahl der Fälle von Vergewaltigung damit zu rechnen haben (im Gegensatz zur Unzucht mit Kindern), daß die Mädchen und Frauen bereits vor der Tat defloriert waren. Schließlich ist daran zu denken, daß auch virginelle Hymen gekerbte Ränder besitzen können, die dann allerdings nicht bis auf die Vaginalwand reichen.

11.2.3 Asservierung (und Untersuchung) von Spuren

11.2.3.1 Haare und Fasern

Der Arzt kann, auch wenn er spätere Untersuchungen nicht selbst durchführt, dadurch zur Tataufklärung beitragen, daß er sachgemäße Asservierungen durchführt oder zumindest auf solche Hinweise gibt.

Bei Verdacht auf Vergewaltigungen sollten in jedem Fall die **Kleider** asserviert werden, da es zur Faserübertragung zwischen Täter und Opfer gekommen sein kann. Es können auch **Schamhaare** übertragen werden. Derartige Haare sind durch vorsichtiges Auskämmen der Schamgegend zu sichern. Erfolge sind besonders bei stark unterschiedlichen Haaren (Farbe!) zu erwarten. Bezüglich der Untersuchung vergleiche im übrigen Kapitel Spurenkunde.

11.2.3.2 Sperma

Die wichtigste Aufgabe bei Notzuchtdelikten ist die Asservierung und Untersuchung von Sperma. Zunächst ist auch hierbei an die Kleidung zu denken. Unterwäsche von Täter und Opfer sind daher unbedingt sicherzustellen. Einnässen spricht für Todesnähe bei gewürgten Opfern. Ferner muß beim Opfer ein Scheidenabstrich gemacht werden (hinteres Scheidengewölbe, evtl. auch Zervikalkanal). Man kann gleich unter einem üblichen Mikroskop im Kochsalztropfen untersuchen, ob sich noch lebende Spermien finden. Nachweisbarkeit bis zum Absterben bei der lebenden Frau ein bis über 40 Stunden nach Literaturangaben. Der Durchschnitt liegt bei 5 bis 8 Stunden, unbewegliche Spermien können durchschnittlich bis etwa 48 Stunden nachgewiesen werden. An der Leiche allerdings kann man Spermien noch nach Wochen nachweisen.

Neben dem sofortigen Nachweisversuch muß Material zur späteren Spurenuntersuchung entnommen werden. Abgesehen von der schon erwähnten Kleidung, sind sowohl Stiltupfer als auch Objektträgerausstriche, die vor dem Transport getrocknet sein müssen, einer geeigneten Untersuchungsstelle (Institute für Rechtsmedizin) einzusenden. Ausstriche können auch mit Äther-Alkohol fixiert werden. Wichtig ist auch der Blutgruppennachweis im Sperma bei Ausscheidern. Einzelheiten des Untersuchungsprinzipes vergleiche die Kapitel 13.2 und 12.3.1.8.

11.2.3.3 Blutspuren und Speichelproben

Blutspuren vom Tatort sind möglichst im Spurenträger zu asservieren. Wenn dies nicht gelingt, sollen sie konzentriert auf Watteträger (physiologische Kochsalzlösung) übertragen werden. Auch hierfür muß wieder die Kleidung angesehen und asserviert werden (Differentialdiagnose: Menstrualblut).

Die Frage, ob es sich um Blut handelt, sowie falls ja, welche Artspezifität und Blutgruppe vorliegt, ist zu klären (vgl. Kapitel 13).

Es darf natürlich keinesfalls vergessen werden, **Vergleichsblutproben** von Täter und Opfer zu entnehmen. Diese sind auch auf Alkohol (⅔ der Täter sind alkoholisiert und viele Opfer auch) und gegebenenfalls Drogen zu untersuchen. Auch **Speichelproben** zur Überprüfung der Ausscheidereigenschaft sind zu sichern. Hierzu läßt man am besten auf geeignetes Filterpapier beißen und verschickt dieses getrocknet. Sonst muß der Speichel vor der Versendung zentrifugiert und im Wasserbad erhitzt werden (vgl. Kapitel 13.2).

12 Vaterschaftsfragen (Paternitätsprozeß)

12.1 Rechtliche Grundlagen

Nach der sogenannten „Nichtehelichen-Reform“ gelten im wesentlichen folgende, für die forensische Begutachtung wichtige Gesetze des Bürgerlichen Gesetzbuches (BGB).

§ 1600 o BGB:
1. Als Vater (eines nichtehelichen Kindes) ist der Mann festzustellen, der das Kind gezeugt hat.
2. Es wird vermutet, daß das Kind von dem Manne gezeugt ist, welcher der Mutter während der Empfängniszeit beigewohnt hat. Die Vermutung gilt nicht, wenn nach Würdigung aller Umstände schwerwiegende Zweifel an der Vaterschaft verbleiben. Die Empfängniszeit bestimmt sich nach § 1592.

§ 1591 BGB:
1. Ein Kind, das nach der Eheschließung geboren wird, ist ehelich, wenn die Frau es vor oder während der Ehe empfangen, der Mann innerhalb der Empfängniszeit der Frau beigewohnt hat; dies gilt auch, wenn die Ehe für nichtig erklärt wird. Das Kind ist nicht ehelich, wenn es den Umständen nach offenbar unmöglich ist, daß die Frau das Kind von dem Manne empfangen hat.
2. Es wird vermutet, daß der Mann innerhalb der Empfängniszeit der Frau beigewohnt habe. Soweit die Empfängniszeit in die Zeit vor der Ehe fällt, gilt die Vermutung nur, wenn der Mann gestorben ist, ohne die Ehelichkeit des Kindes angefochten zu haben.

§ 1592 BGB:
1. Als Empfängniszeit gilt die Zeit von dem einhunderteinundachtzigsten bis zu dem dreihundertundzweiten Tag vor dem Tage der Geburt des Kindes, mit Einschluß sowohl des einhunderteinundachtzigsten als des dreihundertundzweiten Tages.
2. Steht fest, daß das Kind innerhalb eines Zeitraumes empfangen worden ist, der weiter als dreihundertundzwei Tage vor dem Tage der Geburt zurückliegt, so gilt zugunsten der Ehelichkeit des Kindes dieser Zeitraum als Empfängniszeit.

Das neue „Nichtehelichen-Recht“ bringt wesentliche Änderungen gegenüber den vor 1970 geltenden „Unehelichen-Gesetzen“.

Früher bestand eine sogenannte „Gilt- bzw. Zahl-Vaterschaft“. Dem klägerischen Kind wurde der Beweis (nämlich seinen Vater zu benennen) dadurch erleichtert, daß an die Beiwohnung die Vermutung geknüpft wurde, sie habe auch zur Zeugung geführt (im alten § 1717 BGB hieß es: „Als Vater eines unehelichen Kindes **gilt** ... wer der Kindesmutter ... beigewohnt hat). Diese Vermutung konnte nur durch den Gegenbeweis des Mehrverkehrs oder durch Beweise, die eine Vaterschaft ausschließen, widerlegt werden.

Jetzt sieht das Gesetz vor, den tatsächlichen Vater zu ermitteln. („Als Vater **ist** der Mann festzustellen, der ...“).

Auch das Kind eines unehelichen Vaters hat ein familienrechtliches (und auch erbrechtliches) Verwandtschaftsverhältnis.

Der Gegenbeweis gegen eine Vaterschaft ist allerdings erleichtert worden: Zur Widerlegung der Vaterschaftsvermutung wird nicht mehr, wie früher, die Forderung des „offenbar unmöglich“ (= Sicherheit 99,73%) erhoben; es genügt vielmehr, daß **„schwerwiegende Zweifel“** an der Vaterschaft bestehen. Das wirkt sich natürlich auch auf Begutachtungsfragen aus.

So können z. B. beim Blutgruppengutachten auch Merkmale berücksichtigt werden, deren Beweiswert noch nicht voll gesichert ist. Andererseits wird das biostatische Gutachten (siehe unten) dazu beitragen, Sicherheit über den Grad der Wahrscheinlichkeit einer Vaterschaft zu erlangen.

Lediglich bei Zweifel an der Vaterschaft eines **ehelichen** Kindes ist der strenge Begriff des „den Umständen nach offenbar unmöglich“ geblieben.

Die **gesetzliche Empfängniszeit** ist seit über 70 Jahren gleich geregelt, obwohl man weiß, daß es überlange Tragezeiten gibt, und damit die Konzeption auch einmal außerhalb der vom Gesetzgeber festgelegten Zeitspanne liegen könnte.

Die Begutachtung im Paternitätsprozeß kann sich auf folgende Methoden stützen:

1. Das Blutgruppengutachten (hierzu werden auch die vererbbaren Serum- und Fermentsysteme gerechnet) einschließlich biostatischer Wahrscheinlichkeitsberechnung.
2. Das anthropologische Ähnlichkeitsgutachten.
3. Das Tragzeitgutachten.
4. Die Untersuchung auf Zeugungsfähigkeit.

Im Zivilprozeß können bei Abstammungsstreit alle Personen, auch Zeugen und Verwandte, zur Blutentnahme gezwungen werden, soweit dies eine Aufklärung des Sachverhalts verspricht und zumutbar ist (§ 372 a ZPO).

12.2 Das Blutgruppengutachten

12.2.1 Allgemeine Vorbemerkungen

Unter „Blutgruppen" sollen alle im Blut nachweisbaren erblichen Eigenschaften verstanden werden *(Schwerd)*.

Blutgruppeneigenschaften sind im Paternitätsprozeß allen anderen Erbmerkmalen hinsichtlich der Sicherheit ihrer Feststellung sowie ihrer weitgehenden Konstanz fürs ganze Leben weit überlegen. Nur in seltenen Ausnahmen kämen gewisse Veränderungen der Blutgruppen in Betracht (ein Fall von Myeloblasten-Leukämie ist beschrieben worden, vorübergehend können durch Transfusionen Fehler entstehen. Fehlen von Eigenschaften bei Serumgruppen kann aufgrund von Störungen der Eiweißbildung gegeben sein).

Die Blutgruppen eignen sich deshalb besonders gut zur Verfolgung und Klärung eines Erbganges, weil jeweils nur **ein** Blutgruppenmerkmal die Ausprägung eines einzelnen Gens ist. Ein Blutgruppenmerkmal eines Kindes muß daher auch bei einem Elternteil zu erkennen sein. Die einzige Ausnahme bilden bei den Erythrozyten-Eigenschaften die Blutgruppe 0, das P- sowie das Lewis-System.

Wir unterscheiden die vererbbaren Eigenschaften von:

- Erythrozyten
- Serumeiweißen
- Enzymen
- Leukozyten
- Thrombozyten.

12.2.2 Forensische Anwendbarkeit

Die forensische Anwendbarkeit der vererbbaren Bluteigenschaften beruht auf:
Konstanz der Merkmale
Klärung des Erbganges
Sicherheit des serologischen Nachweises.

Über die **Konstanz** der Merkmale wurde soeben berichtet.

Der **Erbgang** gilt als gesichert, wenn mindestens 500 sogenannte kritische Familien untersucht worden sind, d. h. keine Abweichung vom angenommenen Erbgang vorkommen. „Kritisch" bedeutet, daß das festzustellende Merkmal reinerbig vorliegen muß.

Die **Sicherheit** des Nachweises liegt in der Technik der Bestimmung (Fehlerquellen!).

Für die Erstattung von Blutgruppengutachten müssen die „Richtlinien des Bundesgesundheitsamtes" beachtet werden. Diese Beachtung soll der Blutgruppengutachter bescheinigen.

12.2.3 Grundbegriffe der Serologie

12.2.3.1 Mendelsche Erbregeln

Gregor Mendel entdeckte als erster die dem Vererbungsgeschehen zugrundeliegenden Gesetze.

- **Erstes Mendelsches Gesetz** (Uniformitäts- oder Reziprozitätsgesetz). Es lautet:

  Die Kreuzung von Eltern zweier reinerbiger (homozygoter), aber verschiedener Rassen, führt zu einer „Bastard"-Nachkommenschaft (F_1; erste Filialgeneration). Diese ist unter sich völlig gleich, sowohl im Phänotyp (Erschei-

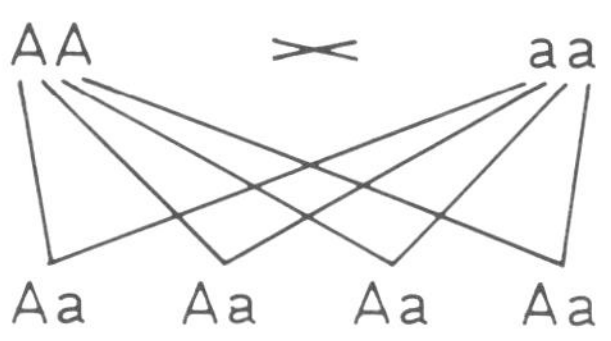

Abb. 79 Beispiel

nungsbild) als auch im Genotyp (Erbbild). Die betreffenden Merkmale können zwischen denen der Eltern stehen (intermediär) oder mit denen der elterlichen Merkmale übereinstimmen (eines Elternteiles).

Dominant nennt man den Erbgang ausgebildeter Merkmale. Rezessiv denjenigen der nichtausgebildeten Merkmale.

- **Zweites Mendelsches Gesetz** (Spaltungsgesetz):

Bruder-Schwester-Paarung bei F_1-Bastarden (F_2; Filialgeneration).

Die F_2-Nachkommen sind unter sich verschieden. Sie „spalten" verschiedene Phänotypen heraus. Ist der Erbgang kodominant (kombinant, intermediär), d. h. sind beide Merkmale gleich gewichtig, so ergibt sich ein Spaltungsverhältnis von 1 : 2 : 1. Es sind also 25% reinerbig wie der Erzeuger, 25% wie die Mutter und 50% mischerbig. Bei dominant-rezessiver Vererbung, d. h., wenn ein Merkmal über das andere überwiegt und das andere deshalb nicht ausgebildet ist, ergibt sich ein Verhältnis von 3 : 1, wobei 3 die Häufigkeit des dominanten Phänotyps und 1 diejenige des rezessiven ist.

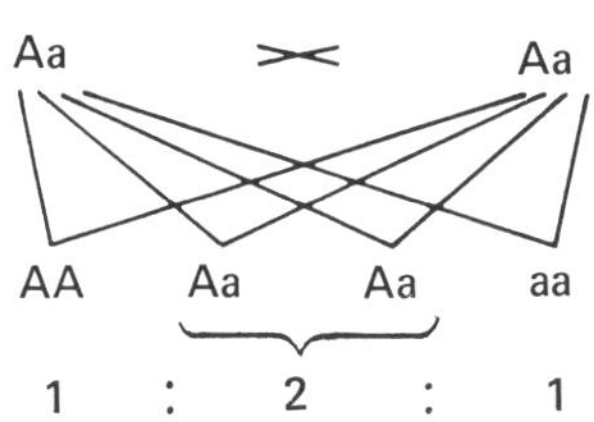

Abb. 80 Beispiel für kodominante Vererbung

- **Drittes Mendelsches Gesetz** (Gesetz von der Reinheit der Gameten):

Dieses Gesetz leitet sich aus den beiden ersten Gesetzen ab. Es besagt, daß die Gameten (Geschlechtszellen) niemals Bastardnatur haben, wobei es gleichgültig ist, ob sie von einem reinerbigen oder spalterbigen Individuum stammen. Häufig wird als

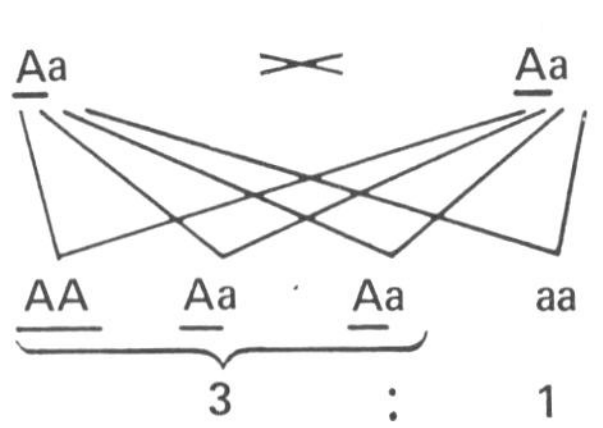

Abb. 81 Beispiel für Dominanz (a tritt nur bei Reinerbigkeit in Erscheinung, ist rezessiv, A ist dominant)

- **viertes Mendelsches Gesetz** das Gesetz der freien Rekombinierbarkeit (Unabhängigkeitsregel) bezeichnet. (Manchmal wird es auch zum dritten Gesetz gezählt.)

Es sagt aus, daß die einzelnen Erbanlagen unabhängig voneinander vererbt werden. Es können also Neukombinationen entstehen. Seine Bedeutung erweist sich im sogenannten „dihybriden" Fall, d. h. für jeweils zwei Allelenpaare. Diese Allelenpaare liegen zunächst auf je einem Chromosom, nach der Kreuzung werden sie getrennt. Wie beim ersten Mendelschen Gesetz entsteht in der F_1-Generation eine unter sich gleiche Bastard-Nachkommenschaft. Aus dieser können in der F_2-Generation neue Rassen hervorgehen.

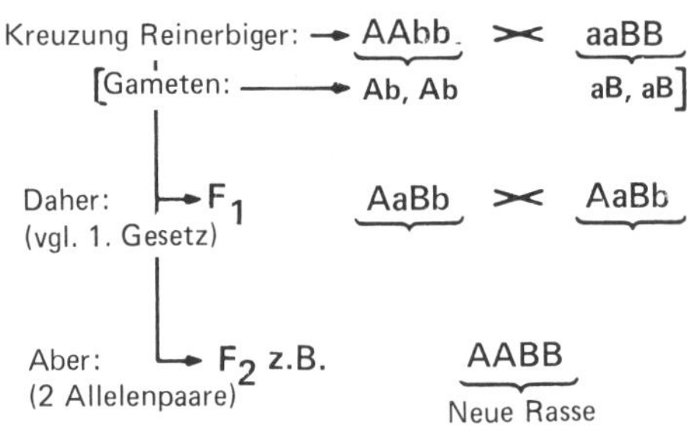

Abb. 82 Beispiel für zwei Allelenpaare

12.2.3.2 Antigene und Antikörper

Antigene: Unter Antigenen versteht man im allgemeinen Substanzen, die nach Einverleiben in den tierischen Körper die Bildung von Antikörpern anregen. Die verschiedenen Blutgruppen-Faktoren sind Antigene, die an den roten Blutkörperchen lokalisiert sind. Sie können auch in Körperflüssigkeiten vorkommen.

Antikörper: Sie stellen Proteine dar, die meist zur Gruppe der Gammaglobuline gehören und mit dem auslösenden Antigen (Protein) zu unlöslichen Komplexen zusammentreten. Die Bindung von Antigen und Antikörper führt meist entweder zu einer Präzipitation (lösliche Antigene) oder zu einer Agglutination (korpuskuläre Antigene).

Bei der Blutgruppenbestimmung ist die Agglutination die häufigste Erscheinung einer Antikörper-Antigen-Reaktion. (Man nennt hier das Antigen Agglutinogen und den Antikörper Agglutinin. Über die Unterscheidung von kompletten und inkompletten Antikörpern siehe später beim Rh-System.)

12.2.3.3 Gene

Gene: Ein Gen stellt die kleinste Erbeinheit dar. Die Gene sind in den Chromosomen in einer bestimmten Anordnung lokalisiert. Gene mit dem gleichen Gen-Ort werden **allele Gene** genannt (Allele). Gene, die auf einem Chromosom eng benachbart liegen, heißen **gekoppelte Gene.** Sie werden gewöhnlich miteinander vererbt. Hat ein Gen verschiedene Allele (von denen jeweils nur eines den Gen-Ort für dieses Gen besetzen kann, sogenannte „Schalterstellung" des Gens), so spricht man von **„multipler Allelie"**.

Bekanntlich besitzt der Mensch in seinem Chromosomen-Satz zwei gleichartige Chromosomen, von denen er eines von seiner Mutter, eines von seinem Vater ererbt hat. Innerhalb eines Blutgruppen-Systems müssen daher an jedem Gen-Ort zwei Gene vorhanden sein. Handelt es sich um **gleiche Gene,** liegt **Reinerbigkeit** vor. Sind **zwei ungleiche Gene** vorhanden, besteht **Mischerbigkeit.** Die Gesamtzahl der Gene bestimmt den Genotyp (Erbbild). Dieser kann nicht immer direkt erkannt werden. In solchen Fällen ist der Phänotyp anders als der Genotyp (z. B. Genotyp B0, Phänotyp B).

12.2.3.4 Die Arten des serologischen Ausschlusses

Wir unterscheiden drei Arten von Ausschlüssen:

a) Klassischer Ausschluß

Er ist gegeben, wenn beim Kind ein Merkmal vorhanden ist, das weder bei der Mutter noch beim angeblichen Erzeuger (Präsumptivvater) nachgewiesen werden kann.

Beispiel:	1	2
Kind:	A B	(00)
Mutter:	B 0	(A0)
Präsumptivvater:	0 0	(AB)

Da die Mutter das Merkmal A nicht besitzt, muß das Kind dieses Merkmal vom Erzeuger geerbt haben. Der Präsumptivvater (00) weist dieses Merkmal jedoch nicht auf. Bei dem Fall, der in Klammern als Beispiel 2 gegeben ist, muß das Kind vom Vater ein Gen 0 geerbt haben, das dieser (AB) nicht hat.

b) Ausschluß der entgegengesetzten Reinerbigkeit

Ein in einem System reinerbiges Kind muß beide (gleichartigen) Merkmale von den Eltern, also eines von der Mutter, das andere vom Vater geerbt haben. Ein Mann, der entgegengesetzt reinerbig zum Kind ist, ist daher als Erzeuger auszuschließen.

Beispiel:	
Kind:	NN
Mutter:	MN
Präsumptivvater:	MM

Der Ausschluß der entgegengesetzten Reinerbigkeit ist **weniger sicher** als der klassische Ausschluß, da hier seltene (oder noch unbekannte) **Varianten interferieren** können (vgl. hierzu NM-System).

c) Indirekter Ausschluß

Ein solcher liegt vor, wenn wegen mangelnder Übereinstimmung von Phänotyp und Genotyp der Genotyp durch zusätzliche Untersuchungen der Eltern eines Probanden erschlossen werden und hierauf ein Ausschluß aufgebaut werden kann (vgl. Näheres beim ABO-System). Ferner liegt ein indirekter Ausschluß vor, wenn bei sogenannten Komplexausschlüssen (Vererbung gekoppelter Gene) der zum Ausschluß führende Komplex erst durch Elternuntersuchungen ermittelt werden kann (vgl. beim Rh-System).

12.2.4 Das AB0-System

12.2.4.1 Allgemeine Grundlagen

Das AB0-System und damit die menschlichen Blutgruppen wurden 1900 von *Karl Landsteiner* entdeckt. Die Antigene, die die vier Blutgruppen (A, B, AB und 0) charakterisieren, befinden sich auf der Oberfläche der roten Blutkörperchen. Die Antigene werden nach der *Bernstein*schen Theorie von drei allelen Genen gesteuert: 0, A und B.

A und B werden kombinant vererbt und sind scheinbar dominant über 0. Es wird heute bezweifelt, daß 0 nur negativ charakterisiert ist. Die gegen dieses Antigen zuerst gefundenen Anti-0-Seren stellten sich nämlich später meist als Anti-H-Seren heraus. Man nimmt an, daß sich aus einer ursprünglichen H-Substanz sowohl die A- und B- als auch die 0-Eigenschaften entwickelt haben. Hierdurch kann man die Tatsache erklären, daß fast alle menschlichen Erythrozyten H-Substanz enthalten. Die H-Substanz ist bei den einzelnen Blutgruppen in unterschiedlicher Menge vorhanden:

Viel H → 0 A_2 A_2B B A_1 A_1B ← **Wenig** H

Man macht sich die H-Rezeptoren zur Bestimmung der A-Untergruppen zunutze. Das Merkmal 0 läßt sich, wenn es neben A und B vorliegt, nicht gesondert nachweisen. Demnach können nur vier Phänotypen festgestellt werden, obwohl sechs Genotypen vorhanden sind:

Phänotypus	Genotypus
A	AA A0
B	BB B0
AB	AB
0	00

Im Serum finden sich zwei spezifisch gerichtete Agglutinine (Anti-A und Anti-B), mit den griechischen Buchstaben α und β bezeichnet, die natürlich vorgebildet sind. Sie werden daher auch Isoagglutinine, die entsprechenden Agglutinogene Isoagglutinogene genannt („natürliches Blutgruppen-System"). In einem Blut sind jeweils nur die verträglichen Agglutinine vorhanden, und zwar regelmäßig, während die unverträglichen regelmäßig fehlen (*Landsteiner*sche Regel). Die Gruppe AB kann daher keine Agglutinine im Serum enthalten.

12.2.4.2 Bestimmung

Auf die Bestimmungstechnik wird hier – wegen des Prinzipes einer Blutgruppenbestimmung überhaupt – etwas näher eingegangen.

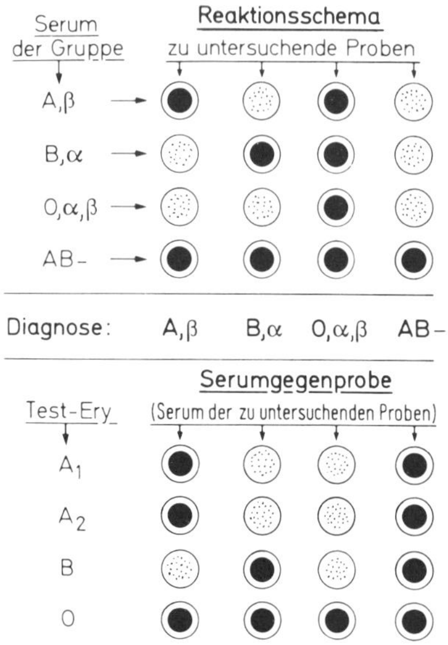

Abb. 83 Reaktionsschema

Beim AB0-System müssen grundsätzlich sowohl die Blutkörperchen-Eigenschaften als auch die Serum-Eigenschaften bestimmt werden. Man tropft zur Feststellung der Antigene zunächst bekannte Seren der Blutgruppen A, B, 0 und AB waagerecht in so vielen Tropfen auf eine Glasplatte, wie Proben untersucht werden sollen (Abb. 83).

Heute verwendet man am zweckmäßigsten hochtitrige Immunseren. In diese Serumtropfen hinein wird senkrecht von oben nach unten je ein Tropfen einer mit physiologischer Kochsalzlösung verdünnten Blutkörperchen-Aufschwemmung (3–5prozentig) gegeben. Die Tropfen werden mit einem Glasstab kurz verrührt. Das Ablesen der Reaktionen erfolgt nach wenigen Minuten bei Zimmertemperatur unter leichtem Schaukeln der Glasplatte. Durch die im Serum vorhandenen Antikörper (Agglutinine) kommt es beim Zusammentreffen mit den entsprechenden Antigenen zu einer Verklumpung der Blutkörperchen (Agglutination).

Das AB-Serum dient lediglich als negative Kontrolle. Da es keine Agglutinine enthält, kann keine Verklumpung von Blutkörperchen eintreten. Findet sich eine solche dennoch, so muß ein Fehler vorliegen. Natürlich müssen darüber hinaus auch stets bekannte Kontrollblute der Gruppen A_1, A_2, B und 0 mituntersucht werden.

Von größter Wichtigkeit ist die „Serum-Gegenprobe". Sie besteht darin, daß die unbekannten Seren der zu untersuchenden Proben senkrecht aufgetropft werden und man anschließend in diese Seren bekannte Kontroll-Blutkörperchen gibt. Es ist erforderlich, hierfür A_1-, A_2-, B- und 0-Blutkörperchen zu nehmen, wobei 0 wiederum eine negative Kontrolle darstellt.

Auf die Frage, warum A_1- und A_2-Blutkörperchen verwendet werden sollen, wird weiter unten – nach Besprechung der Untergruppen – eingegangen.

12.2.4.3 Die A-Untergruppen

Eine Verfeinerung der Blutgruppen-Diagnostik ergab sich durch die Entdeckung der A-Untergruppen A_1 und A_2 durch *v. Dungern* und *Hirschfeld* im Jahre 1911.

Nachweis: Der Nachweis der A_1-Blute erfolgt mit B-Seren, deren Anti-A-Anteil durch A_2-Blutkörperchen absorbiert (gebunden) wurde, so daß das spezifisch gegen A_1 gerichtete Agglutinin zurückbleibt. Man kann auch aus gewissen Pflanzen (z. B. Dolichos biflorus) spezifische Anti-A_1-Seren gewinnen. Der Nachweis der Gruppe A_2 wird mit pflanzlichen Anti-H-Seren durchgeführt (z. B. Laburnum alpinum). Es handelt sich also eigentlich um den H-Nachweis eines A-Blutes. Da A vorher bestimmt wurde, zeigt eine große H-Menge – (starke Agglutination) – A_2 an.

Bei der **Vererbung** der Untergruppen ist zu beachten, daß A_1 dominant über A_2 ist. Folgende Genotypen sind vorhanden:

Phänotyp	Genotyp	
A_1	A_1	A_1
	A_1	0
	A_1	A_2
A_2	A_2	A_2
	A_2	0

Manchmal ist es möglich, den Genotyp der Eigenschaft A_1 durch die „indirekte" Blutgruppenbestimmung zu ermitteln. Es müssen hierzu die Eltern des Probanden und der Kindesmutter untersucht werden („erweitertes Vaterschafts-Gutachten").

Beispiel:	Kind:	A_2
	Kindesmutter:	A_1
	Beklagter:	A_1

Ist ein Elternteil der Mutter 0 oder B, so kann sie kein A_2 auf das Kind vererbt haben. Das A_2 muß dann vom Erzeuger stammen. Weist auch ein Elternteil des Beklagten 0 oder B auf, so wäre er als Erzeuger des Kindes auszuschließen.

Die Ausdifferenzierung der A-Untergruppen erfolgt meist erst in den ersten Lebenswochen. In seltenen Fällen kann sie sich bis über den 6. Lebensmonat hinaus hinziehen.

Bei den Untergruppen kommen sogenannte „Intermediär-Typen" vor, die also „zwischen" A_1 und A_2 liegen („Ai").

Und nun zurück zu der Frage, warum bei der Untersuchung der Serumeigenschaften stets A_1- und A_2-Blutkörperchen mitgetropft werden. Angenommen, bei der Bestimmung der Blutkörpercheneigenschaften träten starke Reaktionen mit A (β)- und 0 (α, β)-Seren auf, aber nur eine schwache fragliche mit B (α)-Serum. Es wäre hiernach fraglich, ob die Blutgruppe B oder AB vorliegt, wobei in erster Linie A_2B in Betracht käme (A_2 bei AB-Typ wird durch manche Seren nämlich kaum erfaßt). Wollte man durch die Serum-Gegenprobe die Gruppen-Diagnose klären, würde bei ausschließlicher Verwendung von A_1-Blutkörperchen die Feststellung getroffen, daß ein Anti-A vorliegt, es sich also um die Blutgruppe B handelt. Die fragliche Reaktion bei der Blutkörpercheneigenschaft würde man als negativ deuten. Nun gibt es aber A_2B-Seren, die ein irreguläres α_1 enthalten. Bei Verwendung von A_1- und A_2-Blutkörperchen würde auffallen, daß nur die A_1-, nicht aber die A_2-Blutkörperchen agglutiniert werden. Es könnte sich sonach nicht um ein reguläres α handeln – der Befund könnte nicht als B gedeutet werden. Man wird also auf ein A_2B hingewiesen. Die Bestimmung der Untergruppen bringt Klarheit, ebenso die Prüfung des Serums bei 37°, da es sich bei dem irregulären α_1 um Kälteagglutinine handelt.

12.2.4.4 Fehlerquellen

a) Blutkörpercheneigenschaften

Falsche negative Reaktionen:

1. Extrem schwache A-Eigenschaft, besonders in Kombination mit B.
2. Zu lange lagernde alte Proben.
3. Schlechte Test-Seren (Kontrollblute!).
4. Falsche Technik (Medium – d. h. z. B. Kochsalz usw. –, Zeit, Temperatur).

Falsche positive Reaktionen:

1. Geldrollenbildung (Konzentration zu hoch).
2. Unspezifische Autoagglutination, besonders in der Kälte (Waschen bei 37°. Serum gleich nach der Blutentnahme abnehmen, noch warme Erythrozyten waschen).
3. Panagglutination durch Bakterien oder bei Myelomatose.
4. Zu frische Proben, deren Gerinnungsvorgang noch andauert.

b) Serum-Gegenprobe:

Negative Reaktionen:

1. Hämolyse (Verdünnen oder Inaktivieren bei 56°).
2. Zonenphänomen (Verdünnen der Seren).
3. Zu junge Säuglinge oder zu alte Personen.

Falsche positive Reaktionen:

1. Im Serum ist Anti-D oder Anti-P. Dieses reagiert bei D-positiven oder P-positiven Test-Erytrhozyten (D- und P-negative Test Erythrozyten verwenden).
2. Irreguläres α_1 (Kälteagglutinine).

12.2.4.5 Verwertung im Paternitätsprozeß

Die **Verwertung** der serologischen Untersuchungsergebnisse für die Begutachtung im Paternitätsprozeß ergibt sich aus den genannten Vererbungsregeln. Da die Blutgruppenuntersuchung nur den Phänotyp erfaßt, muß man stets an die Möglichkeit der Heterozygotie denken. Gehören Mutter und Kind der gleichen Gruppe an, so ist ein Rückschluß auf die Vaterschaft eines Mannes überhaupt nicht möglich, wenn es sich um die Gruppen A oder B handelt; bei der Gruppe 0 (Kind) ist die Ausschluß-Chance gering, weil die einzig ausschlußfähige Gruppe AB sehr selten ist. Ein Mann, der tatsächlich nicht der Erzeuger eines Kindes ist, hat im AB0-System eine Chance von etwa 14% als Vater ausgeschlossen zu werden. Die Ausschlußsicherheit erfüllt den Begriff des „offenbar unmöglich".

Auf die Wiedergabe von großen Tabellen über Ausschlußmöglichkeiten wird verzichtet, da aufgrund der angegebenen Erbregeln jeder Fall gelöst werden kann. Es sei nur ein Beispiel gegeben:

Kind:	A_1 ($A_1 A_1$, $A_1 A_2$, $A_1 0$)
Kindesmutter:	A_1
Beklagter:	B (BB, B0)

Im vorliegenden Fall bestünde kein Ausschluß, da die Genotypen nicht bekannt sind, das Kind vom Beklagten z. B. 0 geerbt haben könnte.

Häufigkeit: Die Verteilung der AB0-Blutgruppen in der Bevölkerung in Prozenten gibt die nachstehende Tabelle wieder:

Tabelle 8 Häufigkeit der AB0-Blutgruppen in der Bevölkerung

0	A_1	A_2	B	A_1B	A_2B
36,9%	34,8%	7,8%	14,4%	4,5%	1,5%

12.2.4.6 Bluttransfusionen

Bei der Bluttransfusion von AB0-unverträglichem Blut setzt der hämolytische Prozeß infolge der natürlicherweise vorhandenen Antikörper rasch ein. In seltenen Fällen kann sogar ein irreguläres α_1 eine Reaktion mit den transfundierten A_1-Blutkörperchen bei einem AB-Empfänger eingehen. Das Patienten-Serum soll daher gegen bekannte A_1- und A_2-Blutkörperchen sowohl bei Zimmertemperatur als auch bei 37° angesetzt werden. Allerdings ist die klinische Bedeutung sehr gering. Bei der Übertragung von 0-Blut auf Patienten der Gruppe A, B oder AB kann, wenn ein hoher Antikörpergehalt vorliegt, ebenfalls einmal eine mehr oder weniger schwere Transfusionsreaktion ausgelöst werden. Man überträgt daher heute möglichst nur noch gruppengleiches Blut. 0 als „Universalspender" darf nur verwendet werden, wenn es Rh-negativ ist und ein nur geringer Antikörpergehalt vorliegt. Auch dies gilt nur für extreme Notfälle.

12.2.4.7 Schwangerschaft, Erkrankungen

In der **Schwangerschaft** kann eine Isoimmunisierung durch den Feten erfolgen. So kann z. B. eine Mutter der Gruppe A, die ein B-Kind trägt, Antikörper gegen B bilden. Die stärkste Titer-Zunahme erfolgt allerdings meist erst nach der Geburt des Kindes.

Bei bestimmten Erkrankungen finden sich gewisse Blutgruppen gehäuft. So sollen Patienten mit Magen- oder Collum-Karzinom überwiegend der Gruppe A zugehören, ebenso findet sich A gehäuft bei hämolytischen Anämien. Die Blutgruppe 0 soll gehäuft bei Patienten mit Ulcus duodeni auftreten.

12.2.4.8 Ausscheidereigenschaft

Ausscheidereigenschaft: Etwa 80% aller Menschen scheiden wasserlösliche ABH-Substanz ihrer Blutgruppe in den Sekreten (Speichel, Schweiß, Sperma, Harn usw.) aus. Diese „Sekretoreigenschaft" ist offenbar dominant erblich, wobei die Ausscheidereigenschaft (Se) die Nichtausscheidereigenschaft (se) phänotypisch überdeckt. Für die praktische Anwendung im Vaterschaftsgutachten reicht die Anzahl der Familienuntersuchungen noch nicht aus. Es kommt hinzu, daß der Nachweis in einigen Fällen von B-Ausscheidern Schwierigkeiten machen kann und möglicherweise die Ausscheidung überhaupt gewissen Schwankungen unterliegt. Kriminalistisch von Bedeutung ist, daß die Ausscheidereigenschaft eng an die Gene des LEWIS (Le)-Blutgruppensystems gebunden sind.

Alle Personen des Types Le (a+b−) sind Nichtausscheider für ABH-Substanz, alle Personen des Types Le (a−b+) sind dagegen Ausscheider. Der Typ Le (a−b−) ist ebenfalls überwiegend Ausscheider und nur in ca. 2% der Fälle Nichtausscheider, doch ist letzteres noch nicht ganz sicher geklärt.

Bestimmung: Diese spielt in der Spurenkunde die größte Rolle. Neben der Anwendung von Anti-Lewis-Seren (a und b!) kommt in erster Linie die Untersuchung des Speichels in Betracht. Der gewonnene Speichel wird zentrifugiert. Die überstehene Flüssigkeit wird in einem Wasserbad für 10–20 Minuten auf etwa 80° erhitzt. Hierdurch werden die sogenannten thermolabilen „Blutgruppenfermente" ausgeschaltet, die sonst die Blutgruppen-Substanz zerstören könnten. Es wird sodann der Absorptionsversuch zur Bestimmung der Blutgruppe angeschlossen (vgl. Kapitel 13). Man kann auch an Stelle des Speichels Filterpapierstreifen in Größe eines Objektträgers verschicken. Die Probanden nehmen das Papier in den Mund, bis es gut durchfeuchtet ist. Auf der außerhalb des Mundes befindlichen Hälfte wird die Beschriftung vorgenommen. Das Papier wird an der Luft getrocknet und ist nun unbegrenzt lagerfähig. Es wird ebenso dem Absorptionsversuch unterworfen wie der Speichel.

12.2.5 Das MN-System

12.2.5.1 Allgemeine Grundlagen

Die Blutgruppen-Merkmale M und N wurden 1927 von *Landsteiner* und *Levine* entdeckt. Sie sind eng an Eiweiß gebunden und kommen nur an den roten Blutkörperchen vor. Sie werden in den Sekreten nicht ausgeschieden. Die Antikörper Anti-M und Anti-N finden sich nur sehr selten als Isoantikörper. In aller Regel können die M- und N-Eigenschaften nur durch Immun-Seren (Kaninchen) oder durch pflanzliche Seren nachgewiesen werden. Es soll stets mit mehreren Antiseren untersucht werden, um die extrem schwache Eigenschaft N_2 nicht zu übersehen.

Die **Vererbung** wird durch ein Paar alleler Gene gesteuert, welche sich zueinander kombinant verhalten. Genotyp ist also jeweils gleich Phänotyp. Besitzen Mutter und Kind die Faktoren MN, so ist ein Rückschluß auf die Vaterschaft eines Mannes nicht möglich. Im übrigen gilt der Ausschluß der entgegengesetzten Reinerbigkeit und der klassische Ausschluß.

Häufigkeit: M und N liegen in einer Häufigkeit von rund 25%, MN von rund 50% in der Bevölkerung vor.

Bestimmungstechnik: Die Technik entspricht weitgehend derjenigen des AB0-Systems, nur daß die Serum-Gegenprobe entfällt.

12.2.5.2 Varianten

Seltene Varianten im MN-System kommen vor. Ausschlüsse mit entgegengesetzter Reinerbigkeit sind daher hier wie überhaupt, mit Vorsicht zu bewerten. In neuerer Zeit ist eine sehr seltene Variante, Mg, beschrieben worden. Sie kann, da sie nicht direkt nachweisbar ist, zu Fehldiagnosen Anlaß geben. So würde z. B. ein gemischterbiger Typ, MMg, mit den üblichen Antiseren als reinerbig MM bestimmt werden.

Um in derartigen Fällen sicher zu gehen, sollte beim Vorliegen entgegengesetzter Reinerbigkeit ein Titrationsversuch angeschlossen werden. Es zeigt sich dann der sogenannte „Doppeldosiseffekt". Hierunter versteht man die Tatsache, daß Blutproben reinerbiger Personen höhere Titerwerte ergeben als Proben gemischterbiger Menschen.

12.2.5.3 Fehlerquellen, Verwertung, Transfusionen

Fehlerquellen: Bei der Bestimmung der MN-Merkmale liegen in erster Linie Fehlerquellen im „Kleben" der Reaktionsgemische an der Glasplatte (mit Glasstäbchen aufrühren), im Vorhandensein der schwachen Merkmale M_2 oder N_2 (mehrere Antiseren verwenden) sowie im Vorliegen der seltenen Variante Mg vor.

Bei der **Verwertung** des MN-Systems kann ein Ausschluß mit dem Begriff des „offenbar unmöglich" belegt werden. Durch die Einbeziehung der Merkmale M und N in die Begutachtung erhöhen sich die Ausschluß-Chancen auf insgesamt ca. 20%.

Transfusionszwischenfälle mit hämolytischen Transfusionsreaktionen kommen praktisch nicht vor. Es sind extrem seltene Einzelfälle beschrieben worden. Eine Bestimmung der MN-Merkmale für Transfusionszwecke ist daher kaum erforderlich. Unverträglichkeiten würde die Kreuzprobe aufdecken.

12.2.6 Das S/s-System

12.2.6.1 Grundlagen

1947 entdeckten *Walsh* und *Montgomery* die antigene Eigenschaft S. Erst 1951 wurde von *Levine* und Mitarb. das allele Gen s gefunden. Die Merkmale S und s liegen dem Genlocus für MN eng benachbart. Die Antigene sind ebenfalls wie M und N an Eiweiß gekoppelt und werden daher bei Anwendung proteolytischer Fermente zerstört.

Die S-Eigenschaft kommt bei M-Trägern häufiger vor als bei Personen mit dem Faktor N.

Die **Vererbung** der Merkmale erfolgt **kombinant.** Die Kopplung an MN ist so eng, daß die Vererbung wahrscheinlich gemeinsam erfolgt, d. h.: wenn z. B. das Merkmal S an M gekoppelt ist, werden diese beiden Eigenschaften auch zusammen weitervererbt. Hierauf könnte sich eine erweiterte Ausschließung, z. B. der Mutter des Präsumptivvaters gründen.

12.2.6.2 Bestimmung und Fehlerquellen

Bestimmung: Die Bestimmungstechnik ist weitgehend die gleiche wie beim AB0- und MN-System. Das Merkmal s kann jedoch nicht direkt bestimmt werden, sondern nur über dem Umweg des sogenannten indirekten Coombs-Testes. Der Coombs-Test beruht auf dem Prinzip, daß die Blutkörperchen mit Antikörpern beladen werden. Da diese Globulincharakter haben, reagieren sie mit Anti-Human-Globulin-Serum (Agglutination). War das entsprechende Antigen nicht vorhanden, blieb bereits die Beladung aus. Folge: Negative Reaktion (Schema wie bei inkompletten Antikörpern [S. 158]).

Fehlerquellen: Die Fehlerquellen liegen in erster Linie im Vorliegen seltener Varianten (Doppeldosiseffekt) sowie im Coombs-Test. Natürlich sind, wie stets, Zeit, Medium, Temperatur für die entsprechenden Antiseren zu beachten.

12.2.6.3 Verwertung, Transfusionen

Bei der Verwertung in Vaterschaftsgutachten gilt nur der klassische Ausschluß als „offenbar unmöglich", d. h. also das Vorliegen von S bei dem Kind und Fehlen dieses Merkmals bei Mutter und Präsumptivvater. Bei entgegengesetzter Reinerbigkeit soll die Vaterschaft nur als „sehr unwahrscheinlich" bezeichnet werden, zumal der Dosiseffekt im S-System häufig nicht sehr ausgeprägt ist und daher seltene Varianten übersehen werden könnten. Das gleiche gilt für die Feststellung von s beim Kind, wenn dieses Merkmal der Mutter und dem Präsumptivvater fehlt, weil hier der Nachweis nur über den Umweg des Coombs-Testes zu führen ist. Immerhin könnten Zweifel im Sinne des § 1600 o BGB angemeldet werden.

Für die **Bluttransfusion** hat das S/s-System keine praktische Bedeutung.

12.2.7 Das Rh(CDE)-System

12.2.7.1 Allgemeine Grundlagen

Entdeckung: 1940 immunisierten *Landsteiner* und *Wiener* Kaninchen mit Blutkörperchen von Rhesus-Affen. Bei systematischen Untersuchungen stellte sich heraus, daß der von den Kaninchen gebildete Antikörper Anti-Rhesus (Anti-Rh) auch die Blutkörperchen von 85% aller Menschen der weißen Rassen agglutinierte, während bei 15% keine Agglutination eintrat. Damit war ein neues Merkmal an menschlichen Erythrozyten gefunden. Die Träger dieses Merkmales wurden als Rhesus-Positive (Rh), die Nicht-Merkmalsträger als Rhesus-Negative (rh) bezeichnet.

Noch im Jahre der Entdeckung wurde festgestellt, daß Rh-Antikörper auch von Menschen gebildet werden können. Schon bald danach (1941) erkannte man den Zusammenhang zwischen der Eryhtroblastosis foetalis (Anaemia neonatorum, Icterus gravis, Hydrops congenitus) und dem Rh-Faktor.

Die Entdeckung der Rh-Untergruppen beruht auf einem Transfusions-Zwischenfall. Der hierbei zuerst beobachtete Antiköper agglutinierte nicht 85%, sondern nur 70% der Blutkörperchen der weißen Bevölkerung. Die Beziehungen des neuentdeckten Faktors zum ursprünglichen Rh-Faktor konnten bald geklärt werden. Im Laufe der Zeit wurden noch weitere „Rh-Untergruppen" gefunden. Heute stehen sich zwei grundsätzlich verschiedene Theorien gegenüber, die von *Wiener* (Amerika) und die von *Fisher* und *Race* (England).

Vererbung: *Wiener* glaubt, daß ein Gen mehrere agglutinable Erythrozyten-Eigenschaften bewirke, nimmt also multiple Allelie an.

Fisher und *Race* meinen, daß drei allele Gene vorhanden sind, welche an drei eng benachbarten Orten des Chromosoms liegen. Sie nehmen einen kombinierten Erbgang an. Da sich herausstellte, daß die mit dem klassischen Rh-Faktor vergesellschafteten Teileigenschaften mit diesem zusammen stets als geschlossenes Ganzes vererbt werden, spricht man von „Komplexen" bzw. einer „Komplextheorie". Man nutzt bei uns die übersichtlichere Nomenklatur von *Fisher* und *Race*, wobei zusätzlich Kurzsymbole (für einen **Komplex** jeweils **ein** Symbol) in Anlehnung an *Wiener* verwendet werden. Dabei ist zu beachten, daß die Rh-positive Eigenschaft dem D von *Fisher* und *Race* entspricht. Die Nomenklatur lautet:

Rh-positive Typen

Kurzsymbole	Komplexe
R^0	cDe
R^1	CDe
R^2	cDE
R^Z	CDE

Rh-negative Typen

r	cde
r'	Cde
r''	cdE
ry	CdF

Jeder Mensch weist 6 Rh-Gene auf, von denen 3 von der Mutter und 3 vom Vater ererbt worden sind. Durch Untersuchung mit entsprechenden Antiseren können – mit Ausnahme von d – zwar die einzelnen Antigene, nicht aber die Lage der Gene im Komplex festgestellt werden. Angenommen, man hätte folgende Antigene mit entsprechenden Antiseren ermittelt: C c D E e, so könnten folgende Komplexe vorliegen:

CDe / cDE	=	R^1 R^2
cDe / CDE	=	R^0 R^Z
CDe / cdE	=	R^1r''
cDE / Cde	=	R^2r'
CDE / cde	=	R^Zr
CdE / cDe	=	ry R^0

Aus der Erfahrung weiß man, daß bestimmte Komplexe wesentlich häufiger sind als andere (z. B. hier am häufigsten: R^1 R^2).

Die Rh-Substanzen stellen, chemisch gesehen, Lipoide dar. Sie sind bereits bei Feten nachzuweisen und bei der Geburt voll ausgebildet. Eine Ausscheidung von Rh-Substanz in den Sekreten kommt nicht vor.

Bestimmung: Die Rh-Antigene können – mit Ausnahme von d – durch entsprechende Antiseren nachgewiesen werden. Man unterscheidet komplette (agglutinierende) und inkomplette (konglutinierende) Antiseren.

12.2.7.2 Komplette und inkomplette Antikörper

Komplette Antiköper reagieren mit den Blutkörperchen im Kochsalz-Milieu und haben ihr Reaktions-Optimum meist bei +4°.

Inkomplette Antikörper reagieren am besten bei ca. 37° und agglutinieren nicht in Kochsalzlösung, sondern nur in Supplementlösungen, wie z. B. Albumin, Serum und anderen Koloiden. Sie haben kleinere Molekülgröße und vermögen die Plazenta zu passieren. Man hielt sie für univalent.

Heute stehen für die Testung sowohl komplette als auch inkomplette Antiseren zur Verfügung. Es ist von Vorteil, möglichst beide Seren nebeneinander anzuwenden.

12.2.7.3 Fehlerquellen

a) Falsche negative Reaktionen

1. Schlecht wirksame Seren.
2. Seren mit Zonenphänomen. (Solche Seren reagieren nur in Verdünnung.)
3. „Blockierende" Antikörper. Sind die Erythrozyten mit inkompletten Antikörpern beladen (z. B. bei Neugeborenen mit fetaler Erythroblastose), so kann bei Anwendung agglutinierender Testseren eine negative Reaktion vorgetäuscht werden.
4. Übersehen eines D^u: (s. u.) Bei einem lowgrade D^u kann, falls nicht danach gefahndet wird, fälschlicherweise d bestimmt werden.

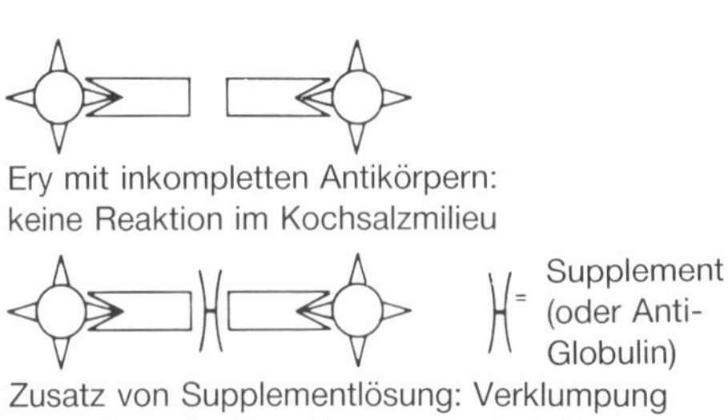

Abb. 84

b) Falsche positive Reaktionen

Neben schlecht wirksamen Seren spielt wieder eine Beladung der Erythrozyten mit inkompletten Antikörpern eine Rolle. Bei Anwendung von konglutinierenden Seren kann es hierdurch zu einer falschen positiven Reaktion kommen (hämolytische Anämien, fetale Erythroblastose). Daher Mitführen einer AB-Aufschwemmung. Tritt hierbei eine Agglutination ein, so kann die mit Anti-Rh-Serum festgestellte Konglutination nicht gewertet werden (mit inkompletten Antikörpern beladene Erythrozyten können nämlich schon allein bei Serum-Zusatz verklumpen).

12.2.7.4 Normabweichungen

Normabweichungen: Zu diesen zählt in erster Linie das sogenannte D^u. Es handelt sich hierbei um ein schwaches D, welches gleichsam eine Mittelstellung zwischen d und D einnimmt.

Auf weitere Normabweichungen (z. B. Fehlen der Begleitantigene: – D –) kann hier nicht näher eingegangen werden.

12.2.7.5 Transfusionen

Für die Bluttransfusion hat das D^u insofern eine Bedeutung, als D^u-Trägern nur rh-negatives Blut übertragen werden darf, da sie ein Anti-D bilden können. D^u-Träger selbst dürfen aber nur für Rh-positive Empfänger spenden (sonst besteht die Gefahr der Bildung von Rh-Antikörpern).

12.2.7.6 Varianten

Varianten: Eine wichtige Variante am C-Ort stellt das sogenannte C^W dar. Die Vererbung, die zu den übrigen Rh-Genen kombinant ist, wurde durch Familienuntersuchungen gesichert. Das C^W wird mit fast allen Anti-C-Seren erfaßt. Diese Seren sind also in Wahrheit Anti-C + C^W-Seren. Darüber hinaus gibt es aber gute, spezifische Anti-C^W-

Seren, und zwar sowohl konglutinierende als auch agglutinierende. Mit diesen Seren muß stets auf das Vorliegen eines C^W gefahndet werden. Die Häufigkeit des C^W-Merkmales in der deutschen Bevölkerung liegt bei etwa 3–5%.

12.2.7.7 Praktische Begutachtungsfragen

Bei der praktischen Frage des Ausschlusses kann man sich jedes Gen als ein eigenes System vorstellen, also ein C/c-System, ein E/e-System und ein D/d-System. Die beiden ersten würden kombinant vererbt, bei D/d ist D scheinbar dominant über d. Damit überblickt man sehr schnell, ob ein Ausschluß gegeben ist.

Beispiel:	Kind:	Cc
	Kindesmutter:	cc
	Präsumptivvater:	cc

Es handelt sich um einen klassischen Ausschluß, da dem Präsumptivvater das C fehlt. Es wird hierbei auch schnell klar, daß zwei Ph-positive Eltern ein rh-negatives Kind haben können:

Beispiel:	Kind:	dd
	Kindesmutter:	Dd
	Präsumptivvater:	Dd

Schwieriger zu beurteilen sind die sogenannten **Komplex-Ausschlüsse.**

In der praktischen Begutachtung spielen die Cis-Trans-Verhältnisse besonders bei den Komplexen R^1 R^2 (bzw. R^zr) eine Rolle. Man versteht unter Cis-Stellung das Liegen der Gene auf einem Chromosom, unter Trans-Stellung dasjenige auf dem entsprechenden „gegenüberliegenden" Chromosom. Bei dem Reaktionstyp EcDEe könnte nun ein R^1 R^2 vorliegen. Es könnte aber auch das E auf dem gleichen Chromosom liegen wie das C, hinter dem D könnte sich ein gemischterbiges Dd verbergen, so daß der Typ R^zr gegeben wäre (auf die anderen Möglichkeiten soll in diesem Zusammenhang nicht näher eingegangen werden). Der Betreffende könnte also in dem ersten Fall den Komplex r nicht vererben, in dem zweiten (R^z/r) aber doch. Die Bedeutung der Kenntnis, welche der beiden Komplex-Verbindungen gegeben ist, liegt auf der Hand. Nun hat man ein Antiserum gefunden, das **ein** Gen-Produkt erfaßt, welches von zwei Genen gesteuert wird, wenn diese auf einem Chromosom liegen. Dieses Anti-Ce-Serum reagiert also nur dann positiv, wenn sich die Antigene C und e auf einem Chromosom befinden, wie das z. B. bei dem Typ R^1 R^2 der Fall ist. Hierdurch ist die wichtige Unterscheidung zwischen den Komplex-Verbindungen R^1 R^2 und R^zr möglich geworden, ohne daß Familienuntersuchungen erforderlich wären.

Bei der **praktischen Verwendung** des Rh-Systems in der Paternitäts-Begutachtung sind Komplex-Ausschlüsse mit Vorsicht zu verwerten. Man kommt hier durch Untersuchung der Eltern der Probanden oder durch Verwendung des Anti-Ce-Serums in bestimmten Fällen weiter. Dagegen erfüllen die Ausschlüsse aufgrund der einzelnen „Systeme" C/c, E/e im Falle des klassischen Ausschlusses den Begriff des „offenbar unmöglich", im Falle der „entgegengesetzten Reinerbigkeit" muß noch der Titrationsversuch (Dosiseffekt) durchgeführt werden, um das Interferieren seltener Varianten auszuschließen.

12.2.8 Das Kell-System

Das Kell-System

Die Entdeckung des Anti-Kell-Antikörpers (gefunden bei einer Frau Kellacher) geht auf *Coombs, Mourant* und *Race* zurück (1946). Mit dem Antikörper wurde ein Merkmal gefunden, das nur in etwa 5 bis 10% der europäischen Bevölkerung vorkommt. Das Merkmal erwies sich als erblich und erhielt das Symbol K. Später entdeckte man *(Levine* und Mitarb.) einen wiederum nach der Frau, bei der er gefunden wurde, benannten Antikörper, „Cellano". Es zeigte sich, daß der hierdurch nachgewiesene Faktor ein Allel zu K darstellte. Er erhielt daher die Bezeichnung k.

Vererbung: Es gelang sehr bald, bezüglich der Faktoren K und k einen kombinanten Erbgang nachzuweisen.

Einem Ausschluß nach dem Kell-System kann die Bewertung „Vaterschaft offenbar unmöglich" beigemessen werden. Ein Zweitgutachten soll eingeholt bzw. empfohlen werden.

Kell-System und Transfusion

Der Kell-Faktor kann Anlaß zu schweren hämolytischen Transfusions-Reaktionen sein. Unverträglichkeiten deckt die serologische Kreuzprobe auf. Auch Isoimmunisierungen während der Schwangerschaft sind beschrieben worden. Es kann zu schweren Formen des Morbus haemolyticus neonatorum kommen.

12.2.9 Das Duffy-System

Das Duffy-System ist seit 1950 bekannt *(Cutbush* und Mitarb.). Es erhielt seinen Namen von der Frau, bei der erstmals der Antikörper, der den neuen Faktor anzeigte, gefunden wurde. Man gab dem entsprechenden Rezeptor die Abkürzung Fy^a. Schon 1951 wurde das dem Fy^a antagonistische Fy^b entdeckt. Untersuchungen bei der schwarzen Bevölkerung ergaben jedoch, daß es sich bei dem Duffy-System nicht nur um zwei allele Gene handeln könne: 68% der Neger-Blute reagierten weder mit Anti-Fy^a noch mit Anti-Fy^b. Es mußte also ein drittes Allel angenommen werden, das die Bezeichnung Fy^c erhielt.

Da bei der weißen Rasse Fy^c nicht gefunden wurde, kann man für die europäische Praxis von den zwei allelen Genen Fy^a und Fy^b ausgehen (selten ein „stummes" Allel).

Die **Vererbung** erfolgt kombinant.

Einem Vaterschafts-Ausschluß im Duffy-System kommt der Beweiswert eines „sehr unwahrscheinlich" zu.

12.2.10 Das Kidd-System

Das Kidd-System wurde 1951 von *Allen* u. Mitarb. entdeckt. Die Antigene werden als IK^a und IK^b bezeichnet. Die Ausschlußchance beträgt 18–19%.

12.3 Vererbbare Serumeigenschaften

12.3.1 Die Haptoglobine

12.3.1.1 Allgemeine Grundlagen

Bei den Haptoglobinen handelt es sich um erbliche Serumproteine, die der Globulin-Fraktion zugehören. Eine eindeutige Darstellung und Typenbestimmung gelang nach Einführung der Stärkegelelektrophorese durch *Smithies* 1955, der zusammen mit *Walker* bereits ein Jahr danach aus Familienuntersuchungen folgern konnte, daß zwei verschiedene Gene den Erbgang steuern.

Der Name „Haptoglobin" leitet sich von der Tatsache ab, daß sich die Haptoglobin-Fraktionen mit Hämoglobin verbinden (απτω = ich halte fest).

Chemisch gehören die Haptoglobine zu den α_2-Glykoproteinen. Sie enthalten 83% Protein und 17% Kohlenhydrate.

Vererbung: Man unterscheidet drei verschiedene Sorten Standard-Haptoglobin-Typen: Hp1–1, Hp2–1 und Hp2–2, die kombinant und unabhängig von allen anderen Blut- und Serumgruppen-Systemen vererbt werden. Es werden zwei Gene angenommen. Durch die modernen Nachweismethoden kann man neuerdings noch weitere Subtypen unterscheiden.

Phänotyp	Genotyp
Hp2–2	$Hp^2\ Hp^2$
Hp2–1	$Hp^2\ Hp^1$
Hp1–1	$Hp^1\ Hp^1$

12.3.1.2 Bestimmung

Heutzutage kann man durch isoelektrische Fokussierung auf Polyacrylamidgelen auch die Untertypen gut darstellen. Bei der Elektrofokussierung handelt es sich um ein Verfahren zur Trennung von Molekülen. Die Substanzen wandern im elektrischen Feld zu einer ihrem jeweiligen isoelektrischen Punkt entsprechenden Position. Durchaus annehmbar ist auch heute noch die Auftrennung im sauren Harnstoff-Stärkegel.

12.3.1.3 Abweichungen und Varianten

Abweichungen und Varianten: Abweichungen von den Hp-Typen sind mehrfach beschrieben worden. In erster Linie ist die sogenannte Ahaptoglobinämie zu nennen, die in ca. 0,5% der Fälle anzutreffen ist. In der Elektrophorese stellt sich dann nur das Hb dar, alle weiteren Fraktionen, die dem Haptoglobin zugehören, fehlen.

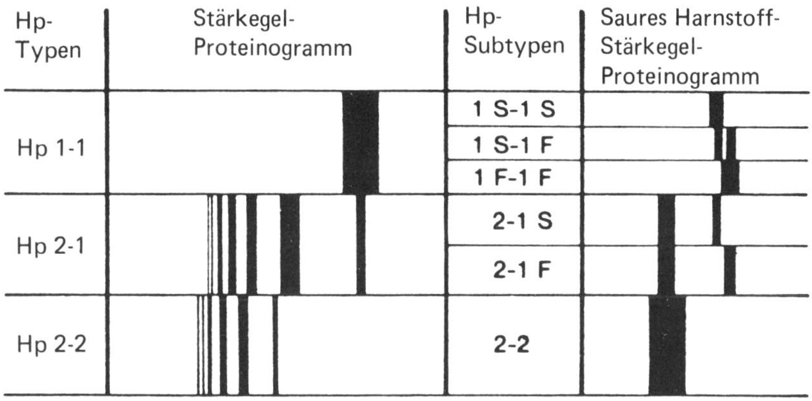

Abb. 85 Vergleich der Hp-Banden im üblichen Stärkegel (links) neben dem Subtypenmuster nach Auftrennung im sauren Harnstoff-Stärkegel (rechts) (aus *Giblett, E. R.:* Genetic Markers in Human Blood. Blackwell, Oxford 1969)

Man unterscheidet:

a) **Die primäre Ahaptoglobinämie.** Es wird angenommen, daß sie genetisch bedingt ist. Sie ist außerordentlich selten (Hp^o).
b) **Die sekundäre Ahaptoglobinämie.** Sie ist vorübergehender Natur und wird durch Krankheiten, insbesondere der Leber, hervorgerufen.
c) **Die physiologische Ahaptoglobinämie.** Sie kommt bei Säuglingen vor, bei denen sich die Ausbildung des Hp-Spiegels bis etwa zum 6. Lebensmonat herausziehen kann.

12.3.2 Die „Hemm"-Systeme

12.3.2.1 Die Gm-Gruppen

0-Rh-positive Blutkörperchen, welche mit inkompletten Rh-Antikörpern beladen sind, können nicht nur durch Anti-Humanglobin-(Coombs)Seren, sondern auch durch Seren von Rheumatikern und durch gewisse andere Seren über den AB-Titer hinaus zur Agglutination gebracht werden. 1956 entdeckte *Grubb*, daß manche menschliche Blutseren die Fähigkeit besitzen, dieses agglutinatorische Prinzip zu hemmen, andere jedoch nicht. Die Eigenschaft erwies sich als erblich und wird unabhängig von den übrigen Blut- und Serumgruppen-Systemen vererbt. Da die Hemm-Substanz der Gammaglobulin-Fraktion angehört, wurde die Bezeichnung „Gm" gewählt. Für die praktische Begutachtung kommen von den zahlreichen inzwischen entdeckten Typen vor allem Gm^1 und Gm^2 in Betracht (Schreibweise: positiver Typ nur die Zahl in Klammern: Gm (1), negativer Typ: in die Klammer ein Minuszeichen Gm (−1)).

Der Erbgang kann als gesichert angesehen werden. Es ergeben sich folgende Typen:

Phänotyp	Genotyp		
Gm (1)	Gm (2)	Gm (1, 2)	Gm (1, 2)
		Gm (1, 2)	Gm (1)
		Gm (1, 2)	Gm
Gm (1)	Gm (−2)	Gm (1)	Gm (1)
		Gm (1)	Gm
Gm (−1)	Gm (−2)	Gm	Gm

Häufigkeit

Gm (−1)	Gm (−2)	ca. 70%
Gm (1)	Gm (−2)	ca. 20–23%
Gm (1)	Gm (2)	ca. 10%

Bestimmungstechnik

Zur Gm-Bestimmung werden vier Reaktionspartner benötigt: Die Rh-Seren zum Beladen der Erythrozyten, die präzipitierenden (Anti-Gm)-Seren, die zu beladenen 0-Rh-positiven Blutkörperchen und schießlich die zu untersuchenden Seren. Zu bemerken ist, daß die Anti-D-Seren, die zum Beladen verwendet werden, die jeweilige Gm-Eigenschaft besitzen müssen (vgl. Schema).

Zu beachten ist, daß die Gm-Eigenschaft sich erst im Laufe der ersten Lebensmonate

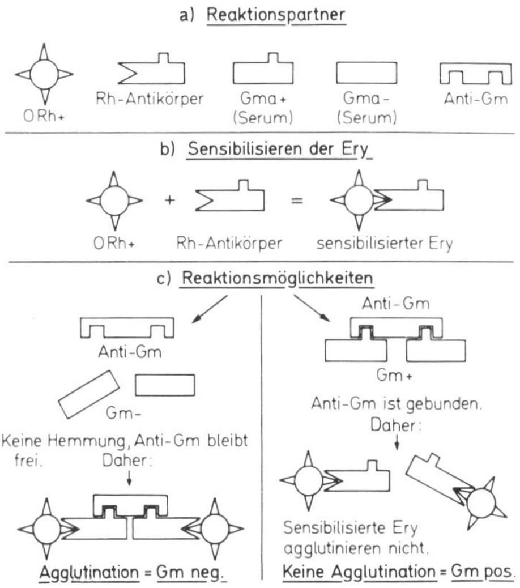

Abb. 86 Schema zur Gm-Reaktion (nach *Broc-teur)*

entwickelt. Neugeborene besitzen noch das von der Mutter diaplazentar übertragene Gamma-Globulin. Kinder sollten daher erst nach dem 8. Lebensmonat auf ihre Gm-Eigenschaft untersucht werden.

12.3.2.2 Das Km-System

Nach Entdeckung des Gm-Systems fand man ein weiteres System von „Hemm-Substanzen", das Km-System genannt wurde *(Ropartz, Lenoir* und *Rivat,* 1960). Nach der jetzigen Nomenklatur wären folgende Bezeichnungen anzuwenden:

Km (+1)
Km (+2)
Km (+3)

Die negativen Merkmale schreiben sich:

Km (−1)
Km (−2)
Km (−3)

Bezüglich der **Bestimmungstechnik** gilt dasselbe, was beim Gm-System gesagt wurde: In der **Paternitätsbegutachtung** ist ein Ausschluß ebenfalls nur im „klassischen Fall" möglich. Bisher stehen meist nur Anti-Km (+1)-Seren zur Verfügung. Das Merkmal weist ca. 15% der mitteleuropäischen Bevölkerung auf.

12.3.3 Das Gc-System

12.3.3.1 Grundlagen

Bereits im Jahre 1953 hatten *Grabar* und *Williams* über eine Immunelektrophorese im Agar-Gel berichtet. 6 Jahre später, 1959, teilte *Hirschfeld* mit, daß sich mittels dieser Agar-Gel-Elektrophorese in menschlichen Seren drei vererbbare Typen, die im Bereich der α_2-Fraktion liegen, trennen und nachweisen lassen. Man bezeichnet sie als gruppenspezifische Komponenten (group specific components = Gc). Die heutige Bestimmungstechnik, nämlich die Elektrofokussierung, läßt neben den „alten" Typen Gc1, 2–1 und 2 noch weitere erkennen: 2–1S, 2–1F, 1F–1S, 1F und 1S.

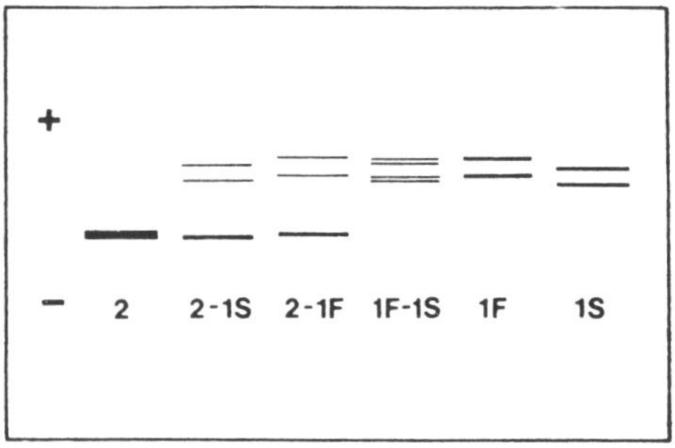

12.3.3.2 Anwendung und Häufigkeit

Im **Paternitätsgutachten** kann ein Ausschluß im Gc-System mit dem Begriff „offenbar unmöglich" belegt werden. Wegen der Schwierigkeit der Technik und der Diagnose in einzelnen Fällen soll jedoch stets ein Zweitgutachten empfohlen werden.

Häufigkeit: Für Mitteleuropa ist folgende Häufigkeitsverteilung ermittelt worden:

Gc 1–1 = 56%
Gc 2–1 = 38%
Gc 2–2 = 6%

12.4 Vererbbare Enzymsysteme

Seit Anfang der 60er Jahre wurden mehrere vererbbare Enzymsysteme entdeckt, von denen die saure Erythrozytenphosphatase etwas eingehender beschrieben sei.

12.4.1 Die saure Erythrozyten-phosphatase (acP)

1963 teilten *Hopkinson, Spencer* und *Harris* mit, daß die menschlichen Erythrozyten erbliche Varianten der sauren Phosphatase enthielten, die mittels der Stärkegelelektrophorese darstellbar sei. Es wurden zunächst fünf, später sechs Phänotypen beschrieben.

Vererbung: Es werden drei allele Gene angenommen, die kombinant (kodominant) vererbt werden.

Genotyp	Phänotyp	Häufigkeit
papa	A	ca. 14%
papb	Ab	ca. 42%
pbpb	B	33%
papc	AC	4%
pbpc	BC	6–7%
pcpc	C	0,3%

Man kann also 6 Phänotypen unterscheiden, von denen der Typ C am seltensten ist und nur mit einer Häufigkeit von ca. 1 : 600 in der Bevölkerung vorkommt.

Die einzelnen Phosphatase-Typen sind im Stärkegel leicht abzulesen (Abb. 87).

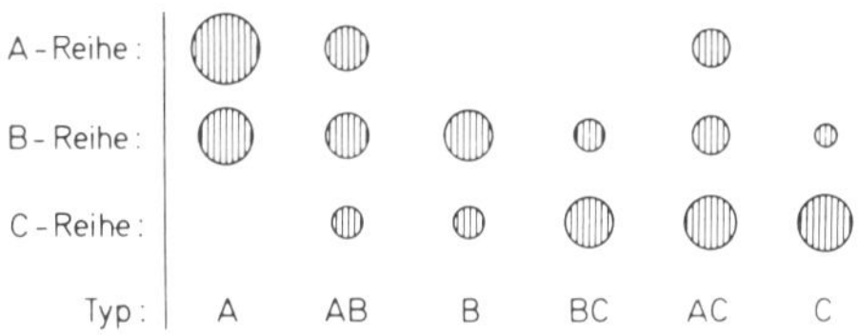

Abb. 87 Phosphatase-Typen

Die Ausschlußchance ist sehr hoch. Als isoliertes System liegt sie bei 24,6%. Der Ausschluß kann mit dem Begriff des „offenbar unmöglich" belegt werden.

12.4.2 Das PGM-System

1964 entdeckten *Spencer, Hopkinson* und *Harris* mit Hilfe der Stärkegelelektrophorese individuelle Unterschiede in den Isoenzymmustern der Phosphoglukomutase.

Man fand zunächst 3 Phänotypen und nahm an, daß 2 allele autosomale Gene zugrunde lagen. Durch die Einführung moderner Techniken ließen sich die bisher darstellbaren Phänotypen 1, 2–1 und 2 weiter unterteilen. Es werden drei Genorte angenommen. Die Ausschlußchance hat sich erheblich erhöht. In letzter Zeit spricht man sogar von 8 Allelen am PGm_1-Lokus.

12.4.3 Die Adenylatkinase (AK)

Auch sie wird vermittels der Stärkegelelektrophorose nachgewiesen. Sie katalysiert die Reaktion 2ADP → ATP + AMP.

92% der Bevölkerung haben den Typ 1–1.

12.4.4 Die Adenosindesaminase (ADA)

Der Nachweis erfolgt heute mit der Zelluloseazetat-Folien-Technik. Die ADA katalysiert die Desaminierung von Adenosin zu Inosin.

12.4.5 Glutamat-Pyruvat-Transaminase (GPT)

Dieses System bringt eine gute Ausschlußchance für Nichtväter. Der Nachweis erfolgt meist mit der Azetat- oder anderer Folienelektrophorese. Das System katalysiert folgende Reaktion:

L-Alanin + L-Ketoglutarat $\leftrightarrows$ Glutamat + Pyruvat.

12.4.6 Weitere Systeme

In die serologische Begutachtung wurden in den letzten Jahren zahlreiche weitere Systeme eingeführt, auf die hier im einzelnen nicht näher eingegangen werden kann. Bedeutung erlangt haben u. a. die vererbbaren Serumeigenschaften Tf, Pi und PLG, ferner die Komplementproteine C_3, C_6 und Bf. Bei den vererbbaren Enzymsystemen seien erwähnt: 6-PGD, ESD und GPT.

12.5 Vererbbare Eigenschaften der Leukozyten (HLA-System)

12.5.1 Vorbemerkung

Die Leukozytenantigene sind, neben den klassischen Blutgruppen des AB0-Systems, die einzigen bekannten Histokompatibilitätsantigene des Menschen. Sie wurden im Zusammenhang mit den Forschungen über Gewebsverträglichkeiten bei Transplantationen entdeckt. Der Name HL-A bedeutet **H**uman **l**eucocyte locus A.

Man nimmt im Augenblick 3 Genloci an, die folgende Bezeichnungen haben:

1. Locus	A
2. Locus	B
3. Locus	C

Die einzelnen Merkmale jedes der 3 Loci weisen einen kodominanten Erbgang auf und werden durch multiple Allelie gesteuert. Es gibt über 600 000 verschiedene Phänotypen!

12.5.2 Technik

Die Technik der Wahl ist heute der mikrolymphocytotoxische Test. Hierbei werden die Lymphozyten abgetrennt, mit Antiserum versetzt, dann nach 30 Minuten mit Kaninchenserum (Komplement) zusammengebracht. Schließlich wird Eosin und später Formalin zur Fixierung der Reaktionen zugefügt. Ist das betreffende Antigen vorhanden, nehmen die Lymphozyten (Schädigung der Membran) das Eosin auf. Die Ablesung erfolgt im umgekehrten Phasenkontrastmikroskop.

12.5.3 Anwendung

Die allgemeine Anwendung in der Paternitätsbegutachtung scheitert noch an der diffizilen Nachweistechnik, den sehr unterschiedlichen Anti-Sera-Qualitäten sowie Irrtumsmöglichkeiten durch „stille Allele", seltene Varianten usw.

Das Hl-A-System wird jedoch bereits von einigen Spezialgutachtern in schwierigen Fällen mitherangezogen. Es hat für sich eine Ausschlußchance von ca. 91%, während alle übrigen Systeme etwa 95% Ausschlußchance bringen. Würde man das HL-A-System routinemäßig zusätzlich verwenden, so ergäbe sich mit allen anderen Blut-Serum- und Fermentgruppen eine Ausschlußchance für echte Nicht-Väter von 99,6% *(Speiser).*

12.6 Biostatische Berechnung der Vaterschaftswahrscheinlichkeiten

In der serologischen Vaterschaftsbegutachtung gibt es neben dem Ausschlußverfahren noch die statistische Beurteilung. Hierbei wird überwiegend das *Essen-Möller*-Verfahren angewendet. Dieses Verfahren bewährt sich besonders in den Fällen, in denen sich ein seltenes Hinweismerkmal zeigt. Mit dem Verfahren wird der Grad der Mutmaßlichkeit festgestellt, mit der ein Mann der Gruppe der wahren bzw. der falschen Väter zugerechnet werden kann. Die Grundlage ist folgende (nach *Essen-Möller* und *Hummel):* Wenn bei 100 **wahren Vätern** ein Merkmal, das die Kinder dieser Väter tragen, in 17 Fällen vorkommt, so ist die Wahrscheinlichkeit, daß ein wirklicher Vater Merkmalsträger ist, 17%. Dagegen muß in 83% angenommen werden, daß der wirkliche Vater das Merkmal nicht aufweist. Findet sich das in Rede stehende Merkmal **in der Bevölkerung** in 3%, so muß auch in 3% der Fälle damit gerechnet werden, daß ein Mann das Merkmal besitzt, ohne Vater eines das Merkmal aufweisenden Kindes zu sein. Setzt man voraus, daß wahre Väter ebenso häufig wie falsche zur Begutachtung gelangen (was nicht ganz richtig ist), dann finden sich unter 200 Präsumptivvätern 20 Merkmalsträger (17 der wahren und 3 der falschen Väter). Hierunter sind also

$$\frac{17}{20} = 85\%$$

wahre Väter und

$$\frac{3}{20} = 15\%$$

falsche Väter.

Setzt man 0,17 = X und 0,03 = Y, dann ist die Wahrscheinlichkeit, daß ein Mann mit dem entsprechenden Merkmal auch der tatsächliche Vater ist:

$$W = \frac{X}{X + Y} = \frac{0{,}17}{0{,}20} = 85\%$$

bzw.

$$W = \frac{1}{1 + \frac{Y}{X}} = 85\%$$

X bedeutet die Häufigkeit der merkmaltragenden Männer unter den wirklichen Vätern und Y die Häufigkeit der merkmaltragenden Männer in der Bevölkerung.

Formel für mehrere Merkmale:

$$W_1 = \frac{1}{1 + \frac{y1\ y2\ y3}{x1\ x2\ x3} \cdots\cdots\cdots}$$

Die Berechnung der Terzettenwahrscheinlichkeiten im einzelnen ist bei komplizierten Gensystemen mit sehr großem Zeitaufwand verbunden. *Hummel* hat daher für die praktische Gutachtertätigkeit ein Tabellenwerk zusammengestellt, das mit einem elektronischen Rechenautomaten berechnet wurde und auf den bekannten Genfrequenzen in unseren Gebieten beruht.

Kommen einmal mehrere Männer als Väter in Betracht und kann keiner ausgeschlossen werden, so gilt eine weitere Formel, die wiederum abgewandelt werden muß, wenn die Möglichkeit besteht, daß keiner der untersuchten Männer der Vater sein könnte.

Für die errechneten Prozentzahlen gibt es „verbale Zuordnungen", die der Tatsache Rechnung tragen, daß kein gleichmäßiger Anstieg (oder Abfall) der Wahrscheinlichkeit besteht. So sind z. B. in positiver Hinsicht erst Werte über 95% bedeutsam.

12.7 Fehlerquellen der serologischen Begutachtung

Die einzelnen Fehlerquellen der Bestimmungstechnik sind größtenteils bereits bei den einzelnen Systemen besprochen worden. Es ist stets zu denken an:

- Medium (d. h. Kochsalz oder Eiweiß usw.)
- Zeit (zu kurze Einwirkungsdauer, keine Reaktion, zu lange Einwirkungsdauer, falsche positive Reaktionen möglich)
- Temperatur (diese ist für die jeweiligen Systeme und Techniken genau einzuhalten)
- Verunreinigung
- Fäulnis (Gefahren von falschen positiven Resultaten)
- Testseren (die Qualität der Seren kann sehr unterschiedlich sein. Es sind daher stets bekannte positive und negative Kontrollen möglichst mischerbiger Erythrozyten mitzuführen, da diese schwächer reagieren).

Schließlich ist auch ein Täuschungsmanöver bei der Blutentnahme möglich (falscher Ausweis, falsches Kind usw.). Daher sind strenge Anforderungen an Identitätssicherungen zu stellen: Ausweis, Lichtbild, Fingerabdruck, eidesstattliche Erklärung, Unterschrift usw.

12.8 Begutachtung der Zeugungsfähigkeit

Zur Zeugungsfähigkeit rechnet man die

- Begattungsfähigkeit (Potentia coeundi)
- Befruchtungsfähigkeit (Potentia generandi).

12.8.1 Die Potentia coeundi

Eine solche ist gegeben, wenn die Geschlechtsorgane weder anatomische noch funktionelle Störungen aufweisen. Anatomische Anomalien sind durch Untersuchung feststellbar. Bei funktionellen Störungen ist man auf die Angaben der Betreffenden angewiesen, was in forensischen Fällen kaum Rückschlüsse zuläßt. Untersuchungen sind jedoch in dieser Hinsicht, wie *Schwerd* es ausdrückt, weder zumutbar, noch könnten psychische Störungen ausgeschlossen werden.

12.8.2 Die Potentia generandi

Sie setzt die Ejakulation von befruchtungsfähigem Sperma voraus. Da die Einrede der Zeugungsunfähigkeit vom Präsumptivvater kommt, ist auch er für dieses Vorbringen beweispflichtig. Es wird daher allgemein als zumutbar angesehen, daß Sperma an der Untersuchungsstelle durch Masturbation gewonnen wird. Dies ist schon deshalb erforderlich, weil sonst Täuschungsmanövern Tür und Tor geöffnet würden. Ein frisches Ejakulat weist eine gallertige Beschaffenheit auf. Eine Verflüssigung tritt erst nach ca. 10 Minuten ein. Die Menge liegt bei etwa 3–4 ml, die Anzahl der Spermien beträgt 60–120 mio/ml. Von den Spermien sollen etwa 70–90% gute Beweglichkeit zeigen, 80% sollen Normalformen aufweisen.

Mit verschiedenen Täuschungsmöglichkeiten ist allerdings zu rechnen. So kommt es zur Oligospermie bei häufiger Selbstbefriedigung vor der Untersuchung. Hormonzufuhr (Östrogen oder Testosteron) soll Azoospermie hervorrufen. Man muß auch mit Urinzusätzen, Mitbringen alten Spermas (Verflüssigung!) usw. rechnen. Der normale pH-Wert beträgt 7,2.

Wichtig ist, daß das Untersuchungsergebnis nur für den Zeitpunkt der Untersuchung Gültigkeit hat. Nur in seltenen Fällen können Rückschlüsse für länger davor liegende Zeiträume gemacht werden. In schwierigen Fällen sowie bei Täuschungsmanövern empfiehlt sich eine klinische Untersuchung auf Fertilität.

12.9 Das Tragzeitgutachten

Tragzeitgutachten dienen dem Zweck, offenbar unmöglich kurze oder lange Tragzeiten von der Schwängerung bis zur Geburt des Kindes als sicher zu erkennen und damit eine Vaterschaft auszuschließen *(Hosemann)*. Im Vordergrund steht also der Zeitbegriff. Gerade darin aber liegt die Schwierigkeit, da die „natürliche Streuung" sehr groß ist (Schwangerschaftsdauer, unbekannter Konzeptionstermin, Blutungen in den ersten Schwangerschaftsmonaten usw.).

Das Tragzeitgutachten bedient sich deshalb der statistischen Methodik. Hierbei wird der Reifegrad des Kindes bei der Geburt mit der errechneten (Angaben der Mutter, angeblicher Konzeptionstermin) Tragzeit verglichen. In der weitaus überwiegenden Zahl der Fälle handelt es sich um reife Kinder (Zeichen der Reife vgl. Kapitel Kindestötung). Nimmt man mit *Hosemann* die 1%-Grenze zur Abgrenzung der „offenbaren Unmöglichkeit", so liegt die menschliche Tragzeit zwischen dem 240. (bis 230.) und dem 300. (bis 310.) Tag post conceptionem. Eine weitere Streuung nach unten ist praktisch nicht denkbar (Fall von *Heyn*, 229 Tage, ist als fragwürdig anzusehen), während Ausnahmefälle mit längerer Tragzeit beschrieben wurden (bis 326 Tage).

Die gesetzliche Empfängniszeit liegt zwischen dem 181. und dem 302. Tage vor der Geburt des Kindes. Es wurde schon darauf hingewiesen, daß biologisch diese Grenzen überschritten werden können. Selbstverständlich handelt es sich bei Kindern, die vor dem 230. Tag geboren wurden, keinesfalls mehr um reife Kinder.

Hosemann hat graphische Tafeln angegeben, aus denen man aufgrund der Länge, des Gewichtes sowie des Kopfumfanges des Kindes ablesen kann, wie häufig bei diesen Maßen längere oder kürzere Tragzeiten sind, als sie forensisch in Rede stehen. (Weitere ältere Verfahren stammen insbesondere von *Zangemeister, Wichmann* und *Gärtner.) Nach Hosemann* setzt die Handhabung der graphischen Tafeln eine gründliche Kenntnis der Variabilität der Reifemaße und Tragzeit voraus. Eine schematische Anwendung kann zu Fehlschlüssen führen. In jedem Fall müssen möglichst viele Größen (also Kopfumfang + Gewicht + Länge) benutzt werden.

Neben der statistischen Auswertung sind sogenannte „Nebenumstände" zu beachten (Besonderheiten des Zyklus, der Beiwohnung, Krankheiten, Schwangerschaftsverlauf, Umstände der Geburt).

12.10 Anthropologisch-erbbiologische Untersuchung

Hierbei handelt es sich um die Feststellung von Merkmalen beim Kind, der Mutter und dem angeblichen Erzeuger, welche die gesamte Erscheinung betreffen. Fehlt ein wesentliches Merkmal, das das Kind besitzt und das nicht von der Mutter stammt, dem Präsumptivvater, so läge ein Ausschluß vor. Hinweise auf Vaterschaft bieten Merkmale, die das Kind nicht von der Mutter ererbt haben kann. Die körperlichen Ausprägungen von Erbanlagen sind bei weitem nicht so klar wie bei den Blut-Serum- oder Fermentgruppen, da praktisch jedes Merkmal von mehreren, oft sogar sehr vielen Genen gesteuert wird. Es werden vor allem untersucht:

- Gesichtsform
- Nase
- Augenregion (Irisstruktur)
- Mund
- Ohren
- Hände
- Füße.

Die Untersuchung beim Kind kann erst erfolgen, wenn mindestens ein Alter von 3 Jahren erreicht wurde, da entsprechende Merkmale vorher noch nicht genügend differenziert sind. Erbbiologische Gutachten werden meist in Fällen angeordnet, in denen man mit den serologischen Methoden keine eindeutigen Ergebnisse erzielen konnte.

Wegen der heute hohen Ausschlußmöglichkeiten muß in jedem Fall zunächst ein serologisches Gutachten eingeholt werden.

13 Spurenuntersuchung (einschließlich Spurensicherung)

Die Sicherung und Untersuchung von Spuren als Beweismaterial spielt in der forensischen Praxis eine erhebliche Rolle.

13.1 Blutspuren

13.1.1 Allgemeine Vorbemerkungen

Schon aus der Form, der Lage und Anordnung von Blutspuren am Tatort können oft wichtige Rückschlüsse gezogen werden. Man unterscheidet Tropfspuren, Spritzspuren und Wischspuren.

Tropfspuren: Sie haben eine runde Form und zeigen, um so deutlicher, je größer die Fallhöhe, gezackte Ränder oder Nebentropfen bzw. Spritzer. Sieht man an einem Tropfen an einer Seite Ausläufer, so weist dies auf die Bewegungsrichtung (z. B. Abtropfen beim Laufen) hin.

Spritzspuren: Sie entstehen entweder durch Verletzungen von Arterien, durch Schleuderbewegungen oder durch Hineinlaufen oder Schlagen in Blutlachen. Treffen die Spritzer schräg auf, gibt es „!"-Formen oder „Bärentatzenformen", treffen sie senkrecht auf eine Fläche, zeigen sich runde Tropfen, die je nach Fallhöhe von kleinen Sekundärtröpfchen umstanden sind oder radiale Ausziehungen in „Kronen-Korkenform" aufweisen.

Schmier- oder Wischspuren: Sie entstehen beim Entlangwischen mit blutenden Wunden, durchbluteter Kleidung usw., und sie sind meist leicht zu erkennen.

13.1.2 Asservierung

Trockene Blutspuren sollen möglichst mit dem Spurenträger zusammen asserviert werden. Ist dies nicht möglicht (z. B. Straße), so sollen sie abgekratzt werden und nur, wenn dies nicht gelingt, so konzentriert wie möglich mit physiologischer Kochsalzlösung auf Watte übertragen werden. Jede Spur ist genau zu kennzeichnen und getrennt zu asservieren.

Flüssige Blutspuren kann man mit Pipetten oder Spritzen aufsaugen. Da die Gefahr der Keimbesiedlung besteht (Verfälschungsmöglichkeit der Blutgruppenbestimmung), ist es – wenn nicht sofort untersucht werden kann – angezeigt, einen Teil des Blutes mit Leinenläppchen (Mull oder Watte) aufzunehmen und **trocknen** zu lassen. Erst nach dem Trocknen soll das Material versandt werden.

Untersuchungen an Blutspuren sind oft auch noch nach Wochen oder Monaten erfolgreich. Man wird sie daher auch an alten Spuren versuchen.

13.1.3 Blutnachweis

13.1.3.1 Vorproben

Es gibt **unspezifische,** sogenannte „Vorproben", die praktisch alle auf der Tatsache beruhen, daß Hämoglobin (und seine Derivate) eine „Pseudoperoxidase" enthalten, also die Fähigkeit besitzen, von Sauerstoffträgern den Sauerstoff auf bestimmte Substrate zu übertragen. Am bekanntesten ist die **Benzidin-Reaktion,** bei der der Sauerstoff von H_2O_2 oder Bariumperoxid auf die Leukoform des Benzidins übertragen wird (Blaufärbung). Man kann auch einfach Wasserstoffperoxid verwenden, welches bei positiven Reaktionen aufschäumt oder aber, z. B. zum Absuchen von Wiesenstücken das Luminolreagenz (o-Aminophthalsäurehydrazid), das bei Anwesenheit von Blut im Dunkeln aufleuchtet. Es kann der Tatort auch mit Leukomalachitgrün ausgesprüht werden, wobei Blut noch in einer Verdünnung von 1 : 50000 sichtbar wird. Wegen der krebserzeugenden Wirkung von Benzidin und dessen Salzen wird heute meist ein Reaktionsgemisch auf Toluidinbasis benutzt. Handelsübliche, vorgefertigte Reagenzträger sind z. B. Peroxtesmo® und Heglostix® (in der Klinik auch zum schnellen Blutnachweis im Harn gebräuchlich).

Vorproben sollen nicht zur Untersuchung von asserviertem Spurenmaterial angewendet werden (hier gleich mit spezifischen Proben arbeiten), sondern nur als Such- oder Feststellprobe bei weiträumigen Orten oder für nicht deutlich erkennbare Flecken.

Flecken findet man im übrigen manchmal mit der Quarzlampe (sie erscheinen dann bei Anwesenheit von Blut schwarz). Bewährt hat sich auch „Peroxtesmo"-Papier. (Beim Befeuchten Blaufärbung, falls Blut vorhanden ist.)

Bevor die Beweisproben besprochen werden, sei eindrücklich darauf hingewiesen, daß **unbedingt** bei der Untersuchung folgende Reihenfolge einzuhalten ist:

1. Nachweis, daß es sich um **Blut** handelt.
2. Nachweis der **Blutart** (Artspezifitätsnachweis, Tier oder Mensch).
3. Bei Menschenblut: **Blutgruppenbestimmung.**

13.1.3.2 Beweisproben

Von den Beweisproben seien die folgenden erwähnt:

a) **Erythrozytennachweis:** Dieser Nachweis gelingt praktisch nur bei flüssigem Blut. Er spielt in der Spurenkunde daher eine untergeordnete Rolle (kernhaltige Erythrozyten bei Vögeln, Reptilien usw.).
b) **Kristallisationsproben:** Die wohl beste Kristallisationsprobe ist die Darstellung des kristallisierten Hämochromogens nach *Takayama* (Natronlauge, Traubenzuckerlösung, Pyridin). Man sieht unter dem Mikroskop sehr schöne, verschieden geformte, rubinrote Kristalle.
   Bekannt sind auch die Teichmannschen Häminkristalle (Eisessig und Kochsalz).
c) **Porphyrin-Probe:** Sie gilt als die empfindlichste Probe für getrocknetes Blut. Man benötigt nur winzige Mengen. Zugabe von konzentrierter Schwefelsäure führt das Hämoglobin in Hämatoporphyrin über, das im UV-Licht rot aufleuchtet.
d) **Spektroskopie:** Lösung der Spur in Kalilauge (oder Natronlauge). Dann Reduktion mit Rieglers Reagenz. Es erscheint das zweibandige Spektrum des Hämochroms. Man kann auch die Darstellung des Oxihämoglobins benutzen (Blutlösung). Man sieht eine Doppelbande. Nach der Reduktion mit Natriumdithionit (oder anderen Reduktionsmitteln) erfolgt ein Verschwinden der Doppelstreifen.
e) **Spektrophotometrie:** Anstelle des Spektroskopes wird die Extinktion im Spektrophotometer gemessen.

13.1.3.3 Nachweis der Blutart (Artspezifitätsnachweis)

Der Nachweis der Blutart erfolgt über den Umweg des Eiweißnachweises. Spezifische, überwiegend vom Kaninchen gewonnene Immunseren (Antiseren) werden mit der Spur zusammengebracht. Es erfolgt bei positiver Reaktion eine Präzipitation (Antikörper-Antigen-Reaktion). Eiweiß kann teilweise bis zu Verdünnngen von 1 : 100000 nachgewiesen werden.

a) Verfahren nach Uhlenhuth

Auflösen der Spur in physiologischer Kochsalzlösung. Prüfung im sogenannten Uhlenhuth-Röhrchen durch Unterschichten mit entsprechendem Anti-Serum. Bei positiver Reaktion bildet sich an der Berührungsstelle ein Trübungsring (Eiweißfällung, Präzipitation). Leerkontrollen, Serumkontrollen sowie Spurenträgerkontrollen sind erforderlich. Man beachte die sogenannten „Verwandtschaftsreaktionen" z. B. Huhn – Taube, Pferd – Esel usw.

b) Agargel-Diffusionstest nach Ouchterlony

Dieser Test beruht auf demselben Prinzip wie die Uhlenhuthsche Reaktion, hat aber den Vorteil, daß unüberwindliche Trübungen nicht stören. Man geht so vor, daß man Löcher in einem Agar-Gel ausstanzt. Es wird nun die gelöste Spur eingefüllt sowie in die anderen Löcher verschiedene Antiseren. Innerhalb von 24 Stunden diffundieren Spurenmaterial und Antisera aufeinander zu. An der Berührungsstelle entstehen entsprechende Trübungsbögen (Abb. 88).

Mit dem Artspezifitäts-Test führt man den Nachweis der **Eiweiß**-Art. Erst, wenn aus derselben Spur vorher der **Blutnachweis** geführt wurde, ist der sichere Rückschluß berechtigt, daß es sich um eine bestimmte **Blutart** handelt (Menschen- oder Tierblut).

c) Der Antihumanglobulin-Hemmversuch
Er beruht darauf, daß Antimenschglobulin-Serum nach Absättigung durch menschliches Globulin die Fähigkeit verliert, mit inkompletten Antikörpern sensibilisierte Rh(D)-Blutkörperchen zu agglutinieren. Vorteil: Testdauer nur 1½ Stunden.

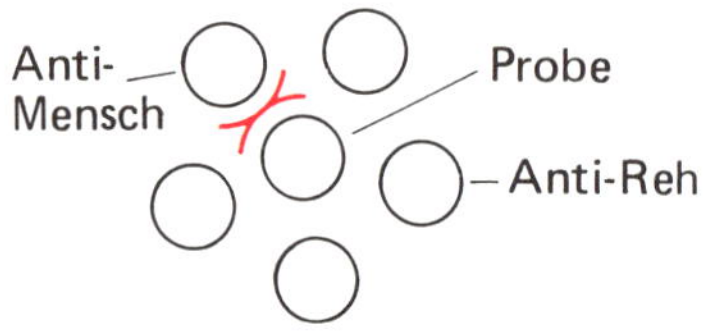

Abb. 88 Test nach *Ouchterlony*

13.1.3.4 Nachweis der Blutgruppe

Voraussetzung jeder Blutgruppenbestimmung an Spuren ist der spezifische Blutnachweis sowie der Nachweis der Blutart (Artspezifität).

Sichere Blutgruppen- bzw. Serumgruppen-Ergebnisse an Spuren bieten vor allem das AB0-System (Gm, Inv). Von den Fermentsystemen kann man gegebenenfalls vom Haptoglobin-, PGM-, AK- sowie GPT-System Aufschlüsse erwarten. Die Nachweistechnik der genannten Serum- und Fermentgruppen ist (bis auf kleinere Modifikationen) im Prinzip die gleiche wie bei der Paternitätsbegutachtung.

Die Blutgruppennachweise an Spuren bedürfen dagegen besonderer Verfahren, da die eingetrockneten Erythrozyten nicht mehr ohne weiteres agglutinabel sind. Man muß daher gleichsam über einen Umweg nachweisen, ob eine Antikörper-Antigen-Reaktion (Bindung von Antikörpern) erfolgt ist oder nicht.

a) **Der Absorptionsversuch:** Man bringt ein 0-Serum (= Anti-A und Anti-B) mit der zu untersuchenden Spur zusammen und läßt es längere Zeit (bis 24 Stunden) einwirken. Der Titer dieses Serums muß vorher bekannt sein (austitrieren). Weist die Blutspur z. B. die Gruppe A auf, so erfolgt eine Reaktion mit Anti-A. Durch die Bindung verliert das Serum völlig oder zu einem Teil die Fähigkeit, A-Blutkörperchen zu agglutinieren. Man prüft dies durch erneute Titration. Ein Titerrückgang über mehr als zwei Verdünnungsstufen gilt als beweisend (Abb. 89).

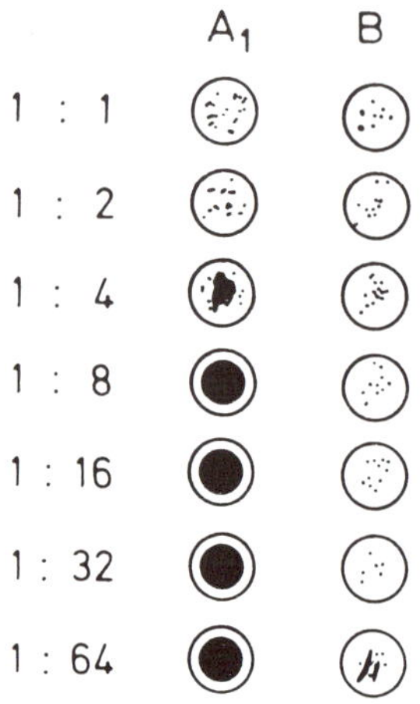

Abb. 89 Absorptionsversuch. Titerrückgang gegen A_1-Blutkörperchen (Serum: $0_{\alpha\beta}$-Serum) Blutgruppe A!

b) **Der Versuch nach Lattes:** Hierbei weist man die in der Spur vorhandenen Agglutinine nach. Dies ist nur möglich, wenn die Spur von harter Unterlage abkratzbar ist. Eine Blutkörperchenaufschwemmung von A- und B-Erythrozyten wird auf die Spur getropft. Das Kochsalz löst die Agglutinine heraus. Unter dem Mikroskop beobachtet man die Agglutination der Test-Erythrozyten. Verklumpen z. B. A-Erythrozyten, so enthielt die Spur Anti-A, hatte also die Blutgruppe B. Bei der Blutgruppe 0, die im Absorptionsversuch keinen Titerrückgang macht (0 hat keine entsprechenden Antigene) agglutinieren im Lattes A- und B-Erythrozyten (Abb. 90).

Abb. 90 Versuch nach Lattes. Verklumpungen von B-Erythrozyten um die Blutschüppchen (= Blutgruppe B)

c) **Die Mischagglutination:** (*Nickolls* und *Pereira*, Modifikation der Methoden von *Kind*, sowie *Coombs* und *Dodd*). Besonders geeignet ist ein Material aus Fasern. Es genügt schon eine einzige kleine Stoff-Faser. Diese wird mit Serum versetzt (Anti-A- und Anti-B). Nach Einwirkung wird überschüssiges Serum ausgewaschen.

Die gebundenen Agglutinine werden durch Zusatz von Test-Erythrozyten identifiziert. Mit dieser Methode kann auch MN nachgewiesen werden. An frischen Spuren läßt sich manchmal auch CDE erkennen. Das Prinzip beruht auf der Tatsache, daß die bivalenten Antikörper nur mit einer Valenz vom Antigen gebunden werden und mit der zweiten Valenz die Test-Erythrozyten zu binden vermögen.

13.1.3.5 Herkunft des Blutes (Menstrual-, Abort-, Geburts-, Neugeborenenblut)

Stammt das Blut aus dem **weiblichen Genitale,** so kann dies am Nachweis glykogenhaltiger Zellen (Lugolsche Lösung) nachgewiesen werden.

Abort- oder Geburtsblut kann gegebenenfalls am Vorhandensein von Chorionepithelien, Vernix-Zellen und Lanugo-Haaren erkannt werden. Den Histaminasegehalt (erhöht) kann man zu bestimmen versuchen.

Geburtsblut gibt positive Schwangerschaftsreaktionen.

Neugeborenenblut kann evtl. durch Bestimmung des Hämoglobins erkannt werden (60–80% HbF).

13.1.3.6 Altersbestimmung

Eine Altersbestimmung an Blutspuren ist nur ausnahmsweise und auch nur annähernd möglich. Man macht sich dabei das allmähliche Wandern von Chlorid-Ionen in die Randbezirke zunutze (zahlreiche Fehlerquellen!).

13.2 Sekrete

13.2.1 Vorbemerkungen

Wie bereits im Kapitel 12 ausgeführt (12.2.4.8), scheiden etwa 80% aller Menschen die Blutgruppenantigene des AB0-Systems in Sekreten und Exkreten aus. Darüber hinaus sind die Blutgruppensubstanzen praktisch in allen Geweben vorhanden. Die Bestimmung erfolgt im Absorptionsversuch. Da die Menge der in den Sekreten vorhandenen Antigene weit höher ist als im Blut, gelingen selbst an geringen Substratmengen (z. B. Zigarettenmundstücken) oft gute und eindeutige Nachweise.

Die Nicht-Täterschaft kann einerseits durch eine entsprechende Blutgruppe an der Spur, andererseits durch die Tatsache, daß der Betreffende Nicht-Ausscheider ist, belegt werden. Im letzteren Fall muß jedoch unbedingt mehrmals in größeren Abständen untersucht werden, da die Ausscheidungsmenge Schwankungen unterliegt und daher falsche negative Resultate zustande kommen können.

13.2.2 Sperma

Der Nachweis von Samenflecken spielt sowohl strafrechtlich (Sittlichkeitsdelikte) als auch zivilrechtlich (Ehescheidungen) eine Rolle.

Die **Auffindung** der Spuren wird (z. B. bei Wäschestücken) durch die Quarzlampe erleichtert (Fluoreszenz).

Als **Vorprobe** eignet sich der Nachweis der sauren Phosphatase, die im Sperma (Prostata) enthalten ist. Ein solcher Nachweis kann elegant mit dem sogenannten Phosphatesmo-Testpapierstreifen (bei positiver Reaktion Verfärbung) geführt werden.

Der **mikroskopische Nachweis** gelingt nach Anfärbung (meist Färbung nach *Baëcchi*). Als ausreichender strafrechtlicher Beweis wird nur das Vorhandensein intakter Spermien (also Kopf und Schwanz) gewertet. Eindeutige und typische Befunde dürften aber auch sonst verwertbar sein.

13.2.3 Vaginalsekret

Als Nachweis dient der mikroskopische Befund glykogenhaltiger Epithelien (Lugolsche Lösung).

Bei Blutgruppenbestimmungen etwa im Rahmen von Notzuchtdelikten ist zu berücksichtigen, daß die **Ausscheidereigenschaft**

von Opfer und Täter geklärt werden muß (wenn das Opfer Ausscheider ist, findet man die entsprechende Blutgruppe natürlich bereits im Vaginalsekret und darf sie nicht ohne weiteres evtl. vorhandenem Sperma zuordnen).

13.3 Haare

Die Untersuchung von Haaren (sowie auch von Stoff-Fasern) spielt kriminalistisch eine erhebliche Rolle wegen der Spurenübertragung von Täter und Opfer. Darüber hinaus finden sich häufiger Haare an Tatwerkzeugen (Beil, Schlagstöcken, Kraftfahrzeugen).

13.3.1 Das menschliche Haar

Wir unterscheiden bei der mikroskopischen Betrachtung die Cuticula, die Rinde und den Markstrang.

Die **Cuticula** weist engständige breite Schuppen, die dachziegelartig übereinander liegen, auf.

Die **Rinde** ist verhältnismäßig breit. In ihr befindet sich das Pigment.

Das **Mark** ist undifferenziert und teilweise unterbrochen. Die einzelnen Körperhaare sind unterschiedlich dick. Am dünnsten sind die Kopfhaare, am dicksten die Scham- und Kinnhaare.

Da Farbe und Dicke auch bei einer Person große Unterschiede aufweisen können, ist die Aussicht, Aussagen über Identität machen zu können, nicht sehr groß. Neuerdings ist jedoch der Blutgruppennachweis an Haaren gelungen. Manchmal kann man auch Verletzungen an Haaren (Ausreißungen, Quetschungen, Hitzeeinwirkungen) nachweisen.

13.3.2 Tierhaare

Tierhaare unterscheiden sich vom menschlichen Haar durch eine meist **schmale Rinde** bei **breitem Markstrang.** Beim Menschen nimmt das Mark etwa ein Viertel, beim Tier etwa zwei Drittel bis ein Halb der Haarbreite ein. Im Markstrang liegen die Zellen oft hintereinander und (oder) nebeneinander aufgereiht. Die Schuppenformen der Cuticula sind häufig charakteristisch. Für die Untersuchung soll man sich möglichst entsprechende Vergleichshaare beschaffen.

Die Herkunft kann meist aufgrund der Haarform, der Pigmentverteilung, der Markstruktur und der Cuticula-Zeichnung bestimmt werden.

13.4 Nachweis menschlicher Mikrospuren

Neuerdings ist es gelungen, durch eine komplizierte Technik mit DNA-Sonden an Blut, Samen und Haaren Ausscheidungen einem bestimmten Menschen zuzuordnen. Das Verfahren beruht darauf, daß ein definierter Endonuclease-Schnittstellenpolymorphismus herausgegriffen wird. DNA-Fingerprint-Datenbanken könnten Fingerabdruck-Karteien ersetzen (Individualisierung biologischer Spuren).

14 Forensische Toxikologie

14.1 Allgemeine Toxikologie

14.1.1 Definition

Unter „forensischer Toxikologie" verstehen wir die Lehre von Giften und Vergiftungen in ihrer Beziehung zur Rechtsprechung. Sie behandelt Fragen zur Klärung strittiger Rechtsverhältnisse im Straf-, Zivil- und Versicherungsrecht. Sie umfaßt aber nicht nur die klinische Symptomatologie, die pathologische Physiologie und die pathologische Anatomie (Obduktion!), sondern vor allem die chemisch-toxikologische Analyse (nach *Weinig*).

Die Einteilung der forensischen Toxikologie kann nach den verschiedensten Gesichtspunkten erfolgen. Wir folgen hier der modernen Auffassung und Einteilung von *Geldmacher–v. Mallinckrodt.*

14.1.2 „Gift" und „Vergiftung"

„Gifte" sind solche **unbelebte** Substanzen oder Substanzgemische, die oberhalb einer von ihrer Einwirkungsform und von Art, Zustand und individueller Verträglichkeit des betreffenden Organismus abhängigen Konzentration in diesem Organismus biochemische Fehlleistungen auszulösen vermögen, welche sich in sofort oder verzögert auftretenden Symptomen oder Zeichen äußern" (*v. Clarmann*).

Die **Wirkung** eines Giftes ist somit abhängig von folgenden Faktoren:

- Löslichkeit
- Dosis
- Konzentration (z. B. Verätzungen, Nekrosen usw.)
- Resorption
- Ausscheidung
- Beibringungsart (oral, perkutan, intravenös usw.)
- Individuelle Reaktionen (Alter, Krankheit, Überempfindlichkeit usw.).

Vergiftung bedeutet „durch Gifte unmittelbar verursachte Krankheiten" (*v. Clarmann*) oder „Funktionsstörungen" (*Geldmacher–v. Mallinckrodt*).

14.1.3 Rechtliche Grundlagen

§ 229 StGB

„1. Wer einem anderen, um dessen Gesundheit zu beschädigen, Gift oder andere Stoffe beibringt, welche die Gesundheit zu zerstören geeignet sind, wird mit Freiheitsstrafe von einem Jahr bis zu zehn Jahren bestraft.
2. Ist durch die Handhabung eine schwere Körperverletzung (§ 224) verursacht worden, so ist auf Freiheitsstrafe nicht unter fünf Jahren und, wenn durch die Handlung der Tod verursacht worden ist, auf lebenslange Freiheitsstrafe oder auf Freiheitsstrafe nicht unter zehn Jahren zu erkennen."

Die Fahrlässigkeit bezüglich der Todesfolge tritt also hier an die Stelle des Vorsatzes (vgl. § 211).

Für die Rechtsmediziner speziell von Bedeutung ist noch der § 91 der Strafprozeßordnung (StPO).

§ 91 StPO)

„1. Liegt der Verdacht einer Vergiftung vor, so ist die Untersuchung der in der Leiche oder sonst gefundenen verdächtigen Stoffe durch einen Chemiker oder durch eine für solche Untersuchungen bestehende Fachbehörde vorzunehmen.
2. Der Richter kann anordnen, daß diese Untersuchung unter Mitwirkung oder Leitung eines Arztes stattzufinden hat."

Der „Verkehr mit Giften" ist in Länderverordnungen geregelt.

14.1.4 Einteilung der Vergiftungen

In Anlehnung an *Weinig* hat *Geldmacher–v. Mallinckrodt* folgende Einteilung vorgeschlagen:

a) Absichtliche Vergiftungen (durch fremde Hand).
Giftmord (§ 211 StGB).
Vorsätzliche Gesundheitsschäden durch Giftbeibringung.
b) Absichtliche Vergiftungen (durch eigene Hand).

Suizid.
Selbstbeschädigung (Artefakt).
Gewöhnung durch Sucht.

c) Unabsichtliche Vergiftungen (durch fremde oder eigene Hand fahrlässig oder zufällig).
Gewerbliche Vergiftung.
Ökonomische Vergiftungen.
Medizinale Vergiftungen.

Gewerbliche Vergiftungen, zu denen Vergiftungen, die in Betrieben, der Industrie usw. vorkommen, gerechnet werden, haben z. T. Berufskrankheiten zur Folge (vgl. die Lehrbücher der Arbeitsmedizin). Ferner sei hingewiesen auf die **ökonomischen Vergiftungen.** Hierunter versteht man solche, die im Haushalt durch Verwechslungen, Fahrlässigkeit, Kinder, aber auch defekte Leitungen (Gas) und anderes mehr zustande kommen.

Medizinale Vergiftungen sind schließlich Schädigungen durch Arzneimittel (unabsichtlich, falsche Rezepte, Kinder, Abtreibungszwecke!).

14.1.5 Vergiftungsverdacht

14.1.5.1 Symptomatik

Atypische Krankheitsbilder, insbesondere, wenn sie bei anscheinend gesunden Personen plötzlich auftreten, müssen stets den Verdacht einer Vergiftung erwecken.

Bartels nennt 5 wesentliche Punkte (zitiert nach *Geldmacher–v. Mallinckrodt*):

a) Zentrale Störungen wie Schwindel und Benommenheit (z. B. bei CO-Vergiftung).
b) Psychische Störungen (z. B. akute Alkoholintoxikation).
c) Atem- und Kreislaufstörungen (Lungenödem bei Reizgasen, Rhythmusstörungen bei Digitalisintoxikation).
d) Magen-Darm-Störungen, wie choleraähnlicher Brechdurchfall mit Tenesmen (z. B. subakute gastrointestinale Form der Arsenikvergiftung).
e) Äußere Merkmale wie Gelbsucht (z. B. Vergiftung durch Phosphor, Pilztoxine und anderes).

Man muß sich allerdings vor Augen führen, daß zahlreiche Gifte keine charakteristische Symptomatik hervorrufen und daß durch bereits begonnene therapeutische Maßnahmen eine noch unklarere Symptomatik die Folge sein kann.

Schwerd betont deshalb zu Recht, daß die Chancen der Erkennung lediglich aufgrund des **klinischen** Bildes sehr gering sind.

14.1.5.2 Kriminalistische Hinweise am Tatort (Auffindungsort)

(Diff. Diagn. Suizid, Unfall, Tötung durch fremde Hand)

Sowohl beim Lebenden als auch beim Toten müssen die äußeren Umstände eingehend beachtet werden. So ist zu prüfen, ob auffälliger Geruch des Raumes oder beim Patient (Toten) vorliegt (z. B. Leuchtgas, Blausäure usw.). Gasspürgeräte, z. B. der Firma Dräger, mit zahlreichen spezifischen Prüfröhrchen können eingesetzt werden.

Auf leere oder teilweise gefüllte Tablettenröhrchen, Schachteln oder sonstige Behälter (Pflanzenschutzmittel!) ist zu achten. Erbrochenes, beschmutzte Wäsche, Blut, Harn sind zu asservieren. Das gleiche gilt für Gläser mit verdächtigen Rückständen, angebrochene Bier- oder Weinflaschen, Lebensmittel usw. Ob es sich um Selbstmord, Unglücksfall oder Tötung durch fremde Hand handelt, ist oft nur aus der Vorgeschichte zu beweisen. Abschiedsbriefe, Auffindesituation (Auspuffgase in PKW geleitet, Spuren vorangegangenen Kampfes usw.) müssen beobachtet werden.

Auch ist daran zu denken, daß Unglücksfälle sich häufig in Betrieben (gewerbliche Gifte) oder aber bei Kleinkindern ereignen (Verwechslung von Flaschen usw.). Schließlich muß beachtet werden, daß Giftbeibringung nur mit Giften erfolgen kann, die entweder geruch-, geschmack- und farblos sind oder aber deren Geschmack und Schutzfarbe durch Nahrungsmitel zu überdecken sind. Es muß sich ferner nicht um Gifte handeln, welche in großer Menge zugeführt werden müssen, wie z. B. Schlafmittel. Im übrigen wird auf die Leichenbefunde, die Wirkung, die letale Dosis usw. bei den einzelnen Giften verwiesen (14.2).

14.1.5.3 Asservate vom Lebenden und Toten

a) **Beim Lebenden** soll in jedem Fall **Blut** (30–50 ml) sowie Harn (evtl. Gewinnung durch Katheterisierung, möglichst viel) zu Untersuchungszwecken gewonnen werden.
Besteht der Verdacht auf Metallgifte, können zusätzlich **Haare** und **Stuhl** zur Untersuchung verwendet werden. Auch **Fingernägel** können von Bedeutung sein. Stuhl kann im übrigen auch bei Pilzvergiftungen wichtig werden. Da Magenspülungen durchgeführt werden müssen, ist Spülflüssigkeit und auch Erbrochenes aufzuheben. Das Material ist in gut verschlossenen Gefäßen, genau beschriftet (Name, Datum und Uhrzeit der Probengewinnung) zu versenden.

b) **Bei der Obduktion** ist zunächst auf Geruch, Haut- und Sklerenverfärbung (Ikterus!), die Farbe des Blutes und diejenige der Muskulatur (CO-Vergiftung, HCN-Vergiftung) zu achten. Natürlich sind Verätzungen (Mund, Rachen, Ösophagus) zu registrieren (auch an Luftröhre und Magen-Darm-Trakt!).
Bei Barbituratvergiftungen (vgl. auch dort) finden sich manchmal Blasenbildungen an den aufliegenden Stellen. Hier Anreicherung von Barbiturat. Bei Thalliumvergiftungen (oder auch anderen Schwermetallen) wird man häufig Haarausfall bemerken.
Die Allgemeinbefunde sind oft ähnlich wie die beim Erstickungstod. (Im übrigen vergleiche die Abschnitte über die jeweiligen Vergiftungen.)

An Asservaten sollen gewonnen werden:

- Leber (ca. die Hälfte)
- Nieren (eine halbe oder eine ganze Niere)
- Gehirn (ca. 300–400 g)
- Magen- und Darminhalt (von Dünn- und Dickdarm getrennt)
- Herzblut (möglichst 100–150 ml)
- Oberschenkelvenenblut
- Harn.

Richtet sich der Verdacht bereits auf bestimmte Gifte, so denke man bei Atemgiften und Metallgiften an die Asservierung von:

- Lungenteilen
- Haaren
- Nägeln
- Haut und Fettgewebe.

c) **Bei Exhumierungen** sind auch Erde oberhalb und unterhalb des Sarges, Sargbeigaben, Sargtücher, Sägespäne sowie Teile des Sarges selbst sicherzustellen. Auch Erde der seitlichen Grabwand kann von Nutzen sein. Selbstverständlich müssen zu Vergleichszwecken neutrale Erdproben entnommen werden (vgl. auch Kapitel Exhumierung).

14.1.6 Aufnahme, Verteilung und Ausscheidung (Gift, Medikamente)

14.1.6.1 Aufnahme

Die Aufnahme von Giften und Medikamenten kann auf sehr unterschiedliche Weise erfolgen. Denkt man an den klinischen Betrieb, wird man die

a) **parenterale** Aufnahme durch Injektionen und **Inhalationen** beachten. Eine Inhalation kann aber natürlich auch beim Versprühen von Schädlingsbekämpfungsmitteln oder Einatmen sonstiger Dämpfe oder Gase erfolgen.
Auch über Schleimhäute (Vagina, Uterus, vgl. Abtreibung), durch die Haut (E 605!) und diaplazentar können Gifte in den Körper gelangen.

b) **Orale Zufuhr** ist die häufigste Form der Giftaufnahme. Dies gilt sowohl für Tabletten als auch für Flüssigkeiten, gelöste Pulver und anderes mehr. Die Resorptionsgeschwindigkeit hängt von zahlreichen Faktoren ab. Es seien genannt:
Fett- und Wasserlöslichkeit
Molekülgröße
Durchblutung von Magen- und Darmschleimhaut.

14.1.6.2 Verteilung

Die Verteilung im Organismus hängt neben der Organdurchblutung natürlich vor allem von der Wasser- und Fettlöslichkeit der Substanzen ab. Schließlich gibt es organspezifische Anreicherungen oder Bindungen an Eiweiß usw.

14.1.6.3 Ausscheidung

Die Ausscheidung kann über Nieren, Galle und Atemluft erfolgen. Die Stoffe können teilabgebaut werden (= Metaboliten) oder sogar in unwirksame Produkte überführt werden. Dies geschieht meist in der Leber. Die Substanz oder ihre Folgeprodukte erscheinen überwiegend im Harn, aber auch in der Fäces.

Wird ein Gift über längere Zeit in bestimmter Dosierung zugeführt, so kann, wenn die Ausscheidung geringer ist als die Aufnahme, eine **Kumulation** erfolgen (Gefahr der toxischen Konzentration von Medikamenten).

14.1.6.4 Postmortale Veränderungen

Nach dem Tode können Gifte im Körper gegebenenfalls noch Veränderungen erfahren. Es wirken zweifellos die körpereigenen Enzyme noch eine Zeitlang fort, auch kommt es zu Fäulnisvorgängen, pH-Änderungen, Flüssigkeitsverschiebungen u. a. m.

Auch Bakterienenzyme können einwirken. Durch Fäulnisvorgänge kann es schließlich zur Neubildung von Giften selbst kommen (z. B. höhere Alkohole, aber auch Äthylalkohol, vgl. Kapitel 16).

14.1.7 Der Giftnachweis

14.1.7.1 Allgemeine Vorbemerkungen

Schwerd nennt drei wichtige Punkte, die beim Giftnachweis ganz allgemein beachtet werden müssen:

a) Zahlreiche Gifte entfalten starke Wirkungen bei äußerst geringer Dosierung.
b) Viele Gifte werden im Körper sehr schnell abgebaut (Metabolitennachweis).
c) Einige Gifte werden so schnell zerstört und (oder) sind in so geringer Menge wirksam, daß ein Nachweis nicht gelingt (evtl. unspezifische Organschädigung).

Hinweise auf Vergiftungen ergeben sich häufig schon bei der Obduktion. Neben den bereits erwähnten Gesichtspunkten (vgl. Asservate) ist der Mageninhalt auf Tablettenreste, die Leichenhaut nach Injektionsstellen (Fixer!) abzusuchen. Das gewonnene Untersuchungsmaterial (Organteile) soll – falls nicht sofort mit der Untersuchung begonnen wird – eingefroren werden.

Hat man Verdacht auf bestimmte Gifte, können **Vorproben** oder **Gruppenreaktionen** durchgeführt werden. Im übrigen müssen die Gifte aus dem Organmaterial isoliert werden. Die Art der Isolierungsmethode hängt von dem jeweiligen Gift ab. Im wesentlichen können destillierbare und durch Extraktion oder Dialyse abtrennbare Gifte unterschieden werden.

14.1.7.2 Destillierbare Gifte (sowie Gase und Dämpfe)

Derartige Gifte lassen sich z. T. direkt aus dem Untersuchungsmaterial nachweisen oder aber über ihre Reaktionsprodukte. Neben der direkten Destillation flüchtiger Substanzen können mit Hilfe der Wasserdampfdestillation auch solche Stoffe vom Organmaterial getrennt werden, deren Siedepunkte oberhalb von 100° C liegen. Ein Zusatz von Salzen, Säuren oder Basen (je nach zu untersuchender Substanz) kann die Flüchtigkeit (Destillation) fördern.

14.1.7.3 Isolierung organischer Gifte (sauer, basisch, neutral) aus organischem Material

Für eine derartige Isolierung gibt es eine ganze Reihe von Extraktionsverfahren, von denen dasjenige nach *Stas* und *Otto* mit seinen vielfältigen Variationen besonders bekannt geworden ist. Das Grundprinzip besteht darin, daß zunächst eine Extraktion der Gifte aus dem Organmaterial erfolgt. Das zuerst gewonnene saure Filtrat enthält jedoch noch Reste von Eiweiß, Fett und anderen Stoffen. Es muß deshalb noch ein weiterer Reinigungsschritt angeschlossen werden. Der resultierende wäßrige Extrakt wird schließlich mit organischen Lösungsmitteln bei unterschiedlichen pH-Werten ausgeschüttelt. Diese organischen Lösungsmittelfraktionen werden dann eingeengt.

Sind die (destillierbaren oder organischen nicht destillierbaren) Gifte abgetrennt und hierbei angereichert (bei Metallgiften ist im allgemeinen eine trockene oder feuchte Veraschung erforderlich), so erfolgt die eigentliche Identifizierung (und quantitative Bestimmung) mit empfindlichen Methoden, von denen die wichtigsten kurz aufgeführt seien.

14.1.7.4 Chromatographische Untersuchungsmethoden

Unter **Chromatographie** versteht man die Trennung von flüssigen oder gasförmigen Stoffgemischen durch unterschiedliche Affinität dieser Stoffe zu einem Adsorptionsmittel. Da dieses Verfahren zunächst auf Farbstoffgemische angewendet wurde, spricht man ganz allgemein von Chromatographie (griechisch, eigentlich „Farbschreibung“).

a) Papierchromatographie

Hierbei wird ein Filterpapierstreifen, auf den das zu untersuchende Substanzgemisch aufgetragen wurde, in ein Lösungsmittel gehängt. Die einzelnen Bestandteile des Gemisches zeigen eine unterschiedliche Wanderungsgeschwindigkeit. Nach Abschluß der Auftrennung wird das Filterpapier mit gruppenspezifischen Reaktionslösungen (je nach Untersuchungsart) besprüht und die Stoffe hierdurch sichtbar gemacht. Die relative Wanderungsgeschwindigkeit der verschiedenen Stoffe ergibt sich aus dem Verhältnis der Laufstrecke der zu charakterisierenden Substanz zur Gesamtlaufstrecke des Fließmittels. Dieses Verhältnis wird durch den „Rf-Wert“ gekennzeichnet (ratio to front).

$$\mathrm{Rf} = \frac{\text{Entfernung Start – Substanzmittelpunkt}}{\text{Entfernung Start – Fließmittelfront}}$$

Für viele Substanzen sind die Rf-Werte charakteristisch. Mit Hilfe von Vergleichssubstanzen kann man eine Identifizierung vornehmen.

b) Dünnschichtchromatographie

Das Adsorptionsmittel wird hierbei auf eine Glasplatte aufgetragen (z. B. Kieselgel). Man wählt zur guten Auftrennung bestimmter Substanzen besondere Adsorbentien und Fließmittel aus.

Vorteile gegenüber der Papierchromatographie:

- bessere Trennung,
- kürzere Entwicklungszeit,
- höhere Nachweisempfindlichkeit,
- Stabilität gegenüber aggressiven Reagenzien.

Farbige Stoffe lassen sich direkt erkennen, sonst müssen die aufgetrennten Substanzen durch Aufsprühen entsprechender Nachweis-Reagenzien kenntlich gemacht werden.

d) Gaschromatographie

Ein Gas oder eine verdampfbare Substanz wird von einem Trägergas (meist Stickstoff) über ein Adsorptionsmittel (z. B. Kieselgur) geleitet. Auch hier wandern die Substanzen aufgrund von Adsorptionsvorgängen bzw. Verteilungsreaktionen verschieden schnell und können so getrennt werden. Am Ende der Trennsäulen finden sich zum Nachweis der getrennt austretenden Substanzen im Trägergasstrom entsprechende Geräte, z. B. ein Flammenionisationsdetektor. Die Gase werden hier in einer mit Wasserstoff und Preßluft gespeisten Flamme verbrannt. Die Konzentration der hierbei zusätzlich entstehenden Ionen kann mit Hilfe der von der Konzentration abhängigen elektrischen Leitfähigkeit eines Feldes gemessen werden. Da die Anzahl der Ionen von den verbrannten Stoffen abhängig ist, muß der Detektor jeweils auf die zu untersuchende Substanz geeicht werden.

Zur qualitativen Messung dienen die für jedes Gas unterschiedlichen Verweilzeiten (Retentionszeiten) in der Säule. Ein Schreiber zeichnet in Form einer Kurve die Analysenergebnisse auf. Die Fläche des Peaks ist ein Maß für die **Menge** des jeweiligen Stoffes, die Lage innerhalb der Kurve für die **Art** der auftretenden Substanz. Die Identifizierung erfolgt durch Vergleich mit bekannten Stoffen. Infolge der Vielzahl an möglichen Verbindungen sind bei chromatographischen Verfahren für eine Identifizierung immer mehrere Trennsysteme nötig (z. B. Variation des Fließmittels und der Detektion, der Temperatur oder des Trennmaterials).

14.1.7.5 Spektrophotometrie

Viele Substanzen weisen ein charakteristisches Verhalten bei der spektrophotometrischen Untersuchung auf. Hierunter versteht man die Messung des spektralen Reflexionsgrades. Die zu untersuchende Substanz wird mit spektral zerlegtem Licht durchstrahlt und die resultierende Intensität mit der eines Leerwertes verglichen.

a) IR-Spektrophotometrie

Hierbei wird ein Frequenzbereich von 4000–650 cm^{-1}, also Infrarot, verwendet. Die absorbierten Frequenzen werden als Banden registriert.

Zur Identifizierung müssen Vergleichsspektren angefertigt werden.

b) UV-VIS-Spektrophotometrie

Organische Verbindungen können im ultravioletten und sichtbaren Bereich einen Teil der vom Spektralphotometer ausgesandten Strahlung absorbieren. Die Größe der Lichtabsorption ist gleich dem Produkt aus Konzentration (C), Schichtdicke (d) und molaren Extinktionskoeffizienten (ε = charakteristische Konstante für die jeweilige Substanz in bestimmtem Medium).

$$E = C \cdot d \cdot \varepsilon$$

Das Spektrum ist charakterisiert durch die Wellenlängen der Absorptionsmaxima und erlaubt hierdurch eine Zuordnung zu bestimmten Substanzgruppen. Häufig ist es nötig, durch chemische Reaktionen die zu analysierenden Verbindungen in gefärbte Derivate zu überführen.

14.1.7.6 Biologische Methoden

Hierzu zählen Tierversuche. Man beobachtet, ob Tiere (meist Mäuse) nach Aufnahme der in Rede stehenden Stoffe Störungen zeigen oder gar verenden. Eine besondere Rolle spielt ein solcher Test bei Verdacht auf Insektizide. Man verwendet dann meist Fliegen, die bei positivem Befund in kurzer Zeit verenden (Kontrollversuche sind hierbei unerläßlich). Für differenzierte Untersuchungen können auch isolierte Enzymsysteme eingesetzt werden.

14.1.7.7 Weitere Methoden

Auf weitere Methoden braucht im Rahmen dieses Lehrbuches nicht näher eingegangen zu werden. Es seien lediglich noch die

- Emissionsspektralanalyse
- Massenspektrometrie (auch in Verbindung mit Gaschromatographie)
- Röntgen-Fluoreszenzanalyse
- Atomabsorptionsspektroskopie
- Polarographie

erwähnt. Einzelheiten müssen Interessenten in Spezialbüchern nachlesen.

14.2 Spezielle Toxikologie

14.2.1 Metallgifte

14.2.1.1 Arsen

Arsenvergiftungen haben eine jahrtausende alte Geschichte. Es handelt sich meist um das sogenannte „Arsenik" (Arsentrioxid, As_2O_3), das Anhydrid der arsenigen Säure. Es stellt ein weißes, geschmack- und geruchloses Pulver dar (Möglichkeit heimlicher Giftbeibringung!).

Technisch wird es meist in der Glasindustrie verwendet.

Salze der Arsen-(V)-säure (Arsenate) werden industriell (Textilfärberei, Druckfarben) und pharmazeutisch als Ausgangsprodukt für organische Arsenverbindungen verwendet.

Arsenwasserstoff ist ein sehr giftiges, im Geruch an Knoblauch erinnerndes Gas. Es entsteht bei Einwirkung von Wasser oder Säuren auf Arsenide.

Aufnahme: Nach oraler Aufnahme erfolgt eine schnelle Resorption von Arsenik und anderen wasserlöslichen anorganischen Arsenverbindungen. Die Aufnahme kann auch durch Inhalation zustande kommen (Arsenwasserstoff).

Toxizität: Perorale Einzeldosen von Arsenik können bei nicht gewöhnten Personen im Bereich von 0,06–0,3 g tödlich sein.

Wirkung: Es handelt sich um ein Zell- und Kapillargift. (Ferner kann es zu lokaler Ätzwirkung kommen.) Die Folgen sind Blutdruckabfall, Bluteindickung, Diarrhöe. Bei chronischer Aufnahme sind Chromosomenschäden beschrieben worden.

Verteilung und Ausscheidung: Die Hauptmenge wird innerhalb von 24 bis 48 Stunden ausgeschieden. Im Urin können aber noch bis zu 10 Tagen geringe Mengen nachgewiesen werden. Es erfolgt eine Anreicherung besonders in der Leber, der Niere, der Lunge und im Gehirn. Nach einigen Tagen steigt die Konzentration in den Haaren und Nägeln an (Asservate!). Hier kann sich das Arsen über Monate halten.

Akute Arsenikvergiftung: Meist erfolgt bereits nach kurzer Zeit (20–30 Minuten) Erbrechen. Nach einigen Stunden kommt es zu reiswasserähnlichen Durchfällen, evtl. wiederum zu Erbrechen, Entzündungen im Nasen-Rachenraum sowie Krämpfe (Waden) treten auf. Ferner finden sich Tachykardie, Oligurie, schließlich Kollaps und Tod. Der Tod tritt durch Vasomotoren- und Atemlähmung ein und kann innerhalb von 24 Stunden erfolgen. Bei Überleben wird eine sehr langsame Rekonvaleszenz beobachtet. Man findet häufig Polyneuritiden nach der 3. Woche. Nach akuter Vergiftung erfolgt ein Auftreten von weißlichen Querstreifen an den Nägeln (**„Meessche Nagelbänder“**): sie sind 1½–2 Monate nach der Vergiftung in der Nähe der Lunula zu sehen. Nach etwa 5 Monaten haben sie den Nagelrand erreicht. (Sie kommen auch bei anderen Krankheiten, bei Blei- und Barbituratvergiftungen vor.)

Chronische Vergiftung: Hierbei kommt es zu einem Erythem, zu Pigmentierungen der Haut sowie zu Hyperkeratosen und Neuritiden. Ferner beobachtet man auch Haarausfall. Auch zentralnervöse Störungen können sich ausbilden.

Leichenschau und Obduktion: Die Befunde sind meist uncharakteristisch. Bei größeren Giftmengen fällt oft eine schlaffe, faltige, welke Haut auf (Wasserverlust!). Die Magen-Darmschleimhaut zeigt starke Hyperämie, evtl. Nekrosen. Toxische Leberverfettung kann gegeben sein. Parenchymschäden der Nieren sind häufig.

Bei der **chronischen Vergiftung** wurden fettige Degeneration von Leber und Niere sowie Leberzirrhosen gesehen. Dazu kommen (Leichenschau!) die typischen Hautveränderungen (Pigmentierungen, Hyperkeratosen, Meessche Streifen an den Nägeln).

Asservate: Es sollen möglichst viele Organe, Körperflüssigkeit (Blut, Harn) sowie Haare und Nägel asserviert werden. Auch an Knochen kann Arsen praktisch unbegrenzt (Exhumierung!) nachgewiesen werden.

Nachweis: Der Nachweis erfolgt nach Veraschung mit verschiedenen Methoden (spektrographisch, Atomabsorption, Röntgenfluoreszenz).

14.2.1.2 Thallium

Thallium ist praktisch ein ubiquitäres Spurenelement. Es zählt zu den Schwermetallen. Metallisches Thallium findet in der Industrie Verwendung.

Gut wasserlöslich sind Thallium-I-nitrat, -carbonat und -sulfat. Nach *Geldmacher–v. Mallinckrodt* hat das Thallium-I-nitrat die größte toxikologische Bedeutung (Ratten- und Mäusevertilgungsmittel).

Thalliumverbindungen sind überwiegend farb-, geschmack- und geruchlos. Sie sind jedoch mit **Warnfarbstoffen** versehen. Wird dieser überdeckt, kann leicht eine unbemerkte Giftbeibringung erfolgen (in Rotwein oder verschiedenen Obst- oder Beerensäften).

Aufnahme: Fast stets oral. Aber auch über die Haut und Schleimhäute sind Resorptionen möglich.

Toxizität: Hier gibt es starke individuelle Schwankungen. Die tödliche Dosis liegt zwischen 0,5 bis 3,0 g (Durchschnitt etwa 1,0 g). Eine Kumulation kann leicht eintreten (lange Körperverweildauer).

Wirkung: Der Mechanismus ist noch nicht genau geklärt. Möglicherweise greift Thallium in den Vitamin-B-Stoffwechsel ein. Auch ein Angriffspunkt im ZNS ist wahrscheinlich.

Verteilung und Ausscheidung: Thallium verteilt sich sehr schnell im Körper. Die höchsten Konzentrationen finden sich in Schilddrüse, Pankreas, Parotis und Hoden. Die geringsten Werte weisen Leber, Gehirn und Blut auf. In der Haut wird verhältnismäßig viel Thallium gefunden. Nach der 2. Woche nimmt der Thalliumgehalt in Knochen, Zähnen und Haut zu.

Die Verweildauer im Körper ist sehr lang. Noch nach 3 Monaten sind erhöhte Thallium-Werte nachweisbar. Es findet sich daher auch eine recht lange dauernde Ausscheidung im Harn, aber auch im Kot.

Akute Vergiftung: Bis zum Wirkungseintritt vergehen meist 24–48 Stunden. Anfangssymptome sind Schlaflosigkeit und Obstipation. Manchmal tritt ein taubes Gefühl in Finger- und Zehenspitzen auf. Die Symptome erreichen nach 2–3 Wochen ihren Höhepunkt: kolikartige Bauchschmerzen sowie Schmerz hinter dem Sternum. Neuralgische Schmerzen an Füßen, Händen, Fingerspitzen und Zehenspitzen. Schließlich kommt es auch zu Wadenschmerzen und Tachykardie. Psychische Wesensveränderungen verführten häufig zu der Diagnose „Hysterie“. Charakteristisch ist der Haarausfall ab 2.–3. Woche. Nach etwa einem Monat können die Meesschen Bänder an den Nägeln beobachtet werden (vgl. Arsenvergiftung).

Chronische Vergiftung: Hierbei kann es sich um eine gewerbliche Vergiftung (Berufskrankheit!), aber natürlich auch um Gifteinbringung handeln. Die Symptome sind Appetitlosigkeit, Abmagerung, Schwäche und Schmerzen in den Beinen sowie mehrfacher Haarausfall und Sehstörungen.

Leichenschau und Obduktion: Die Befunde sind wenig charakteristisch. Zu achten ist auf den Haarausfall, die Meesschen Bänder, evtl. auch auf Entzündungen an der Mundschleimhaut.

Asservate: Neben der Asservierung der üblichen Organe und Körperflüssigkeiten muß man an die Asservierung auch der Nägel und Haare denken! Ferner Schilddrüse, Pankreas, Parotis, Hoden.

Nachweis: Der Nachweis erfolgt polarographisch, massenspektrometrisch, mit der Atomabsorption oder Röntgenfluoreszenzanalyse nach vorheriger Veraschung. Thallium ist praktisch unbegrenzt nachweisbar.

14.2.1.3 Blei und anorganische Bleivergiftungen

Bei Bleivergiftungen handelt es sich meist um gewerbliche Vergiftungen (vgl. Arbeitsmedizin). Gefahren stellen Blei oder seine Verbindungen dar, wenn sie in Staub-, Rauch- oder Dampfform im Betrieb auftreten (Feilen, Sägen, bleihaltige Farben, z. B. Blei-Mennige als Rostschutz).

Aufnahme: Bei gewerblichen Vergiftungen erfolgt die Aufnahme meist über die Atemwege. Nach *Geldmacher-v. Mallinckrodt* spielt die Aufnahme über den Verdauungstrakt insbesondere bei Kindern oder beim Suizid eine Rolle (sicher sehr selten).

Toxizität: Metallisches Blei zeigt keine akute Toxizität. Wird es langsam gelöst (Verschlucken, Bleilösung von Geschossen, die im Körper verweilen), kann es zu chronischer Vergiftung kommen. Die tödliche Dosis von Bleiazetat wird mit etwa 5–50 g angegeben, Bleikarbonat mit 20 g.

Wirkungsweise: Hier spielen hämolytische Effekte sowie eine Blockade verschiedener Enzyme eine Rolle (auch die Hämosynthese wird gestört).

Verteilung und Ausscheidung: Blei wird nur zum Teil resorbiert. Im Blut wird es überwiegend an das Hämoglobin gebunden. Größere Mengen werden mit dem Kot und Urin ausgeschieden. Von den Organen enthalten Leber und Nieren am meisten Blei. Blei wird auch in den Haaren und Nägeln abgelagert.

Akute Vergiftung: Sie ist äußerst selten. Es finden sich dann Übelkeit, Erbrechen, Koliken. Bei sich länger hinziehenden Vergiftungen beobachtet man auch Parästhesien.

Chronische Vergiftung: Nach einem Latenzstadium treten basophil getüpfelte Erythrozyten in Erscheinung. Am Zahnfleisch zeigt sich der sogenannte „Bleisaum“. Es handelt sich hierbei um eine bandartige, grau-schwarze Verfärbung. Später kommt es zu allgemeiner Abgeschlagenheit, Reizbarkeit, Appetitlosigkeit sowie zu Magen-Darmstörungen. Bei ausgeprägter Erkrankung treten dann die „Bleikoliken“ auf.

Leichenschau und Obduktion: Man findet bei der äußeren Besichtigung evtl. schon eine Hautgelbfärbung (Ikterus). Auf den Bleisaum am Zahnfleisch ist zu achten. Häufig tritt Muskelschwund in Erscheinung. Bei der Obduktion sieht man gegebenenfalls Schrumpfnieren und toxische Leberveränderungen. Bei akuten Vergiftungen überwiegen entzündliche Veränderungen des Magen-Darmkanals.

Asservate: Blut, Harn, Leber, Nieren. Auch Nägel und Haare sowie Knochen sollen zurückbehalten werden.

Nachweis: Spektrophotometrisch mit Dithizon, Polarographie, Atomabsorption (nach Veraschung), Röntgenfluoreszenzanalyse.

Im Knochen ist der Nachweis praktisch unbegrenzt lange möglich.

14.2.1.4 Quecksilber

Quecksilber ist ein flüssiges Metall. Es zeigt bei Zimmertemperatur einen merklichen Dampfdruck. Sind andere Metalle im Quecksilber gelöst, spricht man von Amalgamen. Die Verwendung erfolgt überwiegend in der Industrie (Thermometer, Spiegel, Unterbrecherkontakte usw.). Daher handelt es sich auch meist um gewerbliche Vergiftungen. Vergiftungen durch quecksilberhaltige Arzneimittel treten dagegen in den Hintergrund, wohl aber kommen solche mit organischen Hg-Verbindungen, z. B. Saatbeizmittel, vor.

Aufnahme: Sie erfolgt meist durch Einatmung von Dämpfen oder von quecksilberhaltigem Staub (peroral oder perkutan von Sublimat).

Toxizität: Tödliche Dosis bei löslichen Verbindungen: 0,2–3,0 g, wobei einwertige Salze bis 3 g, zweiwertige bereits ab 0,2 g tödlich sein können.

Wirkungsweise: Ähnlich wie Blei ist auch Quecksilber ein Enzymgift. Es stört neben zahlreichen anderen Enzymreaktionen auch die Hämosynthese.

Verteilung und Ausscheidung: Quecksilber gelangt rasch ins Blut und von dort in die Organe. Während die Leber Quecksilber schnell wieder abgibt (Ausscheidung im Stuhl), wird es in der Niere zunächst gesammelt. Auch das Gehirn nimmt Quecksilber auf.

Akute Vergiftung: Sie tritt besonders beim Einatmen konzentrierter Dämpfe auf, auch bei oraler Aufnahme löslicher Verbindungen. Es kommt zu Entzündungen der Mundhöhle (Stomatitis mercurialis), Mattigkeit, Gliederschmerzen, Durchfälle, toxische Nephrose, Kollaps.

Chronische Vergiftung: Stomatitis, Tremor, Sensibilitätsstörungen, Gedächtnisstörungen, psychische Veränderungen, Polyneuritiden, Haarausfall und Kachexie.

Leichenschau und Obduktion: Es kommt öfter zu Haar- und Zahnausfall. Welke Haut kann auffällig sein. Auch finden sich öfter Muskelatrophien. (Die histochemische Nierenuntersuchung ergibt das Bild der typischen sogenannten „Sublimatniere“.) Bei akuter Vergiftung sind evtl. Ätzschorfe am Mund und Ösophagus zu sehen, wenn die Aufnahme peroral erfolgte.

Asservate: Es sollen Blut, Harn, Leber und Niere sowie Gehirn asserviert werden.

Nachweis: Der Nachweis erfolgt nach Veraschung mit der Spektralanalyse, der Polarographie, der Atomabsorption oder mit Röntgenfluoreszenzanalyse direkt.

14.2.2 Hypnotika

14.2.2.1 Barbiturate

Vergiftungen mit Schlafmitteln stehen heute von allen Vergiftungsarten praktisch an erster Stelle. Sie haben für den forensischen Mediziner, abgesehen von den Gesichtspunkten der forensischen Toxikologie, noch eine zusätzliche Bedeutung in der verkehrsmedizinischen Begutachtung (vgl. auch: „Alkohol und Medikamente“).

Die einzelnen Barbiturate verhalten sich insbesondere bezüglich ihrer Verweildauer im Organismus außerordentlich unterschiedlich. Die hypnotische und narkotische Wirkung ist an die freie, nicht dissoziierte Säure gebunden. Der jeweilige Effekt wird von der Art der Substitution beeinflußt. Das ehemalige „Veronal“ (Diaethylbarbitursäure) hatte eine sehr langsame Ausscheidung (bis zu vier Wochen im Körper nachweisbar), während z. B. Phanodorm mäßig lange und Hexobarbital („Evipan“) nur sehr kurze Ausscheidungszeiten aufweisen.

Aufnahme: Die Aufnahme folgt meist oral, aber auch rektal als Zäpfchen. Injektion ist selten (Kurznarkosen).

Toxizität: Die tödlichen Dosen schwanken nicht nur zwischen den einzelnen Verbindungen (Präparaten), sondern auch innerhalb eines Stoffes infolge individueller Unterschiede. Sie liegen insgesamt zwischen etwa 1 g (Pentobarbital) und 20 g (Medomin). Phanodorm wird mit 8–20 g (*Schmidt*) angegeben.

Wirkungsweise: Die Art der Wirkung ist vom jeweiligen Präparat abhängig. Sie besteht allgemein in der Hemmung zentralnervöser Funktionen (Gefahr der Lähmung lebenswichtiger Zentren).

Verteilung, Ausscheidung: Die Resorptionsgeschwindigkeit ist relativ rasch. Die Darreichungsform spielt eine größere Rolle als die Art des Präparates. Nach wenigen Stunden können Barbiturate in Organen und Körperflüssigkeiten nachgewiesen werden. Nach Literaturangaben finden sich die größten Anreicherungen in der Leber, es folgen Blut und Niere, aber auch Gehirn. Später erscheinen sie natürlich im Urin. Auf die sehr unterschiedlich schnelle Ausscheidung wurde bereits hingewiesen. Sie kann teils unveränderlich (z. B. Veronal), teils (meistens) in verschiedenen Metaboliten erfolgen.

Akute Vergiftung: Zunächst tritt eine Benommenheit ein, die mehr oder weniger rasch in Bewußtlosigkeit übergeht. Die Reaktion auf Schmerzreize wird geringer. Starke Sekretion der Bronchien ist zu beobachten. Schließlich erfolgt keine Reaktion auf Schmerzreize mehr, ein spontaner Lagewechsel bleibt aus. Sehnen- und Hustenreflexe fehlen, ebenso eine Pupillenreaktion. Der Blutdruck sinkt ab (Gefahr der hypostatischen Pneumonie). In der letzten Phase erlischt der Kornealreflex. Tachykardie tritt ein. Es erfolgt ein weiterer Blutdruckabfall. Über- oder Untertemperatur kann beobachtet werden (in Anlehnung an *v. Clarmann*).

Forensisch bedeutsam sind Blasenbildungen, die innerhalb von 24–36 Stunden entstehen. Man findet sie meist an Druckstellen (Extremitäten, Knie, Knöchel), jedoch nicht am Rumpf (sog. *Holzer*sche Blasen). Der Blaseninhalt kann Barbiturat enthalten. Die Ursache ist bisher noch nicht geklärt.

Chronische Vergiftung: Die Ursache liegt in der Gewöhnung und Sucht (Kumulation). Es kommt zu Müdigkeit, Apathie, auch rauschähnliche Zustände können beobachtet werden. Häufig sieht man einen taumelnden Gang, lallende Sprache, Zittern sowie psychische Erregungen und Halluzinationen (*Wirth* und Mitarb.). In den Fällen der Sucht werden die Schlafmittel wegen der gleichsam als Nachwirkung auftretenden Euphorie tagsüber in großen Mengen eingenommen. Entziehungserscheinungen bei plötzlichem Absetzen werden häufig beobachtet.

Leichenschau und Obduktion: Bei der äußeren Besichtigung ist auf die schon erwähnten Blasen zu achten, die allerdings nur in etwa 5–8% der Fälle vorkommen. Die Leichenöffnung ergibt keine charakteristischen Befunde: Hirnödem, Lungenödem, flüssiges Blut wie bei akuten Vergiftungen. Manchmal sieht man Nierenveränderungen und toxische Leberverfettung.

Asservate: Wie bei allgemeinen Vergiftungssektionen.

Nachweis: Nach Isolierung und Extraktion aus organischem Material eignen sich zahlreiche moderne Nachweisverfahren. Es können angewendet werden Spektrophotometrie, Dünnschichtchromatographie, Gaschromatographie u. a. m.

14.2.2.2 Bromhaltige Medikamente

Allgemeines

In letzter Zeit sind zwei wichtige Stoffe in den Vordergrund getreten, das Bromisoval (Bromisovalerylharnstoff) und das Carbromal (Bromdiäthyl-Acetyl-Carbamid). Obwohl schon vor dem 1. Weltkrieg im Handel, hat die allgemeine Zunahme des Medikamentenkonsums erst in letzter Zeit zu einem wesentlich erhöhten Verbrauch an rezeptfreien Mitteln geführt. In vielen ohne Rezept erhältlichen Schlafmitteln sind aber die genannten Stoffe enthalten (z. B. Adalin, Betadorm, Sekundal). Bei Überdosierungen sind schwere, auch tödliche Vergiftungen beobachtet worden.

Aufnahme: Überwiegend oral.

Toxizität: Die tödliche Dosis von Carbromal wird mit ca. 20 g, die von Bromisoval mit etwa 10 g angegeben. Schwankungen nach oben und unten sind häufig.

Wirkungsweise: Sie entspricht im Prinzip derjenigen der Barbiturate, d. h. Lähmung der lebenswichtigen Zentren.

Verteilung und Ausscheidung: Bromureide werden im Organismus rasch abgebaut. Eine unveränderte Ausscheidung im Harn erfolgt daher nur in geringer Menge. Im Organismus findet eine Entbromierung

(*Tamminen, Alha u. a.*) statt. Das resultierende Bromid wird sehr langsam im Harn ausgeschieden. Die Halbwertzeit wird mit etwa 12 Tagen angegeben.

Akute Vergiftung: Sie entspricht im wesentlichen der Symptomatik der Barbituratvergiftung. Bei Bromcarbamidvergiftungen kommt es jedoch (neben weiteren Unterschieden) gehäuft zum Syndrom der sogenannten Schocklunge (Mikrothrombose, Permeabilitätsstörungen, Ödem).

Chronische Vergiftung: Sie ist gekennzeichnet durch die Symptome chronischer Bromidaufnahme, aber auch die Metaboliten haben einen gewissen Einfluß. Die Symptome selbst bestehen in Gedächtnisschwäche, Apathie, Ataxien und abgeschwächten Reflexen. Manchmal beobachtet man auch akute psychotische Bilder.

Leichenschau und Obduktion: Die Sektionsbefunde sind uncharakteristisch.

Asservate: Wie bei üblicher allgemeiner Giftsektion.

Nachweis: Nach Extraktion Dünnschichtchromatrographie. Gesamtbromidbestimmung nach *Kisser* oder direkt mit der Röntgenflureszenz (evtl. noch nach Wochen nachweisbar).

14.2.2.3 Methaqualon

Allgemeines

Es handelt sich um ein Chinazolidonderivat, das in vielen Kombinationspräparaten enthalten ist.

Akute Vergiftung: Es zeigen sich Unterschiede zu anderen Hypnotika: Ausgeprägte Hypermotorik und Krampfanfälle bei hoher Dosierung! Todesfälle durch Herzversagen in der Krampfphase werden beobachtet. Die tödliche Dosis liegt bei etwa 8 g.

Leichenschau und Obduktion: Es finden sich keine typischen Befunde.

Nachweis: Nach Extraktion Dünnschichtchromatographie, Gaschromatographie.

14.2.3 Sedativa

Derartige Medikamente sollen beruhigend und dämpfend wirken. In geringer Dosierung werden Hypnotika als Sedativa verwendet, insbesondere das Luminal in Form von Luminaletten (bei zu langer und zu hoher Dosierung Kumulationsgefahr!). Zur Beseitigung von Angst- und Spannungszuständen dienen dagegen heute überwiegend die sogenannten Psychopharmaka (Tranquilizer) (vgl. 14.2.5).

14.2.4 Narkotika

In der forensischen Praxis spielt der Äthylalkohol eine besondere Rolle. Hier ist vor allem auf die verkehrsmedizinische Bedeutung zu verweisen. Diese wird im **Kapitel 16** abgehandelt. Hier findet man auch die weiteren wichtigen toxikologischen Daten. Von Bedeutung sind ferner der Methylalkohol sowie die flüchtigen Narkosemittel.

14.2.4.1 Methylalkohol

Methylalkohol wird bekanntlich zum sogenannten „Vergällen" von Äthylalkohol sowie zur Herstellung von Beizen, Lacken, Frostschutzmitteln, als Lösungsmittel u. a. m. benutzt.

Aufnahme und Toxizität: Meistens erfolgt die Aufnahme durch Trinken von vergälltem Äthylalkohol, bei Verwechslung oder in suizidaler Absicht. Auch Einatmung oder perkutane Aufnahme ist möglich (Arbeitsplatz). Die tödliche Dosis wird mit 5 (!) bis 10 bis zu 100 g angegeben. Frauen und Kinder sollen besonders gefährdet sein.

Wirkungsweise: Neuerdings wird die Bildung von Ameisensäure für besonders bedeutungsvoll gehalten (Blockierung von Oxidationsvorgängen, Enyzmhemmung).

Verteilung und Ausscheidung: Nach der Resorption erfolgt im Organismus eine Oxidation zu **Formaldehyd** und **Ameisensäure.** Die Oxidation findet verhältnismäßig langsam statt. Die Ausscheidung erfolgt durch die Nieren und in der Atemluft.

Akute Vergiftung: Da die Erscheinungen auf den Abbauprodukten (Formaldehyd bzw. Ameisensäure) beruhen, treten die Symptome erst nach einer gewissen Latenz in Erscheinung. Diese dauert 1½ Stunden bis 6 Tage (*Soehring* u. a.). Es kommt zunächst – nach anfänglicher geringer Rauschwirkung – zu Kopfschmerzen, Schwindel, Zittern,

Übelkeit und Erbrechen. Oft finden sich kolikartige Leibschmerzen. Schließlich tritt Bewußtlosigkeit ein.

Häufig sind die ersten Symptome Sehstörungen bis zur Erblindung. Der Tod erfolgt an Atem- und Kreislauflähmung, meist frühestens am 2. Tag.

Chronische Vergiftung: Schwindel, Kopfschmerzen, Benommenheit, Sehstörungen, Erblindung, Neuritiden, Gedächtnis- und Merkstörungen werden beobachtet.

Vorkommen: Bei gewerblicher Benutzung von Lösungsmitteln (vgl. Arbeitsmedizin).

Leichenschau und Obduktion: Überwiegend uncharakteristische Symptome bei der akuten Vergiftung. Gegebenenfalls findet man eine trübe Schwellung der Nieren. Bei chronischen Vergiftungen zeigen sich fettige Degeneration von Leber, Nieren, Herzmuskel. Auch Putamen-Nekrosen werden beobachtet.

Asservate: Magen (Ausscheidung in den Magen wird diskutiert), Organe, Blut, Harn.

Nachweis: Nach Extraktion Gaschromatographie (im Urin Nachweis als Ameisensäure).

14.2.4.2 Flüchtige Narkotika

Von den flüchtigen Narkotika spielten früher (Narkosezwischenfälle) Äther und Chloräthyl eine größere forensische Rolle als heute. Nach Einführung der modernen Anästhesie-Methoden mit Stoffen wie z. B. Halothan, Methoxyflurane u. a. mußten Nachweismethoden geändert bzw. neu entwickelt werden. Einzelheiten hierüber müssen in den Lehrbüchern der Anästhesie nachgelesen werden.

In der gerichtlichen Medizin hat allerdings auch heute noch das Chloräthyl eine gewisse Bedeutung, da immer wieder Fälle auftauchen, bei denen dieses Kurznarkotikum zur Betäubung des Opfers verwendet bzw. zumindest eine solche Beschuldigung erhoben wurde.

Chloräthyl (C_2H_5Cl) ist eine farblose Flüssigkeit, deren Siedepunkt bei 12,2° C liegt. Die Aufbewahrung erfolgt in Spezialflaschen mit Patentverschluß. Die narkotisch wirksamen Konzentrationen liegen zwischen 4 und 9%. 7 Vol.% erzeugen nach 2–3 Minuten einen narkotischen Schlaf.

Aufnahme: Sie erfolgt so gut wie ausschließlich durch Einatmug der Dämpfe.

Toxizität: Sie ist verhältnismäßig groß. Die individuelle Schwankungsbreite ist beträchtlich, ferner spielt die Schnelligkeit der Anflutung eine entscheidende Rolle. Das toxische Stadium wird zwischen 7 und 45 Vol.% erreicht.

Wirkungsweise: Es handelt sich um ein typisches Inhalationsnarkotikum.

Verteilung und Ausscheidung: Der Anstieg der Blutkonzentration erfolgt außerordentlich rasch, ebenso auch die Abflutung und Ausatmung. Es wird zu 73% an die Erythrozyten gebunden, zu 27% im Plasma verteilt. Die Affinität zum Zentralnervensystem ist hoch.

Akute Vergiftung: Vor Einsetzen der Intoxikationserscheinungen liegt eine schmale Zone klinisch brauchbarer Entspannung für Narkosezwecke. Im toxischen Bereich finden sich schnellere und tiefere Atmung, schließlich Atemstillstand vor dem Herzstillstand. Meist tritt allerdings – besonders bei schneller Anflutung – ein plötzliches Herzversagen durch Kammerflimmern oder Kontraktion der Koronararterien ein (wahrscheinlich sind die meisten Chloräthyltodesfälle Infarkttodesfälle!).

Leichenschau und Obduktion: Bei der Sektion können keine charakteristischen Befunde erhoben werden. Eventuell kann man noch Geruch nach Chloräthyl feststellen.

Asservate: Blut, Liquor, Gehirn.

Nachweis: Gaschromatographie. Dieser Nachweis gelingt allerdings oft nicht mehr wegen der großen Flüchtigkeit des Narkosemittels.

14.2.5 Psychopharmaka

In der gerichtlichen Medizin spielen die Psychopharmaka vor allen Dingen eine Rolle bei verkehrsmedizinischer Begutachtung. Nach Verkehrsunfällen soll daher stets – wenn Medikamenteneinnahme behauptet wird – Urin sichergestellt werden. Psychopharmaka haben auch eine wichtige Bedeutung beim Zusammenwirken mit Alkohol (Gefahr abnormer Reaktionen, vgl. Kapitel 16) sowie bei der Entstehung von Sucht. Man unterscheidet Tranquillantien, Neuroleptika und Antidepressiva.

14.2.5.1 Tranquillantien (Benzodiazepine und Verwandte)

Zu den Tranquillantien gehören die bekanntesten und viel gepriesenen Medikamente des Alltags, die Angst- und Spannungszustände beseitigen sollen („die Sonnenbrille für die Seele").

Aufnahme: Abgesehen von Staubinhalation, die in einer Tablettenfabrik beschrieben wurde, ist die Aufnahme praktisch stets peroral oder parenteral.

Toxizität: Je nach Medikamentenart ist diese sehr unterschiedlich. Tödliche Vergiftungen wurden beschrieben. Kinder sind offenbar besonders empfindlich.

Wirkung: Angriffspunkt ist u. a. das limbische System. Ein genauer Wirkungsmechanismus auf die Hirnzellen ist allerdings noch nicht aufgeklärt.

Verteilung und Ausscheidung: Verhältnismäßig rasche Resorption. Im Stoffwechsel erfolgt eine schnelle Umwandlung in zahlreiche Metaboliten. Am ehesten entsprechen die Leberkonzentrationen der Schwere der jeweiligen Vergiftung. Auch die Lunge kann hohe Konzentrationen aufweisen. Der Plasmaspiegel ist niedrig. Die Ausscheidung (Metaboliten) erfolgt durch den Harn.

Akute Vergiftung: Nach der Resorption tritt ein Gefühl der Trockenheit im Mund, Schwindel, Desorientiertheit, Übelkeit, Somnolenz und schließlich Koma auf. Manchmal findet man auch Erregungszustände. Der Tod erfolgt durch Herz- (Störungen der Erregungsleitung) und Kreislaufversagen oder durch Atemlähmung.

Leichenschau und Obduktion: Hier finden sich keine charakteristischen Befunde.

Asservate: Wie bei der allgemeinen Giftsektion. Besonders an Blut und Harn denken.

Nachweis: Farbreaktionen nach *Forrest* und Mitarb. sowie nach *Turner* und Mitarb. sind erfolgreich anzuwenden. Im übrigen nach Extraktion Dünnschichtchromatographie, UV-Spektrophotometrie oder Gaschromatographie.

14.2.5.2 Neuroleptika

Sie werden besonders in der Psychiatrie angewendet. Sie üben einen dämpfenden Einfluß auf Affektivität und Grundbefinden des Patienten aus. Sie beeinflussen auch die Wechselwirkung zwischen Psyche und Vegetativum („Psychovegetative Entkoppelung").

In diese Gruppe gehören Phenothiazine und Butyrophenone.

14.2.5.3 Antidepressiva

Sie wirken antriebssteigernd und stimmungshebend, enthalten aber dennoch eine angstdämpfende Komponente. In der forensischen Praxis spielen sie eine nur geringe Rolle.

14.2.6 Rauschgifte (einschließlich Halluzinogene)

Hierzu gehören in erster Linie:

- Amphetamine
- Morphin
- Heroin
- Meskalin
- LSD
- Haschisch.

Insbesondere Haschisch, LSD, Morphium bzw. Heroin haben in den letzten Jahren an Bedeutung ständig zugenommen. Der Rechtsmediziner wird meist mit plötzlichen Todesfällen im Rausch konfrontiert, während psychische Veränderungen, Sucht und ihre Folgen bzw. die Therapie in das Gebiet der Psychiatrie fallen. Zu den eigentlichen Halluzinogenen zählen unter anderem Meskalin, LSD und Haschisch.

14.2.6.1 Amphetamine

Sie gehören in die Gruppe der sogenannten Stimulantien und werden als „Aufputschmittel" genommen. Der Gebrauch kann zur Abhängigkeit und Sucht führen. Auch zur „Appetitzügelung" werden Amphetamine verwendet. Im Drogenjargon wird von „Speed" gesprochen.

Aufnahme: Sie erfolgt peroral oder durch Injektion.

Toxizität: Für Methamphetamin wird die tödliche Dosis mit 5–20 mg/kg angegeben. Kinder und Kreislaufkranke gelten als besonders gefährdet. Bei Gewöhnung sollen dagegen Einzeldosen bis zu 5000 mg vertragen worden sein.

Wirkungsweise: Man findet eine periphere, adrenergische Wirkung sowie eine Stimulation des ZNS. Bei ermüdeten Personen soll die Wirkung stärker sein.

Verteilung und Ausscheidung: Nach der Resorption werden durchschnittlich 40% der Menge im Harn wieder unverändert ausgeschieden. Im übrigen kommt es, je nach dem Ausgangsprodukt, zu sehr zahlreichen Metaboliten.

Akute Vergiftung: Schwitzen, Blutdruckanstieg, Erregungszustände und Krämpfe. Schließlich tritt eine Temperatursteigerung ein, es folgen Delirien, Kollaps und Arrhythmien. Es kann, wie beim Hitzschlag (siehe dort) zum Nierenversagen kommen.

Chronische Vergiftung: Sie ist insbesondere bei Sucht zu beobachten. Es zeigen sich Appetitmangel, Abnahme des Körpergewichtes sowie Schlafstörungen. Psychisch finden sich Größenideen, zwanghafte Verhaltensweisen und gestörte Aufmerksamkeit. Die menschliche Bindungsfähigkeit läßt nach. Häufig erfolgt ein sozialer Abstieg. Todesursache ist oft eine Sepsis, aber auch Hirnblutungen sind beschrieben worden.

Leichenschau und Obduktion: Bei der akuten Vergiftung finden sich uncharakteristische Befunde. Eventuell sieht man subpleurale und subendokardiale Hämorrhagien. Bei der chronischen Vergiftung werden öfter Hepatitis und Myokarditis sowie ein Lungenödem und eine Infektmilz (besonders bei Sepsis) beobachtet.

Asservate: Wie bei der allgemeinen Giftsektion. Besonders auch an den Urin denken (Verkehrsmedizin)!

Nachweis: Abgewandelte, besondere Verfahren zum Einengen der Extrakte sind angegeben worden. Anschließend Dünnschichtchromatographie, Gaschromatographie oder Massenspektrometrie.

14.2.6.2 Morphin

Morphin gehört zu den Alkaloiden. Bekanntlich sind im Saft der Mohnkapseln (Papaver somniferum) mehrere Alkaloide enthalten. Zu ihnen zählt in erster Linie das Morphin.

Aufnahme: Sowohl oral als auch parenteral (Injektionen!).

Toxizität: Die tödliche Dosis für Nichtgewöhnte liegt bei 100–400 mg (oral), parenteral niedriger, ebenfalls sind bei Kindern und Kranken geringere Dosen erforderlich.

Wirkungsweise: Eine der Hauptwirkungen ist diejenige auf die Schmerzzentren. Der genaue Mechanismus ist allerdings nocht nicht erforscht. Ferner findet sich eine hypnotische Wirkung, in vielen Fällen tritt Euphorie ein (Suchtgefahr!).

Verteilung und Ausscheidung: Nach der Resorption und der Verteilung im Organismus wird der größte Teil an Glukuronsäure gekoppelt im Harn ausgeschieden. Die Ausscheidung therapeutischer Dosen ist meist nach 10 Stunden beendet.

Akute Vergiftung: Schwindel- und Durstgefühl, Übelkeit, Bradykardie, Somnolenz und Hyperthermie. Schießlich erfolgt der Tod an Atemlähmung. Er tritt nach etwa 8 Stunden bis zu (selten) 2 Tagen ein.

Chronische Vergiftung: Sie erfolgt meist im Zuge einer Morphinsucht. Man findet Appetitlosigkeit, Gewichtsabnahme sowie Anämie. Bei Unterbrechung der Zufuhr treten erhebliche Entziehungserscheinungen auf.

Leichenschau und Obduktion: Bei der akuten Vergiftung sind die Befunde wenig charakteristisch. Man findet ein Lungenödem, gegebenenfalls hypostatische Pneumonien. Bei chronischer Vergiftung sieht man Kachexie, zahlreiche Einstichstellen beim Süchtigen sowie vorzeitige Alterungserscheinungen.

Asservate: Besonders Blut, Urin, Leber und Kot, Gallensaft.

Nachweis: Nach Extraktion Dünnschichtchromatographie oder Gaschromatographie.

14.2.6.3 Heroin

Heroin ist das Diacetylmorphin. Es zeigt morphinähnliche Wirkungen, die Gefahr süchtig zu werden, ist jedoch erheblich größer.

Aufnahme: Sie erfolgt parenteral, aber auch durch Schnupfen und Rauchen.

Toxizität: Die tödliche Dosis für den Nichtgewöhnten liegt bei 50–75 mg *(Geldmacher – v. Mallinckrodt).*

Verteilung, Ausscheidung: Im Stoffwechsel erfolgt eine schnelle Umwandlung zu Monoazetylmorphin und Morphin. Im Harn wird nur ein geringer Anteil unverändert ausgeschieden. Man findet überwiegend glukuronidiertes Monoazetylmorphin oder Morphin. Die Halbwertszeit ist außerordentlich kurz. Es werden nur einige Minuten angegeben.

Akute Vergiftung: Tod durch Atemlähmung oder Lungenödem sind die Folge.

Chronische Vergiftung: Sie zeigt die gleichen Symptome wie beim Morphin. Daneben findet man jedoch häufiger Hautveränderungen, Sepsis, Hepatitis und AIDS (nicht sterile Injektionen der Süchtigen!).

Leichenschau und Obduktion: Bei der äußeren Besichtigung ist auf Einstichstellen zu achten. Bei der chronischen Vergiftung finden sich häufig Sekundärschäden (Hepatitis, Sepsis usw.).

Asservate: Besonders an Harn denken. Blut auf AIDS untersuchen.

Nachweis: Wie Morphin.

14.2.6.4 Mescalin

Mescalin rechnet zu den Halluzinogenen im engeren Sinn. Es ist der Wirkstoff des mexikanischen Peyotl-Kaktus (Lophophora Williamsii).

Aufnahme: Meist oral.

Toxizität: Es sind meist Dosen über 0,2–0,6 g erforderlich, bis das Ich-Bewußtsein verloren geht.

Wirkungsweise: Auf das Zentralnervensystem. Einzelheiten sind bisher noch nicht geklärt.

Verteilung und Ausscheidung: Nach der Aufnahme erfolgt eine Verteilung in Blut und Organe. Langsamere Anreicherung im Gehirn, das bald einen Sättigungsspiegel erreicht. Der Abbau findet in der Leber statt. Hier entstehen verschiedene Metabolisten. Nur ein Teil wird unverändert im Harn ausgeschieden.

Akute Vergiftung: Zunächst Schweißausbruch, Übelkeit, wechselnde Pulsfrequenz sowie Atemnot („erst der Kater, dann der Rausch“). Danach tritt eine euphorische Grundstimmung ein, Visionen, Halluzinationen sind beschrieben (vgl. im übrigen Lehrbücher der Psychiatrie).

Leichenschau und Obduktion: Uncharakteristische Befunde der Sektion.

Nachweis: Spezielle Dünnschicht- und gaschromatographische Verfahren wurden beschrieben.

14.2.6.5 LSD

LSD, Lysergsäurediäthylamid, in zahlreichen Pflanzen als verschiedene Derivate, wird synthetisch hergestellt. Als echtes Halluzinogen wird es zur Herbeiführung von Rauschzuständen verwendet. Ferner wurde es zur Erzeugung von Modellpsychosen sowie zur Behandlung des Alkoholismus eingesetzt.

Aufnahme: Fast stets oral, stelten parenteral (Injektion).

Toxizität: Die übliche „Tripdosis“ wird mit 100–250 µg angegeben. Die tödliche Dosis soll bei 10 mg (!) oder sogar höher liegen. Nach Tierversuchen werden sogar 2 mg/kg diskutiert (*Rossi*).

Wirkungsweise: Es erfolgt eine zentrale Stimulierung, eine Kontraktion der glatten Muskulatur sowie eine Aufhebung der peripheren Einflüsse von Serotonin (*Hesse*). Einzelheiten sind noch weitgehend ungeklärt.

Verteilung und Ausscheidung: Aufgrund von Tierversuchen ist eine Metabolisierung in der Leber anzunehmen. Nach oraler Dosis ist es im Blut, jedoch nicht im Urin nachweisbar.

Akute Vergiftung: Im LSD-Rausch treten neben motorischen und vegetativen Symptomen vor allem optische und akustische Halluzinationen in Erscheinung. Ebenfalls findet man auch solche des Geschmackes und Geruches. Man sieht auch Störungen der Tiefensensibilität (vgl. im übrigen die Lehrbücher der Psychiatrie).

Leichenschau und Obduktion: Hier finden sich keine Auffälligkeiten.

Asservate: Insbesondere Blut, Leber.

Nachweis: Dieser gelingt nach Körperpassage nicht, da die Dosen zu gering sind.

Dagegen kann der Nachweis im „Trip“ durch Schnelltest (nicht spezifisch) erfolgen. Sonst kann man die Dünnschichtchromatographie, Fluorimetrie oder die IR-Spektrophotometrie zum Nachweis LSD-haltiger Zubereitungen heranziehen.

14.2.6.6 Haschisch

Haschisch und Marihuana stammen vom indischen Hanf, Cannabis sativa L. (oder: Cannabis indica). Man kennt männliche und weibliche Blüten (auf verschiedenen Pflanzen). Haschisch wird aus dem Harz, das die Blüten bzw. Sproßspitzen abscheiden, gewonnen. Marihuana stammt aus getrockneten Trieben und Blüten der weiblichen Pflanze.

Die Wirkstoffe sind Cannabiol, Cannabidiol und Tetrahydrocannabinol. Die Rauschwirkung wird hauptsächlich dem Tetrahydrocannabinol (THC) zugeschrieben. Die folgenden Ausführungen beziehen sich daher auf THC.

Aufnahme: Sie erfolgt meist in Form von Rauchen (Zigarette, Pfeife), aber auch oral (Speisen, Getränke!).

Toxizität: Die wirksame THC-Dosis wird für den Menschen mit etwa 5–10 mg angegeben. Die orale LD-50-Dosis bei der Ratte liegt bei 666 mg/kg.

Wirkungsweise: Zweifellos ist eine (zentral dämpfende) Wirkung auf das ZNS vorhanden. Einzelheiten sind jedoch weitgehend ungeklärt.

Verteilung und Ausscheidung: Schnelle Resorption. Es wird auch außerordentlich rasch und vollständig in Metaboliten umgewandelt. Verteilung in Blut, Gehirn, Leber, Milz, Lunge und Herz. In der Leber läßt die Konzentration am ehesten nach (Metabolitenbildung). In Urin und Faeces werden Metaboliten ausgeschieden.

Akute Vergiftung: Es tritt ein rauschähnlicher Zustand auf, der stark individuell variieren kann. Euphorie, Gefühl der Unwirklichkeit und andere Empfindungen zeigen sich je nach Situation und individueller Eigenart. Körperlich finden sich manchmal Schwindel, Kopfschmerzen, schneller Puls, Reflexsteigerung, Magen-Darm-Beschwerden. Man beobachtet häufig eine verstärkte Diurese. Meistens fehlen jedoch **Nach**wirkungen. Die **Erinnerung** ist nicht gestört (beides im Gegensatz zum Alkohol!).

Chronische Vergiftung: Es wird beschrieben, daß der Haschisch-Süchtige seinen Umgang auf Gleichgesinnte beschränke, die Familie vernachlässige, reizbar und streitsüchtig sei. Ferner komme es zur Arbeitsunlust und mangelnder Zuverlässigkeit. Es scheint jedoch zweifelhaft, ob diese Symptome allein **Haschisch-**Folgen sind oder ob nicht bei bestimmter Persönlichkeitsstruktur lediglich allgemeine Folgen einer Drogen-Abhängigkeit in Erscheinung treten ohne Haschisch-spezifisch zu sein.

Leichenschau und Obduktion: Bei der Sektion sind keine charakteristischen Befunde zu erwarten. Ein sicherer Todesfall scheint bisher nicht beschrieben worden zu sein.

Asservate: Urin, Mageninhalt bei oraler Applikation.

Nachweis: Bei Aufnahme geringerer Dosen gelingt der Nachweis nicht. Bei extrem hohen Dosen kann bisweilen Dünnschichtchromatographie (Methode nach *Machata* und Mitarb. u. a.), Gaschromatographie und UV-Spektrophotometrie erfolgreich sein.

Für einen Präparatennachweis gibt es Farbreaktionen. Ferner kann die Gaschromatographie, die Dünnschichtchromatographie und die Massenspektrometrie herangezogen werden.

14.2.7 Alkaloide

Hier werden nur die Alkaloide abgehandelt, die **keine typischen** Rauschmittel sind (also z. B. nicht Morphin, vgl. 14.2.6). Wenn auch Atropin neuestens als „Droge“ wieder etwas bekannter geworden zu sein scheint, so ist doch zu sagen, daß sie sicherlich wegen der starken Nebenwirkungen nicht in größerem Rahmen als typisches Rauschgift auftreten wird. Wir müssen uns ferner darauf beschränken, nur die Alkaloide abzuhandeln, die in der Gerichtsmedizin eine wenigstens einigermaßen wichtige Rolle spielen. Hierzu gehören:

Atropin und Scopolamin
Strychnin
Nikotin.

14.2.7.1 Atropin und Scopolamin

Atropin (Hyoscyamin) ist ein Ester der Tropasäure mit Tropin, Scopolamin (Hyoscin) ein solcher mit Scopin. Die Wirkstoffe stammen von Atropa belladonna, der Tollkirsche (überwiegend Atropin) und dem Stechapfel (Datura stramonium, Atropin und Scopolamin). Zu erwähnen wären noch das Bilsenkraut (Hyoscyamus niger) (enthält Atropin und Scopolamin) sowie die Alraune (Mandragora officinarum, enthält überwiegend Atropin).

Aufnahme: Peroral (Essen der Tollkirschen oder der Samen des Stechapfels durch Kinder, als Medikamente), parenteral (Injektion), Inhalieren von Rauch der entsprechenden Pflanzenteile.

Toxizität: Ab 10 mg treten Delirien und Halluzinationen auf. Dosen über 100 mg führen zur Atemlähmung und damit zum Tod. Kinder sind besonders empfindlich. Hier liegen die letalen Dosen bereits ab 2 mg! Schon drei bis fünf Tollkirschen können für Kinder tödlich sein.

Wirkungsweise: Hemmung der Acetylcholinwirkung am parasympathischen Nervenende. An den Erfolgsorganen wird ferner die Wirkung anderer Parasympathikomimetica aufgehoben oder verringert. Cholinergische Übertragungen in den motorischen Endplatten werden durch übliche Dosen nicht beeinträchtigt.

Verteilung und Ausscheidung: Schnelle Resorption nach oraler Gabe im Dünndarm (nicht im Magen!). Schnelle Ausscheidung im Harn. Fast ausschließlich in unveränderter Form, wenn das Mittel injiziert wird. Sonst liegen die Mengenangaben zwischen 30% und 90%.

Akute Vergiftung: Hautrötung, Trockenheit im Mund, Mydriasis, Tachykardie. Schließlich treten Verwirrtheitzustände und Halluzinationen auf (über 10 mg). Daran kann sich ein Stadium langer Bewußtlosigkeit anschließen. Bei tödlichen Dosen erfolgt eine zentrale Atemlähmung.

Leichenschau und Obduktion: Uncharakteristische Befunde. Es wurden jedoch subpleurale Blutungen, subepikardiale Ekchymosen sowie Leberverfettungen gesehen (*Pribilla* und Mitarb.).

Asservate: Besonders an Harn denken.

Nachweis: Dünnschichtchromatographie oder Gaschromatographie.

Ein biologischer Nachweis am Mäuseauge ist ebenfalls möglich (Pupillenerweiterung, die photographisch festgehalten werden kann, bereits bei kleinsten Dosen).

Scopolamin: Das für das Atropin Gesagte gilt im wesentlichen auch für das Scolpolamin. Es bestehen jedoch quantitative Unterschiede (geringere Wirkung auf die Herzfrequenz, am ZNS stehen die dämpfenden Wirkungen beim Scopolamin im Vordergrund).

14.2.7.2 Strychnin

Strychnin kommt in den Ignatiusbohnen und den Samen der Brechnuß vor (Strychnos nuxvomica). Es ist meist an Gerbsäure oder Apfelsäure gebunden. Es ist als Strychnicum Nitricum offizinell und von äußerst bitterem Geschmack.

Aufnahme: Meist peroral. Es spielt in der Therapie heute kaum noch eine Rolle (Stärkungsmittel Movellan). Selbstmorde und Mord sind jedoch beschrieben worden.

Toxizität: Die letale Dosis liegt bei 0,1–0,2 g.

Wirkungsweise: Es besteht eine erregende Wirkung auf das ZNS, die zu Ganglienzell-Schäden führt.

Verteilung und Ausscheidung: Rasche Resorption von den Schleimhäuten aus. Die Ausscheidung erfolgt im Verlauf von 1–2 Tagen unverändert im Harn.

Akute Vergiftung: Es kommt zu Unruhe, Schmerzen in den Kaumuskeln, Dyspnoe. Schließlich treten tetanische Krampfanfälle und ein Opisthotonus auf. Der Tod erfolgt durch Erschöpfung oder durch Atemlähmung.

Leichenschau und Obduktion: Nur uncharakteristische Befunde. Mit einem frühen Eintritt der Totenstarre ist zu rechnen (Krämpfe!).

Asservate: Wie bei der allgemeinen Giftsektion. Besonders ist an Harn zu denken.

Nachweis: Nach Extraktion Dünnschichtchromatographie oder Gaschromatographie.

14.2.7.3 Nikotin

Es handelt sich um ein Pyridinderivat, das durch Oxidation zur Nikotinsäure wird. Wie bekannt, ist Nikotin vor allem in Tabakpflanzen enthalten.

Aufnahme: Mit dem Tabakrauch, als Schnupftabak sowie peroral, als Abkochungen von Tabak zu suizidalen Zwecken oder als Abtreibungsmittel. Nikotin war teilweise auch in Schädlingsbekämpfungsmitteln enthalten (in einigen wenigen heute noch).

Toxizität: Nikotin ist eines der schwersten Gifte überhaupt. Die Dosis letalis beträgt für reines Nikotin 0,01–0,05 g!

Wirkungsweise: Sympathische und parasympathische Reizerscheinungen. Ausschüttung von Adrenalin.

Verteilung und Ausscheidung: Es erfolgt eine schnelle Resorption von der Haut und den Schleimhäuten aus. Die Verteilung in den Organen erfolgt ebenfalls rasch. Eine besondere Anreicherung ist in der Leber zu beobachten. Hier tritt eine teilweise Oxidation zu Nikotinsäure (ungiftig!) ein. Teilweise erfolgt eine unveränderte Ausscheidung im Urin.

Akute Vergiftung: Es kommt zu Speichelfluß, Schweißausbruch, zunächst Bradykardie, danach Tachykardie, Übelkeit, Erbrechen, evtl. Diarrhoe treten im Verlaufe der Vergiftung auf. Die Pupillen sind anfangs eng, später erweitert. Schließlich tritt, wenn keine Rettung erfolgt, der Tod durch Versagen des Herzens oder der Atmung ein.

Chronische Vergiftung: Leukoplakien, Bronchitis, Gastritis. Gewichtsverlust, Schlaflosigkeit und Appetitlosigkeit werden im Verlaufe der Zeit beobachtet. Gefahr des Infarktes und des Bronchialkarzinoms als Spätschäden. Intermittierendes Hinken als Folge von Gefäßverengungen.

Leichenschau und Obduktion: Man kann nur uncharakteristische Befunde erheben. Es kann sich jedoch noch ein Tabakgeruch an den Organen bemerkbar machen (*Mueller*). Bei der chronischen Vergiftung sind gegebenfalls die bereits zitierten Folgen des Abusus zu beobachten.

Asservate: Wie bei der allgemeinen Vergiftungssektion. Auch hier besonders an den Harn denken.

Nachweis: Nach Extraktion Dünnschichtchromatographie oder Gaschromatographie.

14.2.8 Pilzvergiftungen

Nach *Geldmacher–v. Mallinckrodt* ist die gebräuchlichste Einteilung diejenige nach den Symptomen, der auch wir folgen. Es können hier nur einige wenige Pilzvergiftungen besprochen werden.

14.2.8.1 Giftpilze mit besonderer Wirkung auf den Magen-Darmtrakt

Hierbei zeigen sich kurze Zeit nach der Mahlzeit Übelkeit, Erbrechen und Durchfälle. In schweren Fällen tritt eine Exsikkose auf. Wadenkrämpfe und Kreislaufkollapszustände werden beobachtet. Meist erfolgt nach einigen Tagen wieder Genesung. Zu Giftpilzen, die diese Symptomatik hervorrufen, zählen u. a.:
Rötlinge
verschiedene Röhrenpilze
Tigerritterling.

14.2.8.2 Giftpilze mit besonderer Wirkung auf das ZNS

a) **Muskarinsyndrom:** Nach sehr kurzer Latenzzeit (Minuten bis eine Stunde) finden sich die Zeichen einer typischen Muskarinvergiftung: Schweißausbruch, Speichelfluß, Bradykardie, enge Pupillen, Durchfälle, Kollaps und Herzversagen. Spezifisches Antidot ist Atropin. In schweren Fällen kann der Tod eintreten. Pilze mit Muskarinsyndrom sind unter anderem:
Ziegelroter Rißpilz (ähnlich wie Champignons aussehend, aber rötliche Verfärbung an den Bruchstellen) und Fliegenpilz *(Amanita muscaria)*.
b) **Pantherinasyndrom:** Nach Minuten bis Stunden treten Müdigkeit, Muskelzukkungen und Krämpfe auf. Psychisch zeigen sich rauschartige Zustände mit Euphorie. Manchmal gibt es auch Erregungsstadien und Delirien. Danach beobachtet man narkoseähnliche Zustände.

Bei Gesundung erfolgt ein Erwachen in voller Bewußtseinsklarheit. Der Tod tritt durch Kreislaufversagen meist nach 12–24 Stunden ein.
Der wichtigste Pilz, der zu dieser Gruppe gehört, ist der: Pantherpilz (wird mit dem Schirmpilz oder dem Perlpilz verwechselt).

14.2.8.3 Giftpilze mit besonderer Wirkung auf Leber und Nieren

Nach dem Genuß derartiger Pilze gibt es zunächst ein beschwerdefreies Intervall von etwa 6–24 Stunden. Danach erfolgt Erbrechen, reiswasserähnliche Diarrhöen, Oligurie (evtl. Anurie). Wird dieses Stadium überlebt, so tritt nach 3–5 Tagen eine scheinbare Besserung ein. Es entwickelt sich dann aber bald (4.–7. Tag) das Bild einer akuten Leberdystrophie. Die Pilze, die dieses Krankheitsbild hervorrufen, sind: Knollenblätterpilz (keine Giftverminderung durch Kochen).

Lorchel (durch Kochen und Abgießen des Kochwassers kann das Gift entfernt werden).

14.2.8.4 Sektionsbefunde und Nachweis der Pilzvergiftungen

Leichenschau und Obduktion: Die Befunde sind weitgehend uncharakteristisch. Typisch ist lediglich die akute Leberdystrophie beim Knollenblätterpilz und Lorchel. Hier finden sich auch Nekrosen und Blutungen sowie Verfettungen an Herz und Niere. Sehr häufig sieht man punktförmige Blutungen in den serösen Häuten und in der Gekrösewurzel.

Asservate: Bei Pilzvergiftungen muß vor allen Dingen Magen- und Darminhalt sichergestellt werden.

Nachweis: Der Nachweis kann nur durch mikroskopische Feststellung von Pilzsporen im Magen-Darm-Inhalt vorgenommen werden. Dazu ist es jedoch erforderlich, daß noch keine weitgehende Entleerung (Durchfälle!) stattgefunden hat. Eine mögliche frühzeitige Stuhlgewinnung ist daher unerläßlich. Ein toxikologisch-chemischer Nachweis des Giftes ist bisher nicht möglich.

14.2.9 Pflanzenschutzmittel

Pflanzenschutzmittel werden gegen Insekten, Spinnen, Schnecken, aber auch gegen Pilzerkrankungen von Sträuchern und Bäumen eingesetzt. Sie werden meistens versprüht oder dem Gießwasser beigegeben. Anorganische Verbindungen enthalten u. a. Arsen, Thallium (Nager-Bekämpfung) sowie Quecksilber oder Kupfersalze (vgl. Metallgifte). Auch Strychnin, Nikotin und Blausäure werden verwendet. Hier sollen nur die forensisch wichtigsten organischen Präparate näher besprochen werden.

14.2.9.1 Parathion (E 605)

Das E 605 gehört in die Gruppe der Organophosphate und soll hier gleichsam stellvertretend auch für eine Reihe anderer derartiger Verbindungen (z. B. Metasystox) besprochen werden, auch wenn sich gewisse Unterschiede in Wirkung und Nachweis ergeben. Es handelt sich um ein 0,0-Diäthyl-0(p-Nitrophenyl)-Thiophosphat. Der eigentliche Wirkstoff ist von gelbbrauner Farbe und riecht lauchartig. In den Handelspräparaten wird er meist mit einer Schutzfarbe (blau) versehen. Die 50%ige Lösung wird als E 605 forte bezeichnet.

Aufnahme: Das Gift kann durch die Haut, durch Inhalation oder per os in den Körper gelangen. Auch subkutane Injektionen sind beschrieben worden (*Weyrich* und Mitarb. u. a.).

Toxizität: Die tödliche orale Dosis wird mit 300–500 mg (für Erwachsene) angegeben. Für Todeseintritt durch perkutane Aufnahme ist etwa die zehnfache Menge erforderlich.

Wirkungsweise: Die Giftwirkung beruht auf der Blockierung der Acetylcholinesterase (und anderer Cholinesterasen). Die Symptome gehen daher auf die Anhäufung von Acetylcholin zurück. Todesursache ist Atemstillstand durch zentrale Schädigung oder Bronchospasmus bzw. ein Neuromuskulärer Block.

Verteilung und Ausscheidung: Nach der Resorption wird E 605 in der Leber zu Paraoxon desulfuriert. Erst in dieser Form hemmt es die Cholinesterase. Es wird dann durch Enzyme hydrolytisch gespalten. Das freigesetzte p-Nitrophenol wird an Glukuronsäure gebunden im Harn ausgeschieden. Ein weiterer Weg ist die Abspaltung einer Acetylgruppe. Parathion und Paraoxon können sich lange Zeit in Depots halten.

Akute Vergiftung: Miosis, Speichelfluß, Übelkeit, Erbrechen, Durchfälle und Bradykardie sind die hervorstechendsten Merkmale. Schließlich treten fibrilläre Muskelzukkungen und tonisch-klonische Krämpfe auf. Der Tod erfolgt durch Atemlähmung.

Chronische Vergiftung: Sie ist – evtl. in Fabriken oder der Landwirtschaft – möglich, sicher aber äußerst selten (schneller Stoffwechsel!).

Leichenschau und Obduktion: Die Befunde sind nicht sehr charakteristisch. Die Totenflecken werden als ausgedehnt und blaurot beschrieben, die Totenstarre tritt meist recht frühzeitig ein (Hypoxämie, Krämpfe). Lungenblähungen und Lungenödeme sind häufig zu finden. Es fällt ferner der typische Geruch auf, manchmal spürt man ein leichtes Brennen in den Augen, wenn die Organe aus großer Nähe betrachtet werden. (Nicht jeder Obduzent spürt diese Zeichen, genau wie nicht jeder den bitteren Mandelgeruch der Blausäurevergiftung wahrnehmen kann.)

Asservate: Wie bei der allgemeinen Giftsektion.

Nachweis: Nach Extraktion, Wasserdampfdestillation, Dünnschichtchromatographie, Gaschromatographie und Spektrophotometrie. Der Nachweis kann im Mageninhalt, im Urin, im Blut und in den Organen erfolgen. Er ist auch noch nach Monaten (Exhumierung!) möglich. Schließlich kann auch die Cholinesteraseaktivität bestimmt werden. Man muß allerdings wissen, daß es Personen gibt mit genetisch sehr niedriger Serum-Cholinesterase. Diese kann sogar völlig fehlen! (*Goedde* und Mitarb.)

14.2.9.2 Paraquat

Beim Paraquat handelt es sich um eine quartäre Pyridiniumverbindung. Die Gefahr liegt in einer nicht beeinflußbaren progressiven interstitiellen Lungenfibrose, die nach Wochen (Stauung, Rechtsversagen) den Tod herbeiführt. Kurz nach der Giftaufnahme findet man lokal manchmal ulzerative Veränderungen an Mund und Rachen. Auch Leber- und Nierenschäden sind beschrieben worden.

Toxizität: Die tödliche Dosis wird mit 4 mg/kg Körpergewicht angegeben.

14.2.10 Blutgifte und Gewebsgifte

14.2.10.1 CO-Vergiftung

Die CO-Vergiftung spielt auch heute noch eine erhebliche Rolle. Meist handelt es sich um Unfälle oder Suizide. Morde sind selten, kommen jedoch vor.

Kohlenmonoxid ist ein farbloses, geruchloses Gas. Es entsteht bei unvollständiger Verbrennung von organischem Material. Es kommt unter anderem in Industriegasen, bei Bränden sowie in Auspuffgasen der Motoren vor. Bedeutsam für Vergiftungen ist die Entstehung durch Sauerstoffmangel bei schlecht brennenden Öfen, zu großen Töpfen auf kleinen Gasflammen (auch bei Propangas!), Badeöfen usw. „Die Kohlenmonoxidquellen sind so mannigfach wie die Möglichkeiten von Verbrennungsprozessen" (*Schwerd*). Trotz der Herabsetzung des CO-Gehaltes im Stadtgas bzw. die Einführung von CO-freiem Erdgas ist daher weiterhin, wenn auch in deutlich geringerem Maße, mit CO-Vergiftungen zu rechnen.

Aufnahme: Durch die Atemluft.

Wirkungsweise: Bindung an das Hämoglobin zwar im gleichen Verhältnis wie Sauerstoff, aber mit etwa 210mal größerer Affinität. Die Fähigkeit des Hämoglobins, Sauerstoff an das Gewebe abzugeben, nimmt ab (Verschiebung der HbO_2 Dissoziationskurve).

Toxizität: Die CO-Hb-Menge, die tödlich wirkt, kann in weiten Grenzen schwanken. Sie ist abhängig von der Konzentration, der Einwirkungszeit und dem Alters- und Gesundheitszustand (auch körperliche Betätigung spielt hierbei eine Rolle). Die tödliche CO-Hb-Menge liegt daher etwa zwischen 35 und 65%. Bei sehr hohen Konzentrationen in der Einatmungsluft kann schon nach wenigen Atemzügen Bewußtlosigkiet eintreten. Enthält die Luft 0,3 Vol% CO, ist nach 2 Stunden mit dem Eintritt des Todes zu rechnen.

Verteilung und Ausscheidung: Sehr schnelle Aufnahme über die Alveolen mit Verteilung im Blut. Die Ausscheidung erfolgt ebenfalls mit der Atemluft. Die Halbwertzeit wird mit 2 ½–3 Stunden angegeben. Eine sehr geringe Menge wird wahrscheinlich in CO_2 umgewandelt.

Akute Vergiftung: Die Symptome sind Kopfschmerzen, Schwindel, Herzklopfen, Benommenheit, schließlich Bewußtlosigkeit. Der Tod erfolgt durch Atemlähmung. Bei hohen Konzentrationen kann dieser, wie erwähnt, nach wenigen Atemzügen eintreten. Andererseits kann es zu tagelanger Bewußtlosigkeit kommen. Bei Koronarkranken besteht die Gefahr des plötzlichen Herztodes. Im allgemeinen gelten folgende Beziehungen zwischen CO-Werten und Symptomen:

bis 20%	Meist keine Erscheinungen.
20–35%	Schwindel, Kopfschmerzen, Erbrechen, Störung der Urteilsfähigkeit.
35–40%	Wie vorher, dazu Verwirrtheitszustände, Ohnmacht bei Anstrengung selbst leichterer Art.
45–55%	Beginnende Bewußtlosigkeit. Erhöhte Puls- und Atemfrequenz. Todesgefahr.

Chronische Vergiftung: Sie ist noch umstritten, doch wird die Möglichkeit bei längerer Einatmung kleiner Mengen diskutiert. Als Symptome werden u. a. Abgeschlagenheit, Kopfschmerzen und Schwindel genannt. Im Blut von Rauchern lassen sich bis 10% CO-Hb nachweisen.

Handlungsfähigkeit: Durch die Ausbildung eines starken Schwächegefühls sind die Vergifteten trotz Erkennung der Gefahr meist nicht in der Lage, sich zu retten. Es gibt hiervon nur seltene Ausnahmen.

Leichenschau und Obduktion: Hellrote Totenflecken (auch bei Kälte und HCN-Vergiftung!), flüssiges, kirschrotes Blut. (Dies kann auch bei der HCN-Vergiftung gesehen werden.) Lachsrote Muskulatur (recht typisch).

Die Verfärbungen können fehlen bei verhältnismäßig niedrigen CO-Hb-Gehalten (es werden unter 50% angegeben). Bei allen unklaren Todesfällen ist, auch wenn keine besonderen Befunde beobachtet werden, an eine **CO**-Vergiftung zu denken!

Asservate: Blut.

Nachweis: Spektrophotometrisch, auch nach Reduktion. Gaschromatographie. (Hierbei können gegebenfalls Rückschlüsse auf die Art der Vergiftung gezogen werden durch die getrennte Darstellung weiterer Verbindungen, so z. B. Äthylen bei Rauchgasen u. a. m.)

Quellen der CO-Vergiftung: *Geldmacher–v. Mallinckrodt* stellt folgende Möglichkeiten in Anlehnung an *Machata* zusammen, die gaschromatographisch trennbar sein können:

a) **Sickergas** (Leck in der Gaszuleitung, an Unfallstelle nicht erkennbar).
b) **Undichte Gasgeräte.** Auch undichte Leitungen.
c) **Unvollständige Verbrennung.** Diese kann bei allen Brennstoffen durch mangelnde Luftzufuhr entstehen. Sie kommt auch bei mangelnden bzw. fehlendem Abzug am Unfallort vor.
d) **Rauchgase,** die von benachbarten Feuerstellen durch undichte Kamine eindringen.
e) **Brände.** (Bei starken Bränden kann allerdings der Sauerstoffmangel im Vordergrund stehen.)

14.2.10.2 CO_2-Vergiftung

Sie kommt vor in Wein- und Mostkellereien (Gärkellern), Getreidesilos, Gruben, Brunnen.

Aufnahme: Durch Inhalation.

Toxizität: Gesundheitsstörungen bei 4–6% CO_2 in der Luft, 10% lebensgefährlich, 20% in kurzer Zeit tödlich.

Wirkungsweise: Sauerstoffmangelsymptome (Erstickung).

Ausscheidung: Unverändert durch die Einatmungsluft.

Akute Vergiftung: Kopfschmerzen, Schwindel, Tachykardie, ab 8–10% in der Luft Atembeschwerden und Übelkeit. Schließlich, bei mehr als 10%, Ataxie, Bewußtlosigkeit und Tod.

Leichenschau und Obduktion: Allgemeine Erstickungsbefunde.

Nachweis: Lediglich in der Umgebungsluft mit dem Drägerröhrchen.

14.2.10.3 Blausäure (HCN)-Vergiftung

Blausäure und Derivate werden bei der Schädlingsbekämpfung (mit Warn- und Geruchsstoffen versetzt) und in der Industrie verwendet.

Die Blausäure ist eine schwache Säure, farblos, leicht flüchtig, bei Zimmertemperatur siedend. Sie riecht nach Bittermandeln. In bitteren Mandeln und anderen Obstkernen finden sich blausäurehaltige Glykoside (tödliche Vergiftungen!).

Aufnahme: Peroral, Inhalation von gasförmiger Blausäure, selten perkutan (verletzte Haut) oder durch Injektion.

Toxizität: Die orale tödliche Dosis beträgt 1–2 mg/kg. Dies entspricht etwa 70 bitteren Mandeln.

Bei Inhalation kommt es auf Konzentration und Einwirkungsdauer an. Bei hoher Konzentration kann der Tod innerhalb von Sekunden eintreten.

Wirkungsweise: Die Bildung eines Zyan-Zytochromoxidase-Komplexes: Sauerstoff kann jetzt nicht mehr an die Gewebe abgegeben werden (innere Erstickung).

Verteilung und Ausscheidung: Schnelle Resorption. Zyanide werden meist in freie Blausäure überführt. Schnelles Diffusionsvermögen, gute Lipoidlöslichkeit. Verteilung in der Leber, Lunge, Niere, Herz und Gehirn. Umwandlung in das weniger toxische Rhodanid. Nur ein geringer Anteil wird unverändert abgeatmet.

Akute Vergiftung: Bei massiver Inhalation erfolgt der Tod in Sekunden oder wenigen Minuten. Sonst Schwindel, Übelkeit, Erbrechen, Atemnot, Tachykardie, Krämpfe, schließlich Atemstillstand. (Die Symptome können sich bis zu einer Stunde hinziehen.)

Leichenschau und Obduktion: Häufig findet man hellrote Totenflecken. Für Geruchsfähige stellt sich ein Geruch nach bitteren Mandeln dar. (Nicht jeder kann diesen riechen.) Im übrigen sind die Befunde uncharakteristisch. Bei Zyankali auf rote, gequollene Magenschleimhaut achten (Bildung von Zyanhämatin).

Asservate: Wie bei der allgemeinen Giftsektion.

Nachweis: In der Umgebungsluft und Atemluft mit Drägerröhrchen, Testpapier, Testfleckenmethode. Quantitative spektrophotometrische Bestimmungsmethoden mittels Bathophenanthrolin und Benzidin. Zyanidkonzentrationen können postmortal sowohl zu- als auch abnehmen.

14.2.10.4 Doping

Doping ist nach der Definition der Kommission des Europarates:

„Die Verabreichung oder der Gebrauch körperfremder Substanzen in jeder Form und physiologischer Substanzen in abnormer Dosis oder auf abnormen Wege an gesunde Personen mit dem einzigen Ziel der künstlichen und unfairen Steigerung der Leistung für den Wettkampf."

Nach *Geldmacher–v. Mallinckrodt* sind die heute am häufigsten angewandten Mittel u. a. die folgenden:

- Koffein
- Weckamine
- Psychopharmaka
- Analeptika
- Kardiaka
- Morphin (und Kokain)
- Strychnin
- Atropin
- Arsen- und Phosphorverbindungen
- Hormone
- Vitamine
- Äthylalkohol

In der forensischen Toxikologie werden Dopingmittel im Harn und Blut (Verkehrsmedizin!) nachgewiesen.

15 Allgemeine Verkehrsmedizin

(Vgl. auch Kap. 3.5 „Verkehrsunfall" und Kap. 16 „Alkohol und Verkehrssicherheit")

15.1 Allgemeine Vorbemerkungen

Von den 61 Millionen Einwohnern der Bundesrepublik Deutschland sind etwa 50 Millionen über 18 Jahre alt. Nach einer zuletzt vor etwa 10 Jahren erhobenen Statistik besaßen fast 15 Millionen eine Fahrerlaubnis. Im Augenblick ist damit zu rechnen, daß etwa jeder zweite über 18jährige einen Führerschein besitzt.

Die Anzahl der Verkehrsunfälle ist beträchtlich. Jährlich werden etwa 425 000 Menschen verletzt und etwa 8500 getötet. Damit steht der Verkehrstod in der Todesursachenstatistik an 7. Stelle. Nach *Wagner* nimmt er jedoch bei den bis 45jährigen Männern sogar die erste Stelle ein!

15.2 Rechtliche Grundlagen

Von den zahlreichen Rechtsvorschriften der Straßenverkehrsordnung (StVO), der Straßenverkehrszulassungsordnung (StVZO) und des Strafgesetzbuches (StGB) seien die für den Mediziner allgemein und speziell wichtigsten zitiert:

§ 1 StVO

1. Die Teilnahme am Straßenverkehr fordert ständige Vorsicht und gegenseitige Rücksicht.
2. Jeder Teilnehmer am öffentlichen Straßenverkehr hat sich so zu verhalten, daß kein anderer gefährdet, geschädigt oder mehr als nach den Umständen vermeidbar behindert oder belästigt wird.

§ 2 StVZO

Wer infolge körperlicher oder geistiger Mängel sich nicht sicher in dem Verkehr bewegen kann, darf am Verkehr nur teilnehmen, wenn in geeigneter Weise Vorsorge getroffen ist, daß er andere nicht gefährdet.

§ 3 StVZO (Absatz 2, Auszug)

Besteht Anlaß zu der Annahme, daß der Führer eines Fahrzeuges oder Tieres zum Führen von Fahrzeugen oder Tieren ungeeignet ist, so kann die Verwaltungsbehörde zur Vorbereitung einer Entscheidung ... über die Entziehung der Fahrerlaubnis je nach den Umständen die Beibringung

1. eines amts- oder fachärztlichen Zeugnisses oder
2. des Gutachtens einer amtlich anerkannten medizinisch-psychologischen Untersuchungsstelle oder
3. des Gutachtens eines amtlich anerkannten Sachverständigen oder Prüfern für den Kraftfahrzeugverkehr

über die geistige oder körperliche Eignung anordnen und wenn nötig, mehrere solcher Anordnungen treffen. Gegenstand der Untersuchung ist die Begutachtung der körperlichen oder geistigen Eignung im allgemeinen, wenn nicht die Verwaltungsbehörde ein Gutachten über eine bestimmte Eigenschaft (z. B. Seh- oder Hörvermögen, Prothesenträger) anfordert.

15.3 Fahrsicherheit

15.3.1 Allgemeine Vorbemerkungen

Die gutachterliche Beurteilung der sogenannten „allgemeinen Fahrtauglichkeit" obliegt überwiegend den medizinisch-psychologischen Instituten beim Technischen Überwachungsverein (TÜV).

Für die Verkehrssicherheit sind nach *Wagner* drei Voraussetzungen erforderlich:

- **Fahrfertigkeit,** d. h. Fähigkeit, ein Kraftfahrzeug zu lenken (Führerschein).
- **Fahrtauglichkeit** (psychophysische Leistungsfähigkeit).
- **Verkehrszuverlässigkeit** (Verläßlichkeit).

Bezüglich der **Fahrfertigkeit** ist zu bemerken, daß der sinnvolle Gebrauch der Bedienungselemente des Fahrzeugs bald in sogenannte **reflektorische Reaktikonen** (*Hoff-*

mann und *Schneider*) übergeht (geringste Beteiligung bewußtseinsnaher Prozesse). Bei guter Fahrpraxis kommt es durch tägliche Wiederholung ähnlicher oder identischer Verkehrssituationen bald zu sogenannten **automatischen Reaktionen.** (Situationen des Straßenverkehrs werden ohne ausgesprochene Bewußtseinsnähe gemeistert.)

Die **psychophysische Leistungsfähigkeit** setzt die **Gesundheit** des Fahrzeuglenkers voraus (über Übermüdung und Alkohol vergleiche Kap. 16). Zur **Verkehrszuverlässigkeit** wird eine entsprechende Charakterstruktur benötigt. Sie kann gegebenenfalls durch psychologische Testuntersuchungen geklärt werden.

15.3.2 Krankheiten, die die Fahrsicherheit aufheben können

Von den wichtigsten Erkrankungen seien genannt:

- **Epilepsie** (2–3jährige anfallsfreie Zeit sowie keine Medikamentennebenwirkungen sind für die Erteilung der Fahrerlaubnis – Führerschein – erforderlich.)
- **Schädel-Hirn-Verletzungen** (fachärztliche Untersuchung!)
- **Psychosen** (bei Verdacht Untersuchung)
- **Schwachsinn**
- **Altersbedingte Hirnerkrankungen**
- **Schwerer Diabetes**
- **Herzinfarkt**
- **Niereninsuffizienz**
- **Gestörtes Sehvermögen.**

Inwieweit bei den genannten Erkrankungen Fahrsicherheit möglich ist, kann nur der Facharzt nach eingehender klinischer Untersuchung entscheiden. Hilfen für die Beurteilung sind dem Gutachten des gemeinsamen Beirats für Verkehrsmedizin: **Krankheit und Kraftverkehr,** bearbeitet von *Lewrenz* und *Friedel* und herausgegeben vom Bundesminister für Verkehr, zu entnehmen.

15.3.3 Therapeutische Maßnahmen, die Einfluß auf die Fahrsicherheit haben

Grundsätzlich können fast alle differenten Medikamente einen Einfluß auf die Fahrsicherheit ausüben, insbesondere, wenn sie in hoher oder sogar über der therapeutischen Dosis liegenden Menge eingenommen werden.

Gefährlich sind vor allem Arzneimittel folgender Gruppen, die neuerdings auch in einem Merkblatt der Bundesärztekammer zusammengestellt wurden:

Gruppe I: Narkosemittel

Alle für die intravenöse Narkose verwendeten Mittel verbieten die Führung eines Kraftfahrzeuges für 24 Stunden. Nach Lokalanästhetika darf zumindest für einige Stunden kein Fahrzeug gelenkt werden.

Gruppe II: Schlaf- und Beruhigungsmittel

Nach Einnahme derartiger Mittel darf kein Fahrzeug im öffentlichen Verkehr gesteuert werden. Dies gilt auch für nicht Barbiturathaltige Schlafmittel sowie für die verschiedensten sogenannten „Beruhigungstabletten". Bei Überschreitung der therapeutischen Dosis können auch andere Arzneimittel, die sehr kleine Zusätze langwirkender Barbiturate enthalten, sich gefährlich im Verkehr auswirken.

Gruppe III: Psychopharmaka

Die meisten derartiger Präparate weisen sedierende Wirkungen auf. Sie führen teilweise auch zur Herabsetzung äußerer Reizwirkungen. In vielen Fällen wird man daher vor der Benutzung eines Kraftfahrzeuges warnen müssen (Beobachtung des Einzelfalles, Dosierung, Anfangsstadien, Gewöhnung!).

Gruppe IV: Antiepileptika

Zu warnen ist vor Phenobarbital bei Langzeittherapie. Aber auch bei anderen Epilepsie-Mitteln ist Vorsicht am Platze. (Aus Primidon wird z. B. 15% Phenobarbital im Organismus gebildet.)

Gruppe V: Antihistaminika

Hier ist so gut wie immer mit sedierenden Wirkungen zu rechnen. Besonders bei erstmaliger Behandlung ist daher äußerste Vorsicht geboten.

Gruppe VI: Stimulantien und Appetitzügler

Bei hoher Dosierung von Anregungsmitteln besteht die Gefahr von Unruhe, Koordinationsstörungen sowie in der abklingenden Phase von „Wachhaltemitteln" von plötzlichem Einschlafen *(Ponsold)*. Auch Appetitzügler gehören in diese Gruppe. Auf die Gefahr akuten Kreislaufversagens bei Überdosierung muß ebenfalls hingewiesen werden.

Gruppe VII: Spinale Muskelrelaxantien

Bei Behandlung mit derartigen Präparaten, die auch in der Rheumatismustherapie Verwendung finden, sollte auf eine Gefahr beim Führen von Kraftfahrzeugen hingewiesen werden (Störung der Feinkoordination u. a.).

Gruppe VIII: Hochdruckmittel

Hier ist mit stark sedierenden Effekten zu rechnen. Bei einigen Medikamenten kann es zu Kreislaufstörungen kommen (orthostatische Regulationsstörungen).

Gruppe IX: Arzneimittel, die die Funktion von Sinnesorganen beeinträchtigen können

Hierher gehören u. a. auch pupillenerweiternde Mittel für diagnostische Zwecke sowie Parasympathicomimetica und Parasympathicolytica.

Gruppe X: Abhängigkeit erzeugende Fremdstoffe

Zu dieser Gruppe zählt man Haschisch (Marihuana), LSD, Morphinderivate und Amphetaminderivate („Speed") sowie organische Lösungsmittel. Alle diese Stoffe beeinträchtigen die Fahrsicherheit erheblich sowohl durch ihre **psychische Wirkung** (Leichtsinn, Gleichgültigkeit, Euphorie, Bewußtseinsveränderungen usw.) als auch durch **sinnesphysiologische Störungen.** Bei Einnahme derartiger Medikamente muß auch beachtet werden, daß es sich bei den Personengruppen um psychisch labile, allgemein zu Abhängigkeit und Sucht neigenden Menschen handelt, mit oft **„psychopathischer" Charakterstruktur,** die willensschwach, und oft schon aus diesen Gründen zum Führen von Kraftfahrzeugen ungeeignet sein können. Bezüglich der Untersuchung und der Arzneimittelwirkung im einzelnen vergl. Kap. 14.

Gruppe XI: Wechselwirkungen zwischen Alkohol und Arzneimitteln

Ist schon der Genuß von Alkohol an sich mit dem sicheren Führen eines Kraftfahrzeuges unvereinbar, so verbietet sich die Teilnahme am öffentlichen Straßenverkehr nach Aufnahme von Alkohol **und** Medikamenten von selbst. Die Alkoholwirkung kann verstärkt, verändert oder aber es können auch Unverträglichkeitsreaktionen hervorgerufen werden.

Im einzelnen vergleiche hierzu Kapitel 16.8.

Zum **Nachweis** von Arzneimitteleinnahme soll neben einer **Blutprobe** möglichst auch eine **Harnprobe** des Beschuldigten sichergestellt werden. Hierzu ist allerdings erforderlich, daß der Beschuldigte damit einverstanden ist (vgl. Kap. 16.1).

16 Alkohol und Verkehrssicherheit

16.1 Rechtliche Grundlagen

Die sog. „einfache Trunkenheit am Steuer", d. h. das Führen eines Fahrzeuges im Zustand der Fahrunsicherheit infolge Alkoholgenusses oder Einnahme von anderen Rauschmitteln, ohne daß eine konkrete Gefährdung erfolgt, ist geregelt im § 316 StGB. Dieser lautet:

§ 316 StGB

„1. Wer im Verkehr (§ 315–315 d) ein Fahrzeug führt, obwohl er infolge des Genusses alkoholischer Getränke oder anderer berauschender Mittel nicht in der Lage ist, das Fahrzeug sicher zu führen, wird mit Freiheitsstrafe bis zu einem Jahr oder mit Geldstrafe bestraft, wenn die Tat nicht im § 315 a oder 315 c mit Strafe bedroht ist.
2. Nach Abs. 1 wird auch bestraft, wer die Tat fahrlässig begeht."

Der § 315 c StGB beschäftigt sich nicht nur mit der Aufnahme von Alkohol oder anderen Rauschmitteln. Er soll daher hier nur auszugsweise wiedergegeben werden. Zu beachten ist, daß es sich dabei um die „konkrete Gemeingefahr" handelt.

§ 315 c StGB

„I. Wer im Straßenverkehr
   1. ein Fahrzeug führt, obwohl er
   a) infolge des Genusses alkoholischer Getränke oder anderer berauschender Mittel oder
   b) infolge geistiger oder körperlicher Mängel
   nicht in der Lage ist, das Fahrzeug sicher zu führen ... und dadurch Leib oder Leben eines anderen oder fremde Sachen von bedeutendem Wert gefährdet, wird mit Freiheitsstrafe bis zu fünf Jahren oder mit Geldstrafe bestraft.
II. In den Fällen des Abs. I Nr. 1 ist der Versuch strafbar.
III. Wer in den Fällen des Abs. I
   1. die Gefahr fahrlässig verursacht, oder
   2. fahrlässig handelt und die Gefahr fahrlässig verursacht,
   wird mit Freiheitsstrafen bis zu zwei Jahren oder mit Geldstrafe bestraft."

Bei der Tat handelt es sich also um ein **konkretes** Gefährdungsdelikt. Als geschütztes Rechtsgut gelten die konkret gefährdeten Rechtsgüter. Konkrete Gefährdung bedeutet, daß tatsächlich ein bestimmter Gegenstand von bedeutendem Wert, eine bestimmte Person, die z. B. gerade zu dieser Zeit da oder dort ging, gefährdet worden ist. Allgemeine Gefährdung durch die Trunkenheitsfahrt reicht nicht aus und würde lediglich den Tatbestand des § 316 StGB erfüllen.

Von Bedeutung in diesem Zusammenhang ist noch der § 69 StGB über die Entziehung der Fahrerlaubnis sowie einige Tatbestände des Straßenverkehrsrechtes (StVG).

§ 69 StGB (Auszug)

„I. Wird jemand wegen einer rechtswidrigen Tat, die er bei oder im Zusammenhang mit dem Führen eines Kraftfahrzeuges oder unter Verletzung der Pflichten eines Kraftfahrzeugführers begangen hat, verurteilt, oder nur deshalb nicht verurteilt, weil seine Schuldunfähigkeit erwiesen oder nicht auszuschließen ist, so entzieht ihm das Gericht die Fahrerlaubnis, wenn sich aus der Tat ergibt, daß er zum Führen von Kraftfahrzeugen ungeeignet ist."

Im Abs. II wird ausgeführt, daß im Falle der Tatbestände der §§ 315 c, 316, 142 (unerlaubtes Entfernen von der Unfallstelle) und 330 a (Vollrausch) der Täter in der Regel als ungeeignet zum Führen von Kraftfahrzeugen anzusehen ist.

§ 24 a StVG (Straßenverkehrsgesetz)

„1. Ordnungswidrig handelt, wer im Straßenverkehr ein Kraftfahrzeug führt, obwohl er 0,8 g ‰ oder mehr Alkohol im Blut, oder eine Alkoholmenge im Körper hat, die zu einer solchen Blutalkoholkonzentration führt.
2. Ordnungswidrig handelt auch, wer die Tat fahrlässig begeht.
3. Die Ordnungswidrigkeit kann mit einer Geldbuße bis zu 3000,– DM geahndet werden."

§ 25 StVG

Dieser § behandelt das Fahrverbot, das bei Verstoß gegen den § 24 a StVG für die Dauer von einem Monat bis zu drei Monaten verhängt werden kann.

§ 4 StVG (Abs. 1)
„1. Erweist sich jemand als ungeeignet zum Führen von Kraftfahrzeugen, so muß ihm die **Verwaltungsbehörde** die Fahrerlaubnis entziehen; sie erlischt mit der Entziehung."

Die Vorschriften über die Blutentnahme sind im § 81 a Abs. 1 Strafprozeßordnung (StPO) niedergelegt. Dieser lautet:

§ 81 a StPO (Abs. 1)
„Eine körperliche Untersuchung des Beschuldigten darf zur Feststellung von Tatsachen angeordnet werden, die für das Verfahren von Bedeutung sind. Zu diesem Zweck sind Entnahmen von Blutproben und andere körperliche Eingriffe, die von einem Arzt nach den Regeln der ärztlichen Kunst zu Untersuchungszwecken vorgenommen werden, ohne Einwilligung des Beschuldigten zulässig, wenn kein Nachteil für seine Gesundheit zu befürchten ist."

Im Ordnungswidrigkeitenverfahren findet § 81 a Abs. 1 Satz 2 StPO mit der Einschränkung, daß nur die Entnahme von Blutproben und andere geringfügige Eingriffe zulässig sind, Anwendung.

Von wesentlicher rechtlicher Bedeutung ist, daß Blutentnahmen auch gegen den Willen des Beschuldigten zulässig sind. (Beschuldigter ist derjenige, gegen den ein konkreter Tatverdacht besteht.) Dagegen kann ein Zwang zur Atemalkoholprobe nicht ausgeübt werden („der Beschuldigte braucht nur zu dulden – nicht zu handeln").

Der Arzt – auch der Amtsarzt – kann zur Blutentnahme **nicht** gezwungen werden, es sei denn, er habe einen entsprechenden Vertrag mit der Polizei (oder dem Krankenhaus usw.).

16.2 Die Blutentnahme

16.2.1 Vorproben

Bevor es zur Blutentnahme kommt, werden häufig sog. **„Vorproben"** durchgeführt.

a) Geruchsprobe

Sie ist die einfachste Vorprobe zur Prüfung des Alkoholgeruches der Ausatmungsluft. Sie gilt mit Recht als äußerst unzuverlässig (banaler Schnupfen). Man riecht im übrigen in der Resorptionsphase mehr Aldehyde, Bouquet- und Aromastoffe, erst in der Eliminationsphase mehr den Alkohol.

b) Alcotest

Man verwendet das „Alcotest-Prüfröhrchen". Wird alkoholhaltige Luft mit einer bestimmten Strömungsgeschwindigkeit in das Röhrchen geblasen, tritt eine Grünverfärbung auf, die in ihrer Ausdehnung annähernd von dem Alkoholgehalt der Atemluft abhängig sein soll. Die Luft gelangt in einen genau einen Liter fassenden Plastikbeutel. Das Prinzip der Methode beruht auf der reduzierenden Wirkung des Alkohols. Die Ursache der Verfärbung ist nämlich die Entstehung einer grünen Chrom-III-Verbindung (vgl. auch Widmark-Verfahren).

Der Test kann wirklich nur als einfache Vorprobe verwendet werden. Er darf keinesfalls als quantitativer Hinweis gelten. Allgemein kann man jedoch sagen, daß eine Verfärbung über die Markierungslinie hinaus einen Wert von über 0,8 g ‰ bedeutet. Die Fehlermöglichkeiten sind allerdings recht beträchtlich (Atemtechnik, Speichelalkohol, reduzierende Stoffe usw.).

Neben dem Prüfröhrchen werden heute mobile und stationäre Atemalkohol-Testgeräte eingesetzt, die Datum, Zeit, Atemvolumen, Expirationszeit und Alkoholkonzentration ausdrucken und Mundalkohol oder Blasfehler anzeigen (z. B. Alkomat).

16.2.2 Technik der Blutentnahme

Die eigentliche **Blutentnahme** soll grundsätzlich durch Venenpunktion mittels Vakuumvenüle erfolgen. Der Vorteil der Venüle liegt darin, daß das zu gewinnende Untersuchungsmaterial auf seinem Weg in das Entnahmegefäß mit keinen verunreinigenden Agenzien in Berührung kommt. Auch werden die Kanülen nur einmal benutzt, wobei jede Infektionsgefahr vermieden wird. Vielfach ist in den Venülen eine gerinnungshemmende Substanz vorhanden (Natriumfluorid). Die Hautdesinfektion sollte mit Sublimat (nicht mit Alkohol!) erfolgen. Ein in Glas eingeschmolzener Sublimat-Tupfer liegt üblicherweise der Venüle bei (Koller-Venüle).

Technik der Entnahme (Behring-Werke)

Zunächst ist mit einer Ampullensäge die Glaskappe der Kanüle zu entfernen. Die Venüle wird dann mit Daumen, Zeige- und Mittelfinger **vor** dem Gummistopfen gehalten. Erst, wenn der Einstich erfolgt ist, und die Nadel gut in der Vene liegt (ersichtlich am Blutanstieg im gläsernen Hals der Kanüle), wird der Winkel zwischen Kanüle und Röhrchen durch sanften Druck auf das Röhrchen mittels des 4. und 5. Fingers verkleinert, so daß sich das Ventil öffnet und Blut einströmt (Abb. 91 u. 92).

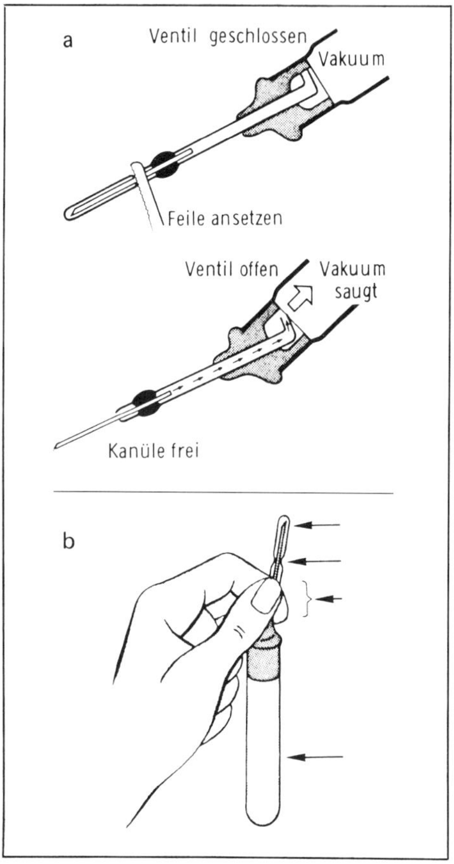

Abb. 91 Mechanismus (a) und Vorbereitung (b) der Venüle (Originalbeschreibung der Behringwerke) (aus *Forster/Joachim,* Blutalkohol und Straftat, Stuttgart 1975)

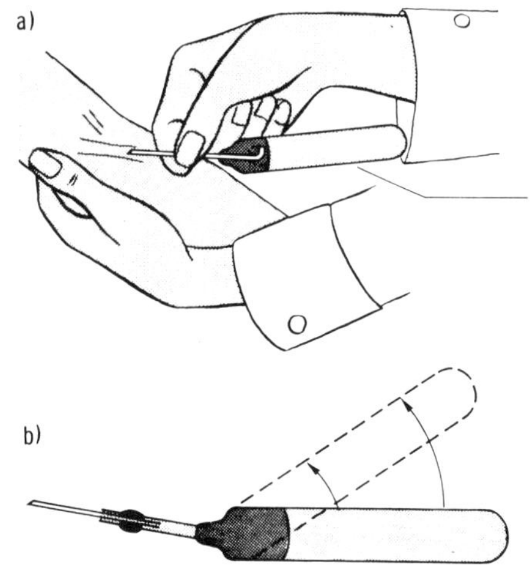

Abb. 92 Technik des Einstiches (a) und der Entnahme (b) mit der Venüle (Originalbeschreibung der Behringwerke) (aus *Forster/Joachim,* Blutalkohol und Straftat, Stuttgart 1975)

16.2.3 Blutentnahme an der Leiche

Blutentnahmen von Leichen sollen grundsätzlich aus der Schenkelvene und nicht aus dem Herzen erfolgen (Möglichkeit von postmortalen Diffusionsvorgängen aus dem Magen in das Herz).

Bei der Technik geht man am besten folgendermaßen vor (nach *Grüner*):

Man sucht die Oberschenkelvene so auf, daß man – bei Rückenlage der Leiche und leichter Auswärtsdrehung des Beines – die Mitte des Leistenbandes zwischen vorderem Darmbeinstachel und Tuberculum pubicum feststellt und etwas innerhalb der Mitte – Beginn der Epikondylenlinie – in Richtung auf den inneren, medialen Femurkondyl einen Schnitt legt. Gegebenenfalls muß man das Bein anheben, um eine Vene erfolgreich „ausstreichen“ zu können.

Anstelle der beschriebenen Technik kann auch ein tiefer Schnitt schräg zur Längsachse an der Innenseite des Oberschenkels gelegt werden.

16.2.4 Maßnahmen anläßlich der Blutentnahme

Wird einem Beschuldigten Blut zur Feststellung der Butalkoholkonzentration entnommen, so sind bestimmte, hiermit in Zusammenhang stehende Maßnahmen zu treffen (Abb. 93 u. 94). Der ärztliche Befundbericht bei der Blutentnahme ist Haupttätigkeit nach BAT.

Von **polizeilicher Seite** sind die in den Protokollen („Protokoll und Antrag zur Feststellung des Alkohols im Blut") aufgeführten Fragen zu beantworten. Der Beschuldigte muß natürlich vorher belehrt werden (§§ 136 und 136a StPO), daß er nichts auszusagen braucht bzw. einen Anwalt befragen kann. Ist der Beschuldigte aussagebereit, wird er über Art und Menge des Alko-

....
Einsendende Polizeidienststelle — Raum für Klebezettel

Geschäftsnummer: ....

Protokoll und Antrag zur Feststellung des Alkohols im Blut

A. Polizeibericht

1. Personalien

Name: .... Vorname: .... Beruf: ....

Wohnort: .... Straße: .... geb. am: ....

2. Anlaß der Untersuchung

a) Verkehrsdelikt: Trunkenheit im Straßenverkehr – Verkehrsunfall mit Sachschaden / Personenschaden / Getöteten / Unfallflucht

Fahrer / Beifahrer – Lkw / Pkw / Motorrad / Motorroller / Moped / Fahrrad / Fußgänger

b) andere Delikte: ....

Zeitpunkt des Vorfalles: Tag .... Uhrzeit: ....

3. Angaben über Alkoholaufnahme (nach Belehrung gemäß §§ 163a Abs. 4, 136 Abs. 1 Satz 2 und 3 StPO)

Erklärung des Beschuldigten

Es ist mir eröffnet worden, welche Tat mir zur Last gelegt wird. Ich bin darauf hingewiesen worden, daß es mir nach dem Gesetz freisteht, mich zu der Beschuldigung zu äußern oder nicht zur Sache auszusagen und jederzeit, auch schon vor meiner Vernehmung, einen von mir zu wählenden Verteidiger zu befragen.

, den ....
(Unterschrift)

a) In den letzten 24 Stunden vor dem Vorfall:

von (Tag) .... um .... Uhr
bis (Tag) .... um .... Uhr
– Art und Menge: ....

Ort (Gasthaus / Wohnung):

....

Nahrungsaufnahme, zuletzt wann: .... was: ....

....

b) Wenn länger als 24 Stunden vor dem Vorfall Alkohol aufgenommen wurde:

von (Tag) .... um .... Uhr
bis (Tag) .... um .... Uhr
– Art und Menge: ....

Ort (Gasthaus / Wohnung):

....

....

Nahrungsaufnahme, zuletzt wann: .... was: ....

....

....

c) Alkoholaufnahme nach dem Vorfall: ja / nein

wo: Gasthaus / Fahrt / Wohnung ....

von (Tag) .... um .... Uhr
bis (Tag) .... um .... Uhr
– Art und Menge: ....

Ist der zu Untersuchende eindringlich über einen Alkoholgenuß nach dem Vorfall befragt worden? ja / nein

....

....

Das Untersuchungsergebnis ist zu senden an: ....

....

Rechnung ist einzureichen an: ....

No. 9 — .... Ort und Tag — .... Unterschrift und Dienstgrad

Abb. 93 Formblatt zur Blutentnahme, Teil A (Polizeibericht) aus *Forster/Joachim*, Blutalkohol und Straftat, Stuttgart 1975)

holgenusses bzw. über Alkoholgenuß **nach** dem rechtserheblichen Ereignis befragt. Der blutentnehmede **Arzt** hat bestimmte Untersuchungen durchzuführen, die sich sowohl auf körperliche (Ataxie) als auch auf psychische Störungen (Bewußtseinslage) beziehen und auch vom Beschuldigten verweigert werden können. Er soll ferner den Beschuldigten befragen über Blutverlust, Schock, Erbrechen und Medikamenteneinnahme.

Bezüglich der Befunde ist zu bemerken, daß diese forensisch nur dann sichere Rück-

B. Ärztlicher Bericht

Name: .... Vorname: .... geb. am: ....

I. Blutentnahme

1. Blutentnahme am .... um .... Uhr
2. Blutentnahme am .... um .... Uhr

Nicht mit Alkohol, Äther, Karbolsäure, Lysol, Sagrotan, Jodtinktur oder anderen flüchtigen organischen Flüssigkeiten desinfizieren!

Bei Leichen: Todeszeit am .... um .... Uhr
Fäulniserscheinungen: keine – leicht – stark

Blutentnahme nur aus der freigelegten Oberschenkelvene mit Venüle R oder Venülröhrchen. Nicht aus dem Herzen, aus Wunden oder Blutlachen!

Leichenblutentnahme – ca. 8 ccm – aus der ....vene, am ....
um .... Uhr

II. Befragung

Hat vor Blutentnahme Narkose stattgefunden? ja / nein – wann: ....
Narkosemittel: ....
Transfusion / Infusion: ja / nein – wann: .... wieviel: ....
Blutverlust / Schock: ja / nein – Erbrechen: ja / nein – wann: ....
Sind in den letzten 24 Stunden vor Blutentnahme Medikamente verabfolgt oder eingenommen worden? ja / nein – welche: .... wann: .... wieviel: .... (wenn ja, möglichst Harnprobe sichern): ....
Von dem jetzigen Vorfall unabhängige Krankheiten oder Leiden: Diabetes / Epilepsie / Geisteskrankheiten / frühere Schädelhirntraumen: ....
Schriftprobe (nicht Unterschrift): ....

III. Untersuchungsbefund

Körpergewicht: gewogen / geschätzt ....kg – Körperlänge: ....cm
Konstitution: hager / mittel / fettleibig – Alkoholgeruch: ja / nein
Bestehende Verletzungen (auch Verdacht auf Schädeltrauma): ....
Gang: (geradeaus) sicher / unsicher – plötzliche Kehrtwendung nach vorherigem Gehen) sicher / unsicher
Drehnystagmus (den zu Untersuchenden mit offenen Augen fünf mal in 10 Sek. um die Vertikalachse drehen, anhalten – Dauer des Augenzuckens beim Fixieren des vorgehaltenen Zeigefingers in Sekunden angeben)
Finger-F-Pr.: sicher / unsicher
Nasen-F-Pr.: sicher / unsicher
Sprache: deutlich / verwaschen / lallend
Bewußtsein: klar / benommen – Störungen der Orientierung – der Erinnerung an den Vorfall / bewußtlos ....
Denkablauf: geordnet / sprunghaft / perseverierend / verworren
Verhalten: beherrscht / redselig / distanzlos / abweisend / herausfordernd / aggresiv
Stimmung: unauffällig / depressiv / stumpf / gereizt
Vortäuschung von Trunkenheitssymptomen? ....
Bemerkungen des Arztes: ....
Gesamteindruck (auch nichtalkoholbedingte Auffälligkeiten): ....
....

Der Untersuchte scheint äußerlich nicht merkbar / leicht / deutlich / stark / sehr stark unter Alkoholeinfluß zu stehen – sinnlos betrunken zu sein. Eindeutige Beurteilung ist nicht möglich, weil ....
....

IV. Versicherung des Arztes

Die Desinfektion der Haut wurde nur mit Sublimat / Oxycyanat .... vorgenommen. Die benutzten Instrumente wurden – ohne Alkohol – durch Auskochen / durch trockene Hitze sterilisiert. Venüle R / Röhrchen und Protokoll sind in meiner Gegenwart mit Klebezetteln jeweils gleichlautender Nummern versehen worden.

.... Ort und Tag — Stempel des Krankenhauses/des Arztes — .... Unterschrift des Arztes

Abb. 94 Formblatt zur Blutentnahme, Teil B (Ärztlicher Bericht) (aus *Forster/Joachim*, Blutalkohol und Straftat, Stuttgart 1975)

schlüsse zulassen, wenn **deutliche** Ausfallerscheinungen nachgewiesen werden können.

Klinisch faßbare, alkoholbedingte körperliche Ausfallerscheinungen sind:

- unsicherer Gang,
- unsichere Finger-Fingerprobe,
- unsicherer Finger-Nasenversuch,
- unsichere *Romberg*sche Probe,
- lallende Sprache,
- verzerrtes Schriftbild,
- verlängerter Drehnachnystagmus (normal nicht mehr als 6 Sekunden. Hierzu 5mal in 10 Sekunden Patienten um seine eigene Achse drehen, anhalten, Augenzucken bei Fixieren des vorgehaltenen Zeigefingers in Sekunden messen.).

Ein unauffälliger Untersuchungsbefund spricht niemals gegen das Vorliegen einer Fahrunsicherheit. Auch ohne erkennbare Ausfallerscheinung können nämlich die sog. feineren psycho-physischen Reaktionen so geschädigt sein, daß Fahrsicherheit nicht mehr gegeben ist. Auf die ärztliche allgemeine Schlußdiagnose nehmen folgende Faktoren Einfluß (*Heifer*):

1. Erfahrung des untersuchenden Arztes.
2. Die soziale Stellung des Untersuchten.
3. Die Phase der Blutalkoholwirkung und der Zeitpunkt der Blutentnahme nach Trinkende.
4. Die individuelle Alkoholverträglichkeit in ihrer Abhängigkeit von der Konstitution sowie von dispositions- und situationsgebundenen Faktoren.
5. Die Art des unter Alkoholwirkung begangenen Deliktes.

Manchmal muß der Arzt **zwei** Blutproben entnehmen (sog. „Doppelentnahme"). Ein solches Vorgehen soll dazu dienen, festzustellen, ob sich der Blutalkoholspiegel im Ansteigen oder Abfallen befindet. (Zwischen erster und zweiter Entnahme sollen nicht weniger als 15 und nicht mehr als 20–30 Minuten liegen.) Dies kann von Bedeutung sein, wenn z. B. die zweite Entnahme einen Wert von über 0,8 bzw. über 1,3 g ‰ ergibt, weil damit bewiesen ist, daß der Beschuldigte eine solche Menge bereits zum Zeitpunkt des rechtserheblichen Ereignisses im **Körper** hatte.

Neben dieser Fragestellung ist der Nachtrunk die häufigste Ursache der Doppelentnahme. (Unter „Nachtrunk" versteht man die Alkoholaufnahme nach dem rechtserheblichen Ereignis.)

Die **Untersuchungsstelle** hat dafür zu sorgen, daß keine Verwechslungen von Blutproben vorkommen.

16.3 Die wichtigsten Alkoholnachweisverfahren

16.3.1 Das Widmarkverfahren

16.3.1.1 Grundlagen

Dieses Verfahren wurde von *Widmark* erstmals im Jahre 1922 beschrieben. Eine ausführliche Darstellung der praktischen Anwendbarkeit erfolgte in den Jahren 1932 und 1934. Es handelt sich um ein mikrochemisches, jodometrisches Titrationsverfahren. Es beruht auf folgendem Prinzip:

Alkohol wird aus einer abgewogenen Menge Blut bei einer konstanten Temperatur von 60° abdestilliert und durch eine bestimmte Menge Dichromat-Schwefelsäure oxidiert. Der gesamte Vorgang spielt sich in dem fest-verschlossenen sog. Widmark-Kölbchen ab. Nach der Oxidation werden Jodkalium und Stärkelösung zugesetzt. Durch die Bildung von freiem Jod erfolgt nunmehr eine Blaufärbung (Jod-Stärke-Reaktion). Jetzt wird mit Natriumthiosulfat die nicht-verbrauchte Dichromatlösung indirekt titriert (Farbumschlag von blau nach farblos: Das freie Jod wird als Natriumjodid gebunden). Aus der verbrauchten Natriumthiosulfatmenge kann auf die nicht-reduzierte Menge des Dichromats geschlossen werden. Hieraus ergibt sich wieder (da die Gesamtmenge bekannt ist) der reduzierte Anteil. Dieser ist auf die jeweilige Alkoholmenge zu beziehen. Zur Umrechnung bedient man sich eines von *Widmark* empirisch gefundenen Faktors.

16.3.1.2 Fehler und Streuungen

Die Fehler des Verfahrens sind bei exakter Beachtung der Vorschriften gering. Sie liegen unterhalb der zulässigen Grenze. (Das Bundesgesundheitsamt hat eine Streuung von ± 5% für zulässig erklärt.) Betrachtet man jedoch die chemischen Vorgänge, so wird ersichtlich, daß das Verfahren **unspezifisch** ist. Es stören alle bei 60° flüchtigen und reduzierenden Stoffe. In früheren Jahren sind zahlreiche derartige Substanzen untersucht worden. Abgesehen von flüchtigen **Narkosemitteln** und – sehr geringfügig – **Stoffwechselprodukten** beim **Diabetiker** (Ketonkörper), spielen Störsubstanzen in der Praxis kaum eine Rolle.

Von **Medikamenten** haben nur diejenigen einen Einfluß, die Alkohol enthalten. Zu denken ist an Hustensäfte und Klosterfrau Melissengeist.

16.3.2 Das ADH-Verfahren

16.3.2.1 Grundlagen

Das ADH-Verfahren (Alkoholdehydrogenase-Verfahren) gilt als spezifisches Nachweisverfahren. Es ist eine fermentative Methode und überführt den Alkohol in Acetaldehyd, wobei der frei-werdende Wasserstoff von dem Coferment NAD (Nikotinamid-Adenin-Dinukleotid) aufgenommen wird. Das Verfahren wurde gleichzeitig in Schweden und Deutschland entwickelt. Es beruht insbesondere auf der Tatsache, daß sich das hydrierte photometrisch deutlich vom nichthydrierten NAD unterscheiden läßt. Folgende Reaktionen spielen sich ab:

$$C_2H_5OH + NAD^+ \rightleftharpoons CH_3COH + NADH + H^+$$

Da das Gleichgewicht in dieser Gleichung im neutralen Milieu nach links verlagert ist, muß man das pH zum Alkalischen hin verschieben und einen sog. „Aldehydfänger“, nämlich Semicarbazid, verwenden. Aus der gemessenen Menge NADH kann man auf die an der Umsetzung beteiligte Alkoholmenge schließen (Eichkurven!).

16.3.2.2 Fehler und Streuungen

Das Verfahren ist allen Anforderungen der forensischen Praxis gewachsen. Man muß jedoch wissen, daß das Ferment ADH zwar alkoholspezifisch, jedoch nicht äthanolspezifisch ist. Insbesondere können Methylglykol, sekundärer Butylalkohol sowie Acetylenglykol stören. Gravierend ist auch Isopropylalkohol, primärer Butylalkohol, n-Propylalkohol und Allylalkohol. Solche Störeinflüsse kommen zum Tragen bei Verwechslungen, Vergiftungen oder Sucht. (Besonders spielt der zu Desinfektionszwecken viel verwendete Isopropylalkohol eine gewisse Rolle.) Ferner muß bei Leichen mit der Bildung höherer Alkohole infolge Fäulnis gerechnet werden.

16.3.3 Gaschromatographisches Verfahren

16.3.3.1 Grundlagen

Bezüglich der Grundlagen der Gaschromatographie wird auf die Ausführungen im Kapitel 14 verwiesen. Für den Durchsatz großer Probenmengen speziell für die forensische Alkoholbestimmung wurde ein Spezialgerät entwickelt. Als Betriebsgase für den Flammenionisationsdetektor dienen Preßluft und Wasserstoff. Trägergas ist Stickstoff, bei der Säule handelt es sich um Polyäthylenglykol auf Celite (vgl. Kap. 14.1.7.4).

16.3.3.2 Fehler und Streuungen

Der Streubereich der Methode liegt weit unter dem geforderten Wert. Das gaschromatographische Verfahren ist ein absolut spezifisches. Störfaktoren durch andere Substanzen oder Stoffwechselprodukte (bei denen kein Äthylalkohol entsteht) sind daher auszuschließen. Durch entsprechend richtige Einstellung gelingt es, andere flüchtige Substanzen (insbesondere auch höhere Alkohole) neben Alkohol gesondert nachzuweisen.

16.3.3.3 Atemalkoholbestimmung

Schon seit langer Zeit hat man sich bemüht, exakte Geräte zur Bestimmung des Atemalkohols zu entwickeln. Trotz theoretischer und praktischer Schwierigkeiten hat die Erfahrung gezeigt, daß für bestimmte Zwecke brauchbare Analysenergebnisse mit Rückschluß auf den Blutalkoholgehalt zu erzielen sind. Schwierigkeiten sind jedoch immer noch in der Resorptionsphase zu erwarten (zu hohe Werte), ferner Störungen durch „Aufstoßen“, Erbrechen, Speichelalkohol. Auch das auf dem Prinzip eines Gaschromatographen neuerdings konstruierte Gerät ist nicht fehlerfrei: Auch hier ergaben sich Differenzen zwischen Atem- und Blutalkohol, die für forensische Zwecke zu groß sind. Dagegen sind die Geräte für bestimmte wissenschaftliche Alkoholversuche durchaus geeignet.

Die Blutentnahme nach § 81 a StPO können sie jedoch nicht ersetzen – schon aufgrund der Möglichkeit der Weigerung des Beschuldigten, in das Gerät zu blasen. („Der Beschuldigte braucht nicht zu handeln, er muß nur dulden.“)

16.4 Untersuchung von Leichenblut

Nach dem Tode pflegt meist zunächst der Blutalkoholgehalt abzusinken, was auf den postmortalen Wasserverlust des Blutes zurückzuführen ist. Darüber hinaus kann es auch zu einer bakteriellen Verstoffwechselung des Alkohols kommen. Infolge Fäulnis pflegt in späteren Stadien der Alkohol jedoch meistens anzusteigen, obwohl auch hier infolge Bakterienbesiedelung bestimmter Art Alkohol verstoffwechselt werden kann. Neben der Bildung von höheren Alkoholen ist auch eine Neubildung von Äthylalkohol möglich. Für forensische Zwecke (Sozialversicherung!) müssen Spezialuntersuchungen angewendet werden.

16.5 Alkoholstoffwechsel: Resorption, Verteilung, Abbau und Ausscheidung

16.5.1 Resorption

16.5.1.1 Allgemeine Vorbemerkungen

Physiologischerweise wird der Alkohol in erster Linie von den Schleimhäuten aufgenommen. Die Mundschleimhaut spielt hierbei eine geringe Rolle, schon wegen der kurzen Verweildauer des Alkohols. Die Hauptresorption erfolgt im Magen-Darm-Trakt. Hierbei wird der größte Teil vom oberen Dünndarm aus aufgenommen. Im Grunde handelt es sich nicht um eine echte Resorption, sondern um reine Diffusionsvorgänge.

16.5.1.2 Resorptionsgeschwindigkeit

Diffusionsvorgänge sind bekanntlich in ihrer Geschwindigkeit abhängig von der Konzentration und der Dosis. Darüber hinaus spielen beim lebenden Organismus zweifellos die Durchblutung der Schleimhäute, die Motilität des Magen-Darm-Traktes, der Füllungszustand des Magens und oberen Dünndarms sowie auch die Wasserverteilung im Organismus eine Rolle. Schließlich hat die Pylorusfunktion einen Anteil, da hierdurch mehr oder weniger schnell Alkohol in den Dünndarm gelangen kann.

Eine Berechnung von „durchschnittlichen“ Resorptionszeiten ist bei so vielen Variablen ein meist vergebliches Bemühen (*Elbel*). Immerhin kann man sagen, daß bei nahrungsmäßig nüchternem Magen in 30–60 Minuten mit vollständiger Aufnahme des Alkohols ins Blut zu rechnen ist. Geringe Mengen konzentrierten Alkohols können bereits in 10 Min. resorbiert sein. Im allgemeinen läßt sich feststellen, daß die Diffusion ins Blut besonders schnell erfolgt, wenn der Magen leer ist, die Magenschleimhaut gut durchblutet und keine sonstigen vegetativen oder psychischen Störungen (Übelkeit, Ekel) vorliegen. Lange Resorptionszeiten trifft man bei starker Magenfüllung, schlechter Schleimhautdurchblutung und geringer Magenmotilität (Übelkeit, vegetative Störungen) an. Auch der Art der Nahrung ist wegen der Pylorusfunktion Bedeutung beizumessen.

Wesentlich ist noch das sog. **„Resorptionsdefizit“**. Hierunter versteht man diejenige Alkoholmenge, die zwar in den Magen gelangt, also getrunken wird, aber nicht im Blut erscheint. Sie kann 10–30% des aufgenommenen Alkohols betragen. Als Ursache werden drei Möglichkeiten, von denen evtl. alle eine Rolle spielen, diskutiert:

1. Bindung des Alkohols an unresorbierbare Nahrungsbestandteile.
2. Veresterung von Alkohol und Aminosäuren oder Dipeptin.
3. Vorzeitiger Abbau in der Leber durch unterschiedliche Konzentrationen in der Vena portae und der Arteria hepatica. Schon bei der ersten Leberpassage geht also ein Teil des Alkohols verloren, bevor er überhaupt in den kleinen und großen Kreislauf gelangen kann.

16.5.2 Verteilung

16.5.2.1 Allgemeine Vorbemerkungen

Gleichzeitig mit der Resorption erfolgt die Verteilung des Alkohols im Körper. Dies geschieht mit Hilfe des Blutstromes und durch Diffusion in die Gewebe. Ursächlich für die Höhe des Organalkoholgehaltes ist deren Wassergehalt:

Je höher der Wassergehalt, desto mehr Alkohol kann aufgenommen werden. Während der Resorptionsphase spielt allerdings die Durchblutungsgröße noch eine wesentliche Rolle.

16.5.2.2 Verteilung in Gefäßen und Gehirn

Das Venenblut hat in der Resorptionsphase stets einen geringeren Alkoholgehalt als das arterielle Blut. Der Konzentrationsausgleich zwischen Blut- und Hirngewebe erfolgt wegen der starken Hirndurchblutung besonders rasch. Im Gehirn ist daher zu Beginn der Resorptionsphase mehr Alkohol als in den anderen Organen. Daher ist die alkoholische Schädigung bei gleich hohem Blutalkoholwert in der Resorptionsphase größer als in der Eliminationsphase. Im übrigen haben die Massenstatistiken eine brauchbare Relation zwischen Blutalkoholgehalt und Intoxikationsgrad (sinnesphysiologisch und psychophysisch. Vgl. aber Begutachtung der Schuldfähigkeit!) ergeben.

16.5.2.3 Verteilung in der Leber

Der Alkoholgehalt der Leber ist besonders niedrig. Dies liegt an dem hohen Gehalt der Leber an Alkoholdehydrogenase (ADH, Abbau!). Das Verhältnis von Blutalkohol zu Leberalkohol wird mit fast 2 : 1 angegeben.

16.5.2.4 Nieren- und Harnalkohol

Der Konzentrationsausgleich zwischen arteriellem Blut und Nierengewebe erfolgt sehr rasch (hohes Durchblutungsvolumen!).

Die Konzentration im Harn steht in keinem konstanten Verhältnis zum Blutalkoholgehalt: Während der Resorption liegen die Werte des Harns eher etwas niedriger, in der Abbauphase – nach vollendeter Resorption – höher. Die Urinalkoholkurve „hinkt“ der Blutalkoholkurve „nach“. Folgende Gesichtspunkte sind für die Begutachtung wichtig:

1. Kurz nach Trinkbeginn ist der Quotient Urinalkoholkurve (UAK) zur Blutalkoholkurve (BAK) 0,5–1,0. In der postresorptiven Phase 1,4, später über 2,0.
2. Die UAK ist u. a. abhängig von Trinkmenge, Miktion und Diurese.
3. Ein **sicherer** Rückschluß von der UAK auf die jeweilige Phase der BAK ist nicht möglich. Es können nur vorsichtige Hinweise abgeleitet werden.

16.5.3 Alkoholabbau

Alkohol wird im Körper zum größten Teil (90–95%) verbrannt, d. h. oxidiert, und nur zu einem geringen Teil unverändert ausgeschieden. Der Abbau erfolgt über Acetaldehyd und Essigsäure zu CO_2 und H_2O. Die ersten Abbaustufen verlaufen folgendermaßen:

$$CH_3CH_2OH \frac{ADH}{NAD} \rightarrow CH_3COH$$
$$\rightarrow CH_3COOH$$

Der frei-werdende Wasserstoff wird durch das Coferment NAD gebunden. Der Alkoholabbau mündet schließlich in den gesamten Stoffwechsel. Sowohl Kohlenhydrat- als auch Fettsäurestoffwechsel sind beteiligt. Neben ADH spielt auch die konzentrationsabhängige Katalase eine Rolle bei der ersten Abbaustufe. Neuerdings wird die Beteiligung von mikrosomalen oxidativen und peroxidativen Metabolismen diskutiert. Bei sehr hohen Konzentrationen erfolgt der Alkoholabbau geringfügig schneller, bei sehr niedrigen etwas langsamer als im Durchschnitt. Im allgemeinen fällt jedoch der Blutalkoholspiegel ziemlich rektilinear ab, was für eine sog. „Rückrechnung" (16.6.1) Bedeutung hat.

16.5.4 Alkoholausscheidung

Wie bereits erwähnt, wird nur ein kleiner Teil des aufgenommenen Alkohols unverändert ausgeschieden (5–10%). Es handelt sich dabei im wesentlichen um Ausscheidungen durch die Atemluft, die Nieren und den Schweiß sowie den Speichel. Das Verteilungsgleichgewicht zwischen **Luft** und **Blut** stellt sich schnell ein. Das Verteilungsverhältnis ist temperaturabhängig. Die Ausscheidungsgröße hängt nur in geringem Maße von der Ventilationsgröße ab. Sie beträgt etwa 5%. Die Ausscheidungszahlen für den **Harn** liegen bei 0,5–2,0%, für den **Schweiß** werden sie mit etwa 0,5% angegeben. Das Verhältnis von **Speichel-** zu **Blut**alkohol wird mit 1,2 : 1,0 angegeben. Die Speichelalkoholkurve „hinkt" ebenso wie die Harnalkoholkurve „nach".

16.6 Die Berechnung des Blutalkoholgehaltes zur Tatzeit

16.6.1 Aus dem Blutalkoholwert (sog. „Rückrechnung")

16.6.1.1 Vorbemerkungen

Da sich der durch Untersuchung des Blutes ermittelte Blutalkoholgehalt naturgemäß auf den Zeitpunkt der Blutentnahme bezieht, muß in forensischen Fällen auf den Tatzeitpunkt zurückgerechnet werden. Eine Voraussetzung hierfür ist, daß die Blutalkoholkurve im wesentlichen geradlinig (rektilinear) verläuft, was tatsächlich auch der Fall ist. Selbstverständlich darf man bei der Rückrechnung nicht in den resorptiven Teil der Abbaukurve geraten. Um dies zu vermeiden, muß man annähernd die Resorptionszeiten kennen.

Der ansteigende Schenkel der Blutalkoholkurve ist die Resultante aus Resorption und Abbau (sowie Ausscheidung), wobei die Resorption überwiegt. Der abfallende Schenkel, Ausdruck des absinkenden Blutalkoholspiegels, ist ebenfalls eine Resultante aus noch andauernder Resorption und Abbau. Es überwiegt aber jetzt der Abbau, bis schließlich die Resorption ganz aufhört und der Abbau (und die Ausscheidung) allein die Kurve bestimmen.

16.6.1.2 Die Größe von β

Den Abfall der Blutalkoholkonzeption bezeichnet man mit dem griechischen Buchstaben β, denjenigen pro Stunde mit β_{60}.

Die Angaben über die β_{60}-Werte schwanken in der Literatur nicht unerheblich. Man geht jedoch nicht fehl, wenn man als niedrigsten Wert etwa 0,1 g ‰ annimmt. Bei Rückrechnungen wird man den Grundsatz „in dubio pro reo" zu beachten haben, d. h., bei Verkehrsdelikten (bei denen **nicht** die Schuldfähigkeit in Rede steht) wird man mit stündlichen Abbauwerten von 0,1 g ‰, bei anderen Delikten, bei denen die Schuldfähigkeit geprüft werden muß, nach der Formel von *Zink* und *Reinhardt* (1976) mit 0,2 g ‰ zurückzurechnen haben unter Ansatz eines einmaligen Sicherheitszuschlages von 0,2 g ‰.

Bei Rückrechnungen darf nicht übersehen werden, daß es zahlreiche Abweichungen von der sog. „Idealkurve" gibt (Abb. 95).

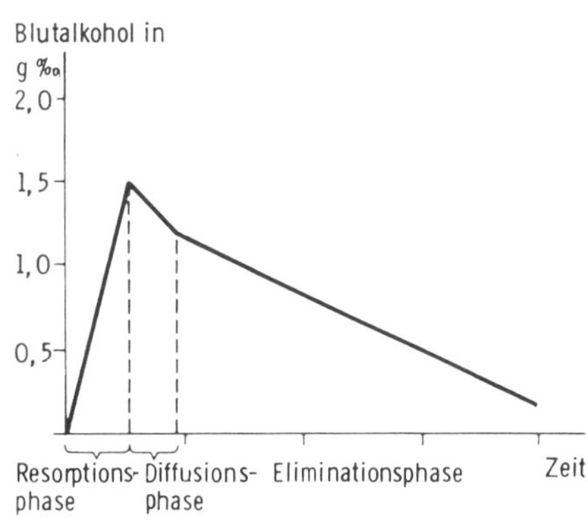

Abb. 95 „Ideale" Alkoholabbaukurve (aus *Forster/Joachim*, Blutalkohol und Straftat, Stuttgart 1975)

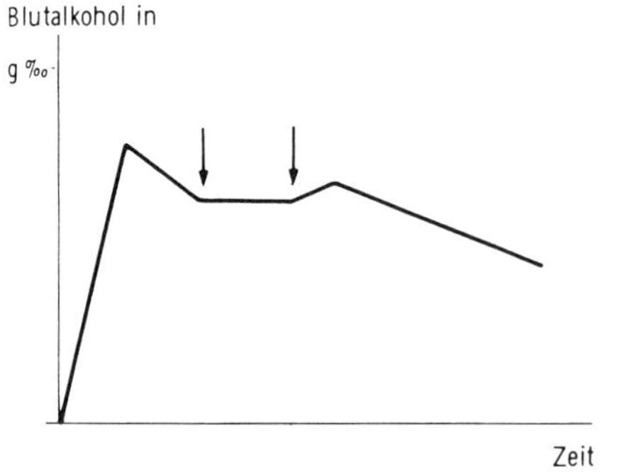

Abb. 96 Gréhantsches Plateau (↓ Beginn und ↓ Ende) mit Nachresorptionszacke (schematisch) *(aus Forster/Joachim,* Blutalkohol und Straftat, Stuttgart 1975)

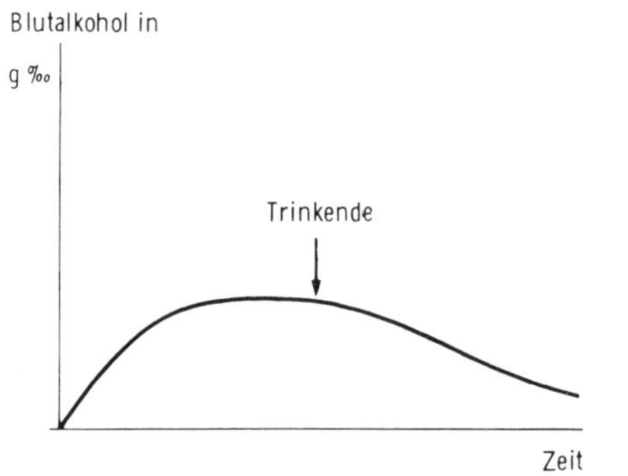

Abb. 97 Protrahiertes Trinken (schematisch)

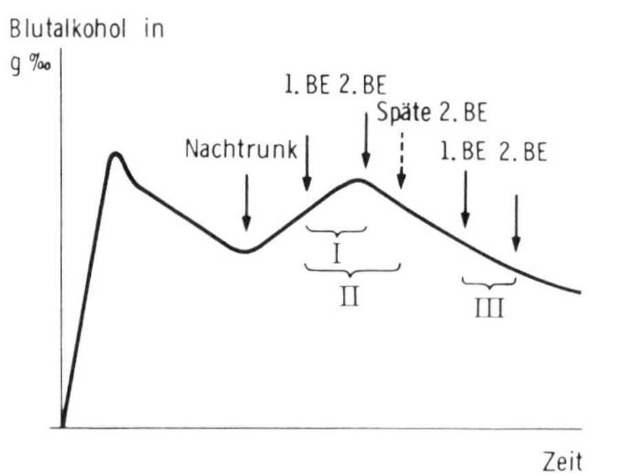

Abb. 98 Blutalkoholkurve bei „Nachtrunk", BAK-Aufstieg zwischen 1. und 2. Blutentnahme (I). Bei zu später 2. Blutentnahme ca. gleiche Konzentration (II). Abfall der BAK, falls schon die erste Entnahme zu spät erfolgt (III) (aus *Forster/Joachim,* Blutalkohol und Straftat, Stuttgart 1975)

16.6.1.3 Abweichungen von der „Idealkurve"

Abweichungen von einer sog. „typischen Alkoholkurve" kommen am häufigsten durch **besondere Trinkverhaltensweisen** zustande. Hier ist zu nennen das *„Gréhant*sche Plateau", das durch verlangsamte Resorption oder vegetative Störungen verschiedenster Genese (z. B. Übelkeit) zustande kommen kann und in einem Gleichbleiben der Blutalkoholkonzentration für einige Zeit besteht (Abb. 96).

Bei langsamen, **protrahiertem Trinken** gibt es sehr flach verlaufende Kurven (Abb. 97). Wird in **kurzen Abständen** getrunken, kann die Kurve gleichsam wellenförmig verlaufen.

Der sog. „Schluß- oder Sturztrunk" kurz vor dem rechtserheblichen Ereignis hat an Bedeutung verloren, nachdem der Bundesgerichtshof (BGH) auf die Alkoholmenge abgestellt hat, die sich im **Körper** (also auch noch unresorbiert im Magen oder Darm) befindet. Dagegen spielt der sog. „Nachtrunk" nach wie vor eine Rolle. Hierunter versteht man, wie bereits kurz angedeutet, die Aufnahme von Alkohol **nach** dem rechtserheblichen Ereignis (z. B. Verkehrsunfall). Man muß in einem solchen Falle zunächst prüfen, ob die als Nachtrunk angegebene Menge zur Zeit der Blutentnahme überhaupt voll resorbiert sein konnte. Ferner ist zu fragen, ob der festgestellte Alkoholgehalt evtl. durch den Nachtrunk allein erklärt werden könnte. Sollte dies nicht der Fall sein, ist der für den Nachkonsum zu errechnende theoretische Maximalwert (vgl. 16.2.2.1) in Abzug vom Entnahmewert zu bringen und dann die Rückrechnung vorzunehmen. In seltenen Fällen kann durch eine zweite Blutentnahme ein Nachtrunk festgestellt werden (Abb. 98).

Blutverlust in der Größenordnung bis zu etwa einem halben Liter und **Gehirnerschütterung** verändern die Blutalkoholkonzentration praktisch nicht, dagegen ist bei schweren **Schockzuständen** mit der Rückrechnung Vorsicht am Platze. **Schlaf** oder **körperliche Arbeit** lassen eine Rückrechnung praktisch ebenso zu wie die meisten **Krankheiten.** Auf weitere Einzelheiten kann hier nicht näher eingegangen werden (vgl. Spezialliteratur).

16.6.1.4 Das praktische Vorgehen bei der Rückrechnung

Will man aufgrund eines in der Blutprobe ermittelten Alkoholgehaltes die „Tatzeitkonzentration“ durch Rückrechnung ermitteln, so empfiehlt sich folgendes Vorgehen:

a) Prüfung des Trinkendes und eines evtl. Nachtrunkes.
b) Prüfung, ob Besonderheiten in der Blutalkoholkurve vorliegen könnten.
c) Prüfung, mit welchem Wert zurückgerechnet werden soll (0,1 g‰ h, wenn die Schuldfähigkeit nicht in Rede steht).

16.6.2 Ermittlung der Tatzeitkonzentration aus den Trinkmengen

16.6.2.1 Vorbemerkungen

Ist eine Blutentnahme nicht durchführbar, weil die Betreffenden nicht rechtzeitig sistiert werden können (z. B. Fahrerflucht), so muß die Blutalkoholkonzentration aufgrund der Trinkmengen berechnet werden. Diese Angaben sind häufig ungenau oder Schutzbehauptungen (bei Verkehrsdelikten werden geringe, bei anderen Delikten große Trinkmengen angegeben). Es ist Sache des Gerichtes, nicht des Gutachters, in freier Beweiswürdigung bestimmte Angaben bzw. Trinkmengen (gegebenenfalls auch verschiedene Möglichkeiten) zugrundezulegen und von dem Sachverständigen berechnen zu lassen.

16.6.2.2 Die Widmarksche Formel

Das Verhältnis der Alkoholkonzentration im Gesamtkörper zu derjenigen im Blut hat *Widmark* als „r“ bezeichnet (r = reduzierte Körpermasse). Er fand, daß die Gesamtmenge des sich zu einem Zeitpunkt im Körper befindlichen Alkohols (a) dem Produkt aus der Konzentration im Körper und dem Körpergewicht (p) entspreche. Die Konzentration im Gesamtkörper ist das Produkt aus der Blutalkoholkonzentration (c) und r. Es ergibt sich also:

$$a = c \cdot p \cdot r$$

Nimmt man an, daß der gesamte aufgenommene Alkohol (A) sich im Verteilungsgleichgewicht befände, und die Verbrennungsgeschwindigkeit im wesentlichen unabhängig von der Konzentration wäre, so erhielte man den **„theoretischen Maximalwert“** (von *Widmark* als c_o bezeichnet).

Es gilt also:

$$A = c_o \cdot p \cdot r$$

wobei

$$r = \frac{A}{c_o \cdot p}$$

ist. Für r ermittelte man einen Durchschnitt von etwa 0,7 für Männer und 0,6 für Frauen (die Werte können jedoch von 0,5–0,95 schwanken).

Will man c_o – also den theoretischen Maximalwert – berechnen, gilt

$$c_o = \frac{A}{p \cdot r}$$

Man benötigt hierzu die getrunkene Alkoholmenge in Gramm, das Körpergewicht und den Faktor r.

Berechnungsbeispiel

Ein 70 kg schwerer Mann trinkt auf nahrungsmäßig nüchternen Magen eine Flasche Bier zu 0,5 l, das – wie üblich – etwa 5 Vol.% Alkohol enthält.

a) Berechnung des Alkoholanteils

500 ml · 5% = 25,00 ml

Der Alkoholanteil eines 5%igen Bieres (Menge 500 ml) beträgt also 25,00 ml.

b) Umrechnung der Alkoholmenge in Gramm (A)

Der unter a) errechnete Wert muß nunmehr in Gewichtsanteile umgerechnet werden. Das spezifische Gewicht des Alkohols beträgt etwa 0,8.

25,00 ml · 0,8 = 20,000 g

Damit ist die Berechnung für A abgeschlossen.

c) Reduktion des Körpergewichtes

70 kg (p) · 0,7 (r) = 49

d) Division der Alkoholmenge in Gramm (A) durch das reduzierte Körpergewicht (p · r)

20,00 : 49 = 0,40 g‰

16.6.2.3 Berechnung für die Tatzeit

Da der Alkohol unmittelbar nach dem Trinken resorbiert und in der Leber abgebaut wird, muß die Abbauzeit vom Trinkbeginn an berücksichtigt werden. Auch ist zu beachten, ob ein mehr oder weniger großes Resorptionsdefizit vom theoretischen Maximalwert abzuziehen ist. Schließlich muß überlegt werden, ob hohe oder niedrige Abbauwerte günstig sind.

Berechnungsbeispiel

Angenommen, man hätte aufgrund der Trinkmengenangabe eines Herrn X einen theoretischen Maximalwert von 2,00 g‰ errechnet. Vom Trinkbeginn bis zum in Rede stehenden Verkehrsunfall wären vier Stunden vergangen. X hätte somit 4mal 0,20 g‰ abbauen können.

  2,0 g‰
– 0,8 g‰
  1,2 g‰

Da bei Biergenuß und Nahrungsaufnahme ein größeres Resorptionsdefizit entsteht, könnte unter solchen Bedingungen nochmals 0,40 g‰ abgezogen werden.

  1,2 g‰
– 0,4 g‰
  0,8 g‰

Ein Nachweis, daß Herr X zum Zeitpunkt der Fahrt über 1,30 g‰ Alkohol im Blut gehabt hätte, wäre sonach nicht zu führen. Aber auch eine sichere Aussage, daß über 0,80 g‰ vorgelegen hätten, wäre nicht möglich. Das Resorptionsdefizit könnte (selten!) noch etwas größer gewesen sein. Der Wert für r ist im übrigen nie exakt feststellbar.

Merke

Ist ein niedriger Wert günstig für den Beschuldigten, und liegt eine **Blutanalyse** vor, so nimmt man für die Rückrechnung niedrige Abbauwerte (0,1 g‰/h). Ist ein hoher Wert günstig, unterstellt man hohe Abbauwerte (nach *Zink u. Reinhardt* 0,2 g‰/h und einmaliger Zuschlag von 0,2 g‰).

Ist man auf **Trinkmengenangaben** angewiesen, muß gerade umgekehrt verfahren werden. Zu Gunsten eines niedrigen Wertes sind hohe, zu Gunsten eines hohen Wertes niedrige Abbauquoten anzunehmen.

16.7 Alkoholbedingte Fahrunsicherheit

16.7.1 Vorbemerkungen

Liegt der Blutalkoholgehalt zur Zeit der Fahrt mit einem Kraftfahrzeug über 1,3 g‰, so liegt absolute Fahrunsicherheit vor (§ 316 StGB). Ist eine konkrete Gemeingefahr herbeigeführt worden, ist der Tatbestand des § 315c Abs. I Ziff. 1 StGB erfüllt. Hat die Blutalkoholkonzentration einen Wert von über 0,8 g‰ erreicht, ist eine Ordnungswidrigkeit im Sinne des § 24a StVG gegeben.

Aber auch bei Werten **unterhalb** dieser Grenzen, ja sogar unterhalb von 0,8 g‰, kann der Tatbestand des § 315c StGB erfüllt sein. Dies ist dann der Fall, wenn der Kausalzusammenhang zwischen Alkoholkonsum und Unfall bewiesen werden kann. Man spricht dann von sog. „relativer" Fahrunsicherheit. Es ist Aufgabe eines ärztlichen Sachverständigen, eine derartige Problematik zu klären.

16.7.2 Psycho-physische Leistungsminderungen durch Alkohol

16.7.2.1 Sehvermögen

Das Sehvermögen wird durch Alkoholaufnahme schon sehr früh, d. h. bei sehr niedrigen Werten, geschädigt. Die **Tiefensehschärfe** leidet insofern, als die Einstellungszeit

(z. B. beim Drei-Stäbchen-Apparat) erheblich verlängert wird. Die **Blickführung** wird fahrig und unsicher. Die **Fusionsbreite** ist deutlich eingeschränkt. **Hell-** und **Dunkeladaptation** sind verlängert und gestört („der Alkoholisierte fährt nachts mit einer Sonnenbrille“). Auch **Farbsehstörungen** sind nachgewiesen worden, allerdings erst bei höheren Werten. Sehr stark leidet der **optokinetische Nystagmus,** der gerade für den Kraftfahrer wesentliche Bedeutung hat (unwillkürliche Spähblicke zur Seite).

Die meisten alkoholischen Schädigungen des optischen Apparates gehen auf – überwiegend zentrale – Motilitätsstörungen zurück.

16.7.2.2 Gleichgewichtsapparat

Gleichgewichts- und Sehstörungen können eng miteinander gekoppelt sein („oculovestibuläre Störungen“). Wird der Körper erschüttert, so leidet z. B. die Fixation. Darüber hinaus kommt es zu den bekannten Muskelkoordinationsstörungen, Lallen, Schwanken, kurz, den Zeichen der Ataxie.

16.7.2.3 Reaktionszeit und Aufmerksamkeit

Reaktionszeiten auf optische und akustische Reize sind unter Alkohol bereits bei Werten unter 0,8 g‰ deutlich verlängert. Man findet je nach Versuchungsanordnung und Blutalkoholwert Verlängerungen zwischen 10% und fast 200%!

Störungen der Aufmerksamkeit setzen ebenfalls frühzeitig ein. Ab 1,00 g‰ ist niemand mehr ohne gestörte Aufmerksamkeit. Es leidet entweder die **Tenazität** (= Fähigkeit, die Aufmerksamkeit auf einen Gegenstand gerichtet zu halten) oder die **Vigilität** (= Fähigkeit, die Aufmerksamkeit neu auf einen Gegensatz zu richten). Meist ist die eine Komponente auf Kosten der anderen gestört.

16.7.2.4 Alteration der Psyche. Fahrverhaltensweisen

Die Einflüsse des Alkohols auf die Gesamtpersönlichkeit spielen auch bei Verkehrsdelikten eine oft ausschlaggebende Rolle. *Elbel* hat dies einmal die „Gefahr der kleinen Werte“ genannt. Besonnenheit, Vernunft und Anpassung weichen der Selbstüberschätzung, Gleichgültigkeit und aggressiver Enthemmung. Es kommt zu schnellen, unvorsichtigen, rücksichtslosen und leichtsinnigen Fahrverhaltensweisen. Bei gleichzeitigem Vorliegen der beschriebenen sinnesphysiologischen Störungen muß dies katastrophale Folgen nach sich ziehen. So ist denn auch damit zu rechnen, daß die **tödlichen** Unfälle zu etwa **35–50%** auf Alkoholkonsum zurückzuführen sind.

Typische Fahrverhaltensweisen alkoholisierter Kraftfahrer sind:

- riskante Fahrweisen (Überholmanöver usw.)
- Schlangenlinien-Fahren
- Geradeausfahren in Kurven
- Abkommen von der Fahrbahn
- Auffahrunfälle.

16.8 Alkohol und Medikamente

16.8.1 Juristische Gesichtspunkte

Eine normierte Aufklärungspflicht über die Gefahren, die im Zusammenhang mit dem Gebrauch bestimmter Medikamente bestehen, fehlt. Doch läßt sich aus dem Arzt-Patient-Vertrag die Sorgfaltspflicht der Aufklärung ableiten. Damit für den Arzt keine strafrechtlichen (und zivilrechtlichen) Folgen entstehen, empfiehlt es sich in jedem Fall, eine eingehende Unterweisung des Patienten vorzunehmen.

Vom Patienten wird allgemein gefordert, daß er die Gebrauchsanweisung („Waschzettel“) der einzunehmenden Medikamente liest. Er kann sich dann nicht auf Nichtwissen der Kombinationswirkung berufen.

16.8.2 Medizinische Grundlagen

Bezüglich den Kombinationswirkungen von Alkohol und Medikamenten kann folgende Einteilung gegeben werden (nach *Klein*).

a) Medikamente, die Unverträglichkeit von Alkohol hervorrufen

Hierzu zählt in erster Linie das Tetrathiuramdisulfid, unter dem Namen „*Antabus*“

bekannt. Man findet bei gleichzeitiger Einnahme von Alkohol ein „Flush-Syndrom“ (Gesichtsröte, die sich über Hals, Brust, Arme ausbreitet), dazu Schweißausbrüche, Zittern, Kopfschmerzen und Tachykardie. Antabus wird als Mittel gegen chronischen Alkoholismus verwendet.

Als weitere Medikamente dieser Gruppe wären zu erwähnen *Rastinon, Irgapyrin, Isoniazid* (INH) und schließlich der Faltentintling (Pilz, Coprianus atramentarius).

b) Medikamente, die die Alkoholwirkung verstärken

In dieser Gruppe verdienen die **Barbiturate** eine besondere Erwähnung. Eine Verstärkung der Alkoholwirkung bedeutet keineswegs stets eine Potenzierung. Es kann auch nur eine Addition vorliegen. Zu erwähnen sind ferner **Schmerzmittel,** die ja meist Kombinationspräparate darstellen und häufig Barbiturate (z. B. Cibalgin u. a.) enthalten.

In diese Gruppen gehören auch Pyramidon, Codeïn usw.

Ebenso können **Psychopharmaka** (Librium, Valium usw.) zu einer verstärkten Alkoholwirkung, aber auch zu abnormen Reaktionen (Kap. 16.12.2.5) führen.

Die Kombination von Rauschmitteln (Haschisch, Morphin, LSD usw.) im engeren Sinne ist vielleicht mit Ausnahme des Haschisch kaum zu erwarten: Der Rauschgiftsüchtige trinkt selten gleichzeitig Alkohol.

c) Medikamente, die die Alkoholwirkung verringern

Ob es überhaupt Medikamente gibt, die eine echte Verbesserung einer alkoholbedingten Schädigung herbeiführen, ist immer noch umstritten, **Teil**-Leistungsverbesserungen wurden beschrieben bei *Insidon* (Opipramol), *Carbamazepin, Encephabol* sowie neuerdings *Captagon. Pervitin* und *Koffein* verbessern die Reaktionszeit, verschlechtern aber die Reaktionsqualität.

d) Medikamente, die die Alkoholwirkung verändern

In erster Linie sei hier auf die *Psychopharmaka* verwiesen. Tranquilizer, Neuroleptica, Thymoleptika spielen eine Rolle. Aber auch **Mischpräparate** und **Barbiturate**. Die veränderte Alkoholwirkung zeigt sich in der abnormen Alkoholreaktion (vgl. Kap. 16.12.2.5).

16.8.3 Forensische Schlußfolgerungen

Zusammenfassend ist zu sagen, daß bei gleichzeitiger Einnahme von Medikamenten und Alkohol stets mit verstärkter Alkoholwirkung oder mit Unverträglichkeitserscheinungen körperlicher oder psychischer Art zu rechnen ist. Es ist jedoch **nicht** so, daß etwa die Einnahme von Psychopharmaka und Alkohol zur Schuldunfähigkeit führen muß. Vielmehr **kann** ein solcher Zustand eintreten, er **muß** es jedoch nicht. Da schon die Einnahme von Medikamenten allein die Verkehrssicherheit erheblich beeinflussen kann, ist eine gleichzeitige Einnahme von Alkohol und Medikamenten unter allen Umständen zu vermeiden, insbesondere, wenn noch ein Kraftfahrzeug geführt werden muß. Wird Medikamenteneinnahme geltend gemacht, soll möglichst außer der Entnahme einer Blutprobe eine Harnprobe (freiwillig) sichergestellt werden (vgl. auch toxikologische Untersuchung im Kapitel 14).

16.9 Alkohol und Ermüdung

16.9.1 Vorbemerkungen zur Ermüdung

Grundlegende Untersuchungen über die Auswirkungen der Ermüdung im Straßenverkehr sowie über ihre Erkennbarkeit haben vor allem *O.* und *L. Prokop* durchgeführt. Warmluft führt über eine periphere Gefäßdilatation und Hirnanämie schließlich zu Müdigkeit, Schlafbedürfnis und Einschlafen. Kälte ist dagegen einer der stärksten Weckreize. Neben endogenen biochemischen Faktoren spielen Wettereinflüsse und Nahrungsaufnahme eine Rolle.

Dunkelheit, Wärme, Fernhalten äußerer Reize bedeuten eine gewisse „Schlafbahnung“. Auch gleichmäßig wiederkehrende optische und akustische Reize wirken ermüdend. Beim Kraftfahrer spielt die „psychische“ Ermüdung eine sehr wesentliche Rolle.

Typische Fahrverhaltensweisen bei Ermüdung sind (nach *Ponsold*):

a) Abkommen von der Fahrbahn (meist nach links).
b) Unregelmäßigkeit des Fahrens (unmotivierte Beschleunigungen und Verlangsamungen).
c) Unfälle durch schlechte optische Raumwahrnehmung.

16.9.2 Alkoholkonsum bei Ermüdung

Die durch Ermüdung gesetzten Leistungsminderungen gleichen denjenigen, die nach Alkoholkonsum auftreten oder sind diesen zumindest sehr ähnlich. Interessant sind Versuchsergebnisse von mehreren Autoren, mit unterschiedlichen Methoden erarbeitet, die nachweisen, daß die Leistungsminderung nach einer durchwachten Nacht einem Blutalkoholgehalt von etwa 0,8 g‰ entspricht. Es zeigte sich ferner, daß Leistungsausfälle nach Alkoholkonsum nach Mitternacht größer sind als am Tage. Das Zusammenwirken von Alkohol und Ermüdung führt naturgemäß stets zu größeren Leistungseinbußen als wenn nur einer der beiden Faktoren einwirkt. Neueste Forschungen über das Reflexverhalten konnten nachweisen, daß es sich beim Zusammenwirken von Alkohol und Ermüdung um **additive** Effekte handelt.

16.10 Die Verkehrsunfallflucht

16.10.1 Rechtliche Grundlagen

Die Unfallflucht oder – wie es jetzt heißt – das unerlaubte Entfernen vom Unfallort ist als Tatbestand im § 142 StGB niedergelegt. Dieser lautet:

§ 142 StGB

„I. Ein Unfallbeteiligter, der sich nach einem Unfall im Straßenverkehr vom Unfallort entfernt, bevor er
1. zu Gunsten der anderen Unfallbeteiligten und der Geschädigten die Feststellung seiner Person, seines Fahrzeuges und der Art seiner Beteiligung durch seine Anwesenheit und durch die Angabe, daß er an dem Unfall beteiligt ist, ermöglicht hat oder
2. eine nach den Umständen angemessene Zeit gewartet hat, ohne daß jemand bereit war, die Feststellungen zu treffen,

wird mit Freiheitsstrafe bis zu drei Jahren oder mit Geldstrafe bestraft.

II. Nach Abs. 1 wird auch ein Unfallbeteiligter bestraft, der sich
1. nach Ablauf der Wartefrist (Abs. I. 2) oder
2. berechtigt oder entschuldigt

vom Unfallort entfernt hat und die Feststellung nicht unverzüglich nachträglich ermöglicht.

III. Der Verpflichtung, die Feststellungen nachträglich zu ermöglichen, genügt der Unfallbeteiligte, wenn er den Berechtigten (Abs. I. 2) oder einer nahegelegenen Polizeidienststelle mitteilt, daß er an dem Unfall beteiligt gewesen ist, und wenn er seine Anschrift, seinen Aufenthalt sowie das Kennzeichen und den Standort seines Fahrzeugs angibt und dieses zur unverzüglichen Feststellung für eine ihm zumutbare Zeit zur Verfügung hält. Dies gilt nicht, wenn er durch sein Verhalten die Feststellungen absichtich vereitelt.

IV. Unfallbeteiligter ist jeder, dessen Verhalten nach den Umständen zur Verursachung des Unfalls beigetragen haben kann."

Der Tatbestand des § 142 StGB scheint die Selbstbegünstigung unter Strafe zu stellen und damit einem Grundsatz des Deutschen Strafrechts zu widersprechen. Dies ist jedoch nicht der Fall, da nur Feststellung zur Klärung etwa entstandener Ansprüche gesichert werden sollen. Die Häufigkeit der Unfallflucht steigt (1964 = 10%, 1974 = 15%); 1983 wurde sie in 20% der Gesamtunfälle beobachtet und 1985 in 25%.

16.10.2 Medizinische Gesichtspunkte für die Begutachtung

Normalerweise besteht der innere Drang aufgrund eines elementaren Selbstschutzbedürfnisses, sich vom Ort der Tat zu entfernen. Neuerdings hat man darauf hingewiesen, daß die Flucht eine natürliche Reaktionsweise darstelle, „die zu überwinden seit Alters her die Idealisierung des Heldentums bewerkstelligen sollte" (*Jarosch*). Medizinisch gesehen bedeutet dies die Notwendigkeit der absoluten Intaktheit der ethisch-moralischen Vorstellungswelt und der Willensbildung. Diese sind aber gerade bei höheren Alkoholwerten häufig mehr oder weniger stark geschädigt. Es nimmt deshalb auch nicht wunder, daß Alkoholisierte öfter Fahrerflucht begehen als Nüchterne, wobei noch darauf hinzuweisen ist, daß gerade hier Schuldfähigkeit und Zumutbarkeit (Beschlagnahme des Führerscheins) eng beieinander liegen. Wenn also auch beim Alkoholisierten vordergründige, opportunistische Verhaltensweisen wirksam werden mögen, so darf bei der Begutachtung die besondere Situation dennoch nicht verkannt werden. „Vordergründige“ Motive schließen eine erhebliche Beeinträchtigung der Willensbildung keineswegs aus. Im übrigen sind die unter 16.12 aufgeführten Grundlagen für die Begutachtung einer alkoholbedingten Schuldunfähigkeit zu berücksichtigen und anzuwenden.

16.11 Alkohol und posttraumatische Bewußtseinsstörung

Gerade bei Verkehrsdelikten können sich die Symptome alkoholischer und traumatischer Bewußtseinsstörung kombinieren. Die erste und wesentlichste Feststellung bei der Begutachtung ist natürlich die, ob überhaupt eine Bewußtseinsstörung vorgelegen hat bzw. vorliegt.

Die Bewußtseinsstörung ist ein unspezifisches Symptom einer Störung der Hirnfunktion. Auch der Alkoholrausch ist nur das unspezifische Symptom einer Intoxikation des Gehirns. Die Rauschsymptomatik ist weder alkohol- noch dosisspezifisch.

Die traumatische Hirnbeteiligung ist überwiegend eine Commotio cerebri. Das sog. „Commotionssyndrom“, das man auch bei der Contusio findet, ist nach *Mayer* „durch eine unmittelbar mit dem Trauma einsetzende mehr oder minder lange und tiefe Bewußtseinsstörung“ gekennzeichnet. Diesem schließt sich ein „Durchgangssyndrom“ an, das in verschieden lang anhaltenden und ausgeprägten Störungen psycho-physischer und vegetativ-vasomotorischer Art besteht, bis schließlich (bei der Commotio) eine vollständige Rückbildung erfolgt.

Bewußtseinsstörung mit psychischer und vegetativer Dysregulation findet sich nun aber auch bei der akuten Alkoholintoxikation. Die hieraus resultierenden Verhaltensweisen können so ähnlich sein, daß z. B. eine Commotio von der akuten Alkoholintoxikation forensisch nicht abzugrenzen ist.

Klinisch ist zu beachten, daß es statt der normalerweise allmählichen Rückbildung der Symptome im Rausch und bei der Commotio bei schwereren Verletzungen im Schädel-Hirn-Bereich (Contusio, subdurales oder epidurales Hämatom) zu einer lebensbedrohlichen intrakraniellen Drucksteigerung kommt. Ein freies Intervall ist oft gar nicht vorhanden. Bei differentialdiagnostischen Schwierigkeiten ist daher unbedingt zu fordern, daß rechtzeitig ein Neurologe oder ein Neurochirurg hinzugezogen werden. Bei Vorliegen einer Bewußtseinsstörung **muß** stets eine **klinische Beobachtung** so lange durchgeführt werden, bis aufgrund des Verlaufes und mehrerer Kontrolluntersuchungen die Diagnose gestellt werden und die entsprechende Therapie durchgeführt werden kann. (Auch schwere Alkoholintoxikationen, die mit Bewußtlosigkeit einhergehen, würden eine klinische Behandlung erfordern. Hierauf hat *Mayer* besonders hingewiesen.)

16.12 Alkoholbedingte Schuldunfähigkeit

16.12.1 Rechtliche Grundlagen

Die Schuldunfähigkeit infolge psychischer Störungen ist in den §§ 20 und 21 StGB neu geregelt worden (seit dem 1. 1. 1975). Sie werden im Kapitel 17 näher besprochen werden.

Der juristische Laie könnte zunächst meinen, derjenige, der im Zustand der Schuldunfähigkeit infolge von vorherigem Alkoholgenuß eine Straftat begangen hat, müsse gemäß § 20 StGB straffrei bleiben. Hiervon kann jedoch keine Rede sein. Das Strafgesetzbuch kennt nämlich den sog. „Vollrauschtatbestand“. Dieser lautet:

§ 323a StGB

„1. Wer sich vorsätzlich oder fahrlässig durch alkoholische Getränke oder andere berauschende Mittel in einen Rausch versetzt, wird mit Freiheitsstrafe bis zu fünf Jahren oder mit Geldstrafe bestraft, wenn er in diesem Zustand eine rechtswidrige Tat begeht und ihretwegen nicht bestraft werden kann, weil er infolge des Rausches schuldunfähig war, oder weil dies nicht auszuschließen ist.
2. Die Strafe darf nicht schwerer sein als die Strafe, die für die im Rausch begangene Tat angedroht ist.
3. Die Tat wird nur auf Antrag, mit Ermächtigung oder auf Strafverlangen verfolgt, wenn die Rauschtat nur auf Antrag, mit Ermächtigung oder auf Strafverlangen verfolgt werden könnte."

Der § 323a StGB ist, kriminalpolitisch gesehen, nicht nur wertvoll, sondern sogar unbedingt erforderlich. Allerdings ist der Tatbestand logisch unbefriedigend. Der **Schuldvorwurf** liegt nämlich **lediglich** im fahrlässigen (oder vorsätzlichen) Sich-Betrinken. Die dann im Zustand der Schuldunfähigkeit begangene Straftat ist gleichsam nur eine Bedingung, die hinzukommt.

Folgende Einzelheiten müssen beachtet werden:

a) Die **Schuldunfähigkeit** muß allein (oder zumindest überwiegend) durch den **Rausch** verursacht worden sein (nicht nur Alkohol, auch andere berauschende Mittel). Wäre z. B. **überwiegend** eine **Commotio** Ursache der Schuldunfähigkeit, wäre Freispruch die Folge.
b) **Vorsatz** und **Fahrlässigkeit** beziehen sich **nur** auf den Eintritt des Rausches und den Zustand der Schuldunfähigkeit. Man braucht also nicht zu wissen, daß man im Rausch eine Straftat begeht, und schon gar nicht, welche („abstraktes Gefährdungsdelikt").
c) Fehlt wegen **„sinnloser Trunkenheit"** eine Handlung, so entfällt der Tatbestand des § 323a StGB (Fall wegen schwerer Trunkenheit in eine Fensterscheibe, ohne sie im Sinne einer gerichteten Handlung einzuschlagen). Juristisch geht es also um den sog. „natürlichen Handlungswillen".
d) Die *Actio libera in causa.* Maßgebend für die Frage, ob jemand schuldfähig oder schuldunfähig ist, ist die Zeit „bei Begehung der Tat". Dieser Grundsatz erfährt eine scheinbare Ausnahme durch die Rechtskonstruktion der Actio libera in causa („vorverlegte Schuld"). Man versteht darunter ein Verhalten des Täters im Zustand der Willensfreiheit (Entscheidungsfreiheit), das die spätere Begehung einer Straftat in einem Zustand auslöst, in dem er nicht mehr verantwortlich handeln kann.

Typisches Beispiel: Ein Kraftfahrer fährt in eine Gastwirtschaft und trinkt Alkohol. Er weiß, daß er noch nach Hause fahren muß. Er trinkt dennoch weiter und fährt im Zustand der Volltrunkenheit. Er wird nicht wegen Vollrausches (§ 323a StGB), sondern wegen des „Grunddeliktes", nämlich nach § 316 bzw. § 315c StGB bestraft (Actio libera in causa).

Anders liegt es, wenn der primäre Fahrtentschluß erst im Rausch erfolgt, oder sogar der Rausch nicht fahrlässig (weil z. B. nicht voraussehbar – abnorme Reaktion) ist. **Vgl. hierzu die Abbildung 99.**

Der § 323a ist sonach in folgenden Fällen **nicht** anwendbar:

1. Wenn Vorsatz oder Fahrlässigkeit für das Geraten in den Rausch nicht gegeben sind.
2. Bei „sinnloser" Trunkenheit im juristischen Sinne, sofern keine „Handlung" vorliegt.
3. Wenn der Zustand der Schuldunfähigkeit nicht oder nicht überwiegend auf einem Rauschzustand beruht.
4. Wenn bei Vorsatztaten kein Vorsatz nachweisbar ist.
5. Beim Vorliegen der sog. Actio libera in causa.

In den Fällen 1–4 müßte Freispruch erfolgen, im Fall 5 Verurteilung nach dem „Grunddelikt", d. h. also, es wird so verurteilt, als ob gar kein Rausch vorgelegen hätte.

Von erheblicher Bedeutung für den Juristen und den medizinischen Sachverständigen ist es, den Begriff **„Rausch"** für beide Seiten befriedigend zu definieren. Neuer-

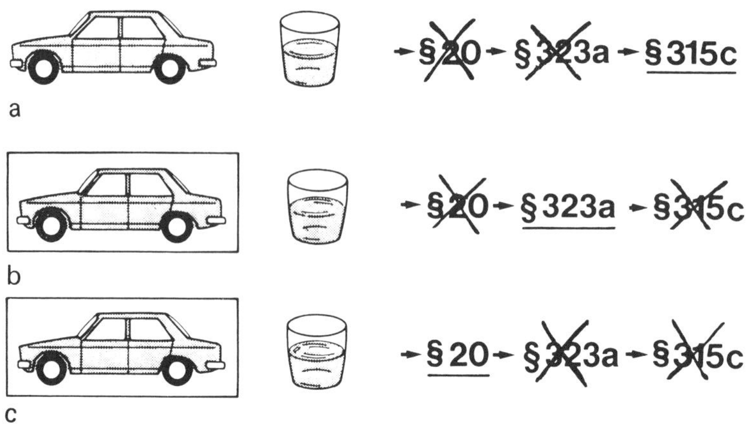

Abb. 99 Die Abbildung zeigt die drei verschiedenen Möglichkeiten tatbestandsmäßigen Verhaltens bei einer die Schuldfähigkeit ausschließenden Trunkenheit am Steuer – Näheres siehe Text –. Die Umrandung der Pkw symbolisiert den Entschluß des Fahrers, nicht mehr zu fahren, der Becher den Alkoholkonsum. Allen drei Fällen liegt objektiv der Tatbestand des § 315c zugrunde, der primäre Fahrtentschluß erfolgt jedoch unter verschiedenen subjektiven Bedingungen; entsprechend ist die juristische Beurteilung:
Fall a: primärer Fahrtentschluß (p. F.) in Nüchternheit (Actio libera in causa) Verurteilung nach § 315c
Fall b: p. F. im Rausch, Verurteilung nach § 323a
Fall c: p. F. zwar im Vollrausch, jedoch Rausch **nicht** fahrlässig, Freispruch nach § 20
(aus: *Forster/Joachim,* Blutalkohol und Straftat, Stuttgart 1975)

dings haben *Forster* und *Rengier* folgende Definition vorgeschlagen:

„Ein Rausch ist ein durch alkoholische Getränke oder (und) andere berauschende Mittel verursachter erheblicher akuter Intoxikationszustand, der für sich allein (oder durch zusätzliche Faktoren) die Einsichts- oder Steuerungsfähigkeit (bezüglich der in diesem Zustand begangenen Tat) zumindest erheblich vermindert."

Mit diesem Rauschbegriff können praktisch alle Fälle sowohl juristischer- als auch medizinischerseits zufriedenstellend gelöst werden.

16.12.2 Medizinische Gesichtspunkte

Die Begutachtung alkoholbedingter Schuldunfähigkeit stellt außerordentlich hohe Anforderungen an Ausbildung, an Erfahrung und auch an Talent der Gutachter. Es kann und soll daher auch nicht Aufgabe dieses Lehrbuches sein, auf dieses schwierige Problem näher einzugehen. Lediglich einige wichtige Grundsätze seien angeführt.

16.12.2.1 Die Bedeutung der Blutalkoholkonzentration

Die objektive Feststellung des Blutalkoholspiegels ist schon deshalb wesentlich, damit eindeutig geklärt werden kann, ob die in Rede stehende Bewußtseinsstörung überhaupt auf eine **alkoholische** Beeinflussung zurückzuführen ist. Ferner liefert der Blutalkoholwert den groben Rahmen für die Einordnung und das Verständnis der Trunkenheitssymptomatik. Man darf jedoch **keinesfalls** aus dem Blutalkoholwert **allein** einen Rückschluß auf die Schuldfähigkeit ziehen. Dies ist ein grundlegender Fehler, der leider immer wieder gemacht wird. Jedoch kann bei niedrigen Werten Schuldunfähigkeit – und selbst bei sehr hohen noch Schuldfähigkeit bestehen. Wenn im **Gegenstandskatalog** dennoch gefordert wird, daß der Student „Beziehungen zwischen Blutalkoholkonzentration und Alkoholwirkung aufzeigen können" soll, so sträubt sich uns ein wenig die Feder bei einer solchen – lediglich **statistische** Gültigkeit beanspruchen könnenden Darstellung. Mit **größtem Vorbehalt** und für den **Einzelfall keinesfalls** gültig mag folgende Darstellung gegeben werden:

0,5 g‰	Leichte Enthemmung. Beginn des sog. „Gesellschaftsschwipses".
0,5–1,00 g‰	Häufig bereits deutlich erkennbarer „Schwips". Rededrang, Enthemmung, Euphorie, Kritikschwäche. In vielen Fällen bei guter Alkoholgewöhnung keine erkennbaren äußerlichen Trunkenheitszeichen. Bei Intoleranz dagegen schon sehr starke Symptome.
1,00–2,00 g‰	Deutliche Zeichen des Angetrunkenseins. Häufig eindeutige Ataxie. Distanzlosigkeit, teilweise Aggressivität. Uneinsichtigkeit. Leichte Beeinflußbarkeit (beginnende „toxische Reizoffenheit").
2,00–3,00 g‰	Deutliche Trunkenheit. Rausch. Starke Ataxie (Torkeln, Lallen). Psychische Störungen (Denkstörungen, Orientierungsstörungen). Später evtl. Amnesie. Dem Wesen des Betreffenden „fremd" erscheinende Handlungen.
über 3,00 g‰	Schwerer Rausch, Benommenheit, evtl. Bewußtlosigkeit, in vielen Fällen Lebensgefahr (Atemlähmung, Aspiration von Erbrochenem, Unterkühlung). Andererseits bei chronischen Trinkern oft überraschend wenig Trunkenheitszeichen! Keineswegs immer Schuldunfähigkeit!

16.12.2.2 Die Frage nach dem Tatbestand

Bei der Begutachtung, die ja auf den Zeitpunkt „bei Begehung der Tat" abzustellen ist, muß stets nach dem **Tatbestand** gefragt werden (**wofür** soll jemand schuldfähig bzw. schuldunfähig sein?). Gerade unter alkoholischer Beeinflussung kann man zeitlich gleichzeitig für eine Handlung noch verantwortlich sein, für eine andere jedoch nicht.

16.12.2.3 Primärpersönlichkeit

Sehr wesentlich ist die Kenntnis der „Primärpersönlichkeit", das heißt, der Persönlichkeitsstruktur im nüchternen Zustand. Echte Wesensfremdheit einer Alkoholtat ist kaum zu erwarten, dagegen können in der Tiefe der Persönlichkeit liegende Tendenzen decouvriert werden.

16.12.2.4 Affektive Vorgeschichte

Diese kann sehr bedeutsam sein. Man wird Affekte bei abnormaler Persönlichkeitsstruktur, reaktive Affekte und Affektentstehung durch den Alkohol selbst beachten müssen. Affektstauungen und plötzliche affektive Entladungen (Enthemmung) spielen oft eine große Rolle.

16.12.2.5 Rauschsymptomatik

Aus praktischen Gründen unterscheidet man häufig den einfachen Rausch und die abnorme Alkoholreaktion. Der klassische sog. pathologische Rausch kommt kaum vor, wenn überhaupt, meist nur bei mehr oder weniger latenten Hirnschäden.

Einfacher Rausch: Er ist gekennzeichnet durch:

- starke körperliche Trunkenheitszeichen
- deutliche psychische Alteration
- gegebenenfalls Amnesie.

Abnorme Alkoholreaktion: Sie weist meist folgende Symptomatik auf:

- Inkongruenz zwischen psychischen und körperlichen Ausfallserscheinungen
- inadäquate Affekte und Affektexpansionen
- „wesensfremd" anmutende Handlungen
- Amnesie mit Erinnerungsinseln.

Abschließend ist zu betonen, daß es sich bei alkoholbedingter Schuldunfähigkeit meist um die Störung der Willensseite, weniger um die der Einsichtsfähigkeit handelt.

Das Kriterium der Amnesie ist das schlechteste Kriterium für die Begutachtung. Die biologisch-medizinische Seite ist im Sinne des § 20 StGB unter die krankhafte seelische Störung einzuordnen (vgl. Kapitel 17).

16.13 Tödliche Alkoholvergiftung

Tödliche Alkoholvergiftungen kommen bei Kindern, bei Alkoholikern sowie bei Trinkwetten vor. Im großen und ganzen sind sie jedoch verhältnismäßig selten.

Die tödliche Dosis wird für Erwachsene durchschnittlich mit 6–8 g pro kg angegeben (*Grüner*), sie kann auch in bestimmten Fällen **erheblich** geringer sein. Insgesamt sind Resorptionsverluste, Abbau usw. dabei in Betracht zu ziehen. Die tödlichen Blutalkoholkonzentrationen liegen zwischen 3 und 5 g‰. Die Alkoholgewöhnung und die Trinkgeschwindigkeit sowie die Konzentration (Schnaps) des aufgenommenen Getränkes spielen eine erhebliche Rolle. Toleranzherabsetzungen findet man häufig bei chronischen Alkoholikern sowie bei Ermüdung, Krankheit und Medikamenteneinfluß. Diese gleichzeitige Einnahme von Medikamenten, insbesondere solchen, die auf das Zentralnervensystem dämpfend wirken, ist besonders gefährlich. Das gilt auch für Medikamente, die in den Alkoholstoffwechsel eingreifen. Hierbei kann es schon bei geringen Alkoholdosen zum Tode kommen.

In der Bundesrepublik Deutschland wird jährlich ein Prokopfverbrauch von 12 Ltr. reinem Alkohol registriert, wofür 40 Mrd. DM ausgegeben werden. Säuglinge, Kinder, Greise, Sieche und Kranke eingerechnet, bedeutet das 30–40 g reinen Alkohol pro Kopf und Tag, was ohne Resorptionsverlust und anteiligen Wiederabbau über die Trinkzeit zur theoretischen Blutalkoholkonzentration von ca. 0,8 g‰ je Tag und Bundesbürger führen würde. Da viele Menschen, Kinder und Kranke keinen und der größte Teil der Bevölkerung nur gelegentlich und mäßig Alkohol trinken, ist davon auszugehen, daß ein kleiner Bevölkerungsanteil praktisch den größten Alkoholanteil verkonsumiert und täglich auch bei der Arbeit betrunken ist (Alkoholabusus).

Todesursache ist Atemlähmung (oder Herz-Kreislauf-Versagen), Sekundärfolgen sind Unterkühlung oder Aspiration von Erbrochenem.

Leichenschau und Obduktion:

Meist lassen sich nur uncharakteristische Befunde erheben. Häufig findet man flüssiges Blut, Petechien unter den serösen Häuten, Hirn- und Lungenödem wie bei vielen anderen Vergiftungen auch und aromatischen Geruch.

Asservate:

Blut aus der Oberschenkelvene. Harn.

17 Forensische Psychopathologie in ihrer rechtlichen Relevanz

17.1 Vorbemerkungen

Dem Gegenstandskatalog entsprechend kann es nicht Aufgabe dieses Kapitels sein, Lehrinhalte der Psychiatrie wiederzugeben. Vielmehr sollen hier lediglich die Zuordnungen medizinischer Diagnosen zu juristischen Tatbestandsmerkmalen, die Rechtsfolgen, die rechtlich relevanten Altersgrenzen, das Jugendgerichtsgesetz sowie zivilrechtliche Aspekte behandelt werden.

17.2 Zuordnung psychopathologischer Sachverhalte zu den Tatbestandsmerkmalen der §§ 20 und 21 des Strafgesetzbuches

17.2.1 Allgemeine rechtliche Voraussetzungen

Die Schuldunfähigkeit wegen „seelischer Störungen" ist geregelt in den §§ 20 und 21 des Strafgesetzbuches (StGB) (früher § 51 Abs. 1 und Abs. 2).

§ 20 StGB
„Ohne Schuld handelt, wer bei Begehung der Tat wegen einer krankhaften seelischen Störung, wegen einer tiefgreifenden Bewußtseinsstörung oder wegen Schwachsinn oder einer schweren anderen seelischen Abartigkeit unfähig ist, das Unrecht der Tat einzusehen oder nach dieser Einsicht zu handeln."

§ 21 StGB
„Ist die Fähigkeit des Täters, das Unrecht der Tat einzusehen oder nach dieser Einsicht zu handeln aus einem der in § 20 bezeichneten Gründe bei Begehung der Tat erheblich vermindert, so kann die Strafe nach § 41, Abs. 1 gemildert werden."

Die Schuldfähigkeit ist ein psychologisch-juristischer Begriff, deren Ausschluß nur im Zusammenwirken von Richter und Sachverständigen zutreffend gewürdigt werden kann (*v. Winterfeld*). Die Vorschrift normiert bei bestimmten psychischen Anomalien nach der sogenannten biologisch-psychologischen Methode einen Schuldausschließungsgrund.

Bei den **biologischen** Voraussetzungen handelt es sich um **psychopathologische Tatbestände,** zu denen dann noch gleichsam als Folgen die **psychologischen Komponenten** der mangelnden **Unrechtseinsichtsfähigkeit** (intellektueller Faktor) und der **Steuerungsfähigkeit** (voluntativer Faktor) hinzukommen müssen, um zur Exkulpierung des Täters zu führen.

Die **Rechtsfolgen des § 20** sind:

a) Freispruch („ohne Schuld handelt")
b) Tatbestand des § 330a (vgl. Kap. 16)
c) Unterbringung in einem psychiatrischen Krankenhaus (§ 63)
d) Unterbringung in einer Entziehungsanstalt (§ 64)

Die **Rechtsfolgen des § 21** sind:
Milderung der Strafe (im Sinne der §§ 21 und 49 sowie auch der §§ 63 und 64 StGB).

Bei Verkehrsstraftaten ist noch an die Entziehung der Fahrerlaubnis zu denken (vgl. Kap. 16).

Die Unterbringung in die jeweiligen Anstalten ist geregelt in den §§ 63 und 64 StGB.

§ 63 StGB
„1. Hat jemand eine rechtswidrige Tat im Zustand der Schuldunfähigkeit (§ 20) oder der verminderten Schuldfähigkeit (§ 21) begangen, so ordnet das Gericht die Unterbringung in einem psychiatrischen Krankenhaus an, wenn die Gesamtwürdigung des Täters und seiner Tat ergibt, daß von ihm infolge seines Zustandes erhebliche rechtswidrige Taten zu erwarten sind und er deshalb für die Allgemeinheit gefährlich ist.

Zu bemerken ist, daß also abgestellt wird auf die zu erwartenden rechtswidrigen Taten und die hierdurch bedingte Gefährdung der Allgemeinheit.

§ 64 StGB

„1. Hat jemand den Hang, alkoholische Getränke oder andere berauschende Mittel im Übermaß zu sich zu nehmen, und wird er wegen einer rechtswidrigen Tat, die er im Rausch begangen hat oder die auf seinen Hang zurückgeht, verurteilt oder nur deshalb nicht verurteilt, weil seine Schuldunfähigkeit erwiesen oder nicht auszuschließen ist, so ordnet das Gericht die Unterbringung in einer Entziehungsanstalt an, wenn die Gefahr besteht, daß er infolge seines Hanges erhebliche rechtswidrige Taten begehen wird.
2. Die Anordnung unterbleibt, wenn eine Entziehungskur von vorneherein aussichtslos erscheint."

§ 49 StGB

I. Ist eine Milderung nach dieser Vorschrift vorgeschrieben oder zugelassen, so gilt für die Minderung folgendes:
  1. An die Stelle von lebenslanger Freiheitsstrafe tritt Freiheitsstrafe nicht unter 3 Jahren.
  2. Bei zeitiger Freiheitsstrafe darf höchstens auf drei Viertel des angedrohten Höchstmaßes erkannt werden. Bei Geldstrafe gilt dasselbe für die Höchstzahl der Tagessätze.
  3. Das erhöhte Mindestmaß einer Freiheitsstrafe ermäßigt sich
     im Falle eines Mindestmaßes von 10 oder 5 Jahren auf 2 Jahre,
     im Falle eines Mindestmaßes von 3 oder 2 Jahren auf 6 Monate,
     im Falle eines Mindestmaßes von einem Jahr auf 3 Monate,
     im übrigen auf das gesetzliche Mindestmaß.

II. Darf das Gericht nach einem Gesetz, das auf diese Vorschrift verweist, die Strafe nach seinem Ermessen mildern, so kann es bis zum gesetzlichen Mindestmaß der angedrohten Strafe herabgehen oder statt auf Freiheitsstrafe auf Geldstrafe erkennen.

17.2.2 Zuordnung medizinischer Begriffe zum § 20 StGB

17.2.2.1 Krankhafte seelische Störung

Unter **seelischer** Störung wird hier die gesamte Psyche des Menschen verstanden, d. h., sowohl die intellektuelle als auch die gemütsmäßige Seite. Die **„Störung"** wird gleichsam am sogenannten „normalen Durchschnitt" gemessen. Sie liegt daher bei erworbenen und bei angeborenen Anomalien vor.

Mit **krankhaft** sind die **somatisch-pathologisch** begründeten seelischen Störungen gemeint.

Hierher gehören also:

- Verletzungen (traumatische Psychosen)
- Intoxikationen (z. B. Alkohol)
- Infektionspsychosen
- Genuine Epilepsie
- Senile Demenz
- Endogene Psychosen (Schizophrenie, Zyklothymie).

17.2.2.2 Die tiefgreifende Bewußtseinsstörung

Die **Bewußtseinsstörung** wird als Beeinträchtigung der Fähigkeit zur Vergegenwärtigung intellektuellen und emotionellen Erlebens verstanden (*Schwalm*). **Tiefgreifend** bedeutet eine zwar nicht krankhafte, aber doch einer krankhaften gleichwertige Störung hinsichtlich der aus ihr folgenden Beeinträchtigung.

Es zählen hierzu:

- Erschöpfung
- Übermüdung
- Schlaftrunkenheit
- Schwere Affekte
- Erschrecken
- Hypnotische Zustände.

Alle diese Zustände müssen „tiefgreifend" sein, also Krankheitswert besitzen. Das seelische Gefüge des Betreffenden muß „zerstört" (§ 20 StGB) oder „erheblich erschüttert" (§ 21 StGB) sein.

17.2.2.3 Schwachsinn

Der **Schwachsinn,** der als 3. biologisches Merkmal im § 20 StGB genannt wird, wird jetzt anders eingeordnet als früher (§ 51 alter Fassung). Er könnte teils unter die krankhaften seelischen Störungen eingeordnet werden, wenn er nämlich organische Ursachen hat (z. B. senile Demenz) oder aber unter die „schweren seelischen Abartigkeiten“ (vgl. 17.2.2.4). Man hat ihn jedoch eigens genannt, da er – besonders auch für den Juristen – eine forensisch bedeutsame, abgrenzbare Gruppe darstellt (*Lenckner*). Mit dieser Gruppe ist jetzt die **angeborene Intelligenzschwäche ohne nachweisbaren Organbefund** gemeint. Hirn**organische** Prozesse fallen dagegen unter die „krankhaften seelischen Störungen“ (z. B. auch die frühkindliche traumatische Hirnschädigung).

Für die Zubilligung des § 20 StGB muß natürlich eine starke Beeinträchtigung, d. h. ein erheblicher Schwachsinnsgrad gegeben sein.

Wir halten fest: Zum Schwachsinn im Sinne des § 20 StGB gehört lediglich die angeborene Intelligenzschwäche ohne nachweisbaren Organbefund.

17.2.2.4 Die schweren anderen seelischen Abartigkeiten

Seelische Abartigkeiten im Sinne des § 20 StGB sind nur solche, die **nicht krankhafte** sind (vgl. 17.2.2.1).

Sie dürfen sich also nicht auf organisch nachweisbare pathologische Zustände oder Vorgänge zurückführen lassen. Es ist also hiermit ein seelischer Zustand gemeint, der von der „Norm“ („Durchschnittsverhalten“) abweicht, ohne daß ein hierfür verantwortlicher Organbefund erhoben werden könnte.

Diese Abweichungen müssen **schwer** sein, d. h. nicht jede nicht „normgerechte“ Verhaltensweise wäre unter die Tatbestände der § 20 oder 21 StGB zu subsumieren. Auch hier wird eine **Zerstörung** (§ 20 StGB) oder **Erschütterung** (§ 21 StGB) des „Persönlichkeitsgefüges“ verlangt. Die Wirkung auf die Einsichts- oder Steuerungsfähigkeit muß also so erheblich sein, daß sie einer krankhaften seelischen Störung gleichwertig ist (*Schwalm*).

Zu den schweren anderen seelischen Abartigkeiten gehören:

- Neurosen (abnorme Erlebnisreaktionen)
- Psychopathien
- Triebstörungen (ohne Organbefunde).

17.3 Haft- und Verhandlungsunfähigkeit

17.3.1 Haftunfähigkeit

Der Begriff „Haftunfähigkeit“ lautet im juristischen Sprachgebrauch „Vollzugsuntauglichkeit“ und ist geregelt im § 455 der Strafprozeßordnung (StPO).

Dieser lautet:

§ 455 StPO

„1. Die Vollstreckung einer Freiheitsstrafe ist aufzuschieben, wenn der Verurteilte in Geisteskrankheit verfällt.
2. Dasselbe gilt bei anderen Krankheiten, wenn von der Vollstreckung eine nahe Lebensgefahr für den Verurteilten zu besorgen ist.
3. Die Strafvollstreckung kann auch dann aufgeschoben werden, wenn sich der Verurteilte in einem körperlichen Zustand befindet, bei dem eine sofortige Vollstrekkung mit der Einrichtung der Strafanstalt unverträglich ist.“

Von Bedeutung erscheint, daß nur von **Aufschub** die Rede ist, nicht aber von Strafunterbrechung. Die Bewilligung liegt bei der Staatsanwaltschaft.

Beispiele für das Vorliegen von „Haftunfähigkeit“ ergeben sich zwanglos aus dem Gesetzestext:

- **Psychosen**
- **Krankheiten** (bei denen nahe Lebensgefahr besteht)
- **schlechter körperlicher Zustand** (der mit den Gegebenheiten der Haft unvereinbar ist, also z. B. Krankheiten, die klinische Behandlung und Bettruhe erfordern).

17.3.2 Verhandlungsfähigkeit

„Die Verhandlungsfähigkeit des Beschuldigten ist die Fähigkeit in oder außerhalb der Verhandlung seine Interessen vernünftig wahrzunehmen, die Verteidigung in verständiger und verständlicher Weise zu führen, Prozeßerklärungen abzugeben und entgegenzunehmen“ (*Kleinkecht*).

Diese Definitionen sind nur in „höchstrichterlichen Entscheidungen“, aber nicht im Gesetz geregelt.

Die Verhandlungsfähigkeit setzt also einen entsprechenden Reifegrad und eine Freiheit der Willensbetätigung voraus, die jedoch **nicht** gleichzusetzen ist mit der Geschäftsfähigkeit.

Verhandlungsunfähigkeit wäre also gegeben bei:

- Schweren körperlichen Mängeln
- Schweren seelischen Mängeln
- Schweren Krankheiten,

und zwar auch dann, wenn eine große Schädigungsgefahr für den Beschuldigten besteht. Endgültige Verhandlungsunfähigkeit des Beschuldigten führt zur Einstellung des Verfahrens.

Eine Verjährung wegen Verhandlungsunfähigkeit ist geregelt im § 78c Absatz 11.

§ 78c StGB
Die Verjährung wird unterbrochen durch: ...
Absatz 11: „Die vorläufige gerichtliche Einstellung des Verfahrens wegen Verhandlungsunfähigkeit des Angeschuldigten sowie jede Anordnung des Richters oder Staatsanwaltes, die nach einer solchen Einstellung des Verfahrens zur Überprüfung der Verhandlungsfähigkeit des Angeschuldigten ergeht ..."

Die **selbstverschuldete** Verhandlungsunfähigkeit fand neuerdings eine Regelung im § 231a StPO. Dieser lautet:

§ 231a StPO

„1. Hat sich der Angeklagte vorsätzlich und schuldhaft in einen seine Verhandlungsfähigkeit ausschließenden Zustand versetzt und verhindert er dadurch wissentlich die ordnungsmäßige Durchführung oder Fortsetzung der Hauptverhandlung in seiner Gegenwart, so wird die Hauptverhandlung, wenn er noch nicht über die Anklage vernommen war, in seiner Abwesenheit durchgeführt oder fortgesetzt, soweit das Gericht seine Anwesenheit nicht für unerläßlich hält. Nach Satz 1 ist nur zu verfahren, wenn der Angeklagte nach Eröffnung des Hauptverfahrens Gelegenheit gehabt hat, sich vor dem Gericht oder einem beauftragten Richter zur Anklage zu äußern.
2. Sobald der Angeklagte wieder verhandlungsfähig ist, hat ihn der Vorsitzende, solange mit der Verkündigung des Urteils noch nicht begonnen worden ist, von dem wesentlichen Inhalt dessen zu unterrichten, was in seiner Abwesenheit verhandelt worden ist.
3. Die Verhandlung in Abwesenheit des Angeklagten nach Absatz 1 beschließt das Gericht nach Anhörung eines Arztes als Sachverständigen. Der Beschluß kann bereits vor Beginn der Hauptverhandlung gefaßt werden. Gegen den Beschluß ist sofortige Beschwerde zulässig; sie hat aufschiebende Wirkung. Eine bereits begonnene Hauptverhandlung ist bis zur Entscheidung über die sofortige Beschwerde zu unterbrechen; die Unterbrechung darf auch, wenn die Voraussetzung des § 229 Absatz 2 StPO nicht vorliegen, bis zu 30 Tagen dauern.
4. Dem Angeklagten, der keinen Verteidiger hat, ist ein Verteidiger zu bestellen, sobald eine Verhandlung ohne den Angeklagten nach Absatz 1 in Betracht kommt."

17.4 Altersgrenzen und Rechtsfragen

17.4.1 Strafrecht

17.4.1.1 Strafunmündigkeit und relative Strafmündigkeit

Die gesetzliche Regelung von **Strafunmündigkeit** und relativer Strafmündigkeit findet sich im Jugendgerichtsgesetz (JGG). Im § 1 Absatz 3 JGG sind **Personen unter 14 Jahren** „strafrechtlich nicht verantwortlich". Sie gelten als **„Kinder"**. Entscheidend ist das Alter z. Z. der Straftat. (Allerdings kann der Vormundschaftsrichter Erziehungsmaßnahmen nach dem Jugendwohlfahrtsgesetz oder dem Bürgerlichen Gesetzbuch anordnen, z. B. Fürsorgeerziehung.)

Bedingte Strafmündigkeit ist gegeben bei Personen zwischen 14 und 18 Jahren. Sie gelten als **„Jugendliche"** (§ 1 Abs. 2 JGG, § 3 JGG).

Bedeutsam ist der § 3 JGG. Er lautet:

§ 3 JGG
„Ein Jugendlicher ist strafrechtlich verantwortlich, wenn er zur Zeit der Tat nach seiner sittlichen und geistigen Entwicklung reif genug ist, das Unrecht der Tat einzusehen und nach dieser Einsicht zu handeln. Zur Erziehung eines Jugendlichen, der mangels Reife strafrechtlich nicht verantwortlich ist, kann der Richter dieselben Maßnahmen anordnen wie der Vormundschaftsrichter."

Das Vorliegen der **Schuldfähigkeit** ist also Voraussetzung, daß Rechtsfolgen eintreten können, z. B. Erziehungsmaßnahmen, Zuchtmittel oder eine Jugendstrafe. Anderenfalls müßte Freispruch erfolgen.

Als **„biologisches“** Merkmal wird die „sittliche und geistige Entwicklung“ gewertet, als „psychologisches“ die Einsichtsfähigkeit, das Unrecht der Tat einzusehen und nach dieser Einsicht zu handeln (also ähnlich wie im § 20 des Erwachsenenstrafrechtes).

Die **„psychologische“** Voraussetzung ist also die entsprechende Verstandesreife. Ferner aber auch die sogenannte „ethische Reife“, also die sittliche Entwicklung. Genügen würde allerdings die Erkenntnis des Unmoralischen oder Sittenwidrigen des Verhaltens (*Lenckner*), nicht erforderlich ist die Erkenntnis der Strafbarkeit.

Neben dieser „intellektuellen“ Seite ist die „voluntative“ Seite zu prüfen. Es kommt also darauf an, daß gegen den Drang zur Tat entsprechende Gegenvorstellungen und Gegenmotive entwickelt werden können (*Peters*).

Um zur Schuldunfähigkeit zu gelangen, wird man einen erheblichen Grad der Unreife feststellen müssen.

Medizinische Ursachen der Schuldunfähigkeit können alle im § 20 StGB erwähnten Gegebenheiten sein. Bei diesen medizinischen Gründen kann, wenn sie sich nicht ändern (angeborener Schwachsinn), der § 20 StGB zur Anwendung kommen. Lassen sie im Laufe der Entwicklung eine Besserung erwarten, können § 3 JGG und § 20 StGB beide in Betracht kommen. Im Zweifel ist der günstigere Sachverhalt des § 3 JGG anzuwenden (*Lenckner*).

Im juristischen Schrifttum wird, da § 3 JGG keine **verminderte** Schuldfähigkeit kennt, beim Vorliegen der entsprechenden Voraussetzungen die Anwendung des § 21 StGB diskutiert bzw. der Auswurf einer entsprechend milderen Strafe in Erwägung gezogen.

17.4.1.2 Der Heranwachsende

„Heranwachsende“ sind Personen, die zur Zeit der Tat 18, aber noch nicht 21 Jahre alt waren. Sie werden als voll strafmündig angesehen. Der § 3 JGG findet auf sie keine Anwendung mehr.

Die gesetzliche Regelung findet sich im § 105 JGG. Dieser lautet:

§ 105 JGG

„I. Begeht ein Heranwachsender eine Verfehlung, die nach den allgemeinen Vorschriften mit Strafe bedroht ist, so wendet der Richter die für einen Jugendlichen geltenden Vorschriften der §§ 4–8, 9 Nr. 1, § 10, 11 und 13–32 entsprechend an, wenn
1. die Gesamtwürdigkeit der Persönlichkeit des Täters bei Berücksichtigung auch der Umweltbedingungen ergibt, daß er zur Zeit der Tat nach seiner sittlichen und geistigen Entwicklung noch einem Jugendlichen gleichstand oder
2. es sich nach Art, den Umständen oder den Beweggründen der Tat um eine Jugendverfehlung handelt.

II. §§ 31 Absatz 2, Satz 1, Absatz 3 ist auch dann anzuwenden, wenn der Heranwachsende wegen eines Teiles der Straftaten bereits rechtskräftig nach allgemeinem Strafrecht verurteilt worden ist.

III. Das Höchstmaß der Jugendstrafe für Heranwachsende beträgt 10 Jahre.

Die §§ 13–32 JGG regeln im einzelnen die anzuwendenden „Zuchtmittel“, die Jugendstrafe, die Aussetzung der Jugendstrafe zur Bewährung und die Ausführung mehrerer Straftaten.

Die **Deliktsfolgen** können bei den Heranwachsenden sowohl diejenigen des **Erwachsenen-Strafrechtes** als auch die Reaktionsmöglichkeit des **Jugendstrafrechtes** sein. Die Voraussetzung für die jeweilige Anwendung liegt in der Persönlichkeit bzw. Reife des Heranwachsenden und (oder) in der Art seiner Tat.

Psychologisch-medizinisch ist also zu klären, ob der Heranwachsende aufgrund seiner noch unreifen Persönlichkeitsstruktur einem Jugendlichen gleichzustellen ist und (oder) ob die Tat noch eine „typische Jugendverfehlung“ darstellt.

17.4.1.3 Rechtsfolgen einer Jugendstraftat

Die **Rechtsfolgen** einer Jugendstraftat sind: **Erziehungsmaßregeln** (Erteilung von Weisungen, Erziehungsbeistandschaft, Fürsorgeerziehung).

Zuchtmittel (Verwarnung, Auferlegung besonderer Pflichten, Jugendarrest).
Jugendstrafe (Vollziehung in einer Jugendstrafanstalt. Sie kann auf bestimmte oder unbestimmte Dauer ausgesprochen werden. Bei unbestimmter Dauer ist das Höchstmaß 4 Jahre).

17.4.2 Zivilrecht

17.4.2.1 Geschäftsunfähigkeit

Geschäftsunfähigkeit kann aus mehreren Gründen in zivilrechtlicher Hinsicht gegeben sein:

a) Wegen Kindesalter und Entmündigung

Geschäftsunfähig sind **Kinder unter 7 Jahren** und wegen **Geisteskrankheit** entmündigte Personen (§ 104 des Bürgerlichen Gesetzbuches BGB, Ziff. 1 und 3).

b) Wegen geistiger Störung

Diese liegt dann vor, wenn sich jemand in einem die freie Willensbestimmung ausschließenden Zustand krankhafter Störung der Geistestätigkeit befindet, sofern nicht der Zustand seiner Natur nach nur ein vorübergehender ist (§ 104, Ziff. 2 BGB).

Die „krankhafte Störung der Geistestätigkeit" ist – psychiatrisch gesehen – weit auszulegen, d. h., fast jeder abnorme geistig-seelische Zustand läßt sich unter den juristischen Begriff subsumieren. Es kommt also weniger auf die psychiatrische Zustandsbilder als auf die **Schwere der Erkrankung** und die **Art der Tätigkeit** bzw. der „Geschäfte" an. Der abnorme Zustand muß nur den Ausschluß der freien Willensbestimmung zur Folge haben. Er muß ein Dauerzustand sein. Allerdings ist auch eine Willenserklärung im Zustande der **Bewußtlosigkeit** oder vorübergehenden **Störung** der Geistestätigkeit nach § 105 Absatz 2 BGB nichtig. Diese Zustände lassen zwar die Geschäftsfähigkeit an sich unberührt, haben jedoch die Nichtigkeit der Willenserklärung zur Folge. Es genügt häufig auch nur eine Bewußtseinstrübung (Alkohol!).

17.4.2.2 Beschränkte Geschäftsfähigkeit

Man spricht auch von „partieller" oder „gegenständlich beschränkter" Geschäftsfähigkeit. Nach juristischen Kommentaren und Gerichtsentscheidungen spielt hier vor allem der „Querulantenwahn", Fälle „krankhafter Eifersucht", mehr oder minder schwerer Zerebralsklerosen u. a. m. eine Rolle. Ferner ist beschränkt geschäftsfähig, wer das 7., aber noch nicht das 18. Lebensjahr vollendet hat (§ 106 BGB).

Der beschränkt Geschäftsfähige kann im allgemeinen nur mit vorheriger Einwilligung seines gesetzlichen Vertreters wirksame Rechtsgeschäfte vornehmen. Bei nachträglicher Genehmigung werden die Geschäfte allerdings wirksam. Der beschränkt Geschäftsfähige kann auch im Rahmen der ihm zur Verfügung gestellten Mittel rechtswirksame Geschäfte vornehmen (§ 110 BGB, sogenannter „Taschengeldparagraph"). Er kann Dienstverhältnisse eingehen, wenn er vom gesetzlichen Vertreter dazu ermächtigt ist. (Dies alles spielt eine wesentliche Rolle bei der Einwilligung Minderjähriger in einen ärztlichen Eingriff, vgl. Kap. 19.)

17.4.2.3 Folgen der Geschäftsunfähigkeit

Die **Folge** der Geschäftsunfähigkeit ist die Unmöglichkeit, rechtsgültige Willenserklärungen abzugeben oder entgegenzunehmen (§ 105, Abs. 1 BGB). Der Geschäftsunfähige benötigt daher einen gesetzlichen Vertreter. Dieser kann – je nach Lage – sein:

- Eltern
- Vormund
- Pfleger.

17.4.2.4 Testierfähigkeit

Die **„Testierfähigkeit"** bezieht sich auf Rechtsgeschäfte, die erst nach dem Tode des Betreffenden wirksam werden sollen, also auf das Testament. Sie stellt eine Art Unterart der Geschäftsfähigkeit dar (*Lenckner*). Sie ist geregelt im § 2229 BGB. Dieser lautet:

§ 2229 BGB

„1. Ein Minderjähriger kann ein Testament erst errichten, wenn er das 16. Lebensjahr vollendet hat.
2. Der Minderjährige oder ein unter vorläufiger Vormundschaft gestellter Volljähriger bedarf zur Errichtung eines Testamentes nicht der Zustimmung eines gesetzlichen Vertreters.

3. Wer entmündigt ist, kann ein Testament nicht errichten. Die Unfähigkeit tritt schon mit der Stellung des Antrags ein, aufgrund dessen die Entmündigung ausgesprochen wird.
4. Wer wegen krankhafter Störung der Geistestätigkeit, wegen Geistesschwäche oder Bewußtseinsstörung nicht in der Lage ist, die Bedeutung einer von ihm abgegebenen Willenserklärung einzusehen und nach dieser Einsicht zu handeln, kann ein Testament nicht errichten."

Der Absatz 4 zeigt starke Anklänge an den alten § 51 StGB. Entscheidend ist aber auch hier der tatsächliche geistige Zustand, der sich gewiß je nach Diagnose unter einen der Begriffe bei großzügiger Auslegung ohne weiteres subsumieren läßt.

17.4.2.5 Entmündigung

Diese ist geregelt im § 6, Abs. 1 BGB. Dieser lautet:

§ 6, Abs. 1 BGB

„I. Entmündigt kann werden:
  1. Wer infolge von Geisteskrankheit oder von Geistesschwäche seine Angelegenheiten nicht zu besorgen vermag.
  2. Wer durch Verschwendung sich oder seine Familie der Gefahr des Notstandes aussetzt.
  3. Wer infolge von Trunksucht seine Angelegenheiten nicht zu besorgen vermag oder sich oder seine Familie der Gefahr des Notstandes aussetzt oder die Sicherheit anderer gefährdet.

II. Die Entmündigung ist wieder aufzuheben, wenn der Grund der Entmündigung wegfällt."

Die **medizinischen Voraussetzungen** sind also:

- Geisteskrankheit
- Geistesschwäche
- Trunksucht.

Auch der „Verschwendung" wird meistens eine psychische Abnormität zugrunde liegen. Der Unterschied zwischen Geisteskrankheit und Geistsschwäche ist rechtlich nur ein gradueller, nicht aber ein medizinisch-diagnostischer.

Die Entmündigung erfolgt auf Antrag durch Beschluß des Amtsgerichtes. Antragsberechtigt sind:

- Ehegatte
- Verwandte
- Staatsanwaltschaft (bei Geisteskrankheit oder Geistesschwäche, bei öffentlichem Interesse).

Bei **richterlicher** Vernehmung des zu Entmündigenden muß ein **Sachverständiger** anwesend sein. Es kann aus mehreren Gründen entmündet werden.

Die wegen des **Verlustes bzw. der Einschränkung der Geschäftsfähigkeit** aufgrund der Entmündigung **notwendige Bestellung eines Vormundes** nimmt das Vormundschaftsgericht nach der Entmündigung von Amts wegen vor. Die Wiederaufhebung erfolgt auf Antrag durch Beschluß des Amtsgerichtes.

17.4.2.6 Die Pflegschaft

Wie Entmündigung und Vormundschaft ist auch die Pflegschaft für die Fürsorge von bestimmten Personen vorgesehen. Sie ist geregelt im § 1909 BGB **„Ergänzungspflegschaft"** und in den §§ 1910–1914 BGB, z. B. **„Gebrechlichkeitspflegschaft"**, **Nachlaßpflegschaft"** u. a.

§ 1909 BGB

„I. Wer unter elterlicher Gewalt oder unter Vormundschaft steht, erhält für Angelegenheiten, an deren Besorgung die Eltern oder der Vormund verhindert sind, einen Pfleger. Er erhält insbesondere einen Pfleger zur Verwaltung des Vermögens, das er von Todes wegen erwirkt oder das ihm unter Lebenden unentgeltlich zugewendet wird, wenn der Erblasser durch letztwillige Verfügung, der Zuwendende bei der Zuwendung bestimmt hat, daß die Eltern oder der Vormund das Vermögen nicht verwalten sollen.

II. Wird eine Pflegschaft erforderlich, so haben die Eltern oder der Vormund dies dem Vormundschaftsgericht unverzüglich anzuzeigen.

III. Die Pflegschaft ist auch dann anzuordnen, wenn die Voraussetzungen für die Anwendung einer Vormundschaft vorliegen, ein Vormund aber noch nicht bestellt ist."

§ 1919 BGB

„1. Ein Volljähriger, der nicht unter Vormundschaft steht, kann einen Pfleger für seine Person und sein Vermögen erhalten, wenn er infolge körperlicher Gebrechen, insbesondere, weil er taub, blind oder stumm ist, seine Angelegenheiten nicht zu besorgen vermag.

2. Vermag ein Volljähriger, der nicht unter Vormundschaft steht, infolge geistiger oder körperlicher Gebrechen einzelne seiner Angelegenheiten oder einen bestimmten Kreis seiner Angelegenheiten, insbesondere seine Vermögensangelegenheiten, nicht zu besorgen, so kann er für diese Angelegenheiten einen Pfleger erhalten.

3. Die Pflegschaft darf nur mit Einwilligung des Gebrechlichen angeordnet werden, es sei denn, daß eine Verständigung mit ihm nicht möglich ist."

Die Pflegschaft darf also nur mit **Einwilligung** des Gebrechlichen angeordnet werden. Sie umfaßt (Ausnahme § 1909, Abs. 3 und 1910, Abs. 1) nur die Fürsorge für bestimmte einzelne Angelegenheiten.

Medizinisch-psychiatrisch spielt eigentlich nur der Absatz 2 und 3 des § 1910 BGB eine Rolle. Hier sind die „geistigen und körperlichen Gebrechen" festzustellen und zu begutachten. Durch die Tatsache, daß nur bestimmte Angelegenheiten betroffen sind, wird häufig die Vormundschaft entbehrlich. Bei schweren psychischen Störungen kann eine „Behandlungspflegschaft" eingerichtet werden.

17.4.2.7 Deliktfähigkeit

Unter Deliktfähigkeit versteht man im Zivilrecht die Fähigkeit zur Verschuldenshaftung, für die Schuldfähigkeit und ein bestimmtes Alter Voraussetzungen sind. Es handelt sich hier um Schadensfälle durch „unerlaubte Handlung", in Anlehnung an das Strafrecht „Deliktsrecht" genannt. Die Vorschriften sind niedergelegt in den §§ 823, 827 und 828 BGB.

§ 823 BGB

„I. Wer vorsätzlich oder fahrlässig das Leben, den Körper, die Gesundheit, die Freiheit, das Eigentum oder ein sonstiges Recht eines anderen widerrechtlich verletzt, ist dem anderen zum Ersatz des daraus entstehenden Schadens verpflichtet.

II. Die gleiche Verpflichtung trifft denjenigen, welcher gegen ein den Schutz eines anderen bezweckendes Gesetz verstößt. Ist nach dem Inhalt des Gesetzes ein Verstoß gegen dieses auch ohne Verschulden möglich, so tritt die Ersatzpflicht nur im Falle des Verschuldens ein."

Wir werden dieser Vorschrift bei der Besprechung der Haftpflicht des Arztes (Kap. 19) noch einmal begegnen.

Die Verantwortlichkeit ist im § 827 niedergelegt:

§ 827 BGB

„Wer im Zustande der Bewußtlosigkeit oder einem die freie Willensbestimmung ausschließenden Zustande krankhafter Störung der Geistestätigkeit einem anderen einen Schaden zufügt, ist für den Schaden nicht verantwortlich. Hat er sich durch geistige Getränke oder ähnliche Mittel in einen vorübergehenden Zustand dieser Art versetzt, so ist er für einen Schaden, den er in diesem Zustand widerrechtlich verursacht, in gleicher Weise verantwortlich, wie wenn ihm Fahrlässigkeit zur Last fiele; die Verantwortlichkeit tritt nicht ein, wenn er ohne Verschulden in den Zustand geraten ist."

Die Anklänge zu dem § 323 a des Strafgesetzbuches – vgl. Kapitel 16 – sind hier in der Formulierung unverkennbar.

§ 828 BGB

„I. Wer nicht das 7. Lebensjahr vollendet hat, ist für einen Schaden, den er einem anderen zufügt, nicht verantwortlich.

II. Wer das 7., aber nicht das 18. Lebensjahr vollendet hat, ist für einen Schaden, den er einem anderen zufügt nicht verantwortlich, wenn er bei Begehung der schädlichen Handlung nicht die zur Erkenntnis der Verantwortlichkeit erforderliche Einsicht hat. Das gleiche gilt von einem Taubstummen.

Medizinisch ist also der geistige Entwicklungszustand des Jugendlichen (7.–18. Lebensjahr), die nötige Einsicht des Taubstummen sowie Bewußtlosigkeit oder eine krankhafte Störung der Geistestätigkeit festzustellen oder auszuschließen. Entscheidend ist hier allein die erforderliche Einsicht.

17.4.3 Übersicht über die Altersgrenzen in Straf- und Zivilrecht

17.4.3.1 Strafrecht

Ab Eröffnungswehen:	Qualität „Mensch“.
Unter 14 Jahren:	Strafunmündigkeit.
14–18 Jahre:	Bedingte Strafmündigkeit.
16 Jahre:	Im Sexualstrafrecht §§ 180 (Förderung sexueller Handlung Minderjähriger) und 182 (Verführung zum Beischlaf). Vgl. auch Kapitel 18. Eidesfähigkeit.
18 Jahre:	Im Sexualstrafrecht § 175 (männliche Homosexualität vgl. Kap. 18). Volle Strafmündigkeit.
18–21 Jahre:	Heranwachsende. Möglichkeit der Gleichstellung mit einem Jugendlichen bei mangelnder Reife.

17.4.3.2 Zivilrecht

Ab Vollendung der Geburt:	Beginn der Rechtsfähigkeit (§ 1 BGB).
Unter 7 Jahren:	Geschäftsunfähigkeit, Deliktsunfähigkeit (keine Verschuldenshaftung). Vgl. Kap. 19.
7.–18. Jahr:	Beschränkte Geschäftsfähigkeit. Bedingte Deliktsfähigkeit (bedingte Verantwortlichkeit für Schadenszufügung aus unerlaubter Handlung).
16. Lebensjahr:	Möglichkeit, ein Testament zu errichten.
Ab 18. Jahr:	Volle Geschäftsfähigkeit.

18 Forensische Sexualmedizin

18.1 Die sexuelle Entwicklung

18.1.1 Die frühkindliche Entwicklung (1.–6. Lebensjahr)

V. Stockert bemerkt mit Recht, daß sich eine Darstellung der Entwicklung (und Wandlung) des Geschlechtslebens nur auf eine Individualanalyse und auf statistisches Material stützen kann. Hier soll nur ein ganz kurzer Abriß der sexuellen Entwicklung gegeben werden, da, wie auch das Kapitel 17, die Darstellung besonders die rechtliche Relevanz zu berücksichtigen hat. Psychosexuelle Phänomene gehören überwiegend in das Gebiet der Psychiatrie bzw. in das der Sexualpathologie. Wir halten uns hier streng an den Gegenstandskatalog der Rechtsmedizin.

Meist beginnt in der 2. Hälfte des 1. Lebensjahres eine deutliche Zuwendung des Kindes zu den dargebotenen Nahrungsquellen **(orale Phase).** In die gleiche Zeit fallen die Bemühungen der Umgebung, das Kind „abzuhalten" und bald gibt es Beifallsäußerungen von seiten der Erwachsenen für das Gelingen des Urinierens und Defäkierens **(anale Phase).** In den nächsten Jahren, etwa bis zum 4. Lebensjahr, wird der von den Pflegepersonen positiv bewertete Vorgang der Entleerung von Harn und Stuhl zum Ausgangspunkt der Neugierde an den Geschlechtsorganen bei sich selbst, aber auch bei anderen Kindern. Wird dies von den Erwachsenen früher oder später bemerkt, kommt es meist zu Verboten, Drohungen, ja Bestrafungen u. ä. Hierdurch wird beim Kind eine Konfliktsituation ausgelöst, die es überwiegend allein bewältigen muß. Das Kind sucht Mittel und Wege, seine Neugierde zu befriedigen und entsprechende Beobachtungen machen zu können. Eine Neigung zum Exhibitionieren ist unverkennbar. Das Spielen mit den eigenen Genitalien ist fast die Regel, gegenseitige Betrachtungen und Berührungen (meist gleichgeschlechtlicher Art, weil die Gelegenheit hierzu besser ist) sind außerordentlich häufig. Wechselseitige Genitalspiele finden sich im übrigen in Form von sogenannten „Doktorspielen" usw. Die Jungen stellen manchmal prahlerisch den Penis zur Schau **(phallische Phase),** bei den Mädchen kann sich eine Art „Penisneid" entwickeln.

Durch gegenseitiges Betrachten wird allmählich der Unterschied der Geschlechter entdeckt. Nach psychologischer Lehrmeinung beginnt mit dem Wissen um das eigene Geschlecht der Junge seine genital-sexuellen Bestrebungen auf die Mutter zu richten, wobei angeblich der Vater als Konkurrent erlebt werden soll, den der Knabe beneidet und bewundert **(ödipaler Konflikt).**

Beim Mädchen gibt es ähnliches. Es übernimmt die Verhaltensweise der Mutter, um vom Vater ebenso geliebt zu werden.

Gleichzeitig erfolgt eine Identifizierung mit dem gleichgeschlechtlichen Elternteil.

Wie wir heute wissen, sind Erektionen beim Knaben schon sehr frühzeitig möglich (bereits im Säuglingsalter), sie werden bald lustvoll erlebt und es kann auch schon zu Orgasmen kommen, meist allerdings ohne Verbindung mit speziellen sexuellen Situationen.

18.1.2 Die sog. Latenzphase (6.–11. Lebensjahr)

In den folgenden 4–6 Lebensjahren werden durch andere Faktoren z. B. Lernprozesse, Einschulung, soziale Anpassung außerhalb des Elternhauses, Leistungsstreben usw. geschlechtsspezifische Verhaltensweisen in den Hintergrund gedrängt (sog. **Latenzphase).** Das eigene Geschlecht rückt in den Vordergrund, Wettbewerbsaktivitäten, Kameradschaften, Freundschaften. Letztere können allerdings gegen Ende der Periode schon leicht schwärmerisch und mehr oder weniger unbewußt sinnlich-erotisch unterlegt sein. Hier bieten auch gewisse gesellschaftliche Tabus Schranken und Einhalt.

18.1.3 Die Pubertät (vom 12./13. Lebensjahr an)

Sie ist gekennzeichnet durch die Auswirkung der inkretorischen Umstellung. Es erfolgt ein neues Verhältnis zum eigenen Körper. Menstruation (Menarche), Stimmbruch beim Knaben, Schamhaarwuchs usw. gepaart mit sexuellen Erregungszuständen zeigen die Umstellung des Körpers an und vermögen Angst, Unruhe, aber auch Komplexe auszulösen. Andererseits werden die sexuellen Spannungen sehr häufig durch onanistische Manipulationen, die lustvoll erlebt werden, beseitigt.

Masturbation ist beim Jungen in über 9/10 aller Fälle vorhanden und als normal zu bezeichnen. Beim Mädchen ist die Häufigkeit etwas geringer. In etwa 50% *(v. Stokkert)* kommt es zu sexuellen Betätigungen zwischen gleichgeschlechtlichen Kindern, häufiger bei Knaben als bei Mädchen. Diese beziehen sich nicht immer nur auf zwei Partner, sondern in Internaten, Zeltgemeinschaften usw. wird auch in Gruppen onaniert, manchmal geradezu ein „Wettmasturbieren" veranstaltet. Andererseits können sich jetzt auch schwärmerische, sinnlich und zärtlich getönte Freundschaften mit auch sexuellen Beziehungen unter Gleichgeschlechtlichen (Jungen wie Mädchen) entwickeln, die keineswegs ein Zeichen einer homosexuellen Veranlagung sein müssen. Dies ergibt sich schon daraus, daß derartige Beziehungen offensichtlich häufiger sind als die spätere Durchschnittszahl der homoerotisch Veranlagten. Oft verbirgt sich dahinter allerdings schon eine spätere bisexuelle Neigung.

Heterosexuelle Kontakte kommen ebenso zustande, vom Petting mit und ohne Orgasmus bis zum Koitus. Nach *Kinsey* hatten die Jungen mit 16 Jahren bereits zu über 50% Koituserfahrung. Hier spielt allerdings die soziale Schichtung eine beträchtliche Rolle. Der „voreheliche Verkehr" bei den 16jährigen ist z. B. bei späteren Akademikern nur ein Viertel so groß wie bei den Nichtakademikern (stärkeres gesellschaftliches Tabu).

In den letzten Jahren hat sich eine wesentlich natürlichere Einstellung und Entwicklung bezüglich des Sexuallebens angebahnt. Welche Auswirkungen diese sowie etwa der Sexualkundeunterricht an den Schulen auf die weitere psychosexuelle Reifung haben werden, bleibt vorerst noch abzuwarten.

Störungen der sexuellen Entwicklung können in den verschiedensten Phasen eintreten und sich auswirken. Geschlechtliche Perversionen und Deviationen werden bei den entsprechenden Abschnitten besprochen. Von Bedeutung für den Jugendlichen ist das Finden und der Vollzug einer Vereinheitlichung von Sexualität, Sinnlichkeit und Zuwendung zum Partner als eigenständige, ausgeprägte Persönlichkeit. Nur hierdurch kann letzten Endes eine tragfähige, dauerhafte Partnerbeziehung erwachsen.

18.2 Die Alterssexualität

18.2.1 Das Klimakterium der Frau

Die klimakterischen Beschwerden der Frau sind überwiegend, aber nicht ausschließlich, auf eine hormonale Umstellung zurückzuführen. Auf die bekannten somatischen Symptome braucht hier nicht näher eingegangen zu werden. Psychisch ist das Unregelmäßigwerden und Aussetzen der menstruellen Blutungen für die Frau meist ein einschneidendes Erlebnis. Das sexuelle Verhältnis zum Partner wird hierdurch allerdings nicht wesentlich gestört: sexuelle Ansprechbarkeit und Orgasmusfähigkeit bleiben erhalten, teilweise sollen sie sogar zunächst gesteigert sein. Nach *Göppert* kommt es durch das Erwachsensein der Kinder, die das Haus verlassen, zu Krisen, hinter denen sich tiefenpsychologisch heterosexuelle (Sohn) und (oder) homosexuelle Neigungen (Tochter) verbergen können.

Durch die geringer werdenden Anforderungen werden die Probleme der Ehe und die Partnerbeziehung wichtiger. Es kommt häufig zu Krisen. Außereheliche Beziehungen mit sehr jungen Männern kommen vor. Bei homosexueller Veranlagung besteht die Neigung, sehr junge weibliche Partnerinnen zu suchen. Man sieht hierin Versuche, das Altwerden zu verdrängen.

18.2.2 Die Alterssexualität des Mannes

Der Begriff das „Klimakterium virile" wird hier absichtlich vermieden, weil er vielschichtig auslegbar und umstritten ist.

Sicher ist jedoch, daß die Keimdrüsen des Mannes ihre Funktion nicht einstellen, wenn er in das Alter jenseits der 50 kommt. Die psychischen „Wandlungen" lassen sich daher nur auf allgemeine Alterungsvorgänge sowie die Stellung zur und in der Umwelt beziehen. Es werden dysphorische Verstimmungen, Nervosität, Launenhaftigkeit und zunehmende Rührseligkeit beschrieben. In sexueller Hinsicht nimmt die Libido zunächst ab, kann später jedoch angeblich wieder leicht zunehmen. Beim Mann kann das Erreichen des endgültigen Berufszieles eine Art Krise bedeuten (kein Aufstieg mehr möglich, Erreichung der letzten Grenze).

Sexuell wird das Nachlassen der Potenz beklagt. Ferner kommt es häufig zu einer Neigung zur Promiskuität. Das eine hängt mit dem anderen offensichtlich zusammen. Hierdurch wird auch verständlich, daß die ausgewählten Partnerinnen viel jünger sind, ja häufig die Töchter des Betreffenden sein könnten. Man hat auch darauf hingewiesen, daß im Alter wieder „inzestiös ideales Begehren" zutage tritt.

Darüber hinaus findet sich nicht gar so selten ein angebliches „Wiedereintreten" in ein Stadium pubertären Verhaltens im Sinne der „Knabenliebe". Zahlreiche Dichter und Schriftsteller haben hierüber Darstellungen gegeben. Ob allerdings eine solche Knabenliebe des Mannes auf einen „Altersnarzißmus" zurückzuführen ist, der wenig objektbezogen sei, wie manche Psychiater meinen, scheint uns zumindest fragwürdig zu sein. Wahrscheinlich werden lediglich Grundneigungen durch exogene und endogene Faktoren des Alterns aus der Latenz und Beherrschbarkeit herausgehoben. Infantil scheint dagegen der Altersexhibitionismus. Eine alte kriminologische Erfahrung lehrt, daß erstmalige Straffälligkeit im hohen Alter auch ohne deutliche Ausfallserscheinungen die Vermutung nahelegt, daß der erste Einbruch in das charakterliche Gefüge eines Menschen erfolgt ist: Die Rückkehr der Infantilität ist die Ankunft der Senilität *(Stern)*.

Die Zuwendung zu jungen Kindern auch beiderlei Geschlechtes kann schließlich auch vom „Prinzip des geringsten Widerstandes" *(Göppert)* bestimmt sein: Nachlassen der Potenz führt zur Promiskuität, das Alter erschwert den Zugang zu jungen Partnerinnen oder Partnern, die als Stimulans benötigt werden. So kommt es schließlich zur Hinwendung zu Kindern. Einzelheiten tiefenpsychologischer Art sowie auch über die manchmal ursächlichen hirnorganischen Veränderungen sind den Lehrbüchern der Psychiatrie und der Sexualpathologie zu entnehmen.

18.3 Die Sexualpathologie in ihrer rechtsmedizinischen Relevanz

Die Einteilung der Sexualpathologie kann nach verschiedenen Gesichtspunkten erfolgen. Für die Rechtsmedizin erscheint eine Gliederung nach Straftatbeständen besonders sinnvoll, wobei nicht strafbare sexuelle Deviationen bei den entsprechenden psychopathologischen deliktischen Abweichungen mit abgehandelt werden können.

Obwohl sich Wiederholungen von Rechtstatbeständen ergeben, erscheint uns eine Einteilung, die heterosexuelle Delikte von homosexuellen abtrennt (z. B. auch bei Unzuchtsdelikten mit Abhängigen oder Kindern) sinnvoll. Im Anschluß daran sollen kriminologisch weniger bedeutsame und schließlich die sexuellen Tötungsdelikte behandelt werden. Eine Übersicht über die Straftatbestände erfolgt noch einmal zusammenfassend am Schluß des Kapitels.

Hier sei jetzt noch kurz auf den § 184 c des Strafgesetzbuches eingegangen, der allgemeine Begriffsbestimmungen gibt. Er lautet:

§ 184 c StGB:
„Im Sinne des Gesetzes sind
1. sexuelle Handlungen
   nur solche, die im Hinblick auf das jeweils geschützte Rechtsgut von einiger Erheblichkeit sind.
2. Sexuelle Handlungen vor einem anderen
   nur solche, die vor einem anderen vorgenommen werden, der den Vorgang wahrnimmt."

18.3.1 Mit Strafe bedrohte heterosexuelle Handlungen

18.3.1.1 Verbotener heterosexueller Verkehr („normaler" Geschlechtsverkehr)

Hier ist in erster Linie der Tatbestand der §§ 173 und 179 zu nennen. Das Schutzalter ist 14 Jahre, in besonderen Fällen 16 Jahre (§§ 180 und 182 StGB).

§ 173 StGB

„I. Wer mit einem Verwandten absteigender Linie den Beischlaf vollzieht, wird mit Freiheitsstrafe bis zu 3 Jahren oder mit Geldstrafe bestraft.

II. Wer mit einem Verwandten aufsteigender Linie den Beischlaf vollzieht, wird mit Freiheitsstrafe bis zu 2 Jahren oder mit Geldstrafe bestraft. Ebenso werden Geschwister bestraft, die miteinander den Beischlaf vollziehen.

III. Verwandte absteigender Linie und Geschwister werden nicht nach dieser Vorschrift bestraft, wenn sie zur Zeit der Tat noch nicht 18 Jahre alt waren."

§ 179 StGB

„I. Wer einen anderen, der

1. wegen krankhaften seelischen Störungen, wegen einer tiefgreifenden Bewußtseinsstörung oder Schwachsinns oder einer schweren anderen seelischen Abartigkeit zum Widerstand unfähig ist oder
2. körperlich widerstandsunfähig ist, dadurch mißbraucht, daß er unter Ausnutzung der Widerstandsunfähigkeit außereheliche sexuelle Handlungen an ihm vornimmt oder an sich von dem Opfer vornehmen läßt, wird mit Freiheitsstrafe bis zu 5 Jahren oder mit Geldstrafe bestraft.

II. Wird die Tat durch Mißbrauch einer Frau zum außerehelichen Beischlaf begangen, so ist die Strafe Freiheitsstrafe von einem Jahr bis zu zehn Jahren, in minder schweren Fällen Freiheitsstrafe von 3 Monaten bis zu 5 Jahren.

Im vorliegenden Zusammenhang interessiert hier in erster Linie der Absatz II. Die Widerstandsunfähigkeit kann hier auf körperlichen oder psychischen Störungen beruhen. Vorsatz ist erforderlich, bedingter Vorsatz genügt (vergl. zum Vorsatzproblem (Kap. 19.9.4.2).

Der **§ 180 StGB** behandelt die „Förderung sexueller Handlungen Minderjähriger" und ersetzt zusammen mit den § 180a, 181, 181a II und III die alte Fassung der sog. „Kuppelei".

§ 182 StGB (Verführung)

„I. Wer ein Mädchen unter 16 Jahren dazu verführt, mit ihm den Beischlaf zu vollziehen, wird mit Freiheitsstrafe bis zu einem Jahr oder mit Geldstrafe bestraft.

II. Die Tat wird nur auf Antrag verfolgt. Die Verfolgung der Tat ist ausgeschlossen, wenn der Täter die Verführte geheiratet hat.

III. Bei einem Täter, der z. Z. der Tat noch nicht 21 Jahre alt war, kann das Gericht von einer Bestrafung nach dieser Vorschrift absehen."

Wie bereits erwähnt, liegt das Schutzalter bei 14 Jahren. Ist jedoch die Tathandlung ein **Verführen** (also sogenanntes „Willfährigmachen" durch Geschenke, Überredungskünste, Alkohol usw.) so ist der Tatbestand des § 182 gegeben, wenn die Verführte noch nicht 16 Jahre alt ist. Es handelt sich allerdings um ein sog. „Antragsdelikt", d. h., es muß von dem Opfer oder von dritter Seite Strafantrag gestellt werden. Eine Verfolgung von amtswegen findet nicht statt.

Medizinisch sind – auch für Begutachtungsfragen – im wesentlichen die §§ 179 und 173 von Interesse. Beim Tatbestand des § 179 ist die Widerstandsunfähigkeit aus den im Gesetzestext genannten Gründen festzustellen.

Der § 173 regelt den sog. „Inzest", der sich in erster Linie auf ein Verhältnis zwischen Vater und Tochter (seltener zwischen Mutter und Sohn) sowie zwischen Geschwistern bezieht. Die **Tathandlung** ist allein der vollendete **Beischlaf** (für andere sexuelle Handlungen käme § 174 I, Nr. 3 in Betracht). Der Beischlaf gilt in juristischem Sinne als vollendet, wenn das „männliche Glied in den Scheidenvorhof eingedrungen" ist.

Es ist Vorsatz (auch bedingter) erforderlich. Auf psychopathologische Hintergründe dieses Deliktes kann hier nicht näher eingegangen werden. Es sei nur so viel gesagt, daß Alkohol, zerrüttete Ehen, längere Krankheiten der Ehefrau, aber auch manchmal das

Verhalten der Kinder sowie das gesamte Milieu eine Rolle spielen.

Es handelt sich im eigentlichen Sinne nicht um eine sexuelle Perversion, sondern eine Durchbrechung der sog. „Inzestschranken". Geschütztes Rechtsgut ist Ehe, Familie und die psychische Integrität des mißbrauchten Partners *(Dreher)*.

18.3.1.2 Unzucht mit Abhängigen und sexuelle Nötigung

a) Juristische Vorbemerkungen

Hierher gehören die Tatbestände der §§ 174, 174a und 174b. Sie gelten auch für homosexuelle Handlungen, die jedoch eigens besprochen werden.

§ 174 StGB

„I. Wer sexuelle Handlungen
1. an einer Person unter 16 Jahren, die ihm zur Erziehung, Ausbildung oder zur Betreuung in der Lebensführung anvertraut ist,
2. an einer Person unter 18 Jahren, die ihm zur Erziehung, zur Ausbildung oder zur Betreuung in der Lebensführung anvertraut oder im Rahmen eines Dienst- oder Arbeitsverhältnisses untergeordnet ist, unter Mißbrauch einer mit dem Erziehungs-, Ausbildungs-, Betreuungs-, Dienst- oder Arbeitsverhältnis verbundenen Abhängigkeit oder
3. an seinem noch nicht 18 Jahre alten Kind oder Adoptivkind

vornimmt oder an sich von dem Schutzbefohlenen vornehmen läßt, wird mit Freiheitsstrafe bis zu 5 Jahren oder mit Geldstrafe bestraft.

II. Wer unter den Voraussetzungen des Absatzes 1 Nr. 1 bis 3
1. sexuelle Handlungen vor dem Schutzbefohlenen vornimmt oder
2. den Schutzbefohlenen dazu bestimmt, daß er sexuelle Handlungen vor ihm vornimmt, um sich oder den Schutzbefohlenen hierdurch sexuell zu erregen,

wird mit Freiheitsstrafe bis zu 3 Jahren oder mit Geldstrafe bestraft.

III. Der Versuch ist strafbar.

IV. In den Fällen des Absatzes 1 Nr. 1 oder des Absatzes 2 in Verbindung mit dem Absatz 1 Nr. 1 kann das Gericht von einer Bestrafung nach dieser Vorschrift absehen, wenn bei Berücksichtigung des Verhaltens des Schutzbefohlenen das Unrecht der Tat gering ist."

§ 174a StGB regelt den sexuellen Mißbrauch von Gefangenen, behördlich Verwahrten oder Kranken in Anstalten.

§ 174b StGB behandelt den sexuellen Mißbrauch unter Ausnutzung einer Amtsstellung und betrifft Amtsträger, die zur Mitwirkung an Strafverfahren (oder Verfahren zur Anordnung freiheitsentziehender Maßregeln) berufen sind. Die Tatbestände der §§ 177 und 179 sind im Rahmen des Kapitels 11 („Notzucht") eingehend besprochen worden.

Dagegen bedarf noch der § 178 Erwähnung.

§ 178 StGB

„I. Wer einen anderen mit Gewalt oder durch Bedrohung mit gegenwärtiger Gefahr für Leib oder Leben nötigt, außereheliche sexuelle Handlungen des Täters oder eines Dritten an sich zu dulden oder an dem Täter oder einem Dritten vorzunehmen, wird mit Freiheitsstrafe von einem Jahr bis zu zehn Jahren bestraft.

II. In minder schweren Fällen ist die Strafe Freiheitsstrafe von 3 Monaten bis zu 5 Jahren.

III. Verursacht der Täter durch die Tat leichtfertig den Tod des Opfers, so ist die Strafe Freiheitsstrafe nicht unter 5 Jahren."

Auch hier kann sowohl der Täter als auch das Opfer ein Mann oder eine Frau sein.

b) Gutachterliche Gesichtspunkte

Alle Betreuer (oder Betreuerinnen) von Pfleglingen, auch Ärzte, sollen im Umgang besonders vorsichtig sein. Bei Untersuchungen soll stets eine dritte Person anwesend bleiben (Gefahr falscher Beschuldigungen!) insbesondere, wenn es sich um Abhängige usw. im Sinne der §§ 174 und 174a StGB handelt.

Liegen keine homosexuellen Handlungen vor, wird eine Begutachtung nicht allzu häufig erforderlich sein. Oft tritt das Alter und vor allem die Persönlichkeit des Opfers (Minderjährige, eigenes Kind, Kranke, Schwachsinnige) mehr in den Vordergrund der Problematik als die des Täters.

Von besonderer Wichtigkeit ist die **Untersuchung der Opfer** zum Nachweis des Deliktes. Abgesehen von Glaubwürdigkeitsuntersuchungen, die auch später noch durchführbar sind, soll möglichst bald eine körperliche Untersuchung stattfinden. Wie auch bereits im **Kapitel 11** besprochen, ist besonders auf Kratzeffekte in der Genitalgegend, Hymenaleinrisse, evtl. sogar Hämatome an Armen und Beinen usw. zu achten. Es sind ferner **Spurenuntersuchungen** (Sperma, Haare, evtl. Blut usw.) durchzuführen, wie sie in dem betreffenden Kapitel dargelegt worden sind.

18.3.1.3 Sexueller Mißbrauch von Kindern

Der juristische Tatbestand ist geregelt im § 176 StGB. Dieser lautet:

§ 176 StGB

„I. Wer sexuelle Handlungen an einer Person unter 14 Jahren (Kind) vornimmt oder an sich von dem Kind vornehmen läßt, wird mit Freiheitsstrafe von 6 Monaten bis zu 10 Jahren, in minderschweren Fällen mit Freiheitsstrafe bis zu 5 Jahren oder mit Geldstrafe bestraft.

II. Ebenso wird bestraft, wer ein Kind dazu bestimmt, daß es sexuelle Handlungen an einem Dritten vornimmt oder von dem Dritten an sich vornehmen läßt.

III. In besonders schweren Fällen ist die Strafe Freiheitsstrafe von einem Jahr bis zu 10 Jahren. Ein besonders schwerer Fall liegt in der Regel vor, wenn der Täter
1. mit dem Kind den Beischlaf vollzieht,
2. das Kind bei der Tat körperlich schwer mißhandelt.

IV. Verursacht der Täter durch die Tat leichtfertig den Tod des Kindes, so ist die Strafe Freiheitsstrafe nicht unter 5 Jahren.

V. Mit Freiheitsstrafe bis zu 3 Jahren oder mit Geldstrafe wird bestraft, wer
1. sexuelle Handlungen vor einem Kind vornimmt
2. ein Kind dazu bestimmt, daß es sexuelle Handlungen vor ihm oder einem Dritten vornimmt oder
3. auf ein Kind durch Vorzeigen pornographischer Abbildungen oder Darstellungen, durch Abspielen von Tonträgern pornographischen Inhalts oder durch entsprechende Reden einwirkt, um sich, das Kind oder einen anderen hierdurch sexuell zu erregen.

VI. Der Versuch ist strafbar; dies gilt nicht für Taten nach Absatz 5 Nr. 3."

Unzüchtige Handlungen an weiblichen Kindern durch männliche Personen (sonst vergl. Abschnitt Homosexualität) werden von den verschiedensten Tätergruppen vorgenommen. Einerseits handelt es sich um Jugendliche, die keinen Kontakt zu Gleichaltrigen finden, psychisch gehemmt und schüchtern, manchmal auch körperlich mißgestaltet sind, andererseits finden sich die Delikte bei alten Männern mit nachlassender Potenz aber noch genügender Libido (vgl. Alterssexualität des Mannes). Selten sind es übermäßig aktive Männer, die, wie *Mueller* es ausdrückt, „den Genuß an Frauen verloren" haben und nun neue Reize suchen.

Derartige Taten kommen auch als echte **„Pädophilie"** vor, d. h., es besteht eine entsprechende Triebrichtung, die sich nur auf Kinder bezieht. Manchmal zeigen sich derartige Entwicklungen schon im Ausklingen der Pubertät an. Neben dieser **„pädophilen Entwicklung"** gibt es noch eine **„pädophile Reaktion"** *(Giese)*. Sie kann z. B. durch lebensgeschichtliche Krisen oder Alkoholexzesse ausgelöst werden und ist reversibel.

Gerade bei der echten Pädophilie muß streng unterschieden werden, ob es sich um eine „Pädophilie sensu strictiori" handelt, d. h. also eine Zuneigung zu **Kindern** oder ob z. B. eine eindeutige **Homosexualität** besteht. Die Sexualpathologen *(Giese)* haben auf die Bedeutung der richtigen Diagnose in diesem Zusammenhang für die Prophylaxe hingewiesen: Überwiegt die Neigung zum Kind, wird man z. B. einen pädophilen Lehrer in eine Klasse älterer Schüler oder Schülerinnen versetzen können, handelt es sich dagegen um echte Homosexualität kommt Versetzung an eine Mädchenschule in Betracht (vgl. im übrigen die Lehrbücher der Sexualpathologie).

18.3.2 Homosexualität und Knabenliebe

Homosexuelle Beziehungen zwischen Erwachsenen haben seit der Aufhebung des § 175 alter Fassung in **rechtlicher** Hinsicht an Bedeutung verloren. (Die Diskriminierung homosexuellen Verhaltens in der Bevölkerung ist allerdings noch weitgehend erhalten geblieben. Deshalb sind auch Erpressungsversuche nach wie vor vorhanden).
Die Neufassung des § 175 lautet:

§ 175 StGB
„I. Ein Mann über 18 Jahre, der sexuelle Handlungen an einem Mann unter 18 Jahren vornimmt oder von einem Mann unter 18 Jahren sich vornehmen läßt, wird mit Freiheitsstrafe bis zu 5 Jahren oder mit Geldstrafe bestraft.
II. Das Gericht kann von einer Bestrafung nach dieser Vorschrift absehen, wenn
1. der Täter z. Z. der Tat noch nicht 21 Jahre alt war oder
2. bei Berücksichtigung des Verhaltens desjenigen, gegen den sich die Tat richtet, das Unrecht der Tat gering ist."

Die Literatur über die Homosexualität ist fast unübersehbar angewachsen. Es kann hier nicht der Ort sein, auf Einzelheiten einzugehen. Nur so viel sei erwähnt, daß die **Ätiologie** immer noch **ungeklärt** ist, d. h., man weiß nicht, wie weit Erb- oder Umweltfaktoren die Hauptrollen spielen. Zweifellos gibt es vom reinen Homosexuellen, der z. B. zum heterosexuellen Verkehr gar nicht in der Lage ist, bis zu reinen Heterosexuellen alle Übergänge (Bisexualität), d. h., es gibt zahlreiche Personen, die mehr homo- andere die mehr heterosexuell empfinden, ohne daß die gegenteilige Komponente nicht hier und da auch zum Tragen käme.

Zwischen echten Homosexuellen gibt es zweifellos auch echte Bindungen. Häufig aber überwiegt die Promiskuität und Anonymität flüchtiger Beziehungen, die z. T. allerdings durch exogene Faktoren bedingt sein können. Vielfach kommt es zu Erpressungen durch sog. „Strichjungen". Diese sollen nur in etwa 25–30% selbst homosexuell veranlagt sein. Meist handelt es sich um gefühlskalte, an sich schon zur Kriminalität neigende Personen.

Homosexuelle Beziehungen können auch folgenlos für das weitere Sexualleben in sog. „sexuellen Notzeiten" entstehen, z. B. in Gefängnissen, Kasernen, Internaten usw.

Strafrechtlich relevant ist die sog. **Knabenliebe** (homosexuelle Pädophilie bei Männern), d. h. die Beziehung erwachsener Männer zu Knaben. Die Altersgrenzen, die hierbei bei den Opfern bevorzugt werden, liegen meist zwischen 11 und 17 Jahren (Ephebophilie). Bekanntlich spielten derartige Beziehungen im Altertum, aber auch heute noch in orientalischen und südlichen Ländern eine Rolle. Das sog. Schutzalter liegt in vielen Ländern deutlich unter demjenigen der Bundesrepublik Deutschland. Nach neuesten Forschungsergebnissen werden von den Knaben, die eine Zeitlang sexuelle Beziehungen zu Männern unterhalten haben, nicht mehr homosexuell als von der Durchschnittsbevölkerung. Ein Schaden ist daher normalerweise nicht zu erwarten. Er tritt nur dann ein, wenn Gewalt angewendet, gegen den Willen des Jungen gehandelt wird (Drohungen usw.) oder aber die Möglichkeit eines ungünstigen „prägenden Einflusses", der offensichtlich äußerst selten und umstritten ist, besteht. Gefährdet als Täter sind insbesondere Lehrer, Jugendführer, in Jugendanstalten tätige Pädagogen usw. Meist handelt es sich um echte Homosexuelle (teilweise auch Bisexuelle), die mit ihren sexuellen Wünschen überwiegend (oder ausschließlich) auf minderjährige Knaben fixiert sind.

Männliche Homosexuelle sollen insgesamt in der Bevölkerung etwa 5–10% ausmachen. Wahrscheinlich liegt die richtige Zahl jedoch höher.

Rechtlich fallen die Delikte unter die §§ 175 (14–18jährige) oder 176 (unter 14jährige).

Bezüglich der **weiblichen Homosexualität** ist zu bemerken, daß diese – auch als „lesbische Liebe" bezeichnete – Deviation nicht bestraft wird. Das Schutzalter liegt hier wesentlich niedriger, nämlich, wie auch für heterosexuelles Verhalten, bei 14 Jahren (abgesehen von Unzucht mit Abhängigen).

18.3.3 Transsexualismus

Hierunter fallen die sog. „Transvestiten", Personen, die die Kleider des anderen Geschlechtes anlegen. Der sexuelle Hintergrund für ein derartiges Verhalten kann sehr unterschiedlich sein. Homosexualität liegt angeblich nicht allzu häufig vor, ferner kann Fetischismus evtl. auch Masochismus gegeben sein. In manchen Fällen lassen sich keine eindeutigen sexuellen Abweichungen eruieren. Weibliche Transvestiten sind seltener anzutreffen als männliche. In manchen Fällen wird eine Geschlechtsumwandlung angestrebt. Älter werdende Strichjungen sollen manchmal versuchen, ihre Tätigkeit als

Transvestiten fortzusetzen. Selten läßt sich ein echtes Zwittertum aufdecken.

Transvestitismus ist als solcher nicht strafbar.

18.3.4 Sado-Masochismus

Im Vordergrund steht hier das Schmerzempfinden als lustbetonter sexueller Vorgang.

Beim **Sadismus** handelt es sich darum, dem Sexualpartner Schmerz zuzufügen. Überwiegend sind Männer betroffen. Alle Spielarten von verhältnismäßig harmlosen Handlungen bis zu schwersten Mißhandlungen, ja bis zum Lustmord kommen vor. Sadismus gibt es auch unter Homosexuellen.

Unter **Masochismus** versteht man das Erdulden von Schmerzen zum sexuellen Lustgewinn. Manchmal finden sich auch „Mischformen", die man dann als Sado-Masochismus bezeichnet.

Geschehen derartige Handlungen mit Einwilligung des Partners (natürlich ohne Tötung!), so sind sie an sich strafrechtlich nicht relevant. Verurteilungen wegen Körperverletzung sind allerdings ebenfalls möglich, trotz der Einwilligung des Opfers, da nämlich meistens angenommen wird, daß diese gegen die „guten Sitten" verstößt (vergl. § 226a StGB, Kap. 19).

Es kann natürlich auch einmal zu tödlichen (ungewollten) Unfällen kommen.

18.3.5 Exhibitionismus

18.3.5.1 Rechtliche Grundlagen

Exhibitionismus ist das Zurschaustellen der Genitalien mit oder ohne onanistische Manipulationen in der Öffentlichkeit. Hierdurch werden die Tatbestände der §§ 183 oder 183a erfüllt.

§ 183 StGB

„I. Ein Mann, der eine andere Person durch eine exhibitionistische Handlung belästigt, wird mit Freiheitsstrafe bis zu einem Jahr oder mit Geldstrafe bestraft.

II. Die Tat wird nur auf Antrag verfolgt, es sei denn, daß die Strafverfolgungsbehörde wegen des besonderen öffentlichen Interesses an der Strafverfolgung, ein Einschreiten von Amts wegen für geboten hält.

III. Das Gericht kann die Vollstreckung einer Freiheitsstrafe auch dann zur Bewährung aussetzen, wenn zu erwarten ist, daß der Täter erst nach einer längeren Heilbehandlung keine exhibitionistischen Handlungen mehr vornehmen wird.

IV. Absatz 3 gilt auch, wenn ein Mann oder eine Frau wegen einer exhibitionistischen Handlung
1. nach einer anderen Vorschrift, die im Höchstmaß Freiheitsstrafe bis zu einem Jahr oder Geldstrafe androht oder
2. nach § 174, Abs. 2, Nr. 1 oder 176, Abs. 5, Nr. 1 bestraft wird."

§ 183a StGB

„Wer öffentlich sexuelle Handlungen vornimmt und dadurch absichtlich oder wissentlich ein Ärgernis erregt, wird mit Freiheitsstrafe bis zu einem Jahr oder mit Geldstrafe bestraft, wenn die Tat nicht in § 183 mit Strafe bedroht ist."

Beim § 183a kommen Entblößungshandlungen in Betracht, die nicht unter 183 fallen, jedoch auch **exhibitionistische Handlungen von Frauen.**

18.3.5.2 Medizinische Gesichtspunkte

Exhibitionistische Handlungen im engeren Sinne werden meist von Männern zur Triebbefriedigung begangen (eigener Tatbestand im § 183). Meist werden die Geschlechtsteile in der Öffentlichkeit, aber auch in Hausfluren usw. vor Mädchen oder Frauen entblößt. Manchmal wird durch Rufen oder andere Gesten auf sich aufmerksam gemacht, nur ein Teil der Personen onaniert. (Oft wird im Anschluß an die exhibitionistische Handlung masturbiert).

Alkoholgenuß kann eine Rolle spielen. Fast alle Exhibitionisten, die teilweise auch sogenannten „höheren Gesellschaftsschichten" angehören, werden rückfällig. Von psychiatrischer Seite wird eine Bestrafung in fast allen Fällen für sinnlos gehalten. Die sogenannten Opfer erfahren praktisch kein psychisches Trauma.

Weiblicher Exhibitionismus ist nicht so selten, wie angenommen wird. Er zeigt sich manchmal im Entblößen der Brüste wie im Striptease.

Homosexuelle exhibitionieren im „engeren Sinne" seltener, im weiteren Sinn, nämlich zur Kontaktaufnahme, z. B. in öffentlichen Bedürfnisanstalten, Badeanstalten usw. dagegen sehr häufig.

18.3.6 Voyeurismus, Frotteurismus, Fetischismus

Beim **Voyeurismus** sucht der Betreffende sexuelle Befriedigung durch Beobachten von Personen, die sexuelle Handlungen begehen (Liebespaare), bzw. durch Betrachten entkleideter Menschen. Meist werden durch Fenster, Gucklöcher, auf Parkplätzen, aber auch im Freien fremde Menschen belauscht und bei entsprechenden Akten angesehen.

Der **Frotteur** reibt sein Genitale im Gedränge an anderen Personen gleichen oder anderen Geschlechtes.

In beiden Fällen kann **Bestrafung wegen Beleidigung** erfolgen. **Fetischisten** sind Personen, die einen Partnerersatz in Gegenständen finden. Haare, Kleidungsstücke, Wäsche, Schuhe usw. spielen eine bedeutsame Rolle. In einzelnen Fällen nehmen Körperteile (Busen, Gesäß, Beine, Füße) die Rolle eines Fetisches ein.

Bestrafung käme nur bei Diebstahl in Betracht.

18.3.7 Nekrophilie

Hierunter versteht man unzüchtige Handlungen an Leichen. Oft sind es Ersatzhandlungen, manchmal wird die Leiche (bei entsprechenden Berufen) als Liebesobjekt gesucht. Einen speziellen Straftatbestand gibt es nicht. Gegebenenfalls käme § 168 StGB in Betracht („Störung der Totenruhe", vergleiche auch 1.6.2, Transplantationsrecht).

18.3.8 Sodomie

Unter Sodomie versteht man die Unzucht mit Tieren. Meist handelt es sich um an der Grenze des Schwachsinns stehende Personen aus der Landbevölkerung oder aber um Jugendliche, die viel Umgang mit Tieren haben.

Der Tatbestand ist nach der Reform des Sexualstrafrechtes nicht mehr strafbar. Es käme gegebenfalls Tierquälerei in Betracht (Tierschutzgesetz) oder, falls eine Darstellung in pornographischen Schriften erfolgt, der Tatbestand des § 184 StGB (Verbreitung pornographischer Schriften).

18.3.9 Tötungsdelikte auf sexueller Grundlage

18.3.9.1 Lustmord

Beim normalen Geschlechtsverkehr fällt dem Mann meist die aktive Rolle zu. Diese Aktivität kann sich steigern bis zum „Sadismus" (siehe dort). Stirbt hierdurch das Opfer, so läge eigentlich Sadismus mit Todesfolge (Körperverletzung mit Todesfolge) vor. Von Lustmord im engeren Sinne spricht man dagegen, wenn die Befriedigung des Geschlechtstriebes erst durch Töten erlangt wird. Rechtlich wäre damit der Tatbestand des § 211 erfüllt (Mord).

Bei der **Untersuchung der Leichen** weisen Schnitt- oder Stichverletzungen in Brust- und Genitalgegend manchmal auf einen Lustmord hin (Abb. 100). Auch Bißverletzungen kommen vor.

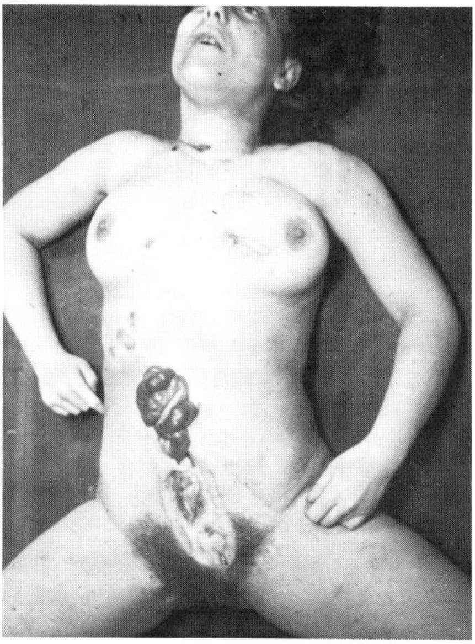

Abb. 100 Sexualmord mit Aufschlitzen des Bauches und Bruststichen

18.3.9.2 Tötung nach einer sexuellen Handlung

Eine solche erfolgt meistens **zur Verdeckung einer Straftat** (§ 211 StGB, Mord!). Es kommen jedoch auch **unbeabsichtigte Tötungen** im Rahmen von Sexualakten vor. Hierzu zählen (nach *Mueller):*

- autoerotische Unfälle
- Koitusverletzungen (Verblutungen)
- plötzlicher Tod aus natürlicher Ursache
- Tod bei Anwendung von Gewalt zur Erzwingung des Geschlechtsverkehrs.

Schließlich kennen wir auch noch die sogenannte **„Tötung des Intimpartners“** (z. B. bei Homosexuellen, selten).

18.4 Sexualmedizin und Zivilrecht

18.4.1 Rechtliche Vorbemerkungen

Zivilrechtlich gesehen kann man Aufhebung, Scheidung oder Nichtigkeit der Ehe unterscheiden.

Die Eheschließung selbst ist ein „Rechtsgeschäft“. Die Partner müssen daher bei der Eheschließung geschäftsfähig sein. Sie dürfen sich auch nicht in einer vorübergehenden Störung der Geistesfähigkeit befinden. Entmündigung wegen Geisteskrankheit schließt die Ehe aus, bei Geistesschwäche, Trunksucht oder Verschwendung kann der Entmündigte mit Zustimmung des Vormundes heiraten.

18.4.2 Medizinisch-sexuelle Gesichtspunkte

18.4.2.1 Impotentia generandi

Unter „impotentia generandi“ wird die Zeugungsunfähigkeit des Mannes, unter „Unfruchtbarkeit“ die Empfängnisunfähigkeit der Frau verstanden. Beide können Aufhebungsgründe der Ehe im Sinne des § 32 EheG sein.

Tritt Fortpflanzungsunmöglichkeit erst **nach** Eingehen der Ehe ein, ist sie selbstverständlich kein Eheaufhebungsgrund!

18.4.2.2 Impotentia coeundi und Vaginismus

Man versteht darunter die „Beiwohnungsunfähigkeit“. Eine solche kann natürlich auch bei der Frau bestehen (psychisch und körperlich). Sie kann Aufhebungsgrund sein. Ein solcher Grund entfällt jedoch, wenn sich die Erkrankung durch eine nicht lebensgefährliche Operation beseitigen läßt. **Vaginismus** (= Spasmen der Beckenbodenmuskulatur und des Musculus bulbocavernosus) kommt nur dann als Aufhebungsgrund in Betracht, wenn er unheilbar ist.

Nach juristischen Kommentaren kann auch „völlige Empfindungslosigkeit“ (z. B. Frigidität der Frau, aber auch beim Mann, z. B. bei Homosexualität u. a.) entscheidend sein.

18.4.2.3 Ejakulationsstörungen und Triebanomalien

Hierunter fallen z. B. die „Ejaculatio praecox“, aber auch verzögerte Ejakulation oder Unfähigkeit zur Ejakulation überhaupt (trotz Erektion).

Bei Triebanomalien kommen in erster Linie Homosexualität und Pädophilie in Betracht. Aber auch sogenannte „abnorme Praktiken“ können als „unzumutbar“ empfunden werden. Als Aufhebungsgründe werden alle aufgeführten Störungen nur dann anerkannt, wenn sie bereits **vor** der Eheschließung bestanden haben. (Bei Verschulden eines Partners könnte allerdings auch ein Ehescheidungsgrund in Frage kommen.)

18.5 Zusammenfassung der wichtigsten sexualrelevanten Rechtsvorschriften

Strafrecht (StGB)

§ 173: Beischlaf zwischen Verwandten

§ 174: Sexueller Mißbrauch von Schutzbefohlenen

§ 174 a: Sexueller Mißbrauch von Gefangenen, behördlich Verwahrten oder Kranken in Anstalten

§ 174 b: Sexueller Mißbrauch unter Ausnutzung einer Amtsstellung

§ 175: Homosexuelle Handlungen mit unter 18jährigen
§ 176: Sexueller Mißbrauch von Kindern
§ 177: Vergewaltigung
§ 178: Sexuelle Nötigung
§ 179: Sexueller Mißbrauch Widerstandsunfähiger
§ 180: Förderung sexueller Handlungen Minderjähriger
§ 182: Verführung
§ 183: Exhibitionistische Handlungen
§ 183 a: Erregung öffentlichen Ärgernisses
§ 184 c: Begriffsbestimmungen (der sexuellen Handlungen).

Zivilrecht

§ 32 EheG.: Aufhebung der Ehe.

19 Ärztliche Rechts- und Berufskunde

19.1 Ausübung der Heilkunde

Die Ausübung der Heilkunde ist geregelt in der Neufassung der Bundesärzteordnung vom 1. 1. 1970. Danach bedarf derjenige, der den ärztlichen Beruf (im Geltungsbereich dieses Gesetzes) ausüben will, der Approbation (§ 2, Abs. 1). Die Ausübung des ärztlichen Berufes ist die Ausübung der Heilkunde unter der Berufsbezeichnung „Arzt" oder „Ärztin" (§ 2, Abs. 4).

Für im Inland nicht niedergelassene Ärzte bestehen Sonderbestimmungen (§ 2, Abs. 3). Die vorübergehende Ausübung des ärztlichen Berufes im Geltungsbereich dieses Gesetzes ist auch auf Grund einer Erlaubnis zulässig (§ 2, Abs. 2).

19.2 Die Approbation

19.2.1 Allgemeine Vorbemerkungen

Die Approbation ist ebenfalls in der Bundesärzteordnung geregelt. Sie kann (bzw. muß):

a) Erteilt werden
b) ausgesetzt werden
c) zurückgenommen werden
d) widerrufen werden
e) ruhen
f) zurückgestellt werden
g) es kann auf sie verzichtet werden.

Für die Approbation sind bestimmte Voraussetzungen erforderlich.

19.2.2 Voraussetzung für die Erteilung der Approbation

Die Approbation muß erteilt werden, wenn der Antragsteller folgende Voraussetzungen erfüllt (§ 3 der Bundesärzteordnung).

§ 3 Bundesärzteordnung (Auszug):

„(1) Die Approbation als Arzt ist auf Antrag zu erteilen, wenn der Antragsteller

1. Deutscher im Sinne des Artikels 116 des Grundgesetzes oder heimatloser Ausländer im Sinne des Gesetzes über die Rechtsstellung heimatloser Ausländer im Bundesgebiet vom 25. April 1951 (Bundesgesetzblatt I, S. 269) ist.
2. Sich nicht eines Verhaltens schuldig gemacht hat, aus dem sich seine Unwürdigkeit oder Unzuverlässigkeit zur Ausübung des ärztlichen Berufes ergibt.
3. Nicht wegen eines körperlichen Gebrechens oder wegen Schwäche seiner geistigen oder körperlichen Kräfte oder wegen einer Sucht zur Ausübung des ärztlichen Berufes unfähig oder ungeeignet ist.
4. Nach einem Studium der Medizin von mindestens 6 Jahren, von denen mindestens 8, höchstens 12 Monate auf eine praktische Ausbildung in Krankenanstalten entfallen müssen, die ärztliche Prüfung im Geltungsbereich dieses Gesetzes bestanden hat."

Die Approbation ist auch zu erteilen, wenn ein ausländisches Staatsexamen vorliegt und die „Gleichwertigkeit des Ausbildungsstandes" gegeben ist.

19.2.3 Aussetzung der Approbation

Die Entscheidung über den Antrag auf Approbation kann **ausgesetzt** werden, wenn gegen den Antragsteller wegen des Verdachtes einer strafbaren Handlung (aus der sich die Unwürdigkeit oder die Unzuverlässigkeit für den ärztlichen Beruf ergeben) ein Strafverfahren eingeleitet wurde. Es wird dann nach Beendigung des Verfahrens entschieden (§ 3, Abs. 5).

19.2.4 Zurücknahme der Approbation

Die Approbation ist **zurückzunehmen,** wenn die notwendigen Voraussetzungen nicht bestanden haben oder die Gleichwertigkeit des Ausbildungsstandes nicht gegeben war (§ 5 und 5 a).

19.2.5 Widerrufung der Approbation

Die Approbation **muß widerrufen** werden, wenn nachträglich eine der Voraussetzungen nach § 3, Abs. 1, Nr. 2 weggefallen ist (§ 5).

Sie **kann** widerrufen werden, wenn nachträglich eine der Voraussetzungen nach § 3, Abs. 1, Satz 1, Nr. 3 (das Nichtvorliegen geistiger oder körperliche Gebrechen) weggefallen ist (§ 5 a).

19.2.6 Ruhen der Approbation

Das **Ruhen** der Approbation kann angeordnet werden, wenn ein Strafverfahren wegen des Verdachtes einer strafbaren Handlung (aus der sich die Unwürdigkeit oder die Unzuverlässigkeit für den ärztlichen Beruf ergibt) gegen den Arzt eingeleitet worden ist. Ferner, wenn nachträglich die Voraussetzung des Nichtvorliegens von geistigen oder körperlichen Gebrechen bzw. Sucht weggefallen ist und schließlich, wenn Zweifel hieran bestehen und der Arzt sich weigert, sich amts- oder fachärztlich untersuchen zu lassen (§ 6).

19.2.7 Zurückstellung der Approbation

Ist die Approbation zurückgenommen oder widerrufen und ein Antrag auf Wiedererteilung gestellt worden, kann die Entscheidung hierüber **zurückgestellt** und zunächst eine Erlaubnis zur Berufsausübung bis zu zwei Jahren erteilt werden (§ 8).

19.2.8 Verzicht auf die Approbation

Auf die Approbation kann durch schriftliche Erklärung gegenüber der zuständigen Behörde **verzichtet** werden. Ein Verzicht, der unter einer Bedingung erklärt wird, ist unwirksam (§ 9).

19.3 Berufsverbot

Das Berufsverbot ist allgemein geregelt im § 70 StGB. Hierin heißt es u. a., daß gegen denjenigen, der wegen einer rechtswidrigen Tat, die er unter Mißbrauch seines Berufes oder Gewerbes begangen hat, verurteilt wurde, das Gericht ein Berufsverbot von einem bis zu fünf Jahren verhängen kann. Es kann **für immer** angeordnet werden „wenn zu erwarten ist, daß die gesetzliche Höchstfrist zur Abwehr der von dem Täter drohenden Gefahr nicht ausreicht".

- Das Berufsverbot wird mit der Rechtskraft des Urteils wirksam.
- Ein Berufsverbot kann nur durch richterliches Urteil erteilt werden.

Unter bestimmten Voraussetzungen kann ein Berufsverbot zur Bewährung ausgesetzt werden (§ 70 a StGB). Eine solche Aussetzung kann widerrufen werden (§ 70 b StGB).

19.4 Berufsgerichte

Durch die ärztliche Berufsgerichtsbarkeit sollen sog. „Berufsvergehen" von Angehörigen der Ärztekammern gegen die Berufspflichten (vgl. Berufsordnung) geahndet werden. Das Ansehen des Ärztestandes soll hierdurch hochgehalten werden. Organisation und Verfahren der Berufsgerichte sind durch die Gesetzgebung geregelt. Meist ist der Vorsitzende ein Jurist (Richter), als Beisitzer sind zwei Berufsangehörige tätig. In der zweiten Instanz sind die Berufsangehörigen meist auf drei erhöht.

Man kennt fünf Strafarten:

- leichte Rüge
- schwere Rüge
- Geldstrafe
- Feststellung der Berufsunwürdigkeit
- Aberkennung des Wahlrechtes zur Kammer.

Die Verfahren werden durch Antrag in Gang gebracht. Man unterscheidet ein Vorverfahren und ein Hauptverfahren. Gegen das Urteil der ersten Instanz kann Berufung eingelegt werden.

19.5 Berufsordnung

19.5.1 Ärztekammern

Da die **Bundes**ärztekammer keine Körperschaft öffentlichen Rechtes ist, sondern lediglich eine Arbeitsgemeinschaft der Ärztekammern darstellt, ist die von ihr erlassene

Berufs- und Weiterbildungsordnung nicht rechtsverbindlich. Dieser Ordnung entsprechen jedoch die Berufsordnungen der einzelnen Bundesländer weitgehend. Diese sind von den jeweiligen Ärztekammern als sog. „Kammergesetze" herausgegeben und rechtsverbindlich, da die **Landes**ärztekammern Körperschaften öffentlichen Rechtes sind und im Rahmen ihrer autonomen Satzung hoheitliche Mittel anwenden können.

Für jeden Arzt besteht eine Pflichtmitgliedschaft in der Ärztekammer. Die wesentlichen Aufgaben der Ärztekammern sind:

- Berufsaufsicht
- Wahrung der ärztlichen Belange
- Ärztliche Fortbildung
- Versorgungseinrichtungen
- Erlaß von Berufs- und Facharztordnungen
- Facharztanerkennungen.

19.5.2 Die eigentlichen Berufsordnungen

In den Berufsordnungen sind u. a. geregelt:

a) allgemeine Rechte und Pflichten des Arztes (z. B. Verhalten dem Patienten gegenüber, Verhalten in der Öffentlichkeit sowie anderen Ärzten gegenüber).
b) Schweigepflicht. Diese ist bekanntlich nicht nur im Strafgesetzbuch (§ 203 StGB), sondern zusätzlich in den Berufsordnungen aufgeführt (vergl. auch unter Schweigepflicht).
c) Erhaltung des keimenden Lebens.
d) Fortbildung.
e) Verpflichtung zur Anfertigung und Aufbewahrung ärztlicher Aufzeichnungen.
f) Vorschriften über objektive Ausstellung von Zeugnissen und Gutachten.
g) Richtlinien über Honorarforderungen.
h) Beteiligung am Notfalldienst.
i) Form und Inhalt von Praxisschildern (Größe nicht mehr als ca. 35 × 50 cm).

Die Berufsordnungen müssen im Einklang mit der Verfassung stehen. Sie müssen mit den Bestimmungen des Straf- und Zivilrechtes vereinbar sein.

Verstößt ein Arzt gegen die Berufsordnung, so wird möglicherweise gleichzeitig ein Tatbestand einer strafbaren Handlung erfüllt. (In solchen Fällen findet ein Strafverfahren **und** ein Berufsgerichtsverfahren statt.)

19.5.3 Voraussetzungen für die Niederlassung

19.5.3.1 Allgemeine Niederlassung

Die Niederlassung als Arzt setzt die Bestallung als Arzt, also die Approbation voraus. Es besteht insofern Freizügigkeit, als sich grundsätzlich jeder Arzt an jedem Ort der Bundesrepublik niederlassen kann (Grundrecht der Freizügigkeit, Artikel 11 des Grundgesetzes). Gewisse Einschränkungen können sich durch Bestimmungen in den Berufsordnungen ergeben (ärztliche Berufspflichten).

19.5.3.2 Kassenarzt

Die Rechtsstellung des Kassenarztes gegenüber den Krankenkassen und Versicherten ist durch das **Gesetz über das Kassenarztrecht** festgelegt (Reichsversicherungsordnung, RVO).

Die **Zulassung** als Kassenarzt ist geregelt in der „Zulassungsordnung für Kassenärzte". Jeder Arzt, der die Voraussetzungen erfüllt, **muß** als Kassenarzt zugelassen werden. Die Voraussetzungen sind:

a) Approbation. Berechtigung zur Ausübung des Arztberufes in eigener Praxis.
b) Ableistung einer 1 ½jährigen Tätigkeit in eigener Praxis. Während dieser Zeit mindestens dreimonatige Tätigkeit als Vertreter (oder Assistent) eines frei paktizierenden Kassenarztes.
c) Einführungslehrgang in die kassenärztliche Tätigkeit.
d) Geeignetheit zur Ausübung des kassenärztlichen Berufes (keine Sucht, keine schwere körperliche oder geistige Behinderung usw.).

Der Kassenarzt kann – im Gegensatz zum Nichtkassenarzt – nicht prinzipiell die Fallübernahme bei Personen aus seinem Zulassungsbezirk ablehnen (vgl. Behandlungspflicht).

19.6 Die Kurierfreiheit (das Heilpraktikergesetz)

Grundsätzlich bestand früher allgemeine Kurierfreiheit (seit der Einführung der „Reichsgewerbeordnung"). Es konnte somit jeder Heilbehandlungen durchführen. Dies änderte sich erst mit dem Erlaß des **Heilpraktikergesetzes** (17. 2. 1939).

§ 1 (Abs. 1 und 2) lauten:
„1. Wer die Heilkunde, ohne als Arzt bestallt zu sein, ausüben will, bedarf dazu der Erlaubnis.
2. Ausübung der Heilkunde im Sinne dieses Gesetzes ist jede berufs- oder gewerbsmäßig vorgenommene Tätigkeit zur Feststellung, Heilung oder Linderung von Krankheiten, Leiden oder Körperschäden beim Menschen, auch wenn sie im Dienste von anderen ausgeübt wird."

Die Erlaubnis zur Ausübung der Heilkunde, ohne als Arzt bestallt zu sein, wird nach dem Gesetz nur unter bestimmten Voraussetzungen erteilt.

Der Heilpraktiker darf u. a. **nicht**

a) die Behandlung von Geschlechtskrankheiten und Leiden der Geschlechtsorgane durchführen;
b) Pockenschutzimpfungen machen;
c) geburtshilfliche Handlungen unternehmen;
d) legale Schwangerschaftsunterbrechungen durchführen;
e) stark wirkende Mittel verschreiben oder beziehen.

Der Heilpraktiker selbst muß

a) eine abgeschlossene Volksschulbildung besitzen;
b) geeignet sein, d. h., es dürfen keine körperlichen, geistigen oder Suchtleiden vorliegen, und er muß die sittliche Zuverlässigkeit besitzen (z. B. dürfen keine schweren strafrechtlichen Verfehlungen begangen worden sein);
c) nach Überprüfung seiner Kenntnisse nachgewiesen haben, daß die Ausübung seiner Tätigkeit keine Gefahr für die Volksgesundheit darstellt.

Das Heilpraktikergesetz, das zahlreiche Kommentare erfahren hat, ist äußerst umstritten. *Bockelmann* sieht in ihm nur noch einen „formellen, sachlich aber nahezu bedeutungslosen Erlaubnisvorbehalt für denjenigen, der, ohne als Arzt bestallt zu sein, die Zulassung zu einer vollen heilkundlichen Praxis begehrt".

Festzuhalten ist jedenfalls, daß nicht alles (z. B. intravenöse Injektionen usw.) was „in irgend einem Sinne Medizin ist, dem Mediziner allein vorbehalten bleiben kann" *(Bokkelmann)*.

Trotz der eingeschränkten Kurierfreiheit besteht andererseits kein prinzipieller Kurierzwang (vgl. 19.7).

19.7 Behandlungspflicht

19.7.1 Allgemeine Gründe

Eine Behandlungspflicht kann sich für den Arzt aus mehreren Gesichtspunkten ergeben:

a) In **dringenden Notfällen.** (Nicht gemeint sind hier die Fälle § 323 c StGB, sondern Notfälle, bei denen er in seiner Eigenschaft als **niedergelassener Arzt** helfen muß). Eine solche Pflicht besteht nur dann nicht, wenn er selbst krank oder erschöpft ist oder ein anderer Arzt zur Verfügung steht bzw. sich zur Verfügung stellt. Ferner, wenn bereits ein anderer Notfall vorliegt. Nicht zumutbar wäre die Hilfeleistung, wenn er sich selbst hierdurch strafbar machen würde (alkoholbedingte Fahrunsicherheit! Pflichtenkollision!). Ohne Notfall kann er die Behandlung jedoch ablehnen.
b) Wenn der Arzt **Bereitschaftsarzt** ist und Dienst hat. Diese Verpflichtung ist in der Berufsordnung festgelegt.
c) Bei **Kassenärzten** ergibt sich eine Behandlungspflicht aus dem Kassenarztverhältnis (außerhalb des Praxisbereiches nur in dringenden Notfällen). Er kann die Behandlung jedoch ablehnen, wenn er überlastet ist (nicht in Notfällen).

d) Ärzte in Krankenanstalten müssen auch bei vollbelegtem Krankenhaus eine erste Untersuchung vornehmen.
e) Bei **Fallübernahme** hat der Arzt in jedem Fall (Dienstvertrag!) die Behandlungspflicht. Nur bei schwerwiegenden Gründen (z. B. gleichzeitige Heilpraktikerbehandlung des Patienten) kann er vom Vertrag zurücktreten.
f) Bei Vorliegen des Tatbestandes des § 323 c StGB (unterlassene Hilfeleistung).

Der **§ 323 c StGB** lautet:
„Wer bei Unglücksfällen oder gemeiner Gefahr oder Not nicht Hilfe leistet, obwohl dies erforderlich und ihm den Umständen nach zuzumuten, insbesondere ohne erhebliche eigene Gefahr und ohne Verletzung anderer wichtiger Pflichten möglich ist, wird mit Freiheitsstrafe bis zu einem Jahr oder mit Geldstrafe bestraft."

Die Zumutbarkeit richtet sich stets nach dem jeweiligen Sachverhalt. Von Bedeutung ist, daß der Arzt die Hilfe als **Arzt** leisten muß. Er kann sich nicht auf den Standpunkt stellen, daß er § 323 c, der ja für jeden Staatsbürger gilt, für ihn nur eine **allgemeine** Hilfeleistungspflicht beinhalte. Unerheblich ist, ob die Hilfsmaßnahmen den späteren Tod verhindern können; auf die Erfolgsaussichten der Hilfeleistung kommt es grundsätzlich nicht an, sofern sie nicht offensichtlich aussichtslos ist.

Ein Unglücksfall ist nicht nur ein plötzliches von außen kommendes Ereignis, sondern kann auch die plötzliche Verschlimmerung eines bereits vorhandenen Leidens sein.

19.7.2 Suizidversuch

Umstritten war die Frage, inwieweit eine Hilfeleistungspflicht bei Selbstmordversuch besteht. Der Bundesgerichtshof (BGH) hat jedoch nunmehr entschieden, daß der Suizidversuch generell ein Unglücksfall im Sinne des § 323 c StGB darstelle. Das Unglück beginne bereits dann, wenn der Selbstmörder ernsthaft die Absicht habe (und diese erkennen lasse), sich zu töten. (Bezüglich der Einwilligung des Patienten beim Selbstmordversuch vgl. 19.8 „Ärztlicher Eingriff".)

19.7.3 Rechtsfolgen bei Weigerung der Fallübernahme

Verweigert ein zur Fallübernahme verpflichteter Arzt die Behandlung, so kommen **strafrechtlich** die Tatbestände der Körperverletzung (§§ 223, 230) durch Unterlassung („Unterlassungsdelikt") oder fahrlässige Tötung im Sinne des § 222 StGB in Betracht (Tötung durch Unterlassen).

Für diese Fälle muß natürlich die Kausalität nachgewiesen sein. (Z. B.: hätte der Patient mit an Sicherheit grenzender Wahrscheinlichkeit überlebt, wenn der Arzt Hilfe geleistet hätte?)

Theoretisch käme noch der § 212 (Totschlag) in Frage. Der Arzt hätte dann allerdings zumindest den Tod des Patienten „billigend in Kauf" (bedingter Vorsatz – dolus eventualis) nehmen müssen (vgl. 19.9.4.2).

Zivilrechtliche Folgen ergeben sich aus den Grundlagen und Voraussetzungen der **Haftpflicht** des Arztes (vgl. hierzu 19.9).

19.8 Der ärztliche Eingriff

19.8.1 Allgemeine Vorbemerkungen

Auch nach heute noch geltendem Recht stellt jeder ärztliche Eingriff eine **Körperverletzung** im Sinne der §§ 223, 223 a, 230 StGB dar.

Dies geht zurück auf den sogenannten „Hamburger Fall", der im 85. Band der Reichsgerichtsentscheidungen verzeichnet ist. Der Vater eines 7jährigen Kindes hatte eine dringend notwendige Operation verweigert. Der Arzt führte sie dennoch durch. Das Kind konnte gesund entlassen werden. Der Vater – Angehöriger der Naturheilkunde – erhob Klage. Nach mehreren Instanzen fällte schließlich das Reichsgericht das rechtskräftige Urteil, das eine Körperverletzung vorläge. Hierdurch sollten nicht die Ärzte diskriminiert, sondern der **Wille des Patienten** geschützt werden. Der Patient soll bestimmen, ob er einen Eingriff wünscht („volenti non fit inuria“) oder nicht.

Die **Einwilligung** nimmt also dem Tatbestand der Körperverletzung die Rechtswidrigkeit. (Wir erinnern uns: Ein Delikt liegt nur dann vor, wenn Tatbestandsmäßigkeit, Rechtswidrigkeit und Schuld gegeben sind.) Eine besondere Regelung ist im § 226 a erfolgt.

§ 226 a StGB
„Wer eine Körperverletzung mit Einwilligung des Verletzten vornimmt, handelt nur dann rechtswidrig, wenn die Tat trotz der Einwilligung gegen die guten Sitten verstößt.“

Hauptanwendungsfälle dieses Tatbestandes sind ärztliche Eingriffe (und gewisse Sportarten, z. B. Boxen). Bemerkt sei, daß die Einführung der „guten Sitten“ aus dem Zivilrecht stammt. Im Strafrecht ist dies neu.

Aus dem Tatbestand des § 226 a ergeben sich wichtige Voraussetzungen. Die Rechtmäßigkeit eines ärztlichen Eingriffes setzt nämlich voraus:

a) die Indikation
b) die Aufklärung
c) die Einwilligung.

Eine Einwilligung in einem Eingriff, der den Tod herbeiführt, würde diesen Eingriff natürlich nicht rechtmäßig machen können. Es wäre dann der Tatbestand der Tötung auf Verlangen gegeben (§ 216 StGB).

§ 216: Tötung auf Verlangen
1. Ist jemand durch das ausdrückliche und ernstliche Verlangen des Getöteten zur Tötung bestimmt worden, so ist auf Freiheitsstrafe von 6 Monaten bis zu 5 Jahren zu erkennen.
2. Der Versuch ist strafbar.

Der Arzt kann allerdings in die Lage geraten, durch hohe Dosierungen von Schmerzmitteln dem Patienten das Sterben erleichtern zu müssen. Man spricht in diesem Zusammenhang auch von Sterbehilfe oder Euthanasie. Unter Euthanasie versteht man juristisch eine Tötung auf Verlangen, obwohl ärztlicherseits auch von Euthanasie gesprochen wird, wenn man Sterbehilfe ganz allgemein leistet. In diesem Sinne unterscheidet man:

1. Die aktive Form der Euthanasie

a) Sterbehilfe ohne Lebensverkürzung (Schmerzlinderung, Leidenshilfe).
b) Sterbehilfe mit Lebensverkürzung (Tatbestand des § 212 oder 211 sowie § 222, fahrlässige Tötung).
c) Die eigentliche Euthanasie (Zweck der Tötung mit Einwilligung des Patienten, klassischer Tatbestand des § 216 StGB).

2. Die passive Form der Euthanasie

a) Wunsch des Patienten nach Lebensverlängerung: Unterläßt der Arzt dennoch therapeutische Maßnahmen, läge Tötung durch Unterlassen vor (z. B. § 212 StGB, Totschlag).
b) Verweigerung der Behandlung durch den Patienten: Der Arzt darf nicht behandeln, sonst wäre der Tatbestand der Körperverletzung gegeben.

3. Die Beihilfe zum Selbstmord

Da Selbstmord nach deutschem Strafrecht keine strafbare Handlung ist, kann auch eine Beihilfe keinen Straftatbestand erfüllen (z. B. der Arzt verschafft dem Patienten Gift oder erteilt Ratschläge für eine schnelle Tötung). Hat der Patient allerdings einen Selbstmordversuch bereits unternommen, so ist der Arzt in jedem Falle zur Hilfeleistung verpflichtet, da ein Suizidversuch nach einem Urteil des Bundesgerichtshofes stets als Unglücksfall in Sinne des § 323 c (unterlassene Hilfeleistung) anzusehen ist.

Zum Abschluß sei eine Resolution der Vollversammlung der Landesärztekammer Baden-Württemberg vom 14. 12. 1974 gebracht:

„Jeder Mensch hat das unabdingbare Recht auf seinen natürlichen, ihm gemäßen Tod. Der Arzt, berufener Behüter des Lebens, achtet diese Grenze, wenn er auch in manchen Fällen versucht, durch seine Kunst die Existenz über den Zeitpunkt hinaus zu erhalten, an dem sie unter natürlichen Bedingungen enden muß.

Zur ärztlichen Betreuung gehört die Linderung der Schmerzen Sterbender. Vom Arzt darf nicht verlangt werden, daß er dort mit dem Willen zur Erhaltung in das Schicksal eingreift, wo Lebensverlängerung nur Verlängerung von Qualen oder ein sinnloses Hinauszögern eines unabweisbaren Endes bedeutet. Die Ärzteschaft war sich dabei einig mit der Ansicht namhafter Juristen. Auch führende Moraltheologen bezeichnen solche Unterlassungen als nicht nur erlaubt, sondern als sittlich geboten“.

19.8.2 Die Indikation

Ein ärztlicher Eingriff ist indiziert, wenn er das einzige oder das beste Mittel ist, Leben, Gesundheit oder Wohlbefinden des Patienten zu erhalten oder wiederherzustellen. Gegebenfalls kann er auch angezeigt sein, wenn er geeignet ist, das „Wohlaussehen" zu verbessern oder wiederherzustellen (kosmetische Operation).

Ein Eingriff kann natürlich nur dann indiziert sein, wenn vorher die richtige Diagnose gestellt wurde („vor der Therapie haben die Götter die Diagnose gesetzt").

Schließlich muß der Eingriff den Regeln der ärztlichen Kunst entsprechen (lex artis). Der Arzt darf also nicht gegen die Sorgfaltspflicht verstoßen.

19.8.3 Die Aufklärung

19.8.3.1 Allgemeines

Eine rechtswirksame Einwilligung in einen Eingriff ist an die klare Einsicht, diese wiederum an die **Aufklärung** gebunden. Mangelnde Aufklärung wird häufig als Grund für Schadenersatzforderungen angegeben.

Die Problematik der Aufklärung liegt also in der Bestimmung ihrer Grenzen. Die Aufklärung muß über alle möglichen Folgen durchgeführt werden. Im allgemeinen wird angegeben, daß nur Folgen genannt zu werden brauchen, die in einer Häufigkeit von 1–3% vorkommen. Doch gilt dies nicht immer für den einzelnen Fall. Je komplizierter der Eingriff, je wissensdurstiger der Patient (Kollege!), desto genauer und subtiler muß die Aufklärung sein. Selbstverständlich hat der Kranke auch das Recht, auf die Aufklärung gänzlich zu verzichten.

Nach *Spann* läßt sich das Gesamtproblem der Aufklärung am besten folgendermaßen unterteilen:

1. Aufklärungspflicht aus dem Behandlungsvertrag.
2. Aufklärungspflicht als Erfordernis zur Rechtmäßigkeit der Einwilligung zum Eingriff.
3. Aufklärung unheilbarer Kranker.

Wir folgen hier im wesentlichen dieser Einteilung.

19.8.3.2 Aufklärungspflicht aus dem Behandlungsvertrag

Hier bezieht sich die Aufklärung sowohl auf die **Diagnose** als auch auf die **Eingriffe.** Der Patient hat ein Recht darauf, die vom Arzt erhobenen Befunde zu erfahren (Behandlungsvertrag). Natürlich kann er auch auf die Mitteilung seiner Erkrankung verzichten. Für vorzunehmende Eingriffe gilt das unter 19.8.3.1 und 3 Gesagte.

Von der Verpflichtung, die Diagnose mitzuteilen, ist der Arzt befreit, wenn eine starke Beeinträchtigung der psychischen Gesundheit des Patienten (Karzinom) zu befürchten ist. Nach diesen Maßstäben ist auch zu verfahren, wenn sich die Frage ergibt, ob sich in derartigen Fällen eine Aufklärung der Angehörigen empfiehlt (Pflicht der Aufklärung gegenüber den Eltern behandelter Kinder).

19.8.3.3 Aufklärungspflicht als Erfordernis zur rechtswirksamen Einwilligung zum ärztlichen Eingriff

Die rechtswirksame Einwilligung zu einem Eingriff setzt eine vorherige Aufklärung voraus. Falls nicht die Diagnose bereits mitgeteilt ist (Behandlungsvertrag), muß sie jetzt erfolgen und zwar in verständlicher Form. War der Patient an der Diagnose nicht interessiert, so kann er doch an der Aufklärung zum Eingriff interessiert sein. Die Aufklärung muß objektiv sein.
Sie umfaßt:

- Schmerzen
- Dauer des Krankenlagers
- Gefahren
- therapeutische Alternativen
- Folgen einer Nichtbehandlung
- Arbeitsfähigkeit
- Aussehen (Kosmetik)
- Wohlbefinden.

Die Dringlichkeit eines Eingriffes und der Umfang der Aufklärung stehen in umgekehrtem Verhältnis.

In bestimmten Fällen kann Art und Umfang der Aufklärung durch objektive (z. B. Indikation) und in der Person des Patienten liegende (z. B. Beruf) Umstände beeinflußt werden. In solchen Situationen muß die Aufklärung evtl. besonders genau und eingehend durchgeführt werden (z. B. Handoperationen bei einem Musiker u. a. m.).

19.8.3.4 Aufklärung unheilbarer Kranker

In den meisten Fällen wird eine volle Aufklärung unheilbar Kranker nicht erfolgen können. Dennoch hat der Kranke das Recht, die Diagnose zu erfahren. Der Arzt wird selbst zu entscheiden haben, inwieweit er aufklären kann, muß oder aus menschlichen Gründen glauben darf, darauf verzichten zu können.

19.8.4 Die Einwilligung

19.8.4.1 Allgemeine Grundlagen

Jeder Eingriff gegen den Willen des Patienten (seines Sorgeberechtigten, Vormundes, Pflegers usw.) wäre **rechtswidrig.**

Rechtsgrundlage ist Artikel 2, Abs. 2 des **Grundgesetzes,** nach dem jeder das Recht auf Leben und körperliche Unversehrtheit hat. Der Eingriff bedarf somit einer **Rechtfertigung.** Dieser Rechtfertigungsgrund ist die **Einwilligung.** Die Rechtswirksamkeit der Einwilligung hängt unter anderem von der **Aufklärung** ab. Der Arzt soll von der Einwilligung **wissen.** Sie soll nicht nur objektiv vorliegen.

Gegenstand der Einwilligung ist der Eingriff mit seinen (ex ante gesehenen) Risiken und Chancen.

Im Regelfall wird die Einwilligung für einen bestimmten Arzt gegeben. Sie kann allerdings auch allgemeinerer Art sein. Wurde sie jedoch für einen bestimmten Arzt erteilt, dann soll dieser auch den Eingriff durchführen.

Die **Rechtswirksamkeit** der Einwilligung ist abhängig von der klaren **Einsicht** des Patienten. Hier ist ein strenger Maßstab anzulegen. Gegebenenfalls ist Willensunfähigkeit anzunehmen (siehe dort).

19.8.4.2 Die Einwilligung Minderjähriger

Die Willensfähigkeit, die Voraussetzung für die Rechtswirksamkeit der Einwilligung ist, ist weder gleichzusetzen mit der zivilrechtlichen Geschäftsfähigkeit noch mit der strafrechtlichen Schuldfähigkeit.

Nach § 107 BGB bedarf der Minderjährige zu einer Willenserklärung (durch die er nicht nur einen rechtlichen Vorteil erlangt) der Einwilligung seines gesetzlichen Vertreters. Doch läßt § 107 BGB Ausnahmen zu. So kann z. B. ein (gemäß § 110 BGB) geschlossener Vertrag eines Minderjährigen wirksam sein, wenn die vertragsmäßige Leistung aus Mitteln bewirkt wird, die ihm (zu diesem Zweck oder zur freien Verwendung) zur Verfügung gestellt wurden.

Nach einem BGH-Urteil ist die Einwilligung eines Minderjährigen wirksam, wenn dieser „nach seiner geistigen und sittlichen Reife die Bedeutung und Tragweite des Eingriffes und seiner Gestattung zu ermessen vermag“ – (Neue Juristische Wochenschrift – 1959, 811).

Ein z. B. 16- oder 17jähriger kann also in vielen Fällen durchaus eine rechtswirksame Einwilligung erteilen. Auch ein Arzt-Patient-Vertrag kommt zustande (vgl. § 110 BGB sowie hierzu 19.10.1). Das Amtsgericht Celle hat allerdings entschieden, daß eine Einwilligung einer minderjährigen Schwangeren in einen Schwangerschaftsabbruch nicht wirksam sei.

19.8.4.3 Die Einwilligung Willensunfähiger

Ohne Willensfähigkeit ist die Einwilligung rechtswirksam nicht möglich. Das Entscheidungsrecht geht in solchen Fällen auf die **Sorgeberechtigten** über (z. B. bei Kindern auf die Eltern oder den Vormund, bei Entmündigten auf den Vormund usw.).

Verweigert ein Sorgeberechtigter einen dringend notwendigen Eingriff, muß der Arzt das Vormundschaftsgericht einschalten. Dies kann auch **nachträglich** geschehen, wenn **Gefahr** im Verzuge ist („übergesetzlicher Notstand“).

Liegt **Bewußtlosigkeit** vor, wird **Geschäftsführung ohne Auftrag“** angenommen und der „mutmaßliche Wille“ des Patienten (nämlich gesund zu werden) unterstellt (§ 677 BGB).

19.8.4.4 Einwilligung zum Suizidversuch

Der Erhalt einer rechtswirksamen Einwilligung könnte bei **Selbstmördern** zu Schwierigkeiten führen. Jedoch abgesehen davon, daß Selbstmord als Unglücksfall im Sinne des § 323 c StGB (vgl. 19.7.2) anzusehen ist, weiß niemand, ob der bewußtlose Selbstmörder nicht im Augenblick des Behandlungsbeginnes vom Versuch zurücktreten, d. h. behandelt werden wollte. Es ist häufig auch nicht sicher, ob es sich nicht um eine Psychose handelt. Die Rechtssprechung geht daher davon aus, daß unterstellt werden muß, daß der Patient die Einwilligung wahrscheinlich nicht verweigern würde, wenn er sie geben könnte. Ist der Patient dagegen noch voll einsichtsfähig, kann gegen seinen Willen kein Eingriff vorgenommen werden (Hilfe nur durch Überredungsversuche usw.). Dies gilt auch für Sektierer, die z. B. eine Bluttransfusion ablehnen.

19.8.4.5 Zwangsernährung

Im Strafvollzug ist die zwangsweise medizinische Untersuchung, Behandlung und Ernährung nach § 101 Strafvollzugsgesetz i. d. F. vom 27. 2. 1985 nur bei Lebensgefahr, bei schwerwiegender Gefahr für die Gesundheit des Gefangenen oder bei Gefahr für die Gesundheit anderer Personen zulässig. Solange von einer freien Willensbestimmung des Gefangenen ausgegangen werden kann, ist die Vollzugsbehörde zur Durchführung der Maßnahmen nicht verpflichtet. Auch die Zwangsernährung muß nicht schon deshalb vorgenommen werden, weil sich der Gefangene in akuter Gefahr befindet. Die Maßnahmen dürfen nur auf Anordnung und unter der Leitung eines Arztes durchgeführt werden unbeschadet der allgemeinen Hilfeleistungspflicht nach § 323 c StGB.

19.8.4.6 Einwilligung Geisteskranker

Zur Einwilligung Geisteskranker muß bemerkt werden, daß sie nicht stets als „Willensunfähige" angesehen werden können. Es handelt sich also um die Frage der „partiellen" Einsichts- bzw. Zurechnungsfähigkeit, nicht aber um die Frage der Geschäftsfähigkeit.

19.8.5 Erzwungener Eingriff ohne Einwilligung

Erzwungene Eingriffe ohne Einwilligung können oder müssen durchgeführt werden in folgenden Fällen:

a) Bei Geschlechtskrankheiten;
b) nach dem Bundesseuchengesetz;
c) nach dem Unterbringungsgesetz;
d) nach § 81 a der Strafprozeßordnung (vgl. Kap. 16);
e) nach § 81 c StPO (Blutentnahme bei Zeugen, wenn dies zur Erforschung der Wahrheit erforderlich ist);
f) nach § 372 a ZPO (Zivilprozeßordnung), insbesondere für Vaterschaftsbegutachtungen.

Der Arzt **kann** derartige Eingriffe durchführen. Er **muß** sie durchführen, wenn sich eine solche Verpflichtung aus seinem Dienstverhältnis ergibt (Vertrag).

19.9 Die Haftpflicht des Arztes

19.9.1 Allgemeine Vorbemerkung

Mit Rücksicht auf die komplizierten Rechtsverhältnisse in der Haftpflicht und zunehmende Neigung des Patienten, die Ärzte für negative Folgen einer Heilbehandlung verantwortlich zu machen, gewinnen Haftpflichtfragen für den Arzt ständig an Bedeutung. Wir wollen zunächst die Haftungsgrundlagen kennen lernen, uns dann u. a. mit den Fragen des Kausalzusammenhanges, der Schuldfrage, der Beweislast und schließlich der Bedeutung der Aufklärungspflicht für die Haftpflicht beschäftigen.

19.9.2 Die Haftungsgrundlagen

19.9.2.1 Haftung aus dem Arztvertrag

Begibt sich ein Patient zum Arzt, erklärt sich dieser bereit, ihn zu behandeln oder erteilt er auch nur einen Ratschlag, so ist bereits eine privatrechtliche Vertragsbeziehung (hier: Dienstvertrag vgl. 19.10) zustande gekommen.

Lediglich bei Ausübung „hoheitlicher Fürsorge" (Amtsarzt, Versorgungsarzt, Bundesbahnarzt usw.) für Staat oder Behörde gelten öffentlich-rechtliche Beziehungen.

Aus dem Arztvertrag ergeben sich möglicherweise haftungsrechtliche Konsequenzen. Nach den gleichen Grundsätzen ist auch das Rechtsverhältnis zwischen Arzt und Kassenpatienten zu beurteilen.

Genau wie der Privatarzt wird auch der Kassenarzt verpflichtet, eine sachgemäße, den Regeln der ärztlichen Kunst entsprechende Behandlung durchzuführen (Reichsversicherungsordnung).

Als **„Kunstfehler"** wird ein Verstoß gegen die zur Zeit des Eingriffes gültigen Erkenntnisse der ärztlichen Kunst bezeichnet (Diagnose und Therapie). Abweichungen von den Regeln der sogenannten „Schulmedizin" erlegen dem **Arzt** das zivilrechtliche Risiko auf. Man muß sich im übrigen darüber im klaren sein, daß nicht jeder sogenannte Kunstfehler strafrechtliche oder zivilrechtliche Folgen nach sich ziehen muß (vergleiche auch „Verschulden").

Der Arzt hat nicht für ein günstiges Heilergebnis einzustehen. Er sollte daher auch keinen bestimmten Erfolg zusichern. Der Arzt haftet auch für seinen Vertreter. Der Patient tritt in ein unmittelbares Vertragsverhältnis zum Arzt, während der Vertreter als **„Erfüllungsgehilfe"** im Sinne des § 278 BGB anzusehen ist. Abgesehen von Praxisvertretern zählen zu den Erfüllungsgehilfen auch „sonstige Hilfspersonen", z. B. Assistenten, Schwestern, Laborangestellte usw. Dabei ist es gleichgültig, ob sie zu dem Arzt in einem Vertragsverhältnis stehen oder z. B. nur für einen angestellten Arzt eines Krankenhauses tätig sind. Der Arzt haftet aus dem Behandlungsvertrag ohne jede Entlastungsmöglichkeit wie für eigenes Verschulden (vgl. 19.9.2.3).

§ 278 BGB
„Der Schuldner hat ein Verschulden seines gesetzlichen Vertreters und der Personen, deren er sich zur Erfüllung seiner Verbindlichkeit bedient, in gleichem Umfange zu vertreten wie eigenes Verschulden. Die Vorschrift des § 276 Abs. 2 findet keine Anwendung."

Für die Haftung erforderlich ist, daß der Arzt dem Patienten in schuldhafter und rechtswidriger Weise einen Schaden zugefügt hat. Der Schaden kann in einem Gesundheitsschaden (Körperschaden oder Tod), aber auch in einem Sach- oder Vermögensschaden bestehen (unnötige Kur, falsches Attest, falsches Gutachten).

§ 276 BGB
„I. Der Schuldner hat, sofern nicht ein anderes bestimmt ist, Vorsatz und Fahrlässigkeit zu vertreten. Fahrlässig handelt, wer die im Verkehr erforderliche Sorgfalt außer acht läßt. Die Vorschriften der §§ 827, 828 finden Anwendung.
II. Die Haftung wegen Vorsatzes kann dem Schuldner nicht im voraus erlassen werden."

Eine nähere Erläuterung zum zivilrechtlichen Begriff der **„Fahrlässigkeit"** wird im Abschnitt über die „Schuld" (19.9.4) erfolgen.

Der **Schadenersatz** besteht im Rahmen der Vertragshaftung in der Wiedergutmachung allen **materiellen** Schadens. Außer den Heilungskosten sind alle Nachteile der Fehlbehandlung zu ersetzen (z. B. auch entgangener oder verminderter Verdienst, Kosten für einen notwendigen Pfleger usw.).

19.9.2.2 Haftung aus Geschäftsführung ohne Auftrag

Liegt kein Behandlungsvertrag vor (z. B. Bewußtlosigkeit des Patienten, Kinder, Geisteskranke, wenn der Arzt eine sofortige Entscheidung treffen muß), kann sich die Haftpflicht des Arztes aus dem Gesichtspunkt der sogenannten „Geschäftsführung ohne Auftrag" gemäß §§ 677 und 678 BGB ergeben.

§ 677 BGB
„Wer ein Geschäft für einen anderen besorgt, ohne von ihm beauftragt oder ihm gegenüber sonst dazu berechtigt zu sein, hat das Geschäft so zu führen, wie das Interesse des Geschäftsherrn mit Rücksicht auf dessen wirklichen oder mutmaßlichen Willen es erfordert."

§ 678 BGB
„Steht die Übernahme der Geschäftsführung mit dem wirklichen oder dem mutmaßlichen Willen des Geschäftsherrn in Widerspruch, und mußte der Geschäftsführer dies erkennen, so ist er dem Geschäftsherrn zum Ersatze des

aus der Geschäftsführung entstehenden Schadens auch dann verpflichtet, wenn ihm ein sonstiges Verschulden nicht zur Last fällt."

Der Arzt muß also die Behandlung dem mutmaßlichen Willen entsprechend durchführen (vgl. 19.8.4). Während er jedoch sonst jede Fahrlässigkeit zu vertreten hat, **haftet** er (gemäß § 680 BGB) hier **nur** für **Vorsatz** und **grobe Fahrlässigkeit** (vgl. 19.9).

19.9.2.3 Haftung aus unerlaubter Handlung

Jede rechtswidrige schuldhafte körperliche Schädigung eines Patienten stellt nicht nur eine Verletzung des Arzt-Patient-Vertrages dar, sondern erfüllt auch den Tatbestand einer „unerlaubten Handlung" gemäß § 823 BGB.

§ 823 BGB (Absatz 1)
„Wer vorsätzlich oder fahrlässig das Leben, den Körper, die Gesundheit, die Freiheit, das Eigentum oder ein sonstiges Recht eines anderen widerrechtlich verletzt, ist dem anderen zum Ersatze des daraus entstehenden Schadens verpflichtet."

Neben der Haftung aus dem Vertragsverhältnis können daher zugleich auch Haftungsansprüche aus unerlaubter Handlung gestellt werden (sog. „Deliktansprüche").

Auch hier haftet der Arzt für die **Verrichtungsgehilfen.** Allerdings hat er jetzt die Möglichkeit, den sog. **„Entlastungsbeweis"** zu führen (§ 831 BGB).

Dieser gilt dann als geführt, wenn der Arzt nachweisen kann, daß er das Hilfspersonal sorgfältig ausgewählt hat (Prüfung der Zeugnisse, Überwachung der Tätigkeit und der Zuverlässigkeit usw.). Eine Bewährung der Hilfskräfte muß vorliegen. Der Arzt wird dann von der Deliktshaftung frei, während der Schuldige persönlich haftbar gemacht werden kann. Das gleiche gilt, wenn zwischen einem Mangel bei der Auswahl und der Aufsicht der Hilfspersonen und dem Schaden kein Kausalzusammenhang nachweisbar ist.

Der **Umfang der Schadensersatzpflicht** ist bei unerlaubter Handlung weitgehender als bei Vertragshaftung. Es kann hier nämlich auch der sogenannte **Nichtvermögensschaden** geltend gemacht werden (Schmerzensgeld, Entschädigung für Verunstaltung u. a. m.). Im Todesfall muß eine evtl. Unterhaltszahlung geleistet, ferner müssen die Beerdigungskosten übernommen werden. Der Ersatz zur Leistung von Diensten, für die der Verstorbene in seinem Haus oder Gewerbe verpflichtet war, gehört ebenfalls zur Erfüllung der Haftpflichtansprüche (Geldrente).

Die **Verjährungsfrist** beträgt bei vertraglichen Ansprüchen 30 Jahre, bei Ansprüchen aus unerlaubter Handlung aber nur drei Jahre (Beginn der Fristen: Zeitpunkt, in dem der Geschädigte Kenntnis vom Schaden und der Person der Ersatzpflichtigen erlangt hat).

Bei **hoheitlich tätigen Ärzten** gelten die Grundsätze der Beamtenhaftung. Danach haftet für den Arzt grundsätzlich der Staat oder die Behörde, in deren Diensten er steht. (Bei vorsätzlicher oder grob-fahrlässiger Verletzung der Amtspflichten besteht allerdings ein „Rückgriffsanspruch". Strafrechtlich gesehen haftet natürlich immer der jeweilige Täter", also der Arzt selbst.)

19.9.3 Der Kausalzusammenhang

19.9.3.1 Zivilrecht

Haftpflichtansprüche haben selbstverständlich nur dann Aussicht auf Erfolg, wenn der Kausalzusammenhang zwischen dem ärztlichen Fehlverhalten und der Gesundheitsschädigung (oder dem Eintritt des Todes) bewiesen werden kann.

Auch ein Unterlassen kann (rechtlich relevant) kausal sein, wenn nämlich eine Pflicht zum Handeln gegeben war. Da es sich um zivilrechtliche Ansprüche handelt, muß die Schädigung „adäquat ursächlich" sein. Im Zivilrecht gilt nämlich die sog. **Adäquanztheorie.** Danach ist nur dann ein Ereignis als kausal anzusehen, wenn die Schadensursache nach **allgemeiner Erfahrung üblicherweise** (und nicht nur unter ganz besonderen, im allgemeinen ungewöhnlichen Umständen) geeignet war, den eingetretenen Schaden auszulösen. Wie im Strafverfahren wird auch im Zivilrecht ein Nachweis „mit an Sicherheit grenzender Wahrscheinlichkeit" gefordert.

19.9.3.2 Strafrecht

Im Strafrecht hat die sogenannte **Äquivalenztheorie** (Bedingungstheorie) Gültigkeit. Danach ist ein Erfolg durch eine Handlung dann verursacht, wenn die Handlung nicht hinweggedacht werden kann, ohne daß der Erfolg entfiele. Die Handlung muß also eine „Conditio sine qua non" des Erfolges darstellen. Dabei werden **alle Bedingungen** als **gleichwertig** (äquivalent) angesehen („Äquivalenztheorie").

Diese Kausallehre beinhaltet einen außerordentlich weiten Haftungszusammenhang. Er wird allerdings durch „drei Korrekturen" *(Jescheck)* abgeschwächt:

a) Durch die objektive Zurechnung. „Es darf nicht schlechthin unwahrscheinlich sein, daß die Handlung den Erfolg nach sich zieht" *(Engisch)*.
b) Durch die Merkmale des jeweiligen Tatbestandes.
c) Durch das Erfordernis der Schuld (die Tat muß wenigstens fahrlässig erfolgt sein).

Auch hier ist der Nachweis „mit an Sicherheit grenzenden Wahrscheinlichkeit" oder mit Sicherheit zu führen.

19.9.4 Die Schuldfrage

19.9.4.1 Zivilrecht

Der Arzt haftet nur, wenn die eingetretene Gesundheitsschädigung **schuldhaft** auf einen ärztlichen Behandlungsfehler zurückzuführen war. Zur Klärung dieser Frage sind stets die Kenntnisse der Umstände des Einzelfalles erforderlich. Ein medizinischer Sachverständiger ist unerläßlich.

Schuld ist Vorsatz oder Fahrlässigkeit. Diese sind zivilrechtlich geregelt im § 276 BGB (19.9.2.1 S. 278).

Vorsatz: Er dürfte bei Arzthaftpflichtfragen kaum eine Rolle spielen. Er ist im **Gesetz (BGB)** nicht geregelt, d. h., es fehlt eine Begriffsbestimmung. Es ist aber nach herrschender Lehre **zivilrechtlich** nicht erforderlich, daß der Handelnde etwas „als Endzweck gewollt" hat.

Fahrlässigkeit: Man unterscheidet wie im Strafrecht: Bewußte und unbewußte Fahrlässigkeit (vgl. 19.9.4.2).

Darüber hinaus werden **Grade** der Fahrlässigkeit unterteilt: Leichte, grobe und konkrete Fahrlässigkeit.

Die Abgrenzung ist im Einzelfall Sache des Richters. Das Gesetz stellt jedoch auf ein objektives, abstraktes **Maß** ab, nicht auf die **Person** des Schuldners (anders im Strafrecht!).

Das Maß ist „die im Verkehr erforderliche Sorgfalt". Darunter ist die Sorgfalt zu verstehen, die nach „allgemeiner Verkehrsauffassung" ein gewissenhafter Vertreter des ärztlichen Berufes anwenden würde. Es wird also ein Durchschnittsmaßstab angelegt, „so daß die objektiv erforderliche Sorgfalt beobachtet werden muß" (*H. J. Janssen*).

Die Anforderungen sind streng. Der Arzt muß über die Fortschritte der Heilkunde informiert sein (Fachliteratur!). Über neue Methoden sollen genügende Erfahrungen vorliegen.

Ein **Verschulden** kann schon in der **Fallübernahme** liegen, nämlich dann, wenn der Arzt wissen mußte, daß er aufgrund seiner Erfahrung und Ausbildung gar nicht in der Lage war, den Patienten „lege artis" zu behandeln.

Der Arzt handelt möglicherweise nicht nur schuldhaft durch sein **Tun oder Unterlassen,** sondern auch dann, wenn ein Schaden durch **fehlende oder unzulängliche Aufklärung** entstanden ist.

19.9.4.2 Strafrecht

Bekanntlich hängt das Zustandekommen eines Deliktes von drei Voraussetzungen ab:

- Tatbestandsmäßigkeit
- Rechtswidrigkeit
- Schuld.

Für den medizinischen Sachverständigen handelt es sich meistens um die Frage der Schuld. (Nach der sog. „finalen Handlungslehre" gehören Vorsatz und Fahrlässigkeit allerdings nicht zur Schuld, sondern zur Tatbestandsmäßigkeit.) Zur Schuld gehören, abgesehen von Vorsatz und Fahrlässigkeit, jedenfalls auch noch (nach der finalen Handlungslehre allein) die Schuldfähigkeit (biologisches Schuldelement) und die „Möglichkeit zur Unrechtseinsicht" (normatives Schuldelement).

Es bestehen im wesentlichen fünf Möglichkeiten in bezug auf die innere Einstellung des Verursachenden zu dem von ihm verursachten strafrechtlich relevanten Erfolg (medizinisch: „Mißerfolg“).

Sein Handeln kann erfolgt sein:

a) mit Dolus directus (Vorsatz)
b) mit Dolus eventualis (bedingter Vorsatz)
c) in bewußter Fahrlässigkeit
d) in unbewußter Fahrlässigkeit
e) auch ein Fall schuldloser („zufälliger“) Erfolgsherbeiführung könnte vorliegen.

Vorsatz ist Wissen und Wollen der Tatumstände des gesetzlichen Tatbestandes. Der Täter weiß, was er tut und will auch gerade diesen Erfolg herbeiführen. Der **direkte Vorsatz** umfaßt alles, was der Täter mit seiner Handlung beabsichtigt hat oder als Folge oder Nebenwirkung vorausgesehen und in seinen Willen aufgenommen hat.

Bedingter Vorsatz beinhaltet das, was der Täter als mögliche Nebenwirkung „billigend bzw. zustimmend“ in Kauf genommen hat.

Fahrlässig handelt, wer eine ihm obliegende Sorgfaltspflicht verletzt. Der Vorwurf geht entweder dahin, daß der Täter die Folgen der Tat nicht bedacht hat **(unbewußte Fahrlässigkeit)** oder, daß er sie zwar bedacht, aber infolge Mißachtung seiner Sorgfaltspflicht darauf vertraut hat, die Folgen würden nicht eintreten **(bewußte Fahrlässigkeit).**

Die Grenze zwischen Vorsatz und Fahrlässigkeit liegt sonach zwischen dem Dolus eventualis und der bewußten Fahrlässigkeit.

Strafrechtlich wird ein Arzt wohl überwiegend wegen einer unbewußten Fahrlässigkeit belangt werden, selten wegen einer bewußten. Im übrigen wird bewußte Fahrlässigkeit prinzipiell strafrechtlich nicht anders bewertet als unbewußte.

Es kämen also die Tatbestände der fahrlässigen Tötung (§ 222 StGB) oder der fahrlässigen Körperverletzung (§ 230 StGB) in Betracht.

Bei Vorsatz (direkter oder indirekter) läge Mord oder Totschlag (§ 211 oder § 212) vor.

Körperverletzung mit Todesfolge wäre gegeben (§ 226 StGB), wenn der Tatbestand der Körperverletzung vorsätzlich vorläge und der Tod dann mindestens fahrlässig herbeigeführt worden wäre.

19.9.5 Die Beweislast

Obwohl es sich beim Arzt und Patient um einen Dienstvertrag handelt, sich also der Dienstverpflichtete hinsichtlich eines entstandenen Schadens entlasten müßte, ist durch die Rechtsprechung die Frage der Beweislast anders geregelt worden. Man argumentiert, daß die Tätigkeit des Arztes nicht wie die üblichen Dienstleistungen anderer Art betrachtet werden könnten (Bundesgerichtshof). Es muß sonach der geschädigte Patient, der Schadenersatzansprüche geltend machen will, beweisen, daß das Handeln des Arztes für den Schaden ursächlich war. Es genügt, wenn er dies **wahrscheinlich** macht.

Handelt es sich um **typische** Folgen **grober** Behandlungsfehler, so braucht der Patient den Beweis **nicht** zu führen, sogenannte **„Beweislastumkehr“** beim Beweis des ersten Anscheines (prima-facie-Beweis). Es müßte nunmehr der Arzt beweisen, daß entgegen dem prima-facie-Beweis sein Handeln nicht ursächlich für den eingetretenen Schaden war.

Beim prima-facie-Beweis sind strenge Grundsätze anzulegen, bevor sie zu Lasten des Arztes angewendet werden können.

19.9.6 Beweissicherung

Obwohl weder die **Einwilligung** noch die **Aufklärung** an bestimmte Formen gebunden sind, ist es wichtig, daß der Arzt sich zur evtl. späteren Beweissicherung beides vom Patienten **schriftlich** bescheinigen läßt. Umfang und Inhalt der Aufklärung sollten festgehalten, der konkrete Eingriff genau aufgezeigt werden.

19.10 Arzt-Patient-Vertrag

19.10.1 Arzt und Privatpatient

Die Beziehungen zwischen Arzt und Patient beruhen auf einem bürgerlich-rechtlichen Vertrag, der als **Dienstvertrag** anzusehen ist (§ 611 BGB).

§ 611 BGB
„I. Durch den Dienstvertrag wird derjenige, welcher Dienste zusagt, zur Leistung der versprochenen Dienste, der andere Teil zur Gewährung der vereinbarten Vergütung verpflichtet.
II. Gegenstand des Dienstvertrages können Dienste jeder Art sein."

Im Gegensatz zum Werkvertrag ist der Arzt also nur zur „Leistung der versprochenen Dienste", nicht aber zur Herbeiführung eines bestimmten Erfolges verpflichtet. Einen solchen sollte er auch niemals zusichern.

Der **Arzt** führt seine Dienste in wirtschaftlicher und sozialer **Selbständigkeit** und Unabhängigkeit gegenüber dem Patienten aus. Der Patient hat ihm gegenüber kein Weisungsrecht (Gegenstand des Dienstvertrages können Dienste jeder Art sein) *(Schulz)*. Der Arztvertrag gilt als Vertrag besonderer (oder „höherer") Art.

Der **Vertrag** kommt zustande durch (fast stets nur) **mündliche** oder (selten) **schriftiche Vereinbarung,** in dem der Arzt (auch durch telefonischen!) Ratschlag auf Wunsch des Patienten gleichsam die Behandlung eröffnet (übernimmt).

Bei **Minderjährigen,** die beschränkt geschäftsfähig sind (vgl. Kap. 17), ist der Vertrag wirksam, wenn der Minderjährige die ihm vertraglich obliegende Leistung aus Mitteln bewirkt, die ihm zu diesem Zweck (oder zur freien Verfügung) von dem gesetzlichen Vertreter überlassen worden sind. Steht der Minderjährige mit Zustimmung des gesetzlichen Vertreters in einem Arbeitsverhältnis, ist seine Berechtigung, Verträge abzuschließen, erheblich größer: Er ist unbeschränkt geschäftsfähig für Dinge, die sich aus der Erfüllung seines Arbeitsverhältnisses ergeben, wozu z. B. auch die Erhaltung seiner Gesundheit gehört (vgl. §§ 112, 113 BGB).

Der **Patient** ist dem Arzt zur Zahlung der vereinbarten (oder üblichen) Vergütung verpflichtet (§ 612 BGB).

Der **Laborarzt** (oder sonst zur **Diagnostik** zugezogene Arzt) kann den Untersuchungsauftrag von einem anderen Arzt aber auch unmittelbar vom Patienten erhalten. Natürlich kommen nur in letzterem Fall zwischen Laborarzt und Patienten vertragliche Beziehungen zustande. Sonst ergibt sich ein Vertragsverhältnis zwischen behandelndem Arzt und Laborarzt.

Wird ein Nicht-Kassenpatient in ein Krankenhaus eingewiesen, so kann dann ein Arzt-Patienten-Vertrag zustande kommen, wenn ein sogenannter „gespaltener Krankenhausvertrag" gewählt wird (behandelnder Arzt-Patient sowie Krankenhausträger-Patient).

Andernfalls käme nur eine vertragliche Beziehung mit dem Krankenhausträger in Frage, der sich u. a. verpflichtet, die ärztliche Behandlung durchführen zu lassen.

19.10.2 Arzt und Kassenpatient

Die Rechtsstellung des Kassenarztes gegenüber den Krankenkassen und den Versicherten ist durch Gesetz über das Kassenarztrecht geregelt (Reichsversicherungsordnung, RVO). Die Übernahme der Behandlung verpflichtet den Kassenarzt dem zu Behandelnden gegenüber zur Sorgfalt nach den Vorschriften des bürgerlichen Vertragsrechtes. Es sind also auch im Verhältnis Kassenarzt-Kassenpatient die vertraglichen Haftungsvorschriften des bürgerlichen Rechtes anzuwenden. Auch die Grundsätze über die Haftung für Erfüllungsgehilfen gelten entsprechend, ebenso die Bestimmungen über unerlaubte Handlungen.

Es kommt nicht darauf an, ob der Kassenpatient **voll** geschäftsfähig ist oder nicht *(Schulz)*.

19.11 Herausgabeansprüche von Krankenunterlagen

19.11.1 Vorbemerkungen

Unter Krankenunterlagen werden rechtlich alle **Aufzeichnungen** eines Arztes über Behandlung sowie **alle Gegenstände** (Röntgenbilder usw.) verstanden, die aus Anlaß der Behandlung angefertigt bzw. sichergestellt (Blutproben) worden sind. Die **Berufsordnungen** schreiben vor, daß über wichtige Befunde und Behandlungsmaßnahmen Aufzeichnungen gemacht werden müssen. Sie sollen in der Regel 5 Jahre, Röntgenbilder und Sektionsbefunde 10 Jahre aufbewahrt werden.

19.11.2 Beschlagnahme

Krankenunterlagen können im Strafverfahren, soweit sie einen beschuldigten Patienten betreffen, **nicht** beschlagnahmt werden. (Zeugnisverweigerungsrecht des Arztes, § 97 StPO, vgl. Schweigepflicht).

Voraussetzung ist allerdings, daß sich die Gegenstände usw. im „Gewahrsam des Arztes" befinden. Wird der Arzt von der Schweigepflicht entbunden, entscheidet er über eine etwaige Herausgabe der Unterlagen, da hier Dinge vermerkt sein können, über die der Patient gar nicht entscheiden kann. Eine Rolle spielt ferner noch das Überwiegen eines höheren Rechtsgutes (vgl. auch Schweigepflicht).

Das Beschlagnahmeverbot gilt nicht, wenn der **Arzt** selbst **Beschuldigter** ist. In diesem Fall dürfen Krankenunterlagen als Beweismittel gegen den Arzt verwendet werden.

19.11.3 Herausgabe

Der Arzt ist nicht verpflichtet, Krankenunterlagen Behörden vorzulegen. Das **Sozialgericht** kann zwar Krankenunterlagen heranziehen, jedoch **nicht** gegen den Willen des Arztes. Dieser braucht die Unterlagen auch dann nicht vorzulegen, wenn er von der Schweigepflicht entbunden ist.

Das gleiche gilt im Verfahren der Kriegsopferversorgung.

Dagegen ist der Arzt verpflichtet, dem Träger der Unfallversicherung „Auskunft über die Behandlung und den Stand des Verletzten zu erteilen". Hieraus kann aber keine Verpflichtung zur Vorlegung von Krankenunterlagen abgeleitet werden.

Ist der Arzt von der Schweigepflicht entbunden, so **muß** er als **Zeuge** aussagen. Dadurch können Schwierigkeiten, die durch Nichtherausgabe von Krankenunterlagen entstehen könnten, vermieden werden.

Bei **Krankenhäusern** muß nach Lage des Einzelfalles entschieden werden, ob die Unterlagen **Eigentum** der Anstalt oder des Chefarztes sind. Meist ist die Krankenanstalt als Eigentümerin der Krankenkarteien anzusehen, weil die Kartothek in den Klinikbetrieb eingegliedert ist und es sich um eine Einrichtung des Krankenhauses handelt.

Dem **Patienten** oder einem von ihm Bevollmächtigten (Anwalt, Arzt seines Vertrauens) **muß** der Arzt **Einsicht** in die Aufzeichnungen über objektive physische Befunde und Berichte über Behandlungsmaßnahmen gewähren, wenn ein berechtigtes Interesse geltend gemacht wird (BGH 1982). Dieses grundsätzliche **Einsichtsrecht** ist auch nach Abschluß einer Behandlung und inzwischen beschwerdefreien Patienten für **psychiatrische Behandlungsunterlagen** eingeschränkt; hier muß die Entscheidung dem behandelnden Arzt vorbehalten bleiben (BGH „Parallelurteil"). Das Eigentum an den Behandlungsunterlagen steht dem Arzt zu, aus dem Arztvertrag ergibt sich lediglich ein Auskunfts- und Einsichtsrecht. Bei Privatpatienten ist ein Eigentumsrecht an Röntgenaufnahmen bejaht worden. In jedem Fall kann eine **befristete** Herausgabe, z. B. von Röntgenbildern erforderlich werden (schnelle Vergleichsdiagnose).

19.12 Wissenschaftliche Versuche am Menschen

Wissenschaftliche Versuche am Menschen dürfen nur dann durchgeführt werden, wenn die Versuchspersonen ihre **Einwilligung** gegeben haben. Die Rechtswirksamkeit der Einwilligung setzt eine besonders genaue **Aufklärung** voraus. Selbstverständlich muß der Patient bzw. die Versuchsperson einsichtsfähig sein.

Die Einwilligung zu einer Tötung wäre in keinem Falle rechtswirksam (vgl. 1.6.2 Organentnahme am Lebenden).

Natürlich darf der Eingriff auch nicht „den guten Sitten" widersprechen (vgl. § 226a StGB).

19.13 Gutachten

19.13.1 Vorbemerkungen

Ein **ärztliches Gutachten** ist die auf Grund beruflichen Wissens und beruflicher Erfahrung abgegebene sachverständige Äußerung eines Arztes, die insbesondere für Zivilgerichte, Strafgerichte, Sozialgerichte sowie andere Gerichte oder Behörden abgegeben wird *(Schulz)*.

Nach den **Berufsordnungen** müssen ärztliche Gutachten und Zeugnisse mit der entsprechenden Sorgfalt und nach bestem Wissen und Gewissen ausgestellt werden. Das ärztliche Gutachten ist ein „Instrument zur Wiederherstellung gestörter rechtlicher und sozialer Ordnung“ *(Leithoff)*.

Von besonderer Bedeutung ist die jeweilige **Fragestellung,** die je nach der auftraggebenden Behörde (z. B. Zivil-, Sozial- oder Strafgericht) vom Gutachter verstanden und in entsprechend verständlicher Form beantwortet werden muß (beachte z. B. die verschiedenen Kausallehren!)

19.13.2 Aufbau

Der Aufbau eines Gutachtens wird je nach dem Auftraggeber unterschiedlich sein müssen. So gibt es z. B. sogenannte **„Formulargutachten“,** die häufig von Versicherungsgesellschaften angefordert werden. Hierbei hat der Gutachter ein Formular auszufüllen, das von ihm die gewünschten Informationen „erfragt“.

Beim **freien** (d. h. in der Form dem Gutachter überlassenen) **Gutachten** empfiehlt sich folgende grundsätzliche Gliederung:

I. Ersuchen und Fragestellung.
II. Vorgeschichte aufgrund der Akten (einschließlich früherer Gutachten, Befundberichte, Aktenauszüge usw.).
III. Eigene Untersuchungen.
IV. Beurteilung (keine Beweiswürdigungen! Evtl. Alternativ-Gutachten!). Zum Schluß muß die juristische Beweisfrage beantwortet werden (Kausallehren beachten! Unterschiedliche Anforderungen an die Sicherheit der Aussage im Straf- und Sozialrecht!).
V. Zusammenfassung.

19.13.3 Rechtliche Begriffe (Wahrscheinlichkeitsbegriffe, Kausallehren)

Die Sicherheit, die an die Schlußfolgerungen eines ärztlichen Gutachten gestellt werden, richten sich danach, ob es sich um strafrechtliche, zivilrechtliche oder sozialgerichtliche Fragestellungen handelt.

Im **Strafrecht** gilt der Begriff der „an Sicherheit grenzenden Wahrscheinlichkeit“ oder sogar derjenige der „Sicherheit“. Es werden also sehr hohe Anforderungen gestellt.

Im **Zivilrecht** werden ebenfalls nur Schlußfolgerungen anerkannt, die mit „an Sicherheit grenzender Wahrscheinlichkeit“ oder mit „Sicherheit“ gezogen werden können.

Im **Sozialrecht** gilt die „Wahrscheinlichkeit“, wobei damit gemeint ist, daß die Sicherheit mehr als 50% betragen muß (vgl. auch Kap. 20).

Über die Begriffe des **Vorsatzes** und der **Fahrlässigkeit** wurde bereits berichtet (19.9.4). Das Zivilrecht unterscheidet sich hier zwar nicht vom Straf- jedoch vom Sozialrecht.

Auch die **Kausalitätslehren** des Straf- und Zivilrechts sind abgehandelt worden (19.9.3).

Strafrecht: Äquivalenztheorie
Zivilrecht: Adäquanztheorie

Im **Sozialversicherungsrecht** gilt die **Theorie der wesentlich mitwirkenden Ursache** (vgl. Kap. 20).

19.13.4 Rechte und Pflichten des Arztes als Zeuge und Sachverständiger

19.13.4.1 Zivilrecht

Ein Sachverständiger gilt im Prozeß als „Beweismittel“. Er ist „Gehilfe“ des Gerichtes und hat seine Gutachten nach bestem Wissen und Gewissen zu erstatten. Er darf niemals selbst „Beweiswürdigung“ treiben. Das Gericht zieht ihn zu, wenn seine eigene Sachkunde nicht ausreicht.

Die **Entscheidung** über die Hinzuziehung von Sachverständigen ist in der Zivilprozeßordnung (ZPO) geregelt. An sich liegt eine derartige Entscheidung im richterlichen Ermessen. Der Vorsitzende kann schon vor der Verhandlung Sachverständige einschalten (§ 272b Ziff. 5 ZPO), aber auch zur mündlichen Verhandlung laden. Im Entmündigungsverfahren **muß** ein Sachverständiger zwingend gehört werden (§ 655 ZPO).

Ebenso bei Aufhebung der Entmündigung oder der Aufrechterhaltung derselben ist ein Sachverständiger beizuziehen. Von Bedeutung ist auch der Sachverständige im Ehescheidungsverfahren (z. B. bei impotentia coeundi oder generandi).

Die **Auswahl** der Sachverständigen kann das Gericht im Rahmen seines Ermessens bestimmen. Es soll allerdings einen öffentlich bestellten und vereidigten Sachverständigen auswählen, wenn ein solcher zur Verfügung steht. Es kann auch eine Einigung der Prozeßparteien über die Person des Sachverständigen erfolgen. Ein Sachverständiger kann aus mehreren Gründen abgelehnt werden, auf die hier nicht näher eingegangen werden kann.

Nach der ZPO besteht teilweise eine **Begutachtungspflicht,** wobei drei Tatbestände festgelegt sind. Es muß begutachten:

a) Jemand, der zur Erstattung von Gutachten öffentlich bestellt ist.
b) Jemand, der eine Wissenschaft, Kunst oder ein Gewerbe, deren Kenntnis Voraussetzung der Begutachtung ist, öffentlich zum Erwerb ausübt oder hierfür öffentlich bestellt ist.
c) Jemand, der sich zur Erstellung eines Gutachtens bereit erklärt hat (vgl. § 407 ZPO).

Der Sachverständige hat aber auch ein **Gutachtenverweigerungsrecht.** Grundsätzlich besteht im Gegensatz zur Zeugnispflicht keine Pflicht des Sachverständigen, ein Gutachten zu erstatten. Unter bestimmten Voraussetzungen liegt jedoch eine solche Pflicht vor (siehe oben), die verweigert werden kann, wenn dieselben Gründe vorliegen, die ein Zeugnisverweigerungsrecht begründen (z. B. Verwandtschaft, Verlöbnis, Schweigepflicht, Beamte, die nicht von der Amtsverschwiegenheit entbunden worden sind usw.).

Der Sachverständige hat ferner das **Recht,** Akten einzusehen, Anregungen für Zeugenvernehmungen zu geben, Personen zu befragen und Besichtigungen und Untersuchungen vorzunehmen. Hierüber gibt es zahlreiche Vorschriften, auf die nicht näher eingegangen werden kann. Schließlich hat der Sachverständige auch ein **Recht auf Entschädigung.**

Weigert sich ein zur Erstattung eines Gutachtens **verpflichteter** Sachverständiger, gutachterlich tätig zu werden, so kann er zum Ersatz der durch die Weigerung bedingten Kosten und zu einer Ordnungsstrafe in Geld verurteilt werden. Bei wiederholtem „Ungehorsam" kann auf die Strafe noch einmal erkannt werden (§ 409 ZPO). Der Sachverständige kann allerdings geltend machen, daß er sich für das in Rede stehende Fachgebiet nicht für kompetent hält.

Als **Zeuge** kann der Arzt nur Aussagen machen, wenn er von der ärztlichen Schweigepflicht entbunden ist. Dann allerdings ist er wie jeder andere Zeuge auch hierzu verpflichtet. Gibt er Beobachtungen wieder, die er als Arzt gleichsam „sachverständig" gemacht hat, so gilt er als sogenannter „sachverständiger Zeuge", wobei die Entschädigung als Zeuge erfolgt. Abgesehen von der Schweigepflicht hat er das gleiche Aussageverweigerungsrecht wie jeder andere Zeuge auch.

19.13.4.2 Strafrecht

Im Prinzip gelten die für das Zivilrecht gemachten Ausführungen ebenso für das Strafrecht. Sie sind hier niedergelegt in den §§ 72–93 der Strafprozeßordnung.

Auswahl, Ablehnung, Gutachterpflicht, Verweigerungsrecht, Ungehorsamsfolgen entsprechen praktisch dem oben Gesagten. Auf Einzelheiten kann und braucht deshalb hier nicht noch einmal näher eingegangen zu werden.

19.13.4.3 Falschgutachten

Erstattet der Arzt vor Gericht ein wissentlich falsches Gutachten und wird er vereidigt, so liegt der Tatbestand des **Meineides** vor. Ist das Gutachten fahrlässig falsch, erfolgt Bestrafung wegen **fahrlässigen Falscheides.** Wird er nicht vereidigt, kann er wegen **uneidlicher Falschaussage** belangt werden. Schließlich kommt auch ein Berufsgerichtsverfahren wegen **Verletzung der Berufsordnung** in Betracht.

19.14 Die Schweigepflicht

19.14.1 Rechtsgrundlagen

Die Schweigepflicht ist geregelt im Strafgesetzbuch (§§ 203, 204 und 205) sowie im § 53

StPO. Darüber hinaus bildet sie einen wichtigen Bestandteil der Berufsordnung. Sie wird als eine der wesentlichsten Grundlagen eines Vertrauensverhältnisses zwischen Arzt und Patient angesehen. Eine Verletzung der Schweigepflicht kann daher nicht nur nach dem Strafgesetzbuch, sondern auch im berufsgerichtlichen Verfahren geahndet werden.

§ 203 StGB (auszugsweise)

„I. Wer unbefugt ein fremdes Geheimnis namentlich ein zum persönlichen Lebensbereich gehörendes Geheimnis oder ein Betriebs- oder Geschäftsgeheimnis offenbart, das ihm als
1. **Arzt,** Zahnarzt, Tierarzt, Apotheker oder Angehörigen eines anderen Heilberufes, der für die Berufsausübung oder die Führung der Berufsbezeichnung eine staatlich geregelte Ausbildung erfordert,
2. Berufspsychologen mit staatlich anerkannter wissenschaftlicher Abschlußprüfung ...
4. Ehe-, Erziehungs- oder Jugendberater sowie Berater für Suchtfragen in einer Beratungsstelle, die von einer Behörde oder Körperschaft, Anstalt oder Stiftung des öffentlichen Rechtes anerkannt ist ...

anvertraut worden oder sonst bekannt geworden ist, wird mit Freiheitsstrafe bis zu einem Jahr oder mit Geldstrafe bestraft.

II. Den in Absatz 1 Genannten stehen ihre berufsmäßig tätigen Gehilfen und die Personen gleich, die bei ihnen zur Vorbereitung auf den Beruf tätig sind. Den in Absatz 1 und den in Satz 1 Genannten steht nach dem Tode des zur Wahrung des Geheimnisses verpflichteten ferner gleich, wer das Geheimnis von dem Verstorbenen oder aus dessen Nachlaß erlangt hat.

IV. Die Absätze 1–3 sind auch anzuwenden, wenn der Täter das fremde Geheimnis nach dem Tode des Betroffenen unbefugt offenbart."

§ 204 StGB

„I. Wer unbefugt ein fremdes Geheimnis, namentlich ein Betriebs- oder Geschäftsgeheimnis zu dessen Geheimhaltung er nach § 203 verpflichtet ist, verwertet, wird mit Freiheitsstrafe bis zu 2 Jahren oder mit Geldstrafe bestraft.

II. § 203 Abs. 4 gilt entsprechend."

§ 205 StGB

„I. In den Fällen des § 201 Abs. 1 und 2 und der §§ 202–204 wird die Tat nur auf Antrag verfolgt.

II. Stirbt der Verletzte, so geht das Antragsrecht nach § 77 Abs. 2 auf die Angehörigen über. Gehört das Geheimnis nicht zum persönlichen Lebensbereich des Verletzten, so geht das Antragsrecht bei Straftaten nach den §§ 203 und 204 auf die Erben über. Offenbart oder verwertet der Täter in den Fällen der §§ 203 und 204 das Geheimnis nach dem Tode des Betroffenen, so gelten die Sätze 1 und 2 sinngemäß."

§ 53 StPO (Auszug)

„I. Zur Verweigerung des Zeugnisses sind ferner berechtigt ...
3. Rechtsanwälte, Patentanwälte, Notare, Wirtschaftsprüfer, vereidigte Buchprüfer, Steuerberater, Steuerbevollmächtigte, **Ärzte,** Zahnärzte, Apotheker und Hebammen über das, was ihnen in dieser Eigenschaft anvertraut worden oder bekannt geworden ist ...

3a. Mitglieder oder Beauftragte einer ermächtigten Beratungsstelle nach § 218c des Strafgesetzbuches oder einer zur Begutachtung nach § 219 des Strafgesetzbuches zuständigen Stelle über das, was ihnen in dieser Eigenschaft anvertraut worden oder bekannt geworden ist ...

II. Die in Absatz 1 Nr. 2 bis 3a Genannten dürfen das Zeugnis nicht verweigern, wenn sie von der Verpflichtung zur Verschwiegenheit entbunden sind."

Auch **zivilrechtlich** hat der Arzt seine Schweigepflicht vor Gericht grundsätzlich zu wahren. Ist durch Bruch der Schweigepflicht ein Schaden entstanden, so haftet der Arzt auch im Zivilrecht aus Vertragsverletzung, Geschäftsführung ohne Auftrag oder aus unerlaubter Handlung (vgl. 19.9.2).

Es sind nun einige sich aus den Gesetzestexten ergebenden Begriffe zu klären.

19.14.2 Anvertrautes Geheimnis

Der Geheimnischarakter ist nicht davon abhängig, ob ein bestimmter Personenkreis das Geheimnis kennt. Es müssen allerdings geheime Tatsachen sein, d. h., sie dürfen nur einem beschränkten Personenkreis bekannt sein. Eine Tatsache, die bereits offenkundig ist, kann nicht mehr Gegenstand eines Privatgeheimnisses sein. Träger des Geheimnisses (Geheimnisherr) ist der Patient (evtl. Eltern oder Verwandte), Geheimnisbewahrer der Arzt (bzw. auch Hilfspersonen, Studenten usw.).

Zum Geheimnis gehören für den Arzt alle Tatsachen, die die **Person** des Patienten oder seinen **Umkreis** betreffen. Hierzu gehören auch alle nichtmedizinischen Angelegenheiten des Patienten, z. B. Familienangelegenheiten, berufliche Dinge usw.

Das „Geheimnis" muß dem Arzt in seiner Eigenschaft „als Arzt" „anvertraut" oder „sonst bekannt geworden" sein.

Ein derartiges Bekanntwerden kommt auch bei Bewußtlosen (Diagnose) in Betracht (Arztvertrag! Geschäftsführung ohne Auftrag!).

Auch ein **Minderjähriger** hat Anspruch auf die Wahrung der Schweigepflicht. Je nach Alter könnte er selbst (und gegebenenfalls später) oder der gesetzliche Vertreter Strafantrag stellen. Kommt ein Behandlungsvertrag mit den Eltern zustande, so besteht ihnen gegenüber die Mitteilungspflicht, Dritten gegenüber Schweigepflicht.

19.14.3 Unbefugte Offenbarung

Eine **Offenbarung** ist gegeben, wenn das Geheimnis einem Dritten, dem es nicht bekannt (oder nicht sicher bekannt) war, mitgeteilt wird. Vorsicht ist geboten bei wissenschaftlichen Veröffentlichungen (keine Namensnennungen von Patienten, keine Beschreibungen, aus denen ersichtlich werden könnte, um wen es sich handelt usw.), bei Patientenvorstellungen (Einwilligung einholen!). Innerhalb eines Kreises von Wissenden hat der Arzt das Recht, über das Geheimnis zu sprechen. Diese „Hilfspersonen" oder Studenten usw. (vergleiche § 203, Absatz III StGB) sind mit in die Schweigepflicht kraft Gesetzes einbezogen.

Die Offenbarung muß **unbefugt** sein, andernfalls hätte der Arzt das **Recht** zu offenbaren, also die Schweigepflicht zu durchbrechen. Unbefugt bedeutet also nicht etwa „ohne Einwilligung", sondern soviel wie „ohne Rechtfertigung". Eine **Befugnis** wäre also als Rechtfertigungsgrund anzusehen. Darüber hinaus kann aber sogar eine **Pflicht** zur Offenbarung gegeben sein.

19.14.4 Die Befugnisse zur Offenbarung

19.14.4.1 Entbindung von der Schweigepflicht

Entbindet der Patient den Arzt von der Schweigepflicht, so ist der Arzt **befugt** den Personen gegenüber, für die ihm die Befugnis erteilt wurde, zu offenbaren. Er muß dies allerdings nicht tun. Meist erfolgt die Entbindung auch nur für bestimmte Zwecke und bestimmte Personengruppen. (Generelle Entbindung kann z. B. gegenüber Krankenversicherungen erfolgen.)

Handelt es sich um Geheimnisse über einen Dritten, muß auch die Erlaubnis der Person vorliegen, die das Geheimnis betrifft. Der Patient kann die Entbindung von der Schweigepflicht nach seinem Ermessen einschränken oder auch widerrufen.

Es gibt allerdings einen Fall, bei dem der Arzt **verpflichtet** ist, nach der Entbindung zu offenbaren, nämlich dann, wenn er als **Zeuge** (oder als Sachverständiger) vor **Gericht** steht.

19.14.4.2 Interessenkollision (Pflichtenkollision)

Früher sprach man gern vom Schutz eines „höherwertigen Rechtsgutes". Heute formuliert man, daß nach den Grundsätzen der „Pflichtenkollision" (Interessenkollision) zu entscheiden sei, ob die Pflicht zum Schweigen oder zum Offenbaren die höhere ist.

Erfährt der Arzt z. B. in Zusammenhang mit einer Schußverletzung von einem Verbrechen, so **kann** er Anzeige erstatten. Das gleiche gilt für Abtreibungen, epileptische Kraftfahrer und anderes mehr.

Keinesfalls besteht aber eine Verpflichtung des Arztes zu einer Anzeige oder Meldung an die entsprechende Behörde. Hier hat er selbst abzuwägen, welches für ihn das „höhere Rechtsgut" darstellt.

Zur Offenbarung ist er auch befugt, wenn es darum geht, erhebliche Eigeninteressen zu wahren (Honorarfragen; wenn der Arzt selbst Beschuldigter in einem Strafverfahren ist usw.).

19.14.4.3 Offenbarungsbefugnis gegenüber anderen Ärzten oder Hilfspersonen

Eine derartige Befugnis wäre gegeben, wenn sie zur Erfüllung der beruflichen Aufgaben erforderlich wäre (Diktieren der Krankengeschichte, Einsenden von Untersuchungsmaterial an Speziallaboratorien, Mitteilungen innerhalb einer Klinikabteilung usw.).

Gegenüber anderen Ärzten, die nicht an der Behandlung beteiligt sind, ist der Arzt zur Berufsverschwiegenheit verpflichtet. Ein mit Einverständnis des Patienten zugezogener Facharzt kann natürlich über den Befund informiert werden.

19.14.4.4 Schweigepflicht nach dem Tode des Patienten

Auch nach dem Tode besteht die Schweigepflicht fort (vergleiche § 203 StGB). Sie kann jedoch bei Abwägung höherer Rechtsgüter (Interessenkollision) durchbrochen werden. Soll z. B. ein Arzt als Zeuge vor Gericht vernommen werden und es würde wesentlich zur Entlastung eines Angeklagten (z. B. bei Mord) beitragen, wenn der Arzt über den psychischen Zustand des Ermordeten Auskünfte erteilt, kann dies als höheres Rechtsgut angesehen werden.

Auch, wenn eine Auskunft im Sinne des toten Patienten wäre, dürfte der Arzt offenbaren.

Somit entscheidet letzten Endes über die **Schweigepflicht nach dem Tode** der **Arzt** selbst. In **keinem Fall** kann er etwa von den **Angehörigen des Toten** von der Schweigepflicht **entbunden** werden.

19.14.4.5 Befugnis zur Offenbarung gegenüber Versicherungen und Arbeitgebern

a) **Arbeitgeber:** Gegenüber Arbeitgebern besteht grundsätzlich Schweigepflicht. Erkrankt ein Arbeitnehmer, so darf (und muß) der Arzt nur die **Tatsache der Erkrankung** und die voraussichtliche **Dauer** derselben, jedoch nicht die Diagnose mitteilen.
   Das gleiche gilt prinzipiell auch für Einstellungsuntersuchungen durch den **Werksarzt.** Er darf nur mitteilen, ob der Betreffende für die jeweilige Arbeit gesundheitlich geeignet ist oder nicht. Allerdings wird auch eine **Entbindung** durch **„schlüssiges Handeln"** diskutiert. Dieses wird dann angenommen, wenn jemand z. B. auf Aufforderung zum **Vertrauensarzt** geht. Auch beim **Werksarzt** ist erörtert worden, ob nicht durch das Sich-Einfinden zur Untersuchung schon eine Entbindung von der Schweigepflicht gegeben sei. Wollte man einer solchen – strittigen! – Auffassung folgen, so dürfte die Entbindung nur für das wesentliche Ergebnis der jeweiligen einzelnen Untersuchung angenommen werden. Allgemein empfiehlt es sich jedoch, die Schweigepflicht strenger auszulegen.
b) **Versicherungen:** Bei Versicherungen muß zunächst grundsätzlich zwischen Privat- und Sozialversicherungen unterschieden werden.
   Privaten Versicherungen gegenüber besteht an sich grundsätzlich die volle Schweigepflicht. Allerdings sind meist in den Versicherungsverträgen generelle Entbindungen enthalten. Derartige **„generelle Entbindungen"** werden zwar überwiegend als zulässig angesehen, sind aber rechtlich zumindest strittig.
   Gegenüber den **Sozialversicherungen** werden die Auskunftspflichten des Arztes durch die Reichsversicherungsordnung geregelt („Bresche, die *Bismarck* in die Schweigepflicht geschlagen hat"). Diese betreffen natürlich nur die zur Versorgung zugelassenen Kassenärzte. Für diese ergibt sich allerdings eine Rechtspflicht insoweit, als die Auskunftspflichten auf der RVO in Verbindung mit dem Bundesmantelvertrag (vgl. Kap. 20) beruhen. Diese Auskünfte müssen insoweit erteilt werden, als sie die Krankenkassen zur Durchführung ihrer Aufgaben benötigen. Diese Vorschriften sind aber nach *Eberhard Schmidt* eng auszulegen. Auch sie setzen nämlich voraus, daß der **Versicherte** seine **Einwilligung** erteilt hat. Eine „schrankenlose Durchbrechung der Schweigepflicht" *(Schulz)* ist schon deshalb nicht möglich, weil der **Versicherte** jederzeit das **Recht** hat, auf die Leistungen der Versicherungen zu **verzichten.**

Zusammenfassend läßt sich also feststellen: Der Patient kann bei allen (privaten und sozialen) Versicherungen auf der Schweigepflicht des Arztes bestehen. Er wird dann allerdings auf die Leistungen der Versicherungen verzichten müssen.

19.14.5 Die Pflicht zur Offenbarung

19.14.5.1 Rechtspflicht nach dem Strafgesetzbuch

Der Arzt ist zur Offenbarung verpflichtet, wenn die Tatbestände der §§ 138 und 139 StGB vorliegen.

§ 138 StGB

„I. Wer von dem Vorhaben oder der Ausführung
1. einer Vorbereitung eines Angriffskrieges (§ 80),
2. eines Hochverrates in den Fällen der §§ 81–83, Absatz 1,
3. eines Landesverrates oder einer Gefährdung der äußeren Sicherheit in den Fällen der §§ 94–96, 97a oder 100,
4. einer Geld- oder Wertpapierfälschung in den Fällen der §§ 146, 151 oder 152,
5. eines Menschenhandels in den Fällen des § 181, Nr. 2,
6. eines Mordes, Totschlags oder Völkermordes (§ 211, 212, 220a),
7. einer Straftat gegen die persönliche Freiheit in den Fällen der §§ 234, 234a, 239a oder 239b,
8. eines Raubes oder einer räuberischen Erpressung (§§ 249–251, 255) oder
9. einer gemeingefährlichen Straftat in den Fällen der §§ 306–308, 310b, Absatz 1–3, des § 311, Absatz 1–3, des § 311a, Absatz 1–3, der §§ 311b, 312, 313, 315, Absatz 3, des § 315b, Absatz 3, der §§ 316a, 316c oder 324

zu einer Zeit, zu der die Ausführung oder der Erfolg noch abgewendet werden kann, glaubhaft erfährt und es unterläßt, der Behörde oder dem Bedrohten rechtzeitig Anzeige zu machen, wird mit Freiheitsstrafe bis zu fünf Jahren oder mit Geldstrafe bestraft.

II. Wer die Anzeige leichtfertig unterläßt, obwohl er von dem verbrecherischen Vorhaben glaubhaft erfahren hat, wird mit Freiheitsstrafe bis zu einem Jahr oder mit Geldstrafe bestraft."

§ 139 StGB

„I. Ist in den Fällen des § 138 die Tat nicht versucht worden, so kann von Strafe abgesehen werden.

II. Ein Geistlicher ist nicht verpflichtet anzuzeigen, was ihm in seiner Eigenschaft als Seelsorger anvertraut worden ist.

III. Wer eine Anzeige unterläßt, die er gegen einen Angehörigen erstatten müßte, ist straffrei, wenn er sich ernsthaft bemüht hat, ihn von der Tat abzuhalten oder den Erfolg abzuwenden, es sei denn, daß es sich um einen Mord oder Totschlag (§§ 211, 212) oder einen Völkermord in den Fällen des § 220a, Absatz 1, Nr. 1 handelt. Unter denselben Voraussetzungen ist ein Rechtsanwalt, Verteidiger oder Arzt nicht verpflichtet anzuzeigen, was ihm in dieser Eigenschaft anvertraut worden ist.

IV. Straffrei ist, wer die Ausführung oder den Erfolg der Tat anders als durch Anzeige abwendet. Unterbleibt die Ausführung oder der Erfolg der Tat ohne Zutun des zur Anzeige Verpflichteten, so genügt zu einer Straflosigkeit sein ernsthaftes Bemühen, den Erfolg abzuwenden."

In § 138 ist für den Arzt keine Ausnahme vorgesehen. Im § 139 wird er dagegen denjenigen gleichgestellt, die Anzeige gegen einen Angehörigen erstatten müßten und straffrei bleiben (abgesehen von geplantem Mord, Totschlag oder Völkermord), wenn sie sich ernsthaft bemühen, den Täter von seiner Tat abzuhalten. Für den **Arzt** ist also hier der **Patient** wie ein **Angehöriger** behandelt worden. Im Gegensatz zum **Geistlichen,** der eine **absolute** Schweigepflicht hat, ist die Schweigepflicht des Arztes also nur eine **relative.**

19.14.5.2 Bundesseuchengesetz, Gesetz zur Bekämpfung der Geschlechtskrankheiten

Eine Rechtspflicht zur Offenbarung liegt ferner vor aufgrund des **Bundesseuchengesetzes.** Hiernach hat der Arzt spätestens 24 Stunden nach erlangter Kenntnis über Erkrankungen, die im Bundesseuchengesetz aufgeführt sind (bei bestimmten Krankheiten auch über Verdachts- und Todesfälle), dem zuständigen **Gesundheitsamt** Meldung zu erstatten. Zu derartigen Krankheiten gehören u. a.:

- Pocken
- Botulismus
- Cholera
- Kinderlähmung
- Milzbrand
- Paratyphus
- Typhus
- Ruhr
- Tollwut
- Diphtherie
- Scharlach
- Hepatitis infectiosa

u. a. m.

Die Form der Meldung ist nicht vorgeschrieben. Sie kann auch telephonisch erfolgen.

Nach dem **Gesetz zur Bekämpfung der Geschlechtskrankheiten** besteht eine Meldepflicht in „beschränktem Umfang". Der Kranke ist nämlich nur dann **namentlich** zu melden, wenn er sich weigert, die Behandlung durchzuführen, eine ernsthafte Gefahr für die Umgebung bildet, offensichtlich falsche Angaben über die Ansteckungsquellen macht, das 18. Lebensjahr noch nicht vollendet hat und sittlich gefährdet erscheint.

Die Meldung hat ebenfalls an das **Gesundheitsamt** zu erfolgen.

19.14.5.3 Weitere Meldepflichten (Geburt, Tod, Berufskrankheiten)

Diese ergeben sich zunächst aus dem **Personenstandsgesetz.** Hiernach ist dem **Standesamt** Anzeige über Geburten und Todesfälle zu machen, falls die Angehörigen dieser Verpflichtung nicht nachkommen sollten.

Ferner müssen (anerkannte) **Berufskrankheiten,** die bei Versicherten diagnostiziert werden, dem **Versicherungsamt** angezeigt werden.

Schließlich gilt die Verpflichtung, das **Gesundheitsamt** zu benachrichtigen, wenn die Angehörigen von minderjährigen Körperbehinderten deren Behandlung nicht durchführen lassen oder vernachlässigen.

19.14.6 Übersicht über Befugnis und Pflicht zur Offenbarung

Befugnis

- Bei Entbindung von der Schweigepflicht
- Pflichtenkollision
- Hilfspersonen, die an der Behandlung beteiligt sind
- Nach dem Tod des Patienten (mutmaßlicher Wille, Pflichtenkollision)
- Sozialversicherungen (beschränkt)
- Arbeitgeber (nur Tatsache der Erkrankung und voraussichtliche Dauer = Pflicht)

Pflicht

- §§ 138, 139 StGB
- Bundesseuchengesetz
- Geschlechtskrankheiten (Name nur in Sonderfällen)
- Geburt und Tod (in Sonderfällen)
- Berufskrankheiten der Versicherten
- Bei Entbindung als Zeuge (oder Sachverständiger) vor Gericht.

19.15 Zwangsunterbringung

Eine Zwangsunterbringung ist nur nach Anordnung durch den Richter möglich. Wurde von Kranken oder Süchtigen eine Straftat begangen, so ergibt sich die Unterbringung nach den §§ 63 und 64 (vergleiche hierzu 17.1). Eine Unterbringung kann auch nach dem Bundesseuchengesetz und dem Gesetz zur Bekämpfung der Geschlechtskrankheiten erfolgen.

In den Ländergesetzen ist die Unterbringung von Geisteskranken, Geistesschwachen und Süchtigen geregelt. Voraussetzung ist, daß das Verhalten der Einzuweisenden eine Gefahr für sie selbst oder für die öffentliche Sicherheit und Ordnung darstellt und andere Maßnahmen nicht zum Ziele führen würden. Eine vorläufige Unterbringung **muß** am **folgenden Tag** durch den **zuständigen Amtsrichter** angeordnet werden, da sonst die strafbare Freiheitsberaubung vorläge. Meist müssen zur Unterbringung zwei Gutachten (ein amtsärztliches) eingeholt werden.

19.16 Insemination

19.16.1 Homologe Insemination

Unter homologer Insemination wird die künstliche Befruchtung einer Ehefrau mit dem Samen ihres Ehemannes verstanden. Erfolgt diese mit Einverständnis beider Partner, hat sie weder zivil- noch strafrechtliche

Folgen. Das hieraus hervorgehende Kind gilt als ehelich. Bei Insemination ohne Einverständnis der Ehefrau kann diese Haftpflichtansprüche geltend machen. (Gegen den Ehemann und gegen den Arzt. Auch strafrechtliche Anzeige ist möglich: Ärztlicher Eingriff ohne Einwilligung.)

19.16.2 Heterologe Insemination

Hierunter wird die Befruchtung einer Ehefrau mit dem Samen eines Dritten oder mit dem Samengemisch mehrerer fremder Männer, das heißt nicht demjenigen des Ehemannes verstanden (donogene Insemination). Ebenso die Befruchtung einer unverheirateten Frau.

Bei Einverständnis beider Eheleute ergeben sich keine **strafrechtlichen Folgen** (sonst: Körperverletzung, Nötigung oder Beleidigung. Keine Notzucht, da keine Vereinigung der Geschlechtsorgane gegeben ist). **Zivilrechtlich** kann der Ehemann trotz ursprünglicher Einwilligung später die **Ehelichkeit des Kindes anfechten!** Auch das Kind kann später nach dem neuen Recht auf Feststellung der Vaterschaft klagen. Spender oder Arzt könnten dann haftpflichtig werden (Alimente!).

19.16.3 Sterilisation und Kastration

19.16.3.1 Sterilisation

Unter Sterilisation versteht man die Unterbindung der Samen- oder Eileiter auf operativem Wege. Die Sterilisation ist **erlaubt** bei:

Medizinischer Indikation (zur Heilung einer Krankheit, aber auch aus prophylaktischen Gründen, die eine genaue medizinische Indikationsstellung haben müssen).

Ohne medizinische Anzeige ist nach einem BGH (Bundesgerichtshof)-Urteil bei rechtswirksamer Einwilligung kein Tatbestand des § 226a, aber auch sonst kein Straftatbestand gegeben. Inwieweit hier noch eine allgemeine Rechtsregelung durch Gesetz erfolgen wird, bleibt abzuwarten. Die ursprüngliche Regelung im § 14 des Gesetzes zur Verhütung erbkranken Nachwuchses, das bezüglich des § 14 als partielles Bundesrecht weitergalt, ist durch Artikel 8, Nr. 1 des 5. StrRG (Gesetz zur Reform des Strafrechtes) aufgehoben worden.

19.16.3.2 Kastration

Kastration ist die Unfruchtbarmachung durch operative, physikalische (Bestrahlung) oder chemische Ausscheidung bzw. Entfernung der Keimdrüsen (Hoden, Eierstöcke). Abgesehen von **medizinischen Indikationen** (Tumoren, Prostata-Karzinom usw.) spielt sie vor allem bie Sexualstraftätern eine **rechtliche Rolle.**

Sie ist geregelt im „Gesetz über die freiwillige Kastration und andere Behandlungsmethoden" vom 14. 8. 1969, zuletzt geändert durch das 4. Gesetz zur Reform des Strafrechtes (4. StrRG).

Danach ist die durch einen Arzt vorgenommene Kastration nicht als Körperverletzung strafbar, wenn

a) der Betroffene einwilligt,
b) die Behandlung lege artis angezeigt ist, um bei dem Betroffenen schwerwiegende Krankheiten, seelische Störungen oder Leiden, die mit seinem abnormen Geschlechtstrieb zusammenhängen, zu verhüten, zu heilen oder lindern,
c) der Betroffene das 25. Lebensjahr vollendet hat,
d) für ihn körperlich oder seelisch keine Nachteile zu erwarten sind, die in keinem Verhältnis zu dem angestrebten Erfolg stehen,
e) die Behandlung lege artis erfolgt;
f) die Kastration ist auch dann nicht strafbar, wenn bei dem Betroffenen ein abnormer Geschlechtstrieb gegeben ist, der nach seiner Persönlichkeit und bisherigen Lebensführung die Begehung rechtswidriger Taten im Sinne der §§ 175–179, 183, 211, 212, 223–226 StGB erwarten läßt und die Kastration angezeigt ist, um der Gefahr zu begegnen und dem Betroffenen bei seiner künftigen Lebensführung zu helfen (vgl. auch Kapitel 18).

Die **Einwilligung** ist nur nach **Aufklärung** wirksam. Sie ist nicht deshalb unwirksam, weil sich der Betroffene in einer Strafanstalt befindet.

In bestimmten Fällen muß der Betroffene einen Vormund oder Pfleger erhalten.

Eine Kastration **gegen den Willen,** also ohne das Vorliegen einer Einwilligung, ist **nicht möglich.**

19.17 AIDS

Die mit AIDS zusammenhängenden **rechtlichen** Fragen sind z. T. noch nicht ausdiskutiert.

Für den Arzt ergeben sich nach *Horst Herzog* (Medizinrecht 1988, 6. Jahrg., Heft 6, S. 289–292) im wesentlichen die folgenden Gesichtspunkte:

a) Selbstverständlich ist, daß AIDS-Kranke, wie alle anderen Patienten behandelt werden müssen **(Behandlungs-Ablehnung wegen AIDS gibt es nicht!)**
b) Der Patient **kann** den AIDS-Test verweigern. Hierdurch könnte allerdings das Vertrauensverhältnis zwischen Arzt und Patient erheblich gestört werden.
c) Der **Arzt ist verpflichtet,** dem Patienten auch einen **positiven AIDS-Test mitzuteilen.** (Sonst wäre möglicherweise eine Körperverletzung gegeben oder der evtl. entstandene Schaden ersatzpflichtig). Dennoch ist die psychische Situation des Patienten durch den Arzt zu beachten.
d) Die **Blutentnahme zum AIDS-Test** darf nur mit Zustimmung des Patienten durchgeführt werden und zwar deshalb, weil hier das Selbstbestimmungsrecht des Patienten besonders tangiert wird. Dies hat juristisch als herrschende Meinung zu gelten! Die Einwilligung des Patienten kann auch konkludent erteilt werden, d. h., wenn der Patient um eine allgemeine, umfassende, alle seine Symptome betreffende Untersuchung gebeten hat. Die Testdurchführung ohne Einwilligung wäre rechtswidrig (Körperverletzung). Es kann jedoch ein „höheres Rechtsgut" für die Durchführung eines AIDS-Testes sprechen (z. B. kann eine Gefahr für die schwangere Ehefrau des Patienten gegeben sein). (Vgl. § 34 des StGB.)
   Wird bei einer Blutentnahme für verschiedene Untersuchungen, für die der Patient seine Einwilligung erteilt hat, auch ein AIDS-Test durchgeführt, kommen nur Schadenersatzansprüche in Betracht; es sei denn, daß der Patient eine AIDS-Untersuchung ausdrücklich verweigert hat (dann läge wiederum der Tatbestand der Körperverletzung vor).
e) **Heimliche AIDS-Tests** zum Schutz des Arztes und Personals können **nicht** nach § 34 StGB **gerechtfertigt** werden, da hier eine gegenwärtige Gefahr Voraussetzung ist, die durch entsprechendes Verhalten des Arztes (Hygiene-Vorschriften!) abgewendet werden kann.
f) **Schweigepflicht:** AIDS unterliegt nicht dem Gesetz zur Bekämpfung der Geschlechtskrankheiten und ist auch nicht in das Bundesseuchengesetz aufgenommen worden. Eine Meldepflicht besteht allerdings (nach der Laborberichtsverordnung vom 18. 12. 1987) an das zuständige Infektionsregister beim Bundesgesundheitsamt, natürlich aber anonym (Zuwiderhandlungen sind Ordnungswidrigkeiten).
   Anstaltsärzte im Strafvollzug sind allerdings zur Information der Anstaltsleitung verpflichtet. Der Arzt ist also prinzipiell zum Schweigen verpflichtet, es sei denn, es läge ein Fall des § 34 StGB vor (Ausübung einer Befugnis – keine Rechtspflicht!).
   Steht ein nicht-infizierter **Ehegatte** in Behandlung desselben Arztes, so besteht eine Garantenstellung des Arztes. Hierbei nimmt man den Vorrang der Garantenstellung vor der Schweigepflicht an, der Arzt darf also die Ehefrau informieren. Diese Auslegung scheint allerdings nicht ganz unumstritten zu sein.
g) Bei Untersuchungen von **Schülern** bzw. von Eltern mitgeteilten Symptomen ist der Arzt berechtigt, die Schulleitung zu informieren, sofern dies die Eltern nicht selbst tun.
h) **Strafbare Handlung** ist immer dann gegeben, **wenn HIV-Infizierte denTod oder die Erkrankung eines Intimpartners billigend in Kauf nehmen.** Hierfür ist aber der Nachweis erforderlich, daß eine Infektion durch eine bestimmte Person erfolgt ist. Vorsatz und Fahrlässigkeit müssen wie stets exakt voneinander abgegrenzt werden.

i) Die **Blutentnahme nach § 81 a StPO:** Hier ist der Grundsatz der Verhältnismäßigkeit zu beachten. Die mit der Aufklärung der Tat verbundenen Folgen dürfen den Täter nicht stärker belasten als die zu erwartende Strafe (entsprechend einem Urteil des Bundesverfassungsgerichtes). *Penning* und *Spann* (Medizinrecht 1987, 5. Jahrg., Heft 4, S. 171–176) fordern daher eine Erweiterung des § 81 a StPO (z. B. bei Vergewaltigung: Das Opfer kann in manchen Fällen gerade wissen wollen, ob der Vergewaltiger AIDS hatte, in anderen Fällen will es das Opfer aber gar nicht wissen). Bei schwerer Körperverletzung und bei Tötungsdelikten wird bei entsprechender Vorgeschichte eine Blutentnahme nach § 81 a allerdings für unproblematisch gehalten.

k) Bei **gerichtlichen Obduktionen** bestehen gegen einen AIDS-Test, insbesondere wenn der Verstorbene Risikogruppen angehört hat, keine Bedenken. Geheimnisherr ist in diesen Fällen der Staatsanwalt oder das Gericht.

20 Versicherungsmedizin

20.1 Allgemeine Vorbemerkungen

Beim Vergleich hochtechnisierter, moderner Industriestaaten wird man neben dem Entwicklungsstand ihrer Wirtschaft, Industrie und Technik sowie der Dimension des rechtlich geschützten individuellen Spielraums an Freiheit auch den Umfang der in diesen Staaten den Arbeitnehmern garantierten, sozialen Sicherung bewerten müssen. „Ein Handeln in Freiheit setzt nach den Grundgedanken der Verfassung auch soziale Sicherheit voraus" (Sozialenquête).

In dem **System der sozialen Sicherung** (Vorsorge, Versicherung, Versorgung, Fürsorge, Sozialhilfe) kommt in der Bundesrepublik Deutschland (ein demokratischer und sozialer Rechtsstaat) der **Sozialversicherung,** die für die versicherungspflichtigen Arbeiter und Angestellten eine öffentlich rechtliche Zwangsversicherung ist, eine besonders große Bedeutung zu: 90% der Bevölkerung gehört heute zu den Pflichtversicherten, die auf die Leistungen der Sozialversicherung grundsätzlich einen Rechtsanspruch haben. Der Arzt und seine ärztliche Tätigkeit werden in diesem System zur Abdeckung der Risiken von Krankheit, Unfall und Erwerbsunfähigkeit von der Versicherung als „Sachleistung" dem Versicherten zur Vorsorge, Diagnostik, Therapie und Rehabilitation angeboten. Außerdem wird die ärztliche Leistung bei der Beurteilung und Begutachtung von sogenannten „Versicherungsfällen" benötigt.

Nicht nur der Kassen-, Durchgangs- oder Vertrauensarzt, sondern jeder Mediziner sollte sich daher einen Überblick über die Zweige der Sozialversicherung, ihrer jeweiligen Versicherungsträger und über die verschiedenen Risiken verschaffen sowie die Grundzüge und Begriffe des Sozialversicherungsrechts kennen. Da der Teil Versicherungsmedizin im GK zugunsten der Arbeits- und Sozialmedizin gekürzt worden ist, soll der Überblick knapp gehalten und die in der **Rechtsmedizin** häufiger zu begutachtenden Sachverhalte aus der Kranken- und Unfallversicherung ausführlicher dargestellt werden.

20.2 Geschichtliche Entwicklung

Die Industrialisierung des vorigen Jahrhunderts mit dem raschen Wachstum der Großbetriebe und dem rapiden Anstieg der Zahl von meist mittellosen Industriearbeitern schuf Verhältnisse, für die die damalig meist zufällig entstandenen Fürsorgemaßnahmen nicht mehr ausreichten. Das Grundkonzept – heute noch in der Sozialgesetzgebung lebendiger Leitgedanke – geht auf die Bemühungen Bismarcks zurück, die Risiken und Folgelasten von „Betriebsunfällen", „Krankheit", „Alter" und „Invalidität" durch gesetzlichen Zwang „unter staatlichem Schutz und staatlicher Förderung" von einer Gefahrengemeinschaft übernehmen zu lassen. Sie sind in der von ihm verfaßten Botschaft Kaiser Wilhelm I. an den Reichstag vom 17. 11. 1881 enthalten. Die entsprechenden Gesetze hierzu ergingen in den Jahren 1883–1889; 1911 wurden sie in der Reichsversicherungsordnung (RVO) zusammengefaßt und in der Folgezeit durch Neuregelungen und weitere Sozialgesetze ergänzt.

Derzeit wird die soziale Krankenversicherung auch als Teil der Marktwirtschaft interpretiert; so bewirkt z. B. ein Arzt für Allgemeinmedizin mit 1000 Scheinen pro Quartal durch seine Arbeitsunfähigkeitsbescheinigungen die Auszahlung von nahezu 2 Mio. DM Lohnfortzahlung und Krankengeld pro Jahr.

20.3 Privatversicherung

Die allgemeine Entwicklung auf dem Gebiet der sozialen Sicherung mit der Tendenz zum Prinzip einer umfassenden, staatlichen medizinischen Versorgung, der Übernahme auch des Angestellten mit einem unter einer bestimmten Grenze liegenden Jahresarbeitsentgelt und die Einführung des „klassenlosen Krankenhauses" mit dem Ziel der Abschaffung des „Privatpatienten" hat die Bedeutung der Privatversicherungen weitgehend zurückgedrängt. Ihre Prämien und Leistungen sind teils dem Bedürfnis eigener Sicherung vom Versicherten selbst bestimmbar, teils können selbständige Teilversicherungen mit Sondertarifen, z. B. für Ärzte abgeschlossen werden.

20.3.1 Private Krankenversicherung

In der privaten Krankenversicherung werden **Krankheitskostentarife,** selbständige **Teilversicherungstarife** (z. B. für Krankenhausaufenthalt, Krankenhauskosten, Operationskosten, Kosten für kieferorthopädische Maßnahmen, Krankenhaustagegeld) und **Krankentagegeldtarife** unterschieden. Vorsätzlich herbeigeführte Krankheiten und solche, die auf Sucht oder alkoholbedingte Bewußtseinsstörungen zurückzuführen sind, befreien den Versicherer von der Leistung.

20.3.2 Private Lebensversicherung

In der Lebensversicherung richtet sich die Höhe der Prämie nach der Versicherungssumme, der Lebenserwartung (Alter) und dem Risiko. Behandelnde Ärzte müssen von der Schweigepflicht entbunden werden und bestehende Leiden können – im Gegensatz zur gesetzlichen Krankenversicherung – vom Versicherungsschutz ausgenommen werden.

20.3.3 Private Unfallversicherung

Die private Unfallversicherung kann als **Unfallzusatzversicherung** zur Lebensversicherung oder als reine **Risikoversicherung** abgeschlossen werden. Unfälle als Folge von Geistes- oder Bewußtseinsstörungen, wozu auch Unfälle alkoholisierter Kraftfahrer dann gehören, wenn ihre „Aufnahme – und Reaktionsfähigkeit nicht nur unwesentlich gestört" gewesen ist, sind vom Versicherungsschutz ausgeschlossen.

Der **Unfallbegriff** ist in den allgemeinen Versicherungsbedingungen fest definiert: „Ein Unfall liegt vor, wenn der Versicherte durch ein plötzlich von außen auf seinen Körper wirkendes Ereignis unfreiwillig eine Gesundheitsschädigung erleidet." Hierzu gehören z. B. auch eine Infektion im Anschluß an eine Unfallverletzung, nicht aber Vergiftungen, Gewerbeerkrankungen, Folgen von Röntgen- und Radiumstrahlen sowie Unfälle, die sich der Versicherte bei Begehung eines Vergehens oder Verbrechens zuzieht sowie auch solche, die sich infolge von Schlag-, Krampf-, Ohnmachts- oder Schwindelanfällen ereignen. Für die privaten Versicherungen gelten die Beweisanforderungen des Zivilrechts; Krankheiten und Gebrechen, die neben dem Unfall zum Eintritt des Todes mit beigetragen haben, werden auf die Versicherungsleistung angerechnet, welche um den auf die Mitwirkung entfallenden Anteil gekürzt wird.

20.3.4 Private Haftpflichtversicherung

In der Haftpflichtversicherung hat die **Berufshaftpflicht** für den Arzt besondere Bedeutung: mit ihrer Hilfe können die Risiken einer vermögensrechtlichen Haftung bei Verletzung der erforderlichen Sorgfaltspflicht abgedeckt werden (vgl. Kap. 19.9).

20.4 Sozialversicherung (SV)

Die Sozialversicherung gliedert sich in mehrere Zweige mit besonderen Versicherungsträgern, verschiedenen Risiken und unterschiedlichen Leistungsarten. Einen Überblick gibt die folgende Zusammenstellung (nach *Jaeger* ergänzt) (Tabelle 9).

20.4.1 Gesetzliche Krankenversicherung (KrV)

20.4.1.1 Rechtliche Grundlagen

Rechtsgrundlage bilden die Reichsversicherungsordnung (RVO) sowie die Satzungen und Krankenordnungen der einzelnen Kassen. Betroffen sind zusammen 90% der Gesamtbevölkerung, der versicherte Personenkreis besteht aus Pflichtversicherten und freiwillig Versicherten. Versicherungspflichtig u. a. sind als unselbständig Beschäftigte alle Arbeiter, Angestellte mit einem Jahresarbeitsverdienst bis 54900,– = monatlich 4575,–DM, landwirtschaftliche Unternehmer, Rentner, Arbeitslose und seit 1. 10. 1975 Studenten. Wie in allen Sozialversicherungszweigen ist die Voraussetzung für Leistungen der **Eintritt des Versicherungsfalles** (s. Tabelle 9). Träger der Versicherung sind die Krankenkassen (z. B. Allgemeine Ortskrankenkasse [AOK], Betriebskrankenkassen [BKK], Innungskrankenkassen [IKK], Landwirtschaftliche Krankenkassen [LKK], Ersatzkassen [BEK, DAK]). Über 90% der Bevölkerung sind Mitglieder der gesetzlichen Krankenkassen.

20.4.1.2 Heilmaßnahmen

Die ärztliche und zahnärztliche **Behandlung** stellt für die Versicherung eine gesetzliche Pflichtleistung dar, auf die Versicherte einen **Rechtsanspruch** haben. Diese müssen dem Arzt einen **Krankenschein** vorlegen; die Be-

Tabelle 9

Versicherungszweig	Träger der Versicherung	Versicherungsfälle	Leistungsarten
Krankenversicherung (KrV)	Krankenkassen, Bundesknappschaft	Krankheit, Entbindung, Tod	Gesundheitsvorsorge, Rehabilitation, Krankenhilfe, Mutterschaftshilfe, Sterbegeld
Unfallversicherung (UV)	Berufsgenossenschaften (BG), Eigenunfallversicherung	Arbeitsunfall, einschl. Wegeunfall, Berufskrankheiten	Unfallverhütung, Heilbehandlung, Berufshilfe, Renten an Verletzte und Hinterbliebene
Rentenversicherung (RV) 1. der Arbeiter (incl. Handwerkervers.) 2. der Angestellten	Landesversicherungsanstalten (LVA), Seekasse, Bundesbahn-Vers.-Anstalt, Bundesversicherungsanstalt f. Angestellte (BfA) Berlin 31	Berufs- und Erwerbsunfähigkeit, Alter, Tod „	Rehabilitationsmaßnahmen zur Erhaltung, Besserung und Wiederherstellung der Erwerbsfähigkeit, Renten an Versicherte wg. Berufs-, Erwerbsunfähigkeit, Alter und Renten an Hinterbliebene (Witwen, Waisen, Witwer, Geschiedene)
Knappschaftliche Rentenversicherung	Bundesknappschaft Bochum	„ „ verminderte Bergmännische Berufsfähigkeit	„ „ „ „
Arbeitslosenversicherung	Bundesanstalt für Arbeit, Nürnberg (Arbeitsämter)	Arbeitslosigkeit, Kurzarbeit, Betriebsstillegung	Berufsberatung, Arbeitsvermittlung, Berufsbildungsförderung, Rehabilitation, Arbeitslosengeld, -hilfe, Kurzarbeitergeld, Verhütung und Beseitigung von Arbeitslosigkeit
Altershilfe für Landwirte	Landwirtschaftliche Alterskassen	Erwerbsunfähigkeit, Alter, Tod	Rehabilitation, Altersgeld an Versicherte und Witwen/er
Beamtenversorgung	Bund, Länder	Dienstunfähigkeit, Dienstunfall, Alter, Berufskrankheit	Ruhegehalt, Unfallfürsorge, Sterbegeld, Witwen-, Witwer-, und Waisengeld
Ärzteversorgung	Versorgungsanstalt für Ärzte, Zahnärzte und Tierärzte	Berufsunfähigkeit, Alter, Krankheit	Ruhegeld, Altersruhegeld, Kinderzuschlag, Sterbegeld, Hinterbliebenenversorgung

Ferner: Fürsorgeeinrichtungen für Rechtsanwälte, Deutsche Künstlerhilfe, Kriegsopfer- und Soldatenversorgung, Kindergeld, Sozialhilfe, Jugendhilfe, Wohngeld und Lastenausgleich

handlung darf mit Ausnahme von akuten Notfällen nur von **Kassenärzten** vorgenommen werden. Unter den zur Kassenbehandlung zugelassenen Ärzten (über die Zulassung zum Kassenarzt siehe 19.10.2) besteht **freie Arztwahl.** Die zugelassenen Kassenärzte haben eine **zweckmäßige und ausreichende ärztliche Versorgung** zu gewährleisten, über die sie selbst entscheiden und nicht der Versicherte. Leistungen, die für den Heilerfolg nicht notwendig oder unwirtschaftlich sind, kann der Versicherte nicht beanspruchen und darf der Kassenarzt nicht verordnen. Unabhängige **Vertrauensärzte** können diese Regelung im Auftrag der Krankenkasse überwachen, insbesondere dann, wenn Kuren zur Sicherung des Heilerfolges und zur Beseitigung einer Arbeitsunfähigkeit in Anspruch genommen werden. Die Beziehungen zwischen den Kassen der RVO und den Kassenärzten richtet sich nach den Bundesmantel- und Landesmantelverträgen soweit nicht die RVO oder das BGB entsprechend der Verweisung der RVO anderes bestimmen.

20.4.1.3 Leistungen

Zu den Regelleistungen der sozialen Krankenversicherung (s. Tabelle 9) gehören u. a.:

- Maßnahmen zur Früherkennung von Krankheiten
- Wochenhilfe
- Familienhilfe
- Sterbehilfe und
- Krankenhilfe (hierzu zählen die **Krankenpflege** einschließlich Arztkosten, Arzneien und Hilfsmittel, die **Krankenhauspflege** und das **Krankengeld**).

20.4.1.4 Krankheitsbegriff und Behandlungsbedürftigkeit

Krankheit i. S. der KrV ist ein regelwidriger Körper- oder Geisteszustand, der Behandlungsbedürftigkeit oder (bzw. und) Arbeitsunfähigkeit zur Folge hat. Schmerzen brauchen nicht vorzuliegen, die Ursache ist unbeachtlich.

Eine **Behandlungsbedürftigkeit** wird bejaht, wenn Körperfunktionen wesentlich gebessert oder eine Verschlimmerung verhindert oder gelindert werden kann. Die Arbeitsunfähigkeit ist kein selbständiger Versicherungsfall.

Der Kassenarzt ist verpflichtet, eine Krankenkarte anzulegen und in dieser nicht nur alle Krankheitsangaben einzutragen, die für die kassenärztliche Vereinigung zur Überprüfung und Dokumentation nötig sind, sondern dem Versicherten für den Arbeitgeber auch eine Arbeitsunfähigkeitsbescheinigung auszustellen, in der die voraussichtliche Dauer der Arbeitsunfähigkeit genannt werden muß. Hierin liegt eine besondere Verantwortung für den Kassenarzt, da er hiermit zunächst auch eine Lohnfortzahlung des Arbeitgebers veranlaßt.

20.4.2 Gesetzliche Unfallversicherung (UV)

20.4.2.1 Träger, Leistungen, MdE

Träger der allgemeinen Unfallversicherung (UV) sind nach Berufszweigen gegliederte Berufsgenossenschaften (BG). Von ihnen werden auch die Unfallverhütungsvorschriften erlassen sowie die Vorschriften über ärztliche Untersuchungen von Versicherten, deren Arbeiten mit großen Unfall- oder Gesundheitsgefahren verbunden sind und das Vorgehen bei bestimmten Verletzungen, für die eine berufsgenossenschaftliche Heilbehandlung unter besonders geeigneten Ärzten in ausgesuchten Heilstätten empfohlen wird (Verletzungsartenverfahren). Die Mittel werden allein aus Beiträgen der Unternehmer aufgebracht und die Leistungen befreien i. d. R. Arbeitgeber von Schadensersatzansprüchen wegen verschuldeter Arbeitsunfälle. Neben den etwa 30 Mio. Arbeitnehmern (unter Einschluß der Angestellten) sind u. a. auch Schüler, Studenten, Kinder in Kindergärten sowie Personen, die im öffentlichen Interesse tätig werden, versichert (z. B. Blutspender und Personen, die bei Unglücksfällen Hilfe leisten!). Versicherungsfrei dagegen sind Beamte, Richter, auch selbständige Ärzte, Zahnärzte und Apotheker; freiberuflich tätige Ärzte können Unfallversicherungsschutz bei der BG für Gesundheitsdienst und Wohlfahrtspflege beantragen.

Die Leistungen umfassen (s. auch Tabelle 9):

a) Wiederherstellung der Erwerbsfähigkeit (z. B. durch Heilbehandlung, Pflege und Kurbehandlung für die Unfallfolgen),
b) Arbeits- und Berufsförderung (Berufshilfe, berufliche Rehabilitation, Umschulung),
c) Maßnahmen zur Erleichterung der Verletzungsfolgen,
d) Leistung in Geld, z. B. Übergangsgeld während der Dauer der Arbeitsunfähigkeit, Verletzten-(Unfall-)Rente als **vorläufige Rente** oder als **Dauerrente** (je nach dem Grad der Minderung der Erwerbsfähigkeit (MdE) eine „Teilrente" oder eine „Vollrente" bei einer MdE um 100 v. H.) sowie Sterbegeld und Hinterbliebenenrente.

Die Minderung der Erwerbsfähigkeit wird in Prozenten ausgedrückt, wobei nicht allein der Verlust von Körperteilen und anatomischen Funktionen sowie deren Auswirkungen bezogen auf den allgemeinen Arbeitsmarkt aus tabellarischen Zusammenstellungen von üblichen Rentensätzen abgelesen, sondern in jedem Einzelfall auch deren Einfluß auf die jeweilige Erwerbslage des Verletzten bewertet und bemessen werden sollen.

20.4.2.2 Versicherungsfall

Voraussetzung für Leistungen ist das Eintreten des Versicherungsfalles. Dieser ist gegeben, wenn

1. der Verletzte dem **Kreis der versicherten Personen** angehört;
2. ein **Unfallereignis** vorliegt, das bei einer nach dem Gesetz versicherten Tätigkeit eingetreten ist;
3. der **Unfall** das vorhandene Leiden im Rechtssinne **verursacht** hat.

Treffen diese Voraussetzungen zu, so liegt ein **Arbeitsunfall** im engeren Sinne vor (= Unfall bei versicherter Tätigkeit); als Arbeitsunfälle im weitesten Sinne gelten u. a.: der Wegeunfall und die Berufskrankheit. Von der Versicherung ausgeschlossen sind Sachschäden.

20.4.2.3 Arbeitsunfall

Nach den Bestimmungen der RVO wird der Arbeitsunfall definiert als ein von außen kommendes, körperschädigendes, zeitlich begrenztes Ereignis, welches der Versicherte bei einer gesetzlich versicherten Tätigkeit erleidet und welches mit der versicherten Tätigkeit in einem **ursächlichen Zusammenhang** steht. Ein Unfall ohne **Ereignis** ist begrifflich ausgeschlossen und eine Schädigung durch die Arbeit ohne **äußere Gewalteinwirkung** auf den Körper kein Unfall (gegebenenfalls aber eine Berufskrankheit). **Plötzlichkeit** und das **zeitliche Begrenztsein** müssen gegeben sein, wobei längstens die Dauer einer Arbeitsschicht anzusetzen ist.

20.4.2.4 Ursächlicher Zusammenhang

Für die Annahme eines Arbeitsunfalles muß in der gesetzlichen Unfallversicherung das körperliche Ereignis (Körperschaden) in einem **zweifachen ursächlichen Zusammenhang** stehen:

a) in Form der **haftungsbegründenden Kausalität** mit zeitlicher, örtlicher und innerer Beziehung zwischen versicherter Tätigkeit und Unfallereignis;
b) in Form der **haftungsausfüllenden Kausalität** mit Beziehung zwischen dem Unfallereignis und dem eingetretenen Körperschaden.

20.4.2.5 Haftungsbegründende Kausalität

Die versicherte Tätigkeit muß insofern das Unfallereignis bedingt haben, als ihre Gefahren zumindest als wesentliche Teilursache bei der Unfallentstehung mitgewirkt haben sollen. Nicht nur betriebseigentümliche Gefahren, sondern auch die des täglichen Lebens sind versichert, wenn der Verletzte ihnen bei seiner Beschäftigung im Betrieb ausgesetzt gewesen war. Weder fahrlässiges noch verbotswidriges Handeln, wohl aber absichtliches Herbeiführen des Unfalles schließen einen Arbeitsunfall aus.

20.4.2.6 Haftungsausfüllende Kausalität – Theorie der wesentlich mitwirkenden Ursache

In der gesetzlichen Unfallversicherung hat sich ein ihr eigener (gesetzlich nicht geregelter) Kausalitätsbegriff herausgebildet, der von der Äquivalenztheorie im Strafrecht und der Adäquanztheorie im Zivilrecht abweicht (siehe hierzu Kap. 19). Da weder eine Möglichkeit der **Haftungsminderung** aus Mitverschulden des Anspruchstellers besteht, noch die Möglichkeit, bereits vorhandene krankhafte Veranlagung **haftungsbegrenzend** zu berücksichtigen, werden in der gesetzlichen Unfallversicherung strengere Anforderungen an den Kausalbegriff gestellt. Als Ursache kann nur diejenige Bedingung gelten, ohne deren wesentliche Mitwirkung der Unfall **überhaupt nicht** oder **erheblich anders** bzw. **zu erheblich anderer Zeit** eingetreten wäre. Man spricht von der **„Theorie der wesentlich mitwirkenden Ursache".** Dieser „rechtlich allein wesentlichen Ursache" steht die „rechtlich unbeachtliche Gelegenheitsursache" gegenüber, d. h. das Vorkommnis, welches für den Unfall nur von mehr oder weniger zufälliger Bedeutung war, den Unfall nur „ausgelöst" hat (Gelegenheitsursache). Als wesentlich mitwirkende Ursache, welche die rechtlich allein wesentliche Ursache darstellt, sind demnach alle Bedingungen anzusehen, ohne die der Schaden zur selben Zeit in der gleichen Schwere nicht eingetreten wäre. Man formuliert z. B. so: „Der Tod (Herzkranzschlagaderverschluß) ist aus innerer natürlicher Ursache und nicht als Folge eines Arbeitsunfalles eingetreten. Auslösende Gelegenheitsbedingung für den Herzkranzaderverschluß war die körperliche Belastung bei einer Fahrt mit dem Rade". Zur Beweissicherung ist nicht eine „Sicherheit" oder „an Sicherheit grenzende Wahrscheinlichkeit" erforderlich, sondern lediglich „Wahrscheinlichkeit" (= über 50%). Der Begriff „überwiegende Wahrscheinlichkeit" ist unkorrekt und sollte vermieden werden.

Der Entstehung eines Körperschadens durch einen Unfall ist die **Verschlimmerung eines bestehenden Leidens** rechtlich gleichgestellt. Man unterscheidet: die vorübergehende, die dauernde, die einmalige und die richtungsgebende Verschlimmerung. Bei einer krankhaften Veranlagung kann von einer wesentlichen Verschlimmerung nur gesprochen werden, wenn der Unfall sie derart ungünstig beeinflußt hat, daß sie um wenigstens **ein Jahr früher** ausgebrochen ist. Der Tod gilt nur dann wesentlich beschleunigt, wenn das Leben um mindestens **ein Jahr verkürzt** worden ist. Es muß schlüssig dargetan sein, daß der Verstorbene ohne den Arbeitsunfall **wahrscheinlich** länger als ein Jahr gelebt hätte. Als **mittelbare Unfallursache** gelten Schäden eines Unfalls, die später wesentlich mitwirkende Ursachen eines neuen Unfalls werden.

20.4.2.7 Lösung vom Betrieb

Wird ein Versicherter im Betrieb tot aufgefunden, so gilt die Vermutung, daß er infolge eines Arbeitsunfalls gestorben ist – es sei denn, es läßt sich z. B. ein betriebsfremder Zweck für den Aufenthalt im Betrieb ermitteln (Lösung vom Betrieb). Eine **Lösung vom Betrieb** tritt ferner dadurch ein, daß der Verunglückte infolge **Alkoholaufnahme** (oder betriebsfremder Übermüdung) nicht mehr imstande ist, seiner zu verrichtenden Arbeit nachzukommen und den Kontakt zur Betriebstätigkeit verloren hat (keine Arbeit von wirtschaftlichem Wert mehr leisten kann). Eine leichte Alkoholisierung ist unschädlich, auch wenn diese Alkoholisierung **Teil**ursache eines Arbeitsunfalles gewesen ist.

Bei einer alkoholbedingten Verkehrsuntüchtigkeit entfällt auf Betriebswegen und Heimweg der Versicherungsschutz nur, wenn diese die rechtlich allein wesentliche Ursache des Unfalles ist. Dies wird dann anzunehmen sein, wenn nach der Erfahrung des täglichen Lebens ein nicht unter Alkoholeinfluß stehender Verkehrsteilnehmer bei gleicher Sachlage **wahrscheinlich nicht** verunglückt wäre.

20.4.2.8 Wegeunfall

Nach Alkoholgenuß oder betriebsfremder Übermüdung erlischt auch hier der Unfallschutz, wenn die Alkoholbeeinflussung (Übermüdung) die rechtlich allein wesentliche Ursache des Unfalls ist (Lösung vom Betrieb infolge Alkoholgenuß). Analoges gilt, wenn Medikamenteneinfluß die rechtlich allein wesentliche Unfallursache bildet. Ansonsten sind seit 1925 Unfälle auf dem Weg vom und zum Ort der versicherten Tätigkeit versichert. Dieser Weg beginnt und endet grundsätzlich mit der Außenhaustür des vom Versicherten bewohnten Gebäudes. Vom Betrieb aus betrachtet, endet und beginnt der Weg am Anfang des Betriebsgeländes. Es muß ein innerer und zeitlicher Zusammenhang mit der betrieblichen Tätigkeit vorliegen. Der Versicherte kann zwischen den einzelnen Verkehrsmitteln frei wählen; während privater Unterbrechung des Weges besteht kein Schutz. Es gibt die Möglichkeit, den besten und verkehrsgerechten Weg auszuwählen, der nicht der kürzeste zu sein braucht!

20.4.2.9 Abweg – Umweg

Ein **Abweg** ist ein Weg, der von dem direkten Heimweg abweicht und wieder auf ihm endet. Er ist in die Versicherung nicht eingeschlossen (z. B. beim Abweg wegen „eigenwirtschaftlicher Betätigung" oder um ein Gasthaus aufzusuchen). Der Versicherungsschutz **lebt wieder auf,** wenn die Unterbrechung nicht zu lange gedauert hat und wenn der Weg von und zur Arbeitsstätte wieder erreicht wird (sonst Lösung vom Betrieb aus zeitlichen Gründen).

Unbedeutende **Umwege** sind dem Versicherungsschutz unschädlich, erhebliche Umwege dagegen unversichert.

20.4.2.10 Berufskrankheiten – D-Arzt-Verfahren

Als Berufskrankheiten gelten solche Krankheiten von Versicherten, die in der Anlage zur 7. Berufskrankheiten-Verordnung als solche bezeichnet werden und die in innerem zeitlichen und örtlichen Zusammenhang mit der versicherten Tätigkeit entstanden sind. Hierzu zählen Krankheiten, die verursacht werden durch:

a) **chemische Stoffe** (in der Regel Vergiftungen, z. B. beim Umgang mit Arsen, Benzol, Nitroverbindungen, Blei, Halogenwasserstoff, Fluor, Kohlenmonoxid),
b) **physikalische Einwirkungen** (z. B. beim Umgang mit Schüttel- und Preßluftmaschinen an Sehnen, Nerven, Muskeln, Schleimbeuteln, Knochen sowie Lärmtaubheit und Schäden durch Röntgenstrahlen und radioaktive Stoffe),
c) **gemischte Einwirkungen** (z. B. Asbestose, Silikose, Siliko-Tuberkulose),
d) **Infektionserreger oder Parasiten** (z. B. Hepatitis bei Personal im Gesundheitsdienst und Labor),
e) **uneinheitliche Ursachen** (z. B. Erkrankungen der Sehnenscheiden, Bronchialasthma),
f) ferner: bei beruflicher Beschäftigung entstandene **Hauterkrankungen** (Kontaktdermatitis, Kontaktekzeme).

Es sind derzeit 47 Berufskrankheiten bekannt. Alle Berufskrankheiten sind meldepflichtig. Weiterhin meldepflichtig sind durch einen Arbeitsunfall arbeitsunfähig gewordene Verletzte. Diese müssen einem **Durchgangsarzt** (in der Unfallmedizin erfahrener Chirurg) vorgeführt werden (D-Arzt-Verfahren), der auch die Erstbehandlung und Erstbegutachtung vorzunehmen hat und darüber entscheidet, ob eine **berufsgenossenschaftliche Heilbehandlung** in besonderen Krankenhäusern von bestimmten Ärzten (H-Ärzte) eingeleitet werden soll. Bestimmte Verletzungen, die in einem **Verletzungsartenkatalog** bezeichnet sind, dürfen nur in besonders zugelassenen Krankenhäusern behandelt werden (z. B. Gehirnquetschungen, Gelenks- und Sehnenverletzungen besonders der Hand, bestimmte Knochenbrüche). Unzumutbare Maßnahmen kann der Verletzte ablehnen, Krankenhauspflege kann nach Änderung des § 184 RVO ohne Zustimmung des Versicherten nicht mehr angeordnet werden.

20.4.3 Rentenversicherung der Arbeiter und Angestellten

20.4.3.1 Rechtliche Grundlagen

Geschützt werden die wirtschaftlich schwachen Bevölkerungsschichten gegen Not und sozialen Abstieg bei Alter, Invalidität und Tod, wobei der Rechtsanspruch des Versicherten auf Rente durch keine Bedürftigkeitsprüfung eingeschränkt wird. Die Versicherungspflicht betrifft den Arbeiter und alle Angestellten ohne Rücksicht auf die Höhe des Einkommens. Mit dem Rentenreformgesetz von 1972 wurde der Kreis freiwillig versicherter Personen vor allem für Hausfrauen und Studenten erweitert und die Möglichkeit geschaffen, auf Antrag bereits mit 63 Jahren (Frauen mit 60 Jahren) Altersruhegeld zu erhalten. Über Versicherungsträger, Versicherungsfälle und Leistungen, für die bestimmte Wartezeiten (Mindestversicherungszeit) erfüllt sein müssen, informierte die Aufstellung in Tabelle 9. Für den medizinischen Bereich ist bedeutsam, daß vorbeugende Maßnahmen (Frühheilverfahren) und Rehabilitation Vorrang vor der Gewährung von Rente wegen Berufs- und Erwerbsunfähigkeit haben. Im Verfahrensgang wird zunächst durch ärztliche Gutachter beurteilt, welche Krankheiten und Gebrechen vorliegen, welche Gesundheitsmaßnahmen angezeigt sind und welche zumutbaren **Verweisungstätigkeiten** ausgeübt werden können. Danach entscheidet der Versicherungsträger, ob zunächst Gesundheitsmaßnahmen durchgeführt werden sollen oder ob Rente wegen Berufsunfähigkeit oder Erwerbsunfähigkeit zu gewähren ist.

20.4.3.2 Berufsunfähigkeit – Erwerbsunfähigkeit

Unter den genannten Begriffen werden nach § 1246 Reichsversicherungsordnung (RVO) bzw. § 23 Angestelltenversicherungsgesetz (AVG) folgende Zustände verstanden:

Berufsunfähig ist, wer infolge Krankheit oder Gebrechen durch zumutbare Tätigkeiten (= Verweisungstätigkeiten, die den Kräften des Versicherten entsprechen müssen und ihn nicht überfordern dürfen) nicht mehr als die Hälfte dessen verdienen kann, was ein vergleichbarer Versicherter mit ähnlicher Ausbildung und gleichwertigen Kenntnissen und Fähigkeiten zu verdienen fähig ist. Der Versicherte muß durch Krankheit oder andere Gebrechen tatsächlich berufliche Fähigkeiten verloren haben.

Eine **vorübergehende Berufsunfähigkeit/ Erwerbsunfähigkeit** liegt vor, wenn sie voraussichtlich innerhalb von 2½ Jahren behoben sein wird. Für diese Zeit wird (ab 27. Woche) eine **Rente auf Zeit** gewährt. Der Empfänger der Rente darf mit Hilfe der verbliebenen Arbeitskraft hinzuverdienen. **Erwerbsunfähigkeit** liegt vor, wenn der Versicherte infolge von Krankheit oder anderer Gebrechen oder Schwäche seiner körperlichen oder geistigen Kräfte entweder eine Erwerbstätigkeit in gewisser Regelmäßigkeit nicht mehr ausüben kann oder zwar noch regelmäßig erwerbstätig sein, dadurch aber nicht mehr als nur geringfügige Einkünfte erzielen kann.

Über die weiteren Versorgungseinrichtungen, von denen der GK dem Studenten Einzelheiten nicht abverlangt, informiert die Zusammenstellung in Tabelle 9. Zur Absicherung des Risikos der Pflegebedürftigkeit (Pflegefallrisiko) wird derzeit eine gesetzliche Lösung diskutiert.

21 Ärztliche Berufsethik, Medizintechnologie und Neulandmedizin

Die am Lebensanfang und Lebensende einsetzbare moderne Medizintechnologie hat Fragen in ethisch-moralischen, religiösen, soziologischen, erb-, familien-, versicherungs-, zivil- und strafrechtlichen Bereichen aufgeworfen, die derzeit noch nicht ausdiskutiert sind. Das Kernproblem ist, der Verführung durch das Machbare zu widerstehen, zu entscheiden, ob das, was medizinisch durchgeführt werden kann, auch wünschenswert (z. B. technische Kindererzeugung) oder zumindest vertretbar ist (Machbarkeitsideologie) und wo aufgrund einer möglichst breiten allgemeinen Werteakzeptanz die verbindliche oder freiwillige Grenzziehung zu erfolgen hat.

21.1 Künstliche In-vivo-Fertilisation

Unproblematisch und bei der Sterilitätsbehandlung praktiziert ist die **homologe Insemination,** bei der vom Ehemann gewonnener Samen der Ehefrau in die Gebärmutter oder den Eileiter instrumentell übertragen wird (artefizielle In-vivo-Befruchtung). Dem Nasziturus (erbfähige, ungeborene Leibesfrucht) gegenüber unvertretbar und dem Einwand der Sittenwidrigkeit ausgesetzt wäre jedoch, trotz Kinderwunsch, der gleiche Eingriff bei unverheirateten Partnern, die zudem nicht unter dem Schutz von Art. 6 GG stehen.

Probleme ethischer, sozialer und rechtlicher Art wirft die **artefizielle heterologe Insemination** auf. Hier wird der Samen eines bekannten oder unbekannten Spenders nach umfangreicher Beratung und Aufklärung durch den Arzt und dem Einverständnis beider Ehepartner einer Ehefrau übertragen (In-vivo-Fertilisation), wenn der Ehemann zeugungsunfähig ist. Das dabei gezeugte Kind gilt bis zur anders lautenden Entscheidung nach einer Ehelichkeitsanfechtungsklage grundsätzlich als ehelich, wenn es in einer bestehenden Ehe geboren wird (§ 1591 BGB).

Kind und Ehemann können jedoch in gegebenen Fristen später die Ehelichkeit mit Erfolg anfechten (§§ 1593–1599 BGB) und – soweit bekannt – den Samenspender als Erzeuger sowie u. U. auch den Arzt für den Unterhalt haftbar machen und in arge Bedrängnis bringen, wenn von ihm die Offenbarung des Spermaspenders verlangt wird. Höchstrichterlich entschieden wurde 1989, daß dem Kind das **Recht auf Offenbarung seines genetischen Erzeugers** nicht abgesprochen werden könne, was die Verwendung von Samengemischen zur Befruchtung praktisch ausschließt. Die gesetzlichen Vorschriften über die eheliche Abstammung und die Anfechtung der Ehelichkeit greifen auch dann, wenn eine Einwilligung des Ehemanns zur künstlichen Fremdsamenübertragung vorgelegen hat, oder offenbleibt, ob das Kind durch Ehebruch oder Insemination gezeugt worden ist oder anderslautende Absprachen vor der Fremdbefruchtung vereinbart worden sind. Der Ehemann hat durch seine Zustimmung weder sein Anfechtungsrecht verwirkt noch muß er sich in der Regel, wegen eines Widerspruchs zu seinem früheren Verhalten, den Einwand des treuwidrigen Rechtsmißbrauchs vorhalten lassen. Ein rechtsgeschäftlicher Ausschluß des Anfechtungsrechts ist nicht möglich, eine Sonderregelung für Fälle der künstlichen Fremdbefruchtung nicht vorgesehen (BGH 1983), abgesehen davon, daß dem Kind immer der Weg der Anfechtungsklage offenbleibt.

21.2 In-vitro-Fertilisation

Bei der **extrakorporlane Befruchtung (ECB)** werden präovulatorische reife Eizellen (Oozyten) und Samenzellen in geeigneter Nährlösung in Kulturgefäßen inkubiert und nach **In-vitro-Fertilisation (IVF)** die befruchtete Eizelle (Zygote), die Morula, die Blastozyste oder der angezüchtete Embryo (vulg. „Retortenbaby") oder mehrere Embryonen der Frau in den Uterus implantiert **(Embryo-**

transfer, ET). Um die ethischen und moralischen Bedenken gegen die ECB zu beseitigen, werden Eizelle und Samen auch sofort bzw. nach nur 7stündiger Inkubation zusammen in utero transferiert, wobei die Befruchtung dann in vivo erfolgt. IVF und ET sind ärztlicher Tätigkeit vorbehalten und der Ärztekammer anzeigepflichtig.

In der Tierwelt findet bei Kaltblütern (z. B. Fischen) die Befruchtung normalerweise extrakorporal statt. Embryotransfer beim Kaninchen gelang erstmals *Heap* 1891; in der Tierzucht werden IVF und ET seit langem routinemäßig praktiziert. 1944 gelang *Rock* und *Menkin* die erste IVF der menschlichen Eizelle, die erste Geburt wurde 1978 von *Edwards*, Cambridge, beobachtet. Weltweit gibt es ca. 1000 Kinder nach ECB, davon ca. 100 in der Bundesrepublik Deutschland.

Die klassische Indikation zur **homologen ECB** ist die tubare Sterilität der Frau; die Schwangerschaftsrate beträgt derzeit 5–30%, arztethische und rechtliche Bedenken bestehen nicht. Bei der ECB ist technisch auch die **heterologe Befruchtung** möglich: Eine Fremdeizelle wird mit dem Samen des Ehemannes in vitro befruchtet und von der Ehefrau ausgetragen, wodurch diese zur Schwangerschaftsmutter und sozialen Mutter wird, während die Eizellspenderin die genetische Mutter ist und ihre Erbanlagen fortpflanzt. Der Ehemann als Samenspender ist und bliebe nach der Anfechtungsklage Erzeuger und Vater und mit dem Kind verwandt. Eine Anfechtungsklage seitens der Frau ist im herrschenden Recht nicht vorgesehen. Dennoch wird auf das Recht des Kindes auf Nennung seiner genetischen Eltern verwiesen.

Wäre die heterologe künstliche Insemination der Ehefrau nicht sittenwidrig und sogar vertretbar, müßte es nicht auch von vorneherein die Befruchtung einer Fremdeizelle mit dem Samen des Ehemannes und die Austragung des Kindes durch die Ehefrau sein **(partiell heterologe In-vitro-Fertilisation).** Bei der **Surrogat-Embryonen-Technik** wird der Embryo nach intrakorporaler Befruchtung aus dem Uterus einer Eispenderin und genetischen Fremdmutter ausgespült und in die Gebärmutter der unfruchtbaren Ehefrau (sozialen Mutter) transferiert.

21.3 Embryotransfer und Leihmutterschaft

Ist die Ehefrau aus medizinischen Gründen zur Austragung einer Schwangerschaft nicht fähig und können von ihr Eizellen für eine In-vitro-Fertilisation mit dem Samen ihres Ehemannes gewonnen werden, so stellt sich die Frage der Vertretbarkeit eines **Embryotransfers (ET)** auf eine Fremdmutter (austragende Mutter), wobei diese **Leihmutter** das Kind austrägt und das Ehepaar das Kind nach der Geburt adoptiert; es bliebe auf diese Weise mit beiden Ehepartnern genetisch verwandt. Leihmutter ist eine Frau, die ein Kind, das genetisch nicht von ihr abstammt, für eine andere Frau austrägt, weil diese keine Leibesfrucht austragen kann oder will.

Prinzipiell wären drei Modelle einer **Leih-** bzw. **Mietmutterschaft** denkbar: Der Embryo kann

- nach homologer,
- nach partiell heterologer und
- nach beidseitig heterologer ECB

einer Fremd- oder Mietmutter übertragen werden.

Nach homologer ECB bliebe die genetische Elternschaft gewahrt. Nach beidseitig heterologer ECB und Embryotransfer in eine Fremdmutter wären fünf Personen an der Elternschaft beteiligt: die sterilen Auftraggeber (soziale Eltern), die genetischen Eltern und die Leihmutter als sogenannte Schwangerschaftsmutter, was zur totalen Aufhebung der normalen Familienstruktur führe *(Sautter)*. Grundsätzlich sollte jedoch die Möglichkeit bedacht werden, im Rahmen der Sterilitätsbehandlung anderer Partner überzählig gewonnene Embryonen von einer fremden Ehefrau austragen und von diesem Ehepaar als gemeinsames Kind anerkennen zu lassen; das entspräche dann zwar einer beidseitig heterologen ECB, rettete aber dem Embryo das Leben.

21.4 Probleme der Reproduktionsmedizin

Weitere offene Fragen in der Fortpflanzungsmedizin und ihrer Reproduktionstechnologie ergeben sich beim Umgang mit überzähligen Embryonen, eingefrorenen „Reserve-Embryonen" in „Embryonenbanken", der Erzeugung von Embryonen zu reinen Forschungszwecken in Reproduktionslabors und bei der möglichen Genchirurgie und Gentherapie an Gameten und Embryonen. Eine Wieder- und Weiterverwendung von Keimzellen und Embryonen als „Abfallprodukte" der Fertilisation, etwa in der Kosmetikindustrie, kann nicht akzeptiert werden. Darf der Wissenschaftler jedoch Embryonen dem Untergang, der Kryokonservierung oder der dem verbrauchenden Experiment ausliefern *(Laufs)*? Welcher Rechtsschutz steht dem Embryo vor der Nidation (Einnistung in die Schleimhaut der Gebärmutter) zur Seite? Ist eine „Adoption" überzähliger kryokonservierter Embryonen durch weitere infertile Ehepaare anzustreben? Darf ein infertilisiertes Ei, das Experimenten ausgesetzt war, einer Frau implantiert werden? Ist die Veränderung einer Nährlösung bereits ein Experiment? Wann beginnt menschliches Leben und genießt es pränatal einen abgestuften oder absoluten Rechtsschutz? Wo beschränkt eine freiwillige sanktionsfähige Selbstbindung als Verpflichtung des Arztes in der Reproduktionsmedizin die Freiheit von Wissenschaft und Forschung?

Sogenannte Ethik-Kommissionen an Ärztekammern sollen über Arbeitsrichtlinien wachen und den Arzt in Grenzfragen beraten. Dies gilt auch beim Embryotransfer, wo sich weitere Probleme nach den Grenzen der Kommerzialisierbarkeit und der „Bezahlung" der Leihmütter auftun, der Nichtabnahme eines mißgebildeten Kindes, dem Eigenanspruch der Mietmutter auf das von ihr ausgetragene Kind, dem Anspruch des Ehemannes und Erzeugers auf das nach In-vitro-Fertilisation der Eizelle seiner Ehefrau von der Leihmutter fremd ausgetragene Kind und der vorsorglichen „Vorratswirtschaft" mit Embryonen für den Fall des Unfalltodes eines Ehepartners u. a. m.

Aufbruchsstimmung und Reformeuphorie einerseits, Skepsis und Kritik andererseits kennzeichnen auch die Diskussion um die Bio- und Gentechnologie, deren kommerzialisierte großtechnische Anwendung in Produktionszweigen der Lebensmittelindustrie längst unbemerkt und unbeanstandet Routine geworden ist; technisch werden genchirurgische Eingriffe an menschlichen Erbinformationsträgern möglich und bedürfen rechtlich-ethischer Begleitung und Absicherung.

21.5 Schwangerschaft und Rechtsfolgen

In der Rechtsprechung durchgesetzt und gefestigt hat sich der Ersatzanspruch den Eltern gegen den Arzt bei fehlgeschlagener Sterilisation aus Gründen der Familienplanung (Unterhalts- und Schmerzensgeldanspruch) und bei der Geburt eines unerwünschten behinderten Kindes, wenn durch fehlerhafte Diagnostik und Beratung der Weg zum Schwangerschaftsabbruch aus eugenischen Gründen in der Frühschwangerschaft versperrt worden ist.

Besorgt weist *Laufs* darauf hin, daß den Arzt, der den Weg zum Schwangerschaftsabbruch übersieht und nicht eröffnet, harte Rechtsfolgen treffen, den fahrlässig einen Abort verursachenden Mediziner hingegen regelmäßig kaum. Den aufwendigen Bemühungen in der Pränatal- und Kindertherapie stehe eine Medizin gegenüber, die sich „in den Dienst massenhafter, durch Rechtskontrollen kaum noch gehemmter, Schwangerschaftsabbrüche nach weit gefaßter Indikation" stelle.

21.6 Gentechnologie

Besorgt und kontrovers werden derzeit Sinn und Gefahren zur Gentechnologie diskutiert. Erwartet werden die Aufklärung ungeklärter Krankheitsursachen, die Herstellung physiologischer Wirkstoffe für die Therapie, eine optimierte Diagnostik und eine „Reparation" ererbter oder erworbener Genschäden. Befürchtet werden Mißbrauch, unzureichende Sicherung bei der Verwendung von Mikroorganismen (Bakterien, Viren) und ethische Probleme beim Eingriff in das menschliche Genom.

21.7 Entscheidungshilfen in arztethischen Grenzfragen

Von der Bundesärztekammer wird die derzeitige politische Polarisierung in Grundfragen menschlichen Lebens bedauert (*Vilmar* 1986), wobei auch der Einsatz der Medizintechnik am Lebensende und Fragen der Sterbehilfe zur Diskussion stehen. Folgende Richtlinien können als berufsethische Entscheidungshilfen in Grenzsituationen ärztlichen Handelns gelten:

- Unveränderbare und von Zeitströmungen, Weltanschauungen und politischen Gesellschaftssystemen unabhängige Aufgabe des Arztes ist es, seinen Beruf im Dienste der Menschlichkeit auszuüben, Gesundheit zu erhalten oder wiederherzustellen, Gesundheitsgefahren vorzubeugen, Leiden zu lindern und Leben zu schützen. Diese Grundhaltung soll ärztliches Verhalten am Lebensanfang wie auch am Lebensende und in Grenzfragen der Medizin innerhalb der geltenden Rechtsnormen bestimmen.
- In das Behandlungsprogramm einer homologen extrakorporalen Befruchtung sollen ausschließlich sterile Ehepaare aufgenommen werden, bei denen alle modernen Methoden der Sterilitätsdiagnostik und -therapie ohne Erfolg geblieben sind.
- Extrakorporale Befruchtung und Embryotransfer sind grundsätzlich nur bei bestehender, stabiler Ehepartnerschaft im homologen System vertretbar.
- Experimente mit und an Keimzellen und Embryonen sind abzulehnen, soweit sie nicht der Verbesserung der Methode der Fertilisation dienen und von Ethikkommissionen beratend begleitet werden. Klonierung, Chimärenbildung und Interspezies-Hybridisierung sowie die Herstellung von Embryonen aus Keimzellen Verstorbener und die zeitlich unbegrenzte Kryokonservierung sind unzulässig; der Handel mit Embryonen ist standeswidrig.
- Der Einsatz von Leih- bzw. Mietmüttern ist wegen der möglichen Nachteile für das Kind und wegen der Gefahr der Kommerzialisierung der extrakorporalen Befruchtung und des Embryotransfers abzulehnen (88. Deutscher Ärztetag 1985). Die genannten Vorgehensweisen verletzen die Menschenwürde des Kindes (*Benda*-Kommission 1985.
- Bei einer Fremdsamenbefruchtung wie bei einer homologen extrakorporalen Befruchtung ist der durchführende Arzt zur besonders differenzierten Aufklärung über die medizinischen, rechtlichen und sonstigen Probleme verpflichtet und beweispflichtig, so daß bei medizinischer Indikation den Beteiligten einschließlich des zustimmungspflichtigen Ehemannes die Tragweite des Eingriffs auf allen Gebieten bewußt wird. Der Arzt ist auch nach entgegenstehender Vereinbarung und Abrede nicht von späteren Ansprüchen gänzlich freigestellt.
- Eine Behandlung gegen den Willen eines bewußtseinsklaren geschäftsfähigen Patienten ist nur unter gesetzlich definierten Verhältnissen statthaft bzw. geboten; sonst gilt es, das Selbstbestimmungsrecht des aufgeklärten, mündigen und einwilligungspflichtigen Patienten auch am Lebensende und im Strafvollzug zu respektieren.
- Der Arzt ist in eindeutig aussichtsloser Situation nicht zur Lebensverlängerung um jeden Preis verpflichtet und kann eine medizinische Therapie abbrechen. Die in den USA eröffnete Möglichkeit zum Entzug auch der Grundversorgung (Nahrung, Wasser) ist abzulehnen; die ärztliche Hilfe beim Sterben schließt die Pflicht ein, für einen menschenwürdigen Tod personale und materielle Sorge zu tragen.
- Jede aktive Lebensverkürzung ist strafbar; lebensverkürzende Nebenwirkungen indizierter Maßnahmen dürfen und müssen u. U. in Kauf genommen werden.
- Mit dem irreversiblen Hirntod endet die Pflicht des Arztes zu weiteren Intensivmaßnahmen.
- Strafbarer Tötung auf Verlangen durch Unterlassen (§ 216 StGB) setzt sich der Arzt aus, wenn er als Garant nichts zur Rettung eines Suizidenten unternimmt, der die Herrschaft über sein Handeln endgültig verlor. Im Einzelfall kann die Zumutbarkeit die grundsätzliche Hilfspflicht einschränken (BGH 1984).

Literatur

A Lehr- und Handbücher der Rechtsmedizin

Arbab-Zadeh, A., Prokop, O., Reimann, W.: Rechtsmedizin, Fischer, Stuttgart – New York 1977

Berg, St.: Grundriß der Rechtsmedizin. R. Müller u. Steinicke, München 1984

Eisen, G.: Handwörterbuch der Rechtsmedizin, Bd. I, II u. III. Enke, Stuttgart 1973, 1974, 1977

Forster, B., Ropohl, D.: Medizinische Kriminalistik am Tatort. Enke, Stuttgart 1983

Forster, B. (Hrsg.): Praxis der Rechtsmedizin. Thieme, Stuttgart – New York 1986

Dürwald, W.: Gerichtliche Medizin. Barth-Verlag, Leipzig 1981

Gresham, G. A., Turner, A. F.: Post Mortem Procedures. Wolfe Medical Publications Ltd., Holland 1979

Gresham, G. A., Leithoff, H.: Farbatlas der gerichtlichen Medizin. Schattauer, Stuttgart – New York 1977

Gordon, I., Shapiro, H. A.: Forensic Medicine. Churchill Livingstone, Edinburgh – London – New York 1975

Günther, H., Heifer, U.: Rechtsmedizin und Begutachtung in der zahnärztlichen Praxis. Thieme, Stuttgart – New York 1984

Günther, H.: Zahnarzt Recht und Risiko. Hauser, München – Wien 1982

Hansen, G.: Gerichtliche Medizin. Edition Leipzig, Leipzig 1965

Janssen, W.: Forensic Histopathology. Springer, Berlin – Heidelberg – New York – Tokyo 1984

Maresch, W., Spann, W.: Angewandte Gerichtsmedizin. Urban u. Schwarzenberg, Wien – München – Baltimore 1987.

Maresch, W.: Atlas der Gerichtsmedizin. Thieme, Stuttgart – New York 1988

Mueller, B.: Gerichtliche Medizin. Springer, Berlin – Göttingen – Heidelberg 1953

Mueller, B.: Gerichtliche Medizin, Bd. I u. II. Springer, Berlin – Heidelberg – New York 1975

Patscheider, H., Hartmann, H.: Leitfaden der Gerichtsmedizin. Haus Huber, Bern – Stuttgart – Wien 1986

Polson, C. J., Gee, D. J.: The Essentials of Forensic Medicine. Pergamon Press, Oxford – New York – Toronto – Sidney – Braunschweig 1973

Ponsold, A.: Lehrbuch der Gerichtichen Medizin. Thieme, Stuttgart 1967

Prokop, O.: Forensische Medizin. VEB Volk u. Gesundheit, Berlin 1966

Prokop, O., Göhler, W.: Forensische Medizin. VEB Volk u. Gesundheit, Berlin 1976

Prokop, O., Radam, G.: Atlas der gerichtlichen Medizin. Karger, Basel 1987

Scheider, V.: Die Leichenschau. Fischer, Stuttgart – New York 1987

Prokop, O., Radam, G. (Hrsg.): Atlas der gerichtlichen Medizin. Karger, Basel – München 1987

Schwerd, W.: Rechtsmedizin. Lehrbuch für Mediziner und Juristen. Dtsch. Ärzte-Verlag, Köln 1986

Sopher, J. M.: Forensische Zahnmedizin. Quintessenz, Berlin – Chicago – London – São Paulo – Tokyo 1986

B Spezialdarstellungen zu den einzelnen Kapiteln

Lehrbücher, Handbücher, Monographien und Einzelarbeiten

1 Thanatologie

Bahrmann, E., Fahlisch, K., Grünewald, G., Kerde, Ch., Prokop, O.: Zur Problematik der Toterklärung. Dtsch. Gesundh.-Wes. 23 (1968) 2403–2407

Berg, S., Specht, W.: Untersuchungen zur Bestimmung der Liegezeit von Skeletteilen. Dtsch. Z. Ges. Gerichtl. Med. 47 (1958) 209

Björck, G.: Sweden debating Kidney graft ethics case. Med. Tribune 6 (1965) 1

Breul, D.: Methoden der Geschlechts-, Körperlängen- und Lebensaltersbestimmung von Skelettfunden. Arbeitsmethoden der medizinischen und naturwissenschaftlichen Kriminalistik, Bd. 12. Schmidt-Römhild, Lübeck 1974

Endris, R.: Forensische Katastrophenmedizin. Kriminalistik, Heidelberg 1982

Forster, B.: The Plastic and Elastic Deformation of Skeletal Muscle in Rigor Mortis. J. Forens. Med. 10 (1963) 91

Forster, B.: The Contractile Deformation of Skeletal Muscle in Rigor Mortis. J. Forens. Med. 10 (1963) 133

Forster, B.: The Plastic, Elastic and Contractile Deformation of the Heart Muscle in Rigor Mortis. J. Forens. Med. 11 (1964) 148

Forster, B., Ropohl, D., Raule, P.: Tierexperimentelle Untersuchungen zur Lösung der Totenstarre. 51. Tagung Dtsch. Ges. Rechtsmed., Wien 1972

Forster, B., Ropohl, D., Raule, P.: Neuere Untersuchungsergebnisse zur Lösung der Totenstarre. 52. Tagung Dtsch. Ges. Rechtsmed., München 1973

Forster, B.: Leichenerscheinungen am Ende der Supravitalphase. 53. Tagung Dtsch. Ges. Rechtsmed., Göttingen 1974

Forster, B., Ropohl, D., Raule, P.: Der Einfluß der Temperatur auf die Ausbildung der Totenstarre. 54. Tagung Dtsch. Ges. Rechtsmed., Frankfurt/M. 1975

Forster, B., Ropohl, D.: Thanatologie. In: *Forster, B.* (Hrsg.): Praxis der Rechtsmedizin. Thieme, Stuttgart – New York 1986

Gaedke, J.: Handbuch des Friedhofs- und Bestattungsrechts. Carl Heymann, Köln – Berlin – Bonn – München 1983

Gerstenbrand, F.: Die klinische Symptomatik des irreversiblen Ausfalls der Hirnfunktionen (das Vorstadium und die spinalen Reflexe). In: *W. Krösl, E. Scherzer,* Die Bestimmung des Todeszeitpunktes. Maudrich, Wien 1973

Gütermann, A., Käufer, C.: Der Scheintod. Dtsch. Med. Wochenschr. 95 (1970) 702

Helmer, R.: Möglichkeiten und Methoden der zellkernmorphologischen Geschlechtserkennung an Körpergeweben und Sekret-Spuren. Arbeitsmethoden der medizinischen und naturwissenschaftlichen Kriminalistik, Bd. 9. Schmidt-Römhild, Lübeck 1970

Henßge, C.: Todeszeitschätzungen durch die mathematische Beschreibung der rektalen Leichenabkühlung unter verschiedenen Abkühlungsbedingungen. Z. Rechtsmed. 87 (1981) 147–178

Henßge, C., Brinkmann, B.: Todeszeitsbestimmung aus der Rektaltemperatur. Arch. Kriminol. 174 (1984) 97–112

Henßge, C., Brinkmann, B., Püschel, K.: Todeszeitbestimmung durch Messung der Rektaltemperatur bei Wassersuspension der Leiche. Z. Rechtsmed. 92 (1984) 255–276

Henßge, C., Madea, B.: Methoden zur Bestimmung der Todeszeit an Leichen. Arbeitsmethoden der medizinischen und naturwissenschaftlichen Kriminalistik, Bd. 18. Schmidt-Römhild, Lübeck 1988

Higlermann, R.: Histochemische Untersuchungen zur Frage der sogenannten Diffusionstotenflekke. Habilitationsschrift, Marburg 1973

Joachim, H.: Die frühe Todeszeitbestimmung und die supravitalen Reaktionen der Muskulatur. Habilitationsschrift, Freiburg 1976

Krösl, W., Scherzer, E.: Die Bestimmung des Todeszeitpunktes. Maudrich, Wien 1973

Künzer, W., Schindera, F., Schenck, W., Schumacher, H.: Waterhouse-Friederichsen-Syndrom. Abgrenzung, Pathogenese und Therapie mit Streptokinase. Dtsch. Med. Wochenschr. 97 (1972) 270

Laves, W., Berg, S.: Agonie. Arbeitsmethoden der medizinischen und naturwissenschaftlichen Kriminalistik, Bd. 2. Schmidt-Römhild, Lübeck 1965

Lorke, D., Münzer, H., Walter, E.: Zur Rekonstruktion der Körpergröße eines Menschen aus den langen Gliedmaßenknochen. Dtsch. Z. Ges. Gerichtl. Med. 42 (1953) 189

Masshof, W.: Zum Problem des Todes. Münch. Med. Wochenschr. 43 (1968) 2473

Mueller, B.: Das Verhalten der Mastdarmtemperatur der Leiche unter verschiedenen Bedingungen. Dtsch. Z. Ges. Gerichtl. Med. 29 (1938) 158

Mueller, B.: Mastdarmtemperatur der Leiche und Todeszeit. Dtsch. Z. Ges. Gerichtl. Med. 28 (1937) 172

Pendl, G.: Der Hirntod. Springer, Wien – New York 1986

Penin, H., Käufer, Ch.: Der Hirntod. Todeszeitbestimmung bei irreversiblem Funktionsverlust des Gehirns. Thieme, Stuttgart 1969

Pribilla, O.: Wann kann man frühestens den Totenschein nach Eintritt des Todes ausstellen? Dtsch. Med. Wochenschr. 93 (1968) 1213

Raule, P., Forster, B., Joachim, H., Ropohl, D.: Tierexperimentelle Untersuchungen zur Erregbarkeit des absterbenden Herzmuskels. Z. Rechtsmed. 74 (1974) 99

Reiss: In: *W. A. Nadeshdin,* Zur Frage der objektiven Altersbestimmung an lebenden Erwachsenen mit der Genauigkeit von 1–3 Jahren im Durchschnitt. Dtsch. Z. Ges. Gerichtl. Med. 6 (1926) 121

Ropohl, D., Raule, P., Forster, B.: Praktische Ergebnisse mit den FRR-Indices bei der Todeszeitbestimmung. 53. Tagung Dtsch. Ges. Rechtsmed., Göttingen 1974

Ropohl, D., Raule, P., Forster, B.: Über den postmortalen Temperaturabfall in Wasser. 54. Tagung Dtsch. Ges. Rechtsmed., Frankfurt/M. 1975

Schwarz, F.: Der außergewöhnliche Todesfall. Enke, Stuttgart 1970

Tröger, H., Bauer, C., Spann, K.-W.: Mageninhalt und Todeszeitbestimmung. Arbeitsmethoden der medizinischen und naturwissenschaftlichen Kriminalistik, Bd. 16. Schmid-Römhild, Lübeck 1987

Wagner, H. J.: Die Bedeutung der Antibiotika und Sulfonamide für Todes- und Tatzeitbestimmungen in der gerichtlichen Medizin. Habilitationsschrift, Mainz 1960

Wiemers, K.: Zur Beendigung der Reanimation aus der Sicht des Anaesthesiologen. In: *W. Krösl, E. Scherzer,* Der Bestimmung des Todeszeitpunktes. Maudrich, Wien 1973

2 Der plötzliche Tod aus natürlicher Ursache

Althoff, H.: Der plötzliche und unerwartete Tod von Säuglingen und Kleinkindern. Fischer, Stuttgart 1973

Althoff, H.: Sudden Infant Death Syndrome (SIDS). Fischer, Stuttgart – New York 1980

Bergmann, A. B., Beckwith, J. B., Ray, G.: Sudden Infant Death Syndrome. University of Washington Press, Seattle – London 1970

Böhm, N.: Kinderpathologie. Schattauer, Stuttgart – New York 1984

Doerr, W., Quadbeck, G.: Allgemeine Pathologie. Springer, Berlin – Heidelberg – New York 1970

Krauland, W.: Verletzungen der intrakraniellen Schlagadern. Springer, Berlin – Heidelberg – New York 1982

Müller, G.: Der plötzliche Kindstod. Thieme, Stuttgart 1963

Schmidt, Ch.: Der plötzliche Kindstod. Urban & Schwarzenberg, München – Wien – Baltimore 1985

Spann, W., Henn, R.: Plötzlicher Tod aus natürlicher Ursache. In: *G. Eisen,* Handwörterbuch der Rechtsmedizin, Bd. I. Enke, Stuttgart 1973

Wilske, J.: Der plötzliche Säuglingstod. Springer, Berlin – Heidelberg – New York – Tokyo 1984

3 Stumpfe und scharfe Gewalt

Bonte, W., Mayer, R.: Analyse von Sägespuren bei krimineller Leichenzerstückelung. Z. Rechtsmed. 72 (1973) 180

Bonte, W.: Experimentelle Aufklärung individuell geprägter Sägespuren in einem weiteren Leichenzerstückelungsfall. Z. Rechtsmed. 74 (1974) 144

Bürkle de la Camp, H., Schwaiger, H.: Handbuch der gesamten Unfallheilkunde. Enke, Stuttgart 1966

Dürwald, W.: Gerichtsmedizinische Untersuchungen bei Verkehrsunfällen. VEB Thieme, Leipzig 1966

Endris, R.: Biß und Bißspur. Kriminalistik, Heidelberg 1985

Fischer, H., Spann, W.: Pathologie des Trauma. Bergmann, München 1967

Forster, B., Ropohl, D.: Die Begutachtung der Fahrerflucht nach Schädelhirn-Trauma und Alkoholgenuß. In: *Grote, W., W. J. Bock* (Hrsg.): Führerschein bei Hirnerkrankungen und Schädel-Hirn-Trauma. Thieme, Stuttgart – New York 1988

Günther, E., Hymmen, R.: Unfallbegutachtung. De Gruyter, Berlin 1980

Krauland, W.: Über die Quellen des akuten und chronischen subduralen Hämatoms. Thieme, Stuttgart 1961

Krauland, W.: Verletzungen der intrakraniellen Schlagadern. Springer, Berlin – Heidelberg – New York 1982

Link, K. H.: Traumatische sub- und intradurale Blutung, Pachymeningitis haemorrhagica. Fischer, Jena 1945

Lob, A.: Handbuch der Unfallbegutachtung. Enke, Stuttgart 1968

Mallach, H.-J.: Der Stellenwert der Luftembolie in der modernen Medizin. Springer, Berlin – Heidelberg – New York – London – Paris – Tokyo 1987

Maresch, W., Maurer, H.: Der Verkehrsunfall in gerichtsmedizinischer Sicht. Leykam, Graz 1985

Mayer, K.: Differentialdiagnose – Alkoholrausch und posttraumatische Bewußtseinsstörung. Med. Welt 38 (1967) 2213

Messerer: Friedreichs Bl. 36 (1885) 81

Naeve, W., Bause, H.-W.: Experimentelle postmortale Kopf- und Hirnverletzungen. Z. Rechtsmed. 74 (1974) 187

Raekallio, J.: Die Altersbestimmung mechanisch bedingter Hautwunden mit enzymhistochemischen Methoden. Arbeitsmethoden der medizinischen und naturwissenschaftlichen Kriminalistik, Bd. 3. Schmidt-Römhild, Lübeck 1965

Schulz, E.: Der Tod durch äußere Gewalteinwirkung. In: *Forster, B.* (Hrsg.): Praxis der Rechtsmedizin. Thieme, Stuttgart – New York 1986

Schulze, R.: Über den Wert vitaler Zeichen bei mechanischen Verletzungen. Vierteljahresschr. Gerichtl. Med. XII, Suppl. H. 1896, 44

4 Erstickung

Koops, E., Kleiber, M., Brinkmann, B.: Über Befundmuster und besondere Befunde bei homicidalem und suizidalem Erdrosseln. Beitr. gerichtl. Med. 40 (1982) 129

Mueller, B.: Erstickung. In: *B. Mueller,* Gerichtliche Medizin, Bd. I. Springer, Berlin – Heidelberg – New York 1975

Pollak, St., Stellwag-Carion, C.: Abwandlung der Erhängungsbefunde bei Interposition von Fingern zwischen Schlinge und Hals. Arch. Kriminol. 177 (1986) 76

Pollak, St., Vycudilik, W.: Die Knebelung im Rahmen kombinierter Selbstmorde. Beitr. gerichtl. Med. 39 (1981) 129

Reh, H.: Diagnostik des Erstickungstodes und Bestimmung der Wasserzeit. Triltsch, Düsseldorf 1970

5 Schußverletzungen

Berg, St.: Zur Frage der Bestimmung des Geschoßkalibers aus den Maßen der Knochenlükke bei Schädelschüssen. Dtsch. Z. Ges. Gerichtl. Med. 43 (1955) 575
Berg, S.: Veränderungen der Textiloberfläche bei Nahschüssen. Arch. Kriminol. 124 (1959) 5, 17
Berg, S.: Die Durchschlagskraft von Pistolengeschossen im menschlichen Körper. Arch. Kriminol. 134 (1964) 17
Di Maio, V.: Gunshot Wounds. Elsevier, New York – Amsterdam – Oxford 1985
Pollak, St.: Zur Makro- und Mikromorphologie der durch Faustfeuerwaffen erzeugten Einschußwunden. Beitr. gerichtl. Med. 40 (1982) 493
Potrykus, G., Steindorf, J.: Waffenrecht. Beck, München 1982
Ropohl, D.: Schußverletzungen. In: *B. Forster,* Praxis der Rechtsmedizin. Thieme, Stuttgart – New York 1986
Sellier, K.: Schußentfernungsbestimmung. Arbeitsmethoden der medizinischen und naturwissenschaftlichen Kriminalistik, Bd. 7. Schmidt-Römhild, Lübeck 1967
Sellier, K.: Schußwaffen und Schußwirkungen. Arbeitsmethoden der medizinischen und naturwissenschaftlichen Kriminalistik, Bd. 8. Schmidt-Römhild, Lübeck 1982
Vicudilik, W., Pollak, St.: Die Übertragung von Waffenöl beim Schuß. Beitr. gerichtl. Med. 41 (1983) 391

6 Hitze, Kälte, Strahlung, Auskühlung

Allgöwer, M., Siegrist, J.: Verbrennungen. Springer, Berlin – Göttingen – Heidelberg 1957
Brinkmann, K., Schaffer, H.: Der Elektrounfall. Springer, Berlin – Heidelberg – New York 1982
Klein, H.: Körperschäden und Tod durch Hitze. In: *B. Mueller,* Gerichtliche Medizin. Springer, Berlin – Heidelberg – New York 1975

7 Einwirkung von elektrischem Strom

Brinkmann, K., Schaefer, H.: Der Elektrounfall. Springer, Berlin – Heidelberg – New York 1982
Koeppen, S.: Herzerkrankungen nach elektrischen Unfällen. Erg. Inn. Med. 60 (1941) 208
Koeppen, S.: Hefte Unfallheilkunde 34 (1942)
Koeppen, S., Panse, F.: Klinische Elektropathologie. Thieme, Stuttgart 1955
Sellier, K.: Schäden und Tod durch Elektrizität. In: *B. Mueller,* Gerichtliche Medizin. Springer, Berlin – Heidelberg – New York 1975

8 Schwangerschaftsabbruch

Bräutigam, H., Crimes, D.: Ärztliche Aspekte des legalen Schwangerschaftsabbruchs in der Bundesrepublik Deutschland und in der USA. Enke, Stuttgart 1984
Hartmann, G., Mueller, B.: Schwangerschaftsabbruch, Abtreibung und Kindestötung. In: *B. Mueller,* Gerichtliche Medizin. Springer, Berlin – Heidelberg – New York 1975
Schulte, W., Schulte, M., Schulte, S.: Unerwünschte Schwangerschaft. Thieme, Stuttgart 1969
Zander, J.: Septischer Abort und bakterieller Schock. Springer, Berlin – Heidelberg – New York 1968

9 Kindesmißhandlung

Bauer, G.: Die Kindesmißhandlung. Kriminalwissenschaftliche Abhandlungen, Bd. 3. Schmidt-Römhild, Lübeck 1969
Biermann, G.: Kindeszüchtigung und Kindesmißhandlung. Reinhardt, München – Basel 1969
Engfer, A.: Kindesmißhandlung. Enke, Stuttgart 1986
Haesler, W. T. (Hrsg.): Viktimologie. Rüegger, CH-7214 Grüsch 1986
Hirsch, M.: Realer Juzest. Springer, Berlin – Heidelberg – New York – London – Paris – Tokyo 1987
Kavemann, B., Lohstöter, J.: Väter als Täter. Rowohlt, Hamburg 1984
Michaelis-Arntzen, E.: Die Vergewaltigung. Beck, München 1981
Nau, E.: Kindesmißhandlung. Mschr. Kinderheilk., Bd. 115 (1967) 192
Trube-Becker, E.: Kindesmißhandlung, Kindstötung. In: *G. Eisen:* Handwörterbruch der Rechtsmedizin, Bd. I: Die Tat und ihr Nachweis. Enke, Stuttgart 1973
Trube-Becker, E.: Gewalt gegen das Kind. Kriminalistik, Heidelberg 1987

10 Kindestötung

Hartmann, G., Mueller, B.: Schwangerschaftsabbruch, Abtreibung und Kindestötung. In: *B. Mueller,* Gerichtliche Medizin. Springer, Berlin – Heidelberg – New York 1975
Joachim, H., Berg, St.: Der Aussagewert perinataler Lipidverschiebungen im Blutserum für die Diagnose des Gelebthabens beim Neugeborenen. Z. Rechtsmed. 72 (1973) 294–298

Schmidt, O.: Persönl. Mitt. 1960
Schulte, W., Schulte, M., Schulte, S.: Unerwünschte Schwangerschaft. Thieme, Stuttgart 1969
Trube-Becker, E.: Kindesmißhandlung, Kindstötung. In: *G. Eisen,* Handwörterbuch der Rechtsmedizin, Bd. I: Die Tat und ihr Nachweis. Enke, Stuttgart 1973

11 Notzucht (Vergewaltigung)

Berg, S.: Das Sexualverbrechen. Kriminalistik, Hamburg 1963
Haesler, W. T. (Hrsg.): Viktimologie. Rüegger 1986
Michaelis-Arntzen, E.: Die Vergewaltigung. Beck, München 1981
Möllhoff, G., Mueller, B.: Beziehungen der Sexualpathologie zur Rechtsmedizin. In: *B. Mueller,* Gerichtliche Medizin, Bd. II. Springer, Berlin – Heidelberg – New York 1975

12 Vaterschaftsfragen (Paternitätsprozeß)

Boorman, K., Dodd, E.: Blutgruppenserologie. Eine Einführung in ihre Theorie, Methodik und praktische Anwendung. Fischer, Stuttgart 1964
Bresch, C., Hausmann, R.: Klassische und molekulare Genetik. Springer, Berlin – Heidelberg – New York 1970
Brinkmann, B., Henningsen, K. (Hrsg.): 11. Congress of the society for Forensic Haemogenetics. Springer, Berin – Heidelberg – New York – Tokyo 1986
Coombs, R. R. A., Mourant, A. E., Race, R. R.: In-vivo isoentization of red cell in babies with haemolyic disease. Lancet I (1946) 264
Coombs, R., Dodd, B.: Possible application of the principle of mixed agglutination in the identification of blood stains.
Gärtner, H.: Ein statistisches Vorhaben zur Berechnung der Tragzeit aus den Reifemaßen. Arch. Gynaek. 176 (1949) 363
Henke, J.: Neue Ergebnisse in der forensischen Serologie. Enke, Stuttgart 1984
Hirschfeld, J.: Immune-electrophoretic demonstration of qualitative differences in human sera and their relation to the haptoglobins. Acta Path. Microbiol. Scand. 47, 2 (1959) 160
Hirschfeld, J.: Agar-gel electrophoretic demonstrations of individual variations in electrophoretic position of an indoxyl-acetate splitting component in the α_2-globulin region of normal human sera. Nature 186 (1960) 321
Hosemann, H.: Tragzeitgutachten. In: *G. Beitzke, H. Hosemann, P. Dahr, H. Schade,* Vaterschaftsgutachten für die gerichtliche Praxis. O. Schwartz, Göttingen 1956
Hummel, K., Gerchow, J. (Hrsg.): Biomathematischer Beweis der Vaterschaft. Springer, Berlin – Heidelberg – New York 1981
Landsteiner, K.: Über Agglutinationserscheinungen normalen menschlichen Blutes. Klin. Wochenschr. (Wien) 14 (1901) 1132
Landsteiner, K., Wiener, A. S.: An agglutinable factor in human blood recognized by immune sera for rhesus blood. Proc. Soc. Exper. Biol. Med. (NY) 43 (1940) 223
Metaxas-Bühler, M.: Blutgruppen und Transfusion. Huber, Bern – Stuttgart – Toronto 1986
Naujoks, H.: Gerichtiche Geburtshilfe. Thieme, Stuttgart 1957
Oepen, I.: Rechtsmedizinische Blutgruppenserologie. Fresenius, Bad Homburg 1982
Prokop, O., Göhler, W.: Die menschlichen Blutgruppen. VEB Fischer, Jena 1986
Prokop, O., Uhlenbruch, G.: Lehrbuch der menschlichen Blut- und Serumgruppen. VEB Thieme, Leipzig 1966
Prokop, O.: Die menschlichen Blut- und Serumgruppen. Fischer, Stuttgart 1971
Race, R. R., Sanger, R.: Die Blutgruppen des Menschen. Thieme, Stuttgart 1958
Schleyer, F., Oepen, I.: Leitfaden der gerichtlichmedizinischen Blutspuren-Untersuchung. Schmidt-Römhild, Lübeck 1977
Schnitzerling, M.: Das Recht des nichtehelichen Kindes ab 1. 7. 1970. Luchterhand, Neuwied/Rh. – Berlin 1970
Smithes, O., Walker, N. F.: Genetical control of some serum proteins in normal human serum. Nature 176 (1955) 1265
Spielmann, W., Kühnl, P.: Blutgruppenkunde. Thieme, Stuttgart – New York 1982
Wichmann, D.: Die Wahrscheinlichkeitsberechnung bei der Vaterschaftsbegutachtung. Arch. Gynaek. 177 (1950) 261
Wiener, A. S.: C-D-E and scientific humbug. The Laboratory Digest 24 (1960) 3
Zangemeister, W.: Die Altersbestimmung des Foetus nach graphischer Methode. Z. Geburtsh. 69 (1911) 127

13 Spurenuntersuchung

Berg, S.: Das Sexualverbrechen. Kriminalistik, Hamburg 1963
Kind, S.: Absorption – elution grouping of dried smears. Nature 185 (1960) 397
Leithoff, H.: Der gerichtsmedizinische Spermanachweis. Habilitationsschrift, Freiburg 1962
Nickolis, L., Pereira, M.: A study of modern methods of grouping dried blood stains. Med. Sci. Law. 2 (1962) 172

Pohl, K. D.: Naturwissenschaftlich-kriminalistische Spurenanalyse bei Verkehrsunfällen. Arbeitsmethoden der medizinischen und naturwissenschaftlichen Kriminalistik, Bd. 14. Schmidt-Römhild, Lübeck 1975

Pohl, K. D.: Handbuch der naturwissenschaftlichen Kriminalistik. Kriminalistik, Heidelberg 1981

Scheithauer, R., Luta, C.: Vergleichende Untersuchungen zur praktischen Anwendbarkeit verschiedener Spermavorproben. Arch. Kriminol. 181 (1988) 41–49

Schleyer, F., Oepen, I.: Leitfaden der gerichtlich-medizinischen Blutspuren-Untersuchung. Arbeitsmethoden der medizinischen und naturwissenschaftlichen Kriminalistik, Bd. 4. Schmidt-Römhild, Lübeck 1977

Schwerd, W.: Der rote Blutfarbstoff und seine wichtigsten Derivate. Nachweis, gerichtsmedizinische und toxikologische Bedeutung. Arbeitsmethoden der medizinischen und naturwissenschaftlichen Kriminalistik, Bd. I. Schmidt-Römhild, Lübeck 1962

14 Forensische Toxikologie

Ammon, H. (Hrsg.): Arzneimittelneben- und -wechselwirkungen. Wissenschaftliche Verlagsgesellschaft, Stuttgart 1986

Christiani, E., Stübing, G.: Drogenmißbrauch und Drogenabhängigkeit. DÄV, Köln 1972

Clarmann, M. v.: Akute Vergiftungen. In: *R. Gross, D. Jahn,* Lehrbuch der Inneren Medizin. Schattauer, Stuttgart 1966

Clarmann, M. v.: Grundzüge der klinischen Toxikologie. In: *H. P. Kuemerle, E. R. Garett, K. H. Spitzy,* Klinische Pharmakologie und Therapie. Urban & Schwarzenberg, München 1971

Forth, W., Henschler, D., Rummel W. (Hrsg.): Allgemeine und spezielle Pharmakologie und Toxikologie. Bibliogr. Institut, Mannheim – Wien – Zürich 1983

Geldmacher v., Mallinckrodt, M.: Der forensische Nachweis von Insektiziden der Systoxgruppe. Arbeitsmethoden der medizinischen und naturwissenschaftlichen Kriminalistik, Bd. 6. Schmidt-Römhild, Lübeck 1967

Geldmacher v., Mallinckrodt, M.: Forensische Toxikologie. In: *B. Mueller,* Gerichtiche Medizin, Bd. II. Springer, Berlin – Heidelberg – New York 1975

Goedde, H. W., Doenicke, A., Altland, K.: Pseudocholinesterasen. Springer, Berlin – Heidelberg – New York 1967

Klimmer, O. R.: Pflanzenschutz- und Schädlingsbekämpfungsmittel. Abriß einer Toxikologie und Therapie von Vergiftungen. Hundt, Hattingen 1971

Kuemmerle, H. P., Goossens, N.: Klinik und Therapie der Nebenwirkungen. Thieme, Stuttgart 1973

Lettieri, D., Welz, R.: Drogenabhängigkeit. Beltz, Weinheim – Basel 1983

Machata, G.: Neue chromatographische Analysenverfahren in der gerichtlichen Medizin und Kriminalistik (unter Berücksichtigung der Gas- und Dünnschichtchromatographie). Tagung Nat. Wis. Kriminal. LKA, Hannover 1966

Moeschlin, S.: Klinik und Therapie der Vergiftungen. Thieme, Stuttgart 1986

Pohl, K. D.: Forensische Toxikologie. Kriminalistik, Heidelberg 1984

Schmidt, G.: Detection and estimation of barbituric acid derivatives. In: *F. Lundquist,* Methods of forensic science, Vol. I. Interscience Publ., New York – London 1962

Schütz, H.: Benzodiazepines. Springer, Berlin – Heidelberg – New York 1982

Staak, M. (Hrsg.): Betäubungsmittelmißbrauch. Springer, Berlin – Heidelberg – New York – London – Paris – Tokyo 1988

Täschner, K.-L.: Das Cannabisproblem. DÄV Köln 1986

Täschner, K.-L., Richtberg, W.: Koka und Kokain. DÄV Köln 1988

Wanke, K., Täschner, K.-L.: Rauschmittel. Enke, Stuttgart 1985

Weinig, E.: Gerichtliche Vergiftungslehre. In: *A. Ponsold,* Lehrbuch der Gerichtlichen Medizin. Thieme, Stuttgart 1957

Weyrich, G., Hauck, G.: Ungewöhnliche Fälle von Vergiftungen mit E 605. Arch. Kriminol. 134 (1964) 61

Wirth, W., Gloxhuber, Ch.: Toxikologie. Thieme, Stuttgart – New York 1985

15 Allgemeine Verkehrsmedizin

Bockelmann, W. D.: Auge-Brille-Auto. Springer, Berlin – Heidelberg – New York – London – Paris – Tokyo 1987

Burg, H., Rau, H.: Handbuch der Verkehrsunfall-Rekonstruktion. Verlag Information Ambs, Kippenheim 1981

Bürkle de la Camp, H., Schwaiger, M.: Handbuch der gesamten Unfallheilkunde. Enke, Stuttgart 1966

Dürwald, W.: Gerichtsmedizinische Untersuchungen bei Verkehrsunfällen. VEB Thieme, Leipzig 1966

Forth, W., Kleinsorge, H., Spiegel, R. (Hrsg.): Arzneimittel, Krankheit und Verkehr. Perimed, Erlangen 1984

Frey, G.: Auge und Verkehr. Enke, Stuttgart 1977

Gramberg-Danielsen, B.: Der Dunkelheitsunfall. Enke, Stuttgart 1984

Gramberg-Danielsen, B.: Sehen und Verkehr. Springer, Berlin – Heidelberg – New York 1967
Grote, W., Bock, W. J. (Hrsg.): Führerschein bei Hirnerkrankungen und Schädel-Hirn-Trauma. Thieme, Stuttgart – New York 1980
Hartmann, H. P.: Der Kranke als Fahrzeuglenker. Springer, Berlin – Heidelberg – New York 1980
Klebelsberg, D.: Verkehrspsychologie. Springer, Berlin – Heidelberg – New York 1982
Leydhecker, W.: Augenheilkunde. Springer, Berlin – Heidelberg – New York 1982
Lewrenz, H., Friedel, B. (Bearbtg.): Krankheit und Kraftverkehr. Hrsg.: Bundesminister für Verkehr, H. 67. Köllen, Alfter-Oedekoven 1985
Lob, A.: Handbuch der Unfallbegutachtung. Enke, Stuttgart 1968
Maresch, W., Maurer, H.: Der Verkehrsunfall in gerichtsmedizinischer Sicht. Leykam, Graz 1985
Wagner, H.-J. (Hrsg.): Verkehrsmedizin. Springer, Berlin – Heidelberg – New York – Tokyo 1984
Wagner, K., Wagner, H.-J.: Handbuch der Verkehrsmedizin. Springer, Berlin – Heidelberg – New York 1968
Zenner, P.: Die Schleuderverletzung der Halswirbelsäule und ihre Begutachtung. Springer, Berlin – Heidelberg – New York – London – Paris – Tokyo 1987

16 Alkohol und Verkehrssicherheit

Athen, D.: Syndrome der akuten Alkoholintoxikation und ihre forensische Bedeutung. Springer, Berlin – Heidelberg – New York – Tokyo 1986
Bonte, W.: Begleitstoffe alkoholischer Getränke. Arbeitsmethoden der medizinischen und naturwissenschaftlichen Kriminalistik Bd. 17. Schmidt-Römhild, Lübeck 1987
Brettel, H. F.: Blutalkohol und Blutwassergehalt. Methodik – Theorie – Praxis. Arbeitsmethoden der medizinischen und naturwissenschaftlichen Kriminalistik, Bd. 11. Schmidt-Römhild, Lübeck 1972
Elbel, H., Schleyer, F.: Blutalkohol. Thieme, Stuttgart 1956
Feuerlein, W.: Alkoholismus – Mißbrauch und Abhängigkeit. Thieme, Stuttgart 1984
Forster, B., Joachim, H.: Blutalkohol und Straftat. Nachweis und Begutachtung für Ärzte und Juristen. Thieme, Stuttgart 1975
Grüner, O.: Der gerichtsmedizinische Alkoholnachweis. Heymanns, Köln – Berlin – Bonn – München 1967
Grüner, O.: Schädigung durch Alkohol und alkoholähnliche Körper unter besonderer Berücksichtigung des Straßenverkehrs. In: *B. Mueller,* Gerichtliche Medizin, Bd. II. Springer, Berlin – Heidelberg – New York 1975
Grüner, O.: Die Atemalkoholprobe. Heymanns, Köln – Berlin – Bonn – München 1985
Händel, K.: Rechtsregeln für den Straßenverkehr. Beck, München 1973
Heifer, U.: Untersuchungen über die Wertigkeit von Alkoholwirkungsmerkmalen. Blutalkohol 2 (1964) 244
Hentschel, P., Born, R.: Trunkenheit im Straßenverkehr. Werner, Düsseldorf 1986
Hoffmann, H., Schneider, F. J.: Belastung, Leistungsgrenzen und Ermüdung bei Kraftfahrern. Hefte z. Unfallheilk. 91 (1966) 113
Jarosch, K.: Interessenkollision bei Verkehrsunfallflucht. Beitr. Gerichtl. Med. 31 (1973) 46
Klein, H.: Alkohol und Medikamente. Fortschr. Med. 82 (1964) 169, 335
Lundt, P. V., Jahn, E. (Bearbtg.): Gutachten des Bundesgesundheitsamtes zur Frage Alkohol bei Verkehrsstraftaten. Kirschbaum, Bad Godesberg 1966
Lundt, P.: Sehvermögen und Kraftverkehr. Gutachten des Bundesgesundheitsamtes. Kirschbaum, Bonn-Bad Godesberg 1972
Lundt, P. (Bearbtg.): Alkohol und Straßenverkehr. Zweites Gutachten des Bundesgesundheitsamtes. Esdar, Bochum 1977
Mallach, H., Hartmann, Hp., Schmidt, V.: Alkoholwirkung beim Menschen. Thieme, Stuttgart – New York 1987
Mayer, K.: Differentialdiagnose – Alkoholrausch und posttraumatische Bewußtseinsstörung. Med. Welt 38 (1967) 2213
Ponsold, A.: Die forensische Bedeutung der Ermüdung im Verkehr. Hefte z. Unfallheilk. 91 (1966) 107
Prokop, O., Prokop, L.: Ermüdung und Einschlafen am Steuer. Dtsch. Z. Ges. Gerichtl. Med. 44 (1955) 343
Widmark, E. M. P.: Die theoretischen Grundlagen und die praktische Verwendbarkeit der gerichtlich-medizinischen Alkoholbestimmung. Urban & Schwarzenberg, Wien 1932

17 Forensische Psychopathologie in ihrer rechtlichen Relevanz

Baer, R.: Psychiatrie für Juristen. Beck, München 1988
Bleuler, E.: Lehrbuch der Psychiatrie. Springer, Berlin – Göttingen – Heidelberg 1960
Boor, W. de: Pharmakopsychologie und Psychopathologie. Springer, Berlin – Göttingen – Heidelberg 1956

Boor, W. de: Bewußtsein und Bewußtseinsstörung. Springer, Berlin – Heidelberg – New York 1966

Bresser, P. H.: Grundlagen und Grenzen der Begutachtung jugendlicher Rechtsbrecher. De Gruyter, Berlin 1965

Bresser, P. H.: Psychologie und Psychopathologie der Jugendlichen. In: *H. Göppinger, H. Witter,* Handbuch der forensischen Psychiatrie I. Springer, Berlin – Heidelberg – New York 1972

Göppinger, H., Witter, H.: Handbuch der forensischen Psychiatrie. Springer, Berlin – Heidelberg – New York 1972

Göppinger, H.: Angewandte Kriminologie. Springer, Berlin – Heidelberg – New York – Tokyo 1985

Harbauer, H., Lempp, R., Nissen, G., Strunk, P.: Lehrbuch der speziellen Kinder- und Jugendpsychiatrie. Springer. Berlin – Heidelberg – New York 1971

Hesse, E.: Rausch-, Schlaf- und Genußgifte. Enke, Stuttgart 1971

Janssen, H. J.: Zit. nach: *H. Schumann, T. H. Lenckner,* Psychiatrische Probleme des Privatrechts. In: *H. Göppinger, H. Witter,* Handbuch der forensischen Psychiatrie I. Springer, Berlin – Heidelberg – New York 1972

Kielholz, P., Ladewig, D.: Die Drogenabhängigkeit des modernen Menschen. Lehmanns, München 1972

Kreuzer, A.: Drogen und Delinquenz. Akad. Verlagsges. 1975

Langelüddeke, A., Bresser, P.: Gerichtliche Psychiatrie. De Gruyter, Berlin 1976

Lempp, R.: Jugendliche Mörder. Huber, Bern – Stuttgart – Wien 1977

Lempp, R. (Hrsg.): Adoleszenz. Huber, Bern – Stuttgart – Wien 1981

Lempp, R.: Gerichtliche Kinder- und Jugendpsychiatrie. Huber, Bern – Stuttgart – Wien 1983

Leuenberger, H.: Im Rausch der Drogen. Humboldt, München 1970

Luthe, R.: Forensische Psychopathologie. Springer, Berlin – Heidelberg – New York – London – Paris – Tokyo 1988

Müller, Ch.: Lexikon der Psychiatrie. Springer, Berlin – Heidelberg – New York 1973

Pohlmeier, H., Deutsch, E., Schreiber, H.: Forensische Psychiatrie heute. Springer, Berlin – Heidelberg – New York – London – Paris – Tokyo 1986

Reimer, C. (Hrsg.): Suizid. Springer, Berlin – Heidelberg – New York 1982

Rosemeier, H. P.: Medizinische Psychologie. Enke, Stuttgart 1975

Scheidet, J. vom: Drogenabhängigkeit. Zur Psychologie und Therapie. Nymphenburger, München 1972

Schmidbauer, W., vom Scheidt, J.: Handbuch der Rauschdrogen. Nymphenburger, München 1971

Steinbrecher, W., Solms, H.: Sucht und Mißbrauch. Thieme, Stuttgart 1975

Stringaris, M. G.: Die Haschischsucht. Springer, Berlin – Heidelberg – New York 1972

Stumpfl, F. J.: Kriminalität – Pathorhythmie – Wahn. Springer, Berlin – Heidelberg – New York 1975

Tölle, R.: Psychiatrie. Springer, Berlin – Heidelberg – New York 1982

Venzlaff, U. (Hrsg.): Psychiatrische Begutachtung. Fischer, Stuttgart – New York 1986

Winterfeld, A. v.: Die Bewußtseinsstörung im Strafrecht. NJW 49 (1975) 2229

Witter, H.: Grundriß der gerichtlichen Psychologie und Psychiatrie. Springer, Berlin – Heidelberg – New York 1970

Witter, H.: Allgemeine und spezielle Psychopathologie. In: *H. Göppinger, H. Witter,* Handbuch der forensischen Psychiatrie I. Springer, Berlin – Heidelberg – New York 1972

18 Forensische Sexualmedizin

Bancroft, J.: Grundlagen und Probleme menschlicher Sexualität. Enke, Stuttgart 1985

Brongersma, E.: Das verfemte Geschlecht. Lichtenberg, München 1970

Dörner, G.: Sexualhormonabhängige Gehirndifferenzierung und Sexualität. Springer, Wien – New York 1972

Giese, H.: Psychopathologie der Sexualität. Enke, Stuttgart 1962

Giese, H.: Der homosexuelle Mann in der Welt. Enke, Stuttgart 1964

Giese, H.: Die Sexualität des Menschen. Enke, Stuttgart 1971

Jäger, H., Schorsch, E.: Sexualwissenschaft und Strafrecht. Enke, Stuttgart 1987

Kinsey, A. C., Pomeroy, W. B., Martin, C. E., Gebhard, P. H.: Das sexuelle Verhalten der Frau. Fischer, Berlin – Frankfurt 1967

Kinsey, A. C., Pomeroy, W. B., Martin, C. E.: Das sexuelle Verhalten des Mannes. Fischer, Berlin – Frankfurt 1967

Masters, W. H., Johnson, V. E.: Impotenz und Anorgasmie. Goverts Krüger Stahlberg, Frankfurt 1973

Michaelis-Arntzen, E.: Die Vergewaltigung. Beck, München 1981

Rosemeier, H. P.: Medizinische Psychologie. Enke, Stuttgart 1975

Schorsch, E.: Sexualstraftäter. Enke, Stuttgart 1971

Schorsch, E., Galedary, G., Haag, A., Hauch, M. Lohse, H.: Perversion als Straftat. Springer, Berlin – Heidelberg – New York – Tokyo 1985
Serrano Vincens, R.: La sexualidad feminina. Una investigación estadistica. Ruedo ibérico, Paris 1972
Sigusch, V.: Therapie sexueller Störungen. Thieme, Stuttgart – New York 1980
Theede, P.: Unzucht mit Abhängigen. Kriminalwissenschaftliche Abhandlungen, Bd. 1. Schmidt-Römhild, Lübeck 1967

19 Ärztliche Rechts- und Berufskunde

Bappert, L.: Arzt und Patient als Rechtsuchende. Rowohlt, Hamburg 1980
Bockelmann, P.: Strafrecht des Arztes. In: *Ponsold, A.* (Hrs.): Lehrbuch der gerichtlichen Medizin. Thieme, Stuttgart 1967
Deutsch, E.: Arztrecht und Arzneimittelrecht. Springer, Berlin – Heidelberg – New York 1983
Dreher, E., Tröndle, H.: Strafgesetzbuch. Beck, München 1986
Engisch: Zit. nach *T. H. Lenckner:* Strafe, Schuld und Schuldfähigkeit. In: *H. Göppinger, H. Witter,* Handbuch der forensischen Psychiatrie I. Springer, Berlin – Heidelberg – New York 1972
Engisch: Zit. nach *H.-H. Jescheck:* Lehrbuch des Strafrechts. Duncker und Humbolt, Berlin 1969
Franke, R., Hart, D.: Ärztliche Verantwortung und Patienteninformation. Enke, Stuttgart 1987
Fritze, E., Viefhues H. (Hrsg.): Das ärztliche Gutachten. Steinkopff, Darmstadt 1984
Gramberg-Danielsen, B. (Hrsg.): Rechtsophthalmologie. Enke, Stuttgart 1985
Herzog, H.: Die rechtliche Problematik von AIDS in der Praxis des niedergelassenen Arztes. MedR 1988, 6. Jahrg., Heft 6, S. 289–292
Jescheck, H.-H.: Lehrbuch des Strafrechts. Dunkker und Humbolt, Berlin 1969
Kleinknecht, Th., Meyer, K.: Strafprozeßordnung. Beck, München 1987
Kohlhaas, M.: Medizin und Recht. Urban & Schwarzenberg, München – Berlin – Wien 1969
Kopetzki, Ch.: Organgewinnung zu Zwecken der Transplantation. Springer, Wien – New York 1988
Largiadèr, F.: Organtransplantation. Thieme, Stuttgart 1966
Laufs, A.: Arztrecht. Beck, München 1978
Leithoff, H.: Das ärztliche Gutachten. In: *W. Schwerd,* Kurzgefaßtes Lehrbuch der Rechtsmedizin für Mediziner und Juristen. DÄV, Köln-Lövenich 1975
Lenckner, T. H.: Strafe, Schuld und Schuldfähigkeit. In: *H. Göppinger, H. Witter,* Handbuch der forensischen Psychiatrie I. Springer, Berlin – Heidelberg – New York 1972
Majunke, P.: Anästhesie und Strafrecht. Enke, Stuttgart 1988
Müller, K.: Der Sachverständige im gerichtlichen Verfahren. Athenäum, Frankfurt 1973
Narr, H.: Ärztliches Berufsrecht. Enke, Stuttgart 1973
Palandt: Bürgerliches Gesetzbuch. Beck, München 1984
Penning, R., Spann, W.: Der „Aids-Test" im Rahmen gerichtlicher Leichenöffnungen und bei körperlichen Untersuchungen nach §§ 81a, 81c StPO. MedR 1987, 5. Jahrg., Heft 4, S. 171–176
Peters: Zit. nach *T. H. Lenckner:* Strafe, Schuld und Schuldfähigkeit. In: *H. Göppinger, H. Witter,* Handbuch der forensischen Psychiatrie I. Springer, Berlin – Heidelber – New York 1972
Rasch, W.: Forensische Psychiatrie. Kohlhammer, Stuttgart – Berlin – Köln – Mainz 1986
Schewe, G.: Bewußtsein und Vorsatz. Luchterhand, Neuwied/Rh. – Berlin 1967
Schewe, G.: Reflexbewegung, Handlung, Vorsatz. Schmidt-Römhild, Lübeck 1972
Schönke, A., Schröder, H.: Strafgesetzbuch – Kommentar. Beck, München 1980
Schumann, H., Lenckner, T. H.: Psychiatrische Probleme des Privatrechts. In: *H. Göppinger, H. Witter,* Handbuch der forensischen Psychiatrie I. Springer, Berlin – Heidelberg – New York 1972
Schulz, G.: Arztrecht für die Praxis. Schlüter, Hannover 1965
Schwalm: Zit. nach *T. H. Lenckner:* Strafe, Schuld und Schuldfähigkeit. In: *H. Göppinger, H. Witter,* Handbuch der forensischen Psychiatrie I. Springer, Berlin – Heidelberg – New York 1972
Spann, W.: Ärztliche Rechts- und Standeskunde. Lehmanns, München 1962
Timm, M.: Grenzen der ärztlichen Schweigepflicht. Ärzte, Köln 1988
Wämpner, H.-B., Kinzler, E.: Schwierige Patienten. Perimed, Erlangen 1987

20 Versicherungsmedizin

Fischer, A. W., Herget, R., Mollowitz, G.: Das ärztliche Gutachten im Versicherungswesen. Barth, München 1969
Jäger, H.: Sozialversicherungsrecht. Leitfaden für Praxis und Ausbildung mit Schaubildern und Beispielen. Schmidt, Berlin 1975
Krösl, W., Zrubecky, G.: Die Unfallrente. Enke, Stuttgart 1980
Leithoff, H.: Grundlagen der Versicherungsmedizin. In: *W. Schwerd,* Kurzgefaßtes Lehrbuch

der Rechtsmedizin für Mediziner und Juristen. DÄV, Köln-Lövenich 1975
Lininger, H., Molineus, G.: Der Rentenmann. Barth, München 1967
Marx, H. H.: Gutachtenfibel. Thieme, Stuttgart 1969
Mollowitz, G.: Der Unfallmann. Springer, Berlin – Heidelberg – New York – London – Paris – Tokyo 1986
Schönberger, A., Mehrtens, G., Valentin, H.: Arbeitsunfall und Berufskrankheit. Schmidt, Berlin 1981

21 Ärztliche Berufsethik, Medizintechnologie und Neulandmedizin

Bernat, E.: Lebensbeginn durch Menschenhand. Leykam, Graz 1985
Braun, V., Mieth, D., Steigleder, K. (Hrsg.): Ethische und rechtliche Fragen der Gentechnologie und der Reproduktionsmedizin. Schweitzer, München 1987
Breddin, K., Deutsch, E., Ellermann, R., Jesdinsky, H.: Rechtiche und ethische Probleme bei klinischen Untersuchungen am Menschen. Springer, Berlin – Heidelberg – New York – London – Paris – Tokyo 1987
Bundesärztekammer: Richtlinien zur Forschung an frühen menschlichen Embryonen. Dtsch. Ärztebl. 82 (1985) 3757–3764
Bundesärztekammer: Berufsordnung für die deutschen Ärzte. Dtsch. Ärztebl. 82 (1985) 3371–3375
Bundesärztekammer: Richtlinien zur Durchführung von In-vitro-Fertilisation (IVF) und Embryotransfer (ET) als Behandlungsmethode der menschlichen Sterilität. Dtsch. Ärztebl. 82 (1985) 1691–1698
Deutsch, E.: Arztrecht und Arzneimittelrecht. Springer, Berlin – Heidelberg – New York 1983
Doerr, W., Jacob, W., Laufs, A.: Recht und Ethik in der Medizin. Springer, Berlin – Heidelberg – New York 1982
Gramberg,-Danielsen, B.: Die Haftung des Arztes. Enke, Stuttgart 1978
Illhardt, F.: Medizinische Ehtik, Springer, Berlin – Heidelberg – New York – Tokyo 1985
Kleinsorge, H., Hirsch, G., Weißauer, W.: Forschung am Menschen. Springer, Berlin – Heidelberg – New York – Tokyo 1985
Laufs, A.: Die Entwicklung des Arztrechts 1984/1985, 1987/1988 NJW 24 (1985) 1361–1367, NJW 41 (1988) 1499–1507
Laufs, A.: Arztrecht. Beck, München 1978
Möllering, J.: Schutz des Lebens – Recht auf Sterben. Enke, Stuttgart 1977
Müller, Hj. (Hrsg.): Reproduktionsmedizin und Gentechnologie. Schwabe, Basel – Stuttgart 1987
Oldenbach, E.: Die berufsrechtlichen Regelungen für die In-vitro-Fertilisation, Embryotransfer und für die Forschung an Embryonen. Dtsch. Ärztebl. 83 (1986) 781–784
Petersen, P. (Hrsg.): Sterilisation. Thieme, Stuttgart – New York 1981
Sautter, Th.: Die extrakorporale Befruchtung. Der informierte Arzt 7 (1985) 60–68
Schimikowski, P.: Experiment am Menschen. Enke, Stuttgart 1980
Troschke, J. von, Schmidt,, H.: Ärztliche Entscheidungskonflikte. Enke, Stuttgart 1983
Weltärztebund (Hrsg.: *W. Burkart*): Die ethischen Probleme der In-vitro-Fertilisation. Dtsch. Ärztebl. 82 (1985) 3321–3322
Wilhelm, D.: Verantwortung und Vertrauen bei der Arbeitsteilung in der Medizin. Enke, Stuttgart 1984
Winkel, K. zum, Doerr, W., Herrmann, R., Kern, B.-R., Laufs, A. (Hrsg.): Randomisation und Aufklärung bei klinischen Studien in der Onkologie. Springer, Berlin – Heidelberg – New York – Tokyo 1984

Sachregister

Forster/Ropohl
Rechtsmedizin
ISBN 3-432-88635-7

Zur Verbesserung zukünftiger Auflagen ist Ihre Meinung über dieses Buch für uns von großem Interesse. Wir bitten Sie deshalb um Beantwortung der nachfolgenden Fragen (bitte gut lesbar ausfüllen, nicht mit Bleistift):

---

1. Wie ist das Thema behandelt?

   ☐ zu ausführlich
   ☐ zu kurz
   ☐ angemessen

2. Wie ist der Stoff aufbereitet?

	leicht verständlich	schwer verständlich	übersichtlich	unübersichtlich	didaktisch gut	didaktisch weniger gut
Text						
Abbildungen						
Tabellen						
Gliederung						

3. Welches Kapitel hat Sie besonders angesprochen (warum)? ______________________

____

____

4. Welches Kapitel hat Ihnen am wenigsten zugesagt (warum)? ______________________

____

____

Bitte wenden!

5. Bemerkungen, Kritik Hinweise auf Fehler, Anregungen:

Wir nehmen Sie gerne in unsere Informationskartei auf.
Dazu bitten wir Sie um folgende Angaben:

Name, Vorname

Adresse

Beruf (Studienfachrichtung)

Semesterzahl

Bitte trennen Sie dieses Blatt heraus und senden Sie es im Kuvert an:

Ferdinand Enke Verlag, Postfach 10 12 54, D-7000 Stuttgart 10

Besten Dank für Ihre Bemühungen!

819/89 Enke Forster, TN 99/Enke 1